Grundlegende Opferwendungen im Schach

David LeMoir

Aus dem Englischen übertragen von Hans-Peter Hansen

Die Originalausgabe erschien unter dem Titel *Essential Chess Sacrifices* bei Gambit Publications Ltd 2003
Deutsche Erstausgabe bei Gambit Publications Ltd 2005
Die deutsche Übersetzung wurde nach den Regeln der neuen Rechtschreibung gesetzt.

Copyright © David LeMoir 2003, 2005
Übertragung aus dem Englischen © Hans-Peter Hansen 2005
David LeMoirs Recht als Autor dieses Werkes wurde in Übereinstimmung mit dem Copyright, Designs and Patents Act 1988 geltend gemacht.
Alle Rechte, auch die des auszugsweisen Nachdrucks und der fotomechanischen Wiedergabe, vorbehalten.
Eine Kopie der Daten des British Library Cataloguing in Publication ist in der British Library verfügbar.

ISBN 1 904600 22 0
(Englische Ausgabe ISBN 1 904600 03 4)

VERTRIEB:
Weltweit: Central Books Ltd, 99 Wallis Rd, London E9 5LN, England.
Tel +44 (0)20 8986 4854 Fax +44 (0)20 8533 5821.
E-Mail: orders@Centralbooks.com

Für weitere Informationen (einschließlich einer kompletten Liste aller bei Gambit erschienenen Titel) wenden Sie sich bitte an den Verlag, Gambit Publications Ltd, 6 Bradmore Park Rd., Hammersmith, London W6 0DS, England.
E-Mail: info@gambitbooks.com
Oder besuchen Sie GAMBIT im Internet unter der Adresse http://www.gambitbooks.com

Englische Ausgabe editiert von Graham Burgess
Deutsche Bearbeitung und Satz: Petra Nunn
Druck: The Cromwell Press, Trowbridge, Wiltshire, England.

10 9 8 7 6 5 4 3 2 1

Gambit Publications Ltd
Geschäftsführer: GM Murray Chandler
Schachdirektor: GM John Nunn
Chefredakteur: FM Graham Burgess
Deutsche Redakteurin: WFM Petra Nunn

Inhaltsverzeichnis

Zeichenerklärung		4
Einführung		5
1	Abräumen des Damenflügels mit dem Springer: ♘xb5 im Sizilianer	8
2	Abräumen des Damenflügels mit dem Läufer: ♗xb5 im Sizilianer	18
3	Ein facettenreicher Springerausfall: Springeropfer auf d5	34
4	Festhalten des Königs im Zentrum: Läuferopfer auf e6	55
5	Treibjagd auf den König im Zentrum: Springeropfer auf e6	80
6	Der andere Springerausfall im Sizilianer: ♘f5	94
7	Öffnung der g-Linie gegen den rochierten König: Das andere Springeropfer auf f5	105
8	Herausziehen des Königs ins Freie: ♘xf7	119
9	Belästigen des Königs mit dem Läufer: ♗xf7+	139
10	Einschlagen des Sargnagels: Springeropfer auf f6	152
11	Dolchstoß ins Herz der Rochadestellung: ♘xg7	168
12	Öffnung der h-Linie: Springer- und Läuferopfer auf g5	180
13	Zerstörung der Rochadestellung: ♗xh6	196
14	Das klassische Läuferopfer auf h7	209
15	Das doppelte Läuferopfer	229
16	Anleitung zum erfolgreichen Opfern von Figuren	237
17	Lösungen der Übungen	240
Partienverzeichnis		252
Eröffnungsverzeichnis		256

Zeichenerklärung

+	Schach
++	Doppelschach
#	Matt
!!	brillanter Zug
!	starker Zug
!?	interessanter Zug
?!	zweifelhafter Zug
?	schwacher Zug
??	grober Fehler
1-0	die Partie endet mit einem Sieg von Weiß
½-½	die Partie endet remis
0-1	die Partie endet mit einem Sieg von Schwarz
(D)	siehe folgendes Diagramm

Widmung

Meinem Vater Ken, der nie in seinem Leben Schach spielte, aber meine ersten beiden Schachbücher so vorzüglich illustrierte und ein sehr talentierter Musiker und Künstler war. Er starb unerwartet im Sommer 2003. Außerdem meinem Bruder Nick, der mir das Schachspielen beibrachte, damit er mich besiegen konnte, und der früher im selben Sommer verstarb. Ich werde sie beide sehr vermissen.

Einführung

Standardopfer

In diesem Buch geht es um *Standardopfer*, die so bezeichnet werden, weil sie in der Praxis häufig vorkommen. Es gibt klassische Läuferopfer auf h7, mit denen der König ins Verderben getrieben wird; Springer- und Läuferopfer auf e6 und b5 und Springeropfer auf d5 in der Sizilianischen Verteidigung, die sich scheinbar ganz natürlich aus der Eröffnung ergeben, und Springerinvasionen auf das leere Feld f6, die den König des Verteidigers strangulieren.

In Partien in Büchern und Zeitschriften scheinen die Opfer immer durchzuschlagen, nicht wahr? Wenn man aber selbst einmal die Chance zu einem Opfer bekommt, sieht die Sache ganz anders aus. Man verpasst die richtige Fortsetzung, oder es stellt sich heraus, dass irgendein kleines Detail nicht stimmt.

Nach dem Läuferopfer auf h7 marschiert der König des Verteidigers mutig vor seine Bauern und verschwindet dann seelenruhig hinter seinem f- oder e-Bauern. Nach einem Opfer im Sizilianer stellt man fest, dass eigentlich gar nichts droht und der Gegner ungeniert mit seinem üblichen Gegenspiel weitermachen kann. Nach einem Springeropfer auf f6 gegen den rochierten König erweist sich der auf f6 landende Bauer als unhaltbar; durch seine Beseitigung kann der Verteidiger die vorgesehenen Mattfelder decken.

Bei der nächsten sich bietenden Opfergelegenheit ist man dann schon ein wenig vorsichtiger. Es scheinen zu viele Verteidiger und zu wenige Angriffsfiguren auf dem Brett zu sein. Also schreckt man vor dem Opfer zurück und spielt etwas anderes. Ist man gerade an der Chance auf einen Schönheitspreis vorbeigegangen? Das wird man vielleicht nie erfahren. Bis jetzt...

Warum man dieses Buch lesen sollte

Mit Hilfe des vorliegenden Buches soll der Leser von Standardopfern profitieren und ihnen nicht zum Opfer fallen. Erklärt werden die Stellungstypen, in denen die Opfer wahrscheinlich Erfolg haben oder fehlschlagen werden, die verschiedenen Arten der Spielführung nach dem Opfer und die dem Verteidiger zur Verfügung stehenden Ressourcen.

Dabei liegt das Hauptaugenmerk auf Standardopfern *einer Figur* (mit einer Ausnahme, nämlich dem doppelten Läuferopfer – ♗xh7+ gefolgt von ♗xg7 – bei dem es sich in Wirklichkeit um eine Abart des Läuferopfers auf h7 handelt). Diese in großer Zahl vorkommenden Opferwendungen – hier werden fünfzehn an der Zahl abgehandelt – sind für das Verständnis von Angriff und Verteidigung im Schach von grundlegender Bedeutung.

Bei der Betrachtung der Opfer bewegen wir uns von links nach rechts. Den Anfang machen Opfer auf b5, bei denen oft ein Endspiel angestrebt wird, und den Abschluss bilden Opfer auf der h-Linie, die definitiv gegen den König gerichtet sind.

In vielen modernen Eröffnungen gibt es spezielle Standardfigurenopfer, insbesondere in der Sizilianischen Verteidigung. Wenn man mit Weiß oder mit Schwarz eine Eröffnung verstehen und mit Erfolg spielen will, muss man sich mit den dort vorkommenden Standardopfern vertraut machen. Dadurch kommt man nicht nur in den Genuss einiger leichter Siege, sondern sollte auch in der Lage sein, den Weg der gegnerischen Verteidigung mit Möglichkeiten für tödliche Opfer zu verminen und sich seine ausgeklügelten thematischen Pläne nicht durch ein unvorhergesehenes Standardopfer zerschlagen zu lassen.

Damit man die Entstehungsgeschichte der Opfer besser verfolgen kann, habe ich nach Möglichkeit jeweils die Eröffnungszüge bis zur kritischen Stellung angegeben.

Außerdem möchte ich diejenigen, die sich nur selten zu einem Opfer durchringen können, zum Spielen von Standardopfern ermutigen, da man sie auf ähnliche Art wie positionelle Techniken oder Varianten einer Lieblingseröffnung erlernen und so das Risiko stark reduzieren kann. Der Leser sollte feststellen, dass er durch schnelle Beurteilung der Spielbarkeit eines Standardopfers und Unterstützung seiner Berechnungen durch sein Gedächtnis Bedenkzeit sparen kann.

Beim Spielen eines Opfers nimmt die emotionale Spannung sofort zu. Beide Seiten, aber insbesondere der Verteidiger, beginnen Fehler zu machen, wie viele der Partien in diesem Buch bezeugen (nähere Ausführungen hierzu finden sich in meinem Buch *Wie man Glück im Schach hat*). Durch bessere Vertrautheit mit den geläufigsten Opferwendungen sollte man in der Lage sein, länger einen kühlen Kopf zu bewahren als der Gegner, egal auf welcher Seite des Opfers man sich befindet.

Kurz gesagt bin ich der festen Überzeugung, dass der Leser durch sorgfältiges Studium dafür sorgen kann, dass diese grundlegenden Opferwendungen für und nicht gegen ihn arbeiten.

Fünfzehn Standardfigurenopfer?

Ich habe die populärsten Standardfigurenopfer ausgewählt.

In jedem Fall habe ich eine große Datenbank mit Beispielen erstellt, hauptsächlich durch automatisches Durchsuchen der *Mega Database 2001*, der CD-ROM der *Informatoren* 50-75 und einer Datenbank auf Basis wöchentlicher Downloads von *The Week in Chess*. Diese elektronische Datenbank wurde durch manuelles Durchsuchen meiner Sammlung von Schachbüchern und –zeitschriften ergänzt.

Für jedes Opfer traf ich eine ziemlich willkürliche Auswahl von etwa einhundert Beispielen einschließlich vieler bereits kommentierter Partien. Dann nahm ich jede Partie unter die Lupe, um die am häufigsten vorkommenden Themen und Lehren zu identifizieren.

Die in diesem Buch erscheinenden Partien (im Schnitt etwa siebzehn pro Standardopfer) sind nicht unbedingt die besten oder brillantesten, sondern diejenigen, die dem Leser am besten ein Gefühl für die Opfer und das sich daran anschließende Spiel vermitteln.

In jedem Kapitel werden Opfer mit dem gleichen Anfangszug vorgestellt. Manchmal (wie bei Springeropfern auf f6) gibt es nur ein paar Schlüsselthemen, so dass das Spiel fast schon zur Routine wird. In anderen Fällen (wie bei Springeropfern auf f7) sind die Themen ausgesprochen vielfältig. Auch in diesem Fall habe ich die Schlüsselthemen abgedeckt, aber da es mehr davon gibt, fallen die Erklärungen nicht so ausführlich aus.

Daher deckt das vorliegende Buch in Wirklichkeit wahrscheinlich mindestens vierzig Standardfigurenopfer ab. Manche sind überwiegend positionell, aber die meisten sind unverhohlen auf Angriff ausgerichtet.

Richtiges Opferspiel

Ich hoffe, dass der Leser beim Studium dieses Buches viel über das Angriffsspiel lernt, da viele Lehren immer wieder auftauchen:
- Beeile dich nicht mit dem Rückgewinn von Material.
- Nur wenige Opfer funktionieren, wenn der Angreifer nicht einige Figuren, insbesondere die Dame, schnell in den Angriff einschalten kann.

- Da die Entblößung des Königs von entscheidender Bedeutung sein kann, ist oft ein zweites Opfer gerechtfertigt, um die Zerstörung seiner Festung zu vollenden.
- Kann der König des Verteidigers dauerhaft beengt werden oder seines Fluchtwegs beraubt werden, so kann man sich mit der Heranführung von Reservefiguren Zeit lassen.
  Eine ausführlichere Liste findet sich in Kapitel 16.

Beim Schreiben dieses Buches habe ich selbst eine Menge über Standardopfer gelernt. Jetzt beurteile ich jedes Figurenopfer mit größerem Selbstvertrauen. Neulich konnte ich ein Schmunzeln nicht verbergen, als ich einen Springer nach f5 schraubte (der von einem Bauern auf g6 geschlagen werden konnte) und aufstand, um meinen Gegner seinem Schicksal zu überlassen. Die echte Zuversicht in meinen Augen wurde bald von zunehmender Verzweiflung in seinen Augen reflektiert...

1 Abräumen des Damenflügels mit dem Springer: ♘xb5 im Sizilianer

In der Sizilianischen Verteidigung spielt der Nachziehende häufig ...a6 und ...b5. In diesem und dem nächsten Kapitel gibt Weiß eine Figur, um diese Mini-Bauernkette zu beseitigen. Fast immer gewinnt die (nach ...axb5) auf b5 zurücknehmende Figur auf irgendeine Art und Weise ein Tempo.

In diesem Kapitel wird ein Springer geopfert, wonach Weiß in der Regel entweder mit seinem anderen Springer oder seinem weißfeldrigen Läufer wiedernehmen kann. Nimmt der Springer wieder, so greift er normalerweise die schwarze Dame auf c7 an. Nimmt der Läufer wieder, so kann er dabei Schach bieten oder eine Figur auf c6 oder d7 angreifen und an den schwarzen König auf e8 fesseln. Ein für den Erfolg des Opfers ausschlaggebender Faktor ist, was Weiß mit seinem Extratempo zu tun gedenkt.

Manchmal kommt auch eine einfache taktische Wendung vor, etwa eine Springergabel auf d6 wie im ersten nachstehenden Beispiel.

Cuellar – Garcia Vera
Mar del Plata 1952

1 e4 c5 2 ♘f3 d6 3 d4 cxd4 4 ♘xd4 ♘f6 5 ♘c3 a6 6 ♗e2 e6 7 g4 h6 8 ♗e3 ♕c7 9 f4 b5 10 a3 ♗b7 11 ♗f3 ♘c6 12 ♕e2 ♘a5 13 ♖d1 ♘c4 14 ♗c1 g6 15 0-0 ♗g7 16 ♖f2 e5 *(D)*

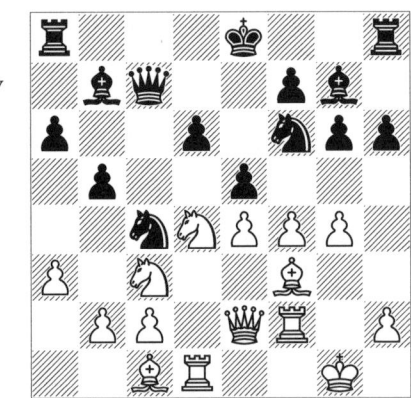

Der Bauer d6 wird nicht vom schwarzfeldrigen Läufer des Nachziehenden gedeckt. Er wird durch den Springer c4 verteidigt, der aber so unglücklich steht, dass eine siegbringende Springergabel möglich ist.

17 ♘dxb5 axb5 18 ♘xb5 ♕b6

Schwarz wird in jedem Fall mindestens zwei Bauern einbüßen, da Weiß nach 18...♕c5 19 ♕xc4! ♕xc4 20 ♘xd6+ die Figur zurückgewinnt.

19 ♕xc4

und Weiß gewann bequem.

Wiedernehmen mit dem Läufer

Wir werden uns auf Springeropfer auf b5 mit längerfristigen Zielen als im obigen Beispiel konzentrieren. Zunächst werden wir uns einige Partien anschauen, in denen der Angreifer auf b5 mit dem Läufer wiedernimmt. In unserem ersten Beispiel will Weiß den gegnerischen König zu einem Zug zwingen, um ihm die Rochade zu verderben.

Nunn – Sosonko
Olympiade, Thessaloniki 1984

1 e4 c5 2 ♘f3 ♘c6 3 d4 cxd4 4 ♘xd4 ♘f6 5 ♘c3 d6 6 ♗c4 e6 7 ♗e3 a6 8 ♕e2 ♕c7 9 0-0-0 ♘a5 10 ♗d3 b5 11 a3 ♗b7 12 g4 d5 13 exd5 ♘xd5 *(D)*

Da Schwarz vor seinem eigenen König Linien geöffnet hat, schlägt Weiß sofort los.

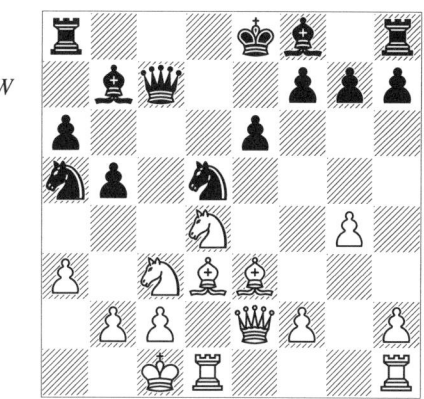

14 ♘dxb5 axb5 15 ♗xb5+ ♚d8

Er muss seinen König ziehen, da das Dazwischenstellen einer Figur noch schlechter ist:

a) Nach 15...♘c6 16 ♘xd5 exd5 17 ♗b6+ ♛e7 18 ♖he1! ♛xe2 19 ♖xe2+ ♗e7 lautet die einfachste Gewinnvariante 20 ♗xc6+ ♗xc6 21 ♖de1 mit Rückgewinn der Figur und Beibehaltung zweier Mehrbauern.

b) 15...♗c6 erlaubt 16 ♘xd5 exd5 17 ♗b6+ ♛e7 18 ♗xa5! ♛xe2 19 ♗xc6+ ♚e7 20 ♖he1, und wiederum gewinnt Weiß die Figur zurück und behält zwei Bauern mehr.

16 ♘xd5 exd5 17 ♗d3! ♘c4

17...♗d6 blockiert vorübergehend die d-Linie, doch nach 18 ♖c3 ist guter Rat teuer. Die Dame kann wegen ♗b6+ nicht ziehen, aber andere Züge sind auch nicht besser:

a) 18...♘c6 19 ♖d1 ♖e8 20 ♖xd5 ♖e6 21 ♖xd6+! ♖xd6 22 ♗f4 ♚c8 23 b4! nebst Abtausch auf c6 und Vorrücken des b-Bauern mit Gewinn der gefesselten Figur.

b) 18...♘c4 19 ♖d1 ♖a5 20 ♗xc4 dxc4 21 ♖xc4 ♗a6 22 ♖xc7 ♗xe2 23 ♖c6 ♗xd1 24 ♖xd6+ ♚c7 25 ♖xd1, und mit drei Bauern für die Qualität sollte Weiß das Endspiel gewinnen.

c) 18...♘c6 19 ♗xc6 ♘xc6 20 ♛b5 ♚d7 21 ♛xd5, wonach Weiß bei anhaltendem Angriff weitere Bauern gewinnt.

18 ♖c3 ♗b4?

Mit dem Gegenopfer 18...♗xa3! 19 bxa3 ♖xa3 kann Schwarz die Stellung wahrscheinlich halten.

Nach dem Textzug verbietet sich 19 axb4?? wegen 19...♖a1#, aber Nunn kann nun einen Turm hergeben, da der andere dafür bald fürchterliche Rache nehmen wird.

19 ♖xc4! dxc4 20 ♖d1+ ♚c8 21 ♖d4 ♗d5

Nach 21...♗c5 22 ♖xc4 ♚b8 23 ♗xc5 ♛xh2 24 ♛e7 verfügt Weiß über die tödliche Drohung ♗d6+.

22 ♖xd5 ♗d6 23 ♖d4 1-0

Der König hat gegen die geballte Kraft von Dame, Läuferpaar und Turm keine Überlebenschancen.

Das Läuferschach auf b5 kann zu einer Fesselung führen, die dem Verteidiger erhebliche Kopfschmerzen bereiten kann.

Yermolinsky – Shabalov
Meisterschaft der USA, Los Angeles 1993

1 e4 c5 2 ♘f3 d6 3 d4 cxd4 4 ♛xd4 a6 5 ♗e3 ♘c6 6 ♛d2 ♘f6 7 ♘c3 e6 8 0-0-0 b5 *(D)*

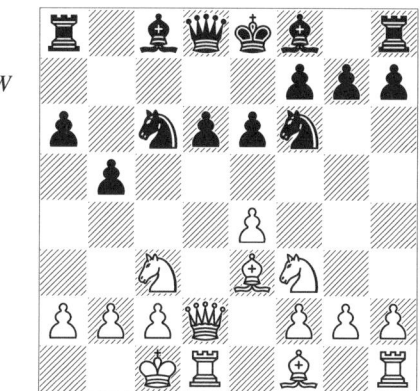

Nach dem letzten schwarzen Zug kann Weiß seine Drucksäule auf der d-Linie ausnutzen.

9 e5! dxe5 10 ♛xd8+ ♘xd8 11 ♘xb5

Gut ist auch 11 ♗xb5+; diese Art von Opfer ist Gegenstand des nächsten Kapitels.

11...axb5 12 ♗xb5+ ♗d7

Die Selbstfesselung 12...♘d7 verliert nach 13 ♘xe5 die Mehrfigur zurück, da der schwarze Turm wegen des Läufers e3 nicht nach a7 gehen kann.

13 ♖xd7!

Diese Idee sollte man sich merken. Da Yermolinsky bereits einen Bauern für die Öffnung der d-Linie aufgegeben hat, erreicht er mit dieser Transaktion nur einen kleinen Vorteil. In bestimmten Formationen des Damengambits ist die d-Linie schon offen, und die Kombination führt zu großem Vorteil für Weiß. Die folgende Stellung entstand in der Partie Schidkow-F.Neumann, Travemünde 1995.

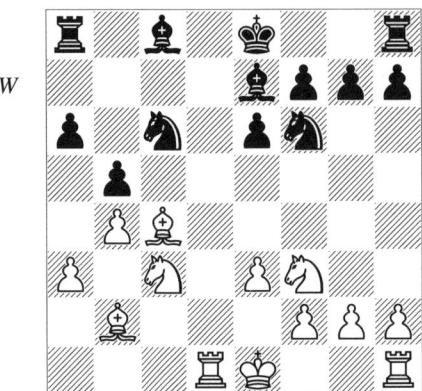

Der Anziehende baute mit 12 ♘xb5! axb5 13 ♗xb5 die Fesselung auf und beantwortete 13...♗d7 mit 14 ♖xd7! ♔xd7 15 ♘e5+ ♔c7 16 ♘xc6, wonach er mit zwei Bauern für die Qualität und starker Initiative die Partie leicht gewann.

13...♘xd7 14 ♖d1 ♖a5!

Auf das gefräßige 14...♖xa2?! folgt 15 ♖xd7, wonach 15...♖a5 (um die Drohung 16 ♖a7+ mit schnellem Matt zu parieren) 16 ♖xd8+ ♔xd8 17 ♗b6+ ♔c8 18 ♗xa5 zu großem weißem Vorteil führt.

Schwarz zwingt den Läufer zum Schlagen auf d7.

15 ♗xd7+ ♔e7 16 ♗b6 ♖d5 17 ♖xd5 exd5 18 ♘xe5 ♘e6 19 ♗b5

Weiß hat zwei Freibauern für die Qualität, was ihm im Verein mit den beiden aktiven Läufern etwas Vorteil gab, obwohl der Punkt am Ende geteilt wurde.

Das Opfer mit anschließendem Zurückschlagen mit dem Läufer ist in der folgenden Stellung aus der Sweschnikow-Variante des Sizilianers viele Male gespielt worden.

Karassew – Andrianow
Sewerodonetsk 1982

1 e4 c5 2 ♘f3 ♘c6 3 ♘c3 ♘f6 4 d4 cxd4 5 ♘xd4 e5 6 ♘db5 d6 7 ♗g5 a6 8 ♘a3 b5 9 ♗xf6 gxf6 10 ♘d5 f5 (D)

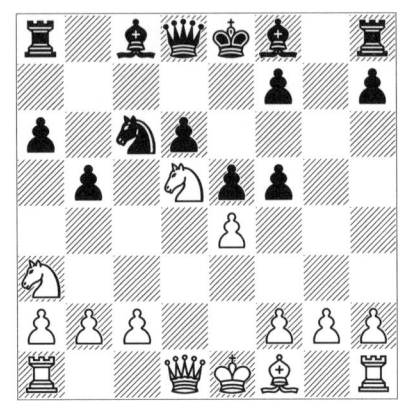

In der Partie entstand diese Stellung in Wirklichkeit über 2...e6 3 d4 cxd4 4 ♘xd4 ♘c6 5 ♘c3 ♘f6 6 ♘db5 d6 7 ♗f4 e5 8 ♗g5 a6 9 ♘a3 b5 10 ♗xf6 gxf6 11 ♘d5 f5, aber ich habe der Einfachheit halber die Zugreihenfolge vereinheitlicht.

11 ♘xb5 axb5 12 ♗xb5 ♗d7

12...♗b7 schränkt die schwarzen Möglichkeiten ein, da der Springer gefesselt ist und der Turm a8 die b-Linie nicht nutzen kann.

13 exf5 ♖b8

Weiß hat drei Bauern für die Figur. Zwei davon – der a-Bauer und der b-Bauer – sind Freibauern, während der dritte – der Bauer f5 – etwas anfällig ist, aber bei einem Angriff auf dem Königsflügel Verwendung finden kann, falls der schwarze König dorthin rochiert. Gemäß den mit dieser Stellung gemachten Erfahrungen scheint Schwarz gute Chancen zu haben, da auch der weiße König nicht ganz sicher steht, wohin er sich auch wenden mag.

Der Partiezug geht direkt auf den Läufer los und vermeidet auch eine etwaige Springergabel auf b6. Viel gespielt wird auch 13...♗g7. Nach 14 a4 ♖b8 15 0-0 gibt es zwei interessante Beispiele:

a) Natürlich muss Schwarz die weißen Freibauern immer im Auge behalten. In der Partie Weyrauch-Koch, Mannschaftsturnier, Deutschland 1999/00, geschah 15...f6, und nach 16 c3 ♘e7 17 ♗xd7+ ♕xd7 18 ♕h5+ ♔f8 19 ♘xe7 ♔xe7 20 b4 ♕e8 21 ♕f3 ♕c8 22 ♕d3 ♖d8 23 a5 d5 24 b5 ♕c4 hätte Weiß 25 ♕xc4 dxc4 26 b6 spielen sollen, wonach seine Freibauern Material gewinnen. Stattdessen verfiel er auf 25 ♕g3?, geriet nach 25...♔f7 26 b6 ♗f8 27 ♖ab1

♗c5 bald in einen direkten Angriff am Königsflügel und verlor die Partie.

b) Die Probleme des Anziehenden werden durch die Partie Cranbourne-Pierrot, Buenos Aires 1992, gut illustriert. Weiß hat Schwierigkeiten mit der Mobilisierung seiner Damenflügelbauern, und Schwarz kann in Ruhe seinen Angriff am Königsflügel vorbereiten: 15...0-0 16 ♕h5 ♘e7 17 ♘xe7+ ♕xe7 18 c4 e4 19 ♖a3 ♗xb5 20 ♕h3 h6 21 axb5 ♖fc8 22 b3 d5 23 f6 ♕xf6 24 ♕xd5 ♖e8 25 ♖e3 ♖e5 26 ♕d2 ♕b6 27 ♖fe1 f5 28 g3 ♖d8 29 ♕a2 ♔h8 30 ♕a6 ♕d4 31 ♕c6 ♖c5 32 ♕e6 ♖d6 33 ♕f7 ♖f6 34 ♕e7 ♖e5 35 ♕c7 f4! 36 gxf4 ♖xf4 37 ♕c8+ (37 b6 ♖g5+ 38 ♔h1 ♖xf2 39 b7 verliert wegen 39...♕xe3! 40 b8♕+ ♔h7 41 ♖xe3 ♖f1#) 37...♔h7 38 ♖f1 ♕xe3! 0-1.

14 a4 ♘d4 15 ♗xd7+ ♔xd7

Schwarz spielt mutig und direkt.

16 b4 ♕c8 17 c3 *(D)*

Es war vielleicht klüger, den weißen König durch die Rochade aus der Gefahrenzone zu evakuieren. Nach 17 0-0 ♕xc2 18 ♕xc2 ♘xc2 19 ♖ab1 geben die verbliebenen Damenflügelbauern dem Anziehenden etwas Gegenspiel.

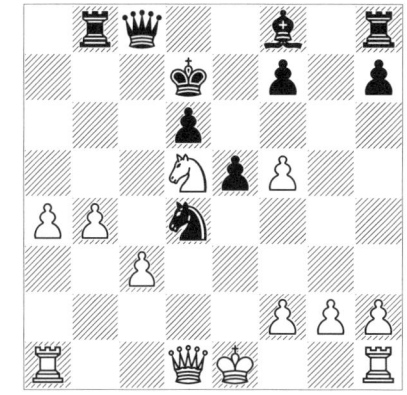

Jetzt wird der weiße König in der Mitte festgehalten.

17...♕c4! 18 ♘f6+ ♔e7 19 ♘e4 d5!

Dieser Bauernvorstoß hat entscheidende Wirkung.

20 cxd4 dxe4 21 dxe5 ♔e8!

Durch die Öffnung der Läuferdiagonale unterzeichnet der schwarze König das Todesurteil für seinen Kontrahenten.

22 f4 e3 0-1

Damenflügelfreibauern im Endspiel

Das populärste Ziel des Springeropfers auf b5 besteht darin, auf d6 einen dritten Bauern zu gewinnen und in ein Endspiel mit drei Freibauern am Damenflügel für die Figur überzugehen. Hierzu werden wir uns nun einige Beispiele ansehen.

Arachamia-Grant – Stepowaja Diantschenko
Dameneuropameisterschaft, Warschau 2001

1 e4 c5 2 ♘f3 ♘c6 3 d4 cxd4 4 ♘xd4 e6 5 ♘c3 ♕c7 6 ♗e3 a6 7 ♕d2 ♘f6 8 f3 b5 9 0-0-0 ♗b7 10 g4 d6 11 ♔b1 ♗e7 12 g5 ♘d7 13 h4 ♘b6 14 ♘dxb5 axb5 15 ♘xb5 ♕d8 16 ♘xd6+ ♗xd6 17 ♕xd6 ♕xd6 18 ♖xd6 *(D)*

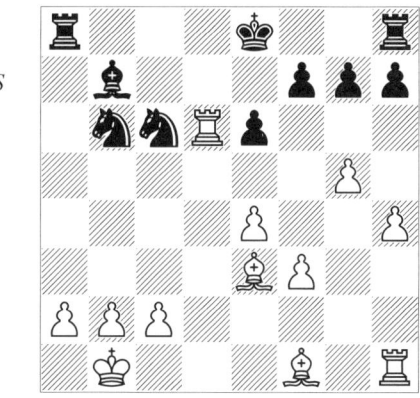

Die Zugfolge nach 14 ♘dxb5 ist typisch. Weiß hat drei verbundene Freibauern für die Figur bekommen und besitzt überdies das Läuferpaar. Normalerweise wird er nun die Türme auf der d-Linie verdoppeln und ein allmähliches Vorrücken der Freibauern vorbereiten.

Zu den Ideen des Nachziehenden gehört der Abtausch der weißfeldrigen Läufer mit ...♗a6 und anschließender Hemmung der Bauern durch Besetzung oder Kontrolle von Schlüsselfeldern mit den Springern und einem Turm. Der König geht gerne nach e7, wo er das Eindringen der weißen Türme verhindert. Dann ergibt sich die Möglichkeit, durch einen Springerzug nach d5 den Turm auf d6 einzusperren, so dass dieser sich eventuell zum Rückzug gezwungen sehen könnte. Schwarz sollte bestrebt sein, mit ...f6 oder einem Zug des h-Bauern am Königsflügel Linien zu öffnen, und ein Springer kann unter Angriff auf den weißen f-Bauern nach e5 und dann gegebenenfalls weiter nach c4 gehen, um den Damenflügelbauern das Leben schwer zu machen.

Aus den 27 Beispielen für diesen Endspieltyp, die ich in meiner Datenbank finden kann, erzielt der Anziehende eine Punktausbeute von 70%. Schwarz sollte besser abschneiden, nutzt aber nur selten die verfügbaren Chancen auf aktives Gegenspiel aus.

Die Diagrammstellung ist schlechter für den Nachziehenden als üblich. Wie wir sehen werden, kann der schwarze König nicht nach e7 gehen, so dass die weißen Türme freie Hand haben. Schwarz muss sich um die Bedrohung des Springers b6 kümmern, aber nach 18...♘d7 19 ♗b5 ♖c8 20 ♖hd1 ♘db8 21 b4! können sich die schwarzen Figuren kaum rühren.

18...♖c8 19 ♖d2 0-0

Es ist zwecklos, den König in der Mitte zu halten, da ...♔e7 immer mit ♗c5 und sehr unangenehmer Abzugsschachdrohung beantwortet werden kann.

20 ♖d7 ♗a6 21 ♗xa6 ♖xa6 22 ♖hd1 *(D)*

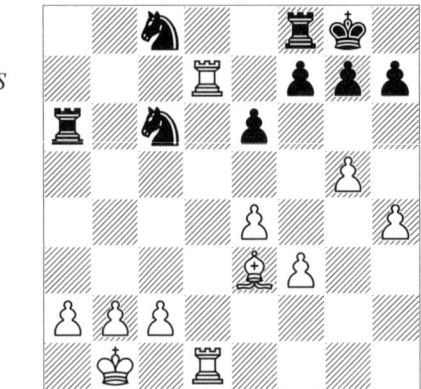

22...♘b6

Nach 22...♘e5 kann Weiß den Bauern mit 23 ♖d8 ♘c6 24 ♖8d3 retten oder 23 ♖c7!? ♘xf3 24 ♗c5 ♖e8 25 ♖cd7 mit der Drohung 26 ♖d8 spielen.

In der Partie übernehmen die weißen Türme mit tatkräftiger Unterstützung des mächtigen schwarzfeldrigen Läufers die völlige Kontrolle über die siebte Reihe und wenden sich dem schwarzen König zu. Die Anziehende braucht ihre Damenflügelbauern erst gar nicht in Bewegung zu setzen.

23 ♖c7 ♘c4 24 ♗c5 ♖fa8 25 a3 g6 26 f4 e5 27 ♖dd7 ♕d8 28 f5 gxf5 29 exf5 e4 30 ♖e7 ♘d6 31 ♗xd6 ♖xd6 32 ♖e8+ ♔g7 33 h5 h6 34 f6+ 1-0

Es folgt Matt durch 34...♔h7 35 g6#.

In diesem Endspieltyp versucht Weiß, aus der Aktivität seiner Figuren maximalen Profit zu schlagen, bevor er die Freibauern in die Waagschale wirft. Diesen Spielplan befolgten sowohl Arachamia-Grant in der vorhergehenden Partie als auch Morosewitsch im nächsten Beispiel.

Morosewitsch – Schipow
Russischer Mannschaftspokal, Maikop 1998

1 e4 c5 2 ♘f3 d6 3 d4 cxd4 4 ♘xd4 ♘f6 5 ♘c3 a6 6 ♗e3 e6 7 f3 b5 8 ♕d2 ♗b7 9 g4 ♘fd7 10 0-0-0 ♘b6 11 ♗g5 ♕c7 12 ♘dxb5 axb5 13 ♘xb5 ♕c6

Im *Informator* gibt Schipow die Variante 13...♕c5 14 b4! ♕e5 15 ♔b1 ♘a4 16 c3 ♗c6 17 ♗f4 ♕xb5 18 ♗xb5 ♗xb5 19 c4! ♗xc4 20 ♖xd6 mit klarem Vorteil für Weiß. Die Pointe von 19 c4 besteht darin, dass Schwarz nach 20...♗xd6 21 ♕xd6 ♘c3+ 22 ♔b2 ♘xd1+ 23 ♖xd1 die d-Linie nicht auf d7 verstellen kann, so dass Weiß eine Figur gewinnen wird.

14 ♘xd6+ ♗xd6 15 ♕xd6 ♕xd6 16 ♖xd6 *(D)*

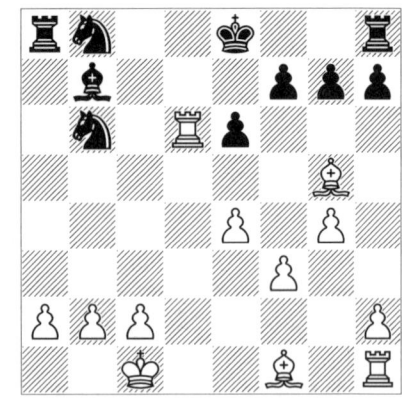

Schwarz muss sich um die Mattdrohung auf d8 und gleichzeitig um den Springer b6 kümmern, während Weiß ein Tempo für die Verteidigung des a-Bauern aufwenden wird. Danach kann Schwarz mit ...h5 ein Gegenspiel am Königsflügel einleiten, was viel wichtiger ist, als den König durch die Rochade in Sicherheit zu bringen.

16...♘6d7

16...♘8d7? verliert sofort wegen 17 ♗b5, da der angegriffene Springer auf b6 nicht ziehen kann, ohne dass sein Kollege auf d7 verloren geht.

17 ♔b1 h5 18 gxh5 ♖xh5 19 h4 *(D)*

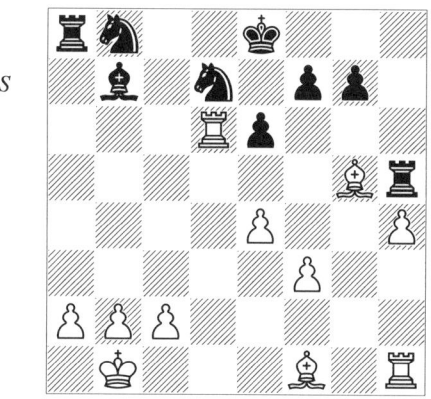

Wenn Schwarz nun seinen Turm über die fünfte Reihe ins Spiel bringen will, muss er mit ...f6 das Feld e6 schwächen.

19...♗a6 20 ♗g2!

Weiß behält den Läufer zur späteren Verwendung. Den gleichen Zweck verfolgt 20 c4, aber nach 20...f6 gefolgt von 21...♘e5 bekäme Schwarz Gegenspiel gegen die weißen Bauern. In diesem Strukturtyp kann der Bauer f3 ein Angriffsziel darstellen, und das Vorrücken nach f4 kann den e-Bauern zur Schwäche stempeln. Mit dem Partiezug geht Weiß diesen Problemen zunächst einmal aus dem Wege.

20...f6 21 ♗d2 ♘f8 22 b3 ♘bd7 23 a4 ♗b7 *(D)*

Von den anderen drei wichtigen Versuchen des Schwarzen, seine Stellung zu verbessern, sind zwei zum Scheitern verurteilt:

a) 23...♘e7 24 ♗b4 ♘c5? verliert wegen 25 e5! ♖xe5 26 ♖c6 ♘fd7 27 f4 ♖e2 28 ♖xc5 mit Rückgewinn der Figur.

b) 23...♖c5 bringt den Turm auf den Damenflügel, aber nun kann Weiß wählen, ob er mit 24 b4 seine Bauern in Bewegung setzt oder mit 24 ♗b4 die Aktivität seiner Figuren erhöht.

c) 23...♘c5 (gefolgt von 24...♘fd7) sieht am besten aus, da Weiß sowohl an f4 als auch an b4 gehindert wird.

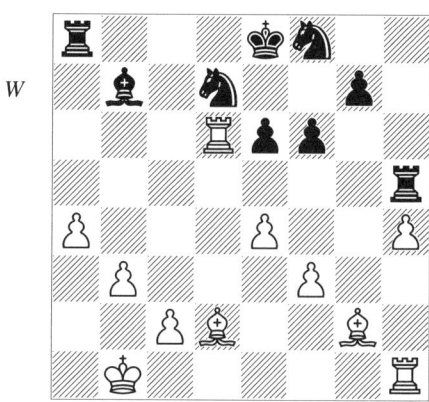

Schwarz versucht den Vorstoß f4 auf andere Art zu verhindern, aber nun findet der weißfeldrige Läufer des Anziehenden kraftvoll ins Spiel zurück.

24 ♗f1!?

Schwarz kann nun nicht mehr mit ...♗a6 Läufertausch anbieten, so dass der Anziehende den Läufer auf sein bestes Feld, nämlich b5, überführen kann. Dabei opfert er seinen h-Bauern, aber unterdessen nimmt der Druck auf die schwarze Stellung fast schon bis zum Unerträglichen zu.

24...g5 25 ♗b5 ♖xh4

Besser scheint 25...gxh4 zu sein, da Weiß dann auf den Freibauern auf der h-Linie aufpassen muss.

26 ♖d1 ♖h3

Möglich ist auch eine passive Verteidigung mit 26...♖h7, aber die weißen Bauern stehen zum Vormarsch bereit.

27 ♗b4 ♗c8 28 ♖1d3 ♔f7 29 ♖c6! ♘e5

Weiß drohte 30 ♗xf8! ♔xf8 31 ♖c7. Jetzt gewinnt Weiß aber nicht nur zwei Figuren für einen Turm, sondern kann mit seinen beiden Läufern auch den Turm a8 zur Aufgabe der Deckung des Läufers zwingen.

30 ♖d8! ♘xc6 31 ♖xf8+ ♔g7 32 ♗xc6 ♖b8 33 ♗d6 ♖xf3 34 e5 ♖f1+ 35 ♔b2 f5 36 ♖e8

♖b6 37 ♖xc8 g4 38 a5 ♖xc6 39 ♖xc6 g3 40 a6 g2 41 ♗c5 1-0

Das nächste Beispiel zeigt, wie gefährlich es für Schwarz sein kann, wenn er sich mit der Hemmung der Freibauern begnügt, ohne anderswo Gegenspiel zu suchen. Es bedarf nur eines einzigen Fehlers, ihn zur Hilflosigkeit zu verurteilen.

Pieper – Diringer
Württembergische Mannschaftsmeisterschaft 1993/94

1 e4 c5 2 ♘f3 e6 3 d4 cxd4 4 ♘xd4 ♘f6 5 ♘c3 d6 6 ♗e3 a6 7 ♕d2 ♕c7 8 f3 ♘bd7 9 g4 ♘e5 10 0-0-0 ♗e7 11 ♔b1 b5 12 ♗d3 ♘c4 13 ♗xc4 ♕xc4 14 b3 ♕c7 15 ♘dxb5 axb5 16 ♘xb5 ♕b8 17 ♘xd6+ ♗xd6 18 ♕xd6 ♕xd6 19 ♖xd6 *(D)*

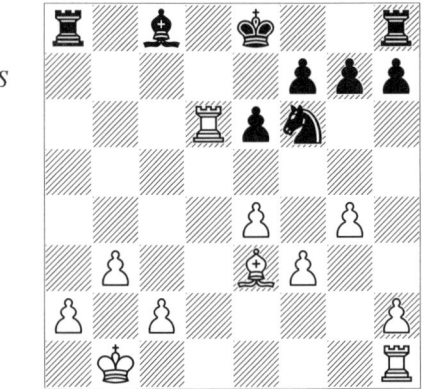

In den bisherigen Beispielen war der weiße e-Bauer durch den f-Bauern gedeckt. Im vorliegenden Fall hätte das Opfer sonst nicht funktioniert, da der Springer f6 dann hier den Bauern e4 hätte schlagen können.

Da Weiß den weißfeldrigen Läufer gegen einen Springer abgetauscht hat, muss er auf zwei neue Möglichkeiten Acht geben: (1) ...♗a6-e2 mit Angriff auf den f-Bauern und (2) bei Aufstellung seiner Bauern auf a4, b3 und c4 kann Schwarz eventuell seinen Läufer für alle drei Bauern opfern. Auf der anderen Seite ist der verbliebene weiße Läufer sehr wirkungsvoll, und die schwarzen Figuren haben sehr wenig Spielraum.

19...0-0 20 ♖hd1 ♗a6 21 g5 ♘h5 22 ♖1d2 ♖fc8

Schwarz konnte seinen Turm und den abseits stehenden Springer mit 22...f6 aktivieren, was aber eine neue Schwäche in seinem Lager erzeugt (den Bauern e6) und den Spielraum der weißen Türme erweitert. In diesem Fall wäre Weiß noch nicht einmal an die Verteidigung des f-Bauern gebunden, da sich nach 23 gxf6 ♖xf6 24 ♗c5! der Bauernraub 24...♖xf3? wegen 25 ♖d8+ ♖xd8 26 ♖xd8+ ♔f7 27 ♖f8+ verbietet.

Schwarz hofft, dass er die weißen Damenflügelbauern im Zaum halten kann.

23 ♔b2 ♔f8 24 c4 ♗b7? *(D)*

Der Läufer stand auf a6 gut, da er den Vorstoß b4 verhinderte und die Möglichkeit eines Opfers auf c4 offen hielt.

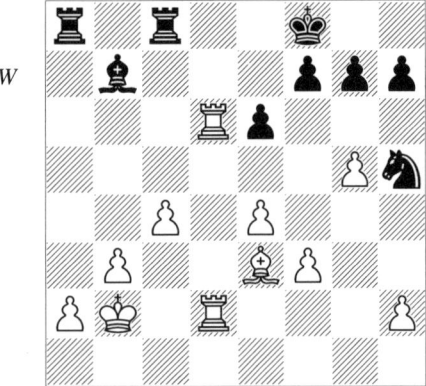

Der gespielte Zug gibt Weiß eine interessante taktische Möglichkeit an die Hand.

25 b4!? ♔e8?

Schwarz lässt sich ins Bockshorn jagen. Die Idee des Weißen bestand darin, 25...♖xc4 mit 26 ♗c5! zu beantworten, was Doppelschach (und Matt) auf d8 droht und den Turm einsperrt. Schwarz muss zur Aufgabe des Turms für den Läufer bereit sein, kann aber selbst ein paar Fallen stellen. Er kann 26...♔e8 spielen, und nun:

a) 27 ♖d1 (damit der Turm nach ♔b3 nicht entkommen kann) 27...♗a6! 28 ♔b3 ♖b8! 29 ♖xa6 ♖xc5 führt zu einem interessanten Endspiel, in dem Weiß für den Springer zwei schöne verbundene Freibauern besitzt.

b) 27 ♖d7 ♖xc5 28 bxc5 ♗d5! 29 ♖d6! ♖xa2+ 30 ♔c3 ♖xd2 31 ♔xd2 gibt Weiß dank seines Freibauern auf der c-Linie einige Gewinnchancen.

In beiden Fällen kann Schwarz hartnäckigen Widerstand leisten. Nach dem Textzug kann Weiß das Vorrücken seines Bauern nach b5 durchsetzen.

26 ♔b3 e5 27 b5 g6 28 ♖d7 ♖cb8?

Nach 28...♖ab8 29 ♗a7 ♗c6 30 ♗xb8 ♖xd7 31 ♗xe5 gewinnt Weiß leicht, aber jetzt ist es sofort aus.

29 ♗c5 1-0

Gegen 30 ♖e7+ gefolgt von einem verheerenden Abzugsschach ist kein Kraut gewachsen.

Aus diesen Beispielen geht hervor, dass der Anziehende im Allgemeinen mit einem derartigen Opfer eines Springers für drei Bauern gut beraten ist. Nicht so klar ist die Sache aber, wenn Weiß sich mit dem Opfer so sehr beeilt, dass sein a-Bauer ungedeckt bleibt und am Ende des Schlagabtauschs von Schwarz geschlagen werden kann.

Kunte – Sashikiran
Nagpur 2002

1 e4 c5 2 ♘f3 d6 3 d4 cxd4 4 ♘xd4 ♘f6 5 ♘c3 a6 6 f3 e6 7 ♗e3 b5 8 g4 ♘fd7 9 ♕d2 ♘b6 10 0-0-0 ♘8d7 11 ♗g5 ♕c7 12 ♘dxb5 axb5 13 ♘xb5 ♕c6 14 ♘xd6+ ♗xd6 15 ♕xd6 ♕xd6 16 ♖xd6 (D)

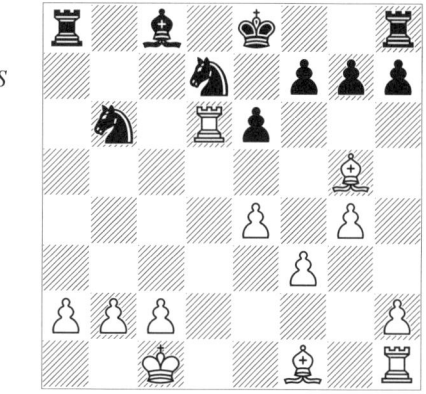

In dieser Stellung riskierten es zwei starke Großmeister nicht, den a-Bauern zu nehmen. In beiden Partien geschah 16...♗a6 17 ♗xa6 ♖xa6 18 a3 h5, und nun:

a) In Ponomarjow-Swidler, FIDE KO, Moskau 2001, folgte 19 gxh5 ♖a5 20 h4 ♘c4 21 ♖c6 ♖c5 22 ♖xc5 ♘xc5 23 b3 ♘xa3 24 h6 gxh6 25 ♗e3 ♘b7 26 ♔b2 ♘b5 27 e5 ♖g8 28 ♗xh6 ♘d4 mit Remis in 46 Zügen.

b) 19 h4 hxg4 20 fxg4 f6 21 ♗e3 ♔e7 22 ♖hd1. Anstelle von 22...♖xh4 23 ♗xb6 (nicht 23 c4 ♘d5! 24 ♖xa6 ♘xe3 mit Vorteil für Schwarz) 23...♘xb6 24 c4 ♖a4 25 ♖xb6 (25 b3 ♖xa3 26 ♔b2 ♘xc4+ 27 bxc4 ♖a7 ist besser für Schwarz) 25...♖xc4+ 26 ♔b1 ♖xe4 27 ♖b7+ ♔e8 28 ♖xg7 ♖hxg4 mit remisem Doppelturmendspiel verlor Schwarz nun in Smirnow-Schipow, Russische Meisterschaft, Elista 2001, mit 22...♖b8? 23 ♖c6 ♖a7 24 ♖dd6 ♖ab7 25 ♖xe6+ einen Bauern und die Partie.

Sashikiran findet einen Plan, der die Verhaftung des a-Bauern rechtfertigt.

16...♖xa2 17 ♔b1 ♖a5

Schwarz lenkt den Läufer von g5 ab, damit er seinen König in Richtung Damenflügel evakuieren kann. In der Partie A.Horvath-Franco, Juniorenweltmeisterschaft, Athen 2001, folgte 17...♖a8, und nach 18 ♗b5 ♖b8 19 ♖hd1 f6 20 ♗e3 ♔e7 21 ♖c6 ♘d5 22 exd5 ♖xb5 spielte Weiß 23 dxe6, wonach Schwarz mit 23...♘e5 24 ♗c5+ ♖xc5! 25 ♖xc5 g5 ausgleichen konnte. Stattdessen hätte Weiß mit 23 c4! ♖b8 (oder 23...♖b3 24 ♖xe6+ ♔f7 25 ♔c2 mit drei stattlichen Bauern für die Figur) 24 dxe6 ♘e5 25 ♗c5+ ♔e8 26 ♖c7 mit starkem Angriff seinen Vorteil festhalten können.

18 ♗d2 ♖a7 19 ♗b5 ♔d8! 20 ♖d1 ♔c7

Dieses Manöver ist zweischneidig, da der König zum Angriffsziel für die vorrückenden weißen Freibauern werden kann. Sashikiran ist ganz im Gegensatz dazu der Ansicht, dass der König die ideale Figur ist, um ihren Vormarsch aufzuhalten.

21 ♗f4 e5 22 ♗e3 ♖b7 23 c4 ♘b8 24 ♔c2 ♗e6 25 ♔c3 ♘c8 26 ♖6d2 ♘a7 27 ♗a4 ♘ac6 28 ♗c5 ♘d4!?

Durch dieses Bauernopfer kann der Nachziehende den gefährlichen schwarzfeldrigen Läufer des Weißen beseitigen und das Spiel diktieren.

29 ♗xd4 exd4+ 30 ♖xd4 g5! 31 h3 h5 32 ♖1d3 hxg4 33 fxg4

Nach 33 hxg4 kann der schwarze Turm sofort in die weiße Stellung eindringen, aber nach dem Textzug verbleibt der Anziehende mit einem rückständigen h-Bauern und einem isolierten e-Bauern.

33...♘a6 34 ♗b5 ♘c5 35 ♖e3 ♖a8 36 e5 ♖b6 37 ♔b4 ♘d7 38 ♖d6?!

Das Bauernopfer beruht vielleicht auf einer Fehleinschätzung, aber wenn Weiß einfach abwartet, kann Schwarz durch Überführung seines Springers nach g6 und f4 den Druck erhöhen.

38...♖xd6 39 exd6+ ♔xd6 40 ♖d3+ ♔c7 41 ♖e3 ♖a1 42 ♗xd7 ♔xd7 43 ♔c5 ♔c7 44 b3 ♖f1 45 ♔b5 ♗d7+ 46 ♔c5 ♖f4 47 b4 ♗e6 48 ♖c3 ♖e4 49 ♔b5

Bei seinem Zug 38 ♖d6 hatte der Anziehende vielleicht nicht erkannt, dass er bald in Zugzwang geraten würde. Hier träfe beispielsweise der Turmrückzug 49 ♖c2 auf die Erwiderung 49...♖e3 50 ♖h2 ♖c3 mit Gewinn des c-Bauern, und 49 b5 ♔b7 50 ♔b4 ♔b6 51 ♖c2 ♖f4 52 ♖c1 ♗d7! (droht 53...♗xb5, da der c-Bauer gefesselt ist) 53 ♔b3 ♔c5 führt zum Verlust des c-Bauern.

In der Partie stellt Weiß seine Bauern auf schwarze Felder. Dort können sie nicht geschlagen werden, aber Schwarz kann sie blockieren und so manövrieren, dass Weiß keine sinnvollen Züge mehr hat.

49...♖e5+ 50 ♔a4 ♔c6 51 c5 ♖e4 52 ♔a5 ♗c4 53 ♖f3 ♖f4 54 ♖e3 ♖f2 0-1

Schwarz droht Matt und erzwingt nach 55 ♔a4 ♖a2+ Turmtausch, wonach er mit seinem Läufer die Bauern am Königsflügel abräumen kann.

♘xb5 gegen den lang rochierten König

In allen bisherigen Beispielen stand der König des Verteidigers zu Beginn in der Mitte. Nach der langen Rochade wird ♘xb5 selten als langfristiges Opfer gespielt, sondern führt entweder zu einem schnellen Sieg oder bringt gar nichts ein.

Das Opfer kann sich als besonders gefährlich erweisen, wenn die Dame des Verteidigers auf c7 steht und nicht viele Fluchtfelder zu Verfügung hat.

G. Mohr – Woskanjan
Cannes 1995

1 e4 c5 2 ♘f3 e6 3 d4 cxd4 4 ♘xd4 ♘f6 5 ♘c3 d6 6 ♗e3 a6 7 f3 ♘c6 8 g4 ♗e7 9 ♕d2 ♕c7 10 0-0-0 b5 11 g5 ♘d7 12 h4 ♘ce5 13 ♕g2 ♗b7 14 ♔b1 ♘b6 15 h5 0-0-0 *(D)*

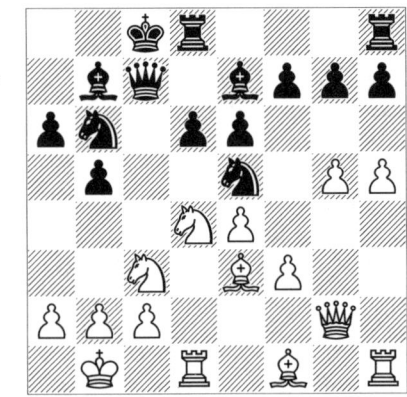

Der Nachziehende will verständlicherweise nicht kurz rochieren, aber jetzt bricht Weiß sofort durch.

16 ♘dxb5 axb5 17 ♘xb5 ♘bc4

Der Springer b6 steht nicht nur der Dame im Weg, sondern kann auch nicht mehr verteidigt werden, da 17...♕c6 18 ♘a7+ die Dame kostet. Schwarz fügt sich ins Unvermeidliche und nimmt für seine Dame so viel Material wie möglich mit, aber die weiße Dame kann sich dank der Abwesenheit ihrer Kontrahentin an die Spitze eines Angriffs auf den exponierten schwarzen Königs setzen.

18 ♘xc7 ♘xe3 19 ♕g1 ♘xd1 20 ♘a6 ♘d7 21 ♕a7 ♗xg5 22 ♗b5 ♘e3 23 ♗xd7+

23 ♗c6! erzwingt Matt.

23...♔xd7 24 ♕xb7+ ♔e8 25 ♕b5+ ♖d7 26 ♘b8 1-0

Zum Abschluss noch ein drastisches Beispiel, in dem Weiß dank einer versteckten Mattdrohung Material gewinnt.

Meijers – Rau
Schwäbisch Gmünd 1998

1 e4 c5 2 ♘f3 d6 3 d4 cxd4 4 ♘xd4 ♘f6 5 ♘c3 a6 6 ♗e3 e6 7 ♕f3 ♕c7 8 0-0-0 ♘bd7 9 ♕h3

♘c5 10 f3 b5 11 a3 ♗b7 12 g4 ♘fd7 13 g5 g6
14 ♔b1 ♘b6 15 ♕g3 0-0-0 *(D)*

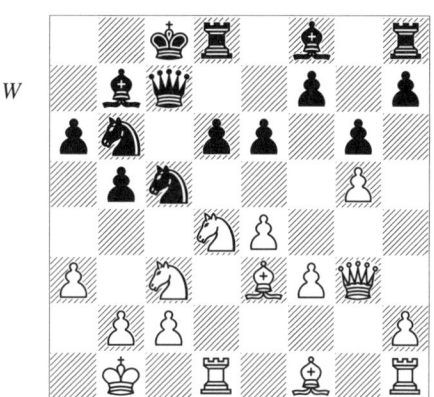

Wieder kommt der Springer b6 der Dame in die Quere.
16 ♘dxb5 axb5 17 ♘xb5 ♕e7
Die Dame musste eigentlich den Springer c5 verteidigen, aber das Feld b6 ist ihr durch den Springer verwehrt und das Feld c6 durch die Gabel ♘a7+.
18 ♗xc5 1-0
In Abwesenheit der Dame wird der Springer nur vom d-Bauern gedeckt. Wenn dieser jedoch zurücknimmt, öffnet sich die d-Linie für den Turm und die Diagonale h2-b8 für die Dame, was 19 ♘a7# ermöglicht.

Übung

Übung 1

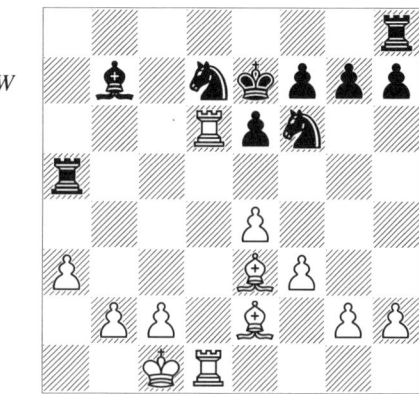

Es hat sich ein Endspiel mit drei Freibauern ergeben. Wie fällt ein Vergleich dieser Position mit den in diesem Kapitel angeführten Stellungen aus, und wie wirken sich etwaige Unterschiede aus? Welche Strategie sollte der Anziehende verfolgen?

2 Abräumen des Damenflügels mit dem Läufer: ♗xb5 im Sizilianer

In diesem Kapitel setzt der Anziehende auf seine Springer und seine Damenflügelbauern. Das Läuferopfer auf b5 im Sizilianer führt häufig zu einem ähnlichen Endspiel mit einer Figur gegen drei verbundene Freibauern wie in den Partien Morosewitsch-Schipow und Arachamia-Grant – Stepowaja Diantschenko aus dem vorhergehenden Kapitel. Es kann aber in krassem Gegensatz dazu auch in der Absicht gespielt werden, den gegnerischen König vom Brett zu fegen. Diese abenteuerlicheren Fälle werden wir uns zuerst ansehen.

♗xb5 zur Beschleunigung eines Angriffs auf den König in der Mitte

Einer der Hauptunterschiede zwischen den Opfern ♘xb5 und ♗xb5 besteht darin, dass der Läufer von seinem Ausgangsfeld aus schlagen kann. Steht die schwarze Dame auf c7, so gewinnt Weiß nach ...axb5 durch Wiedernehmen mit einem Springer auf b5 ein Tempo, und der Königsturm kann von h1 aus unverzüglich ins Spiel eingreifen.

Da Weiß auf diese Art und Weise seine Figuren blitzschnell in drohende Positionen bringen kann, droht er in vielen Partien ♗xb5 als Entwicklungsopfer. Vor oder nach dem Opfer kann der Zentrumsvorstoß e5 geschehen, der für die aggressiv postierten weißen Figuren Linien öffnet.

Picanol – Sulleva
Offenes Vereinsturnier, Cataluña 1999

1 e4 c5 2 ♘f3 d6 3 d4 cxd4 4 ♘xd4 ♘f6 5 ♘c3 a6 6 ♗g5 e6 7 f4 ♗e7 8 ♕f3 ♕c7 9 0-0-0 b5 10 e5 ♗b7 11 ♕g3 dxe5 12 fxe5 ♘h5 13 ♕h4 g6 *(D)*

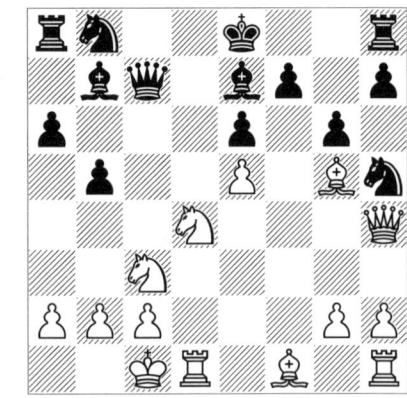

Weiß hat den Hebel e5 schon angesetzt und steht zum Tausch der schwarzfeldrigen Läufer bereit. Er kann nicht daran gehindert werden, einen Springer auf das unangreifbare Feld d6 zu bringen, der von dort aus im Verein mit einem Turm Druck auf den verwundbaren Bauern f7 ausüben kann.

14 ♗xb5+ axb5 15 ♘dxb5 ♗xg5+

In der Partie Matulović-Gereben, Mannschaftseuropameisterschaft, Bath 1973, geschah 15...♕c5 16 ♗xe7 ♕xe7 17 ♘d6+ ♔f8 18 ♕xe7+, wonach Weiß seine Figur zurückgewann und eine Gewinnstellung erreichte. Der Partiezug rettet die Figur, verliert aber den König.

16 ♕xg5 ♕b6 17 ♘d6+ ♔f8 18 ♖hf1 ♗d5 19 ♖xf7+ ♔g8 20 ♕e7 ♘c6 21 ♖g7+! 1-0

Es folgt Matt im nächsten Zug.

Die Dinge gestalten sich nur selten so einfach für Weiß, aber wenn Schwarz nicht vorsichtig ist, kann seine Königsstellung schnell aus den Fugen geraten.

Dueball – Minić
*Internationale Deutsche Meisterschaft,
Mannheim 1975*

1 e4 c5 2 ♘f3 d6 3 d4 cxd4 4 ♘xd4 ♘f6 5 ♘c3 a6 6 ♗e3 e6 7 f4 ♗e7 8 ♕f3 ♕c7 9 0-0-0 b5 10 e5

In seinem 1974 erschienenen Buch *Sacrifices in the Sicilian* weist Levy darauf hin, dass 10 ♗xb5+ verfrüht ist. Nach 10...axb5 11 ♘dxb5 kann Schwarz 11...♕b7 spielen, wonach 12 e5 ♘d5 13 ♘xd5 exd5 14 ♕xd5 ♕xd5 15 ♖xd5 ♗e6 zu einer Stellung führt, in der die weißen Bauern die Figur nicht aufwiegen.

10...♗b7 *(D)*

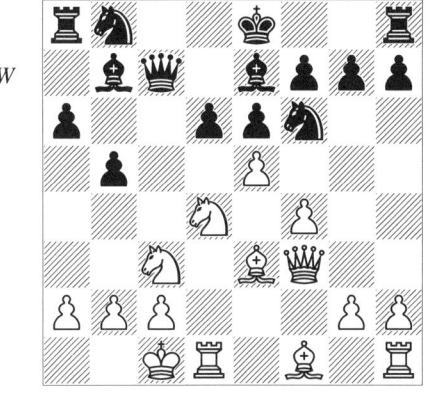

11 ♗xb5+
Dueball spielt das Opfer jetzt, da der Läufer der Dame das Feld b7 genommen hat.
11...axb5 12 ♘dxb5 ♕c8
Am besten ist laut Levy 12...♕xc3, wonach Weiß mit 13 ♕xb7 ♕xe3+ 14 ♔b1 0-0! 15 exf6 ♗xf6 16 ♕xa8 die Qualität gewinnt und seine Bauern intakt halten kann. Auf der anderen Seite hat Schwarz Gegenspiel gegen den weißen König.
13 ♕g3 dxe5 14 fxe5 ♘h5
Danach bleibt der Springer am Brettrand kleben, aber 14...♘fd7 15 ♕xg7 ist sehr unangenehm für den schwarzen König.
15 ♕h3 g6 16 ♗h6!
Das ist die Pointe von Dueballs Spielführung. Mit diesem simplen Zug verschwinden auf einen Schlag das Rückzugsfeld des Springers und die Aussichten des Königs, durch die Rochade aus der Gefahrenzone zu entfleuchen.

16...♗c6 *(D)*
In Dueball-Ree, Bad Pyrmont 1970, folgte 16...♘c6 17 ♖he1 (noch besser erscheint 17 ♘e4, da die Drohung ♘(beliebig)d6+ tödlich ist) 17...♘b4 18 a3 ♘d5 19 ♘d6+ ♗xd6 20 exd6 ♖xa3 (Verzweiflung, aber sonst wird der Springer bald mit g4 abgeholt; auf 20...♘hf6 gewinnt 21 d7+ gefolgt von ♗g7 Material) 21 d7+ ♕xd7 22 bxa3 f5 23 ♘xd5 ♗xd5 24 ♕c3 ♖g8 25 g4 fxg4 26 ♕e5 1-0.

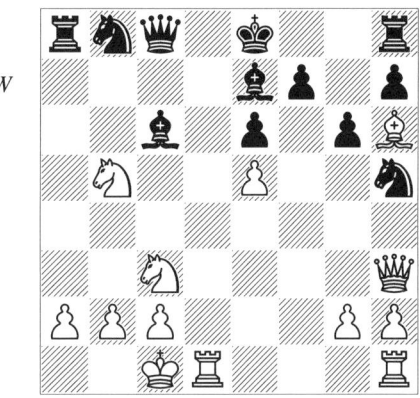

Minics Zug verhindert 17 ♘e4 und bereitet den Abtausch eines der gefährlichen Springer vor.
17 ♖hf1
Konsequenter ist 17 ♘d6+ ♗xd6 18 ♖xd6. Danach garantiert die Drohung 19 ♖hd1 gefolgt von 20 g4 dem Anziehenden den Rückgewinn der Figur, ohne dem Schwarzen Gegenspiel am Damenflügel einzuräumen.
Die beste schwarze Antwort scheint 18...♘d7 zu sein. Darauf kann Weiß die Bedrohung seines e-Bauern ignorieren und mit 19 ♖hd1 ♘xe5 20 g4 ♗f3!? (nach 20...f5 21 gxh5 ♘f7 22 ♗g7 verbleibt Weiß mit einem Mehrbauern und Angriff) 21 ♖d8+ ♕xd8 22 ♖xd8+ ♖xd8 23 gxh5 fortfahren, wonach Läufer, Springer und Turm h8 des Nachziehenden zu anfällig sind. Nach der weiteren Folge 23...♖g8 24 ♕g3! (fesselt den g-Bauern und greift Springer und Läufer an) 24...f6 25 ♗f4 erobert Weiß das wertvolle Feld e5 und kann unbesorgt seine Damenflügelbauern vorrücken.
Der Textzug gibt Schwarz gefährliches Gegenspiel.
17...♕b7

Nach 17...♗xb5 18 ♘xb5 ♖xa2 verfügt der Anziehende über 19 ♔b1 ♖a6 (19...♖a5 erlaubt 20 ♕f3! f5 21 exf6 ♘xf6 22 ♘d6+! ♗xd6 23 ♕xf6 ♔d7 24 ♗f4 mit Materialgewinn) 20 g4 mit Rückgewinn des Springers bei anhaltendem Angriff.

Eine Alternative für Schwarz ist 17...♘d7 mit der Absicht 18 g4 ♗xb5 19 ♘xb5 ♖xa2 20 ♔b1? (nötig ist 20 gxh5) 20...♖a5, wonach 21 ♘d6+ ♗xd6 22 ♖xd6 auf 22...♕a8! mit starkem Gegenangriff trifft, während 21 ♕f3 sowohl an 21...♘xe5 als auch an 21...f5 scheitert. Weiß sollte besser 18 ♘d6+ ♗xd6 spielen, wonach sowohl 19 exd6 als auch 19 ♖xd6 zu kompliziertem Spiel führen.

Eine weitere interessante Idee ist 17...♖xa2!? 18 ♘xa2 ♗xb5 mit Beseitigung des gefährlichen Springers.

Mit dem Textzug setzt Schwarz sofort den Springer b5 unter Druck.

18 ♕d3 ♘d7 19 g4 *(D)*

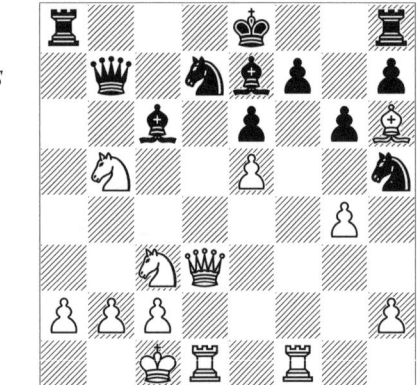

19...♘xe5

Mit 19...♖xa2!? kann Schwarz Komplikationen vom Zaun brechen. Danach kann folgen:

a) 20 ♘xa2 ♗xb5 21 ♕f3 ♕xf3 22 ♖xf3 ♗e2 mit ungefährem Ausgleich.

b) Das faszinierende Abspiel 20 ♘c7+ ♕xc7 21 ♘xa2 ♘xe5!? 22 ♕c3 ♘f6 23 ♗g7 ♘e4! sieht Schwarz mit zwei Qualitäten im Hintertreffen, aber sein lebhaftes Figurenspiel sichert ihm gutes Spiel.

Mit dem Textzug gibt Schwarz seinen materiellen Mehrbesitz zurück, ohne den weißen Angriff aufzuhalten.

20 ♕d4 f6

Keine Erleichterung bringt 20...♕b8 21 a4 ♘f6 22 ♗g7 ♘f3, da Schwarz nach 23 ♖xf3 ♗xf3 24 ♗xf6 ♗xd1 25 ♗xh8 seinen Läufer nicht mit 25...♗f3? retten kann, weil Weiß dann mit 26 ♗e5 zumindest die Qualität zurückgewinnt. Der Nachziehende setzt daher auf Gegenangriff.

21 ♘d6+ ♗xd6 22 ♕xd6 ♗d7 23 ♖xf6!

Die Idee des Schwarzen bestand in 23 gxh5 ♘c4 mit Angriff auf die Dame und Mattdrohung auf b2. Die weiße Erwiderung droht Matt auf f8 und führt zu einer Stellung, in der Weiß zwei Bauern für die Qualität und gefährlichen Angriff auf den schwarzen Feldern besitzt.

23...♘xf6 24 ♖xe5 0-0-0 25 ♕xf6 ♖he8 26 ♗g5 ♖f8 27 ♕e5 ♖de8 28 ♘e4 ♕c7 29 ♘d6+ ♔b8 30 ♕d4 ♕a5 31 ♗d2 ♕xa2 32 ♕b6+ 1-0

Im nächsten Beispiel sieht sich Schwarz wegen der Besetzung von d6 durch den Anziehenden und der weißen Drohungen auf der f-Linie zu ...f6 veranlasst, womit er seinen König einem vernichtenden Feuer auf den offenen Linien aussetzt.

Kornejew – Annakow
Moskau 1995

1 e4 c5 2 ♘f3 e6 3 d4 cxd4 4 ♘xd4 a6 5 ♗d3 ♘f6 6 0-0 d6 7 f4 ♘bd7 8 ♔h1 ♗e7 9 ♕e2 ♕c7 10 ♘d2 b5 11 ♘2f3 ♗b7 12 e5 dxe5 13 fxe5 ♘d5 14 ♗g5 ♘c5 *(D)*

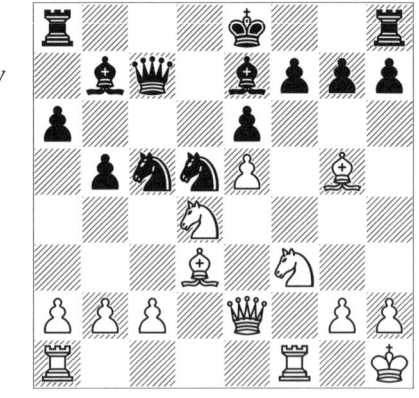

Da der Abtausch der schwarzfeldrigen Läufer unvermeidlich ist, kann sich ein weißer Springer auf eine rosige Zukunft auf d6 freuen.

15 ♗xb5+ axb5 16 ♘xb5 ♕b6 17 c4 ♘c7

Nach 17...f6 kann Weiß sich mit 18 cxd5 fxg5 19 d6 einen weit vorgerückten Freibauern verschaffen. Auch nach dem natürlichen Zug 17...♗a6 ist Schwarz in Schwierigkeiten, da nach 18 ♗xe7 ♔xe7 19 ♘fd4 ♗xb5 20 ♘xb5 die weiße Dame von f2, g4 oder h5 auf dem Königsflügel Unheil anrichten kann.

18 ♗xe7 ♔xe7 19 ♘d6 f5!?

Schwächt die Stellung weiter, aber Schwarz muss seinem König etwas Luft verschaffen.

20 exf6+! gxf6 (D)

20...♔xd6 verliert hübsch wegen 21 ♖ad1+ ♘d5 (nicht 21...♔c6 22 ♘e5#) 22 fxg7 ♖hg8 (oder 22...♖hd8 23 cxd5 ♗xd5 24 ♘e5 mit zwei drohenden Springergabeln) 23 ♕e5+ ♔d7 24 cxd5 ♗xd5 25 ♖xd5+! exd5 26 ♕xd5+ ♔c7 27 ♕f7+ ♘d7 28 ♖c1+ ♔b7 29 ♕xd7+ ♔b8 30 ♕f7, und Schwarz verliert mindestens einen Turm.

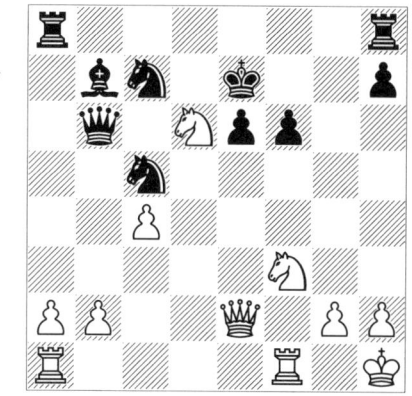

21 ♖ad1 ♘e8

Die weißen Springer drohen über die fünfte Reihe Ärger zu machen; z. B. 21...♖xa2 22 ♘f5+, und nun:

a) 22...♔f7 erlaubt 23 ♘e5+! fxe5 24 ♕h5+ ♔f8 25 ♕h6+ ♔e8 26 ♘g7+ ♔e7 27 ♕g5#.

b) 22...♔e8 erlaubt immer noch 23 ♘e5! h5 (oder 23...♗xg2+ 24 ♕xg2 exf5 25 ♕g7 mit entscheidenden Drohungen) 24 ♘d6+, wonach Weiß zwingend durch eine Springergabel einen Turm gewinnt.

c) Hartnäckiger ist 22...♔f8, aber der Anziehende verfügt über 23 ♕d2 ♘e8 (oder 23...exf5 24 ♕d8+ ♔g7 25 ♕e7+ ♔h6 26 ♖d6 ♕xd6 27 ♕xd6 mit ungefährem materiellem Gleichstand

und starkem Angriff) 24 ♕h6+ ♔g8 25 ♘e7+ ♔f7 26 ♘c8! (lenkt den Läufer vom Angriff auf g2 ab, da 26 ♘e5+? ♔xe7 27 ♖xf6? ♗xg2+! 28 ♔xg2 ♕xb2+ für Schwarz gewinnt) 26...♖xc8 27 ♘e5+ ♔e7 28 ♖xf6! ♗d7 29 ♖f7+ ♔d8 30 b4! mit Kollaps von d7.

22 ♘xb7 ♘xb7 (D)

Da dies hübsch verliert, lautet das kritische Abspiel 22...♕xb7 23 ♕e3 ♘e4 (nicht 23...♖c8 24 ♘d4 ♕e4 25 ♕h3 mit der Drohung 26 ♖fe1 und Durchbruch auf e6), wonach Schwarz gut mitmischen kann.

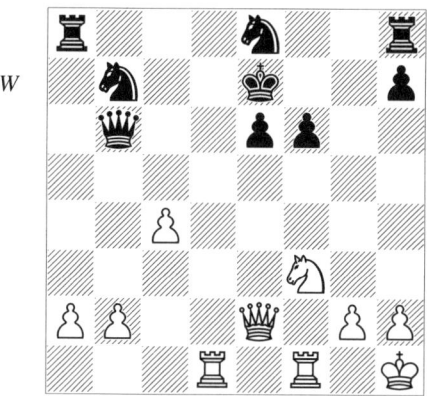

Auf b7 verliert der Springer die Kontrolle über das Feld e4 und ist für taktische Tricks anfällig. So verliert zum Beispiel nach dem nächsten weißen Zug die Antwort 23...♕xb4 wegen 24 ♖b1 einen Springer.

23 b4! ♘d8 24 ♘e5! ♖a7

Nach 24...fxe5 25 ♕e4! greift die Dame den Turm an und droht außerdem Matt in zwei Zügen mit 26 ♕h4+.

25 c5 ♕xb4 26 ♕d3 ♖a8

26...♕b8 verliert wegen 27 ♕xd8+! ♕xd8 28 ♘c6+, wonach Weiß die Figur zurückgewinnt, ohne die Kontrolle über die Stellung zu verlieren.

27 ♕f3 fxe5

Die Ablehnung des Springers mit 27...♖a7 verliert wegen 28 ♖xd8! fxe5 29 ♖dd1 ♕f4 30 ♕d3 ♕d4 31 ♕g3 ♕xc5 32 ♕g5+ nebst Matt.

Da der schwarze König auf e7 durch die beiden weißen Türme und seine eigenen Springer eingeengt wird, ist es nur eine Frage der Zeit, wann die weiße Dame den tödlichen Schlag anbringen kann.

28 ♕xa8 ♘f6 29 c6 ♕c5 30 c7 ♕xc7

30...♘f7 31 ♕f3 mit einfachem Gewinn. Jetzt kommt noch ein hübsches Finale.

31 ♕a3+ ♔f7 32 ♕f3 ♕e7 33 ♖d7! 1-0

Nach 33...♕xd7 34 ♕xf6+ folgt Matt in wenigen Zügen.

Auch wenn Weiß keinen großen Entwicklungsvorsprung hat, kann ein Springer auf d6 die gesamte Stellung dominieren.

Jimenez – Colon
Mar del Plata 1962

1 e4 c5 2 ♘f3 d6 3 d4 cxd4 4 ♘xd4 ♘f6 5 ♘c3 a6 6 ♗g5 e6 7 f4 ♗e7 8 ♕f3 ♕c7 9 0-0-0 ♘bd7 10 g4 ♖b8 11 ♗xf6 ♗xf6 12 g5 ♗xd4 13 ♖xd4 b5 14 a3 ♗b7 (D)

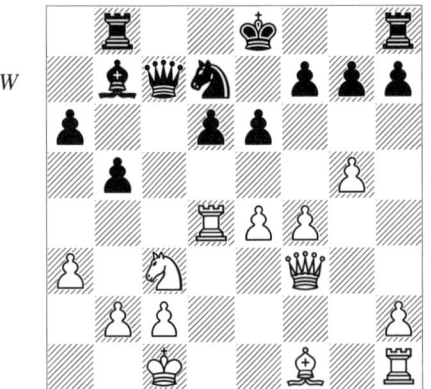

15 ♗xb5 axb5 16 ♘xb5 ♕b6 17 ♘xd6+ ♔e7

Da die Dame-Turm-Batterie des Nachziehenden auf der b-Linie eine potentielle Gefahr für den weißen König darstellt, erwartet man hier vielleicht 18 ♕c3, wonach 18...♕c6 19 ♕xc6 ♗xc6 ein Endspiel herbeiführt, das wir uns bald näher ansehen werden. Mit dem Riesenspringer auf d6 sind jedoch fast alle Felder um den schwarzen König verwundbar, und mit seinen vorgerückten Bauern hat Weiß das Potential für einen Mattangriff. Daher behält der Anziehende lieber die Damen auf dem Brett.

18 ♖hd1 ♗c6

Es drohte 19 ♘c4 mit Angriff auf die schwarze Dame, Deckung des b-Bauern und Abzugsangriff auf den Springer d7. Der Nachziehende kann beide Drohungen mit dem cleveren Schlag 18...♗d5 mit der Idee 19 exd5 ♕xb2+ 20 ♔d2 ♕xd4+ parieren, aber Weiß kann stärker 19 ♕c3 ♗xd6 20 exd5 e5 21 ♖c4 nebst ♖c6 und ♖e1 mit starkem Angriff spielen.

19 ♕c3 ♖hd8

Schwarz kann gegen den kommenden Angriff auf die Dame mit Abzugsangriff auf den Bauern g7 durch die weiße Dame nicht viel unternehmen. 19...f6 schwächt lediglich das Feld e6 und erlaubt 20 ♖c4 ♗a8 21 gxf6+ gxf6 22 ♖c7 ♖hd8 23 f5 nebst ♕c4 mit entscheidenden Drohungen.

20 ♖b4 ♕c7 21 ♖c4 ♕b6 22 ♕xg7

Die Partie ist im Grunde gelaufen, da Weiß nicht nur vier Bauern für die Figur, sondern darüber hinaus nach 22...♖f8 23 f5 auch noch vernichtenden Angriff hat. In seiner Verzweiflung gab Schwarz nun die Dame:

22...♕xd6 23 ♖xd6 ♔xd6

Danach setzte sich das materielle Übergewicht des Anziehenden bald durch.

♗xb5 zur Exponierung des Königs auf dem Damenflügel

Wenn Schwarz im Sizilianer nach geschehenem ...a6 und ...b5 lang rochiert, riskiert er natürlich ein Opfer auf b5. Danach gerät oft nicht nur der König in Schwierigkeiten, sondern auch die Dame und alle anderen im Weg stehenden Figuren.

Leko – Raychman
Sydney 1992

1 e4 c5 2 ♘f3 d6 3 d4 cxd4 4 ♘xd4 ♘f6 5 ♘c3 a6 6 ♗e3 e6 7 f4 ♕c7 8 ♕f3 ♗e7 9 g4 ♘c6 10 g5 ♘d7 11 0-0-0 b5 12 ♗d3 ♗b7 13 ♔b1 ♘a5 14 ♕h3 0-0-0 (D)

Auf dem Damenflügel stehen sich die Figuren des Schwarzen gegenseitig auf den Füßen. Zwei Springer, ein Läufer, ein Turm und der König stehen alle der schwarzen Dame im Wege.

15 ♗xb5 axb5

Schwarz sollte das Opfer ablehnen und mit einem Bauern weniger weiterspielen.

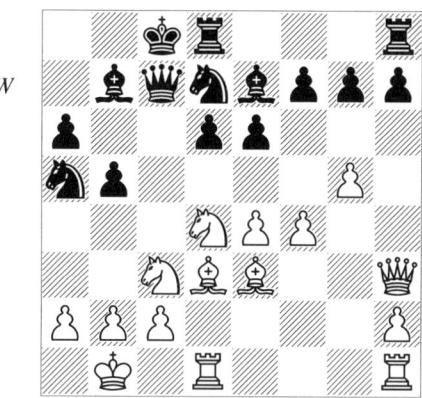

16 ♘dxb5 ♕c4

Nach 16...♕b8 gehen dem schwarzen König die Felder aus (17 ♘a7+ ♔c7 18 ♘cb5#), während Weiß nach 16...♕c6 die Gabel 17 ♘a7+ hat.

17 b3 ♘xb3

Nach 17...♕b4 fängt 18 a3 die Dame.

18 axb3 ♕b4 19 ♖d4 1-0

Nach 19...♕a5 20 ♖a4 ist ihre Majestät am Ende.

Im nächsten Beispiel gewinnt Weiß durch zwei Gabeldrohungen das geopferte Material mit Zinsen zurück.

Hartman – Svensson
Göteborg 1998

1 e4 c5 2 ♘f3 d6 3 d4 cxd4 4 ♘xd4 ♘f6 5 ♘c3 a6 6 ♗g5 e6 7 f4 ♘bd7 8 ♕f3 ♕c7 9 0-0-0 b5 10 ♗d3 ♗b7 11 ♖he1 0-0-0 12 a3 ♗e7 13 ♕e2 ♘c5 *(D)*

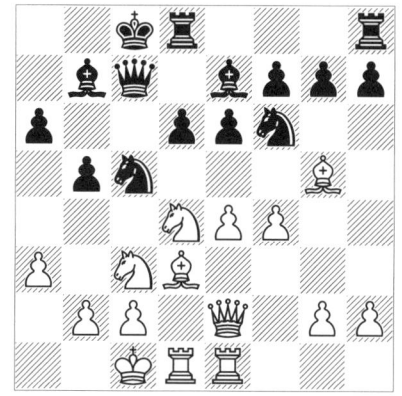

Von ausschlaggebender Bedeutung ist in dieser Stellung, dass Weiß durch den Folgevorstoß e5 Läufertausch auf e7 erzwingen und das Feld d6 für einen Springer sichern kann und dass es dem Springer c5 an guten Feldern mangelt.

14 ♗xb5! axb5 15 ♘dxb5 ♕b6

Schwarz konnte die listige Variante 15...♕d7 16 e5 ♘d5!? 17 ♘xd5 ♗xd5 18 ♗xe7 ♕xe7 19 c4 ♗e4 versuchen und auf 20 ♘xd6+? ♖xd6! hoffen, wonach 21 exd6? ♘b3# zum Matt führt und auch 21 ♖xd6 ♖d8! (droht 22...♘b3+) unbequem für Weiß ist. Nach 20 ♕e3! dxe5 21 ♘d6+! ♖xd6 22 ♕xc5+ ♕c7 23 ♕xc7+ ♔xc7 24 ♖xd6 ♔xd6 25 ♖xe4 sollte das Endspiel jedoch für Weiß gewonnen sein.

16 e5 dxe5 17 fxe5 ♘d5

17...♖xd1+ 18 ♖xd1 ♘d5 19 ♗xe7 ♘xe7 sieht sicher aus, aber nach 20 b4 muss Schwarz die Figur zurückgeben und hoffen, das Endspiel zu überleben, da 20...♘d7 wegen 21 ♘a4! ♕a6 22 ♖xd7! ♔xd7 23 ♘c5+ mit Aufgabelung von König und Dame hübsch verliert.

18 ♗xe7 ♘xe7 19 b4 ♔b8

Das Problem des Schwarzen besteht darin, dass 19...♘d7 wegen 20 ♘d6+ ♔b8 21 ♘xf7 mit Aufgabelung der Türme Material verliert.

20 bxc5

Weiß könnte seinen Angriff mit 20 ♖d6!? fortsetzen, ist aber mit der Überleitung in ein gewonnenes Endspiel zufrieden.

20...♕xc5 21 ♖xd8+ ♖xd8 22 ♕e3 ♖c8 23 ♔b2 ♘f5 24 ♕xc5 ♖xc5 25 g3 h5 26 a4,

und Weiß gewann das Endspiel mit seinem Mehrbauern.

Im nächsten Abschnitt werden wir Stellungen unter die Lupe nehmen, in denen Weiß nach dem Läuferopfer auf b5 den Bauern d6 schlägt, wobei oft die Damen getauscht werden. Man könnte annehmen, dass der schwarze König in derartigen Stellungen auf dem Damenflügel sicher ist, aber das muss nicht unbedingt der Fall sein.

Darga – Bertok
Bled 1961

1 e4 c5 2 ♘f3 d6 3 d4 cxd4 4 ♘xd4 ♘f6 5 ♘c3 e6 6 g4 a6 7 g5 ♘fd7 8 ♗e3 ♘c6 9 ♕d2 ♕c7 10 0-0-0 b5 11 f4 ♗b7 12 ♖g1 ♘c5 *(D)*

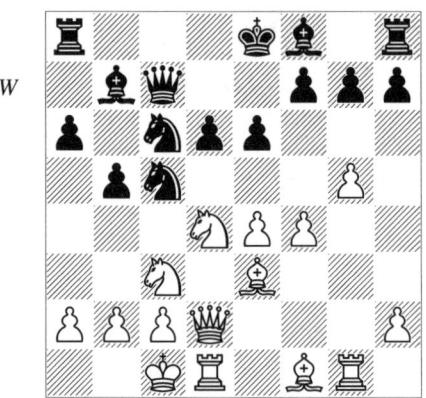

Wieder erweist sich der Springer c5 für den Nachziehenden als Klotz am Bein, da Weiß dessen verwundbare Stellung ausnutzen kann, um Zeit für seinen Angriff zu gewinnen.

13 ♗xb5 axb5 14 ♘dxb5 ♕d8 15 ♘xd6+ ♗xd6 16 ♕xd6 ♕xd6 17 ♖xd6 ♘d7

Mit 17...♘a4 würde der Springer vom Regen in die Traufe geraten. Nach 18 ♘b5 droht Weiß mit Turmgewinn durch 19 ♘c7+ und Springergewinn durch 19 b3. Nach 18...♖a5 19 ♘c7+ hat der schwarze Turm kein sicheres Feld, so dass Weiß bei passender Gelegenheit mit dem Vorstoß b4 Material gewinnen wird.

18 ♖gd1 0-0-0

Vernünftiger ist 18...♖d8 nebst 19...♔e7. Nun geht Weiß sofort zum Angriff auf den rochierten König über.

19 ♘b5 ♖hf8

Weiß beabsichtigte 20 ♖6d2! mit der Drohung 21 ♘d6+ nebst entweder 22 ♘xf7 (mit Qualitäts- und Bauerngewinn) oder 22 ♘xb7 (mit Figurengewinn).

20 ♖1d3 ♗a8

Und schon kann Schwarz sich kaum noch rühren. Die beste Verteidigung ist vielleicht 20...♘db8 21 ♗b6 ♖d7 (nicht 21...♖xd6 22 ♘xd6+, und der König kann den Läufer nicht verteidigen) 22 ♖c3 (mit der Drohung 23 ♘a7#) 22...♗a8, aber seine im Rückzug begriffenen Figuren bieten ein Bild des Jammers.

Nach dem Partiezug kann Weiß die gleiche Stellung wie nach seinem vorhergehenden Zug herbeiführen, aber mit dem Unterschied, dass sein Turm auf dem wichtigen Feld c3 steht.

21 ♖a3 ♗b7 22 ♖c3 ♘db8 23 ♘a7+ ♔c7 24 ♘b5+ ♔c8 25 ♗b6

Mit dem Turm auf c3 gewinnt dieser Zug die Qualität, wonach Weiß die Partie bequem gewann.

Das Endspiel mit einer Figur gegen drei verbundene Freibauern

Dieses Endspiel ist in der Meisterpraxis häufig vorgekommen. In meiner Datenbank taucht es über 100-mal auf. Es lohnt eine ausführliche Untersuchung, da die Erforschung seiner Geheimnisse die Chancen des Lesers sowohl als Angreifer als auch als Verteidiger erheblich verbessern sollte. Als Modell werden wir eine Eröffnungsvariante nehmen, die öfter als alle anderen zu diesem Endspiel geführt hat.

L. Milov – Lendwai
Oberwart 1994

1 e4 c5 2 ♘f3 d6 3 d4 cxd4 4 ♘xd4 ♘f6 5 ♘c3 a6 6 ♗g5 e6 7 ♕f3 ♘bd7 8 0-0-0 ♕c7 9 ♕g3 b5 (D)

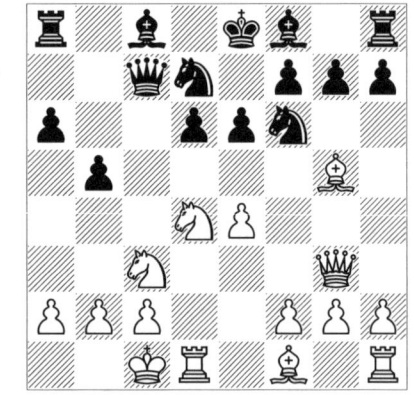

10 ♗xb5

Dieses Figurenopfer wurde erstmals in den 1930er Jahren von Rauser gespielt.

10...axb5 11 ♘dxb5 ♕b8

Dies führt zum Damentausch. Es kann für Schwarz gefährlich sein, dem Tausch auszuweichen, z. B.:

a) 11...♕c5 12 ♗e3 ♕c6 13 ♘xd6+ ♗xd6 14 ♖xd6 ♕b7 15 e5, und nun:

a1) In Werner-Beljawski, Grosny 1969, geschah 15...♘h5 16 ♕g4 g6 17 ♖xe6+ fxe6 18 ♕xe6+ ♔f8 19 ♗h6+ ♘g7 20 ♘d5 mit gewaltigem Angriff.

a2) 15...♘e4 16 ♕xg7 ♖f8, und nun mag 17 ♖xd7 viel versprechend erscheinen, aber nach 17...♖xd7 18 ♘xe4 ♕xe4 19 ♗c5 0-0-0 20 ♗xf8 ♗a4 21 b3 ♖d2!! 22 ♗xd2 ♕d4+ kann der weiße König den Schachgeboten nicht entkommen: 23 ♔e2 (23 ♔c1 ½-½ Kuipers-Balcerak, Glorney-Cup (Juniorenmannschaftsturnier) 1995) 23...♕e4+ 24 ♔f1 ♗b5+ 25 c4 ♗xc4+! 26 bxc4 ♕xc4+. Wenn diese Variante tatsächlich zum Remis führt, kann Weiß 17 ♘xe4 ♕xe4 18 ♖hd1 probieren. Er verliert zwar den a-Bauern, hat aber immer noch zwei verbundene Freibauern und gutes Spiel auf den schwarzen Feldern.

b) Schwarz kann auch mit 11...♕a5 *(D)* die Damen auf dem Brett behalten.

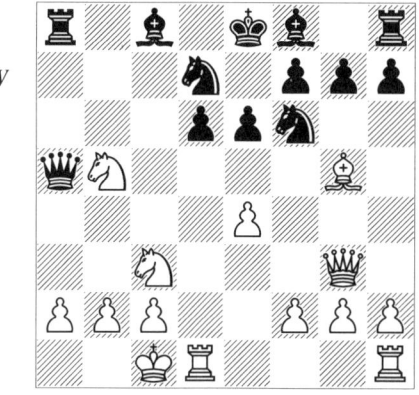

Nun kann folgen:

b1) 12 ♖xd6?! ist nicht überzeugend:

b11) 12...♘xe4? 13 ♘c7+ ♕xc7 14 ♖xe6+ fxe6 15 ♕xc7 ♘xg5 16 h4! ♗e7 (nicht 16...♘f7 17 ♕c6 mit Rückgewinn der Figur) 17 hxg5 ♗xg5+ 18 f4 ♗f6 (nicht 18...♗h6 19 g4 mit Gewinn des Läufers) 19 ♘e4 0-0 20 ♖d1 ist gut für Weiß.

b12) 12...♗xd6! 13 ♕xd6 ♖b8 14 e5 ♖xb5 15 exf6 gxf6 16 ♘xb5 ♕xb5 17 ♗e3 ♗b7 18 ♖d1 ♗xg2 19 ♕g3?! (19 ♕c7! ♕c6 20 ♖xd7 ♕xd7 21 ♕b8+ macht remis) 19...♗d5, und Weiß hat nur einen Bauern für die Figur. Das sollte mit Sicherheit nicht genug sein, aber nach 20 b3 ♔e7 21 ♕c7 ♖a8 22 c4 ♕c6 23 ♕xc6 ♗xc6 24 ♔b2 ♖g8 25 b4 ♖g4 26 ♔c3 ♘e5 27 f4 ♘g6 28 b5 ♗g2 29 a4 e5 30 a5 ♘h4? verpasste Weiß in der Partie Lilienthal-Kotow, Moskau 1942, den Gewinn mittels 31 ♗c5+ ♔e6 32 ♖d6+ ♔f5 33 a6 ♖g8 34 b6 und verlor am Ende die Partie.

b2) Vor dem Schlagen des d-Bauern ist 12 ♗xf6 möglich:

b21) 12...♘xf6 13 ♖xd6 ♘xe4 (13...♗d7!?) 14 ♘c7+ ♕xc7 15 ♖xe6+ ♔d7? (mit 15...♗xe6 16 ♕xc7 ♖c8 kann Schwarz sich halten) 16 ♖d1+ ♘d6 17 ♘b5? (17 ♖exd6+ nebst 18 ♘b5 gewinnt schnell) 17...♕c5? (nach 17...fxe6 steht Schwarz gut) 18 ♘xd6 ♔xe6 19 ♕b3+ ♔e5 20 f4+ ♔xf4 21 ♕g3# (1-0) Grankin-Gutkin, Lettische Meisterschaft 1968.

b22) 12...gxf6 13 ♖xd6 ♗xd6 14 ♕xd6 ♖b8 15 b4 ♕b6 ist vollauf zufrieden stellend für Schwarz.

b3) 12 ♘xd6+ führt zu einem typischen Endspiel: 12...♗xd6 13 ♖xd6 ♘h5 14 ♕h4 h6 15 ♗e3 ♘hf6 16 f3 ♖b8 17 ♖d4 ♕b6 18 ♘a4 ♕b5 19 b3 e5 20 ♖c4 ♕a5 21 ♕e1 ♕a8 (vermeidet stur den Damentausch, aber letztendlich wird er keine Wahl haben) 22 ♕g3 ♗a6 23 ♖c7 ♗b5 24 ♘c3 ♕a5 25 ♘xb5 ♕xb5 26 ♖d1 ♕a5 27 ♖a7 ♕c3 28 ♖d3 ♕a1+ 29 ♔d2 ♖c8 30 c4 g5 31 ♔c2! (droht Damenfang mit 32 ♖d1 und erzwingt so den Damentausch) 31...♕f1 32 ♕f2 ♕xf2+ 33 ♗xf2 (der Läufer ist sehr stark, so lange die Bauern sich nicht auf schwarzen Feldern festsetzen lassen) 33...♘b8 34 ♔c3 0-0 35 ♖d6 ♔g7 36 b4 ♘e8 37 ♖b6 ♘c6 38 ♖d7 ♘b8 39 ♖db7 ♘c6 40 ♗c5 ♖g8 41 a4 ♘d8 42 ♖b8 ♖xb8 43 ♖xb8 ♘e6 44 ♗e7 f6 45 c5 ♔f7 46 ♖b7 ♔g6 47 ♗d6 ♘8g7 48 ♔c4 ♖a8 49 a5 ♘d4 50 ♖b8 ♖a7 51 ♖b6 ♘ge6 52 a6 g4 53 fxg4 ♔g5 54 b5 ♔f4 55 ♖b7 ♖a8 56 ♖f7 ♔xe4 57 ♖xf6 1-0 Rauser-Makogonow, Meisterschaft der UdSSR, Leningrad 1934.

12 ♘xd6+ ♗xd6 13 ♕xd6 ♕xd6 14 ♖xd6 *(D)*

14...h6

Die Partie Van Riemsdijk-Silva, Zonenturnier, Tramandai 1978, lieferte ein weiteres Beispiel für die Risiken, die eine zu frühe Postierung des Königs auf dem Damenflügel in diesem Endspieltyp mit sich bringt: 14...♗b7 15 ♖hd1 0-0-0 16 f3 h6 17 ♗h4 ♘e5 18 ♘b5 ♘c6 19 ♗f2 ♖b8 (19...♘d7 verliert wegen 20

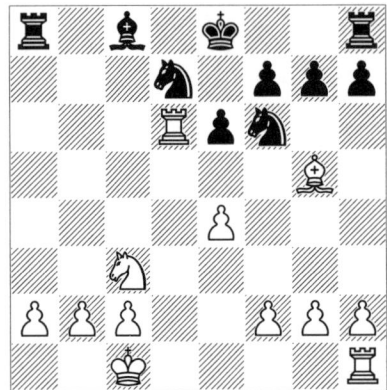
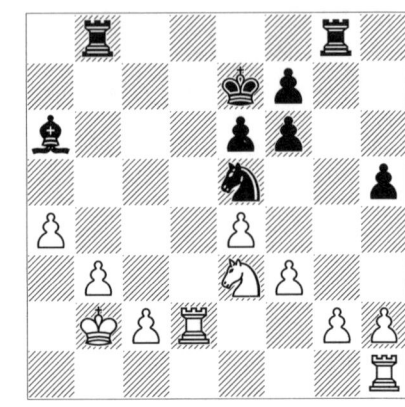

Xxc6+ &xc6 21 ᐁd6+ &c7 22 ᐁxf7 einen Bauern) 20 &g3 &a8 21 ᐄ1d3 ᐄxd6 22 ᐄa3+! &b8 23 ᐁxd6 e5 24 ᐄb3 ᐁa5 25 ᐄb5 1-0.

In der Partie Westermeier-Podzielny, Bundesliga 1980/81, rochierte Schwarz sofort kurz, wonach Weiß demonstrierte, dass er seine Königsflügelbauern hergeben kann, wenn die Zeit zum Vorrücken der Damenflügelbauern gekommen ist: 14...0-0 15 f3 &a6 16 ᐄhd1 ᐁe5 17 b3 ᐄfc8 18 &xf6 gxf6 19 ᐁa4 ᐄc7 20 ᐄd8+ ᐄxd8 21 ᐄxd8+ &g7 22 &b2 &f1 23 ᐄd2 h5 24 ᐄd1 &e2 25 ᐄd2 &a6 26 ᐄd6 &b7 27 ᐁc3 h4 28 h3 ᐁg6 29 ᐁd1 ᐁf4 30 ᐁe3 ᐄc5 31 b4 ᐄg5 32 a4 ᐁxg2 33 ᐁxg2 ᐄxg2 34 a5 f5 35 a6 &a8 36 ᐄd8 fxe4 37 ᐄxa8 exf3 38 a7 ᐁf6 39 ᐄd8 f2 40 ᐄd1 ᐄg8 41 b5 1-0. Die Idee des Anziehenden hätte aber vielleicht nicht funktioniert, wenn der schwarze König nicht auf g7, sondern auf e7 gestanden hätte.

15 &d2

Nach 15 &xf6 will Schwarz mit dem Bauern wiedernehmen, um am Königsflügel eine Linie für einen schwarzen Turm zu öffnen. Ein Jahr vor der vorliegenden Partie musste Milov selbst in der Partie L.Milov-Khenkin, Pardubice 1993, seine Türme zur Verteidigung des Königsflügels abstellen: 15...gxf6! 16 f3 ᐄg8 17 ᐄd2 &e7 18 b3 ᐁe5 19 a4 &a6 20 ᐁd1 ᐄab8 21 ᐁe3 h5 22 &b2 (D).

22...h4 23 h3 ᐄgc8 24 ᐄhd1 ᐄc7 25 ᐄf2 ᐄb6 26 ᐄd4 ᐁc6 27 ᐄd1 ᐁe5 28 ᐄd4 ᐁc6 29 ᐄd1 ½-½.

Fast vierzig Jahre zuvor nahm der Nachziehende in der Partie Fichtl-Dolezal, Prag 1954, mit dem Springer auf f6 zurück und musste bald feststellen, dass er zu wenig Gegenspiel hatte. In einem instruktiven Endspiel dominierten die weißen Bauern einen einsamen Springer: 15...ᐁxf6 16 ᐄhd1 &b7 17 f3 &e7 18 ᐄb6 ᐄhb8 19 b3 &a6 20 ᐄxb8 ᐄxb8 21 ᐄd2 ᐄd8 22 ᐁd1 ᐄxd2 23 &xd2 g5 24 h3 &d6 25 c4 ᐁh5 26 ᐁe3 (ein gutes Feld für den Springer) 26...ᐁf4 27 b4 h5 28 a4 &c8 29 &c3 ᐁe2+ 30 &b3 ᐁd4+ 31 &b2 f5 32 c5+ &c7 33 b5 fxe4 34 fxe4 &b7 35 &c3 ᐁe2+ 36 &d3 ᐁf4+ 37 &d4 ᐁe2+ 38 &e5 ᐁc3 39 c6 &c8 40 ᐁc4 ᐁxa4 41 ᐁd6 ᐁb6 42 g3 g4 43 h4 ᐁa4 44 ᐁxc8 &xc8 45 &f4 ᐁc3 46 &g5 ᐁxe4+ 47 &xh5 ᐁxg3+ 48 &xg4 ᐁf5 49 h5 &c7 50 &g5 ᐁd6 51 &f6 ᐁf5 52 &e5 &b6 53 &xe6 ᐁg7+ 54 &d7 ᐁxh5 55 c7 ᐁf6+ 56 &d8 1-0.

Milovs Läuferrückzug mag merkwürdig anmuten, aber der Läufer verteidigt den Springer, so dass Weiß auf ...ᐄfc8 mit b3 antworten kann. Dieser Zug ist normal, seit Bronstein ihn im Jahre 1954 gegen Najdorf anwandte.

15...&b7

Schwarz muss sich entscheiden, wo er seinen König postieren will. In dieser Partie wählt er die kurze Rochade, muss dann aber feststellen, dass sein König zu weit vom Kampfschauplatz am Damenflügel entfernt ist. Die lange Rochade ist riskant, wie wir bereits gesehen haben. Ein Jahr nach der vorliegenden Partie bekam Milov die beste Lösung vorgesetzt. In der Partie L.Milov-Mikavica, Lenk 1995, spielte Schwarz 15...&e7, wonach Weiß keine Fortschritte machen konnte. Die Stellung ergab sich erst einen Zug später, da in der Eröffnung eine andere Zugfolge gespielt wurde. Die komplette Notation dieser Partie lautet 1 e4 c5 2 ᐁf3 d6 3 d4 cxd4 4 ᐁxd4 ᐁf6 5 ᐁc3 a6 6 &g5 e6 7 ᐎf3

♗e7 8 0-0-0 ♕c7 9 ♕g3 ♘bd7 10 ♗e2 b5 11 ♗xb5 axb5 12 ♘dxb5 ♕b8 13 ♘xd6+ ♗xd6 14 ♕xd6 ♕xd6 15 ♖xd6 h6 16 ♗d2 (damit ist die Stellung aus der Hauptpartie erreicht) 16...♔e7! 17 ♖d4 e5 18 ♖b4 ♘c5 19 ♖b5 ♔d6 20 f3 ♗d7 21 ♖b6+ ♔c7 22 ♖b4 ♗e6 23 b3 ♔c6 24 ♗e3 ♖hb8 25 ♖xb8 ♖xb8 26 ♖d1 ♘fd7 27 a4 ♘b6 28 ♗xc5 ♔xc5 29 ♘b5 ♗d7 30 ♘c7 ♔c6 31 ♘a6 ♖a8 32 ♘b4+ ♔b7 33 ♘d3 f6 34 ♘c5+ ♔c7 35 ♔b2 ♔c6 36 ♘d3 ♗e6 37 ♘b4+ ♔c5 38 c3 h5 39 ♘d3+ ♔c6 40 ♘b4+ ♔c5 41 ♘d3+ ♔c6 ½-½.

16 f3 0-0

In *Sacrifices in the Sicilian* empfahl Levy 16...0-0-0, aber dieser Zug ist nicht populär geworden, was vielleicht daran liegt, dass der König am Damenflügel in Gefahr geraten kann und der Turm oft auf der a-Linie besser platziert ist. Darauf scheint das direkte 17 ♘b5 eine kraftvolle Erwiderung darzustellen.

17 b3 ♖fc8 18 ♔b2 ♘c5 19 ♗e3 e5 20 ♖hd1 ♘e6 21 ♘a4

In der oben erwähnten Partie Bronstein-Najdorf, Buenos Aires 1954, entspann sich ein weiteres instruktives Endspiel: 21 ♖b6 ♗c6 22 ♘d5 ♗xd5 23 exd5 ♘c5 24 ♖b5 ♘fd7 25 c4 e4 26 ♗xc5 ♘xc5 27 fxe4 ♘xe4 28 d6 ♖xa2+ (eine typische Situation: Schwarz gewinnt einen Bauern, aber die verbleibenden weißen Bauern gewinnen die Partie) 29 ♔xa2 ♘c3+ 30 ♔a3 ♘xd1 31 c5 ♘c3 32 ♖a5 ♘d5 33 c6 ♘f6 34 ♖a6 ♔f8 35 b4 ♔e8 36 b5 ♘d7 37 ♖a7 ♖b8 38 ♖xd7 ♖xb5 39 ♖a7 ♖b8 40 d7+ ♔e7 41 d8♕+ ♔xd8 42 c7+ 1-0.

21...♖a6 22 ♘b6 ♖c7 23 ♘c4 ♖xd6 24 ♖xd6 ♘d7 25 ♗d2 ♘ef8 26 ♘e3 f6 (D)

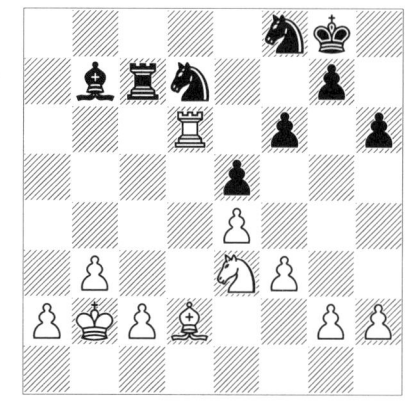

27 c4

Das Endspiel nimmt einen typischen Verlauf. Weiß hat seine Figuren in starke Positionen manövriert und kann nun mit dem Vorrücken der Bauern beginnen. Schon nach einigen Zügen sieht sich Schwarz genötigt, ihren Vormarsch durch ein Figurenopfer zu verlangsamen.

27...h5 28 a4 ♔f7 29 a5 ♘b8 30 b4 ♘e6 31 b5 g6 32 ♗b4 f5 33 exf5 gxf5 34 a6 ♗xa6 35 bxa6

und Weiß trug den Sieg davon.

Wir können einige Regeln aufstellen, die Weiß in diesen Endspielen befolgen sollte:
• Weiß sollte die besten Felder für seine Figuren finden, bevor er seine Freibauern vorrückt.
• Je weniger Figuren auf dem Brett sind, desto stärker sind die Bauern. Weiß sollte Figuren tauschen, solange seine verbleibenden Figuren aktiv sind.
• Weiß sollte Linienöffnung auf dem Königsflügel für die gegnerischen Türme vermeiden.
• Weiß sollte gut auf seine Damenflügelbauern aufpassen.

Schauen wir uns nun den letzten Punkt etwas genauer an. In L.Milov-Lendwai und den Partien in den Anmerkungen dazu stand der weiße König auf dem Damenflügel, wo er die Freibauern verteidigen kann. Das folgende Beispiel zeigt, was passieren kann, wenn Weiß versucht, mit dem König auf dem weit entfernten Königsflügel in das Endspiel überzugehen.

Benzaquen – Rossetto
Buenos Aires 1958

1 e4 c5 2 ♘f3 d6 3 d4 cxd4 4 ♘xd4 ♘f6 5 ♘c3 a6 6 ♗g5 ♘bd7 7 ♗e2 e6 8 ♕d2 ♗e7 9 0-0 ♕c7 10 ♖ad1 b5 11 ♗xb5 axb5 12 ♘dxb5 ♕b8 13 ♘xd6+ ♗xd6 14 ♕xd6 ♕xd6 15 ♖xd6 (D)

Da der weiße Damenflügel ohne den schwarzfeldrigen Läufer schwerer zu halten sein wird, versucht Schwarz ihn abzutauschen.

15...h6 16 ♗h4 g5 17 ♗g3 ♘h5 18 ♖fd1 ♘xg3 19 hxg3 ♔e7

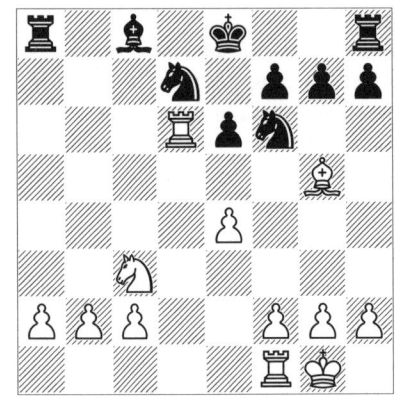

S

Nun, da der weiße Läufer verschwunden ist, steht der König hier sicher.

20 b4?!

Konsolidierende Züge, die der Anziehende vor dem Vorrücken der Bauern spielen kann, sind schwer zu sehen. Wenn er das vernünftige 20 a4 spielt, kann er die Bauern später kaum ohne Mithilfe des Königs weiter vorrücken. Er entscheidet sich für einen sofortigen Vorstoß, schafft aber dadurch Schwächen auf der c- und a-Linie.

20...♖a6 21 ♖6d4

Der Rückzug 21 ♖6d2 erlaubt 21...♘b6, was den Vorstoß a4 verhindert und das Feld c4 ins Auge fasst. Turmtausch würde dagegen die Schwäche der Bauern unterstreichen, z. B.: 21 ♖xa6 ♗xa6 22 b5 ♖c8 23 ♖d3, und nun kann Schwarz mit 23...♗b7 den Druck auf die Damenflügelbauern aufrechterhalten oder auf die taktische Wendung 23...♘e5!? 24 ♖e3 ♘g4 25 ♖d3 ♗xb5! 26 ♘xb5 ♖xc2 zurückgreifen, wonach er dank der Mattdrohung einen Bauern mehr behalten wird.

21...♖c6 22 ♘b5

Weiß gibt den Bauern her, da 22 ♖1d3 die Erwiderung 22...♘e5 ermöglicht, was nach 23 b5 ♘xd3 24 bxc6 ♘e5 zum Verlust des weißen c-Bauern führt.

22...♖xc2 23 a4 ♘e5 24 ♘d6 ♘c6 25 ♘xc8+ ♖xc8 26 ♖d7+ ♔f6 27 b5 ♘e5 28 ♖7d4 ♖b2

Die Bauern können ohne weiteren Materialverlust nicht weiter vorrücken.

29 ♖a1 ♖cc2

Nun ist der weiße König auf dem Königsflügel in Gefahr.

30 ♖f1 ♔e7 0-1

Die Freibauern auf dem Damenflügel stellen normalerweise den Haupttrumpf des Opfernden dar. Das nächste Beispiel zeigt, was passieren kann, wenn er sich dazu verleiten lässt, vermeintlich höhere Ziele zu verfolgen, statt sich um die Bauern zu kümmern.

Nagy – Barcza
Ungarische Meisterschaft, Budapest 1968

1 e4 c5 2 ♘c3 ♘c6 3 ♘f3 d6 4 d4 cxd4 5 ♘xd4 e6 6 ♗e3 ♕c7 7 ♗e2 ♘f6 8 0-0 ♗e7 9 f4 a6 10 ♕e1 ♘xd4 11 ♗xd4 b5 12 e5 dxe5 13 fxe5 ♗c5 14 ♕f2 ♗xd4 15 ♕xd4 ♘d7 16 ♗xb5 axb5 17 ♘xb5 ♕b6 18 ♘d6+ ♔f8 19 ♖xf7+ ♔g8 20 ♕xb6 ♘xb6 21 ♖c7 ♗a6 22 c4 h5 *(D)*

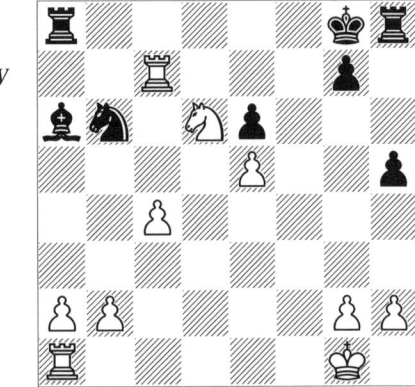

W

Weiß hat schon einen Turm auf der siebten Reihe und führt nun den anderen Turm ins Feld, um den Druck noch weiter zu erhöhen.

23 ♖f1?!

Der Anziehende kann auf dem anderen Flügel eine überwältigende Stellung erhalten, indem er seine Bauern vorrückt: 23 b4 ♔h7 24 b5 verdammt den Nachziehenden zur Passivität, wonach Weiß nur noch seinen König nach b3 überführen muss, um dem Vorstoß des a-Bauern tödliche Wirkung zu verleihen.

23...♖h6!

Dies ist ein wichtiges Glied im Verteidigungsplan des Nachziehenden. Er kann das Gegenopfer noch nicht bringen, da Weiß nach 23...♘xc4 24 ♘xc4 ♗xc4 25 ♖xc4 ♖xa2 mit 26 ♖c8+ ♔h7 27 ♖xh8+ ♔xh8 28 ♖b1 in ein Turmendspiel überleiten kann, das mit dem Turm

hinter dem Freibauern auf der b-Linie für ihn gewonnen ist.
24 ♖f3?
Jetzt droht der Turmschwenk 25 ♖a3, wonach Schwarz an Händen und Füßen gebunden wäre, aber nun funktioniert das Gegenopfer, wonach Weiß angesichts der Aktivität der schwarzen Türme und der Verwundbarkeit seiner eigenen Bauern wohl nicht mehr gewinnen kann.

Stattdessen sollte Weiß die Türme auf der siebten Reihe verdoppeln. Nach 24 ♖ff7 ist das Opfer immer noch nicht spielbar: 24...♘xc4 25 ♖xg7+ ♔h8 26 ♖a7! ♖b8 (oder 26...♘xd6 27 ♖xa8+ ♔xg7 28 exd6, und der d-Bauer wird Schwarz seinen Läufer kosten) 27 ♖gc7! ♘xd6 28 exd6 ♗d3 29 d7 ♖g6 30 ♖c8+ ♖g8 31 ♖ac7 ♗a6 32 ♖xb8 ♖xb8 33 b4!, und durch den weiteren Vormarsch des b-Bauern wird der Läufer von der Verteidigung des Feldes c8 abgelenkt. Anstelle des Opfers sollte Schwarz mit 24...♖g6 seinen g-Bauern verteidigen, wonach Weiß mit 25 b3 seinen c-Bauern decken kann. Dann würde das Opfer 25...♗xc4 26 bxc4 ♖xa2 dem Anziehenden wegen der aktiven schwarzen Türme noch einige Schwierigkeiten bereiten, aber er sollte letztendlich gewinnen.

24...♘xc4! 25 ♘xc4 ♗xc4 26 ♖xc4 ♖xa2 27 ♖c8+ ♔h7 28 ♖b8 ♖g6 29 ♖a3 ♖xa3 30 bxa3

Wenn dieser Bauer vorrückt, wird der Turm in seinen Rücken gelangen.

30...♖g5 31 ♖b5 ♖f5 32 ♖a5 ♔g6 33 h3 ♖f4 34 g3 ♖f3 35 ♔g2 ♖c3 36 ♔f2 ½-½

Nach der Angabe einiger Regeln für Weiß in diesen Endspielen können wir auch einige Regeln für Schwarz aufstellen:
- Versuche, das Vorrücken der weißen Bauern zu erschweren. Häufig ist ein Turm auf der a-Linie von Nutzen.
- Vermeide nach Möglichkeit Abtausche, insbesondere von Leichtfiguren, da die Bauern stärker werden, je mehr sich das Brett leert.
- Strebe nach Gegenspiel am Königsflügel, normalerweise durch Öffnung von Linien für einen Turm. Wenn beispielsweise Weiß einen Springer auf f6 schlägt, sollte Schwarz das Zurücknehmen mit dem g-Bauern in Betracht ziehen, um Spiel auf der g-Linie aufzuziehen. Selbst wenn keine Linien für die Türme geöffnet werden können, kann sich g2 als verwundbare Stelle in der weißen Position erweisen, die durch das Manövrieren eines Springers nach f4 und eines Läufers nach f1 ausgenutzt werden kann.
- Stelle den König möglichst in die Mitte, von wo aus er zum Damenflügel laufen kann, sobald er dies gefahrlos tun kann.

Zu diesem letzten Punkt haben wir bereits gesehen, dass die schwarzen Figuren bei kurz rochiertem und auf dem Königsflügel bleibendem schwarzem König dem Vorrücken der Freibauern am Damenflügel oft nicht viel entgegenzusetzen haben. Es folgt ein Extrembeispiel hierfür.

J. Hall – Baklan
Bundesliga 1998/99

1 e4 c5 2 ♘f3 d6 3 d4 cxd4 4 ♘xd4 ♘f6 5 ♘c3 ♘c6 6 ♗g5 e6 7 ♕d2 a6 8 0-0-0 h6 9 ♗e3 ♗d7 10 f4 b5 11 ♗d3 ♕c7 12 ♗xb5 axb5 13 ♘dxb5 ♕b8 14 ♘xd6+ ♗xd6 15 ♕xd6 ♕xd6 16 ♖xd6 ♘a5 17 b3 ♖c8 18 ♗d2 ♗c6 19 ♖e1 0-0 20 g3 ♘b7 21 ♖d4 ♘c5 22 e5 ♘d5 23 ♘e4 ♘xe4 24 ♖dxe4 ♘e7 25 ♖d4 ♘f5 26 ♖d3 ♖fd8 27 ♖xd8+ ♖xd8 28 ♗b4 ♔h7 29 c4 ♔g6 30 ♗c5 ♔h5 31 ♔c2 ♔g4 32 ♔c3 ♔h3 33 ♗g1 h5 34 b4 ♗f3 35 b5 ♔g2 36 a4 ♖d1 *(D)*

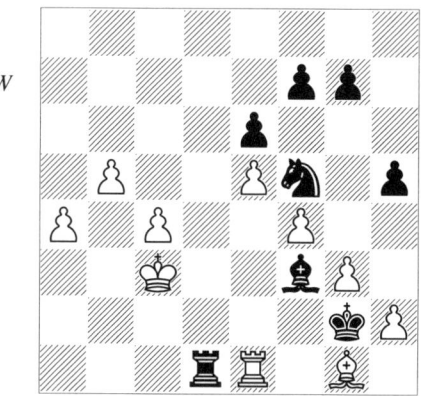

In dieser komplizierten Stellung einigten sich die Spieler auf Remis.

½-½

Bemerkenswerterweise kann der Anziehende seinen Läufer hergeben und mit seinen Damenflügelbauern gegen die beiden schwarzen

Leichtfiguren gewinnen. Die Partie könnte folgenden Fortgang nehmen: 37 Rxd1 Lxd1 38 a5! Kxg1 (viel weiter kann der König nicht vom Damenflügel entfernt sein) 39 a6 Lf3 40 b6 Se7 41 b7 Lxb7 42 axb7 Sc6 43 c5 Kxh2 44 Kc4 Kxg3 45 Kb5, und die Invasion des Königs entscheidet sofort.

Opfer in der Sweschnikow-Variante

Im vorherigen Kapitel sahen wir in der Partie Karassew-Andrianow auf Seite 10 ein populäres Springeropfer auf b5 in der Sweschnikow-Variante des Sizilianers. In genau dieser Stellung kann Weiß auch das sehr beliebte Läuferopfer auf b5 bringen. In meiner Datenbank finden sich mehr als 170 Beispiele. Die Theorie ist sehr kompliziert, und um den Rahmen des vorliegenden Buches nicht zu sprengen, werde ich nicht näher darauf eingehen. Es folgt jedoch ein Beispiel für das danach entstehende Chaos mit weiteren Beispielen in den Anmerkungen.

Luther – McShane
Lippstadt 2000

1 e4 c5 2 Sf3 Sc6 3 d4 cxd4 4 Sxd4 Sf6 5 Sc3 e5 6 Sdb5 d6 7 Lg5 a6 8 Sa3 b5 9 Lxf6 gxf6 10 Sd5 f5 *(D)*

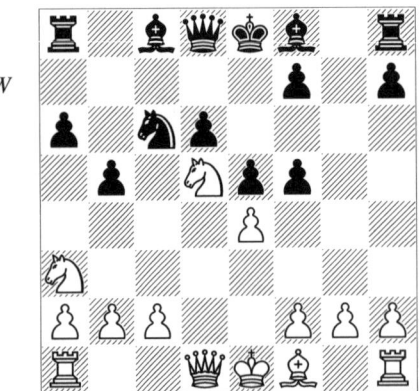

11 Lxb5 axb5 12 Sxb5 Ra4

Der Turm entzieht sich der drohenden Springergabel auf c7.

Diese Art von Opfer ist schon seit Laskers Zeiten bekannt. In der ersten Partie in meiner Datenbank mit diesem speziellen Abspiel gab Sweschnikow höchstpersönlich mit 12...Ra7 die Qualität zu seinen eigenen Konditionen zurück. Dieser Zug wurde kürzlich von dem bekannten Sizilianisch-Experten John Nunn gespielt, der im weiteren Verlauf seine Dame hergab und sich auf die Kraft seiner Läufer im Endspiel verließ. In der Partie Fontaine-Nunn, Bundesliga 2001/02, ging es weiter mit 13 Sxa7 Sxa7 14 c3 Lg7 15 Da4+ Dd7 16 Da5 fxe4? (16...Sc6) 17 Sc7+ Ke7 18 Dxa7 Kd8 19 0-0-0 Dxc7 20 Rxd6+ Dxd6 21 Rd1 Dxd1+ 22 Kxd1 Ld7 23 b4 Ke7 24 b5 Rc8 25 Da3+? (25 b6! Rxc3 26 Da5! gewinnt) 25...Ke8 26 b6 Lf8 27 Da6 Rd8 28 Ke2 Ld6 29 c4 Lc6 30 c5? (verwandelt eine remisliche Stellung in eine verlorene) 30...Ra8 31 Dc4 Ra5, und Weiß verlor bald alle seine Damenflügelbauern.

13 b4!?

Dies ist eine der drei Hauptmöglichkeiten für Weiß. Er blockiert den Weg des schwarzen Turms entlang der vierten Reihe und plant 14 c3 mit Abzugsangriff auf ihn.

Interessant ist das Bauernopfer 13 c4, mit dem Weiß zum einen die c-Linie öffnen und zum anderen seiner Dame einen Weg ins Spiel öffnen will. Darauf ist die Erwiderung 13...Rxc4 zweischneidig, aber spielbar, während Schwarz mit 13...Da5+ 14 b4 Rxb4 15 0-0 Rxb5 16 cxb5 Sd4 gute Ergebnisse erzielt hat. In der Partie Rajlich-Gara, Budapest 2000, folgte 17 Dh5 Le6 18 Sf6+ Kd8 19 Rab1 Le7 20 Dh6 Kc7 21 b6+ Kb7. Nachdem Schwarz seinen König in Sicherheit gebracht hatte, führte er die Partie in der Folge zum Sieg.

Der andere Hauptzug war 13 Sbc7+ *(D)*.

Eine der Partien, die zur Popularität des Opfers 11 Lxb5 beitrugen, war Nunn-F.Portisch, Budapest 1978. Dort geschah 13...Kd7 14 0-0 Dg5 (verhindert 15 Dh5, was in einigen Partien nach 14...Rxe4 folgte) 15 c4! (dieser Zug ist jetzt besonders stark, da die schwarze Dame weit entfernt auf dem Königsflügel steht) 15...Rxc4 16 b4 Lh6 17 Sb5 Rd4 18 Da4 fxe4 19 Sxd4 exd4 20 Sb6+ Kc7 21 Rfc1!, und Weiß war derjenige, der die offene c-Linie nutzen konnte. Portisch tauschte mit 21...Dxc1+ seine Dame gegen zwei Türme, konnte damit

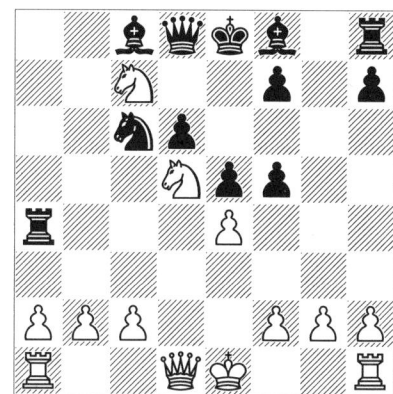
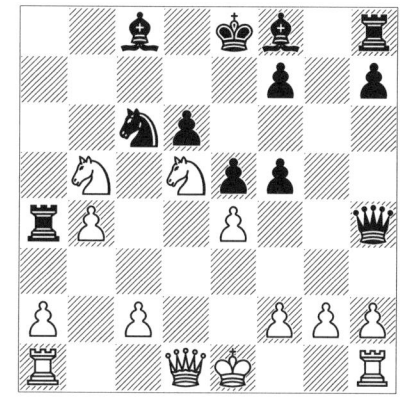

aber seinen exponierten König auch nicht retten.

13...♕h4 *(D)*

Nach 13...♖xb4 wäre 14 ♘xb4 zu einfältig. Nach 14...♘xb4 15 c3 ♘c6 erhält Schwarz bequemes Spiel, da der weiße Springer nun unwirksam ist. Vorzuziehen ist das natürliche 14 ♘bc7+ ♔d7 15 0-0:

a) 15...♖b7 16 ♕h5! setzt Schwarz unter einigen Druck: 16...♘e7 17 ♕xf7 ♔c6? 18 ♖ab1 fxe4 19 ♖xb7 ♔xb7 20 ♖b1+ ♔c6 21 ♖b6+ ♔c5 22 ♖b3! ♔c6 23 ♖c3+ ♔b7 24 ♘xe7 ♗xe7 25 ♕d5+ ♔a7 26 ♕a8+ 1-0 Schirow-Lautier, Blindpartie, Monte Carlo Amber 2000.

b) 15...♕g5 verhindert 16 ♕h5, aber Luther, der auch in der Hauptpartie die weißen Steine führt, hat hier 16 ♘xb4 ♘xb4 17 c3 ♔xc7 (oder 17...♘c6 18 ♘d5 fxe4 19 ♕a4, und mit dem weißen Springer auf seinem besten Feld d5 arbeiten die weißen Figuren gut zusammen) 18 cxb4 fxe4 19 ♕a4 gespielt, wonach der schwarze König sehr exponiert stand und Weiß in Luther-Reinderman, Venlo 2000, letztendlich den Sieg davontrug.

Luke McShanes Zug ist genial. In *Mega Database 2001* gibt er an, dass die Hauptidee in der Räumung des Feldes d8 für den König besteht, so dass er nach ♘bc7+ nicht nach d7 gezwungen wird, wo er die Diagonale des Läufers c8 blockiert. Der Damenausfall führt zu einem schnellen und brandgefährlichen Gegenangriff auf den weißen König.

14 0-0 ♖g8 15 c3

In Schirow-Kasparow, Linares 2002, brachte Weiß den Verbesserungsversuch 15 f4?! in der Hoffnung, einen Weg zum schwarzen König freizusprengen. Wie der Partieverlauf zeigt, ermutigte er damit lediglich Kasparow, einen vernichtenden Gegenangriff auf der langen Diagonale aufzubauen: 15...♔d8! 16 c3 ♖a6 17 a4 fxe4 18 f5 ♗b7 19 ♖a2 e3 20 ♘xe3 ♕e4! 21 ♖e1 ♘xb4! 22 cxb4 ♗h6 23 ♔h1 ♗xe3 24 ♕e2 ♖c6 25 a5 ♕xb4 26 ♘xd6 ♖xd6 27 ♕xe3 ♕d4 28 ♕c1 ♕d5 0-1.

15...f4! *(D)*

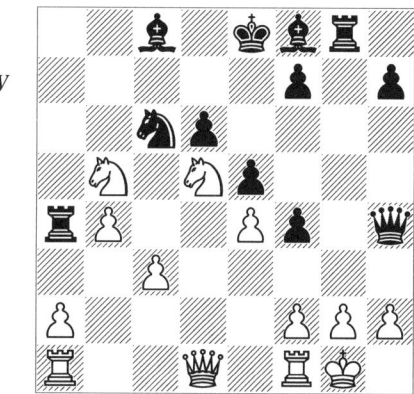

16 ♕xa4

Es scheint nichts Besseres zu geben, als den Nachziehenden zur Forcierung der Punkteteilung zu zwingen:

a) 16 f3? verliert wegen 16...♗h3 17 ♖f2 ♕xf2+! 18 ♔xf2 ♖xg2+ mit Rückgewinn der Dame und siegverheißendem Materialvorteil.

b) 16 ♘dc7+? ♔d8 17 ♕xa4? ♕h3 mit Matt.

c) Nach 16 ♔h1?! wird der weiße König umzingelt: 16...♖g6 17 ♕xa4? f3!.

d) In der Partie Worobiow-Filippow, Kazan 2001, geschah 16 g3 fxg3 17 fxg3 ½-½. Die

Spieler einigten sich auf Remis, da 17...♖xg3+ Dauerschach ergibt.

e) Der einzige Weg die Partie weiterzuspielen scheint 16 ♘f6+!? ♕xf6 17 ♕xa4 ♕g6 18 g3 fxg3 19 fxg3 ♖xe4 zu sein, aber der weiße König steht unbequem.

16...♖xg2+

Schwarz kann nicht auf Gewinn spielen; beispielsweise verliert 16...♕h3?? wegen 17 ♘f6+.

17 ♔xg2 ♕g4+ ½-½

18 ♔h1 ♕f3+ 19 ♔g1 ♕g4+ ist Dauerschach, aber ein Spiel auf Gewinn führt wiederum nur zum Verlust, da es nach 19....♗h3?? matt wird: 20 ♕a8+ ♘d8 (oder 20...♔d7 21 ♕b7+) 21 ♘bc7+ ♔d7 22 ♘b6+! ♔xc7 23 ♕a7+ ♘b7 (23...♔c6 24 b5+ mit baldigem Matt) 24 ♘d5+ ♔d8 25 ♕b8+ ♔d7 26 ♕c7+ ♔e8 (oder 26...♔e6 27 ♕c8#) 27 ♘f6#.

Das Opfer in dieser Partie führt nicht zu klarem Vorteil für den Anziehenden. Wenn Weiß jedoch geduldig ist und stattdessen 11 c3 spielt, lässt sein Gegner vielleicht sofort eine Version des Opfers zu, die praktisch die Partie entscheidet.

Rogers – Babić
Suncoast 1999

1 e4 c5 2 ♘f3 ♘c6 3 d4 cxd4 4 ♘xd4 ♘f6 5 ♘c3 e5 6 ♘db5 d6 7 ♗g5 a6 8 ♗xf6 gxf6 9 ♘a3 b5 10 ♘d5 f5 11 c3 fxe4? *(D)*

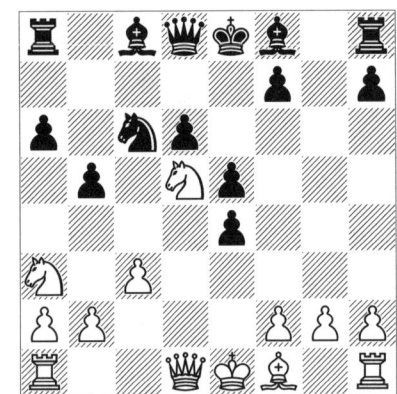

Alles, bloß das nicht! Schwarz findet bald heraus, dass sein Bauer auf f5 eine ausschlaggebende Rolle bei der Abwehr der schlimmsten Auswirkungen des Läuferopfers auf b5 spielte. Diesen Fehler haben viele Spieler begangen; in meiner Datenbank gibt es 36 Beispiele.

12 ♗xb5 axb5 13 ♘xb5 ♗e6

Der springende Punkt ist, dass 13...♖a5? nun nicht mehr funktioniert: 14 ♘bc7+ ♔d7, und nun macht sich Weiß das Fehlen des Bauern f5 mit 15 ♕g4+ und Matt im nächsten Zug zunutze. 13...♖a7? taugt auch nichts, da c3 der weißen Dame die Diagonale nach a4 geöffnet hat, so dass 14 ♘xa7 ♘xa7 15 ♕a4+ eine Figur gewinnt, da 15...♕d7 16 ♘f6+ König und Dame aufgabelt.

Neben dem in der Partie gespielten Zug hat Schwarz noch zwei andere Hauptmöglichkeiten:

a) Einige Spieler haben versucht, der Probleme mit 13...♕g5!? Herr zu werden in der Hoffnung auf 14 ♘bc7+ ♔d8 15 ♘xa8 ♕xg2 16 ♖f1, wonach der Nachziehende sowohl mit 16...♗h3 als auch mit 16...♗a6 etwas Gegenspiel für die verlorene Qualität bekommt. Stärker ist 14 ♘dc7+! ♔d8 15 ♕d5 ♕xg2 16 0-0-0! (16 ♕xc6?? verliert wegen 16...♖xh1+ 17 ♔d2 e3+ mit Damengewinn), und nun geschah in der Partie Strobel-Schoenau, Bayern 1999, 16...♗f5 17 ♕xf7! (droht Matt auf e8) 17...♕g5+ 18 ♔b1 ♗e7 19 ♘xa8 e3+ 20 ♔a1 e2 21 ♖dg1 ♕f6 22 ♖g8+ ♖xg8 23 ♕xg8+ ♗f8 24 ♕c4 ♗e6 25 ♕xc6 ♕xf2 26 ♕b6+ ♕xb6 27 ♘xb6 ♗h6 1-0.

b) Besonnener ist der Zug 13...♕a5 aus der Partie Alvarez-Jamieson, Olympiade, Malta 1980, der einzigen Partie, die ich mit diesem Zug finden konnte. Danach hat Schwarz meines Erachtens noch etwas Hoffnung, auch wenn dieser Zug die weißen Damenflügelbauern zum Vorrücken einlädt. Nach 14 a4 ♖a7 15 ♘f6+ ♔d8 16 b4 ♕b6 17 ♘xa7 ♕xa7 18 ♕d5 ♕c7 19 0-0 ♗e7 20 ♘xe4 ♗e6 21 ♕d3 hätte Schwarz sich mit 21...d5 gefolgt von ...f5 dank seines breiten Zentrums und des Läuferpaars Gegenchancen verschaffen können. Stattdessen spielte er 21...f5, wonach Weiß mit 22 ♘c5 ♗c8 23 ♕d5 wieder die Kontrolle über die Stellung erlangte und letztendlich gewann.

In der Partie gibt Schwarz auf andere Art und Weise eine Qualität zurück, muss dabei aber seinen wertvollen weißfeldrigen Läufer abtauschen. Außerdem gewinnt Weiß einen Bauern zurück, wonach er mit Turm und zwei Bauern für zwei Leichtfiguren und starker Initiative verbleibt.

14 ♘bc7+ ♔d7 15 ♘xa8 ♗xd5 16 ♕xd5 ♕xa8 *(D)*

W

17 0-0

Sehr gut ist auch das Eindringen auf dem schwarzen Königsflügel mit 17 ♕xf7+. Nach 17 ♕xe4 geht 17...♕a6 mit Gegenspiel, aber Rogers' Zug ist besser. Er bringt den König in Sicherheit, und unterdessen wird der e-Bauer nicht davonlaufen. Durch das Fehlen des weißfeldrigen Läufers wird das schwarze Gegenspiel verringert und seine Zentrumsposition geschwächt. Weiß gewann die Partie ohne weitere Aufregungen.

17...♖e8 18 ♕xe4 ♕e6 19 a4 f5 20 ♕e2 *(D)*

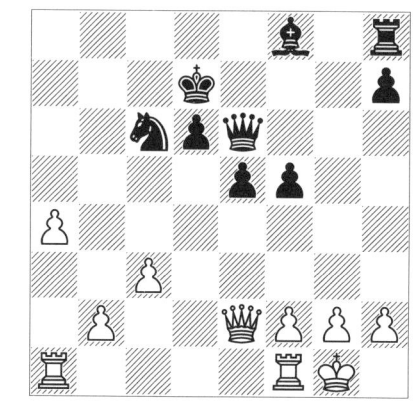

S

20... ♗e7 21 a5 f4 22 a6 ♘a7 23 ♕e4 d5 24 ♖fd1 ♔c6 25 ♕a4+ ♔c7 26 ♕b3 ♖b8 27 ♕xd5 ♕xd5 28 ♖xd5 ♖xb2 29 ♖xe5 ♗d6 30 ♖f5 ♔b6 31 ♖f7 h5 32 ♖b7+ 1-0

Übungen

Übung 2

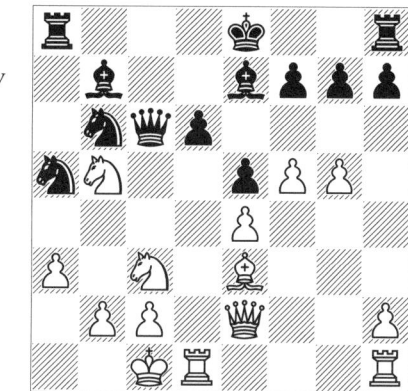

W

Weiß ist am Zug und hat seinen Läufer auf b5 geopfert. Mit welcher Idee kann er nun die Figur bei besserer Stellung zurückgewinnen?

Übung 3

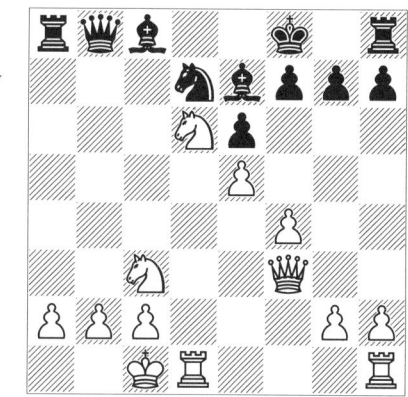

W

In einem früheren Partiestadium hat der Anziehende seinen Läufer gegen einen Springer auf f6 abgetauscht, um auf ...♗xf6 seinen anderen Läufer auf b5 für drei Bauern einschließlich des d-Bauern opfern zu können. Macht das einen Unterschied im Vergleich zu den anderen Stellungen mit drei Bauern für die Figur, die wir weiter oben in diesem Kapitel erörtert haben?

Schwarz spielte **16...♘c5**. Wie sollte Weiß nun vorgehen?

3 Ein facettenreicher Springerausfall: Springeropfer auf d5

In den ersten beiden Kapiteln haben wir Opfer auf b5 kennen gelernt, die häufig hauptsächlich positionelle Zwecke verfolgten. Für viele der Opfernden genügte die Aussicht auf ein gutes Endspiel.

Von nun an richten sich die Opfer hauptsächlich gegen den gegnerischen König, und es fliegen so richtig die Fetzen.

In Sizilianisch-Aufbauten vom Scheveninger Typ mit schwarzen Bauern auf e6 und d6 hat der Springerausfall nach d5 schon seit Jahrzehnten die Phantasie von Angriffsspielern angeregt. Réti spielte ihn in seinem Wettkampf gegen Tartakower in Wien im Jahre 1919. Tartakower war so überrascht, dass er auf das Nehmen des vorwitzigen Springers verzichtete, was nur das Dilemma unterstreicht, vor dem seitdem abertausende von Verteidigern gestanden haben.

Das Besondere an diesem Opfer (und ähnlichen Springeropfern auf f5) besteht darin, dass es ohne etwas zu schlagen oder Schach zu bieten (im Gegensatz zu Springeropfern auf f6 bei schwarzem König auf g8) erfolgt. In *How to Become a Deadly Chess Tactician* habe ich solche Züge als *stille Opfer* bezeichnet und werde diesen Begriff auch hier benutzen.

In vielen Fällen ist das Springeropfer auf d5 der Auftakt für eine einfache Kombination, mit der zumindest die geopferte Figur zurückgewonnen wird. Das Opfer ist jedoch in einer Unmenge von Partien für langfristige Kompensation gebracht worden, die viele Formen annehmen kann, wie wir später noch sehen werden.

Das Pseudoopfer

Im vorliegenden Buch ignoriere ich im Allgemeinen kurzfristige Opfer, die die Rückgabe des Materials, Materialgewinn oder ein schnelles Matt erzwingen – sogenannte *Scheinopfer* oder *Pseudoopfer*. Im vorliegenden Fall sind sie aber so wichtig, dass man sie nicht außen vor lassen kann. In typischen Stellungen vom Scheveninger Typ muss man ständig nach Möglichkeiten für ♘d5 Ausschau halten und sich der Palette von möglichen Motiven bewusst sein.

Das Thema der ersten Gruppe von Beispielen ist der Doppelangriff.

J. Weinstein – O. Jakobsen
Studentenolympiade, Helsinki 1961

1 e4 c5 2 ♘f3 ♘c6 3 d4 cxd4 4 ♘xd4 e6 5 ♘c3 ♕c7 6 g3 a6 7 ♗g2 b5 8 0-0 ♗b7 9 ♖e1 d6 10 a4 b4 *(D)*

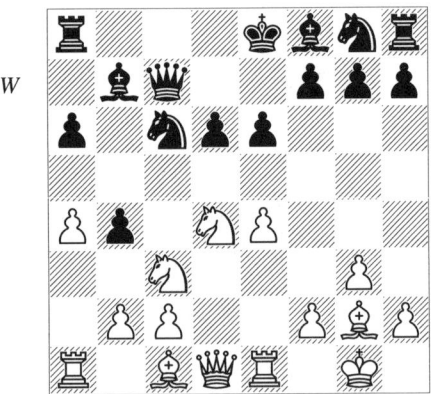

Mit einem weißen Turm auf der e-Linie und potentiell einem schwarzen Läufer auf c6 (nach Springertausch) kann Weiß die Tatsache ausnutzen, dass das Zurückschlagen auf d5 mit Abzugsschach erfolgt.

11 ♘d5! ♕a5

Natürlich lehnt Schwarz ab, da 11...exd5 12 ♘xc6 (nicht 12 exd5+?, weil 12...♘ce7 die

Mehrfigur rettet) 12...♗xc6 (oder 12...dxe4 13 ♗xe4! mit sehr unangenehmen Drohungen) 13 exd5+ die Figur mit Zinsen zurückgewinnt. Schwarz ist daher praktisch zu einem Damenzug gezwungen und entscheidet sich wenig später, seinen König aus der Mitte auf den Damenflügel zu evakuieren, aber dort ergeht es ihm noch schlechter.

12 ♘xc6 ♗xc6 13 ♗d2 ♗xd5 14 exd5 e5 15 f4 *(D)*

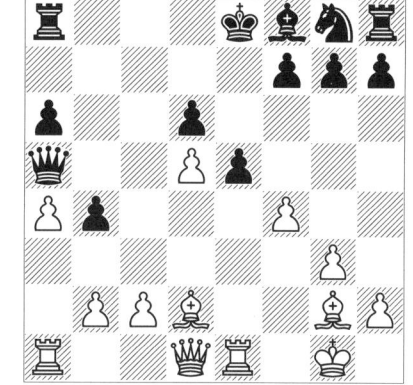

S

15...0-0-0 16 ♖e4 ♕xd5 17 ♕e2 ♕c5+ 18 ♔h1 d5 19 ♕xa6+ ♔c7 20 ♖xb4 ♖b8 21 ♖b5 1-0

Govedarica – Thorsteins
Clermont-Ferrand 1989

1 e4 c5 2 ♘f3 ♘c6 3 d4 cxd4 4 ♘xd4 ♘f6 5 ♘c3 d6 6 ♗g5 e6 7 ♕d2 ♗e7 8 0-0-0 0-0 9 ♘b3 ♕b6 10 f3 ♖d8 11 ♗e3 ♕c7 12 ♕f2 ♘d7 13 h4 a6 14 ♔b1 b5 15 ♗g5 ♗b7 *(D)*

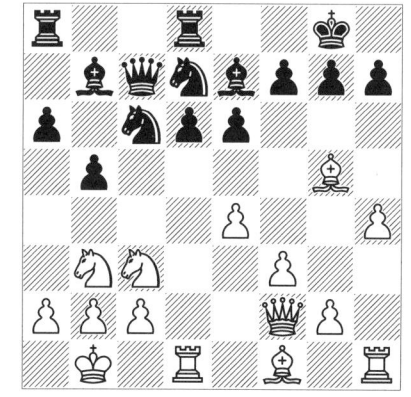

W

Der schwarze Läufer auf e7 wird durch den Läufer g5 angegriffen und durch den Springer c6 verteidigt. Nach dem Springeropfer auf d5 greift der die Stelle des geopferten Springers einnehmende Bauer den Verteidigungsspringer an.

16 ♘d5 exd5 17 exd5 ♗xg5 18 dxc6

Die zweite und abschließende Pointe besteht darin, dass dieser Bauer eine Figur zu schlagen droht, so dass die Herstellung des materiellen Gleichgewichts gesichert ist. Dank des isolierten schwarzen d-Bauern behält Weiß positionellen Vorteil.

Lobron – K. Schulz
Bundesliga 1982/83

1 e4 c5 2 ♘f3 e6 3 d4 cxd4 4 ♘xd4 ♘f6 5 ♘c3 d6 6 ♗e2 ♗e7 7 0-0 0-0 8 f4 ♘c6 9 ♔h1 ♗d7 10 ♘f3 a6 11 a3 ♕c7 12 ♗d3 ♖fd8 13 ♕e1 ♗e8 14 ♕g3 b5 15 ♕h3 ♘d7 *(D)*

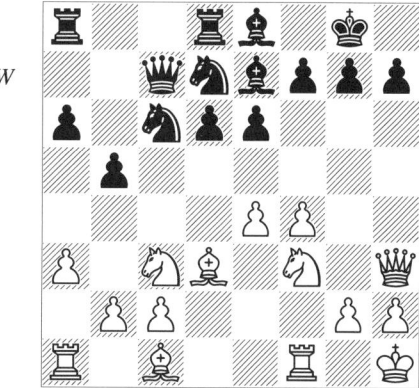

W

Hier enthält der Doppelangriff eine Mattdrohung. Die weiße Dame und der Läufer d3 zielen auf das Feld h7, und ♕xh7+ nebst ♕h8# ist matt, da der Läufer e7 die Fluchtroute des Königs blockiert. Weiß muss nur seinen e-Bauern unter Tempogewinn aus dem Weg bekommen.

16 ♘d5 exd5 17 exd5

Der Springer c6 muss fallen.

17...♘f8 18 dxc6 ♗xc6

Weiß hat aufgrund des isolierten schwarzen d-Bauern positionellen Vorteil.

Im nächsten Beispiel sehen wir eine Kombination von Ideen aus den beiden vorhergehenden

Beispielen. Das Zurückschlagen auf d5 führt zu einem Doppelangriff, dem sich Schwarz entziehen kann – aber nur, um dann in einen Doppelangriff mit Mattdrohung zu laufen.

Wang Zili – Gostiša
GMA Open, Belgrad 1988

1 e4 c5 2 ♘f3 ♘c6 3 d4 cxd4 4 ♘xd4 ♕b6 5 ♘b3 ♘f6 6 ♘c3 e6 7 ♗d3 a6 8 0-0 ♗e7 9 ♔h1 d6 10 ♗g5 0-0 11 f4 ♕c7 12 ♕e2 b5 13 ♖ae1 b4 *(D)*

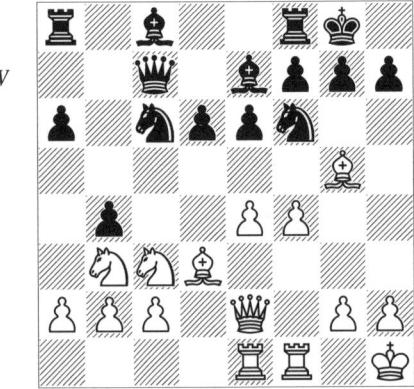

14 ♘d5 exd5 15 exd5 ♘xd5
Nach einem Zug des Springers c6 geht der Läufer auf e7 verloren.
16 ♕e4
Jetzt ist der Springer d5 verloren, da es sonst matt ist.
16...g6 17 ♕xd5
Weiß hat wegen des geschwächten schwarzen Königsflügels die besseren Aussichten.

Als nächstes wenden wir uns Stellungen zu, in denen die durch den zurückschlagenden Bauern auf d5 angegriffene Figur eingeklemmt ist und daher gefangen wird.

Kostro – Espig
Polanica Zdroj 1973

1 e4 c5 2 ♘f3 e6 3 d4 cxd4 4 ♘xd4 d6 5 c4 ♘c6 6 ♗e3 ♘f6 7 ♘c3 ♗e7 8 ♗e2 0-0 9 0-0 a6 10 ♖c1 ♗d7 11 f3 ♘xd4 12 ♗xd4 ♕b8 13 ♖fd1 ♖d8 14 a3 ♗c6 15 ♗f1 ♘d7 16 ♕d2 b6 17 ♔h1 ♕b7 18 ♕f2 b5 *(D)*

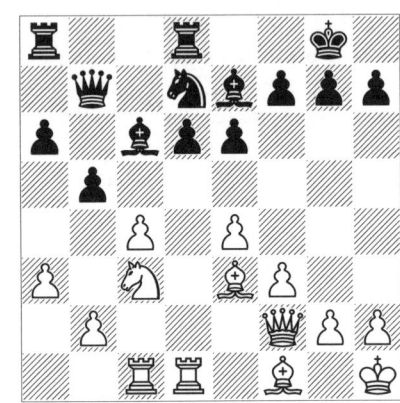

19 ♘d5 exd5 20 cxd5
Der schwarze Läufer kann nicht wegziehen. Andererseits kann sich der Nachziehende trotz seines rückständigen d-Bauern und des weißen Läuferpaares eine Menge Gegenspiel verschaffen.
20...♗xd5 21 ♖xd5 ♖ac8 22 ♖dd1 ♖xc1 23 ♖xc1 d5 24 ♗d3 ♘e5 25 ♗b1 ♘c4
und die Partie endete bald unentschieden.

Das Spiel auf Einklemmung eines Läufers auf dem Feld c6 hat für den Opfernden keine guten Ergebnisse erbracht. Wenn die schwarze Dame auf b7 steht, ist der Nachziehende nur selten zum Schlagen auf d5 gezwungen, so dass der weiße Springer auf d5 möglicherweise ziemlich dumm dasteht. Wenn kein weißer Bauer auf c4 steht, schlägt Schwarz oft lieber mit dem Läufer als mit dem Bauern. Nach ...♗xd5, exd5 e5 ist Schwarz im Besitz einer Bauernmajorität am Königsflügel und kann vielleicht schnell einen Angriff auf den weißen König aufbauen.

Wirkungsvoller ist das Opfer, wenn es auf die Ausübung von Druck auf der e-Linie zwecks Figurengewinn auf e7 abzielt.

E. Albert – Rubio
Mar del Plata 1957

1 e4 c5 2 ♘f3 ♘c6 3 d4 cxd4 4 ♘xd4 ♘f6 5 ♘c3 d6 6 ♗g5 e6 7 ♕d2 ♗e7 8 0-0-0 a6 9 f4 ♕c7 10 ♘f3 b5 11 ♗xf6 gxf6 12 ♗d3 ♗d7 13 ♖he1 h5 14 ♕e2 ♘b4 15 a3 ♘xd3+ 16 ♖xd3 a5 *(D)*

17 ♘d5 exd5

W

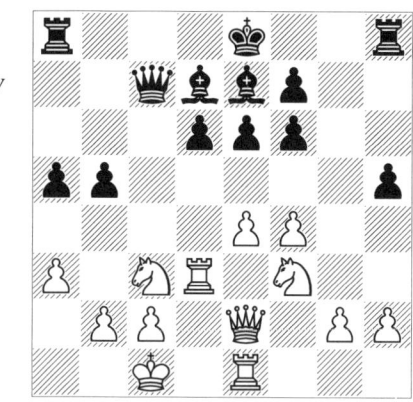

Danach ist der Läufer e7 nicht zu retten. Bei Ablehnung des Opfers schaltet Weiß auf einen Angriff auf der d-Linie um: 17...♕d8 18 ♘xe7 ♕xe7 19 ♖ed1 ♖a6 20 ♕d2, und der d-Bauer fällt.

18 exd5 ♗g4 19 ♖e3 0-0 20 ♖xe7

Mit einem Mehrbauern und positionellem Vorteil gewann Weiß locker.

Lipman – Zolotonos
Spartakiade, UdSSR 1968

1 e4 c5 2 ♘f3 d6 3 d4 cxd4 4 ♘xd4 ♘f6 5 ♘c3 a6 6 ♗c4 e6 7 ♗b3 b5 8 0-0 ♗b7 9 ♖e1 b4 (D)

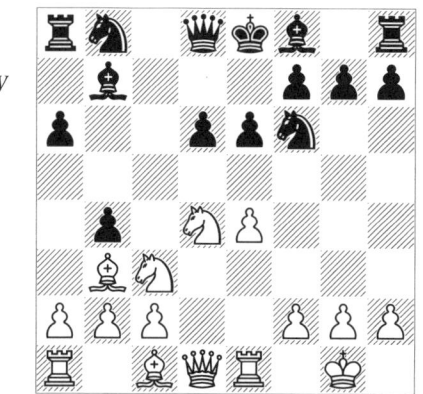

W

10 ♘d5 exd5?

Der Nachziehende übersieht den schlauen weißen Zwischenzug, mit dem ein Springer zur Blockade des Fluchtwegs des Königs gezwungen wird, wodurch wiederum der Läufer zur Abwehr des Schachs auf der e-Linie dazwischenziehen muss. Sicherer ist 10...♘bd7.

11 ♗a4+! ♘bd7 12 exd5+ ♗e7 13 ♘f5 (D)

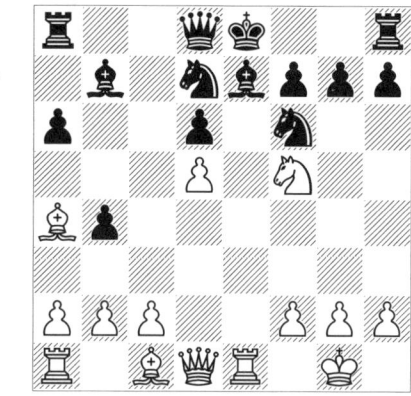

S

Nach Springeropfern auf d5 geht der Springer d4 oft nach f5, um den Druck auf der e-Linie zu verstärken. Im vorliegenden Fall gewinnt dies sofort den Läufer. Mit einem Mehrbauern und einem tief in die gegnerische Stellung eingedrungenen Springer gewinnt Weiß schnell im direkten Angriff.

13...0-0 14 ♘xe7+ ♔h8 15 ♗g5 ♕c7 16 ♗xd7 ♘xd7 17 ♖e3 g6 18 ♕d4+ f6 19 ♘xg6+! hxg6 20 ♖e7! ♔g8 21 ♕e4! 1-0

Wenn das Springeropfer auf d5 im Morra-Gambit oder im Maroczy-Aufbau erfolgt, kann der Verteidiger auf der c-Linie Probleme bekommen. Hierzu betrachte man die nächste Stellung.

Kerry – Pivovarov
Keres-Memorial, Vancouver 2001

1 e4 c5 2 d4 cxd4 3 c3 dxc3 4 ♘xc3 ♘c6 5 ♘f3 d6 6 ♗c4 e6 7 0-0 ♗e7 8 ♕e2 a6 9 ♖d1 b5 10 ♗b3 ♗b7 11 ♗f4 ♕c7 12 ♖ac1 ♖d8 (D)

Weiß hat das Morra-Gambit gespielt und besitzt deshalb einen Bauern weniger, hat aber dafür die c-Linie geöffnet. Mit der Dame auf c7 gewinnt ♘d5 nebst Wiedernehmen mit dem Bauern dank der Fesselung des Springers c6 die Figur zurück.

13 ♘d5 exd5?

Besser ist die Ablehnung des Opfers, etwa mit 13...♕b8, obwohl Weiß dann nach dem Tausch seines Springers gegen den Läufer e7 starken Druck gegen d6 bekommt.

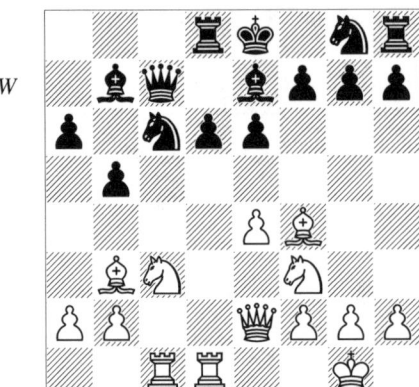 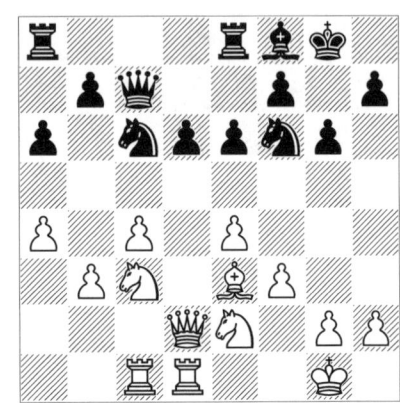

14 exd5 ♘d4

Da das Abspiel 14...♘f6 15 dxc6 ♗xc6? 16 ♘d4 noch schlechter ist, gibt sich Schwarz mit materiellem Gleichstand zufrieden. Er wird jedoch bald von einem zweiten Opfer zu Boden gestreckt.

15 ♘xd4 ♕d7 16 ♘c6 ♖c8 17 ♖e1 h6 18 a4 ♗xc6 19 dxc6 ♖xc6 20 ♖xc6 ♕xc6 21 ♗xf7+! ♔xf7 22 ♕e6+ ♔f8 23 ♖c1 ♕b6 24 ♖c8+ ♗d8 25 ♗xd6+ ♘e7 26 ♗xe7+ ♔e8 27 ♗d6# (1-0)

Das Pseudoopfer ist im Morra-Gambit nicht immer so vernichtend wie im obigen Fall. Häufig kann Schwarz auf c6 wiedernehmen und einen Mehrbauern behalten. Weiß schneidet jedoch gut ab, da er von der Öffnung von Linien im Zentrum profitiert und Schwarz sich häufig mit einem kränkelnden Isolani auf d6 herumschlagen muss.

Bringt Weiß das Springeropfer auf d5 im Maroczy-Aufbau und nimmt dann mit dem c-Bauern zurück, so ergeht es Schwarz in der Regel schlecht, da vorher materieller Gleichstand herrschte.

Neumeier – Groetz
Poyntner-Memorial, St. Pölten 2002

1 e4 c5 2 ♘f3 d6 3 ♗b5+ ♗d7 4 ♗xd7+ ♕xd7 5 c4 ♘c6 6 0-0 g6 7 d4 cxd4 8 ♘xd4 ♗g7 9 ♘e2 ♘f6 10 ♘bc3 0-0 11 f3 a6 12 a4 ♕c7 13 ♗e3 e6 14 b3 ♖fe8 15 ♕d2 ♘b4 16 ♖ac1 ♗f8 17 ♖fd1 ♘c6 *(D)*

18 ♘d5 exd5 19 cxd5 ♘d7

Falls Schwarz seinen b-Bauern schon bewegt hat, hat er keine andere Wahl als auf c6 mit einer Figur zurückschlagen, wonach sein d-Bauer isoliert bleibt. Hier möchte Schwarz mit dem b-Bauern wiedernehmen und mit einem weniger geschwächten Zentrum verbleiben, aber der Anziehende stellt mit einem hübschen Manöver sicher, dass der d-Bauer isoliert bleibt.

20 b4! ♘de5 21 b5 axb5 22 axb5 ♕d7 23 dxc6 bxc6 24 bxc6 ♘xc6 25 ♘f4

Die weiße Kontrolle über das Feld d5 führt im Verein mit den schwachen Feldern um den schwarzen König zu einem schnellen Zusammenbruch.

25...♕b7 26 ♘d5 ♖eb8 27 ♗h6 f5 28 ♗xf8 ♔xf8 29 ♕h6+ ♔e8 30 exf5 ♘e5 1-0

Im Maroczy-Aufbau kann nach dem Wiedernehmen auf d5 mit dem c-Bauern die schwarze Dame auf der c-Linie festsitzen, so dass der Nachziehende durch Blockierung der Schusslinie eines weißen Turms auf c1 oder c2 die geopferte Figur zurückgeben muss.

Spasski – Langeweg
Amsterdam 1973

1 e4 c5 2 ♘f3 e6 3 d4 cxd4 4 ♘xd4 ♘c6 5 ♘b5 d6 6 c4 ♘f6 7 ♘1c3 a6 8 ♘a3 ♗e7 9 ♗e2 0-0 10 0-0 b6 11 ♗e3 ♗b7 12 ♖c1 ♘e5 13 f4 ♘ed7 14 ♗f3 ♖b8 15 ♕e2 ♖e8 16 ♖fd1 ♕c7 17 g4 ♖ed8 18 g5 ♘e8 *(D)*

19 ♘d5 exd5 20 cxd5 ♘c5

Erzwungen, da die Dame von den eigenen Figuren eingeklemmt wird. Jetzt kann Spasski ein bewegliches Zentrum aufbauen, das schnell überwältigend wird.

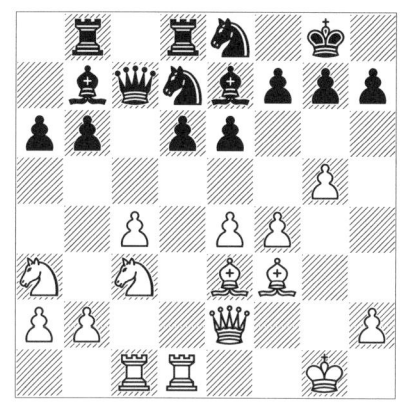

21 b4 ♗c8 22 bxc5 bxc5 23 ♖b1 ♗d7 24 ♗d2 ♕a7 25 ♗a5 ♖dc8 26 ♘c4 ♗d8 27 ♗c3 ♖xb1 28 ♖xb1 ♖b8 29 ♖e1 ♗b5 30 e5 ♗xc4 31 ♕xc4 dxe5 32 fxe5 ♘c7 33 e6 ♘e8 34 d6 1-0

Schließlich kann beim Zurückschlagen auf d5 mit dem c-Bauern in der Maroczy-Formation das Feld c6 für einen auf d4 stehenden weißen Springer sehr einladend wirken. Oftmals führt ♘c6 zur Rückgabe des geopferten Materials, entweder in Form einer Figur für einen Bauern oder in Form eines Turms für einen Läufer.

Ftačnik – Browne
San Francisco 1991

1 ♘f3 c5 2 c4 ♘f6 3 ♘c3 e6 4 g3 b6 5 ♗g2 ♗b7 6 0-0 a6 7 ♖e1 ♗e7 8 e4 d6 9 d4 cxd4 10 ♘xd4 ♕c7 11 ♗e3 0-0 12 ♖c1 ♘bd7 13 f4 ♖fe8 *(D)*

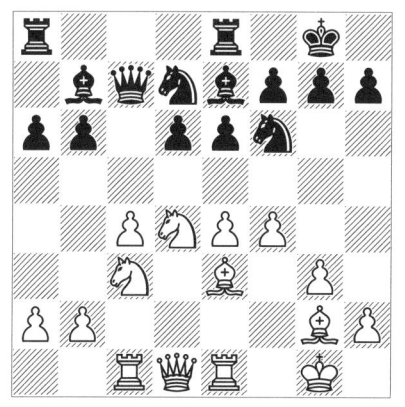

Eine typische Stellung. Der Läufer g2 wird schließlich den Turm a8 bedrohen. Als erstes muss die c-Linie geöffnet werden.

14 ♘d5 exd5 15 cxd5 ♕b8

Schwarz kann 15...♘c5 spielen, wonach Weiß die Figur mit 16 b4 sofort zurückgewinnen kann. 15...♕d8 ähnelt dem Partieverlauf.

16 ♘c6 ♗xc6 17 dxc6 ♘c5 18 c7

Weiß beginnt mit der Räumung der Läuferdiagonale mit Hilfe von Tempogewinnen.

18...♕xc7!

In ähnlichen Stellungen geht die schwarze Dame manchmal nach c8, um die Selbstfesselung des Springers c5 zu vermeiden, aber dann kann der Bauer c7 sehr lästig werden, wie wir im nächsten Beispiel sehen werden.

Der Partiezug verliert sowohl die Qualität als auch den Springer, aber Schwarz kommt mit zwei Bauern für die Qualität und einer spielbaren Stellung aus den Verwicklungen heraus.

19 e5 dxe5 20 ♗xa8 ♖xa8 21 b4 exf4 22 ♗xf4

In *Mega Database 2001* gibt Stohl nun die Variante 22...♕b7! 23 bxc5 ♗xc5+ 24 ♗e3 ♗b4 25 ♖e2 b5 26 ♕d4 mit Ausgleich. In der Partie spielte Schwarz **22...♕a7**, wurde nach und nach überspielt und verlor schließlich im Endspiel.

Oratovsky – Khamrakulow
Albacete 2001

1 e4 c5 2 ♘f3 a6 3 c4 e6 4 ♘c3 ♘f6 5 ♗e2 d6 6 d4 cxd4 7 ♘xd4 ♕c7 8 ♗e3 ♘bd7 9 ♖c1 ♗e7 10 0-0 0-0 11 f4 b6 12 ♗f3 ♗b7 13 b4 ♖fe8 *(D)*

Hier steht der weiße b-Bauer schon auf b4 und hält Schwarz von ...♘c5 ab. Außerdem kann Weiß die Tatsache ausnutzen, dass der weiße Turm auf f1 steht und kein schwarzer Turm von f8 aus den Bauern f7 verteidigt.

14 ♘d5 exd5 15 cxd5 ♕b8 16 ♘c6 ♗xc6

Natürlich muss der Nachziehende nehmen, da die Dame bei Rückkehr auf die c-Linie wegen ♘xe7+ verloren geht.

17 dxc6 ♘f8? *(D)*

Besser ist 17...♘c5, da nun das Unheil seinen Lauf nimmt.

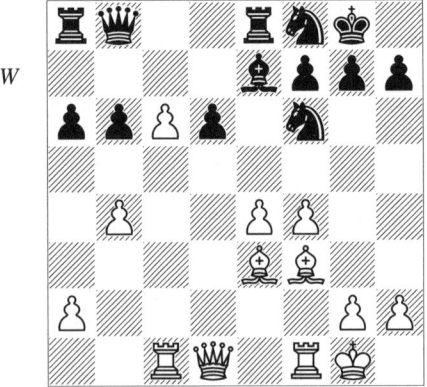

18 e5 dxe5 19 c7 ♕c8 20 fxe5 ♘6d7 21 ♕d5!

Weiß braucht den Turm nicht zu nehmen. Es droht nun unter anderem 22 ♕xa8 ♕xa8 23 ♗xa8 ♖xa8 24 c8♕. Schwarz pariert diese Drohung, lässt aber einen spektakulären Schlag zu.

21...♖a7 22 ♕xf7+!! ♔xf7 23 ♗d5+ 1-0

Das langfristige Opfer gegen den unrochierten König

Das Springeropfer auf d5 hat einen furchterregenden Ruf, der größtenteils auf seine Vielseitigkeit zurückzuführen ist. Es kann sich dabei um ein Pseudoopfer handeln, wie in den obigen Beispielen. Es kann aber auch ein langfristiges Opfer darstellen, wenn der König des Verteidigers in der Mitte steht, oder sogar auch nach der kurzen oder langen Rochade.

Mit dem König in der Mitte kann das Opfer sehr kräftig sein, ob der König nun stillhält oder auf einen Flügel zu flüchten versucht. Normalerweise nimmt der Angreifer auf d5 mit dem e-Bauern zurück. Dadurch wird nicht nur die e-Linie geöffnet, sondern der Bauer d5 kann auch eine stark einengende Wirkung auf die Stellung des Verteidigers ausüben.

Im ersten, recht einfachen Beispiel wird der König zur Flucht auf den Damenflügel gezwungen, kann aber den durch einen Springer auf c6 unterstützten Angriff über die e-Linie nicht überleben.

I. Saitzew – Sawon
Barnaul 1969

1 e4 c5 2 ♘f3 d6 3 d4 cxd4 4 ♘xd4 ♘f6 5 ♘c3 a6 6 ♗c4 e6 7 ♗b3 b5 8 0-0 ♗b7 9 ♖e1 ♘bd7 10 ♗g5 ♘c5 11 ♗d5 b4 12 ♗xb7 ♘xb7 *(D)*

13 ♘d5 exd5 14 exd5+ ♔d7 15 ♘c6

Da der weißfeldrige Läufer des Schwarzen nicht mehr auf dem Brett steht, kann dieser Springer nur durch einen Zug des Springers b7 nach d8 oder a5 behelligt werden. Jener Springer entpuppt sich bald als ernstes Hindernis für Schwarz – er stünde besser auf d7, wo er den König nach seinem Marsch nach c7 abschirmen und den vorderen f-Bauern decken würde.

Das durch 15 ♘c6 gewonnene Tempo erweist sich als entscheidend, da Weiß schnell seine Dame in den Angriff einschalten kann.

15...♕b6 16 ♗xf6 gxf6 17 ♕f3 ♕c5

Der isolierte Doppelbauer auf der f-Linie stellt eine ernsthafte Schwäche dar. Der Versuch, mit 17...♘d8 Springertausch zu erzwingen, verliert wegen 18 ♕xf6 ♖g8 19 ♘xd8

♕xd8 20 ♕xf7+ ♗e7 21 ♕e6+ den Läufer. In seiner Verzweiflung hofft Schwarz, dass er den Anziehenden nach 18 ♕xf6 ♕xd5 durch Hergabe eines Turms für den weißen Springer besänftigen kann, aber Weiß lässt sich nicht beirren. Er wird eine ganze Figur zurückgewinnen und seinen Mattangriff behalten.

18 ♖ad1 ♖g8 19 ♕xf6 ♖g7 20 ♖e7+! *(D)*

Der entscheidende Schlag. Weiß wird sich aussuchen können, welchen Turm er schlägt.

20...♗xe7 21 ♕xe7+ ♔c8 22 ♕e8+ ♔c7 23 ♕xa8 ♕xc2 24 ♕b8+ ♔b6 25 ♕a7+ ♔c7 26 ♖e1 f6 27 ♘xb4 ♕xb2 28 ♘xa6+ ♔d7 29 ♕b8 1-0

Wenn der König zum Damenflügel läuft, bildet der Zug ♘c6 ein typisches Element des Angriffsspiels, insbesondere bei Unterstützung durch einen Läufer auf der langen Diagonale.

Stein – Furman
Meisterschaft der UdSSR, Moskau 1969

1 e4 c5 2 ♘f3 e6 3 d4 cxd4 4 ♘xd4 a6 5 ♘c3 ♕c7 6 g3 b5 7 ♗g2 ♗b7 8 0-0 ♘f6 9 ♖e1 d6 10 a4 b4 *(D)*

Man beachte insbesondere den letzten weißen Zug, 10 a4. Weiß hat beschlossen, den Springer zu opfern, verleitet aber zuerst den Nachziehenden zum Vorrücken seines b-Bauern nach b4, wo dieser geschlagen werden kann, was den materiellen Nachteil des Weißen verringert, oder zur Öffnung von Linien für die weißen Türme auf dem Damenflügel genutzt werden kann.

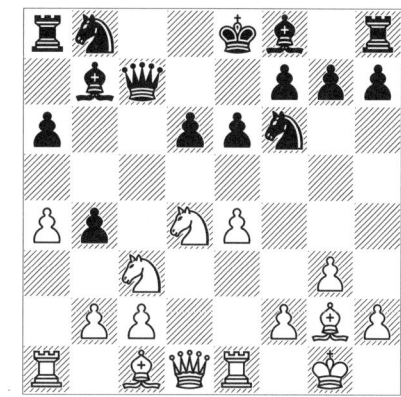

11 ♘d5 exd5 12 exd5+ ♔d8 13 ♗g5 ♘bd7

Diese Stellung ist in der Praxis einige Male vorgekommen, aber Schwarz würde sich bestimmt nicht bewusst darauf einlassen. Hier sind einige Beispiele für eine erfolgreiche Angriffsführung seitens des Weißen:

a) 13...♕c4 14 c3! (nutzt die Stellung des schwarzen b-Bauern zur Öffnung von Linien aus) 14...h6? (ein Tempoverlust, da der Abtausch auf f6 zum Plan des Anziehenden gehört) 15 ♗xf6+ gxf6 16 cxb4 ♕xb4 17 ♖c1. Der König steckt zwischen den offenen Linien c und e fest. Die Partie Cernousek-Rechel, Olmütz 2000, endete mit 17...♖a7 18 ♕g4 ♕xa4 (oder 18...♕a5 19 ♖h3! gefolgt von 20 ♖c8+ ♗xc8 21 ♕xc8#) 19 ♘e6+ 1-0.

b) 13...♗e7 ist Zeitverschwendung, da sich Schwarz nach 14 ♘f5 ♖e8 15 ♕d4 gar nicht rühren kann. Er muss mit seinem Läufer nach f8 zurückkehren, und nach 14...♗f8 15 ♘h6! geschah in Wasjukow-Jeserski, St. Petersburg 1996, 15...♕c8 (oder 15...♕d7 16 ♕h5, und Weiß gewinnt den f-Bauern trotzdem) 16 ♗h3+ ♘bd7 17 ♘xf7 ♗xd5 18 ♘xh8 mit Materialvorteil für Weiß.

c) Nach 13...♗c8 ist wiederum 14 c3 gut, obwohl Weiß in Quinones-Higashishiba, Olympiade, Siegen 1970, 14 ♗xf6+ spielte und gewann: 14...gxf6 15 ♕h5 ♖a7 16 ♖e4 ♗g7 17 ♖ae1 ♕c5 18 ♕e2 ♗d7 19 ♘b3 ♕b6 20 a5 ♕b5 21 ♕e3 ♖c7 22 ♕f4 ♖e8 23 ♕xd6 ♖xe4 24 ♖xe4 ♔c8 25 ♗f1 ♕a4 26 ♖xb4 ♕a2 27 ♘c5 ♕a1 28 ♖xb8+ ♔xb8 29 ♘xa6+ 1-0.

14 ♕e2 ♗c8

In der Partie Smirin-Gelfand, Swerdlowsk 1987, geriet die schwarze Dame nach 14...♕b6

15 c3! ♘e5 16 a5 ♕c5 *(D)* in eine fürchterliche Lage.

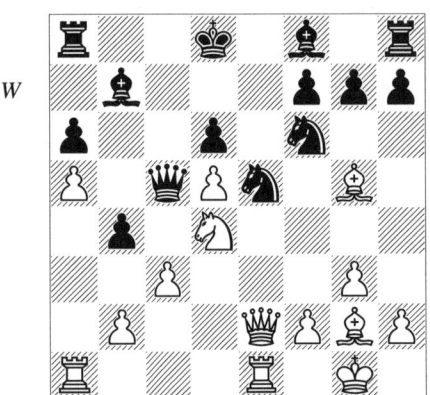

Nun ließ Weiß eine Kombination vom Stapel: 17 ♘c6+! ♔c8 (oder 17...♗xc6 18 dxc6 ♗e7 19 ♗e3! ♕b5 20 c4!! ♕xc4 21 c7+! ♔d7 22 ♗h3+ ♔e8 23 ♕xc4 ♘xc4 24 c8♕+ mit Turmgewinn) 18 ♗e3 ♕b5 19 ♗h3+ ♘fd7 20 ♗xd7+ ♔xd7 21 ♘xe5+ ♔c8 22 c4 1-0. Nach 22...♕e8 23 ♕g4+ setzt Weiß matt oder gewinnt die Dame.

15 c3! b3

Schwarz versucht richtigerweise, alle Linien geschlossen zu halten.

16 ♘c6! ♗xc6 17 dxc6 ♘e5 18 ♖a3! *(D)*

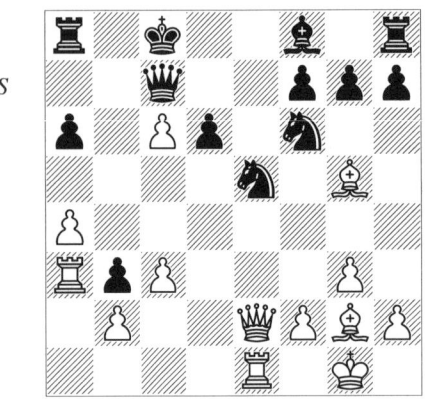

Weiß gewinnt einen zweiten Bauern für die Figur und schaltet seinen Turm in den Angriff ein. Der Nachziehende kann nicht auf c6 schlagen: 18...♘xc6 19 ♗xf6 gxf6 20 ♕e8+ ♘d8 (oder 20...♔b7 21 ♖xb3+ ♔a7 22 ♕e3+ mit baldigem Matt) 21 ♗h3+ ♔b8 22 ♖xb3+ ♔a7 23 ♕e3+ ♕c5 24 ♕e7+!! ♗xe7 25 ♖xe7+ mit schnellem Matt.

Schwarz findet einen Weg, bis zum Endspiel zu überleben.

18...d5 19 ♖xb3 ♗d6 20 ♗xf6 gxf6 21 ♗xd5 ♘xc6 22 ♕g4+ ♕d7 23 ♕xd7+ ♔xd7 24 ♖b7+ ♗c7 *(D)*

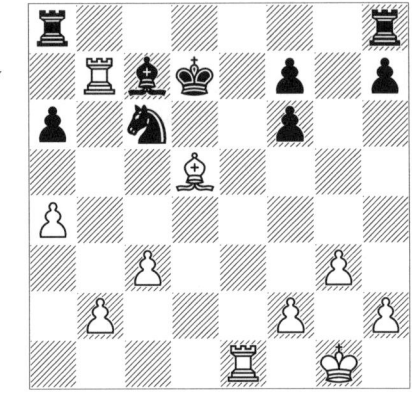

25 ♗g2!

Schwarz muss Material verlieren, wonach Weiß mit mindestens zwei Bauern für die Qualität und einer gefährlichen Bauernmajorität am Damenflügel verbleibt.

25...♖ad8 26 ♗h3+ ♔d6 27 ♖d1+ ♔c5 28 b4+ ♔c4 29 ♗f1+ ♔b3 30 ♖xc7

Nach der Fortsetzung 30 ♖b1+ ♔a2 31 ♖xc7 ♔xb1 32 ♖xc6 wird Weiß bald drei Bauern für die Qualität haben, aber der von Stein gewählte Weg erweist sich ebenfalls als ausreichend.

30...♖xd1 31 ♖xc6 ♔xa4 32 ♔g2 a5 33 bxa5 ♖hd8 34 ♖xf6 ♖8d7 35 a6 ♖c1 36 ♗d3 ♖xc3 37 ♗xh7 ♔b5 38 ♗e4 ♖a3 39 ♗b7 ♔c5 40 h4 ♔d4 41 ♖f5 ♖e7 42 h5 ♖e5 43 ♖f4+ ♔c5 44 h6 1-0

Im nächsten Beispiel spielt der Anziehende den Maroczy-Aufbau, so dass er mit Leichtigkeit seine Damenflügelbauern zur Öffnung von Linien gegen den Wanderkönig nach vorne werfen kann.

Tschutschelow – Egeli
Antwerpen 1999

1 ♘f3 ♘f6 2 c4 c5 3 ♘c3 e6 4 g3 b6 5 ♗g2 ♗b7 6 0-0 d6 7 ♖e1 ♘bd7 8 e4 a6 9 d4 cxd4

10 ♘xd4 ♕c7 11 ♗e3 ♖c8 12 ♖c1 ♕b8 13 ♕e2 ♕a8 *(D)*

W

Der Nachziehende hat für die Überführung seiner Dame nach a8 einige Tempi aufgewendet. Die Strafe folgt auf dem Fuße, da die besser entwickelten weißen Kräfte nun zur Tat schreiten.

14 ♘d5 exd5 15 exd5 ♔d8

Auf dem Königsflügel ist der König nicht sicher; z. B. 15...♗e7 16 ♘f5 ♔f8 (oder 16...♘e5 17 f4 ♘g6 18 ♗xb6, und die Fesselung auf der e-Linie gewinnt Material) 17 ♗h6! gxh6 18 ♕xe7+ ♔g8 19 ♖e6! ♖e8 20 ♘xh6+ ♔g7 21 ♕xf7+! ♔xh6 22 ♖xf6+ ♘xf6 23 ♕xf6+ ♔h5 24 ♗f3#.

16 b4!

Möglich war nach Angaben von Tschutschelow in *Mega Database 2001* auch 16 ♘c6+ ♖xc6 17 dxc6 ♗xc6 18 ♗d5! mit guten Aussichten.

Der Anziehende hat jedoch einen so großen Entwicklungsvorsprung, dass er sich die Zeit nehmen kann, seine Damenflügelbauern zwecks Linienöffnung vorzurücken; unterdessen kann Schwarz herzlich wenig unternehmen.

16...♔c7

Der schwarze König läuft weg, kommt aber vom Regen in die Traufe. Stattdessen erlaubt 16...♗e7 die Erwiderung 17 ♘c6+ ♖xc6 18 dxc6 ♗xc6 19 ♗xb6+! ♘xb6 20 ♕xe7+ ♔c8 21 ♗h3+ ♘bd7 22 b5 gefolgt von 23 c5 mit gewinnbringendem Angriff, wohingegen 16...♘e5 die e-Linie blockiert, aber b6 exponiert. Weiß antwortet 17 ♘c6+! ♔c7 (oder 17...♘xc6 18 ♗xb6+! ♔c7 19 dxc6 ♗xc6 20 ♗xc6 ♕xc6 21 c5 mit siegbringendem Angriff) 18 ♗xb6+! ♔xb6 19 c5+ ♔c7 20 ♘xe5, und falls nun 20...dxe5, so folgt 21 ♕xe5+ ♔d8 22 c6, und die Bauern überrennen die schwarze Stellung.

17 ♘c6 ♖e8

Nach 17...♗xc6 kommen die weißen Bauern in direkten Kontakt mit dem König. Tschutschelow gibt die sehenswerte Variante 18 dxc6 ♘e5 19 c5 b5 20 a4 bxa4 21 b5! axb5 22 ♕xb5 ♖b8 23 ♕b6+! ♔c8 (oder 23...♖xb6 24 cxb6+ ♔d8 25 c7+) 24 ♗h3+ ♘fg4 25 ♗xg4+ ♘xg4 26 ♗g5, wonach Schwarz das Matt nur unter Hergabe des größten Teils seiner Streitmacht verhindern kann.

18 ♕d2 h6 19 a4! ♘g4 *(D)*

Wenn der Nachziehende nicht bald handelt, bricht Weiß mittels a5 oder c5 durch. Schwarz meint den Läufer e3 abtauschen zu müssen, macht dabei aber das Feld e8 verwundbar.

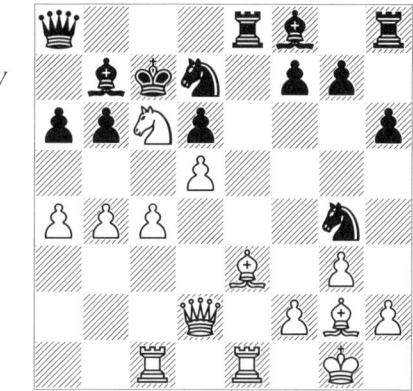

W

20 c5! dxc5

Nach 20...♘xe3 öffnet 21 cxb6+! mit tödlicher Wirkung die c-Linie.

21 bxc5

Schneller geht es vielleicht mit 21 ♗f4+. Nach dem Partiezug fallen die weißen Bauern über den schwarzen König her.

21...♘xe3 22 d6+ ♔c8 23 ♖xe3 ♖e6 24 ♖xe6 fxe6 25 ♘e7+ ♗xe7 26 c6! ♕b8 27 cxb7++ ♔d8 28 ♖c8+ 1-0

Selbst ohne den Läufer auf der langen Diagonale kann ein Springer auf c6 Unordnung in die schwarzen Reihen bringen. Im nächsten Beispiel erweist sich das Feld c6 auch nach dem Rückzug des Springers als entscheidend.

Golubew – Mantovani
Biel 1992

1 e4 c5 2 ♘f3 d6 3 d4 cxd4 4 ♘xd4 ♘f6 5 ♘c3 a6 6 ♗c4 e6 7 ♗b3 b5 8 0-0 ♗b7 9 ♖e1 ♘bd7 10 ♗g5 ♕b6 11 a4 b4 *(D)*

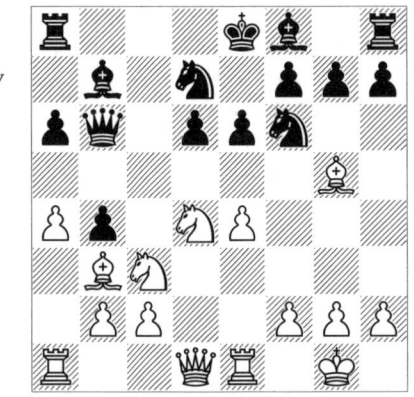

Wieder hat Weiß den schwarzen Damenflügel mit a4 aufgelockert. Diesmal will er nicht nur mittels c3 Linien öffnen, sondern auch durch Vorrücken des a-Bauern nach a5 die schwarze Dame belästigen.

12 ♘d5 exd5 13 exd5+ ♔d8!?

Nach 13...♘e5 kann Weiß mit 14 f4 die Figur zurückgewinnen oder mit 14 a5 ♕c5 15 ♗e3!? weiter auf Angriff spielen. In Adams-Sadler, Zonenturnier, Dublin 1993, ging es weiter mit 15...♕c8 16 ♗a4+ ♔e7 17 f4 ♘xd5 18 fxe5 dxe5 19 ♕h5 f6 20 ♗f2 g6 21 ♖xe5+ ♔f7 22 ♕f3 ♘c7 23 ♕b3+ ♔g7 24 ♘f5+! gxf5 25 ♕g3+ ♔f7 26 ♗b3+ ♘d5 27 ♖xd5 1-0.

14 ♘c6+

In *The Sicilian Sozin* gibt Golubew 14 a5! ♕c5 (oder 14...♕c7 15 c3) 15 c4! mit der Drohung 16 ♘c6+ ♗xc6 17 ♗e3 mit Damengewinn.

14...♔c7

Die verlässlichste Erwiderung für Schwarz ist wohl 14...♗xc6!? 15 dxc6 ♕xc6, was Golubew als „unklar" bezeichnet. Weiß könnte mit 16 ♗d5 ♕c8 17 ♗xa8 ♕xa8 etwas Material zurückgewinnen, wie in der Partie Rorvall-Hammar, Borås 1979, die später remis ausging. Da der Rückgewinn einer Qualität nach einem Figurenopfer aber nur selten für einen Vorteil ausreicht, geben die Züge 17 c3 und 17 ♕h5 oder gar 16 c3 einen Zug früher bessere Aussichten auf einen erfolgreichen Angriff.

15 a5 ♕b5 16 ♘d4 ♕c5 17 ♗e3! ♗xd5

Schwarz bietet seine Dame an, die Weiß mit 18 ♘e6+ ♗xe6 19 ♗xc5 ♘xc5 gewinnen kann, aber die drei Figuren würden Schwarz gute Chancen geben. Weiß ignoriert alle derartigen Offerten und öffnet stattdessen lieber Linien gegen den schwarzen König.

18 c4 bxc3 19 ♖c1! ♕xa5

In *Mega Database 2001* analysiert Golubew 19...♗xb3! 20 ♕xb3, und nun führen sowohl 20...♖b8 als auch 20...♘d5 zu lebhaftem Spiel. Gegen 20...♘d5 gibt er das interessante Abspiel 21 ♖xc3! ♘xc3 22 ♕xf7!, wonach der Springer sich über e6 in den Angriff einschalten wird.

20 ♖xc3+ ♘c5

Es überrascht nicht, dass Schwarz in dieser komplizierten Stellung fehlgreift. Golubew schlägt 20...♔b7 vor, wonach Schwarz den Angriff vielleicht überleben kann.

21 ♗xd5 ♘xd5 *(D)*

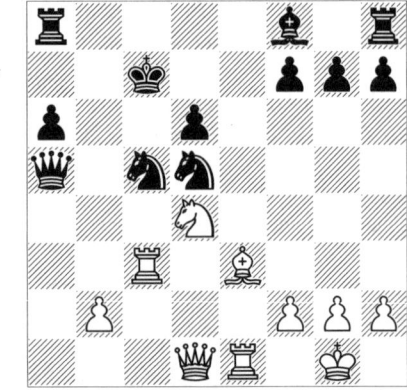

22 ♕f3! ♘xc3 23 ♕c6+!

Mit einem Turm und einer Figur im Hintertreffen darf der Anziehende sich nicht ums Materialverhältnis scheren, sondern muss weiter angreifen. Nach dem nächsten weißen Zug wird der schwarze König in einem spektakulären Finale auf den offenen Linien zur Strecke gebracht.

23...♔b8 24 bxc3 ♔a7 25 ♖b1 ♖b8

Es drohte 26 ♕xc5+! gefolgt von 27 ♘c6#. Die beste Verteidigung ist 25...♖d8, aber nach 26 ♕d5 ♖c8 27 ♘c6+ ♖xc6 28 ♕xc6 muss

Schwarz die Dame geben, um das Matt zu verhindern.

26 ♕xc5+!! ♕b6

Oder 26...♕xc5 27 ♘c6+ ♔a8 28 ♖xb8#.

27 ♘c6+ ♔a8 28 ♖xb6 1-0

Im nächsten Beispiel versucht Schwarz den Springer von c6 fernzuhalten, aber Weiß kann trotzdem erstaunlich schnell Linien gegen den König aufmachen.

A. David – Lobron
Donner-Memorial, Amsterdam 1996

1 e4 c5 2 ♘f3 e6 3 d4 cxd4 4 ♘xd4 a6 5 ♘c3 b5 6 ♗d3 ♗b7 7 0-0 d6 8 ♖e1 ♘f6 9 a4 b4 *(D)*

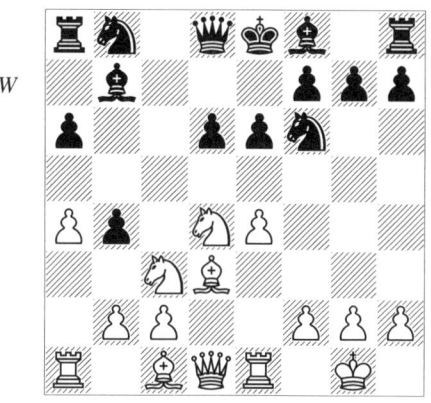

10 ♘d5 exd5 11 exd5+ ♔d7 12 c4!

Weiß zieht am b-Bauern vorbei, um schnell den Vorstoß c5 vorzubereiten, da 12...bxc3 ihm wegen der Öffnung von Linien am Damenflügel sehr entgegen käme. Schwarz will die verbliebenen weißen Leichtfiguren im Zaum halten. Das Feld c6 hat er schon gut gedeckt, als nächstes nimmt er das Feld f5 unter Kontrolle. All das kostet jedoch wertvolle Zeit.

12...g6 13 a5!

Dieser unscheinbare Zug nimmt vielen der schwarzen Figuren Felder, isoliert den b-Bauern und bringt die Möglichkeit eines Damenschachs auf a4 ins Spiel.

13...♗g7 14 ♗f4 ♘c8 15 ♖c1 ♘h5

Dies ist zu langsam, wenngleich der weiße Angriff wahrscheinlich so oder so entscheidend ist, wie Blatny in *Mega Database 2001* nachweist. Ein überzeugendes Abspiel lautet 15...♘fd7 16 ♘b5!! axb5 17 ♗xd6 ♘f6 18 cxb5+ ♔d7 19 ♗xb4 ♖e8 20 b6 (mit der Drohung 21 ♗b5+) 20...♖xe1+ 21 ♕xe1 ♘xd5 22 ♗b5+ ♘c6 23 ♕d2, wonach der schwarze König vollkommen exponiert ist.

Nach dem Partiezug kann Weiß mit dem Vormarsch am Damenflügel weitermachen.

16 c5! ♕f6? *(D)*

Nach der Fortsetzung 16...♗xd4 17 cxd6+ ♗c6 18 dxc6 ♘xf4 19 ♕g4+ ♘e6 20 ♖xe6 fxe6 21 ♕xd4 gibt es keine gute Verteidigung gegen die mit 22 d7+ beginnende Mattdrohung. Nach dem Textzug kann Weiß die Partie abrupt beenden.

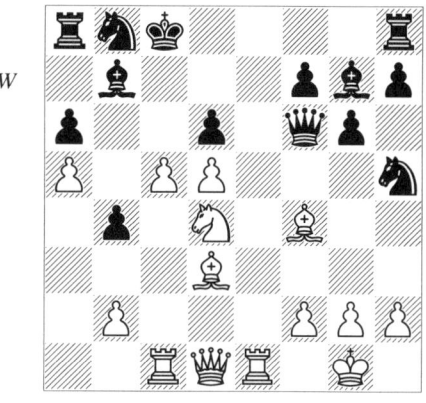

17 cxd6+ ♔d8 18 ♕c2 1-0

Das durch 19 ♕c7# drohende Matt kann nur noch etwas hinausgezögert werden.

Beim Angriff spielt die Dame des Opfernden häufig eine wichtige Rolle. Sie kann im Verein mit einem Turm auf der e-Linie Druck ausüben und den gesamten Königsflügel des Verteidigers lahm legen, wenn sie nach f7 gelangt.

Ashley – Kempinski
Bad Wiessee 1997

1 e4 c5 2 ♘f3 d6 3 ♗b5+ ♘d7 4 d4 cxd4 5 ♕xd4 ♘gf6 6 ♗g5 a6 7 ♗xd7+ ♘xd7 8 ♘c3 ♕b6 9 ♕d2 e6 10 0-0-0 ♕a5 11 ♖e1 ♘b6 12 b3 h6 13 ♗d2 ♕c5 14 ♗e3 ♕c7 15 ♗d4 ♘d7 16 ♕e3 ♕a5 *(D)*

17 ♘d5 exd5 18 exd5+ ♔d8 19 ♖he1 ♔c7

Die Kraft der Dame auf f7 manifestiert sich bereits in dem Abspiel 19...♕xa2 20 ♕e8+

♗c7 21 ♕xf7 mit der Drohung ♘h4 gefolgt von ♘g6, was nach ...♖h7, ♕g8 den Turm gewinnt.

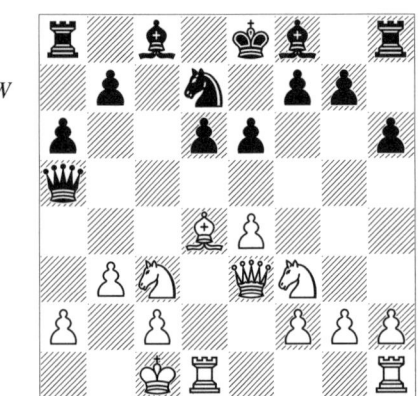

W

20 ♖d3 ♔b8 21 ♕e8 ♘c5 22 ♖c3 ♔a7

Schwarz kann die Rückgabe eines Bauern mit 22...f6 vermeiden, ist dann aber nach 23 ♕f7 auf einer Bretthälfte vollkommen gelähmt. 22...b6 hilft dem Nachziehenden eher bei der Entwirrung seiner Figuren, da er sich nach 23 ♕xf7 mit 23...♖a7 unter Zeitgewinn entwickeln kann.

Jetzt kann Weiß nach der Besetzung von f7 mit einer hübschen Idee zur Öffnung von Linien gegen den schwarzen König aufwarten.

23 ♕xf7 ♗g4 24 b4!

Da die Dame von f7 aus nach b7 schielt, kann Weiß mit diesem Zug die Figur zurückgewinnen, denn nach 24...♕xb4 25 ♖b3 kann er wegen der Fesselung des Springers die Dame erobern.

24...♕a4 25 bxc5 dxc5 26 ♘e5?!

26 ♖xc5! ♕a3+ (nicht 26...♗xc5 27 ♗xc5+ ♔b8 28 ♖e7 mit zahlreichen Mattdrohungen) 27 ♗b2 ♕xa2 28 ♖c3 (mit der Absicht 29 ♖b3) ist für Weiß bequem gewonnen.

Der Textzug ist weniger überzeugend, reicht aber immer noch für einen großen Vorteil aus.

26...♗d7

Schwarz versucht ein paar Tricks, verliert aber bald noch eine Figur. 26...cxd4 27 ♘c6+ (27 ♖b3 ist ebenfalls gut) 27...♔b6 28 ♖b3+ ♕xb3 29 axb3 bxc6 30 dxc6 ist sehr gut für Weiß, weil 30...♔xc6? an 31 ♕g6+ mit Läufergewinn scheitert, aber nach 30...♗c8 kann Schwarz noch kämpfen.

27 ♗e3 ♕a5 28 ♗d2 ♕xa2 29 ♖b3 ♕a1+ 30 ♖b1 ♕a3+ 31 ♔d1 ♖d8 32 ♘xd7 ♕a2 33 ♖xb7+! ♔xb7 34 ♘xc5+ ♔b6 35 ♕b7+ ♔xc5 36 ♗b4+

Schneller gewinnt hier 36 ♕c6+ ♔d4 37 ♗c3#.

36...♔d4 37 ♕b6+ ♔c4 38 ♖e4+ ♔xd5 39 ♕e6# (1-0)

Geheimnisse des Misslingens

Entgegen zahlreichen Behauptungen im zeitgenössischen Schrifttum kann das Springeropfer auf d5 selbst dann fehlschlagen, wenn der schwarze König noch in der Mitte steht. Wenn Weiß das Opfer ohne Analyse bringt, wird er vielleicht bald zurückgedrängt. Der Verteidiger kann vielleicht Gegenspiel gegen den König der opfernden Partei aufziehen, insbesondere wenn dieser auf dem Damenflügel steht. Zuweilen kann der Verteidiger seinen eigenen König auf dem Königsflügel in Sicherheit bringen, was insbesondere dann der Fall sein kann, wenn er dort langfristige Schwächen wie einen Doppelbauern auf der f-Linie vermeiden kann.

Zunächst werden wir uns jedoch anschauen, was passiert, wenn der Verteidiger Figurentausch erzwingen kann. Dann muss der Opfernde hoffen, dass er eine so starke positionelle Umklammerung aufbauen kann, dass die Mehrfigur wenig wert ist.

Woloschin – Vokač
Tschechische Meisterschaft, Zlin 1998

1 e4 c5 2 ♘f3 d6 3 d4 cxd4 4 ♘xd4 ♘f6 5 ♘c3 a6 6 ♗g5 e6 7 ♕d2 ♗e7 8 ♗e2 ♕c7 9 0-0-0 ♘bd7 10 f4 b5 11 ♗f3 ♗b7 12 ♖he1 b4 *(D)*
13 ♘d5 exd5 14 exd5 b3!?

Laut Tyomkin in *Mega Database 2001* erlaubt die Flucht in Richtung Königsflügel mit 14...♔f8 die Erwiderung 15 ♘f5 ♖e8 (möglich ist 15...♗d8, um den Turm zu Gegenspielzwecken auf dem Damenflügel zu belassen) 16 ♕xb4 h6 17 ♗h4 ♘c5 18 ♕c3, wonach Weiß durch zwei Bauern und eine Menge Spiel für die Figur entschädigt ist.

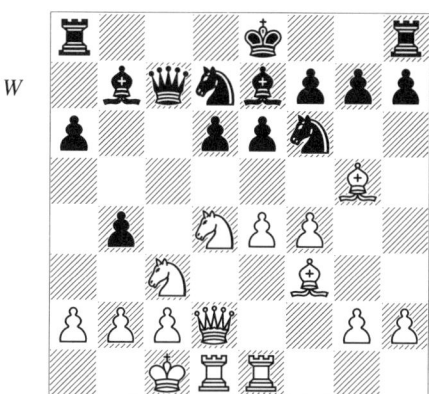
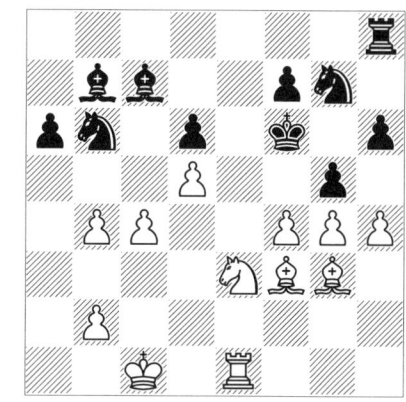

Da Schwarz seinen b-Bauern wohl so oder so verlieren wird, opfert er ihn mit dem Ziel, seinen Figuren Angriffsziele in der Nähe des weißen Königs zu verschaffen.

15 axb3 ♔f8 16 ♘f5 ♗d8 17 g4?!

Weiß versucht es mit der Brechstange, lässt aber Damentausch zu. Angesichts der Ambitionen des Nachziehenden am Damenflügel war es an der Zeit, mit 17 ♘xg7! die Notbremse zu ziehen, wonach 17...♔xg7 18 ♗h6+! ♔xh6 19 f5+ zu Dauerschach führt.

17...h6 18 ♗h4 g6 19 ♘e3 ♕a5! 20 ♕xa5 ♗xa5

Es hat sich ein ruhiges damenloses Mittelspiel ergeben, in dem Weiß für die geopferte Figur zwei Bauern hat. In dem Glauben, vor der Niederlage zu stehen, beginnt er nach aktivem Spiel zu suchen.

21 c3 ♖e8 22 ♘c4 ♖xe1 23 ♖xe1 ♗c7 24 ♗f2 g5

Der Nachziehende versucht das Feld e5 für einen Springer zu sichern.

25 ♗g3 ♘e8 26 b4 ♔e7 27 ♘a5?!

Weiß geht auf den a-Bauern los, wäre aber besser Figurentausch aus dem Weg gegangen, insbesondere weil der Läufer c7 gegenwärtig schlecht steht. Tyomkin schlägt eine konservativere Spielweise vor: 27 ♖e1+ ♔f6 28 h4 ♘b6 29 ♘e3 ♘g7 30 c4 (D).

In dieser Stellung wäre es wegen des weißen Raumvorteils für Schwarz sehr schwer, irgendwelche Fortschritte zu machen.

27...♗xa5 28 bxa5 gxf4 29 ♗xf4 f6 30 ♖d4 ♘e5 31 ♗e2 ♘g7 32 ♖b4

Weiß spielt weiter aktiv, hätte sich aber besser mit 32 c4 Raumvorteil sichern sollen.

32...♗xd5 33 ♖b6 ♘e6 34 ♗xe5

Schließlich tauscht Weiß eine seiner besten Figuren ab, um sich am Damenflügel verbundene Freibauern zu verschaffen, aber das Endspiel ist klar verloren. Selbst mit nur einem Bauern für die Figur ergäbe 34 ♗g3!? ♘c7 35 b4 vielleicht bessere Rettungschancen, da die schwarzen Figuren nicht sehr aktiv stehen und der d-Bauer anfällig ist.

34...fxe5 35 ♖xa6 ♘f4 36 ♗f1 ♖g8 37 h3 h5 38 ♖a7+ ♔e6 39 c4 ♗e4 40 ♔d2 hxg4 41 hxg4 ♖xg4 42 ♔e3 ♖g3+! 43 ♔f2

Nach 43 ♔xe4 ♘h5 muss Weiß wegen der Mattdrohung auf f6 seinen Turm hergeben.

43...♖b3 44 c5 ♖xb2+ 45 ♔g3 dxc5 46 a6 ♖b3+ 47 ♔h2 ♗d5 0-1

Wenn der König des Verteidigers sich ohne sofortiges Malheur auf dem Königsflügel verstecken kann, steht der Angreifer möglicherweise vor einer undankbaren Aufgabe, wie das nächste Beispiel zeigt.

S. Bernstein – Fischer
Meisterschaft der USA, New York 1957/58

1 e4 c5 2 ♘f3 d6 3 d4 cxd4 4 ♘xd4 ♘f6 5 ♘c3 a6 6 ♗g5 e6 7 f4 ♗e7 8 ♕f3 ♘bd7 9 0-0-0 ♕c7 10 g4 b5 11 ♗g2 ♗b7 12 ♖he1 b4 (D)

Dies ist eine der Partien, die der damals 14 Jahre alte Bobby Fischer auf dem Weg zu seiner ersten US-Meisterschaft spielte. Die Stellung hat große Ähnlichkeit mit dem letzten Beispiel, nur steht hier die weiße Dame auf f3 und der weiße g-Bauer schon auf g4.

13 ♘d5 exd5 14 exd5 ♔f8

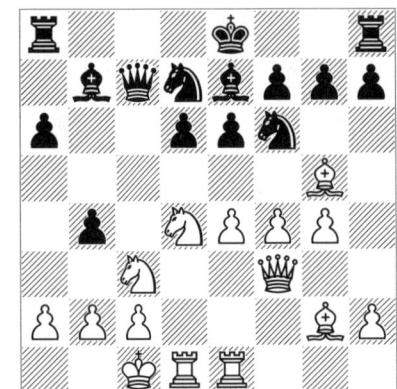
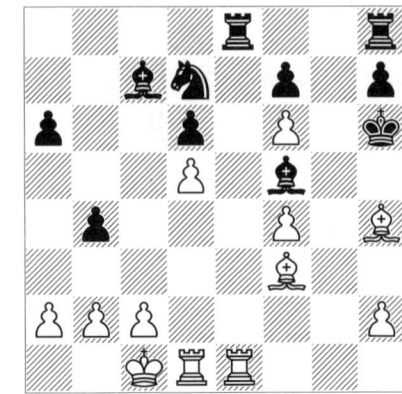

Der schwarze König läuft zum Königsflügel, da die Verteidigung auf dieser Brettseite normalerweise einfacher ist, sofern Weiß nicht die Königsflügelbauern schwächen oder durch das Vorrücken seiner eigenen Königsflügelbauern schnell den schwarzen König beunruhigen kann. Jede Verzögerung des weißen Angriffs gibt Schwarz Zeit zur Einleitung eines Gegenangriffs, der besonders gefährlich sein kann, wenn der weiße König lang rochiert hat.

Bernstein bringt es fertig, den schwarzen König zu exponieren, aber dies kostet Zeit und führt zum Damentausch.

15 ♘f5 ♖e8

Fischer entscheidet sich dafür, mit Mann und Maus zu verteidigen. Die Alternative bestand in der Verwendung des Turms auf dem Damenflügel. In Abspielen wie 15...♖d8 16 ♖e2 h6 17 ♗h4 g6 18 ♘e3 ♖c8 scheint der schwarze König sicher genug zu stehen.

16 ♕e3 ♗d8 17 ♕d4 ♗c8

Eine mysteriöse Verteidigung, deren Pointe bald klar wird.

18 ♗h4 ♘c5 19 ♘xg7 ♔xg7 20 g5 ♗f5! 21 gxf6+ ♔h6

Es droht 22...♘b3+ nebst Matt auf c2.

22 ♕c4 ♘d7 23 ♕xc7 ♖xc7 24 ♗f3? (D)

Der Anziehende sollte den vorderen f-Bauern nicht kampflos aufgeben. Mit 24 ♖e7 ♗d8! (nach 24...♖hf8 25 ♖de1 kann Schwarz sich kaum rühren) 25 ♖xf7 ♖hg8 26 ♗f3 ♖ef8 sollte Weiß zumindest zwei Bauern für die Figur behalten können. Nach dem Partiezug leitet Schwarz mit Hilfe einiger akkurater Verteidigungszüge in ein leicht gewonnenes Endspiel über.

24...♗d8 25 ♗g5+ ♔g6 26 ♖g1 ♗xf6 27 ♗h4+ ♔h6 28 ♗xf6 ♘xf6 29 ♖g5 ♗e4 30 ♖f1 ♗g6 31 ♖fg1 ♗e3 32 ♗d1 ♘e4 33 ♖5g2 f5 34 ♗e2 a5 35 h4 ♖h3 36 h5 ♗xh5 37 ♗d3 ♗g6 38 ♖f1 ♖f8 39 ♔d1 ♘f6 40 ♖e1 ♘xd5 41 ♖f2 ♖e3 42 ♖g1 ♖e7 43 ♔d2 ♔g7 44 ♖f3 0-1

Das nächste Beispiel ist bemerkenswert, da der Angreifer durch das Springeropfer auf d5 eine schöne Stellung erhält, aber die uns geläufigen thematischen Angriffsideen missachtet und seinen eigenen König unter Feuer kommen lässt.

Ibragimow – Mosjontschik
Nowosibirsk 1962

1 e4 c5 2 ♘f3 d6 3 d4 cxd4 4 ♘xd4 ♘f6 5 ♘c3 a6 6 ♗c4 e6 7 ♗b3 b5 8 a3 ♗b7 9 ♗g5 ♘bd7 10 ♕e2 ♕a5 11 0-0 b4 (D)

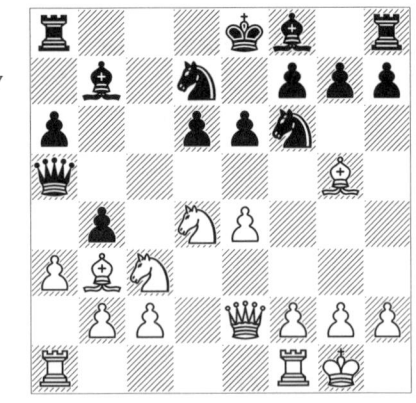

12 ♘d5 exd5 13 exd5+ ♔d8 14 axb4

Weiß kann auch auf Gewinn des b-Bauern spielen. Nach 14 ♕d2 ♕c7 15 axb4 h6 16 ♗xf6+ ♘xf6 17 c4 hat er gesicherten Raumvorteil und Aussichten auf einen Bauerndurchbruch am Damenflügel. Wie wir bereits gesehen haben, kann diese Idee sehr stark sein. Der Anziehende bevorzugt von Anfang an eine offene Stellung und hätte diese Entscheidung bald rechtfertigen können.

14...♕xb4 15 ♘c6+

Das thematische Springerschach garantiert, dass der schwarze König keine Ruhe finden wird.

15...♗xc6 16 dxc6 ♘c5 17 ♖fe1 ♔c7 18 ♗d2?!

Am einfachsten ist 18 ♗xf6 gxf6 19 ♕h5! *(D)*.

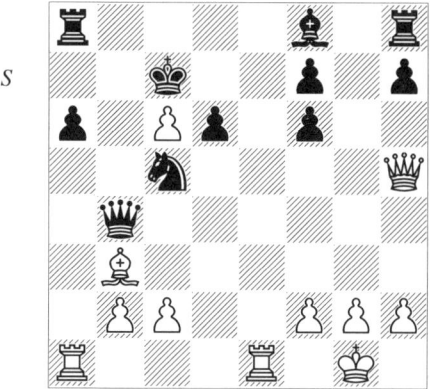

Das Schlagen des f-Bauern mit der Dame lähmt die gesamte schwarze Stellung. Schwarz kann kaum mit 19...♘xb3 antworten, da sein König nach 20 ♕xf7+ ♔xc6 21 cxb3 viel zu luftig steht. Auch nach 19...♔b6 20 ♕xf7 ♖a7 21 ♕e8! ♗g7 22 ♗g8! steht Weiß auf Gewinn, da die Drohung 23 ♕b8+ schwer zu parieren ist.

Weiß will den schwarzen König durch ein Schachgebot auf a5 belästigen, begreift aber nicht, wie aktiv die schwarzen Springer werden können und greift bald erneut fehl.

18...♕e4 19 ♗a5+ ♔xc6 20 ♕d1 ♕f5 21 ♗c4? *(D)*

Er hätte mit 21 ♗xf7! in die von Schwarz gestellte kleine Falle tappen sollen, da 21...♘fe4 mit 22 f3! ♕xf7 (22...♘f2?! 23 ♕d4! mit der Idee 23...♕xf7 24 b4! ♘d7? 25 ♕c3+ ♔b7? 26 ♕c7#) 23 fxe4 beantwortet werden kann, wonach das Spiel auf den offenen Linien Weiß ordentliche Kompensation für die Figur gibt.

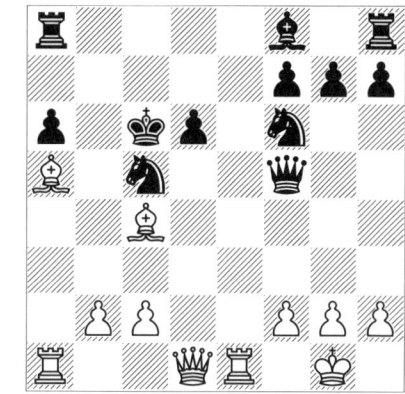

Nach dem Textzug übernimmt der Nachziehende die Initiative und geht sofort zum Angriff über.

21...d5 22 ♗d3 ♘ce4 23 b4

Verzweiflung, aber die Verteidigung des f-Bauern kommt dem Eingeständnis der Niederlage gleich, und 23 f3 verliert wegen 23...♗c5+ 24 ♔f1 ♕f4 mit der Drohung 25...♖h4 26 ♕e2 ♘g3+! 27 hxg3 ♕h1#.

23...♕xf2+ 24 ♔h1 ♗d6 25 b5+ axb5 26 ♖xe4 ♘xe4 27 ♗xb5+ ♔c5 28 ♕b1 ♕d4 29 c3 ♘f2+ 30 ♔g1 ♕d1+ 31 ♕xd1 ♘xd1 32 ♗e2 ♘e3 0-1

Das langfristige Springeropfer auf d5 gegen den kurz rochierten König

Wenn der König in der Mitte steht, verbessern sich seine Überlebenschancen im Allgemeinen durch Flucht auf den Königsflügel. Daher überrascht es nicht, dass erfolgreiche langfristige Springeropfer auf d5 ziemlich selten vorkommen, wenn der König schon kurz rochiert hat.

Manchmal gelingt das Opfer aber auch, und in unserem ersten Beispiel hindert der Angreifer den Verteidiger daran, die Diagonale des wichtigen weißen Angriffsläufers zu blockieren.

Howell – Wahls
Juniorenweltmeisterschaft, Gausdal 1986

1 e4 c5 2 ♘f3 ♘c6 3 d4 cxd4 4 ♘xd4 e6 5 ♘c3 d6 6 ♗e3 ♘f6 7 ♗c4 ♗e7 8 ♕e2 a6 9 0-0-0 0-0 10 ♗b3 ♕e8 11 ♖hg1 ♘d7 12 g4 ♘c5 13 g5 b5 14 ♘xc6 ♘xb3+ 15 axb3 ♕xc6 16 ♗d4 b4 17 ♕h5 ♗b7 *(D)*

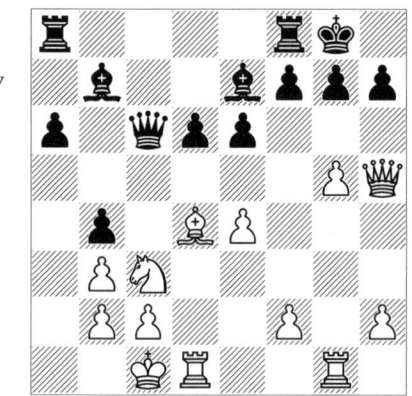

Der letzte schwarze Zug ist wichtig, da Weiß 18 ♕h6! mit der Idee 18...gxh6 19 gxh6+ und Matt im nächsten Zug drohte. Dann verliert die Verteidigung 18...f6 wegen 19 gxf6 und die Blockierung der Diagonale mit 18...e5 wegen 19 ♗xe5, da der d-Bauer wegen der Damenstellung auf c6 gefesselt ist.

Der Partiezug deckt die Dame, so dass Weiß sich etwas anderes einfallen lassen muss.

18 ♘d5 exd5

Jetzt kann die Läuferdiagonale nie mehr mit ...e5 blockiert werden.

19 ♖d3

19 ♕h6 funktioniert immer noch nicht, da Schwarz sich mit 19...♕xc2+! 20 ♔xc2 ♖fc8+ 21 ♔b1 gxh6 und Flucht des Königs über f8 aus der Affäre ziehen kann.

19...♖fc8 20 c3 dxe4

20...♔f8 verliert wegen 21 ♖f3 ♔e8 22 ♖xf7! ♔d7 (oder 22...♔d8 23 ♖xg7 ♕e8 24 ♕xh7 ♔d7 25 ♗f6) 23 ♕h3+ ♔d8 24 ♖xg7, wonach die weiße Drohung 25 ♕e6 ♕e8 26 ♗b6+ nicht zu parieren ist.

21 ♖h3 ♔f8 *(D)*

Der König muss flüchten, da Weiß 22 g6! fxg6 23 ♕xh7+ ♔f7 24 ♕xg7+ mit Matt in einigen Zügen drohte.

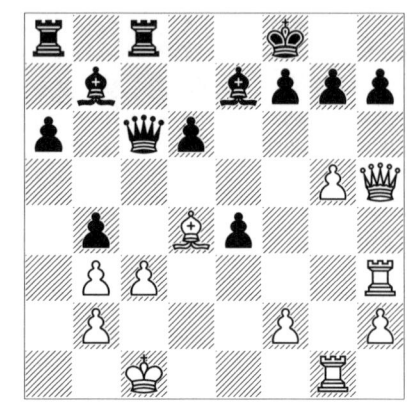

22 g6! fxg6?

Oder:

a) 22...h6? verliert spektakulär nach 23 gxf7 ♗f6 24 ♖xg7! ♗xg7 (oder 24...♗xd4 25 ♖h7! gefolgt von ♕xh6+; 24...♔xg7 25 ♕xh6+ ♔xf7 26 ♕xf6+ und Matt) 25 ♗xg7+ ♔e7 (oder 25...♔xg7 26 ♕xh6+ ♔xf7 27 ♕f4+ nebst Matt in wenigen Zügen) 26 ♕f5! ♕b5 27 ♗f6+ ♔xf7 28 ♕h7+! ♔e6 29 ♕e7+ ♔d5 30 ♖h5+ mit Damengewinn.

b) Die beste Verteidigung ist 22...♗f6, obwohl Weiß nach 23 ♗xf6 gxf6 24 ♕xh7 ♖c7 25 g7+ ♔e7 26 g8♕ wahrscheinlich gewinnen sollte.

23 ♕xh7 ♔e8 24 ♖xg6 bxc3 25 ♕g8+ ♔d7 26 ♕e6+ ♔d8 27 bxc3

Schwarz ist hilflos. Er versucht seinen Läufer zu retten, läuft aber in ein hübsches Finale.

27...♗f8 28 ♕f7! ♗e7 29 ♕xe7+!! ♔xe7 30 ♖xg7+ 1-0

Es ist Matt in zwei Zügen.

Wenn der König des Verteidigers gut geschützt ist, bekommt der Angreifer vielleicht trotzdem brauchbare Kompensation für die Figur in Form von Raumvorteil. Wenn ein Angriffsspieler wie Tal sich damit begnügt, sollten wir uns das merken.

Tal – Saitschik
Tbilissi 1988

1 e4 c5 2 ♘f3 d6 3 d4 cxd4 4 ♘xd4 ♘f6 5 ♘c3 e6 6 f4 a6 7 ♕f3 ♕b6 8 a3 ♘c6 9 ♘b3 ♕c7 10 ♗d3 ♗e7 11 ♗d2 0-0 12 0-0 b5 13 ♖ae1 b4 14 ♘d5 exd5 15 exd5 *(D)*

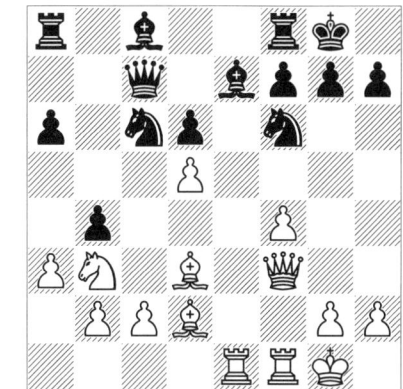

In der Partie gab Saitschik die Figur zurück und verlor letztendlich in feinem Stil. Vom Standpunkt der Untersuchung der Feinheiten des Springeropfers auf d5 ist die Partie damit nicht weiter von Interesse, beinhaltet aber eine schöne Kombination von Tal:

15...♗g4 16 ♕g3 ♘xd5 17 ♕xg4 ♘f6 18 ♕h3! d5 19 a4! ♖fe8 20 ♔h1 a5?! 21 ♕f3 ♗d6 22 c4! bxc3 23 ♗xc3 ♖xe1 24 ♖xe1 ♗b4 25 ♗xf6! ♗xe1 26 ♕h5! gxf6 27 ♕xh7+ ♔f8 28 ♕h8+ ♔e7 29 ♕xa8

und Weiß gewann.

Tal war allem Anschein nach auf die Stellung nach 15...♘b8 16 axb4 ♗b7 17 c4 *(D)* aus.

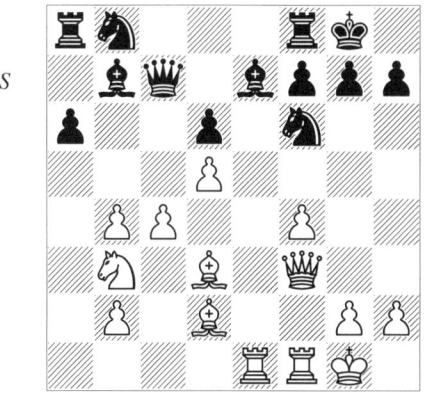

Weiß hat zwei Bauern für die Figur, und Schwarz hat sehr wenig Raum zum Manövrieren. Es ist nicht bekannt, was Tal hier geplant hatte. Vielleicht wollte er seine Schwerfiguren auf der e-Linie auffahren oder mit seinen Königsflügelbauern vorstürmen.

Hier folgt ein Beispiel für eine Kombination dieser beiden Ideen, die demonstriert, wie die Damenflügelbauern die schwarzen Figuren einengen: 17...♖e8 18 g4!? ♕b6+ 19 ♔g2 ♘c6!? (der Springer ist unantastbar, da nach 20 dxc6?? ♗xc6 die weiße Dame gefesselt ist) 20 ♕f2 ♕xf2+ 21 ♖xf2 ♘d8 22 ♖fe2 ♔f8 23 ♘d4, wonach Schwarz dem Erstickungstod nahe ist und 23...g6 24 f5! ♘xg4 wegen 25 f6! ♘xf6 26 ♗h6+ ♔g8 27 ♖xe7 verliert.

Jedenfalls war Tal vermutlich mit der Diagrammstellung zufrieden, woraus hervorgeht, dass das Springeropfer auf d5 selbst dann gute Chancen bieten kann, wenn der gegnerische König gut verteidigt ist.

Die fortwährende Ablehnung des Opfers

Abschließend möchte ich noch eine bemerkenswerte Partie zeigen.

Wie weiter oben in diesem Abschnitt schon bemerkt wurde, handelt es sich bei dem Springeropfer auf d5 um ein stilles Opfer, das daher abgelehnt werden kann, was auch oft der Fall ist. Mit dem Springerzug wird nichts geschlagen, und in Stellungen, in denen der Springer keinen ernsthaften Schaden anzurichten droht, kann der Verteidiger in Erwägung ziehen, den Springer ungeschoren zu lassen. In der nachstehenden Partie wird das Opfer vom Verteidiger sage und schreibe dreizehn aufeinanderfolgende Züge lang abgelehnt. An zwei Stellen wäre die Annahme des Opfers vernünftig gewesen. Als Schwarz endlich zum Schlagen des Springers kommt, liegt seine Stellung in Schutt und Asche.

Nunn – Howell
Lloyds Bank Masters, London 1990

1 e4 c5 2 ♘f3 e6 3 d4 cxd4 4 ♘xd4 ♘f6 5 ♘c3 d6 6 g4 ♘c6 7 g5 ♘d7 8 h4 a6 9 ♗e3 ♕c7 10 ♕e2 b5 11 ♘xc6 ♕xc6 12 ♗d4 ♗b7 13 0-0-0 ♖c8 14 ♖h3 b4 *(D)*

15 ♘d5

Hier ist es also: das ablehnbare Springeropfer auf d5. Es greift überhaupt nichts an und

droht überhaupt nichts. Trotzdem ist es bärenstark, wie aus dem Fortgang der Partie ersichtlich werden wird. Natürlich kann Schwarz das Opfer noch nicht annehmen, da nach 15...exd5 16 exd5+ die Dame angegriffen ist.

15...a5 16 c4!

Schwarz drohte, mit 16...♗a6 die Dame von der e-Linie zu vertreiben, und ansonsten besteht die Hauptsorge des Anziehenden in dem Druck, dem sich sein König auf der c-Linie ausgesetzt sieht. Der bemerkenswerte Textzug beseitigt beide Probleme, da sich nach 16...bxc3 17 ♖xc3 der weiße Turm mit großer Wucht in das Geschehen einschaltet.

16...♔d8 17 ♔b1 ♘c5

Nach der Entfernung seines Königs von der e-Linie könnte Schwarz den Springer auch nehmen. In *John Nunn's Best Games* gibt Nunn, dessen Analysen ich hier größtenteils folge, 17...exd5 18 exd5, und nun:

a) 18...♕c7 19 ♖e3 ♕b8 20 ♕h5, und der Anziehende gewinnt den Bauern f7 mit der üblichen lähmenden Wirkung auf die schwarze Stellung.

b) 18...♕a6 19 ♖f3 ♘e5 (oder 19...♔c7 20 ♖xf7 nebst ♕e6, wonach der Druck auf d7 entscheidend ist), und nun sollte Weiß anstelle von 20 ♗xe5 dxe5 21 ♖xf7?? ♕g6+ mit Turmverlust besser das vernichtende 20 ♖e3! mit der Absicht f4 spielen.

An dieser Stelle treibt Nunn einen Analysenaufwand von fast drei Seiten, aber die hier angegebenen Abspiele geben das seiner Meinung nach beiderseits beste Spiel wieder. Nach dem gespielten Zug wird der Springer auf absehbare Zeit tabu sein.

18 ♖f3! ♖c7

Schwarz entscheidet sich für ein Qualitätsopfer, um seinen f-Bauern zu verteidigen und den Springer loszuwerden, ohne dem Anziehenden offene Linien zu bescheren.

Stattdessen führt 18...exd5 19 exd5 *(D)* zu einer Katastrophe auf e8:

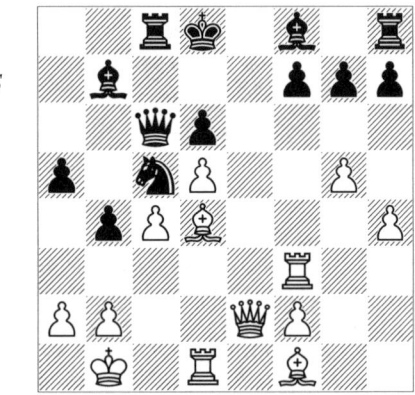

Nun könnte beispielsweise folgen:
a) 19...♕e8 20 ♖e3.
b) 19...♕d7 20 ♗h3.
c) 19...♕c7 20 ♖e1.
d) 19...♕b6 20 ♖xf7 ♖c7 21 ♖e1!.

19 ♖e3

Weiß zieht es vor, den Springer *en prise* zu lassen, da er höhere Ziele verfolgt.

19...♖d7 *(D)*

Jetzt verliert 19...exd5 20 exd5 ♕d7 (nicht 20...♕a4 21 b3) wegen 21 ♗h3 f5 22 gxf6 ♕f7 23 ♖e1 ♖d7 24 fxg7 ♗xg7 25 ♗xc5 dxc5 26 ♗xd7, wonach Weiß über e8 oder e7 eindringen wird.

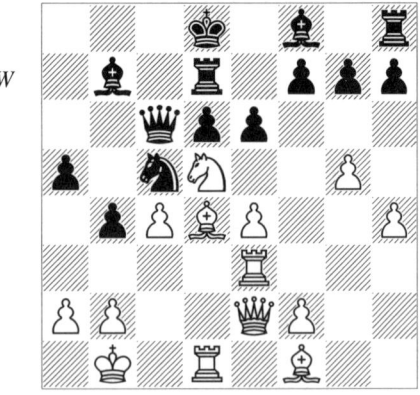

20 ♗h3 h6

Die Annahme des Opfers ist immer noch fatal; z. B. 20...exd5 21 exd5 ♕b6 22 ♖e8+ ♔c7 23 ♗xd7 ♔xd7 24 ♖e1 ♔c7 25 ♕e7+! ♗xe7 26 ♖1xe7+ ♘d7 27 ♗xb6+ ♔xb6 28 ♖xh8 mit zwei Mehrqualitäten.

Mit dem Textzug versucht Schwarz etwas Gegenspiel zu bekommen, eröffnet dem Anziehenden aber einen anderen Zugang zu seiner Stellung.

21 g6! fxg6 22 ♖g1?

Ein Ausrutscher, nach dem der Nachziehende das heiß ersehnte Gegenspiel bekommt. Weiß sollte den e-Bauern isolieren und dann das davor liegende Feld nutzen: 22 ♗xc5 dxc5 23 ♘f4! ♖xd1+ 24 ♕xd1 ♔e8 25 ♕g4 ♗c8 26 ♘xg6 ♖g8 27 ♘e5 nebst ♕g6+.

22...g5!

Schwarz umgeht 22...exd5 23 exd5 ♕b6 24 ♖e8+ ♔c7 25 ♗xd7 ♔xd7 26 ♗xg7! und befreit seinen eingesperrten Turm.

23 hxg5 hxg5 24 ♖xg5 (D)

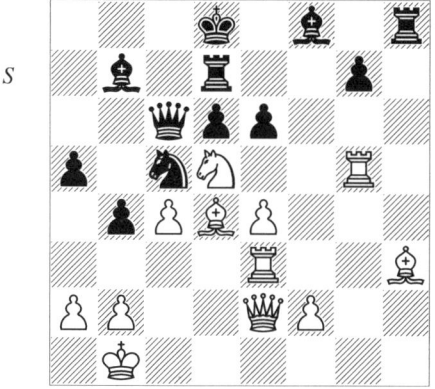

24...♘xe4?

Der Nachziehende versucht, Feuer mit Feuer zu bekämpfen, unterschätzt aber den 26. weißen Zug.

Hier hatte er die Chance, den Springer zu nehmen. Nach 24...exd5! 25 exd5 ♕a6 26 ♖e8+ (nicht 26 ♗xc5 ♖xh3! 27 ♖xh3 dxc5 mit nur kleinem Vorteil für Weiß) 26...♔c7 27 ♗xd7 ♘xd7 28 ♗xg7 ♗xg7 29 ♖xg7 ♖xe8 30 ♕xe8 ♗c8 hat Weiß zwar Materialvorteil und aktive Figuren, aber dies ist nicht so leicht auszunutzen.

25 ♗b6+ ♔c8 26 ♖h5 ♖xh5 27 ♕xh5

Die Mattdrohung bringt die Entscheidung zugunsten des Weißen.

27...♔b8 (D)

27...♗a6 verliert aufgrund der Variante 28 ♖xe4 exd5 29 ♗xd7+ ♕xd7 30 ♕e8+ ♕xe8 31 ♖xe8+ ♔b7 32 ♗xa5! mit Gewinn des auf f8 gefangenen Läufers, der noch gar nicht gezogen hat.

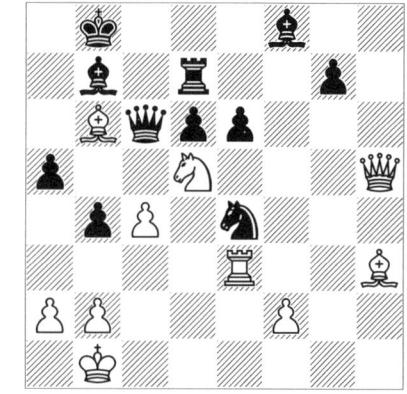

28 ♖xe4 exd5 29 ♖e8+ ♗c8 30 ♗xd7 ♕xd7 31 ♖xf8 ♕e7 32 ♕e8 1-0

Übungen

Übung 4

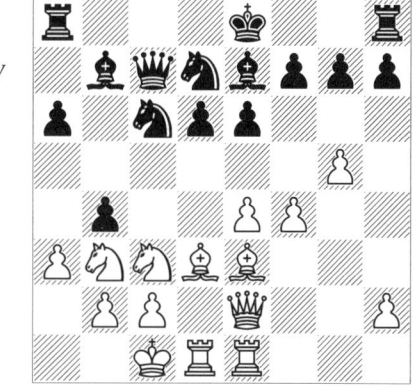

Weiß spielte **16 ♘d5**, und nach **16...exd5 17 exd5** erwiderte Schwarz **17...♘ce5** und musste am Ende die Segel streichen. Warum gab der Nachziehende die Figur sofort zurück? Was war an 17...♘cb8 auszusetzen?

Übung 5

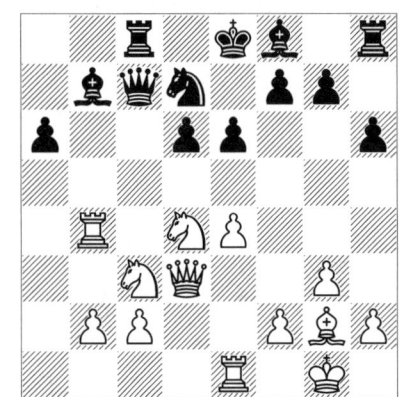

W

Weiß spielte **16 ♘d5 exd5 17 exd5+**, und wie im vorigen Beispiel gab Schwarz die Figur mit **17...♘e5** zurück und musste letztendlich kapitulieren. Schwarz kann die Mehrfigur mit 17...♔d8 behalten. Welche Angriffsideen sollte Weiß danach in Erwägung ziehen?

Übung 6

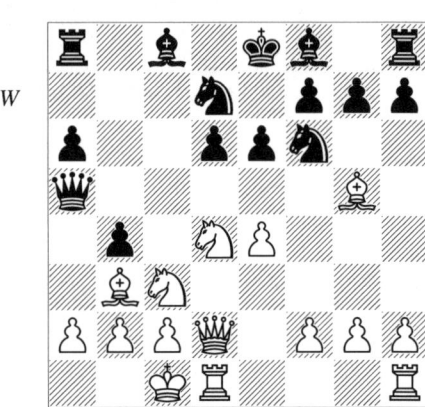

W

In der Partie ging es weiter mit **11 ♘d5 exd5 12 exd5 ♘c5**. Weiß entschied sich gegen einen Plan mit ♘c6, obgleich dies durchaus nicht schlecht war. Welche andere thematische Angriffsidee ist in dieser Stellung gut, und wie kann Weiß sie in die Tat umsetzen?

4 Festhalten des Königs im Zentrum: Läuferopfer auf e6

Der Läufereinschlag auf e6 kommt hauptsächlich in drei Stellungstypen vor:
* Sizilianisch-Stellungen mit schwarzen Bauern auf f7, e6 und d6.
* Stellungen aus offenen Varianten des Damengambits mit weißem e-Bauern und schwarzen Bauern auf f7 und e6, aber keinem schwarzen Bauern auf d7, d6 oder d5. Häufig sind die d- und c-Linie ganz geöffnet. Dieser Stellungstyp kann sich auch im Sizilianer ergeben, wenn Weiß den Vorstoß e5 gespielt hat. In diesem Fall verfügt Weiß häufig über eine halboffene f-Linie. Diese Kategorie wird hier als Damengambit-Formation bezeichnet.
* Stellungen mit schwarzen Bauern auf f7 und e6 ohne schwarzen d-Bauern und weißen e-Bauern, die sich hauptsächlich aus Caro-Kann und Skandinavisch ergeben; dieser Stellungstyp wird hier als Caro-Kann-Formation bezeichnet.

Das Opfer dient normalerweise dazu, den unrochierten König des Verteidigers in der Brettmitte festzuhalten, damit er zur Zielscheibe eines Angriffs werden kann. Wenn der Verteidiger (in der Regel Schwarz) den Läufer schlägt, nimmt der Angreifer meistens mit einem Springer wieder, aber das Zurücknehmen mit der Dame ist auch sehr wichtig.

Die Dreibauerntour des Springers

Zunächst werden wir uns Stellungen ansehen, in denen Schwarz seinen schwarzfeldrigen Läufer nach e7 gestellt hat. Infolgedessen kann der weiße Springer nach dem Zurückschlagen auf e6 mit Angriff auf die Dame auf g7 mit Schach schlagen und den König zum Ziehen zwingen.

Zunächst werden Sizilianisch-Formationen besprochen. In diesem Fall erzielt der Anziehende mit drei Bauern für die Figur und Angriff in den betreffenden Partien in meiner Datenbank eine Punktausbeute von 75%. Das Zulassen dieser Zugfolge wird vielfach als Fehler erachtet. So führt denn auch in den nachstehenden Beispielen nicht ein Großmeister die schwarzen Steine.

Zuweilen verfügt der Verteidiger jedoch über potentielle Ressourcen, die aber nur selten genutzt werden. Hierzu später mehr.

Batzorig – Bilguun
Mongolische Meisterschaft, Ulan Bator 2002

1 e4 c5 2 ♘f3 d6 3 d4 cxd4 4 ♘xd4 ♘f6 5 ♘c3 a6 6 ♗c4 ♕c7 7 ♗b3 e6 8 f4 ♗e7 9 g4 ♘c6 10 g5 ♘d7 *(D)*

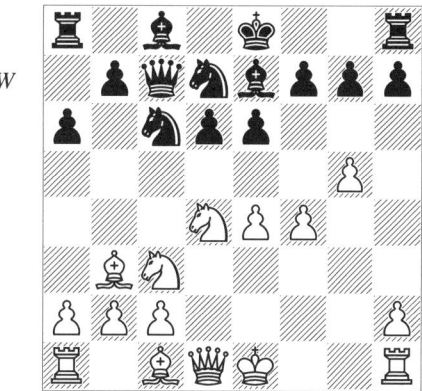

Eine günstigere Stellung für das Läuferopfer auf e6 kann man sich kaum vorstellen. Schwarz hat seine Dame schon einmal gezogen, und zwar nach c7, und wird sie wieder ziehen müssen, wenn ein weißer Springer auf e6 landet. Da der schwarze Springer von f6 vertrieben worden ist, kann Weiß seine Dame über h5 in den Angriff einschalten. Außerdem besteht die Möglichkeit, dass der auf den Königsflügel getriebene schwarze König dem weiteren Vormarsch der weißen Königsflügelbauern zum Opfer fallen wird.

11 ♗xe6 fxe6 12 ♘xe6 ♛a5 13 ♘xg7+ ♚f7 14 ♘f5

Der Springer kommt normalerweise auf dem Feld f5 zu stehen. Von hier aus greift er den Bauern d6 an und beäugt den Läufer e7. Sein Einfluss macht sich auch in der Umgebung des schwarzen Königs bemerkbar, da er diesem das Feld g7 nimmt. Ohne schwarzen Springer auf f6 droht nun ♛h5+, wogegen Schwarz nun Maßnahmen trifft.

14...♘f8 15 ♛h5+

Weiß könnte sich auch den d-Bauern schnappen und sich so einen großen Vorteil für potentielle Endspiele sichern, aber der Königsangriff sollte zu einem schnellen Sieg führen.

15...♘g6 16 ♘h6+

Weiß vermeidet richtigerweise den Abtausch seines Springers gegen den weißfeldrigen Läufer, hätte ihn aber besser für dessen schwarzfeldrigen Kollegen eingetauscht. Nach 16 ♘xe7 ♘cxe7 sollte Weiß zunächst einmal auf den natürlichen Vorstoß 17 f5 verzichten, da Schwarz dann durch Rückopfer seines Springers für diesen Bauern das Schlimmste vermeiden kann. Besser ist zunächst 17 ♗e3! mit der Drohung 18 ♗d4 und Vertreibung des schwarzen Turms h8 von der Verteidigung des h-Bauern. Nach 17...h6 18 ♗d4 ♖h7 19 f5 ♘xf5 20 ♖f1 droht Weiß dann 21 exf5 ♗xf5 22 b4!, wonach die Dame die Deckung des Läufers aufgeben muss.

16...♚f8 17 ♗d2 ♘d8?

Damit sperrt Schwarz seinen eigenen Läufer ein, so dass Weiß die Figur für nur einen Bauern zurückgewinnen kann. Nach besseren Zügen wie 17...♗d7 oder 17...b5 wäre Weiß immer noch im Vorteil, aber Schwarz könnte noch kämpfen.

18 f5 ♘e5 19 f6

und Weiß gewann im 37. Zug.

Da aber nur selten wie hier kein schwarzer Springer auf f6 steht, muss die Einschaltung der weißen Dame in den Angriff auf den schwarzen König normalerweise etwas warten und die weiße Attacke bedächtiger vorgetragen werden.

Neben dem Springer auf f5 kann auch ein Läufer auf g5 einen wichtigen Faktor bei der Vorbereitung eines Angriffs darstellen.

Brajović – Rodić
Jugoslawische Meisterschaft, Kladovo 1992

1 e4 c5 2 ♘f3 d6 3 d4 cxd4 4 ♘xd4 ♘f6 5 ♘c3 a6 6 ♗g5 ♘bd7 7 ♗c4 e6 8 0-0 ♗e7? *(D)*

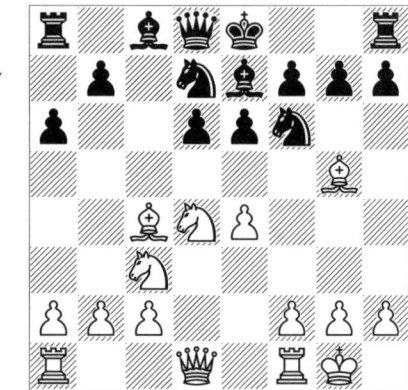

Es überrascht, dass Rodić, ein Spieler mit einer damaligen Elo-Zahl von 2350, das Opfer zulässt. In der Najdorf-Variante muss der Anziehende in Abspielen mit frühem ♗c4 normalerweise ♗b3 spielen, um den Läufer gegen Tricks mit ...♘xe4 abzusichern. Selbst dann lassen die meisten Schwarzspieler das Läuferopfer auf e6 nie zu. Hier hat Weiß ein ganzes Tempo mehr, was wahrscheinlich entscheidend ist.

9 ♗xe6 fxe6 10 ♘xe6 ♛a5 11 ♘xg7+ ♚f7 12 ♘f5 ♘b6

Manchmal ist es eine gute Idee für Schwarz, seinen schwarzfeldrigen Läufer mit ...♗f8 auf dem Brett zu behalten, aber hier bekommt Weiß danach zu großen Entwicklungsvorsprung und kann nach 12...♗f8 mit 13 f4! auf sofortigen Angriff spielen. Dann ist der weiße e-Bauer unantastbar, da 13...♘xe4 mit 14 ♛h5+ und tödlicher Hetzjagd auf den schwarzen König beantwortet wird, aber wenn Schwarz den e-Bauern ignoriert, wird die schwarze Stellung bald durch den Vorstoß e5 in Schutt und Asche gelegt werden. Eine Öffnung der f-Linie hätte eine fatale

Exponierung des Springers f6 und des dahinter stehenden Königs zur Folge.

Nach dem Partiezug kann die weiße Dame dank eines gut getimten Abtauschs des weißen Läufers mit aller Macht ins Spiel kommen.

13 ♗xf6! ♗xf6

Oder 13...♕xf6 14 ♕d4+ ♕e5 15 ♕xb6 mit Materialvorteil.

14 ♕h5+ ♔f8 15 ♕h6+ ♔f7 16 ♘xd6+ ♔e7 17 e5!

Der Läufer wird mitten auf dem Brett zur Strecke gebracht.

17...♕xe5 18 ♖fe1 ♘d7 19 ♖ad1 ♔c7 20 ♘f7 1-0

Es ist wichtig, dass die Dame des Opfernden sich am Angriff beteiligen kann. Im nächsten Beispiel manövriert die Dame umher, bis sie auf beiden Flügeln gleichzeitig einzudringen droht. Als die Invasion schließlich stattfindet, bricht die Verteidigung zusammen.

Toigo – Capuano Filho
Panamerikanische Meisterschaft U-18, Matinhos 1999

1 e4 c5 2 ♘f3 d6 3 d4 cxd4 4 ♘xd4 ♘f6 5 ♘c3 a6 6 ♗c4 e6 7 ♗b3 ♗e7 8 0-0 b5 9 a3 ♗b7 (D)

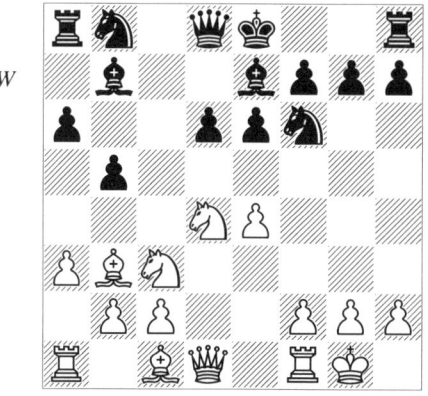

Da Weiß auf ♗b3 und a3 Zeit verwandt hat, ist es unwahrscheinlich, dass er ohne gegnerische Hilfe einen schnell entscheidenden Angriff aufbauen kann. Er übt sich in Geduld und wird schließlich dafür belohnt.

10 ♗xe6 fxe6 11 ♘xe6 ♕d7 12 ♘xg7+ ♔f7 13 ♘f5 ♕e6

Bei Läuferstellung auf b7 ist dies ein gutes Feld für die Dame. Der Druck auf das Feld e4 zwingt den Anziehenden zur Vorsicht.

Eine andere Möglichkeit besteht im sofortigen Rückzug des Läufers nach f8, da Weiß nun 14 ♘xe7 spielen könnte. Dann muss der Nachziehende nach 14...♔xe7 15 ♗g5 ♘bd7 16 f4!? vor einem möglichen Vorstoß e5 auf der Hut sein, mit dem die Fesselung des Springers f6 ausgenutzt werden könnte. Schwarz kann auf e7 auch mit der Dame wiedernehmen, aber nach 14...♕xe7 15 ♗f4 ♖d8 16 ♖e1 trifft das natürliche 16...♘c6 auf 17 ♘d5!, wonach die weiße Dame sich über h5 in den Angriff einschalten wird.

Weiß geht Abtausch aus dem Wege und setzt auf solide Entwicklung.

14 ♖e1 ♘bd7 15 ♗g5 (D)

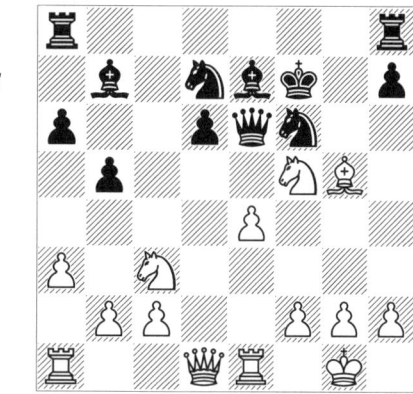

15...h5

Mir ist aufgefallen, dass dieser Zug häufig gespielt wird. Er verhindert sowohl ein Damenschach auf h5 als auch einen Bauernvorstoß nach g4, zementiert aber die Stellung des weißen Läufers auf g5. Überdies ist der Bauer selbst schwach und bedarf ständiger Aufmerksamkeit.

16 h4 ♗f8 17 ♕f3

Die Dame sucht nach einer Einfallstraße.

17...♘e5 18 ♕h3 ♖c8 19 ♖ad1 ♘fd7 20 ♕e3!

Jetzt, wo der schwarze Turm nicht mehr auf a8 steht, ist a7 ein potentielles Einbruchsfeld. Da der Springer nicht mehr auf f6 steht, ist auch die Möglichkeit ♕f4 unangenehm, da dann ein gefährliches Abzugsschach droht.

Schwarz kehrt mit dem Springer nach f6 zurück, gibt der weißen Dame aber freie Hand am Damenflügel.

20...♘f6? *(D)*

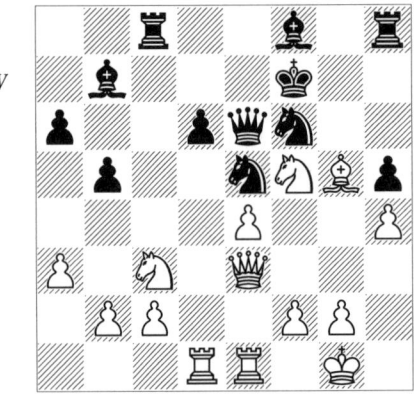

21 ♕b6

Dies ist logisch und stark, aber der Anziehende hätte hier mit dem Zug 21 ♗xf6! (wieder dieser gut getimte Abtausch) sofort gewinnen können:

a) 21...♕xf6 erlaubt die Damenflügelinvasion 22 ♕a7! ♖c7 23 ♘d5 mit Qualitätsgewinn.

b) 21...♔xf6 erlaubt eine Invasion am Königsflügel mit 22 ♖xd6! ♗xd6 23 ♕g5+ ♔f7 24 ♕g7+, wieder mit Materialgewinn.

In der Partie folgte **21...♗c6 22 ♕xa6** mit großem Vorteil für Weiß, wenngleich er am Ende sogar noch verlor.

Aus diesen Beispielen können wir einige der Faktoren ableiten, die zum Erfolg der Dreibauerntour des Springers beitragen:
- Wenn die Dame des Opfernden sich in den Angriff einschalten kann, in der Regel über h5, so ist dies oft entscheidend.
- Ein Läufer auf g5 verstärkt die Kraft des Springers f5. Er kann zu einem gut gewählten Zeitpunkt auf f6 abgetauscht werden, und in dem Fall, dass der Läufer e7 vom Springer f5 geschlagen wird, kann die resultierende Fesselung des Springers f6 sich als unangenehm erweisen.
- Wenn der Verteidiger Zeit verloren hat oder der Angreifer Tempi gewinnen kann, schlägt der Angriff möglicherweise schnell durch.

Die Dreibauerntour des Springers sieht für den Angreifer sehr rosig aus, und es verwundert nicht, dass viele Spieler, die vom Läuferopfer auf e6 kalt erwischt werden, lieber mit einem Minusbauern weiterspielen als sich auf die Folgen der Annahme des Läufers einzulassen. Es gibt jedoch ein paar Ideen, die dem Verteidiger etwas Mut geben könnten.

Erstens sollte der Angreifer dafür sorgen, dass der Springer f5 seine Aufgabe erfüllt und nicht gegen die falsche Figur abgetauscht wird, nämlich den Damenläufer des Verteidigers.

Mantovani – Latka
Ticino 1993

1 e4 c5 2 ♘f3 d6 3 d4 cxd4 4 ♘xd4 ♘f6 5 ♘c3 a6 6 ♗c4 e6 7 ♗b3 ♗e7 8 ♗e3 ♘bd7 *(D)*

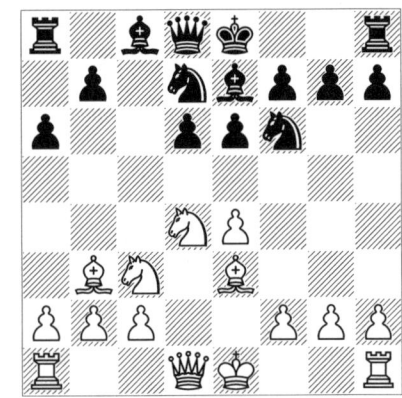

Der Läufer steht auf e3 nicht so günstig wie auf g5, aber Weiß schlägt trotzdem zu.

9 ♗xe6 fxe6 10 ♘xe6 ♕a5 11 ♘xg7+ ♔f7 12 ♘f5 ♘e5 13 ♕e2?!

Weiß lässt ...♗xf5 mit Entwertung seiner Königsflügelbauern zu. Vermutlich hoffte er, dass sein Angriff aufgrund der Öffnung der e-Linie und der Schwächung der weißen Felder im schwarzen Lager leichter zu spielen sei, aber der Abtausch kommt hauptsächlich Schwarz zugute.

Besser war der Abtausch auf e7 nebst allmählicher Vorbereitung von f4 und e5.

13...♗xf5 14 exf5 ♕b4 15 0-0 ♖hg8

Weiß muss sich mit ein paar Problemen herumschlagen. Er kann nicht mehr auf einen großen Durchbruch mit e5 spielen, die Springer bieten dem schwarzen König etwas Schutz vor der weißen Dame, und aufgrund der zerstörten Bauernphalanx sind Endspiele möglicherweise schlecht für Weiß.

Jetzt wird die Partie sehr scharf, da Schwarz einen Gegenangriff gegen den weißen König einleitet.

16 f4 ♘eg4 17 ♔h1 ♖ae8 18 ♗g1 ♗d8 19 ♕d3 ♗e7 20 ♖ae1 b5 21 b3 ♕a5 22 h3 b4 23 hxg4 ♖xg4 24 ♘e4 ♖h4+ 25 ♔h2 ♘g4 26 ♘xd6+ ♗xd6 27 ♕xd6?

Weiß hat mit gutem Spiel Angriffschancen behalten und sollte nun mit 27 ♕c4+ ♔g7 28 ♕d4+ Dauerschach geben.

Nach dem Partiezug kann Schwarz Damentausch erzwingen, wonach die zerrütteten weißen Mehrbauern keine volle Kompensation für die geopferte Figur bieten können.

27...♖xh2+ 28 ♔g1 ♕d8! 29 ♕c5? 0-1

Zu spät bemerkt Weiß 29...♖h1+ 30 ♔xh1 ♕h4+ mit Matt im nächsten Zug.

Im nächsten Beispiel scheint das weiße Opfer entscheidend zu sein, aber Schwarz findet einen hübschen Weg, den schlimmsten Problemen aus dem Wege zu gehen.

A. Maxwell – F. Stevenson
Schottische Mannschaftsmeisterschaft 1994

1 e4 c5 2 ♘f3 d6 3 d4 cxd4 4 ♘xd4 ♘f6 5 ♘c3 a6 6 ♗c4 e6 7 ♗b3 b5 8 0-0 ♗b7 9 ♗g5 ♘bd7 10 ♖e1 ♗e7 *(D)*

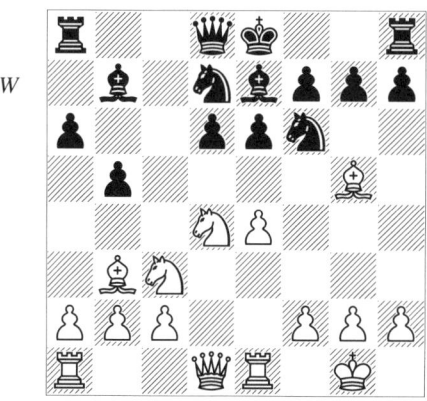

In seinem Buch *The Sicilian Sozin* gibt Golubew die Variante **11 ♗xe6 fxe6 12 ♘xe6 ♕a5** mit dem Urteil „...gefährlich für Schwarz, aber nicht ganz klar". In einigen Partien sind andere Damenzüge gespielt worden:

a) Nach 12...♕c8 blieb in der Partie Haapasalo-Meskanen, Jyväskylä 1999, der d-Bauer verwundbar. Dort ging es weiter mit 13 ♘xg7+ ♔f7 14 ♘f5 ♕c5 (die Deckung des d-Bauern verschlingt ein wertvolles Tempo) 15 ♕d2 ♘e5 16 b4 ♕b6 17 ♘xe7 ♔xe7 18 ♕f4 ♖hf8 19 ♘d5+ ♗xd5 20 exd5 ♖f7 21 ♕f5 ♖af8 22 ♕e6+ ♔d8 23 ♖xe5 1-0.

b) 12...♕b6 bewacht den d-Bauern, setzt die Dame aber Belästigungen durch weißes ♘d5 aus; z. B. 13 ♘xg7+ ♔f7 14 ♘f5 ♖hf8 15 ♘d5!, und nach 15...♗xd5 16 exd5 ♘e5 17 ♘xe7 ♔xe7 18 ♕g4 dringt die weiße Dame auf den weißen Feldern ein.

13 ♘xg7+ ♔f7 14 ♘f5

Wie kann der Nachziehende die Exponierung des d-Bauern oder der Dame wie in den obigen Abspielen vermeiden? Paradoxerweise nur dadurch, dass er seine Dame so weit wie möglich wegzieht und den d-Bauern scheinbar seinem Schicksal überlässt.

14...b4! *(D)*

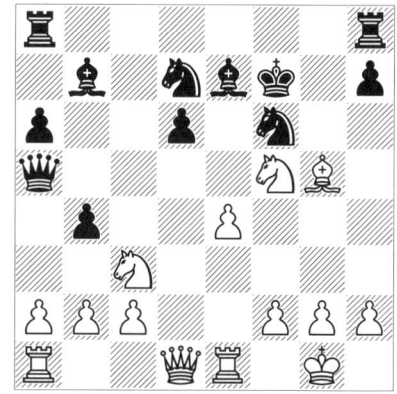

Das Geheimnis besteht darin, den Weißen dazu zu zwingen, die Zugstraße nach d6 selbst zu blockieren. Mit der schwarzen Dame auf a5 wird der auf d5 landende weiße Bauer anfällig sein.

15 ♘d5 ♗xd5 16 ♘xe7

Nach 16 exd5 ♗f8 (erhält sich den Läufer zwecks Verteidigung von d6, e7 und g7) kann Weiß mit 17 ♗f4 ♘b6 18 ♘xd6+ ♗xd6 19 ♗xd6 ♘bxd5 auf den Tausch der d-Bauern eingehen, aber dann steht Schwarz vielleicht etwas besser, da sein König einigermaßen sicher steht und der weiße c-Bauer unter Druck gesetzt werden kann. Ohne Raumvorteil steht Weiß im Endspiel nicht unbedingt besser.

16...♗xe4! 17 ♗xf6

Nach 17 ♖xe4 ♕xg5! ergreift Schwarz die Initiative.

17...♘xf6 18 ♕xd6 ♕g5

Er könnte Weiß mit 18...♖ad8 dazu zwingen, die Deckung des Springers aufzugeben. Nach 19 ♕f4 ♔xe7 20 f3 ist der auf e4 auftauchende Bauer zwar frei, aber auch isoliert und blockiert die e-Linie, so dass Schwarz etwas besser steht.

19 f3

In der Hoffnung, den Nachziehenden zur Öffnung der f-Linie mit 19...♗xf3 zu verleiten, wonach 20 ♕e6+ ♔f8 21 g3 eine unklare Stellung ergibt.

19...♖ad8 20 ♕xb4 ♖d2 21 g3 ♗xf3 22 ♕b3+ ♗d5 23 ♘xd5 ♕xd5 24 ♕xd5+ ♘xd5 ½-½

Schwarz könnte weiterspielen, da er einen Turm auf der siebten Reihe stehen hat und die weißen Mehrbauern in diesem Endspiel wohl kaum eine Figur wert sind.

Das nächste Beispiel ist ein gutes Modell für eine Aufstellung der schwarzen Figuren, mit der sich der Nachziehende sowohl verteidigen als auch Gegenchancen verschaffen kann.

D. Gurevich – Winslow
US-Open, Palo Alto 1981

1 e4 c5 2 ♘f3 d6 3 d4 cxd4 4 ♘xd4 ♘f6 5 ♘c3 a6 6 ♗c4 e6 7 ♗b3 b5 8 0-0 ♗e7 9 ♗e3 ♗b7 *(D)*

10 ♗xe6 fxe6 11 ♘xe6 ♕c8

In der Partie Christoffel-Batchinsky, Luzern 1994, floh der schwarze König mit 11...♕d7 12 ♘xg7+ ♔d8 auf den Damenflügel, aber Weiß konnte auch auf dieser Seite das Spiel öffnen: 13 ♘d5 ♗xd5 14 exd5 ♕b7 15 ♗d4 ♘bd7 16 ♖e1 ♖g8 17 ♘e6+ ♔c8 18 c4 bxc4 19 ♖c1 ♕xd5 20 ♘f4 ♕f7 21 ♕a4 d5 22 ♖e6 ♘e8 23 ♕c6+ ♘c7 24 ♘xd5 ♗d8 25 ♘xc7 1-0.

Winslow will den weißen e-Bauern unter Druck setzen und überführt daher seine Dame nach e6.

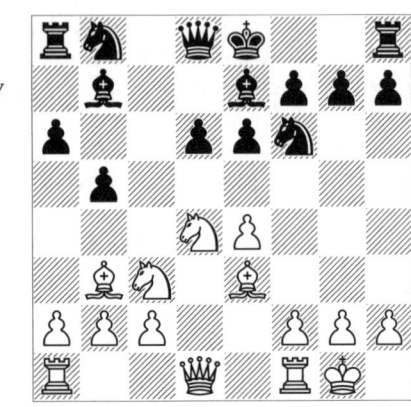

12 ♘xg7+ ♔f7 13 ♘f5 ♕e6 14 ♗d4

Im Allgemeinen steht der Läufer besser auf g5, aber hier ist 14 ♗g5!? ♘xe4!? sehr kompliziert.

14...♘bd7 15 ♖e1 ♗f8

Schwarz verhindert den Abtausch seines Läufers und lässt die e-Linie für seinen Damenturm frei. Der Königsturm wird auf der g-Linie ein einträgliches Beschäftigungsfeld finden.

16 ♕f3 ♖g8 17 ♖ad1 ♖e8 18 ♗e3 ♖g5 19 h4 ♖g4 20 ♗xf6 ♘xf6 21 ♘d5 ♗xd5 22 exd5 ♕c8 *(D)*

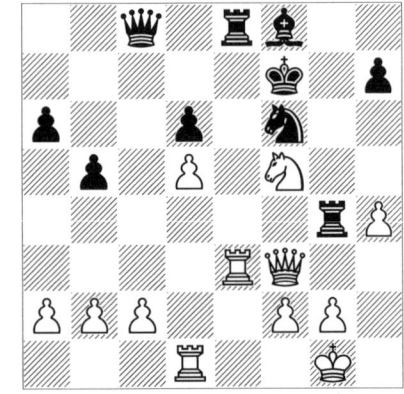

Die neue Struktur stellt für Schwarz kein Problem dar, da der weiße d-Bauer den isolierten schwarzen d-Bauern abschirmt. Jetzt opfert Weiß spekulativ seinen c-Bauern, um etwas Spiel zu bekommen.

23 ♖de1 ♖xe3 24 fxe3?

Der Anziehende hofft, dass die offene f-Linie seine Angriffsaussichten verbessern wird, exponiert aber seine Damenflügelbauern und das

Feld g2. Nach 24 ♘xe3 ♖xh4 25 ♘f5 bleibt der Ausgang der Partie völlig offen.

24...♕xc2 25 ♖f1 ♕e4?

Schwarz lässt eine kleine Kombination zu, mit der sich Weiß sofort einen halben Punkt sichern kann. Sowohl nach 25...♔g8 als auch nach 25...♔e8 hat der Anziehende eine schwierige Stellung, da er sich vor Matts auf g2 hüten muss.

26 ♘h6+! ♗xh6 27 ♕xf6+ ♔e8 28 ♕h8+ ♔e7 29 ♕f6+ ♔e8 30 ♕h8+ ½-½

Im letzten Beispiel geht es um eine hochkomplizierte Theorievariante aus den 1980er Jahren. Ohne zu tief in analytische Abgründe einzutauchen, lohnt es sich festzustellen, wie Schwarz nach der Schwächung des weißen e-Bauern und der langen Diagonale durch frühes f4 gefährliches Gegenspiel aufziehen und einen hübschen Abschluss anbringen kann.

Witomski – Lassen
Fernpartie 1986

1 e4 c5 2 ♘f3 d6 3 d4 cxd4 4 ♘xd4 ♘f6 5 ♘c3 a6 6 ♗c4 e6 7 ♗b3 b5 8 0-0 ♗e7 9 f4 ♗b7 10 ♗e3 ♘bd7 *(D)*

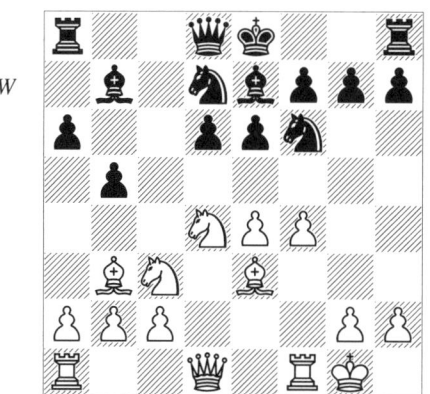

Wiederum steht der Läufer nicht auf g5, sondern auf e3, was Schwarz viel freiere Hand gibt.

11 ♗xe6 fxe6 12 ♘xe6 ♕c8 13 ♘xg7+ ♔f7 14 ♘f5 ♗f8 15 e5

Weiß versucht, die schwarze Königsstellung zu öffnen, schwächt aber in gleichem Maße seinen eigenen König.

Wie zwei spätere Partien zeigten, hat der Nachziehende auch nach anderen Zügen keine Sorgen: 15 ♘xd6+ ♗xd6 16 ♕xd6 ♘xe4 17 ♘xe4 ♗xe4 war in Vökler-Enders, Bundesliga 1991/92, besser für Schwarz, und 15 ♗d4 ♖g8 16 ♘d5 ♗xd5 17 exd5 ♕b7 war in Bragin-Magerramow, Podolsk 1992, ebenfalls in Ordnung für den Nachziehenden.

15...♖g8 16 ♘h4

Im *Informator* empfehlen Minić und Sindik 16 ♖f2, wobei sie sich auf einen riesigen Analysenberg stützen, was einfach nur zeigt, wie kompliziert die Stellung ist.

16...♕c6 17 ♘f3 dxe5 18 fxe5 ♗c5 19 ♗xc5 ♕xc5+ 20 ♔h1 ♖xg2!! *(D)*

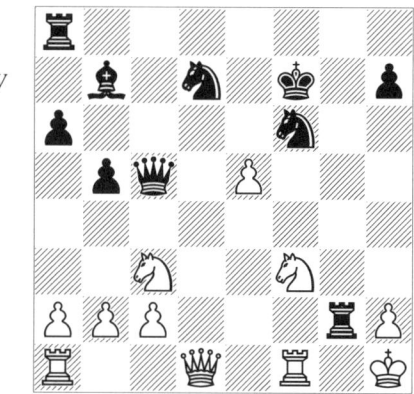

Dieses typisch komplizierte Fernschachopfer erzwingt einen Durchbruch auf der langen Diagonale und der g-Linie.

21 exf6 ♘e5! 22 ♔xg2

Nach 22 ♘xe5+ ♕xe5 23 ♕d7+ ♔g8 24 f7+ ♔f8 bringt sich der schwarze König in Sicherheit.

22...♖g8+ 23 ♔h1 ♕c6 24 h4 ♕e6 25 ♔h2 ♘xf3+ 26 ♖xf3 ♕g4 0-1

Trotz des Mehrbesitzes eines Turms und zweier Bauern ist Weiß hilflos.

Die Dreibauerntour des Springers kommt in der offenen Damengambit-Formation nur sehr selten vor, da entweder der schwarze König schnell rochiert oder die Dame nicht lange genug auf d8 oder c7 verweilt, um von dem auf e6 landenden weißen Springer angegriffen werden zu können. Ich werde jedoch ein Beispiel anführen, das insofern von historischer

Bedeutung ist, als es die erste Partie mit dieser speziellen Art von Läuferopfer auf e6 ist, die ich finden kann.

Capablanca – Havasi
Budapest 1928

1 d4 d5 2 c4 e6 3 ♘f3 dxc4 4 e4 c5 5 ♗xc4 cxd4 6 ♘xd4 ♘f6 7 ♘c3 a6 8 0-0 ♗c5 9 ♗e3 ♘bd7 *(D)*

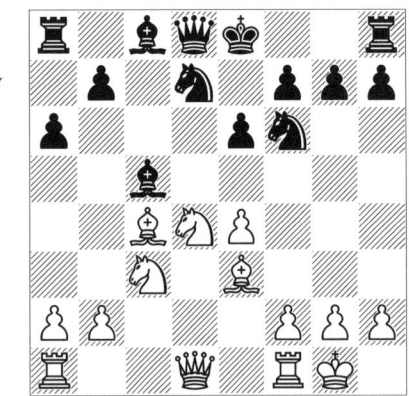

Die frühesten Läuferopfer auf e6 (in irgendeiner Eröffnungsformation), die ich finden kann, sind Capablanca-Bogoljubow, Moskau 1925, und die vorliegende Partie, die drei Jahre später gespielt wurde. Es kommt vielleicht für einige Leser überraschend, dass ausgerechnet Capablanca eine so abenteuerliche Spielweise aus der Taufe gehoben oder populär gemacht hat. Sein Talent für intuitive Figurenopfer ist auch in seiner Partie gegen Molina mit dem Läuferopfer auf h7 auf Seite 217 zu bewundern.

10 ♗xe6 fxe6 11 ♘xe6 ♕a5 12 ♘xg7+ ♔f7 13 ♘f5

Die Stellung des Weißen ist überwältigend. Seine Leichtfiguren können dem schwarzen König leicht an den Kragen gehen, seine Dame kann sich sofort in den Angriff einschalten, seine Türme können auf den vollständig geöffneten Linien c und d schnell ins Spiel kommen, und gegebenenfalls können seine Königsflügelbauern vorrücken. Capablancas weitere Vorgehensweise ist typisch intuitiv. Mit einer Folge ruhiger Züge arbeitet er sich langsam, aber sicher zum bedrängten schwarzen König vor.

13...♘e5 14 ♕b3+ ♔g6

14...♗e6 verliert nicht nur einen vierten Bauern für die Figur, sondern nach 15 ♘h6+ ♔e7 16 ♕xb7+ ♘ed7 17 e5 ♘h5 18 ♗g5+ noch einen ganzen Turm hinterdrein.

15 ♖ac1!

Weiß droht, mit 16 ♗xc5 ♕xc5 17 ♘e2! den Springer zum Königsflügel zu überführen und in den Mattangriff einzuschalten.

15...♗f8

Nach 15...♗xe3 hat Weiß die Wahl zwischen dem Wiedernehmen mit dem Springer, wonach seine Königsflügelbauern zum Angriff auf den König bereitstehen, oder mit dem f-Bauern, wonach sich die f-Linie als sehr wertvolle Angriffsmarginale erweisen könnte. 15...♗xf5 16 exf5+ ♔xf5 exponiert den schwarzen König noch mehr und kann mit 17 ♘d5 ♗d6 18 ♘xf6 ♔xf6 19 ♗d4 mit der Drohung, die Figur mit 20 f4 zurückzugewinnen, beantwortet werden.

16 ♘e2! h5

16...♘xe4 erlaubt 17 ♖xc8 ♖xc8 18 ♕e6+ ♘f6 19 ♘f4+ gefolgt von Matt, während nach 16...♗xf5 17 ♘f4+ ♔g7 18 exf5! das Feld e6 ein verlockendes Ziel für Dame und Springer des Weißen bildet.

17 ♖fd1

Hier gibt es einen schnellen und prosaischen Gewinnweg für Weiß: 17 ♗b6 ♕b5 18 ♘f4+ ♔h7 19 ♖c7+ ♗d7 20 ♕xb5 axb5 21 ♗d4 ♖e8 22 ♘d3 ♘xd3 23 ♗xf6 ♘c5 24 b4 mit Rückgewinn der Figur bei drei Mehrbauern, aber Capablanca spielt weiter auf Komplikationen. In der Folge verpassen beide Seiten Chancen, bevor eine hübsche Mattidee dem Anziehenden Material einträgt.

17...♖g8 18 ♘f4+ ♔h7 19 ♗b6?

19 ♘d5 ♘xe4 20 ♖c7+ ♗d7 21 ♗d4 gewinnt Material.

19...♕b5 20 ♖c7+ ♔h8 21 ♕xb5 axb5 22 ♖d8 ♖xa2?

Schwarz geht in die Falle. Mit 22...♗b4! 23 ♖xg8+ ♔xg8 24 ♘h6+ ♔f8 25 ♗d4 ♗d6 hätte er ungefähren Ausgleich erzielen können.

23 ♖dxc8 ♘c4 24 h3 ♘xb6 25 ♖xf8! ♘fd7

Die Pointe bestand in 25...♖xf8 26 ♘g6+ ♔g8 27 ♘h6#.

26 ♖f7 ♖xb2 27 ♘d5 1-0

Die Dreibauerntour des weißen Springers ist auch in Caro-Kann-Formationen selten. Wenn die Damen getauscht werden, kann Schwarz das Endspiel vielleicht halten. Wenn nicht, schwebt der schwarze König wahrscheinlich aufgrund der offenen Zentrallinien in ernster Gefahr, wie das nächste Beispiel zeigt.

Naes – Vadasz
Budapest 1999

1 e4 c6 2 d4 d5 3 ♘d2 dxe4 4 ♘xe4 ♘d7

Der Damentausch ergibt sich in der Variante 4...♗f5 5 ♘g3 ♗g6 6 h4 h6 7 ♘1e2 ♘f6 8 ♗f4 ♗h7 9 ♗c4 e6 10 c3 ♗d6 11 ♕e2 ♘bd7 12 ♗xe6 fxe6 13 ♘xe6 ♕e7 14 ♘f5! ♗xf5 15 ♘xg7+ ♔f7 16 ♘xf5 ♕xe2+ 17 ♔xe2, wonach 17...♔e6 18 ♘xd6 in der Partie Keres-Olafsson, Bled 1961, zu einem besseren Endspiel für Weiß führte, aber 17...♗f8 18 h5 ♖e8+! 19 ♔f1 ♘e4 20 ♗f4 ♖e6! 21 ♖e1 ♘d6 22 ♘xd6+ ♗xd6 23 ♗xd6 ♖xd6 ergab in Mariotti-Grinza, Castelvecchio Pascoli 1974, ungefähr gleiches Spiel, wenngleich Mariotti letztendlich gewann.

5 ♘f3 ♘gf6 6 ♘g3 e6 7 ♗c4 c5 8 0-0 cxd4 9 ♘xd4 ♗e7 *(D)*

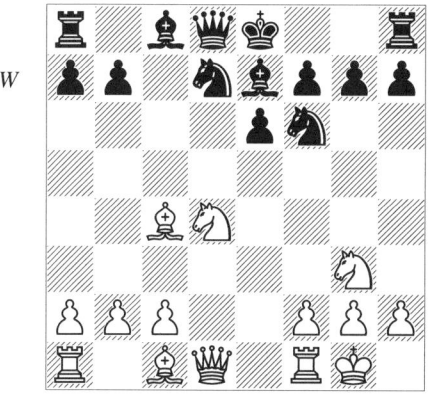

Da die schwarze Dame noch auf d8 steht und der Läufer sich auf e7 befindet, kann Weiß ein paar Züge lang sowohl den König als auch die Dame jagen.

10 ♗xe6 fxe6 11 ♘xe6 ♕b6 12 ♘xg7+ ♔f7 13 ♘7f5 ♗f8 14 ♗e3 ♕c7

Der Nachziehende sollte sich wahrscheinlich mit 14...♕xb2 einen Bauern schnappen. Danach ist die Erwiderung 15 ♘e4! unangenehm, da 15...♘xe4 16 ♕d5+ Weiß sehr starken Angriff gibt und sonst ein weißer Springer nach d6 gelangen und dem König noch weiter zusetzen kann. Andererseits kann die aufdringliche Dame dem Weißen in die Quere kommen, und ein Bauer ist ein Bauer.

Nach dem Partiezug entwickelt Weiß schnell einen kräftigen Angriff gegen den König, der sich nirgends verstecken kann.

15 ♖e1 b6 16 ♘e4 ♗b7 17 ♘ed6+ ♔g8 18 ♗h6! ♕c6

18...♗xh6 verliert wegen 19 ♖e7! (droht 20 ♘xh6+ ♔f8 21 ♖f7#) 19...♗f8 20 ♕d3, und die Drohung 21 ♕g3+ ist entscheidend.

Schwarz hofft, den Angriff durch die Mattdrohung verzögern zu können, aber Weiß könnte nun 19 ♘xb7 ♕xb7 20 ♗xf8 *(D)* spielen, wonach alle Arten des Zurücknehmens unbefriedigend sind:

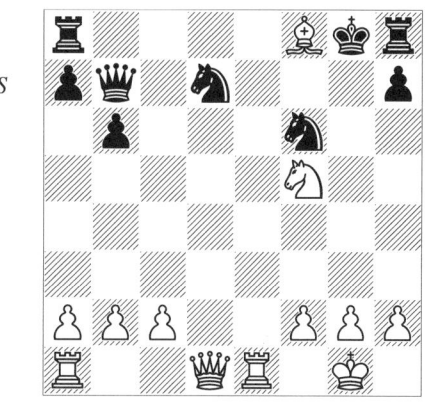

a) 20...♘xf8 verliert wegen 21 ♕d4 ♘8d7 22 ♕h4 mit Mattangriff.

b) Nach 20...♖xf8 leidet der König an Atemnot, und 21 ♖e7 gewinnt sofort, da 21...♖f7 nach 22 ♖xf7 ♔xf7 23 ♘d6+ die Dame verliert.

c) 20...♔xf8 erlaubt 21 ♕d6+ ♔f7 22 ♖e7+ ♔g6 23 ♘h4+ ♔h5 24 ♖e5+! ♘xe5 25 ♕xe5+ mit schnellem Matt.

Weiß behält aber auch nach seiner vorsichtigeren Entgegnung großen Vorteil.

19 f3 ♘g4

Schwarz kann mit 19...♕c5+ 20 ♗e3 ♕d5 21 c4 ♕xd1 22 ♖axd1 die Damen tauschen, aber dann wird die schwarze Stellung kurzerhand von den weißen Türmen und Bauern überrannt.

Der Nachziehende versucht einen verzweifelten Trick (20 fxg4?? ♕g2#) und greift den dominierenden weißen Läufer an, aber ein weiteres Figurenopfer bringt die Partie zum Abschluss.

20 ♕d4! ♘xh6 21 ♘xh6+ ♗xh6 22 ♕g4+ 1-0

Die weiße Dame setzt auf f7 matt.

Der Springer bleibt auf e6

Wenn der schwarze Läufer noch auf f8 steht, deckt er den g-Bauern, aber Weiß lässt sich häufig trotzdem auf das Opfer ein, auch wenn er nur zwei Bauern für den Läufer bekommt. Auf e6 kann der Springer eine sehr große Wirkung ausüben. Meistens gewinnt er bei seiner Ankunft auf e6 ein Tempo an der auf d8 oder c7 stationierten schwarzen Dame und verhindert zumindest fürs erste die schwarze Rochade.

Beim Gedanken an den Verlust des Rochaderechts geraten viele Verteidiger schon ins Schwimmen. Ich bin mir sogar sicher, dass der große Erfolg des Läuferopfers auf e6 teilweise darauf zurückzuführen ist, dass der Verteidiger nicht mit dem emotionalen Druck fertig wird.

Tief im Mittelspiel hat Schwarz das Feld d6 normalerweise gedeckt, seine Dame von c7 oder d8 entfernt oder seinen König durch die Rochade in Sicherheit gebracht. Daher wird das Läuferopfer auf e6 praktisch ausschließlich in der Eröffnung gespielt. Aus diesem Grund ist ein Erfolg des Opfers um so wahrscheinlicher, je mehr Tempi Weiß beim Darbringen des Opfers gewinnen oder je weniger Tempi er verlieren kann.

Ernst – Gruvaeus
Schwedische Meisterschaft, Örebro 2000

1 e4 c5 2 ♘f3 d6 3 d4 cxd4 4 ♘xd4 ♘f6 5 ♘c3 a6 6 ♗g5 ♘bd7 7 ♗c4 e6 8 0-0 b5 (D)

Da die weißen Figuren für das Opfer ideal stehen, hätte Schwarz es nicht mit seinem letzten Zug provozieren sollen.

9 ♗xe6 fxe6 10 ♘xe6 ♕b6

Hier kann die Dame später durch ♘d5 angegriffen werden, aber 10...♕a5 trifft auf die Erwiderung 11 b4! ♕xb4, wonach trotzdem 12 ♘d5 kommt.

11 ♘d5 ♘xd5

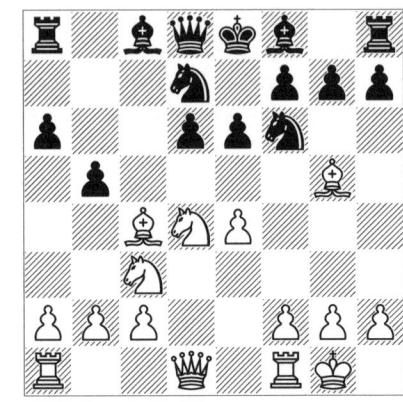

In Betracht kam auch die Qualitätsrückgabe durch 11...♕b7, 11...♕c6 oder 11...♕b8 mit der Idee 12 ♘ec7+ ♔f7 13 ♘xa8 ♕xa8 mit schlechterer, aber spielbarer Partie. Bei der ersten Möglichkeit 11...♕b7 verfügt Weiß jedoch über das viel bessere 12 ♘dc7+! ♔e7 (nicht 12...♔f7 13 ♘d8+), wonach er mit 13 ♕h5! mit der Drohung 14 ♕e8# die Fesselung des Springers f6 ausnutzen kann. Ein hübscher Abschluss ergibt sich dann in der Variante 13...g6 14 ♕h3 h6 15 ♘d5+ ♔e8 16 ♘ec7+ ♔d8 17 ♕e6!! hxg5 18 ♕e8+! ♘xe8 19 ♘e6#.

Der Textzug verliert schnell, wurde aber in allen drei Partien in meiner Datenbank gespielt, in denen die Diagrammstellung erreicht wurde.

12 ♕xd5

Weiß gewinnt durch den Angriff auf den Turm ein Tempo, und der natürliche Rettungsversuch des Nachziehenden führt zum Matt.

12...♕b7 13 ♘xg7+ 1-0

Die Idee des Weißen besteht in 13...♗xg7 14 ♕e6+ ♔f8 15 ♗e7+ ♔e8 16 ♗xd6+ ♔d8 17 ♕e7#, aber mit 13 ♘c7+! ♕xc7 14 ♕e6+ ♗e7 15 ♕xe7# geht es zwei Züge schneller.

Allerdings sind nur wenige Gegner so entgegenkommend wie Schwarz in diesem Beispiel. Bei normalem Spielverlauf würde das Zurückschlagen auf d5 mit der weißen Dame, selbst wenn es möglich wäre, dem Nachziehenden Gelegenheit zu Tempogewinnen geben. Weiß lässt nach dem Opfer oft ♘d5 folgen, nimmt aber im Allgemeinen mit dem e-Bauern wieder. Dies kann sich als gut für Weiß erweisen, wenn der Bauer d5 einfach zu halten ist. Der Bauer unterstützt den Springer e6 und gibt

Weiß Raumvorteil, der ihm dabei hilft, seinen Angriff in aller Ruhe aufzubauen.

Istratescu – Badea
Rumänische Meisterschaft, Bukarest 1994

1 e4 c5 2 ♘f3 d6 3 d4 cxd4 4 ♘xd4 ♘f6 5 ♘c3 a6 6 ♗c4 e6 7 0-0 ♘bd7 (D)

Jetzt würde 8 ♗g5 b5?! 9 ♗xe6 zum vorigen Beispiel führen. In dieser Partie opfert Weiß wieder sofort nach der Rochade.

8 ♗xe6 fxe6 9 ♘xe6 ♕b6

Diesmal kann er ohne verheerende Konsequenzen 9...♕a5 spielen, aber dann deckt die Dame den d-Bauern nicht, so dass der Anziehende sich mit 10 ♘xf8 ♖xf8 11 ♕xd6 drei Bauern für die Figur holen kann. Man sehe hierzu die nachstehenden Partien Velimirović-Parameswaran (in den Anmerkungen zu Barden-Kottnauer) und Fischer-Cardoso. In Bonanzinga-Vujović, Montecatini Terme 1997, spielte Weiß stattdessen 10 ♘d5 ♘xd5 11 exd5 mit dem weiteren Fortgang 11...♔f7 12 ♗g5 h6?! (konstruktiver ist 12...♘e5). Jetzt gab Weiß anstelle von 13 ♕f3+ ♔g8 14 ♗d8!, wonach er in aller Ruhe einen gefährlichen Angriff aufbauen kann, mit 13 ♕h5+ ♔g8 14 ♗d8 ♘f6 15 ♕g6 ♕xd5 seinen d-Bauern her, wonach sein Angriff zusammenbrach: 16 ♘f4 ♕g5 17 ♗xf6 ♕xf4 18 ♗c3 ♗f5 19 ♕h5 ♗xc2 20 ♖ae1 ♕f5 0-1.

10 ♘d5 ♘xd5

In der Partie Baciu-Litinskaja, Tusnad 2000, spielte Schwarz mutig 10...♕a7!? 11 ♗e3 b6 12 ♘ec7+ ♔f7 13 ♘xa8 ♕xa8 und konnte sich dann allmählich freistrampeln: 14 f3 ♘xd5 15 exd5 (diesen Bauern nimmt Schwarz aufs Korn) 15...♗e7 16 c4 b5 17 cxb5 axb5 18 ♕d3 ♘f6 19 ♖fd1 ♗d7 20 b3 ♖c8 21 a4 bxa4 22 bxa4 ♕a5 23 ♗f2 ♗d8 24 ♕a3 ♗b6 25 ♖ab1? ♗xf2+ 26 ♔xf2 ♕a7+ 27 ♔g3 ♖c2 (27...♘h5+ 28 ♔h4 ♕f2+! setzt schneller matt) 28 ♖f1 ♘h5+ 29 ♔h4 ♕d4+! 30 f4 ♕f6+ 0-1.

Nach dem Partiezug erhält Weiß durch seinen Raumvorteil eine langfristige Initiative für die Figur.

11 exd5 ♘c5 12 ♘xf8 ♔xf8 13 ♕f3+ ♔g8 14 ♖e1 ♗d7 15 ♖e7 ♖f8

Der Versuch, stattdessen mit 15...♖e8 diesen Turm für Angriffszwecke am Damenflügel zu reservieren, verliert nach 16 ♗h6! gxh6 17 ♕f6 mit Matt auf g7 sofort.

16 ♕g3 ♖f7 17 ♖xf7 ♔xf7 18 ♕f4+ ♔g8 19 ♗e3 a5

Nach dem gefräßigen 19...♕xb2 kann sich Weiß mit 20 ♗d4 ♕b4 21 c3 ♕b5 22 ♕g3 zum schwarzen König vorarbeiten.

20 ♗d4 ♕d8 (D)

Die Räumung der siebten Reihe mit 20...♗b5 erlaubt 21 a4, wonach der Läufer den Rückzug antreten muss.

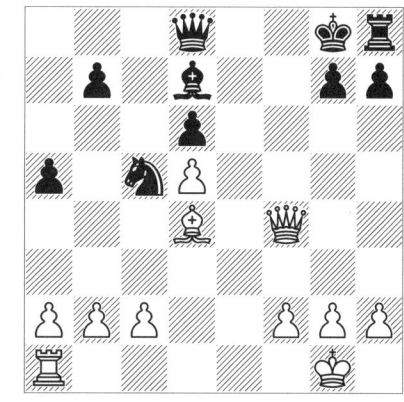

Nach dem Partiezug könnte Weiß mit 21 ♕xd6 drei Bauern und starke Initiative für die Figur erhalten. Stattdessen schaltet er lieber seinen Turm in den Angriff ein, was Schwarz aber Zeit gibt, seine Verteidigung zu organisieren.

21 ♖e1?! ♕f8

21...♗e8 scheitert an 22 ♕g3 ♗g6 23 f4! ♕f8 24 f5! ♗f7 (oder 24...♕xf5 25 ♖e8+! mit

Gewinn des Turms in der Ecke) 25 ♖e7!, wonach Weiß die Damenflügelbauern abräumt.

22 ♕h4 h6 23 ♗xc5 dxc5 24 ♖e7 ♗f5

Sicherer ist 24...♕f5 mit der Idee 25 ♕g3 ♕g4 mit Damentausch.

25 d6 ♔h7 26 d7 ♕d8? *(D)*

Scheinbar gewinnt die Drohung 27 ♖e8 Material, aber Schwarz sollte das subtile 26...♖g8! spielen mit der Idee 27 ♖e8 ♕d6! 28 d8♕ ♖xe8!, wonach das Schlagen von Dame oder Turm ein Grundreihenmatt nach sich zieht. Weiß kann das Matt vermeiden, indem er zuerst 27 g4! und erst nach 27...♗xg4 den Zug 28 ♖e8 spielt, aber die Antwort 28...♕f3! droht Dauerschach. Danach kann Weiß mit 29 d8♕ ♖xe8 30 ♕d3+! ♕xd3 31 cxd3 ein Endspiel mit Dame gegen Turm und Läufer erzwingen, in dem er Gewinnchancen hat.

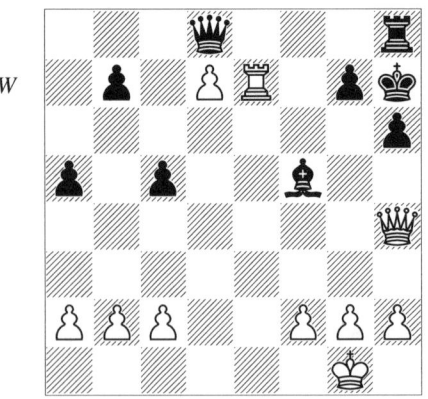

Der Partiezug lässt einen jähen Schluss zu.
27 ♕f6! 1-0

Nach 27...♕f8 28 ♕xf8 ♖xf8 29 ♖e8 büßt Schwarz seinen Turm ein.

Es folgt ein weiteres Beispiel für einen langsamen Angriff auf der Grundlage des weißen Raumvorteils. Es zeigt, wie der Angriff durch das Aufbrechen der schwarzen Königsflügelbauern erleichtert werden kann.

Laketić – Peptan
Jugoslawische Mannschaftsmeisterschaft 1994

1 e4 c5 2 ♘f3 d6 3 d4 cxd4 4 ♘xd4 ♘f6 5 ♘c3 a6 6 ♗c4 e6 7 ♗b3 b5 8 0-0 ♗b7 9 ♗xe6 fxe6 10 ♘xe6 ♕d7 11 ♘d5 ♗xd5 12 exd5 ♔f7 13 ♖e1 ♗e7 14 ♘g5+ ♔g8 15 ♕e2 ♖a7 16 ♗e3 ♖b7 17 ♗d4 ♕g4 18 ♕d2 h6 *(D)*

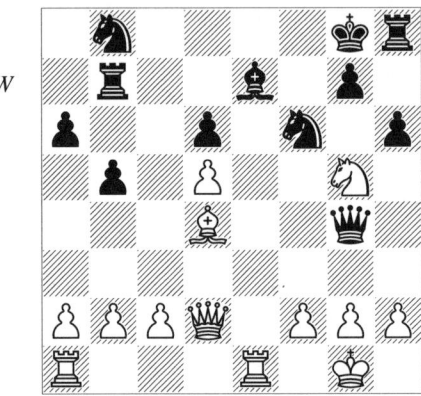

Wir blenden uns gerade in dem Moment in die Partie ein, in dem Weiß seinen Angriff zu organisieren beginnt.

19 ♗xf6

Jetzt kann Schwarz wegen Matts auf e8 nicht mit dem Läufer zurückschlagen und muss daher mit dem g-Bauern nehmen und seinen Läufer zu einer sehr armseligen Figur degradieren. Der Anziehende kann mit seinem Springer nach e6 zurückkehren und hat genug Zeit und Raum, um mit seinen Schwerfiguren den exponierten schwarzen König anzugreifen.

19...gxf6 20 ♘e6 ♔f7 21 ♖e3 ♖g8 22 f3 ♕f5 23 ♖ae1 ♖c8

Schwarz spielt etwas zu passiv, aber man kann schön sehen, wie leicht der Anziehende seine Figuren in Angriffsstellung bringen kann.

24 c3 ♔h7 25 ♕e2 ♖g8 26 f4 ♗f8 27 ♖g3+ ♔h8 28 ♕h5 ♖e7 29 ♖g6 ♖ce8 30 ♖f1

Nach 30 ♖e3 nebst ♖eg3 könnte Schwarz sich gar nicht mehr rühren.

30...♖xe6 31 dxe6 ♖xe6 32 f5 ♕a7+ 33 ♔h1 ♖e4 34 ♖xf6 ♗g7

Schwarz erlaubt das Hinüberwechseln des Bauern auf die e-Linie, wo er kaum an der Umwandlung gehindert werden kann. Mit 34...♕g7 kann Schwarz länger Widerstand leisten.

35 ♖e6 ♖xe6 36 fxe6 ♕e7 37 ♕g6 ♕g5

Nach 37...♘c6 gewinnt 38 ♖f7 ♕g5 39 ♕xg5 hxg5 40 ♖c7 eine Figur. Jetzt gelangt der Bauer zur Umwandlung.

38 ♕xg5 1-0

Wenn der Läufer in der Najdorf-Variante nach c4 gespielt wird (im Fischer-Angriff oder der Sosin-Variante), zieht er sich normalerweise sogleich nach b3 zurück, um nicht durch ...d5 angerempelt zu werden. Aus diesem Grund hat Weiß bei den meisten Läuferopfern auf e6 ein ganzes Tempo weniger als in vielen der obigen Beispiele. Wenn Schwarz seinen Läufer nach b7 entwickelt, lädt er zum Opfer ein, aber der Läufer deckt den Turm a8 und erschwert die weiße Standardfortsetzung ♘d5, da der Anziehende oft Schwierigkeiten hat, die Kontrolle über das Feld d5 zu behalten.

Barden – Kottnauer
Olympiade, Helsinki 1952

1 e4 c5 2 ♘f3 d6 3 d4 cxd4 4 ♘xd4 ♘f6 5 ♘c3 e6 6 ♗c4 a6 7 ♗b3 b5 8 0-0 ♗b7 9 ♖e1 ♘bd7 10 ♗xe6 fxe6 11 ♘xe6 *(D)*

11...♕c8
Der Dame stehen mehrere Felder zur Verfügung. Die Hauptalternative ist 11...♕b8. In beiden Fällen enthält meine Datenbank eine Reihe von Partien, in denen Weiß einen Springer nach d5 stellte und auf diesem Feld später ersatzlos einen Bauern einbüßte. Nach 12 ♘d5 ♔f7 13 ♘g5+ ♔g8 nahmen zwei Beispiele den folgenden Verlauf:

a) 14 ♕f3 ♘xd5 15 exd5 ♕b7 16 ♕h3 ♕xd5, und in Malos-Garcia, Mancha Real 1999, gewann Schwarz in 43 Zügen.

b) 14 ♗f4 h6 15 ♘e6 ♘xd5 16 exd5 ♘f6 17 ♗g3 ♗xd5, und in McTavish-Angelov, Kanada 1992, gewann Schwarz in nur 25 Zügen.

12 ♗f4
12 ♘d5 ♗xd5 13 exd5 ♔f7 hat sich als gut für Schwarz erwiesen:

a) 14 ♕e2 h6 15 ♗f4 ♕c4 16 ♕e3 ♖e8 17 ♖ad1 ♘c5 18 b3 ♕xc2 19 ♕h3, und nun kann Schwarz anstelle von 19...g5?!, was in der Partie Srebrnič-Worobiow, Bled 2001, zum Verlust führte, seelenruhig 19...♘xd5! spielen (z. B. 20 ♕h5+ ♔g6).

b) 14 ♗f4 ♕c4 15 ♕f3 ♕xd5 16 ♕h3 ♘c5 17 ♘c7 ♕c4 18 ♗g5 (pragmatischer ist 18 ♘xa8 ♕xf4 19 ♘c7) 18...♖a7 19 ♗xf6 ♖xc7 20 ♗d8 ♖d7, und in Espig-Postler, Freiberg 1970, trug Schwarz den Sieg davon.

Mit der Dame auf c8 kann Weiß mit 12 ♘xf8 ♖xf8 13 ♕xd6 den d-Bauern gewinnen, was am vernünftigsten aussieht.

12...♔f7
Der König verpasst dem Springer sofort einen Tritt. Schon bald wird Weiß keine brauchbaren Felder im schwarzen Lager mehr für sich beanspruchen können.

13 ♘g5+
Selbst der normalerweise sehr angriffslustige Velimirović musste sich in seiner Partie gegen Parameswaran (Olympiade, Luzern 1982) mit 13 ♘xf8 ♖xf8 14 ♗xd6 begnügen, konnte aber damit keinen Vorteil erzielen. In der Partie folgte 14...♖e8 15 ♕d4 ♕c6 16 f3 ♖ed8 17 ♗g3 ♘b6 18 ♕b4 ♕c4 19 ♕a5 ♕c6 20 ♖ad1 ♘c4 21 ♕b4 ♖xd1 22 ♖xd1 ♖d8 23 ♖d3 ♖d7 24 a4 bxa4 25 ♘xa4 a5 26 ♕b3 ♔g6 27 h4? (mit 27 e5 war die Partie wahrscheinlich zu halten) 27...♘d2 28 ♕c3 ♘dxe4!, und Schwarz gewann.

13...♔g6
Dies sieht riskant aus, aber Weiß scheint aus der exponierten Stellung des Königs keinen Profit schlagen zu können. In der Partie wird ein Springer nach d5 verleitet, wo bald ein Bauer verloren geht.

14 ♘d5 ♗xd5 15 exd5 ♕c4 16 ♕f3 ♕xd5 17 ♘e4 ♕xe4 18 ♖ad1 ♕c6 19 ♖xe4 ♘f6 20 ♕g3+ ♔f7 21 ♖e3 ♖e8 22 ♖de1 ♖xe3 23 ♕xe3 d5 24 ♕a7+ ♔g6 25 ♖e5 h6 0-1

Wenn der Anziehende sich (wie in der obigen Partie von Velimirović) für den Gewinn des d-Bauern entscheidet, erhält er keine besonderen Vorteile und nur selten gute Gewinnaussichten im Endspiel. Im Gegensatz zu den Endspielen, die sich nach der Dreibauerntour des Springers ergeben, gibt es hier keinen schwachen schwarzen Bauern auf d6 und keinen Raumvorteil. Der weiße e-Bauer wird zwar zu einem Freibauern, aber ein Freibauer reicht normalerweise noch nicht zum Gewinn.

Fischer – Cardoso
Wettkampf (6. Partie), New York 1957

1 e4 c5 2 ♘f3 d6 3 d4 cxd4 4 ♘xd4 ♘f6 5 ♘c3 a6 6 ♗c4 e6 7 0-0 b5 8 ♗b3 ♗b7 9 ♗g5 ♘bd7 *(D)*

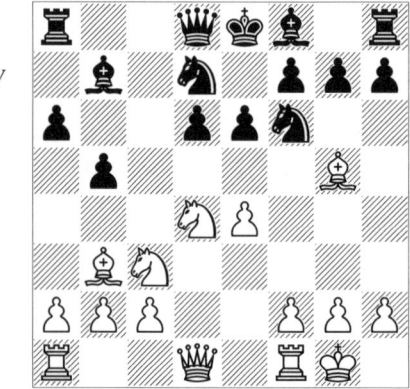

In *The Sicilian Sozin* erwähnt Golubew hier nur 10 ♖e1 und schmückt diesen Zug mit einem Ausrufezeichen. Das Läuferopfer auf e6 ist in dieser Stellung nicht gut.

10 ♗xe6 fxe6 11 ♘xe6 ♕c8!?

Es scheint keinen guten Grund dafür zu geben, den Bauern auf d6 nicht mit 11...♕b8 oder 11...♕b6 zu verteidigen.

12 ♘xf8 ♖xf8 13 ♕xd6 ♕c6 14 ♖ad1

Da Schwarz gut entwickelt ist, geht der junge Bobby Fischer bereitwillig auf Damentausch ein.

14...♕xd6 15 ♖xd6 0-0-0 16 ♖fd1 h6 17 ♗e3!? *(D)*

Weiß bewahrt sich den Läufer, da er nach 17 ♗xf6 ♘xf6 18 ♖xd8+ ♖xd8 19 ♖xd8+ ♔xd8 keinerlei aktive Aussichten behält.

17...♘e5

Hier konnte sich der Nachziehende auf Komplikationen einlassen: 17...b4 18 ♘a4 ♗xe4 (aber nicht 18...♘xe4? 19 ♖xd7!), wonach Weiß

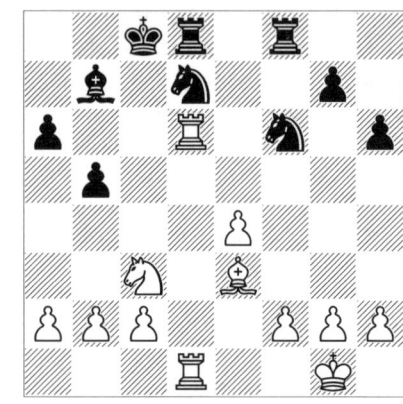

19 f3 spielt (aber nicht 19 ♖xa6?? ♘c5! mit Turmgewinn wegen des Grundreihenmatts) und dann den Bauern a6 nimmt. Da sich dann die weiße 3:1-Bauernmajorität am Damenflügel als gefährlich erweisen könnte, stört Schwarz das Gleichgewicht lieber nicht.

18 ♖xd8+ ♖xd8 19 ♖xd8+ ♔xd8 20 f3

Mit vernünftigem und solidem Spiel sorgt Fischer dafür, dass nur er noch entfernte Chancen auf den Partiegewinn bekommt.

20...♔d7 21 ♔f2 ♗c6 22 b3 ♔e6 23 h3 ♗b7 24 ♘e2 ♘c6 25 h4 ♗c8 26 ♘d4+ ♘xd4 27 ♗xd4 g5 28 hxg5 hxg5 29 ♗xf6 ♔xf6 30 c3 ♗e6 31 ♔e3 ♔e5 32 g3 a5 33 f4+ gxf4+ 34 gxf4+ ♔d6 35 f5 ♗g8 36 ♔d4 ♗h7 37 c4

Weiß scheint Fortschritte zu machen, aber Schwarz kann sich mit genauem Spiel halten.

37...bxc4 38 bxc4 ♔c6 39 a3 a4 40 ♔e5 ♗g8 41 ♔f6 ♗xc4 42 ♔e7 ♗c5 43 e5 ♔d4 44 ♔d6 ♔e4 45 f6 ♔f5 46 ♔c5 ½-½

Damit sind die schlechten Neuigkeiten für den Opfernden aber noch nicht zu Ende. Der Nachziehende kann sich selbst mit der Rückgabe einer Qualität einen großen Gefallen tun, indem er den Turm a8 einstehen lässt. Trotz des schwarzen Wanderkönigs wiegen die beiden schwarzen Leichtfiguren in den meisten Fällen den Turm und die beiden Bauern des Anziehenden zumindest auf.

G. Singh – Zagrebelny
Kalkutta 1999

1 e4 c5 2 ♘f3 d6 3 d4 cxd4 4 ♘xd4 ♘f6 5 ♘c3 a6 6 ♗g5 ♘bd7 7 ♗c4 e6 8 ♕e2 b5 *(D)*

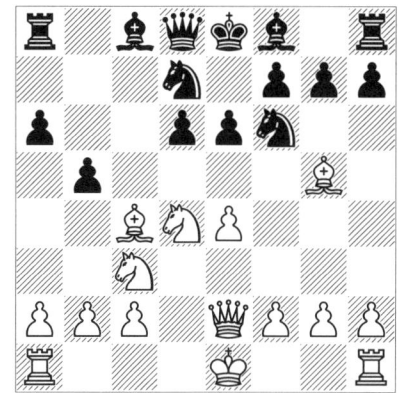

Weiß hat ein Tempo auf die Postierung seiner Dame auf e2 aufgewendet, statt zu rochieren. Dort verteidigt die Dame den e-Bauern und steht im Fall eines Springertauschs auf d5 auf einer offenen Linie goldrichtig. Da Weiß kein Tempo für ♗b3 vergeudet hat, entscheidet er sich für das Opfer.

9 ♗xe6 fxe6 10 ♘xe6 ♕a5

Da seine Dame nicht mehr auf der d-Linie steht, kann Weiß nicht mehr den d-Bauern schlagen, so dass Schwarz seine Dame so aggressiv wie möglich postiert. Allerdings steht sie auf a5 nicht ganz sicher.

11 ♗d2!?

Eine interessante Idee, mit der Weiß einen Abzugsangriff auf die Dame mittels ♘d5 beabsichtigt.

Gut ist auch das natürliche 11 0-0. Nach 11...b4 12 ♘d5 muss sich die schwarze Dame vorsehen, ob der Springer nun abgetauscht wird oder nicht:

a) Nach 12...♘xd5 13 exd5 ♘e5 (aber nicht 13...♔f7 14 ♘d8+ ♔g6 15 ♕e4+! ♔xg5 16 ♘f7+ ♔h5 17 ♕f5+ ♔h4 18 g3#) ist 14 ♗d8! eine Idee, die man sich merken sollte. Nach 14...♕a4 15 b3 ♕d7 (15...♕a3 ist hoffnungslos) 16 ♗a5 gewinnt Weiß schließlich doch einen dritten Bauern für seine Figur und behält alle anderen Vorteile.

b) 12...♔f7 ist natürlich, aber nach 13 ♘ec7 muss der Nachziehende mit 13...♗b7! ein Qualitätsrückopfer anbieten, da auf 13...♖a7 der starke Zug 14 a3! die unglückliche Stellung der schwarzen Dame zu Materialgewinn ausnutzt; z. B. 14...♖xc7 15 axb4 ♕b5 16 ♕xb5 axb5 17 ♘xc7.

11...♗b7!?

Die natürliche Reaktion auf die weiße Idee ist 11...b4, was Weiß dazu einlädt, sich mit 12 ♘d5 ♘xd5 13 exd5 ♘e5 14 a3!? auf große Verwicklungen einzulassen. Mit dem Textzug will Schwarz Komplikationen vermeiden und den Anziehenden durch Rückgabe von Material im Zaum halten.

12 ♘d5

Trotz des vorausgegangenen Opfers fährt der Anziehende einen relativ sicheren Kurs. Er will durch Zugwiederholung Remis machen oder die Damen tauschen.

Besser ist vielleicht, mit 12 ♘xb5 etwas mehr Material einzufahren, aber Schwarz wird dann ein lebhaftes Figurenspiel einleiten. Eine interessante Variante lautet 12...♕a4 13 ♘ec7+ ♔f7 14 ♘c3 ♕c6 15 ♘xa8 ♗xa8 16 f3, und nun kann Schwarz mit 16...d5 im Zentrum durchbrechen.

12...♕a4 13 ♘c3 ♕c4 14 ♕xc4 bxc4 15 ♘c7+ ♔f7 16 ♘xa8 ♗xa8 (D)

Es hat sich ein kompliziertes Endspiel mit Turm und zwei Bauern gegen Läufer und Springer ergeben. In derartigen Stellungen gewinnt normalerweise der stärkere Spieler, in diesem Fall Schwarz (Elo-Zahl 2505 gegenüber 2310). Die weißen Königsflügelbauern werden erst einmal gehemmt, dann auseinandergerissen und schließlich einkassiert.

17 f3 ♗e7 18 0-0-0 h6 19 ♗f4 ♘e5 20 ♖hf1 g5 21 ♗e3 ♖e8 22 h4 gxh4 23 ♗xh6 ♖g8 24 ♖d2 ♘h5 25 ♗e3 ♔e8 26 ♖ff2 h3 27 gxh3 ♖g3 28 ♖d1 ♘xf3 29 ♘d5 ♗xd5 30 ♖xd5 ♘e5 31 ♗h6 ♖xh3

Schwarz trug bald den Sieg davon.

Kommt das Läuferopfer auf e6 in einer Damengambit-Formation vor, so wird es im Allgemeinen später in der Partie gespielt, wenn die Figuren des Verteidigers besser damit fertig werden können. Wenn Weiß jedoch seinen Gegner früh auf dem falschen Fuß erwischt, kann die Strafe auf dem Fuße folgen.

Stepanow – Gergenreder
Gewerkschaftsturnier, Moskau 1936

1 ♘f3 ♘f6 2 c4 e6 3 ♘c3 d5 4 d4 dxc4 5 e4 c5 6 ♗xc4 cxd4 7 ♘xd4 ♘bd7 8 0-0 a6 9 ♖e1 b5 *(D)*

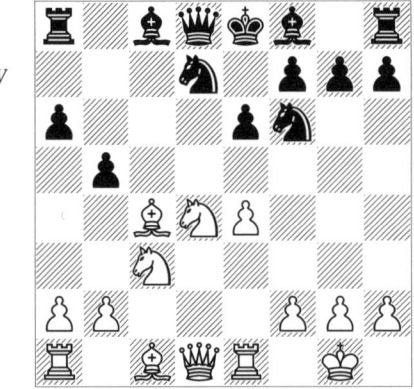

Weiß verfügt über großen Entwicklungsvorsprung und hat seinen Turm bereits in Angriffsstellung gebracht.

10 ♗xe6 fxe6 11 ♘xe6 ♕b6 12 e5 ♘xe5

Nach dem letzten schwarzen Zug hätte man hier eher 12...♘e4 erwartet, aber Weiß kann die Bedrohung seines f-Bauern ignorieren und 13 ♘d5! ♕xf2+ 14 ♔h1 ♕f5 15 ♘dc7+ ♔e7 16 ♖xe4! ♕xe4 17 ♕d6+ ♔f7 18 ♘g5+ ♔g8 19 ♕e6# spielen. Der klägliche Rückzug 12...♘g8 ist nach 13 ♘d5 ♕b7 14 ♘dc7+ ebenfalls hoffnungslos.

Der Partiezug öffnet die e-Linie, was leicht absehbare Folgen hat.

13 ♖xe5 ♗xe6 14 ♘d5! ♕b7

Nach 14...♘xd5 greift Weiß mit 15 ♕xd5 Läufer und Turm an. Mit dem Textzug hofft Schwarz, die Figur nach 15 ♖xe6+ ♔f7 16 ♖e5 ♖d8 zurückzugewinnen, wird aber jetzt kalt erwischt.

15 ♖xe6+ ♔f7 16 ♖xf6+! *(D)*

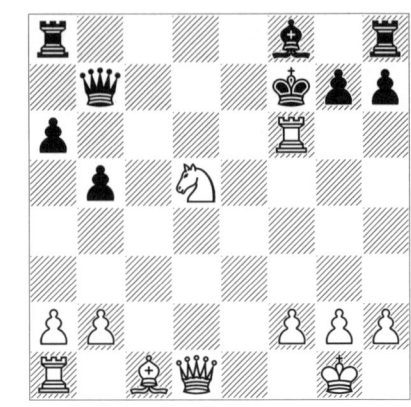

Weiß spielt auf Matt. Die Deckung des Königs wird hinweggefegt.

16...gxf6 17 ♕h5+ ♔g8 18 ♘xf6+ ♔g7 19 ♘d5 ♔g8 20 ♘f6+ ♔g7 21 ♘g4 h6 22 b3 ♔g8 23 ♘f6+ ♔g7 24 ♗b2 1-0

Wird das Opfer in Damengambit-Formationen nach der Eröffnungsphase gespielt, gewinnt es selten ein Tempo an der schwarzen Dame und ist daher wohl etwas spekulativ, wenn es sich nicht um eine Kombination handelt. Es folgt ein warnendes Beispiel. Das erfolglose Opfer wird hier von keinem Geringeren als Wladimir Kramnik gebracht.

Kramnik – Anand
Schnellschachwettkampf (5. Partie), Mainz 2001

1 d4 d5 2 c4 dxc4 3 ♘f3 e6 4 e3 ♘f6 5 ♗xc4 c5 6 0-0 a6 7 ♗b3 ♘bd7 8 ♕e2 b5 9 a4 ♗b7 10 axb5 axb5 11 ♖xa8 ♕xa8 12 ♘c3 b4 13 ♘b5 ♕b8 14 e4 cxd4 15 ♘bxd4 ♗d6 *(D)*

In dieser schon einige Male vorgekommenen Stellung hat das Läuferopfer auf e6 dem Weißen keinen großen Erfolg beschert.

16 ♗xe6 fxe6 17 ♘xe6 h6!?

Anand wartet mit einer überraschenden Lösung auf. Er gibt den g-Bauern her, verhindert dafür aber den Rückzug des Springers nach g5. Andere Möglichkeiten sind:

a) In der frühesten Partie in meiner Datenbank, Uhlmann-Balcerowski, Bad Liebenstein 1963, spielte Schwarz 17...♘e5?, wonach Weiß dankend mit 18 ♘xe5 ♗xe5 19 f4 Raum gewann. Falls dann 19...♗c7 20 e5 ♘d5, so kann

Festhalten des Königs im Zentrum: Läuferopfer auf e6

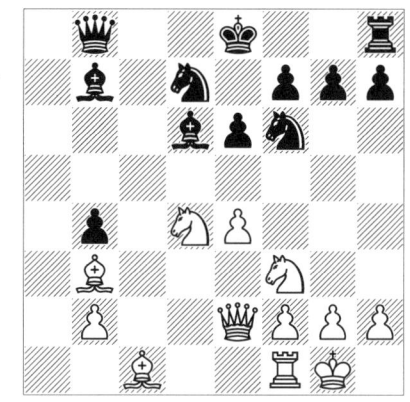

W

sich Weiß auf g7 einen dritten Bauern für seine Figur schnappen. Stattdessen spielte Schwarz 19...♛a7+ 20 ♗e3 ♗a6, wonach Weiß mit 21 ♖a1 ♗xe2 22 ♖xa7 mit der Idee 22...♗b8 23 ♖b7 ♘d7 24 ♘c5! Material gewann.

b) Gespielt wurde auch schon 17...g6. Dann kann folgen:

b1) In Campos-Adianto, Olympiade, Moskau 1994, spielte Weiß 18 ♗h6 und verlor nach 18...♔e7 19 ♘eg5 ♖c8 20 ♗g7 ♖c5 21 ♕d3 ♗xh2+ 22 ♘xh2 ♖xg5.

b2) Campos' Verbesserungsversuch 18 ♕c4 trug ihm nach 18...♕c8 19 ♘g7+ ♔f8 20 ♕e6 ♔xg7 21 ♕xd6 ♕c5 in Campos-Magem, Barbera del Valles 1995, eine weitere Niederlage ein.

b3) 18 e5 ♗xe5 (ich bin mir nicht sicher, was nach 18...♗xf3 19 ♕xf3 ♗xe5 passiert) 19 ♘fg5 führte in Netschajew-Sachartschenko, Jalta 1996, letztendlich zu einem Remis.

18 ♘xg7+ ♔f7 19 ♘f5 ♗xe4 20 ♘xh6+ ♔g7 (D)

Das Opfer hat Kramnik drei verbundene Freibauern für die Figur eingebracht, aber Anand hat alle seine Figuren entwickelt und bedrohlich auf den weißen König gerichtet. Außerdem ist der weiße Springer gefangen, und Schwarz wird bald einen kleinen nominellen Materialvorteil erzielen.

Im weiteren Verlauf der Partie stellt sich heraus, dass selbst drei verbundene Freibauern keine ausreichende Kompensation darstellen.

21 h3 ♖xh6 22 ♗xh6+ ♔xh6 23 ♖d1 ♗xf3 24 ♕xf3 ♗e5 25 ♕e3+ ♔g7 26 ♕g5+ ♔f7 27 ♕f5 ♘f8 28 b3 ♗c3 29 g3 ♕e5 30 ♕xe5 ♗xe5 31 f4 ♗c3 32 ♔g2 ♘e4 33 g4 ♘d2 34 f5 ♘xb3 35 g5 ♘c5 36 ♔f3 b3 37 h4 b2 38 h5 ♗d2 39 ♖b1 ♗c1 40 ♔e2 ♘b3 41 ♔d3 ♘d2 42 ♖xb2 ♗xb2 43 ♔xd2 ♔g7 44 ♔d3 ♗c1 45 g6 ♘d7 46 ♔e4 ♘f6+ 47 ♔e5 ♘xh5 0-1

Im Hinblick auf das Läuferopfer auf e6 fehlen in der Caro-Kann-Formation der weiße e-Bauer und der schwarze d-Bauer. Die offene e-Linie verleiht dem Opfer einen zusätzlichen Aspekt, da damit jetzt die e-Linie vollständig geöffnet wird, auf der der Anziehende möglicherweise einen überwältigen Angriff aufbauen kann.

Cicak – Kuhn
Zürich 2000

1 e4 d5 2 exd5 ♕xd5 3 ♘c3 ♕a5 4 ♗c4 c6 5 ♕e2 ♘f6 6 ♘f3 ♗f5 7 d3 e6 8 ♗d2 ♕b6 9 0-0-0 ♗e7 10 ♗e3 ♕c7 11 ♘d4 ♗g6 12 ♗xe6 fxe6 13 ♘xe6 ♕d7 14 ♗f4 ♘a6 15 ♖de1 ♖f8 16 g4 ♗f7 17 h4 h5 18 f3 ♖c8 (D)

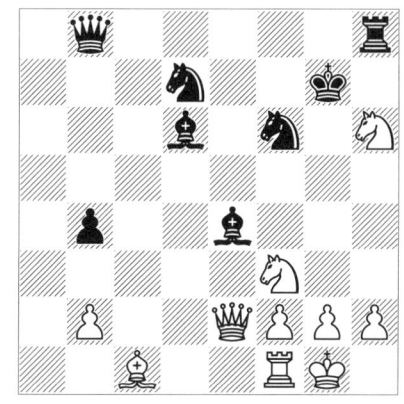

W

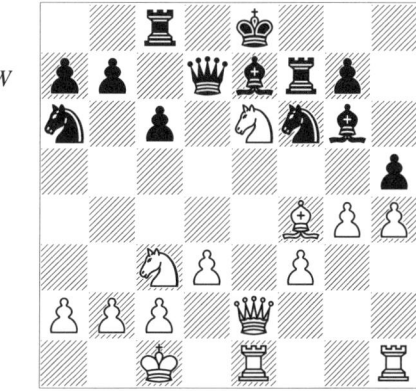

W

Schwarz hat seinem Gegner den Aufbau eines gefährlichen Angriffs gestattet. Jetzt ist es bereits zu spät, da der weiße Druck auf der e-Linie unerträglich wird.

19 ♕e5! ♘d5

Es drohte 20 ♘xg7+! ♖xg7 (oder 20...♔d8 21 ♘e6+ ♔e8 22 ♖hg1 hxg4 23 fxg4 ♗b4 24 ♘c5) 21 ♕xf6 ♖g8 22 ♗d6 mit Eroberung von e7.

20 ♘xg7+ ♔f8 21 ♘f5 ♖xf5

Jetzt drohte Matt auf h8, aber auch nach diesem Zug kommt es zu einem Mattfinale. Mit 21...♗f6 kann sich Schwarz in ein Endspiel retten, in dem er zwei Leichtfiguren gegen Turm und drei Bauern hat, z. B. 22 ♕d6+ ♕xd6 23 ♗xd6+ ♔g8 24 ♘h6+, wenngleich Weiß bequem gewinnen sollte.

22 ♗h6+ ♔e8 23 ♕h8+ 1-0

Das Ende lautet 23...♔f7 24 ♕g7+ ♔e8 25 ♕g8+ ♖f8 26 ♕xf8#.

Die Caro-Kann-Formation entsteht üblicherweise aus der Caro-Kann-Verteidigung selbst, der Französischen Verteidigung mit schwarzem ...dxe4 und der Skandinavischen Verteidigung (1 e4 d5). Damit ♗xe6 ein Opfer ist, muss in der Formation ein schwarzer Bauer auf e6 stehen, der durch einen Bauern auf f7 gedeckt ist. Offensichtlich passt die Standardstruktur mit isoliertem d-Bauern zur „Caro-Kann"-Formation, führt aber in der Praxis nur selten zu Läuferopfern auf e6 vor der schwarzen Rochade. Auch Sizilianer, in denen Weiß seinen e-Bauern opfert, können zur Caro-Kann-Formation führen, und hier sind Opfer auf e6 nicht nur ziemlich geläufig, sondern auch häufig tödlich.

Velička – Johann
Passau 2000

1 e4 c5 2 ♘f3 d6 3 ♗b5+ ♘d7 4 d4 ♘gf6 5 0-0 ♘xe4 6 ♕e2 ♘ef6 7 dxc5 dxc5 8 ♖d1 a6 9 ♗c4 e6 10 ♘g5 ♕b6 *(D)*

Die offenen Linien und der weiße Entwicklungsvorsprung sprechen eindeutig für das Opfer.

11 ♗xe6 fxe6 12 ♘xe6 ♗e7

Der Läufer wird nun eine leichte Beute des Anziehenden.

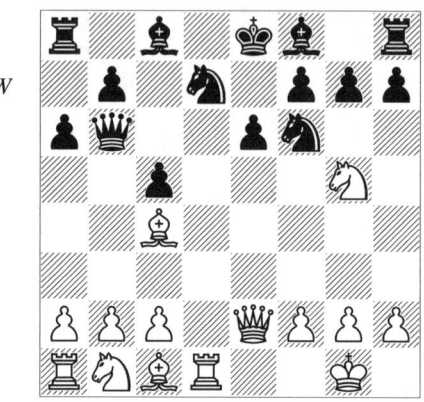

13 ♖e1 ♘g8 14 ♗f4 ♖a7 15 ♘c7+ ♔f8 16 ♘d5 ♕d8 17 ♘xe7! ♘df6

Da Schwarz nicht 17...♕xe7 spielen kann wegen 18 ♗d6! ♕xd6 19 ♕e8#, muss er etwas Material zurückgeben. In der Partie Barle-Van der Vorm, Wien 1996, folgte 17...♘xe7 18 ♗d6 ♘e5 19 ♕xe5 b6 20 ♘c3 ♖d7 21 ♖ad1 1-0.

Auch der Partiezug kann das Blatt nicht mehr wenden.

18 ♘xc8 ♕xc8 19 ♗d6+ ♔f7 20 ♕c4+ 1-0

Nach 20...♔g6 21 ♗xc5 ♖a8 22 ♖e3 kann Schwarz dem Matt nur durch große Materialverluste entgehen.

Sowohl im Skandinavier als auch in der Caro-Kann-Verteidigung entwickelt Schwarz seinen weißfeldrigen Läufer häufig nach f5 oder manchmal auch nach g4. Weiß versucht oft, den Läufer mit seinen Springern oder Königsflügelbauern von der Diagonale h3-c8 abzulenken, womit er unter anderem den Weg für ein mögliches Opfer auf e6 bereiten will. Wenn die schwarze Dame auf c7 steht, wird sie durch den auf e6 zurückschlagenden Springer angegriffen und hat möglicherweise Schwierigkeiten, ein sicheres Plätzchen zu finden, wie das nächste Beispiel zeigt.

Bastian – Dončević
*Westdeutsche Meisterschaft,
Bad Neuenahr 1984*

1 e4 d5 2 exd5 ♕xd5 3 ♘c3 ♕a5 4 ♗c4 ♘f6 5 h3 ♗f5 6 ♘f3 e6 7 d3 c6 8 ♗d2 ♕c7 9 0-0 ♘bd7 10 ♘d4 ♗g6 *(D)*

11 ♗xe6 fxe6 12 ♘xe6 ♕d6

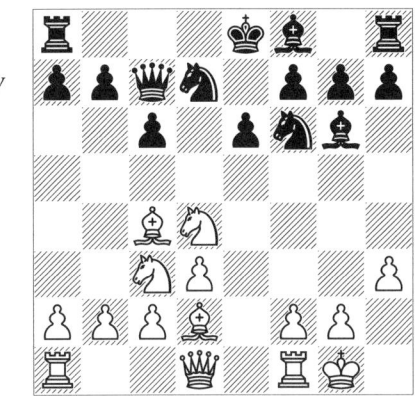
W

12...♛b8 ist passiv, aber vermutlich spielbar. Nach 13 ♛e2 muss Schwarz 13...♔f7?? 14 ♘g5+ ♔g8 15 ♛e6+ ♗f7 16 ♛xf7# vermeiden, aber 13...♗d6 ist gut genug, da Schwarz nach 14 ♘c7+ zwei Leichtfiguren für einen Turm und zwei Bauern bekommt und die weiße Initiative zum Erliegen bringt, während 14 ♘xg7+ Schwarz die Möglichkeit 14...♔d8!? an die Hand gibt, wonach die offenen Linien am Königsflügel im späteren Verlauf vielleicht einmal Probleme bereiten könnten.

13 ♖e1

13 ♗f4 erlaubt 13...♛xe6! 14 ♖e1 ♘c5 15 ♖xe6+ ♘xe6, wonach Schwarz noch rochieren kann und mit Turm und zwei Leichtfiguren für Dame und zwei Bauern zuversichtlich in die Zukunft blicken kann.

13...♔f7 14 ♗f4 ♛b4

Auch hier konnte der Nachziehende noch mit 14...♛xe6 15 ♖xe6 ♔xe6 die Dame geben, obwohl sein Wanderkönig ihm vielleicht noch Sorgen machen wird. Jetzt muss die Dame auswandern – zumindest bis sie einen sicheren Weg nach Hause finden kann.

15 a3!? ♛a5

Die schwarze Dame ist selbstmörderisch veranlagt. 15...♛xb2 ist offenbar riskant, scheint aber nicht direkt zu widerlegen zu sein. Nach der denkbaren Folge 16 ♛d2 ♛b6 17 ♖ab1 ♛a5 18 ♖xb7 ♛xa3 19 ♗g5 ♔g8 20 ♘xf8 ♛xf8 21 ♗xf6 ♘xf6 22 ♖ee7 ♖e8 23 ♖ec7 hat Weiß nur einen Bauern für die Figur, aber mit seinen Türmen auf der siebten Reihe eine dauerhafte Initiative.

Besser als der Partiezug sieht auch 15...♛b6 aus.

16 b4 ♛h5?

Nach 16...♛b6 verfügt Weiß über 17 ♗c7 ♛a6 18 ♘d8+ (gut ist auch 18 ♘g5+ ♔g8 19 ♛b1) 18...♔g8 19 ♖e6!, wonach Schwarz etwas Material zurückgeben muss, um die Drohung 20 b5 mit Damengewinn abzuwehren.

Auf dem Königsflügel ergeht es der schwarzen Dame noch schlechter.

17 g4! ♛h4 18 ♔g2

Auch 18 ♗g3! ♛h6 19 ♔g2 gewinnt Material.

18...h5?!

Der billigste Ausweg ist 18...♘xg4, obwohl der weiße Mehrbauer letztlich den Ausschlag geben sollte.

19 ♗g3

Nun bekam Schwarz viel zu wenig Material für die Dame und musste bald kapitulieren.

Die Dame schlägt auf e6

In Sizilianisch-Formationen nimmt Weiß nach dem Läuferopfer auf e6 fast ausnahmslos mit einem Springer auf e6 wieder. In anderen Strukturen kann häufig die Dame auf e6 zurückschlagen. Dies ereignet sich im Allgemeinen dann, wenn das Opfer in der Eröffnung gebracht wird, kann aber auch später in der Partie geschehen. Je nach dem Entwicklungszustand der gegnerischen Kräfte gibt es hier eine breite Palette von Ideen und Fortsetzungen. In dieser kurzen Übersicht werden wir uns einige der typischsten Ideen ansehen.

Im einfachsten Fall kann das Zurücknehmen mit der Dame zu einem Blitzsieg führen, da die Dame auf e6 sehr wirkungsvoll steht und dem König über die e-Linie der Garaus gemacht wird.

Petkewitsch – Andonow
Naleczow 1988

1 d4 d6 2 ♘f3 ♗g4 3 c4 c6 4 ♘c3 ♘f6 5 g3 ♗xf3 6 exf3 d5 7 ♗d3 e6 8 0-0 dxc4 9 ♗xc4 g6 10 ♖e1 ♗g7 11 ♛b3 b5 *(D)*

Offensichtlich hält Schwarz das Opfer auf e6 für inkorrekt. Damit liegt er aber ganz falsch. Die Drucksäule aus Dame und Turm auf der e-Linie ist tödlich, und außerdem hat Schwarz die

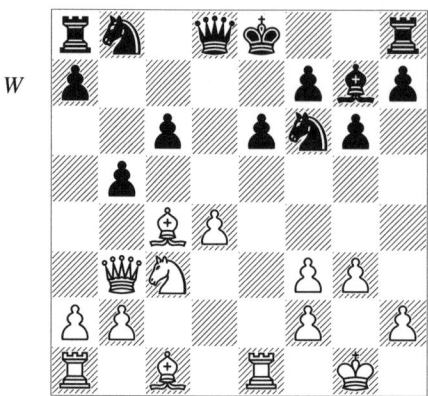

Kraft des verbleibenden weißen Läufers unterschätzt.

12 ♗xe6 fxe6 13 ♕xe6+ ♔f8

Das Geheimnis des Erfolgs dieses Opfers besteht darin, dass der schwarze König nicht gut geschützt ist. Schwarz kann nicht auf e7 die e-Linie blockieren, da sein schwarzfeldriger Läufer auf g7 und sein Springer auf f6 steht, und der König kann auch nicht zum Damenflügel flüchten, da die Dame im Weg steht. Aus diesem Grund muss der König nach f8 gehen, was den schwarzfeldrigen Läufer des Anziehenden zu einer sehr gefährlichen Figur macht.

14 ♗f4 ♘e8 15 ♗g5! *(D)*

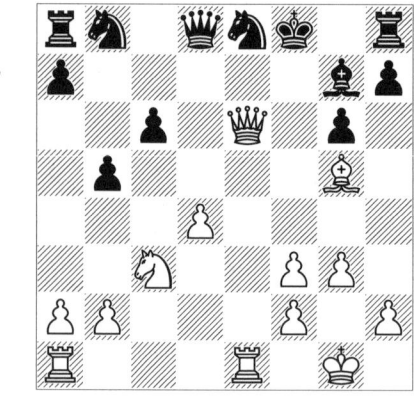

Der erste Trick. Als Folge der schlechten Entwicklung des Schwarzen ist seine Grundreihe schwach: 15...♕xg5 16 ♕xe8#.

15...♘f6 16 ♘e4! ♘d7

16...♗xg5 verliert aufgrund von 17 ♘xg5 ♘d6 (17...♕xg5 verliert nach 18 ♕xe8+ ♔g7 19 ♖e7+ ♔h6 20 ♕f7 ♘a6 21 ♕g7+ ♔h5 22 ♖e5 die Dame) 18 ♖e4! mit entscheidenden Drohungen.

17 ♘d6 ♘xd6

Oder 17...♕e7 18 ♗h6+ ♘g7 19 ♕xe7+ ♗xe7 20 ♗xg7+ ♔xg7 21 ♖xe7+ mit Gewinnstellung für Weiß.

18 ♗h6+ 1-0

Nach 18...♗g7 19 ♕xd6+ ♔f7 20 ♗xg7 kann Schwarz wegen 20...♔xg7 21 ♖e7+ mit Matt oder Damengewinn nicht zurückschlagen.

Bei geöffneten Zentrallinien kann sich der Verteidiger mitunter kaum bewegen, ohne seinen König und andere Figuren Gefahren auszusetzen. Im nächsten Beispiel bringt er das seltene Kunststück der langen Rochade fertig, erreicht aber damit keinen sicheren Hafen, sondern geht merkwürdigerweise langsam ein.

Lupulescu – Swetuschkin
Ciocaltea-Memorial, Bukarest 2002

1 e4 d5 2 exd5 ♕xd5 3 ♘c3 ♕d6 4 d4 ♘f6 5 ♗c4 a6 6 ♗b3 e6 7 ♘f3 b5 8 ♗g5 ♗b7 9 ♕e2 ♘bd7 10 0-0-0 c5 11 dxc5 ♕xc5 *(D)*

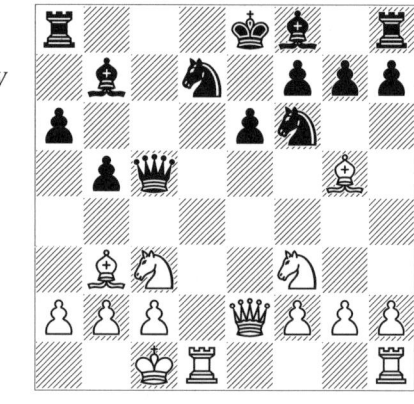

Die weißen Figuren sind wunderbar postiert, und die offenen Zentrallinien verheißen Erfolg. Wenn der schwarze König nur an der langen Rochade gehindert werden kann...

12 ♗xe6 fxe6 13 ♕xe6+ ♕e7

Die Alternative 13...♗e7 entfesselt die geballte Kraft der aktiven weißen Figuren. Der Anziehende spielt 14 ♗xf6! ♘xf6 15 ♘e5 ♖f8 16 ♖d7! mit der Drohung 17 ♖xb7 und der Absicht, 16...♗c8 mit 17 ♖xe7+! ♕xe7 18 ♕c6+

und Gewinn des Turms a8 zu beantworten. Wenn Schwarz dann mit 16...♖b8 zwei Fliegen mit einer Klappe schlägt, gewinnt Weiß durch 17 ♖hd1 mit der Drohung 18 ♖1d6!, wodurch die schwarze Dame sehr hübsch von der Verteidigung des Läufers e7 abgeschnitten wird.

14 ♕h3

Wenn der Opfernde auf e6 mit der Dame wiedernimmt, wirft sich – wie hier – häufig die Dame des Verteidigers in die Schusslinie. Schon vor dem Opfer muss der Angreifer sich überlegen, wohin er seine Dame dann zurückziehen sollte. Der Rückzug wird im Allgemeinen Damengewinn mit ♖e1 drohen und ist daher sozusagen ein freier Zug, der im Idealfall eine Drohung aufstellen sollte.

Hierbei kann es sich um einen Angriff auf eine ungedeckte Figur oder einen ungedeckten Bauern handeln, aber hier gibt es keinen eindeutig zum Sieg führenden Rückzug. Da Weiß vorhergesehen hat, dass Schwarz lang rochieren wird, sorgt er dafür, dass der Springer d7 von der Dame gefesselt werden wird und von weiteren Figuren angegriffen werden kann.

14...0-0-0 (D)

14...♔f7 verbietet sich wegen 15 ♖xd7 ♕xd7 16 ♘e5+.

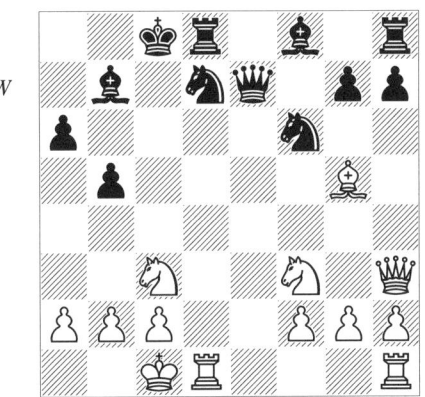

15 ♖he1 ♕c5 16 ♘e5 ♗c6

Die Hauptdrohung bestand in 17 ♗xf6 mit Gewinn des Springers d7.

17 ♘f7 ♗e7

Dieser Läufer geht sofort verloren. Allerdings ist 17...b4 auch nicht besser, da der Anziehende 18 ♗xf6 gxf6 19 ♘e4 ♖xe4 20 ♖xe4 spielt.

Danach verliert die Verstopfung der Diagonale der weißen Dame mit 20...f5 wegen 21 ♘xd8.

Schwarz sollte mit 17...♕c4 Gegenspiel anstreben. Da die Dame den Springer f7 angreift, spielt Weiß 18 ♘xh8, und nun folgt 18...♗b4! mit der Pointe, dass nach 19 ♗xf6 gxf6 das materialistische 20 ♕xh7 mit 20...♗xc3 21 bxc3 ♕xc3 und zum Remis ausreichendem Gegenspiel beantwortet wird. Besser ist stattdessen 20 ♖e6!, wonach 20...♖xh8 21 b3! ♕f4+ 22 ♔b2 ♕c7 23 ♘d5 ♗xd5 24 ♖xd5 Weiß aufgrund seiner aktiven Türme im Vorteil sieht.

18 ♖e5 ♕b6

Nach 18...♕b4 19 a3 muss die Dame den Läufer auch im Stich lassen.

19 ♖xe7 b4 20 ♗xf6 gxf6 21 ♘e4 f5 22 ♘ed6+ ♔b8 23 ♘xh8 ♖xh8 24 ♘f7 ♖c8 25 ♕g3+ ♔a8 26 ♖dxd7 1-0

Die Bauern der opfernden Partei können auf verschiedene Art und Weise lästig werden. Freibauern können vorrücken, um die Figuren des Verteidigers zu binden; andere Bauern können vorrücken, um mehr Linien gegen den König zu öffnen. Manchmal rücken Zentrumsbauern mit der Idee einer Linienöffnung vor, werden jedoch vom Verteidiger lieber zu Freibauern befördert. In diesem Fall können sie dabei behilflich sein, dem schwarzen König ein Grab zu schaufeln.

Im nächsten Beispiel sehen wir ein Abspiel der Slawischen Verteidigung, das lange Zeit theoretisch umstritten war. In der Hauptpartie und den in den Anmerkungen erwähnten Partien erfüllen die Bauern alle möglichen Aufgaben.

Euwe – Landau
Wettkampf um die niederländische Meisterschaft (6. Partie), Amsterdam 1939

1 d4 d5 2 c4 c6 3 ♘f3 ♘f6 4 ♘c3 dxc4 5 a4 ♗f5 6 e3 e6 7 ♗xc4 ♗b4 8 0-0 ♘bd7 9 ♕b3 ♕b6 10 e4 ♗g6 (D)

11 ♗xe6 fxe6 12 a5!

Damit der Läufer nicht nach e7 zurückkehren kann.

12...♕xa5 13 ♕xe6+ ♔d8

Der König muss den Springer d7 decken, da er nach 13...♔f8 wegen 14 e5 ♖e8 15 ♕h3 verloren geht.

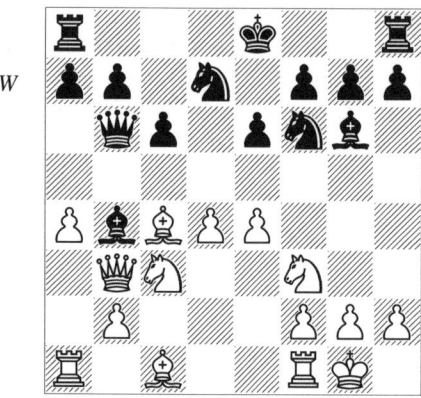

14 e5 ⟗e8

Schlechter ist der passive Rückzug 14...♘e8. Nach 15 ♗g5+ ♚c8 16 ♘a4 ♕c7 17 d5! ♚b8 18 d6 ersticken die vorgerückten Bauern die schwarze Stellung.

Die erste Partie, die das weiße Opfer eine Zeitlang in Zweifel zu ziehen schien, war Nowikow-Ehlvest, Tallinn 1986, in der Ehlvest 14...♘e4 *(D)* spielte.

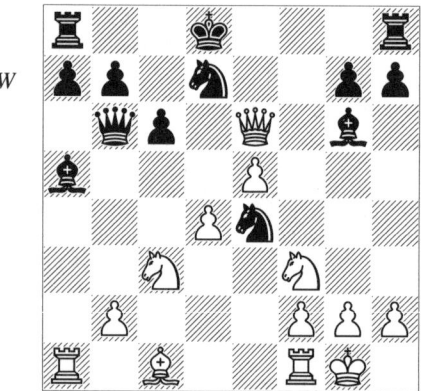

In der Partie folgte 15 ♘a4 ♕b5 16 ♘c5 ♘f8!, und nun spielte Nowikow nicht 17 ♖xa5 ♕xf1+ 18 ♔xf1 ♘xe6 19 ♘xe6+, wonach Weiß einen Bauern für die Qualität und eine ordentliche Stellung hat, sondern 17 ♕g4, wonach er bald eine ganze Figur ins Hintertreffen geriet. In der Partie folgte noch 17...♘xc5 18 dxc5 ♔e8 19 ♘d4 ♕xc5 20 ♗e3 ♕b4 21 f4 h5! 22 ♕f3 ♗b6 23 ♖ad1 ♖d8 24 ♘xc6? (24 f5!? bietet bessere Chancen) 24...bxc6 25 ♕xc6+ ♔e7 26 ♖xd8 ♗xe3+ 27 ♔h1 ♔xd8 28 ♖d1+ ♗d4 0-1.

Später spielte Weiß in der Partie Strauss-Lakdawala, USA 1992, mit 15 ♘xe4! ♗xe4 16 ♕f7 auf dem Königsflügel und gewann schnell seine Figur zurück: 16...♖f8 (16...♗g6 erlaubt 17 ♕xg7 ♖e8 18 ♗g5+ ♔c8 19 ♘h4 mit Gewinn eines weiteren Bauern, wonach Weiß drei gefährliche Bauern für die Figur besitzt) 17 ♕xg7 ♗d5 (17...♗b4 führt wegen 18 ♗g5+ ♔c8 19 e6 ♕c7 20 ♗e7! zu Materialverlust) 18 e6! (unter Ausnutzung der offenen fünften Reihe wird die Figur zurückerobert) 18...♗xe6 19 ♕g5+ ♔c8 20 ♖xa5, und Weiß gewann.

Landau scheint also doch den besten Zug gewählt zu haben.

15 ♕h3 ♗xc3

Interessant ist die Alternative 15...♘g8. Nach 16 ♗g5+ scheitert 16...♔c7 an der wunderschönen Gewinnführung 17 ♘d5+!! cxd5 18 ♖fc1+ ♔b8 19 e6!, aber 16...♘e7 ist eine härtere Nuss. In *Mega Database 2001* gibt Kasparow 17 d5! ♗xc3 18 d6 ♗xb2 (in Podkriznik-Crepan, Griže 1996, verlor Schwarz schnell mit 18...♗b4 19 ♖ad1 ♘c5 20 ♗xe7+ ♖xe7 21 ♕h4 ♔c8 22 dxe7 ♔c7 23 ♖d8 ♖c8 24 ♕d4 ♔b8 25 ♖d1 ♘d3 26 ♕xd3! 1-0) 19 ♖ad1 als gut für Weiß. Nach 19...♔c8 20 ♗xe7 ♕c5 21 e6 ♕f5 22 exd7+ ♖xd7 23 ♕g3 hat Schwarz einen Bauern mehr, steht aber äußerst gedrückt. Andererseits kann er sich vielleicht mit seinen Freibauern einige praktische Chancen verschaffen.

16 exf6 *(D)*

16...♗b4

In der Partie Gawrikow-Dorfman, Meisterschaft der UdSSR, Frunse 1981, fraß Schwarz den b-Bauern mit 16...♗xb2 17 ♗xb2 ♕xb2, und nach 18 fxg7 folgte in der Partie 18...♕b4? 19 ♘g5 ♕d6 20 ♖ae1 ♔c7 21 ♘e6+ ♔b8 22 f4 (verpasst die beiden schnelleren Gewinnmöglichkeiten 22 ♘f8 und 22 ♘c5!) 22...♘f6 23 f5 ♗f7 24 ♕h4 ♘g8 25 ♘g5 ♖xe1 26 ♖xe1 ♕d7 27 ♘xf7 a5 28 ♘e5 ♕d6 29 f6 1-0. In *The Slav* weist Graham Burgess darauf hin, dass Schwarz besser mit 18...♕b3 das Umwandlungsfeld decken und die schlimmsten Gefahren bannen sollte. Nach Kasparows 19 d5! ♕xd5 20 ♖ad1 ♕f5 21 ♕h4+ verebbt die Partie gemäß Burgess' Analyse nach 21...♔c8! (Kasparow gibt nur 21...♔c7 gefolgt von einer für Weiß gewinnenden Variante mit dem Anfangszug 22 ♕g3+) 22 ♖fe1 ♖xe1+ 23 ♖xe1 ♗f7 24 ♕g3 (24 ♕g5 gewinnt die Figur zurück, entlässt aber den schwarzen König aus der Gefahr) 24...b6 25 g8♕+ mit ungefährem Ausgleich.

17 fxg7

Mit nur zwei Bauern für die Figur und zersplitterten Kräften sieht die Stellung nicht sehr verheißungsvoll für Weiß aus, aber in Wirklichkeit steht er aufgrund seines Freibauern auf g7 und der unbequemen Lage des schwarzen Königs auf Gewinn.

17...♗d6 18 ♘e5! ♗xe5 *(D)*

18...♘xe5 verliert auch: 19 dxe5 ♗xe5 20 ♖d1+ ♗d4 (oder 20...♔e7 21 ♖d7+ ♔f6 22 g8♘+! ♖xg8 23 ♕h4+ ♔e6 24 ♕e7+ ♔f5 25 g4+ mit schnellem Matt) 21 ♕h4+ ♔c7 22 ♕f4+ ♗e5 23 g8♕! ♗xf4 24 ♕g7+ ♔c8 25 ♕d7+ und Matt.

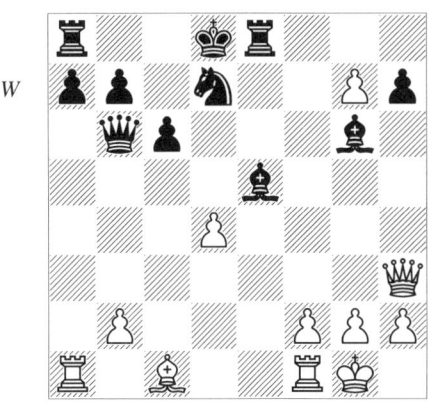

Die taktischen Wendungen bieten ein schönes Gesamtbild.

19 dxe5 ♗f7?

Besser ist 19...♘xe5, obgleich Weiß mit 20 ♗g5+ ♔c7 21 ♗f4 ♕xb2 22 ♖ae1 nebst ♕g3 bei anhaltendem Angriff die Figur zurückgewinnt. Jetzt gewinnt Weiß die geopferte Figur zurück und widmet sich dem schwarzen König.

20 ♖d1 ♗d5 21 e6 ♘f6

21...♗xe6 verliert wegen der Antwort 22 ♕xe6 und 21...♘e5 wegen 22 ♕xh7.

22 ♗g5 ♗e7 23 ♕c3 1-0

Nach 23...♗xe6 24 ♕xf6+ ♔d7 25 ♕f7+ fällt auch noch der Turm.

Das nächste Beispiel liefert eine weitere Illustration der Kraft, die die Bauern des Angreifers entfalten können. Weiß gewinnt einen dritten Bauern für die Figur und rückt dann einen Bauern so weit vor, dass er die Figur zurückgewinnt und Materialvorteil behält.

Hodgson – Lodhi
'Chess for Peace', London 1987

1 d4 ♘f6 2 ♗g5 e6 3 e4 h6 4 ♗xf6 ♕xf6 5 ♘f3 d5 6 e5 ♕d8 7 c4 dxc4 8 ♗xc4 ♘d7 9 ♘c3 ♘b6 10 ♗b3 ♗d7 11 0-0 ♗c6 12 ♖c1 ♗e7 13 ♕d3 ♗xf3 14 ♕xf3 c6 15 ♕g4 g6? *(D)*

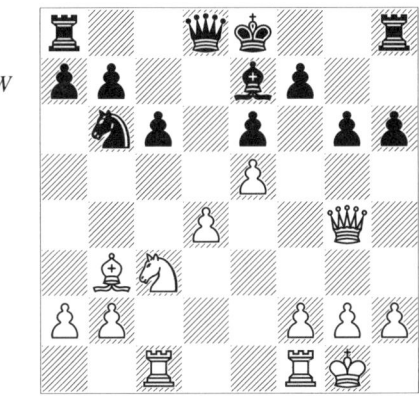

Schwarz will nicht in einen Angriff hineinrochieren, aber das Heilmittel ist schlimmer als die Krankheit. Aufgrund der Postierung der schwarzen Bauernkette auf e6, f7, g6 und h6 kann Weiß drei Bauern für den Läufer einheimsen. Er opfert also überhaupt nichts und wird mit seinem f- und e-Bauern jeden Widerstand hinwegfegen.

16 ♗xe6 fxe6 17 ♕xe6 ♔f8 18 ♕xg6 ♕e8

Nach dem Schlagen des d-Bauern können sich die weißen Figuren in den Angriff einschalten: 18...♖xd4 19 ♘e4! ♕d5 (19...♕xe5 verliert wegen 20 ♖c3! ♕f4 21 ♔h1!, wonach ♖f3 nicht zu verhindern ist) 20 ♕f5+ ♔g7 21 ♖cd1! ♕b6 (21...♕xb2 22 ♖b1 lässt den Turm über die b-Linie eindringen) 22 ♕g4+ ♔h7 23 ♕e6!. Weiß droht unter anderem 24 ♕f7#, 24 ♖xd5 cxd5 25 ♕xe7+ mit zwei Bauern für die Figur bei starkem Angriff und 24 ♖d3 mit der Folge ♖h3 oder ♖g3 je nach der schwarzen Antwort.

Nach dem Partiezug kann Weiß die Sache seinen Bauern überlassen.

19 ♕e4 ♖d8 20 f4

Es geht los. Schwarz muss sich schon auf Verzweiflungsmaßnahmen verlegen.

20...♖g8 21 f5 ♗g5 22 ♖cd1 ♘c4 23 f6 ♕e6 24 d5 cxd5 25 ♘xd5 ♘d2 26 ♕b4+ ♔f7 27 ♕e7+ ♖xe7 28 fxe7+ ♘xf1 29 exd8S+ ♖xd8 30 ♔xf1 ♗e6 31 ♘f4+ ♔xe5 32 ♖xd8 ♗xd8 33 ♘d3+

...und Weiß gewann das Endspiel mit seinem Mehrbauern.

In unserem letzten Beispiel kehren wir zum Spiel mit der durch Figuren unterstützten Dame zurück. Der Anziehende bereitet das Opfer mit einem Qualitätsangebot vor. Er ist dazu bereit, einen ganzen Turm ins Geschäft zu stecken, da er eine Fortsetzung gesehen hat, mit der er das geopferte Material mit Zinsen zurückgewinnt.

Romanischin – Baburin
Linares Open 1996

1 d4 d5 2 c4 dxc4 3 ♘f3 a6 4 e3 c5 5 ♗xc4 e6 6 0-0 ♘f6 7 ♗b3 ♘bd7 8 e4 ♘xe4 9 ♖e1 ♘df6 10 ♗c2 ♕d5 11 ♕e2 ♘d6 12 ♘c3 ♕c6 13 ♗f4 cxd4 14 ♘xd4 ♕c5 15 ♖ad1 ♗d7 16 ♗b3 ♕h5 17 ♘f3 ♘f5 *(D)*

Um das Opfer möglich zu machen, muss der Läufer d7 beseitigt werden.

18 ♖xd7! ♘xd7

18...♔xd7 erlaubt die Variante 19 ♗xe6+ ♔d8 (oder 19...fxe6 20 ♕xe6+ ♔d8 21 ♕b6+ ♔c8 22 ♕c7#) 20 ♕d3+ ♘d6 21 ♗xd6 mit Materialgewinn.

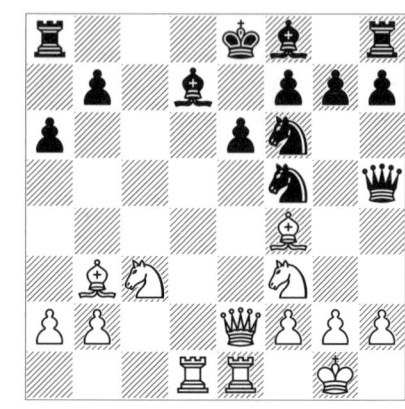

19 ♗xe6 fxe6 20 ♕xe6+ ♗e7

20...♘e7 verliert wegen 21 ♘d5 ♕g6 22 ♘c7+ den Turm sofort zurück.

Jetzt scheint Weiß jedoch gegen 21...♕f7 mit Neutralisierung des Angriffs nichts unternehmen zu können...

21 ♘d4!

...außer diesem Zug. Jetzt wird 21...♘xd4 mit 22 ♕xe7# beantwortet, während 21...♕f7 wegen 22 ♘xf5 verliert.

21...♘c5 22 ♕xf5 ♕xf5 23 ♘xf5 ♔f7

Nach 23...0-0 24 ♘xe7+ gewinnt der Anziehende leicht. Schwarz unternimmt ein Abenteuer, das mit Matt enden wird.

24 ♖xe7+ ♔f6 25 g4 ♖ad8 1-0

Weiß setzt in zwei Zügen matt: 26 ♗e5+ ♔g5 27 ♖xg7#.

Übungen

Übung 7

Warum ist diese Stellung günstig für das Läuferopfer auf e6? Was folgt nach **10 ♗xe6 fxe6 11 ♘xe6 ♕c8 12 ♘xg7+ ♔f7 13 ♘f5 b4**?

Übung 8

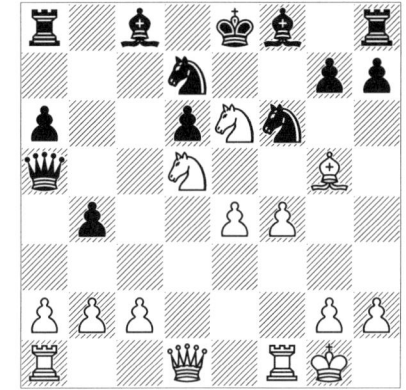

Schwarz ist am Zug. Was sollte er tun?

Übung 9

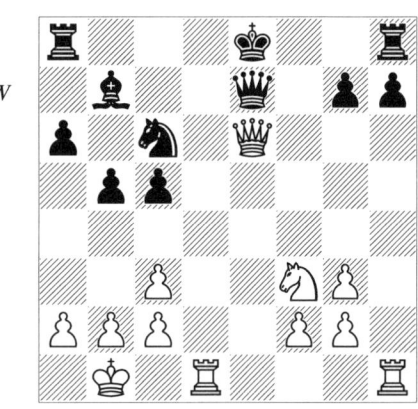

Die weiße Dame muss ein gutes Rückzugsfeld finden. Wo geht sie hin und warum?

5 Treibjagd auf den König im Zentrum: Springeropfer auf e6

Springeropfer auf e6 haben mit Läuferopfern auf dem gleichen Feld vieles gemeinsam. Sie ergeben sich aus den gleichen Bauernformationen, sie zielen auf die Festhaltung des gegnerischen Königs in der Mitte ab, und außerdem können sie dazu führen, dass die andere Leichtfigurenart sich auf dem Feld e6 häuslich einrichtet.

In der Praxis sieht die Sache aber etwas anders aus. Erstens ist nach dem Schlagen des Springers durch den Verteidiger nicht ♗xe6 die häufigste Fortsetzung, sondern ein Damenzug. Das Zurückschlagen mit der Dame ist sowohl am populärsten als auch mit einer Punktausbeute von 60% in den Partien in meiner Datenbank am erfolgreichsten. Das Opfer kann auch zur Ausnutzung einer Schwäche auf der Diagonale h5-e8 dienen, wobei häufig Damenschachs auf h5 und g6 folgen.

Die Popularität und Stärke eines Folgezugs mit der Dame unterstreicht die Feststellung aus einem früheren Kapitel, dass die Erfolgsaussichten des Opfernden im Allgemeinen steigen, wenn sich die Dame am Angriff beteiligen kann.

Die Dame schlägt auf e6 zurück

Es gibt Ähnlichkeiten zwischen den hier angewandten Methoden und dem Zurückschlagen der Dame auf e6 nach dem Läuferopfer auf diesem Feld. Im Allgemeinen ist der Angriff einfacher zu spielen, insbesondere wenn der Opfernde noch seinen weißfeldrigen Läufer besitzt (der ja im Gegensatz dazu bei der ♗xe6-Idee geopfert wird) und ihn zur Verstärkung seines Angriffs verwendet.

Von den drei hauptsächlichen Bauernformationen, die das Opfer erlauben, ist die Caro-Kann-Formation für den Angreifer am günstigsten. Das liegt an der offenen e-Linie, auf der der Angreifer den gegnerischen König häufig früh ins Grab bringt oder eine unglücklicherweise in die Quere geratene Figur umzingelt und schlägt.

Piket – Pelletier
Zürich 2001

1 d4 d5 2 c4 c6 3 ♘c3 ♘f6 4 e3 e6 5 ♘f3 ♘bd7 6 ♗d3 dxc4 7 ♗xc4 b5 8 ♗d3 ♗b7 9 e4 b4 10 ♘a4 c5 11 e5 ♘d5 12 0-0 cxd4 13 ♘xd4 ♘xe5 14 ♗b5+ ♘d7 15 ♕h5 g6 16 ♕e2 a6 (D)

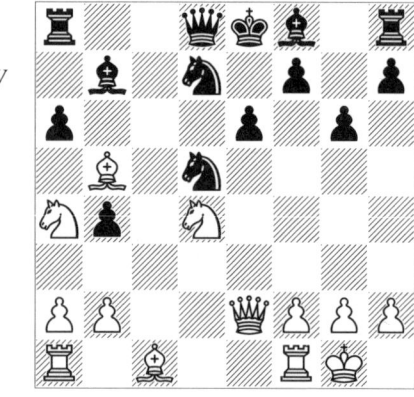

Durch das Opfer seines e-Bauern hat Weiß die Formation von Damengambit zu Caro-Kann geändert (gemäß der Definition im vorhergehenden Kapitel).

17 ♘xe6 fxe6 18 ♕xe6+ ♘e7

Dieser Springer gerät unter schwerem Druck. Das Dazwischenstellen des Läufers ist jedoch noch schlechter, da nach 18...♗e7 19 ♘c5 axb5 20 ♘xb7 ♕b6 (20...♕b8 verläuft ähnlich) der ihn unterstützende Springer mit 21 ♕xd5 beseitigt wird und der Läufer e7 unter tödliches Feuer kommt, nachdem Schwarz den gefangenen weißen Springer auf b7 einkassiert hat; z. B. 21...♖b8 22 ♖e1, und nun:

a) 22...♕xb7 verliert wegen 23 ♕d6 ♘b6 24 ♖xe7+ ♕xe7 25 ♕xb8+ den Damenturm, wonach der Anziehende mit zwei Mehrbauern verbleibt.

b) 22...♖xb7 verliert wegen 23 ♗g5 ♘c5 24 ♗xe7 ♖xe7 25 ♖xe7+ ♔xe7 26 ♕e5+ den Königsturm.

19 ♘c5 axb5 20 ♘xb7

Der weiße Angriff entfaltet sich mit einem zwingenden Zug nach dem anderen. Er endet jedoch, wie wir noch sehen werden, mit einigen ruhigen Zügen, die die völlige Hilflosigkeit des Verteidigers demonstrieren.

20...♕b6 21 ♘d6+ ♔d8 22 ♗e3 ♕a6 *(D)*

Jetzt nimmt Weiß nacheinander die beiden Springer aufs Korn.

23 ♖ad1 ♖g8 24 ♖fe1 g5

Der Nachziehende kann den Springer nicht mit 24...♖g7 verteidigen, da der Turm nach 25 ♗d4 wieder zurückgehen muss. Er versucht lieber mit dem Turm auf g6 sein Glück.

25 ♕f7 ♖g6

Wenn der schwarze König mit 25...♔c7 die Flucht ergreift, kann Weiß ihn mit 26 ♘e8+ ♖xe8 (26...♔c8 erlaubt 27 ♖xd7!) 27 ♕xe8 ♘f6 28 ♕d8+ verfolgen und gleichzeitig Material gewinnen. Nicht viel besser ist 25...♕c6 wegen 26 ♗b6+!, wonach 26...♕xb6 den Turm auf a8 ungedeckt lässt (und Weiß ihn mit 27 ♕e8+ erobern kann), wohingegen 26...♘xb6

die d-Linie öffnet (was nach 27 ♘f5+ zur Katastrophe auf e7 führt).

26 ♘e4! 1-0

Es gibt keine Verteidigung gegen die Doppeldrohung 27 ♕xf8+ mit Turmgewinn und 27 ♖xd7+ ♔xd7 28 ♘c5+ mit Damengewinn.

Im nächsten Beispiel scheint der Verteidiger den Angriff abgeschlagen zu haben, als er die Dame zu einem weiten Rückzug auf die erste Reihe zwingt und sogar selbst Matt droht. Weiß besitzt jedoch einen weißfeldrigen Läufer, der verhindert, dass der schwarze König sich in Sicherheit bringen kann. Schwarz ignoriert die Gelegenheit, ihn zu beseitigen, muss dies aber bald bereuen, als Weiß sich neu formiert und einen bedrohlichen Angriff entfaltet.

Stisis – Van der Wal
Groningen 1994

1 e4 c5 2 ♘f3 d6 3 d4 cxd4 4 ♘xd4 ♘f6 5 ♘c3 a6 6 ♗c4 e6 7 0-0 b5 8 ♗b3 b4 9 ♘a4 ♗b7 10 f3 ♘bd7 11 ♕e1 a5 12 ♗e3 d5 13 exd5 ♘xd5 14 ♗f2 ♕g5 *(D)*

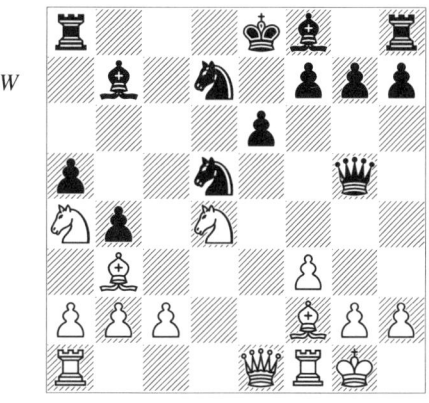

15 ♘xe6 fxe6 16 ♕xe6+ ♗e7 17 ♖ad1

Der natürliche Folgezug ist 17 ♖fe1, aber dann zwingt der Entwicklungszug 17...♖a6 die weiße Dame zum Rückzug.

Nach dem Partiezug kann der Nachziehende den Rückzug immer noch erzwingen, muss aber einen Schritt nach hinten gehen, da 17...♖a6 wegen 18 ♖xd5 ♖xe6 19 ♖xg5 ♗xg5 20 ♗xe6 verliert und 17...♘f4 sich wegen 18 ♕xd7+ verbietet.

17...♘f8 18 ♕e1 ♘f4

Nach dem defensiven 18...♖d8 kann Weiß mit 19 ♘c5 Fortschritte erzielen. Wenn Schwarz dann versucht, den natürlichen weißen Aufbau durch 19...♗a8 20 ♕e4 ♘c7 zu stören, folgt ein hübsches Finale. Weiß verfügt über den Hammer 21 ♘a6!!, der nach 21...♖xe4 22 ♘xc7#, 21...♘xa6 22 ♖xd8+ ♔xd8 23 ♕xa8+ oder 21...♘fe6 22 ♖xd8+ ♔xd8 23 ♖d1+ ♔e8 24 ♘xc7+ ♘xc7 25 ♕c4 mit tödlicher Doppeldrohung gewinnt.

Schwarz zieht es vor, die Möglichkeiten des Anziehenden durch aggressives Spiel zu beschränken.

19 ♗g3 ♘8g6 *(D)*

Nach 19...♗a6?! 20 ♖f2 kann die weiße Dame das Feld f2 vorübergehend nicht betreten, aber der Läufer leistet auf a6 nichts Konstruktives, und der Turm kann nach d2 gehen, um den Druck zu verstärken.

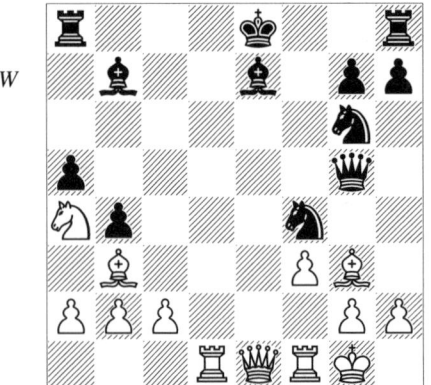

W

20 ♕f2 ♕b5?

Da die weiße Dame nun über b6 wieder in den Angriff eingreifen kann, fühlt sich Schwarz dazu verpflichtet, seine eigene Dame von ihrem schönen Posten abzuziehen. Dabei verpasst er jedoch die Chance, sich mit 20...♗d5 den beherrschenden weißfeldrigen Läufer des Anziehenden vom Hals zu schaffen. Weiß kann nicht mit 21 ♘b6? antworten, da dann 21...♗xb3 22 ♘xa8 ♗c5 Material gewinnt.

Schwarz wird schon bald bedauern, dass er den Läufer am Leben gelassen hat.

21 ♖fe1 ♖d8?

Jetzt ist es für 21...♗d5 schon zu spät, da der Anziehende über die clevere Erwiderung 22 c4! verfügt, mit der er die neue Stellung der Dame ausnutzt, da nun 22...bxc3 wegen 23 ♘xc3 mit Aufgabelung von Dame und Läufer verliert. Derweil verliert 22....♗xc4 23 ♗xc4 ♕xc4 wegen 24 ♘b6 ♕c6 25 ♗xf4, wonach 25...♘xf4 26 ♘xa8 ♕xa8 27 ♖xe7+! ♔xe7 28 ♕h4+ Weiß Materialvorteil und starken Angriff gibt.

Schwarz versucht, den weißen Druck auf den offenen Zentrallinien abzuschwächen, läuft aber in eine hübsche kleine Kombination, die auf der exponierten Lage der schwarzen Figuren beruht.

22 ♖xd8+ ♔xd8 23 ♗xf4 ♘xf4 24 ♕d4+ ♘d5 25 ♖xe7! ♔xe7 26 ♕xg7+ ♔d6 27 ♕xh8 ♕e2 28 ♕d8+ ♔e6 29 ♕e8+ 1-0

In der Damengambit-Formation muss der Opfernde darauf achten, dass seine Dame nicht verjagt wird, da es hier keine offene e-Linie als Rückzugsweg gibt. Andererseits kann er vielleicht auf subtilere Art aus der e-Linie Profit schlagen, wenn sein e-Bauer schon weit vorgerückt ist, wie im nächsten Beispiel.

Darga – Iskov
Esbjerg 1980

1 d4 d5 2 c4 e6 3 ♘c3 c6 4 ♘f3 ♘f6 5 e3 ♘bd7 6 ♗d3 dxc4 7 ♗xc4 b5 8 ♗d3 ♗b7 9 e4 b4 10 ♘a4 c5 11 e5 ♘d5 12 0-0 cxd4 13 ♖e1 g6 14 ♘xd4 a6 15 ♕g4 ♕a5 16 b3 ♗g7 *(D)*

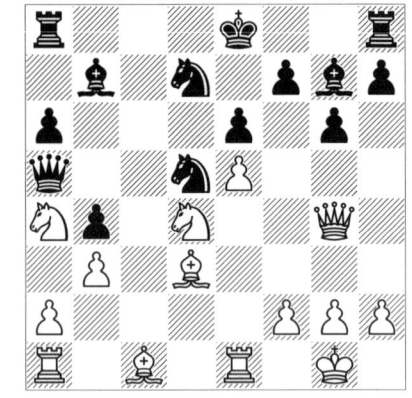

W

Bei der Läuferstellung auf g7 wird der König durch das kommende Opfer fürchterlich entblößt.

17 ♘xe6 fxe6 18 ♕xe6+ ♘e7

Schwarz wirft seinen Springer dazwischen, öffnet damit aber die Diagonale von c4 nach f7 für den weißen Läufer.

Stattdessen verliert 18...♔d8 wegen 19 ♗g5+ ♔c8 20 ♗e4, wonach Schwarz Material einbüßen muss:

a) Nach 20...♘b6 ist der einfachste Gewinnweg für Weiß 21 ♘xb6+ ♕xb6 22 ♖ac1+ mit der erzwungenen Folge 22...♔b8 23 ♕xd7.

b) Auf 20...♗xe5 erwidert Weiß 21 ♖ac1+ ♗c3 22 ♖ed1, wonach Schwarz an den zahlreichen Fesselungen zugrunde geht.

19 ♗g5 ♗f8

19...♕d8 engt den schwarzen König ein, und nach 20 ♗c4 ♖f8 21 ♖ad1 ♗c8 22 ♘c5! gibt es keine gute Verteidigung gegen die Drohung ♘e4 nebst ♘d6#.

20 ♗c4 ♗d5

Schwarz muss den Läufer beseitigen, aber nun kann Weiß den Turm e1 wirkungsvoll in Szene setzen.

21 ♗xd5 ♕xd5 22 ♕d6! ♕b5 (D)

Weiß drohte mit dem Rückgewinn der Figur durch 23 ♗xe7 mit Beseitigung der Deckung der Dame, aber auch nach 22...♕xd6 23 exd6 geht der Springer wegen der Fesselung auf der e-Linie verloren.

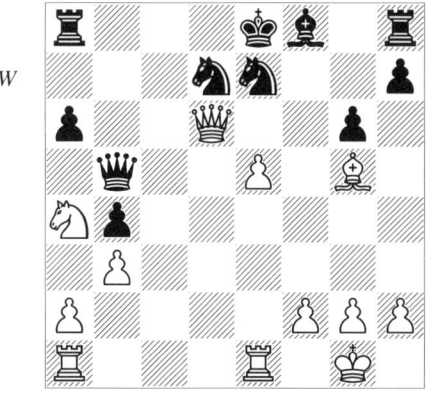

23 e6 ♖d8

Der Nachziehende muss die Figur zurückgeben, da Weiß nach 23...♘b8 den Druck auf der d-Linie verstärken kann: 24 ♖ad1 ♕a5, und am einfachsten ist nun 25 ♘b6, wonach Schwarz seine Dame geben muss, damit er nicht auf d8 matt gesetzt wird.

24 exd7+ ♖xd7 25 ♕f6 ♖g8 26 ♖ac1 ♕b7 27 ♘c5 1-0

Das nächste Beispiel stammt aus einem Sizilianer, in dem Weiß f4 und e5 gespielt hat, wonach er mit der dabei entstandenen offenen f-Linie über eine zusätzliche Einfallstraße in die schwarze Stellung verfügt.

Nisipeanu – Maksimenko
Ukraine 1997

1 d4 e6 2 ♘f3 c5 3 e4 cxd4 4 ♘xd4 a6 5 ♘c3 d6 6 ♗e2 ♘f6 7 f4 ♕c7 8 0-0 ♗e7 9 ♗e3 b5 10 ♗f3 ♗b7 11 e5 dxe5 12 ♗xb7 ♕xb7 13 fxe5 ♘fd7 14 ♕g4 g6 (D)

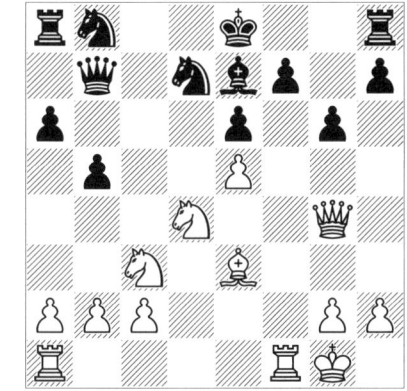

15 ♘xe6 fxe6 16 ♕xe6 ♕c6

Schwarz fällt es sehr schwer, seine Entwicklung zu vollenden, da Weiß nach 16...♘c6 17 ♘d5 ♔d8 18 ♖ad1 ♖e8 19 ♘b6 durchbricht.

In Kontić-Andruet, Val Maubuée 1990, spielte Schwarz stattdessen 16...♔d8 mit der weiteren Folge 17 ♘d5 ♖e8 18 ♘xe7 ♖xe7 19 ♗g5 ♕b6+ 20 ♕xb6+ ♘xb6 21 ♖f7 ♘c6 22 ♗xe7+ ♘xe7 23 ♖d1+ ♔e8 24 ♖xh7 ♖c8 25 e6 1-0. Schwarz gab auf, da er mindestens eine Figur hergeben muss, um das Matt zu vermeiden: 25...♖f8 (oder 25...♘g8 26 ♖dd7! ♖xc2 27 ♖dg7 ♔f8 28 ♖f7+ ♔e8 29 ♖h8 nebst Matt) 26 ♖f1+ ♘f5 27 g4.

17 ♕f7+ ♔d8 18 ♘d5 ♗c5 19 e6 ♗xe3+ 20 ♘xe3 ♕c5 (D)

Nach 20...♖e8 21 exd7 ♖xe3 braucht der Anziehende nicht länger auf Materialgewinn auszugehen, da er mit 22 ♕f8+ ♔xd7 23 ♖f7+

zum fröhlichen Matttreiben auf den König blasen kann.

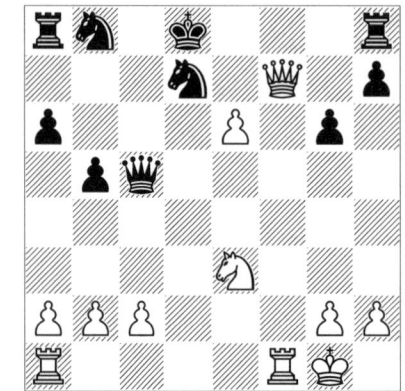

W

21 exd7!
Nach 21 &Xad1?! &Wxe3+ 22 &Kh1 &Kc7! 23 &Xxd7+ &Nxd7 24 &Wxd7+ &Kb8! hat Weiß nichts Besseres als Dauerschach. In der Partie Rohl-Leyva, Cienfuegos 1997, geschah stattdessen 21 &Xae1 &Xe8 22 exd7 &Nxd7, wonach Weiß sich mit der Verwertung seines Mehrbauern schwer tat. Mit seiner Neuerung löst Nisipeanu das Problem, indem er Schwarz dazu zwingt, den Freibauern zu schlagen, bevor er sich mit seinem untätigen Turm auf ein bestimmtes Feld festlegt.

21...&Wxe3+ 22 &Kh1 &Nxd7
Dies ist erzwungen, da 22...&Kc7 wegen 23 d8&W+! &Kxd8 verliert, wonach Weiß die angenehme Wahl zwischen 24 &Wf6+ und 24 &Wb7 hat. Unterdessen überlässt 22...&We7 die Wahl zwischen zwei hübschen Damenmanövern: 23 &Wf3 &Xa7 24 &Wc3 mit Angriff auf den Turm h8 und der Drohung &Wc8# und 23 &Wd5 &Xa7 24 &Wd4 mit Aufgabelung der Türme.

23 &Xad1 &We8
Im *Informator* widerlegt Nisipeanu die drei anderen Verteidigungsversuche:
a) 23...&We7 erlaubt 24 &Wd5 &Xa7 25 &Wd4 mit Aufgabelung der Türme.
b) 23...&Xa7 verliert wegen 24 &Wf6+.
c) 23...&Xa7 24 &Wf6+ &Kc7 25 &Wd6+ &Kc8 26 &Wc6+ &Kd8 27 &Xf7 führt zum Matt.

24 &Wf6+ &Kc7 25 &Wd6+ &Kb7 26 &Xfe1! &Wc8 27 &Xe7 &Xd8 28 &We6 &Kc7 29 &Xd6 1-0
Der Springer ist umzingelt. Die Dame kann sich nicht selbst retten und gleichzeitig den Springer decken.

Das Zurückschlagen mit der Dame kommt in Sizilianisch-Formationen sehr selten vor, wenn die schwarzen Bauern noch auf e6 und d6 stehen, was hauptsächlich daran liegt, dass die Dame im Sizilianer nur selten auf der richtigen Diagonale steht. Es kommt vor, wenn Weiß e5 gespielt hat und auf ...dxe5 nicht mit fxe5 antwortet, sondern mit &Nxe6 reagiert. Es gibt eine derartige Position, die in meiner Datenbank über hundertmal vorkommt. Dabei handelt es sich um eine hochtheoretische Stellung, über die mehr als vierzig Jahre lang gestritten worden ist. Ich möchte mir hier kein Urteil über eine einst so kontroverse Stellung erlauben, aber es ist interessant, sich die verschiedenen Fortsetzungen des Weißen nach dem Opfer anzusehen.

Van der Wiel – Kasparow
Euwe-Memorial, Amsterdam 1991

1 e4 c5 2 &Nf3 d6 3 d4 cxd4 4 &Nxd4 &Nf6 5 &Nc3 a6 6 &Bg5 e6 7 f4 &Wc7 8 &Wf3 &Nbd7 9 0-0-0 b5 10 e5 &Bb7 11 &Wh3 dxe5 *(D)*

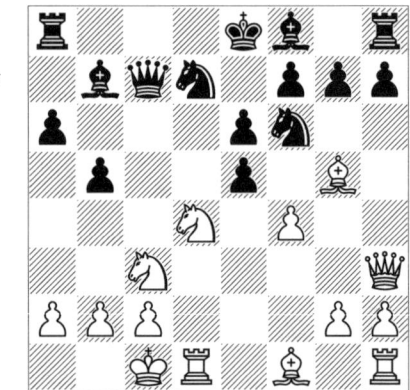

W

In den 105 Partien mit dieser Stellung in meiner Datenbank hat Weiß eine Punktausbeute von 48% erzielt, aber das Opfer übt immer noch eine besondere Anziehungskraft auf mutigere (oder tollkühnere) Spieler aus. In der vorliegenden Partie habe ich den Verdacht, dass Van der Wiel es als Remisvariante gegen den großen Kasparow anwandte.

12 &Nxe6 fxe6 13 &Wxe6+ &Be7 14 &Bxf6
Weiß kann durch ein weiteres Figurenopfer auf b5 seine Türme verbinden und eine weitere Leichtfigur in den Angriff einschalten. Die

offenen Linien am Damenflügel können jedoch den weißen König in ebenso große Gefahr bringen wie seinen schwarzen Gegenspieler.

So wurde beispielsweise in Van Rijn-Peng Zhaoqin, Dieren 1996, der verbliebene Springer mit 14 ♘xb5 axb5 15 ♗xb5 geopfert, aber Schwarz konnte mit einem Gegenopfer dem weißen König zu Leibe rücken und siegte nach 15...♗e4! 16 ♗xd7+ (nicht gut, da jetzt der Läufer e7 entfesselt wird; besser ist 16 c3) 16...♔f8 17 ♖d2 ♗b4! 18 c3 ♗xc3! 19 bxc3 ♕xc3+ 20 ♔d1 ♕a1+ 21 ♔e2 ♕xh1 22 ♗xf6 ♕xg2+ 23 ♔e1 ♕g1+ 24 ♔e2 ♕xh2+ 25 ♔e1 ♕g1+ 26 ♔e2 ♗f3+ 27 ♔d3 ♕g6+ 0-1.

Nach dem alternativen Figurenopfer 14 ♗xb5 folgte in einigen Partien 14...axb5 15 ♘xb5 ♕c6 16 ♘d6+ ♔d8 17 fxe5 ♘c7 mit zwei Hauptpointen: 18 ♕xe7 ♖xa2 19 exf6 ♖a1+ 20 ♔d2 ♕d5+ mit Dauerschach; 18 ♔b1 ♘d5 19 ♗xe7 ♖xa2! mit der Idee 20 ♔xa2? ♘b4+ 21 ♔a3 (oder 21 ♔b3 ♘c5+) 21...♖a8+! 22 ♔xb4 ♖a4+ 23 ♔b3 ♘c5+ mit Damengewinn.

14...gxf6 15 ♗e2

In zahlreichen Partien ging es weiter mit 15 ♗xb5 axb5 16 ♘xb5 ♕c6 17 ♘d6+, und nun gibt Schwarz im Allgemeinen mit 17...♕xd6 18 ♖xd6 seine Dame her, wonach die schwarzen Figuren besser abgeschnitten haben als die weiße Dame.

15...h5 16 ♘d5

Der Nachziehende ist im Begriff, mit ...♘f8 die Dame zu vertreiben, wogegen sich dieser Zug richtet.

16...♗xd5 17 ♖xd5 *(D)*

Schlechter ist 17...♘f8, da der Springer nach 18 ♕f5 dem König das Feld f8 nimmt, so dass 19 ♗xh5+ eine kräftige Drohung darstellt.

18 ♕f5

Jetzt kann die Dame das Feld g6 nutzen. In den meisten Partien, die diese Stellung erreichten, hat dies nur zum Remis gereicht. Damit war Van der Wiel wahrscheinlich zufrieden.

18...♕c6 19 ♕g6+ ♔f8 20 ♖hd1 ♕e8

Das Abspiel 20...♘e6 21 ♗xh5 ♖xh5 22 ♕xh5 ♘xf4 23 ♕h8+ ♔f7 24 ♕h7+ ♔e6 25 ♖5d2 ist für den Anziehenden dank der Beherrschung der d-Linie annehmbar.

21 ♕f5 ♕c8

Schwarz muss den Weißen an fxe5 hindern, aber wenn er selbst 21...exf4? spielt, kann Weiß mit 22 ♖xc5 ♗xc5 23 ♕xf6+ ♔g8 24 ♕g5+! ♔f8 25 ♕xc5+ das geopferte Material zurückgewinnen und die Initiative behalten.

22 ♕g6 ♕e6 23 ♗xh5 ♕g8 *(D)*

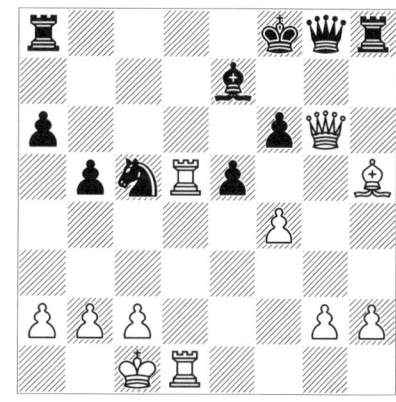

Kasparow versucht mit allen Mitteln, einer Zugwiederholung aus dem Wege zu gehen, aber nun forciert Van der Wiel auf attraktive Art und Weise die Punkteteilung.

24 ♖d8+! ♖xd8 ½-½

Nach 25 ♖xd8+ ♗xd8 26 ♕e8+ ♔g7 27 ♕g6+ gibt Weiß Dauerschach.

Die Dame gibt auf h5 Schach

Mit dem Zurückschlagen der Dame auf e6 soll der gegnerische König auf e8 festgenagelt und

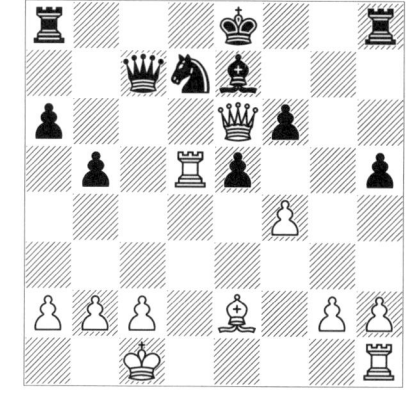

17...♘c5

über die Zentrallinien durchgebrochen werden. Im Gegensatz dazu soll mit dem Damenschach auf h5 der König auf Wanderschaft gezwungen werden, wobei das Unheil oft über die Diagonalen kommt. Wenn der König nach e7 geht, was häufig der Fall ist, kann Weiß ihn aufs Korn nehmen, indem er seinen schwarzfeldrigen Läufer auf eine der beiden nach e7 führenden Diagonalen zieht. Es folgt eine ziemlich häufig vorkommende kleine Kombination, bei der der Läufer über das Feld g5 kommt.

Jakowitsch – G. Georgadse
Jerewan Open 1996

1 d4 d5 2 c4 c6 3 ♘c3 ♘f6 4 e3 e6 5 ♘f3 ♘bd7 6 ♗d3 dxc4 7 ♗xc4 b5 8 ♗d3 ♗b7 9 e4 b4 10 ♘a4 c5 11 e5 ♘d5 12 0-0 a6 13 ♘g5 cxd4 *(D)*

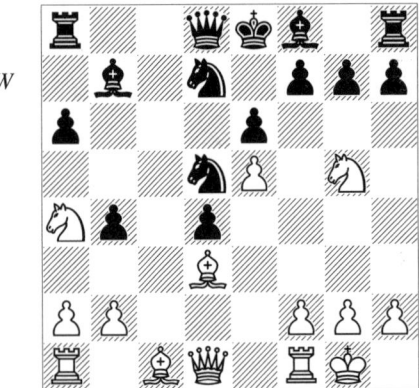

14 ♘xe6 fxe6 15 ♕h5+ ♔e7

Mit schwarzen Bauern auf h7 und g7 funktioniert das Damenschach nur dann, wenn eine andere Figur im Fall des Dazwischenziehens mit ...g6 dort schlagen kann. Diese Funktion erfüllt hier der Läufer d3: nach 15...g6 16 ♗xg6+ hxg6 17 ♕xg6+ ♔e7 18 ♗g5+ ♘5f6 (Schwarz kann Damenverlust vermeiden, verliert aber einen Turm) 19 ♗xf6+ ♘xf6 20 ♕xf6+ gewinnt Weiß Material.

Daher muss der König ziehen, aber nun gewinnt das Läuferschach auf g5 die Figur zurück, wonach der schwarze König miserabel steht. In der vorliegenden Partie forciert Weiß den Gewinn auf sehr elegante Art.

16 ♗g5+ ♘5f6 17 ♖fe1! ♕e8 18 exf6+ gxf6 *(D)*

Schwarz verliert ebenso nach 18...♘xf6 19 ♗xf6+! gxf6 (nach 19...♔xf6 20 ♕e5+ ♔f7 21 ♗c4 ♖c8 22 ♘b6 bricht Weiß auf e6 durch) 20 ♖xe6+! ♔xe6 21 ♖e1+ ♔d7 22 ♗f5+, da der König fatalerweise von der Dame getrennt wird.

19 ♖xe6+! ♔xe6 20 ♕g4+ ♔d6

Nach 20...♔f7 21 ♗c4+ wird der König zurück ins Freie getrieben. Die Aufgabe der Dame mit 20...♔e7 21 ♖e1+ ♔d8 22 ♖xe8+ ♔xe8 trifft auf 23 ♘b6!, und wenn der schwarze Springer die Verteidigung des f-Bauern aufgibt, fängt Weiß mit ♗xf6 den Turm h8.

Der König flüchtet zum Damenflügel und wird schließlich auf a8 zur Strecke gebracht.

21 ♕xd4+ ♔c7 22 ♖c1+ ♔b8 23 ♗f4+ ♘e5 24 ♘b6 ♖a7 25 ♘d7+ ♔a8 26 ♘b6+ ♔b8 27 ♘d7+ ♔a8 28 ♗e3 1-0

Ein schwarzer Bauer auf h6 schiebt der Möglichkeit einer Kombination auf der Basis von ♗g5+ einen Riegel vor, aber ein auf e7 gestrandeter König kann auch dann ziemliche Platzangst bekommen, wie das nächste Beispiel verdeutlicht.

Selin – Slawina
Suetin-Memorial, Tula 2002

1 d4 d5 2 c4 dxc4 3 ♘f3 a6 4 e3 ♘f6 5 ♗xc4 b5 6 ♗d3 ♗b7 7 0-0 e6 8 a4 b4 9 ♘bd2 c5 10 e4 cxd4 11 e5 ♘d5 12 ♘c4 h6 13 ♘xd4 ♘d7 *(D)*

14 ♘xe6 fxe6 15 ♕h5+ ♔e7

Das Opfer funktioniert am besten, wenn – wie hier – die Felder d7 und d8 von schwarzen

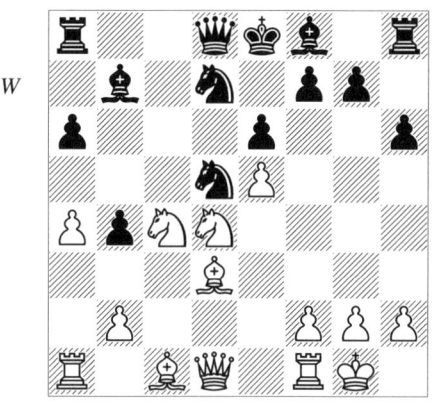

Figuren besetzt sind (oder von weißen Figuren kontrolliert werden, wie von einem Turm auf der offenen d-Linie), wodurch die unmittelbare Fluchtroute des Königs blockiert wird.

16 ♗g6

Die Dame wird vom Läufer abgelöst und droht nun ein Schachgebot auf h4, wonach der Nachziehende einen Springer aufgeben müsste. Daher verschafft sich Schwarz ein Fluchtfeld auf d7.

16...♘c5 17 ♘d6 ♕c7 18 ♗e3! ♘b3 *(D)*

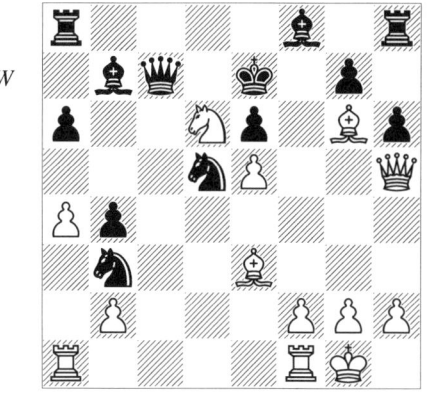

Weiß drohte sowohl 19 ♗xc5 als auch 19 ♖ac1. Schwarz kann nicht auf e3 tauschen, da die Öffnung der f-Linie verheerende Folgen nach sich ziehen würde. Schwarz pariert beide Drohungen, aber hier steht sein Springer ungedeckt, woraus der Anziehende umgehend Kapital schlägt.

19 ♗c2!

Auf 19...♘xa1 folgt jetzt 20 ♕f7+ ♔d8 21 ♕e8#, während 19...♕xc2 auf die Erwiderung 20 ♕f7+ ♔d8 21 ♘xb7+ ♔c8 22 ♕xe6+ ♔xb7 23 ♕xd5+ ♔b8 24 e6! mit überwältigendem Angriff trifft; z. B. 24...♘xa1 25 ♗f4+ ♔a7 26 ♕d7+ ♔b6 27 ♖xa1! a5 (sonst kommt 28 a5+ mit Matt oder Materialgewinn) 28 ♕b5+ ♔a7 29 ♗e3+ (oder auch zuerst 29 ♕xa5+), und Schwarz kann dem Matt nur durch Aufgabe seiner Dame entrinnen.

Daher musste Schwarz seinen Springer im Stich lassen:

19...♔d7 20 ♗xb3 ♗xd6 21 exd6 ♕xd6

Aufgrund der exponierten Lage seines Königs erlitt Schwarz bald weitere Materialverluste.

Nach dem Folgezug ♕h5+ ergeben sich gelegentlich zwei Muster, von denen das erste im nächsten Beispiel veranschaulicht wird. Wenn der Nachziehende auf ♕h5+ mit ...g6 antworten kann, so ergibt sich für Weiß vielleicht die Möglichkeit, mit ♕e5 den Turm h8 anzugreifen. Das dadurch gewonnene Tempo kann sich als sehr nützlich erweisen.

Kuijf – Shaked
Wijk aan Zee 1998

1 e4 c5 2 ♘e2 e6 3 ♘bc3 a6 4 g3 b5 5 ♗g2 ♗b7 6 0-0 b4 7 ♘a4 ♘f6 8 d3 d6 9 a3 a5 10 c3! ♘c6 11 d4 cxd4 12 cxd4 d5 13 exd5 ♘xd5 14 ♘f4 ♘ce7 15 ♘c5 ♗c6 *(D)*

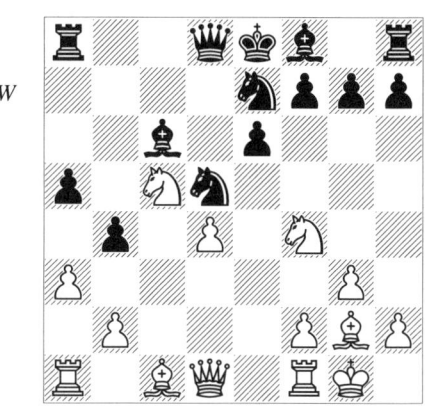

Es steht kein schwarzer Springer auf f6, und das Feld e5 ist von keiner schwarzen Figur gedeckt.

16 ♘fxe6 fxe6 17 ♕h5+ g6

17...♘g6 verliert wegen der typischen Springergabel-Kombination 18 ♘xe6 ♕d7 19 ♗xd5 ♗xd5 20 ♕xd5 ♕xd5 21 ♘c7+.

18 ♕e5

Dies funktioniert, da Schwarz auf f6 keine Figur dazwischenstellen kann (der Springer e7 steht im Weg) und der Turm infolge der Stellung des schwarzen Läufers auf f8 auf das exponierte Feld g8 gehen muss.

18...♖g8 19 ♗g5

Weiß erhöht den Druck. Gut ist auch das direktere 19 ♘xe6.

Jetzt gerät Schwarz in Panik und versucht den Läufer zu vertreiben, wobei er vielleicht den ruhigen 23. Zug von Weiß übersehen hat.

19...h6 20 ♗xe7 ♘xe7 (D)

Jedes Zurückschlagen verliert:
a) 20...♔xe7 21 ♕xe6#.
b) 20...♗xe7 21 ♕xe6 mit Gabelangriff auf Turm und Läufer.
c) 20...♘xe7 21 ♘xe6 ♕d6 22 ♗xd5 ♗xd5 23 ♘c7+, und Weiß gewinnt die Figur zurück.

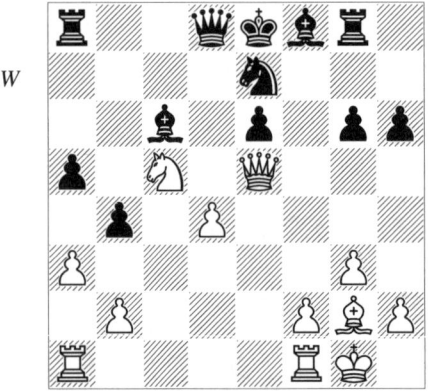

21 ♗xc6+ ♘xc6 22 ♕xe6+ ♘e7 23 ♘e4 1-0

Die Drohungen 24 ♘f6# und 24 ♘d6+ sind verhängnisvoll.

Das zweite Standardmuster ergibt sich, wenn der Verteidiger ...g5 gespielt hat, so dass er auf g6 keinen Bauern mehr dazwischenstellen kann. Es entsteht in einigen Abspielen der Französischen und Sizilianischen Verteidigung.

Ein berühmtes Springeropfer auf e6 mit folgendem Damenschach auf h5 kommt in der Göteborger Variante des Najdorf-Sizilianers vor. Die zugehörige Geschichte ist allseits bekannt.

Das Abspiel beginnt mit **1 e4 c5 2 ♘f3 d6 3 d4 cxd4 4 ♘xd4 ♘f6 5 ♘c3 a6 6 ♗g5 e6 7 f4 ♗e7 8 ♕f3 h6 9 ♗h4 g5 10 fxg5 ♘fd7** (D).

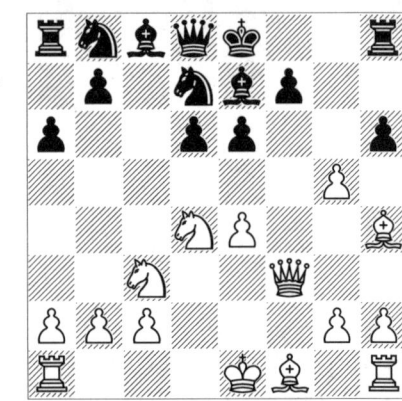

Mit dieser Variante sahen sich am selben Tag des Göteborger Interzonenturniers 1955 gleich drei sowjetische Großmeister konfrontiert, und alle trugen nach **11 ♘xe6 fxe6 12 ♕h5+ ♔f8 13 ♗b5** eindrucksvolle Siege davon. Bobby Fischer konnte nicht glauben, dass seine geliebte Najdorf-Variante so unsanft behandelt werden konnte, und wartete beim nächsten Interzonenturnier gegen Gligorić mit **13...♖h7** auf. Danach ist **14 0-0+ ♔g8 15 g6 ♖g7 16 ♖f7 ♗xh4 17 ♕xh6 ♖xf7 18 gxf7+ ♔xf7 19 ♕h7+** mit Remis durch Dauerschach in mehreren Partien vorgekommen. Das Abspiel wird auch heute noch diskutiert, aber Weiß hat keinen greifbaren Vorteil nachweisen können.

Es folgt ein Beispiel mit der Caro-Kann-Formation.

Kalegin – Pridoroschni
Russischer Pokal, Omsk/Perm 1998

1 e4 c5 2 ♘f3 e6 3 ♘c3 a6 4 g3 b5 5 ♗g2 ♗b7 6 d4 ♘f6 7 e5 cxd4 8 ♘e2 ♘e4 9 0-0 d5 10 exd6 ♘xd6 11 ♘exd4 ♗e7 12 ♘e5 ♗xg2 13 ♔xg2 ♗f6 14 ♗f4 g5 (D)

Weiß hat den Vorstoß ...g5 provoziert, da er vermutlich gesehen hatte, dass das kommende Opfer ihm gute praktische Chancen geben würde.

15 ♘xe6 fxe6 16 ♕h5+ ♔f8 17 ♖ad1 ♕e8

Der letzte weiße Zug drohte mit der Beseitigung des Springers d6, der das Matt auf f7

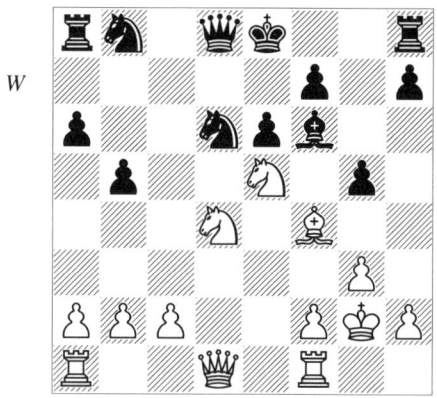

verhindert. Schwarz kann 17...gxf4 18 ♖xd6 spielen, aber nach 18...♕e8 19 ♕h6+ ♔e7 20 ♖fd1 wird sich Weiß mit ♖b6 gefolgt von ♖dd6 auf den schwachen Bauern e6 stürzen.

18 ♕h6+ ♗g7 19 ♕xg5 ♘e4

Nach 19...♘b7 20 ♖fe1 hat Schwarz große Schwierigkeiten, seine Springer ins Spiel zu bringen.

20 ♕g4 ♘f6 21 ♕f3 ♖a7 22 ♗g5 ♖f7!?

Schwarz trifft die realistische Entscheidung, seinen Turm gegen den dominierenden weißen Springer abzutauschen.

23 ♘xf7 ♔xf7 24 ♖fe1 ♕e7 25 ♖d4 ♖c8 26 ♗xf6 ♗xf6 27 ♖h4 ♔g8 28 ♖f4 ♔f7? (D)

Dies erlaubt 29 ♖xf6+, was Weiß aber erst im nächsten Zug bemerkt. Schwarz kann diesen Zug mit 28...♘d7 verhindern, aber dann hat Weiß aussichtsreichen Druck gegen den schwarzen e-Bauern und den exponierten König.

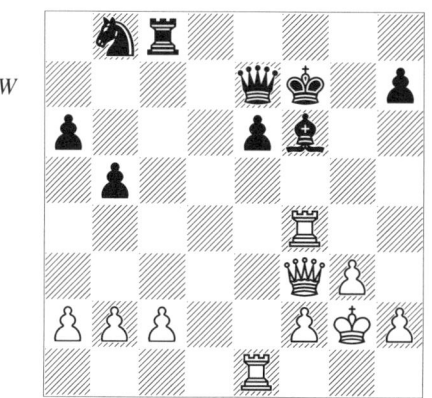

29 ♖e3? ♖c5? 30 ♖xf6+ ♕xf6 31 ♕b7+ ♕e7 32 ♕xb8 ♖xc2 33 ♖f3+

Beide Spieler scheinen sich in hoher Zeitnot zu befinden. Hier verpasste Weiß das entscheidende 33 ♕h8, aber selbst nach dem Partiezug konnte er aufgrund seines Mehrbauern und der offenen schwarzen Königsstellung bequem gewinnen.

Die Dame gibt auf g6 Schach

Das Damenschach auf g6 kommt vor, wenn auf h7 kein Bauer des Verteidigers steht. Das Springeropfer auf e6 macht das Feld g6 zugänglich, wovon die Dame unter Schachgebot dankend Gebrauch macht. Da die hierbei auftretenden Ideen große Ähnlichkeit mit denen der Folge ♕h5+ haben, werden wir uns auf ein einziges Beispiel beschränken.

Barczay – Ribli
Ungarische Meisterschaft, Budapest 1976

1 e4 c5 2 ♘f3 d6 3 d4 cxd4 4 ♘xd4 ♘f6 5 ♘c3 a6 6 ♗g5 e6 7 f4 h6 8 ♗h4 ♗e7 9 ♕f3 ♘bd7 10 0-0-0 ♕c7 11 ♗e2 ♖b8 12 ♕g3 ♖g8 13 ♖hf1 b5 14 e5 dxe5 (D)

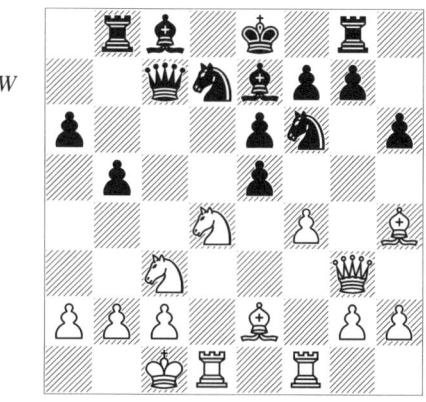

15 ♘xe6 fxe6 16 ♕g6+ ♔d8

Auf f8 ergeht es dem schwarzen König noch schlechter. Nach 16...♔f8 kann Weiß sich auf das Feld f7 konzentrieren: 17 f5! exf5 (nun kann der weiße Springer nach d5 gehen) 18 ♗h5! ♕c4 (nicht 18...♘xh5? 19 ♗xe7+ 1-0 Schulz-Cattelains, Aachen 1982) 19 ♘d5 ♕xd5 20

Ξxd5 ♘xh5 21 ♗xe7+ ♔xe7 22 ♕xh5, und in der Partie McDonald-Fabriano, London 1993, gewann Weiß mit Leichtigkeit.

Nach dem Partiezug führt Weiß seine übrigen Figuren heran und öffnet weitere Linien, wobei er dafür sorgt, dass der König nicht weglaufen kann.

17 ♗xf6 ♗xf6 18 ♕f7 Ξh8

Faszinierend ist an dieser Stelle die Möglichkeit 18...Ξe8 19 ♗h5 Ξh8. Wenn Weiß dann wie in der Partie 20 ♘e4 ♗e7 21 ♕xg7 Ξf8 22 ♕xh6 spielt, verfügt Schwarz über 22...♕c4! (mit tödlichem Angriff auf a2), was natürlich mit dem weißen Läufer auf e2 nicht spielbar ist. Andererseits kann der Anziehende stattdessen 20 f5! exf5 21 Ξxf5 (mit der Drohung 22 Ξxf6) 21...Ξb6 22 ♘d5 Ξf8 23 Ξxf6!! ♗xf7 24 Ξxf7 ♕d6 25 Ξxg7 ♕f8 26 Ξf7 spielen, was Material gewinnt, da der Läufer h5 den Turm deckt.

Nach dem Partiezug scheitert die mit 19 f5 beginnende Variante, da der Läufer noch auf e2 steht und der Schlusszug Ξf7 nicht zur Verfügung steht. Die zufällige Platzierung einer einzigen Figur kann einen großen Unterschied machen!

19 ♘e4 ♗e7 20 ♕xg7 Ξf8 21 ♕xh6 Ξb6 22 ♘g5 Ξf6 23 ♕h8+ Ξf8 24 ♘f7+ ♔e8 25 ♕g7! ♗f6

Besser ist 25...exf4, aber nach 26 ♗h5 greift Weiß weiter an.

26 ♕g6 *(D)*

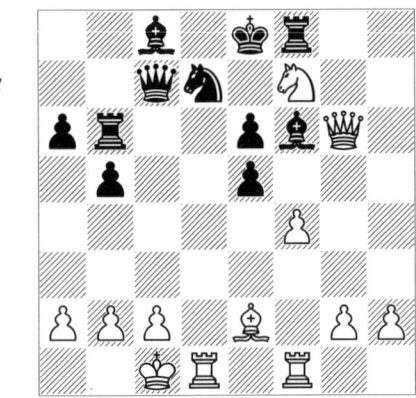

Weiß droht mit der Öffnung der f-Linie durch 27 fxe5.

26...e4

26...exf4 erlaubt 27 Ξxd7! ♗xd7 (27...♕xd7 28 ♘e5+ gewinnt die schwarze Dame) 28 ♕xf6, und nun:

a) 28...Ξxf7 gestattet 29 ♗h5 ♗c6 30 Ξxf4, wonach Weiß den Turm mit Materialvorteil und Angriff zurückgewinnt.

b) 28...e5 trifft auf 29 ♘d6+! ♕xd6 30 ♗h5+ Ξf7 31 ♗xf7+ ♔f8 32 ♗e6+ ♔e8 33 ♕h8+ ♔e7 34 ♗xd7 ♕xd7 (oder 34...♔xd7 35 Ξd1 mit Damengewinn) 35 ♕xe5+, wonach Weiß drei Mehrbauern behält.

27 ♘d6++ ♔d8 28 ♘xe4 ♗e7 29 ♘g5 ♕c6 30 ♗g4 Ξf6 31 ♕g7 ♕c5

Schwarz ist gelähmt. Er kann seinen König nicht bewegen, da er an die Verteidigung des Läufers e7 gebunden ist, welcher seinerseits an die Verteidigung des Turms f6 gebunden ist, welcher wiederum an die Verteidigung des Bauern e6 gebunden ist.

Auch nach dem besseren 31...♕c4, was den weißen f-Bauern angreift und den eigenen e-Bauern verteidigt, gewinnt Weiß, indem er unter Beachtung möglicher Fallstricke den Turm f1 auf die e-Linie überführt. Er kann 32 ♔b1 Ξc6 33 Ξf2 nebst 34 Ξe2 spielen in der Absicht, die gleiche Kombination wie in der Partie anzubringen.

32 Ξfe1 Ξc6 33 Ξd2 ♕c4 34 ♘xe6+! Ξcxe6 35 ♗xe6 Ξxe6 36 ♕g8+ ♗f8 37 ♕xe6 ♕xf4? 38 ♕b6+ 1-0

Der Läufer schlägt auf e6 zurück

Das Zurückschlagen auf e6 mit dem Läufer hat ähnliche Konsequenzen wie das Wiedernehmen mit dem Springer nach den Läuferopfern auf e6 im vorhergehenden Kapitel. Der Läufer gewinnt nichts, kann aber von seinem vorgerückten Posten schwer wieder zu vertreiben sein. So lange er nicht von anderen Figuren in seiner Wirkung eingeschränkt wird, verhindert der Läufer von e6 aus beide Rochaden und kann selbst nach einem Rückzug immer noch die Rochade zu einer Seite hin unmöglich machen.

Das Wiedernehmen mit dem Läufer forciert das Tempo nicht und hat nur eine mittelmäßige

Erfolgsquote, aber wenn der Opfernde einen Weg zum schnellen Durchbruch finden kann, wird der Läufer eine entscheidende Rolle beim Angriff spielen.

M. Giles – Browne
National Open 1988

1 e4 c5 2 ♘f3 d6 3 d4 cxd4 4 ♘xd4 ♘f6 5 ♘c3 a6 6 ♗g5 e6 7 f4 ♗e7 8 ♕f3 ♘bd7 9 ♗c4 h6 10 ♗xf6 ♗xf6 11 0-0-0 ♕b6 *(D)*

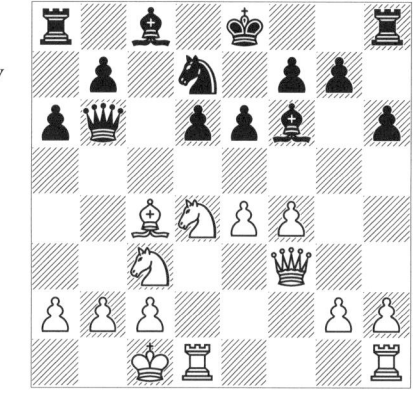

Weiß ist sehr gut entwickelt und kann aufgrund der Stellung seines f-Bauern auf f4 nach dem kommenden Opfer die Stellung mit dem Durchbruch e5 öffnen, wobei ihm die exponierte Stellung des Läufers f6 zugute kommt.

12 ♘xe6 fxe6 13 ♗xe6 ♘f8

Schwarz verscheucht den Läufer sofort und bereitet gleichzeitig als Antwort auf ein Damenschach auf h5 die Antwort ...g6 vor, damit er nicht mit dem König ziehen muss.

14 ♗b3

In Groszpeter-Löffler, Lenk 2001, kümmerte sich Weiß noch nicht einmal um die Konservierung des Läufers, sondern öffnete lieber umgehend die Stellung: 14 ♗xc8 ♖xc8 15 e5 dxe5 16 fxe5 ♗g5+ 17 ♔b1 ♖d8 (auf 17...♕c6 antwortet Weiß 18 ♘e4!, da das Damenschach auf c2 harmlos ist und das kommende ♘d6+ schwer zu parieren ist) 18 ♘d5 ♕c6 19 h4 ♘h7 (oder 19...♗e7 20 ♖hf1) 20 e6 ♖xd5 21 ♕f7+ ♔d8 22 ♖xd5+ ♔c8 23 ♕d7+ 1-0.

14...♗e6 15 e5

In der Partie J.Horvath-Martinez, Juniorenweltmeisterschaft, Kopenhagen 1982, geschah 15 ♗xe6 ♗xc3 (oder 15...♘xe6 16 e5 dxe5 17 fxe5 mit ähnlichem Spielverlauf wie oben in Groszpeter-Löffler), wonach Weiß seinen Läufer mit 16 ♗b3!? auf dem Brett behielt. Nach 16...♗d4 17 ♕g4 ♘d7 18 ♕g6+ ♔d8 war er für den Durchbruch mit den Zentrumsbauern bereit und bildete mit 19 e5 dxe5 20 ♕xg7 ♔c7 21 fxe5 einen Freibauern, den er schließlich zur Umwandlung führen konnte.

15...dxe5 16 fxe5 ♗g5+ 17 ♔b1 ♖d8

17...♗xb3 gibt die Blockade des weißen e-Bauern auf und macht das Feld f7 verwundbar. Nach dem Textzug gerät Schwarz jedoch infolge von Schlägen auf h4 und a4 in eine schreckliche Umklammerung. Der am Leben gelassene weiße Läufer verwandelt sich nun in ein Monster.

18 h4 ♗e7 19 ♗a4+! ♘d7

Auf 19...♗d7 folgt 20 ♘d5 ♕c5 21 ♖hf1 nebst Eindringen auf f7.

20 ♘d5 ♕a5 21 ♖hf1! ♖f8

21...♕xa4 verbietet sich wegen 22 ♘c7#. Schwarz kann sich kaum noch rühren.

22 ♕h5+ ♖f7 *(D)*

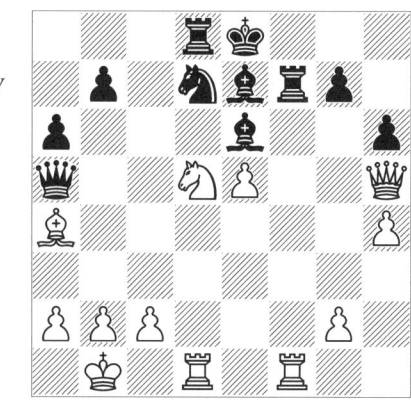

23 ♗b3!

Ein hübsches Rückkehrmotiv. Nun droht 24 ♖xf7 ♗xf7 25 ♘c7+ ♕xc7 26 ♕xf7#. Der Nachziehende muss mit 23...♘xe5 24 ♕xe5 ♖xf1 25 ♖xf1 ♗xd5 26 ♕h5+! eine Figur zurückgeben, wonach Weiß einen Mehrbauern und Angriff behält.

Schwarz versucht einen kleinen Trick, fällt aber damit gehörig auf die Nase.

23...g6 24 ♕xg6 ♘f8 25 ♘c7+! ♕xc7 26 ♕xf7+! 1-0

Nach 26...♗xf7 27 ♗xf7# setzt der weitgereiste Läufer matt.

Nach einem Figurenopfer bietet der Verteidiger manchmal einen weiteren Bauern als Köder an, um seinen König in Sicherheit zu bringen. Im nächsten Beispiel schnappt sich Bogdan Lalić einen dritten Bauern für die Figur, lässt seinen Gegner dafür aber lang rochieren. Mit drei Bauern gegen die Figur widersteht er der Versuchung, seine Streitmacht in einen hoffnungslosen Angriff zu werfen, und spielt einfach Schach, indem er die Stellung seiner Figuren verbessert und versucht, die Aktivität der gegnerischen Kräfte einzuschränken. Ohne gute Angriffsziele für seine Mehrfigur verliert sein Gegner schließlich den Kopf.

B. Lalić – Schlemmermeyer
Berlin 1998

1 e4 c6 2 d4 d5 3 ♘d2 dxe4 4 ♘xe4 ♗f5 5 ♘g3 ♗g6 6 h4 h6 7 ♘h3 ♘f6 8 ♘f4 ♗h7 9 ♗c4 e6 10 0-0 ♗d6 *(D)*

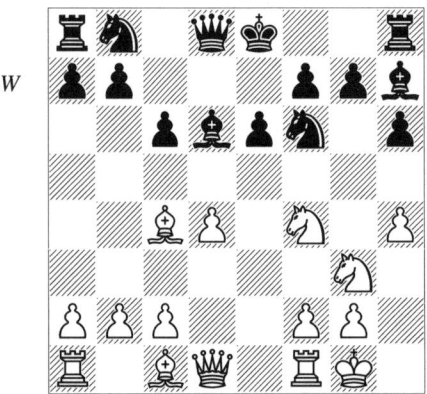

11 ♘xe6 fxe6 12 ♗xe6 ♘bd7 13 ♖e1 ♕c7
Diese Stellung entstand nach einer geringfügigen Zugumstellung auch in der berühmten 9. Partie des Weltmeisterschaftswettkampfs 1960. Tal spielte 14 ♗g8+ ♔f8 15 ♗xh7 ♖xh7 16 ♘f5, woraufhin Botwinnik 16...g6! 17 ♗xh6+ ♔g8 18 ♘xd6 ♕xd6 19 ♗g5 ♖e7 mit kompliziertem, aber wahrscheinlich ausgeglichenem Endspiel erwiderte, in dem er den großen Letten dann überspielte.

Lalić zieht es vor, seinen weißfeldrigen Läufer zu behalten. Er lässt den schwarzen König rochieren, kassiert aber dafür einen dritten Bauern ein.

14 ♘f5 0-0-0 15 ♘xg7 ♔b8 16 ♗h3 ♘c5 17 ♘f5 ♗h2+ 18 ♔h1 ♗xf5 19 ♗xf5 ♗f4 20 g3 ♗xc1 21 ♖xc1 ♖d5 22 ♗g6 ♕d8 23 c3 ♖g8 *(D)*

Der Läufer ist potentiell so wirkungsvoll, dass der Nachziehende bereit ist, sich seine Beseitigung eine Qualität kosten zu lassen. Nach der Fortsetzung 24 ♗f7 ♘ce4 25 ♕f3 ♖f8 26 ♗xd5 cxd5 würde der schwarze Druck am Königsflügel das leichte Materialdefizit kompensieren. Lalić weigert sich jedoch, den schwarzen Figuren irgendwelche Angriffspunkte zu bieten.

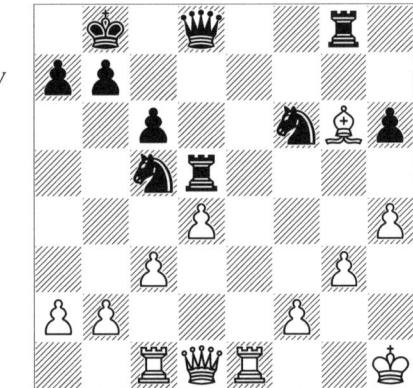

24 h5
Lalić verschafft sich die Gelegenheit, in jedem eventuellen Endspiel früh Freibauern zu bilden, und bereitet sich darauf vor, mit seinen Königsflügelbauern den schwarzen Springern Felder zu nehmen.

24...♕d7 25 ♔g2 ♘e6 26 ♕f3 ♘xh5?
Schwarz ist frustriert, da er mit seinen Springern nichts Vernünftiges unternehmen kann, und begeht einen Rechenfehler.

27 ♗xh5 ♖xh5 28 ♖xe6
Die Idee des Schwarzen bestand vermutlich in 28 ♕xh5 ♘f4+, aber er hatte dieses einfache Intermezzo übersehen.

28...♖xe6 29 ♕xh5 ♕xa2 30 ♖e1! *(D)*
Schwarz hat nur einen Bauern weniger, kann aber einem katastrophalen Figurentausch nicht ausweichen. 30...♕xb2 verliert wegen 31 ♕e5+

♔a8 (31...♔c8 32 ♕e6+ gewinnt den Turm) 32 ♕e8+ nebst Matt, so dass Schwarz einen Zug verlieren muss.

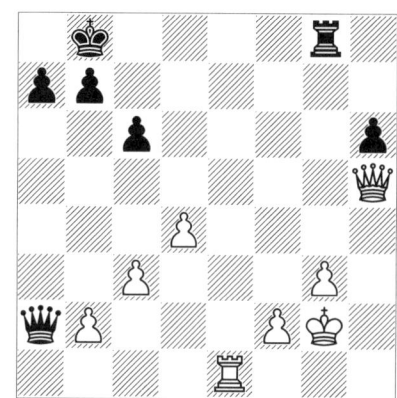

S

30...a6 31 ♕e5+ ♔a8 32 ♕e6 ♕xe6 33 ♖xe6 ♖g5? 1-0

Schwarz verliert den h-Bauern, aber das Turmendspiel wäre sowieso vollkommen hoffnungslos.

Übung

Übung 10

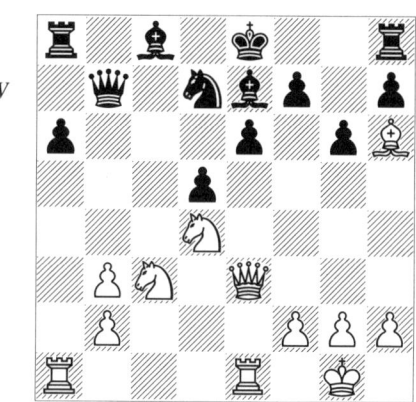

W

Weiß hat einen Bauern geopfert, um diese Stellung zu erreichen, in der das Opfer 19 ♘xe6 möglich ist. Soll Weiß sich darauf einlassen, oder kann Schwarz den Angriff abwehren?

6 Der andere Springerausfall im Sizilianer: ♘f5

In Scheveninger-Strukturen des Sizilianers kann der Bauer e6 auch durch ein zweites stilles Springeropfer weggelockt werden, diesmal auf f5. Es handelt sich hier um ein subtiles Opfer, da Weiß im Gegensatz zu exd5 (bei Springeropfern auf d5) durch das Zurückschlagen auf f5 mit einem Bauern nur selten ein Tempo gewinnt. Das Opfer dient üblicherweise zur Sicherung des Feldes d5 für den Springer c3 und öffnet entweder die e-Linie (durch Zurückschlagen mit dem e-Bauern) oder die g-Linie (durch Zurückschlagen mit einem Bauern von g4).

Die Idee des Zuges ♘f5 in Scheveninger-Strukturen gehört schon seit langem zum Arsenal des Kombinationsspielers, fand aber als langfristiges Opfer erst in den 1960er Jahren größere Verbreitung. Weltweite Aufmerksamkeit erregte dabei die Spielweise von Velimirović gegen Sofrevski im Jahre 1965.

Velimirović hatte sein eigenes Angriffssystem in der Sosin-Variante des Sizilianers ausgeheckt, bei dem er sich mit ♗c4, ♕e2, 0-0-0 und g4-g5 aufbaute. Nach der Vertreibung des schwarzen Springers von seinem Defensivposten auf f6 drängte sich das Feld d5 als Standort für den Springer c3 geradezu auf. Das Springeropfer auf f5 machte das Feld d5 zugänglich, und durch das Zurückschlagen auf f5 mit dem e-Bauern wurde die e-Linie geöffnet und ein frühes f5-f6 ermöglicht. Danach wurden hunderte von Partien mit Springeropfern auf f5 im Velimirović-Angriff gespielt und auch in anderen Angriffssystemen in Betracht gezogen.

♘f5 als Pseudoopfer

Wie schon erwähnt, kann ♘f5 als kombinatorische Waffe dienen. Wir werden uns kurz eine kleine Auswahl der geläufigsten Ideen ansehen, die auf einen schnellen Rückgewinn der Figur abzielen.

Die erste und offensichtlichste Idee besteht darin, die e-Linie zu öffnen und einen auf e7 stehenden Läufer zu gewinnen.

W. Watson – Blaskowski
2. Bundesliga 1988/89

1 e4 c5 2 ♘f3 e6 3 d4 cxd4 4 ♘xd4 ♘f6 5 ♘c3 d6 6 ♗e3 ♗e7 7 ♗e2 a6 8 f4 ♕c7 9 g4 ♘c6 10 g5 ♘d7 11 ♗f3 ♘a5 12 ♕e2 ♘c4 (D)

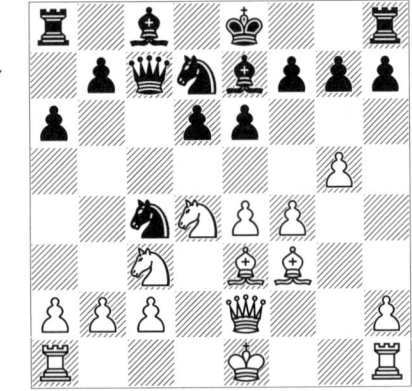

13 ♘f5 ♘xe3

Schwarz tauscht seinen vorgerückten Springer ab, da nach 13...exf5 14 ♘d5 die Verteidigung des Rappen mit 14...♕c6 auf die Erwiderung 15 exf5 trifft. Nun kann folgen:

a) 15...♔f8 verliert wegen 16 ♘xe7 mit Abzugsangriff auf die Dame.

b) Auf 15...♕a4 folgt 16 ♗f2, wonach der Läufer e7 nicht verteidigt werden kann.

14 ♕xe3 exf5 15 ♘d5 ♕d8 16 exf5

Im Unterschied zu Springeropfern auf d5 gewinnt dieses Zurückschlagen nur selten ein Tempo durch Angriff auf eine Figur auf g6.

16...♘e5!

Schwarz gibt die Figur zurück, indem er die e-Linie blockiert. Anders ist die Katastrophe nicht abzuwenden:

a) Jeder Zug des Springers d7 lässt den Vorstoß f6 mit Gewinn des gefesselten Läufers zu.

b) Wenn Schwarz den Läufer durch die Entfesselung 16...♔f8 zu retten versucht, kann der Anziehende 17 0-0-0 spielen und auf 17...♘c5 dann 18 ♖he1 antworten, wonach der Läufer e7 in der Falle sitzt, wohingegen Weiß nach 17...♘b8 (mit der Absicht 18...♘c6) mit 18 ♘b6! angesichts von 18...♖a7 19 ♘xc8 ♕xc8 20 ♕xa7 den Turm in der Ecke gewinnt.

17 0-0-0

Das sofortige Wiedernehmen 17 fxe5 erlaubt 17...♗xg5 mit gutem Spiel für Schwarz. Allerdings konnte Weiß auch mit dem Textzug keinen greifbaren Vorteil erreichen, und die Partie endete mit einer Punkteteilung.

Diese kleine Kombination verursacht selten größeren Schaden, da sich Schwarz oft durch Rückgabe der Figur relativ gut absichern kann. Der nächste Trick ist gefährlicher. Wenn der Nachziehende rochiert hat und die weiße Dame auf g3 steht, kann Weiß manchmal die Figur sofort zurückgewinnen, indem er die Fesselung des g-Bauern ausnutzt.

Szily – Szilagyi
Ungarische Meisterschaft, Budapest 1950

1 e4 c5 2 ♘f3 ♘c6 3 d4 cxd4 4 ♘xd4 ♘f6 5 ♘c3 d6 6 ♗g5 e6 7 ♗e2 ♗e7 8 0-0 0-0 9 ♕d3 a6 10 ♖ad1 ♗d7 11 ♕g3 ♕c7 12 ♔h1 ♖fd8 *(D)*

Der Turm auf d8 hindert die schwarze Dame an der Verteidigung des Feldes f6.

13 ♘f5 exf5 14 ♗xf6 ♗xf6 15 ♘d5 ♕a5 16 ♘xf6+ ♔h8

Jetzt muss der weiße Springer ziehen. Weiß kann mit 17 ♘h5 in Vorteil kommen, wonach der Nachziehende über drei Hauptmöglichkeiten verfügt:

a) 17...♖g8 verliert einen Bauern nach 18 ♖xd6, was außerdem den Läufer angreift, den der Turm gerade im Stich gelassen hat.

b) 17...♕e5 verliert nach 18 f4 ♕xb2 19 ♖b1 die Dame, da sie nicht mit Schach entkommen

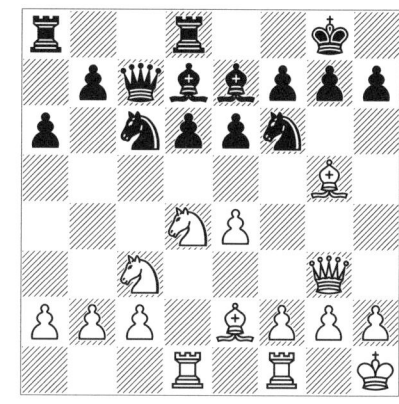

kann und die Diagonaldeckung des Mattfeldes g7 nicht aufrechterhalten kann.

c) 17...g6 erlaubt 18 ♘f6 mit Angriffschancen gegen den geschwächten Königsflügel.

Weiß tauscht lieber seinen Springer gegen einen Läufer, was ihm ebenfalls die Initiative gibt.

17 ♘xd7 ♖xd7 18 exf5 ♕xa2 19 f6 ♖g8 20 ♗d3

Weiß kann mit 20 fxg7+ ♖xg7 21 ♕c3 einen kleinen Vorteil erzielen, da er mit seinem Läufer und der überlegenen Bauernstruktur ein besseres Endspiel bekäme, oder mit 20 ♕c3 ♕a5 21 ♕h3! ♖dd8 22 ♗d3 g6 23 f4 auf Angriff spielen. Auch der Partiezug gab dem Anziehenden Angriff, aber ein späterer Rechenfehler kostete ihn die Partie.

Auch wenn seine Dame gar nicht auf der g-Linie steht, kann Weiß eine ähnliche Idee verfolgen. Wenn ein weißer Turm auf der dritten Reihe steht, kann er vielleicht auf ein schnelles Matt spielen.

Eisinger – Rejfir
Mannschaftseuropameisterschaft, Oberhausen 1961

1 e4 c5 2 ♘f3 ♘c6 3 d4 cxd4 4 ♘xd4 ♘f6 5 ♘c3 d6 6 ♗c4 e6 7 0-0 ♗e7 8 ♗g5 a6 9 ♗b3 ♗d7 10 ♖e1 0-0 11 ♕d2 ♕c7 12 ♖ad1 ♖ad8 13 ♖e3 ♘a5 *(D)*

Man beachte, dass auch hier wieder ein Turm auf d8 steht. Auch der Läufer d7 wird dem Nachziehenden im Wege sein.

14 ♘f5 exf5 15 ♗xf6 ♘xb3 16 axb3 ♗xf6

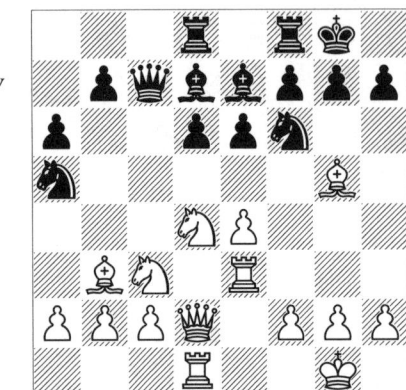
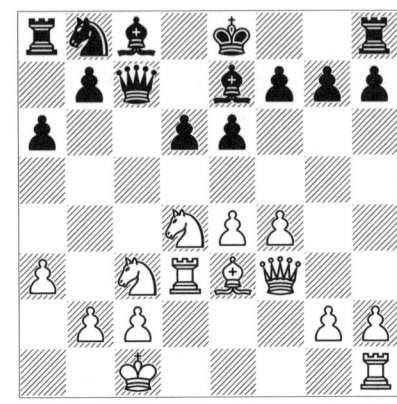

Nach 16...gxf6 gewinnt 17 ♘d5 wegen der unglücklichen Läuferstellung auf d7 die Figur mit gewinnverheißendem Angriff zurück.

17 ♘d5 ♛c5

Besser war die Aufgabe der Dame mit 17...f4 18 ♘xc7 fxe3.

18 b4?

Weiß sollte sofort 18 ♘xf6+ mit dem gleichen Mattangriff wie in der Partie spielen. Stattdessen gibt er seinem Gegner die Gelegenheit zur Rückgabe der Figur durch 18...♛d4!, wonach der isolierte schwarze d-Bauer dem Anziehenden einen winzigen Endspielvorteil sichert.

18...♛b5? 19 ♘xf6+ ♚h8

Auch nach 19...gxf6 20 ♖g3+ ♚h8 21 ♛h6 ♖g8 22 ♛xf6+ wird es matt.

20 ♖h3! 1-0

Sowohl 20...h6 21 ♖xh6+ als auch 20...gxf6 21 ♛h6 führen zum Matt.

Manchmal wird ♘f5 als Räumungsopfer gespielt. Durch den Zug ♘f5 wird die Wirkungslinie eines auf e3 stehenden Läufers nach b6 geöffnet, wonach die Fortsetzung ♘d5 zwei weiße Figuren gegen b6 richtet, was sich als entscheidend erweisen kann.

Hardicsay – Nickel
Budapest 1990

1 e4 c5 2 ♘f3 e6 3 d4 cxd4 4 ♘xd4 ♘f6 5 ♘c3 d6 6 f4 a6 7 ♛f3 ♛b6 8 a3 ♗e7 9 ♗d3 ♘fd7 10 ♗e3 ♘c5 11 0-0-0 ♘xd3+ 12 ♖xd3 ♛c7 *(D)*

13 ♘f5 exf5 14 ♘d5 ♛d7

14...♛d8 verliert wegen 15 ♗b6 (zwingt die Dame nach d7) 15...♛d7 16 ♘c7+ ♚f8 17 ♘xa8, und der Springer wird von a8 entkommen. Man beachte, dass 15 ♘b6 mit der Idee 15...♖a7 16 ♘xc8 ♛xc8 17 ♗xa7 nicht so gut ist wegen 15...♗e6 16 ♘xa8, und nun kann Schwarz mit 16...♘d7 etwas Material zurückgewinnen.

15 ♘b6 ♛e6 16 ♘xa8

Weiß ist im Mehrbesitz einer Qualität und gewann die Partie ohne Probleme.

Wenn Schwarz rochiert hat und auf e7 ein ungedeckter Läufer steht, zwingt der weiße Folgezug ♘d5 manchmal die Dame, sich zwischen der Deckung des Läufers und der Erfüllung einer anderen wichtigen Aufgabe zu entscheiden. Hier besteht diese Aufgabe in der Verteidigung eines Springers auf c4. Durch das Schlagen dieses Springers wird die gesamte weiße Stellung gestärkt.

Balcerak – Schoeneberg
Bundesliga 1999/00

1 e4 c5 2 ♘f3 e6 3 d4 cxd4 4 ♘xd4 d6 5 ♘c3 ♗e7 6 ♗e3 ♘f6 7 ♛f3 a6 8 0-0-0 ♘bd7 9 ♗e2 0-0 10 g4 ♘e5 11 ♛g3 ♛c7 12 g5 ♘fd7 13 f4 ♘c4 *(D)*

14 ♘f5 exf5 15 ♘d5 ♛d8

Nach dem Rückgewinn der Figur verbleibt der Anziehende mit einem Bauern weniger, aber er bringt hier mit voller Absicht ein Bauernopfer für einen positionellen Vorteil (Kontrolle von d5) und einen schnellen Angriff am Königsflügel.

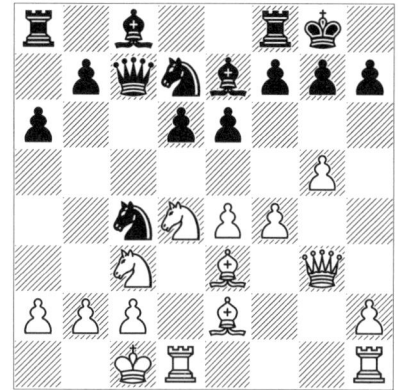

16 ♗xc4 fxe4 17 ♖hg1 ♔h8 18 ♕h4
Der weiße Aufbau sieht sehr bedrohlich aus. Eine gute Alternative war hier das sofortige 18 f5 mit der Absicht, durch 19 ♘xe7 ♕xe7 20 f6 die Bauerndeckung des schwarzen Königs aufzureißen.

18...b5
Der Versuch, den Vorstoß f5 mit 18...♘c5 gefolgt von ...♗f5 zu verhindern, scheitert an 19 ♗d4 ♗f5 20 ♘e3 ♕c8 21 ♕h6!.

19 ♘xe7 ♕xe7 20 ♗d5 ♖b8 21 f5 ♗b7 *(D)*
Es ist zu spät, um etwas gegen den Vorstoß f6 zu unternehmen:

a) 21...f6 verliert wegen 22 g6 h6 23 ♗xh6.

b) Auf 21...♕d8 kommt immer noch 22 f6 g6 23 ♕h6 ♖g8 24 ♖g4! ♘f8 25 ♗xf7, wonach Schwarz die Qualität einbüßt.

c) 21...♕e8 deckt den f-Bauern, erlaubt aber 22 g6! ♘f6 23 ♗d4 mit entscheidenden Drohungen.

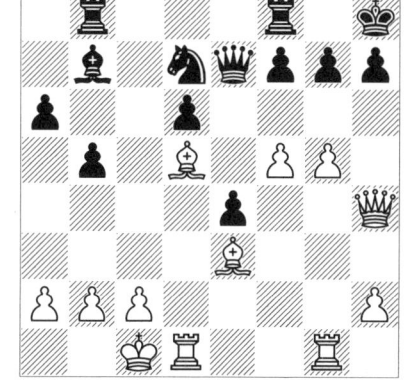

22 f6 gxf6 23 gxf6 ♕e5 1-0

Weiß steht auf Gewinn. Das hübscheste Finale lautet 24 ♗xb7 ♖xb7 25 ♖d5 ♕xd5 26 ♕g3 mit unabwendbarem Matt.

Der Bauernsturm am Königsflügel

Die Anwendung von ♘f5 als langfristiges Opfer in der Scheveninger-Formation begann mit Velimirovics Partie gegen Sofrevski, anhand der wir uns nun einige Schlüsselideen ansehen wollen.

Velimirović – Sofrevski
Jugoslawische Meisterschaft, Titograd 1965

1 e4 c5 2 ♘f3 ♘c6 3 d4 cxd4 4 ♘xd4 e6 5 ♘c3 d6 6 ♗e3 ♘f6 7 ♗c4 ♗e7 8 ♕e2 a6 9 0-0-0 ♕c7 10 ♗b3 ♘a5 11 g4 b5 12 g5 ♘xb3+ 13 axb3 ♘d7 *(D)*

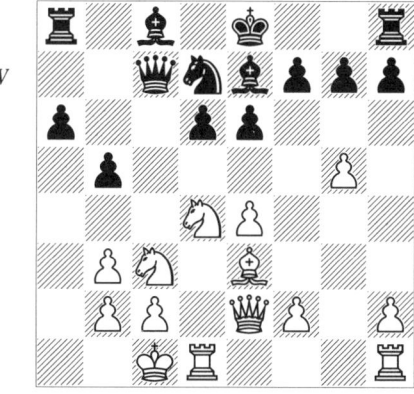

14 ♘f5 exf5
In *The Sicilian Sozin* weist Golubew darauf hin, dass 14...b4 nicht widerlegt ist. Danach ist 15 ♘xe7 eine recht sichere Antwort, während sich die meisten Spieler für die nach 15 ♘xg7+ entstehenden Komplikationen entscheiden. Zum ersten Mal mit 14 ♘f5 konfrontiert, nimmt Sofrevski den Springer sofort und überlässt Velimirović das Feld d5.

15 ♘d5 ♕d8
Golubew erwähnt den noch unerprobten Zug 15...♕a5!?.

16 exf5 0-0? *(D)*

Dieser natürliche Zug ist ein Fehler, da Weiß auf dem Königsflügel sofort Linien öffnen kann.

Schwarz sollte den dominierenden Springer beseitigen. In späteren Partien spielte Schwarz 16...♗b7!, ohne sich vor der Erwiderung 17 f6 zu fürchten. Jetzt spielt Schwarz am besten nicht 17...♗xd5 wegen 18 fxg7! ♖g8 19 ♖xd5 ♖xg7 20 f4 mit bedrohlicher Stellung, sondern stattdessen 17...gxf6, und nun:

a) 18 gxf6 erlaubt 18...♗xd5!, wonach 19 fxe7? wegen 19...♕a5! verliert. Der schwarze König ist hinter dem weißen e-Bauern in Sicherheit, und Schwarz behält dank der Variante 20 ♖xd5 ♕a1+ 21 ♔d2 ♕xh1 die Mehrfigur. Weiß sollte 19 ♖xd5 ♘xf6 20 ♖f5 spielen, hat aber wahrscheinlich nicht genug für die Figur, da die Verteidigung gut organisiert ist.

b) Weiß sollte sich mit dem Zurückschlagen auf f6 nicht beeilen. Da die Rochade dem Nachziehenden wegen der zerstörten Bauerndeckung nun keine Sicherheit mehr bringt, sollte Weiß mit 18 ♖he1 ♗xd5 19 ♖xd5 ♖g8 in der Mitte spielen. Diese Stellung ist viel analysiert worden und verflacht vermutlich bei bestem Spiel zum Remis. Ein bemerkenswertes Abspiel lautet 20 gxf6 ♘xf6 21 ♖f5 ♘g4 22 ♗g5 ♘e5 23 ♗xe7 ♕xe7 24 f4 ♘d3+ 25 cxd3 ♕xe2 26 ♖xe2+ mit totremisem Endspiel.

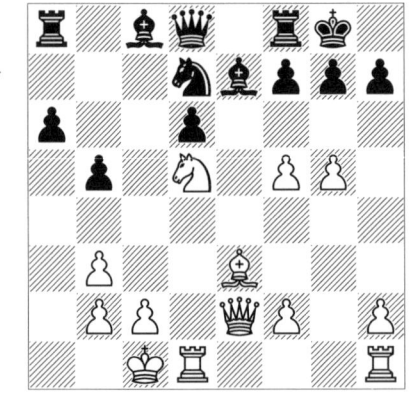

Zurück zur Partie. Durch die Rochade hat Schwarz eine ideale Stellung für einen wirkungsvollen Vorstoß f6 geschaffen. Velimirović lässt sich nicht zweimal bitten.

17 f6! gxf6

In ähnlichen Stellungen versucht der Nachziehende häufig, durch die Rückgabe der Figur mit ...♘xf6 oder ...♗xf6 seine Bauernstellung am Königsflügel intakt zu halten. Hier trifft ihn jedoch nach einem Zug des Springers d7 sofort der Schlag ♗b6: 17...♘xf6 (ähnlich verläuft 17...♗xf6 18 gxf6 ♘xf6 19 ♗b6) 18 ♗b6!, und die Dame muss die Verteidigung von f6 aufgeben, wonach die Königsflügelbauern schließlich doch aufgebrochen werden.

18 ♗d4

Sehr gut ist auch das natürliche 18 gxf6; z. B. 18...♗xf6 19 ♘xf6+ ♕xf6 20 f4! ♔h8 21 ♗d4 ♘e5 22 fxe5 ♕f4+ 23 ♔b1 ♗g4 24 ♕f1 ♗xf1 25 exd6+ ♔g8 26 ♖dxf1, und Weiß wird den Läufer g4 gewinnen.

Velimirović verfolgt artistischere Absichten und beendet die Partie in elegantem Stil.

18...♘e5 19 gxf6 ♗xf6 20 ♖hg1+ ♗g7 21 ♗xe5 dxe5 22 ♕xe5 f6 23 ♘e7+ ♔f7 24 ♕h5+ 1-0

Der schwarze König wird in der Mitte erledigt.

Im nächsten Beispiel verpasst Weiß mehrmals den Gewinn, jedoch lohnt sich eine genaue Analyse, da jede verpasste Gelegenheit eine wichtige Angriffsidee des Anziehenden für den Fall demonstriert, dass Schwarz nach dem Opfer rochiert.

Cuartas – Van der Sterren
Ramsgate 1979

1 e4 c5 2 ♘f3 e6 3 d4 cxd4 4 ♘xd4 ♘f6 5 ♘c3 d6 6 g4 a6 7 g5 ♘fd7 8 ♗e3 ♘c6 9 h4 ♗e7 10 ♕e2 ♕c7 11 0-0-0 ♘a5 12 ♘f5 exf5 13 ♘d5 ♕d8 14 exf5 0-0 *(D)*

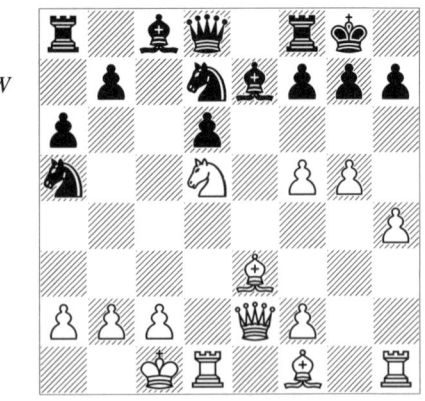

Beim Vergleich dieser Stellung mit derjenigen nach 16...0-0 in der vorhergehenden Partie stellen wir fest, dass Velimirovics Methode, nämlich 15 f6 gxf6 16 ♗d4, hier wegen der Rückkehr des Springers von a5 nach c6 mit Angriff auf den Läufer und Gewinn eines Tempos für die Verteidigung nicht ganz so wirkungsvoll ist. Trotzdem wäre die schwarze Stellung nach 16...♘c6 17 gxf6 ♗xf6 18 ♘xf6+ ♕xf6 19 ♖g1+ ♔h8 20 ♗c3 ausgesprochen schwierig.

Mit dem schwarzen Springer auf a5 ist der Nachziehende jedoch für die Gabel ♗b6 anfällig und hat außerdem momentan eine Figur weniger im Spiel. Der weißfeldrige Läufer des Anziehenden (der in der Partie von Velimirović abgetauscht worden war) gibt ihm zusätzliche Angriffschancen am Königsflügel, da er im Verein mit der Dame den Punkt h7 attackieren kann.

15 f6 gxf6

Wie in der vorhergehenden Partie verliert das Intakthalten der Königsflügelbauern mit 15...♘xf6 16 gxf6 ♗xf6 wegen 17 ♗b6.

16 gxf6

Weiß hat zwei geduldigere Möglichkeiten: 16 ♗d4 und 16 ♕h5 mit der Drohung 17 ♗d3. In letzterem Fall kann Schwarz die Linien am Königsflügel nicht geschlossen halten, da 16...f5? wegen 17 ♕h6 ♖e8 18 ♖g1 ♗f8 (oder 18...♔h8 19 ♗d4+ ♘e5 20 ♘f6 ♗xf6 21 gxf6 ♖g8 22 ♖g7 mit Matt) 19 ♘f6+ ♗xf6 20 gxf6+ ♔h8 21 ♖g7 mit Matt verliert.

16...♗xf6

16...♘xf6 verliert hübsch wegen 17 ♖g1+ ♔h8 18 ♘xe7 ♕xe7 19 ♗d4! mit der Absicht 19...♕xe2 20 ♗xf6#.

Nach dem Partiezug bringt Weiß seine Dame auf ihren besten Posten.

17 ♕h5 ♗g7 18 ♖g1

Weiß könnte 18 ♗g5 spielen und 18...♕e8 mit 19 ♗d3 f5 20 ♕xe8 ♖xe8 21 ♘c7 und 18...f6 mit dem entscheidenden 19 ♗d3 beantworten.

18...♔h8 *(D)*

19 ♗d3

Erneut könnte Weiß mit 19 ♗g5 Material gewinnen, aber noch besser ist 19 ♖xg7! ♔xg7 20 ♗g5 f6 (oder 20...♕e8 21 ♘f6 mit Angriff auf die Dame und Mattdrohung auf h7) 21 ♗d3 ♖h8 22 ♗h6+ ♔g8 23 ♖g1#.

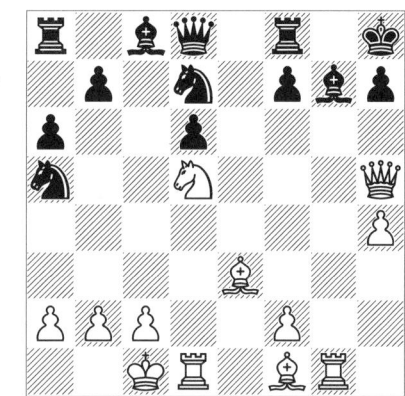

W

In der Partie geht Weiß schließlich an allen Gewinnmöglichkeiten vorbei und kann nur nach einem schweren Verteidigungsfehler des Nachziehenden den Sieg davontragen.

19...f5 20 ♖xg7 ♔xg7 21 ♖g1+ ♔h8 22 ♗d4+? *(D)*

Hier gibt es einen letzten klaren Gewinnweg mit 22 ♗xf5 ♖xf5 23 ♕xf5 ♘e5 24 ♕h5, wonach es keine gute Verteidigung gegen die Drohung ♗g5 nebst ♗f6+ gibt.

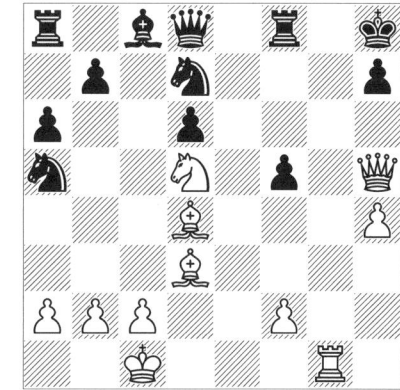

S

22...♘e5 23 ♘f4 ♖g8 24 ♘g6+ ♖xg6 25 ♖xg6 ♘ac6 26 ♕h6 ♕e7 27 ♗c3 f4?

In dem Bestreben, den Vorstoß f4 (mit Rückgewinn der Figur) zu verhindern, öffnet der Nachziehende fatalerweise die Diagonale nach h7. Nach 27...b5! wäre die Partie noch nicht zu Ende.

28 ♖g5 ♗f5

Es drohte 29 ♗xh7 ♕xh7 30 ♕f6+ nebst Matt. Nach der Rückgabe der Figur kann Weiß seinen Vorteil problemlos verwerten.

29 ♗xf5 ♖g8 30 ♖xg8+ ♔xg8 31 ♗e6+ ♔h8 32 ♗d5 ♘a7 33 a4 ♘c8 34 ♕xf4 ♘b6 35 ♗b3 ♘bd7 36 ♕g5 ♕f8 37 f4 1-0

Wie diese Partie zeigt, können geringfügige Unterschiede in der Aufstellung der Figuren großen Einfluss auf die Effektivität verschiedener Angriffs- und Verteidigungsmethoden haben. Im nächsten Beispiel sind die Figuren des Schwarzen recht günstig postiert, so dass er zwischen verschiedenen Verteidigungsschemas wählen kann.

Nunn – Pritchett
Bundesliga 1985/86

1 e4 c5 2 ♘f3 e6 3 d4 cxd4 4 ♘xd4 ♘c6 5 ♘c3 d6 6 ♗e3 ♘f6 7 ♗c4 a6 8 ♕e2 ♕c7 9 0-0-0 ♘a5 10 ♗d3 b5 11 a3 ♗e7 12 g4 ♖b8 13 ♖he1 ♘c4 14 g5 ♘d7 15 ♘f5 exf5 16 ♘d5 ♕d8 17 exf5 0-0 *(D)*

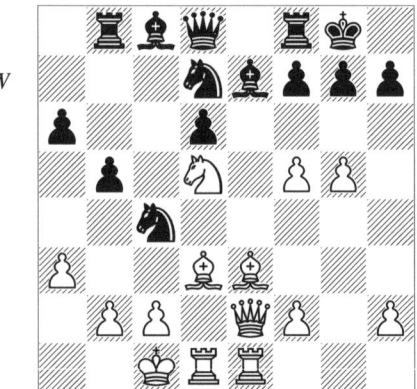

Die Bedingungen scheinen für den Vorstoß f6 reif zu sein, da der weißfeldrige Läufer des Anziehenden bedrohlich auf den schwarzen Königsflügel zeigt. Er blockiert jedoch auch die Deckung des Springers d5, so dass Schwarz nach 18 f6 das Aufbrechen seiner Königsflügelbauern mit 18...♘xf6! verhindern kann. Danach erlaubt 19 ♗b6 die Antwort 19...♘xd5! 20 ♗xd8 ♗xd8, was dem Nachziehenden sowohl nach 21 ♗xc4 ♗xg5+ 22 ♔b1 ♘f4 als auch nach 21 ♕e4 ♗xg5+ 22 ♔b1 ♘f6 drei Figuren für die Dame gibt. Man beachte, dass dies nicht spielbar wäre, wenn der weiße König auf b1 oder ein weißer Bauer auf h4 stünde, da dann 21...♗xg5 kein Tempo mehr gewinnen würde.

Nunn verzögert den Vorstoß f6, um seine Dame auf das bedrohlichste Feld zu stellen.

18 ♕h5 ♘f6

Pritchett bekommt es verständlicherweise mit der Angst zu tun. Er hätte den Angriff jedoch unter Einsatz des Springers c4, der in den vorhergehenden beiden Partien nicht verfügbar war, abschwächen können: 18...♘ce5!. Nach 19 f6 kann Schwarz mit 19...♘xd3+ 20 ♖xd3 ♗xf6! (nicht 20...♘xf6 21 gxf6 ♗xf6 22 ♗d4! ♗xd4 23 ♘e7+ ♔h8 24 ♖xd4 h6 25 ♖h4 ♗e6 26 ♖g1! mit unvermeidlichem Matt, wie Nunn in *John Nunn's Best Games* ausführt) 21 gxf6 ♘xf6 seine Königsflügelbauern intakt halten und etwa gleiches Spiel erzielen. Statt seinen vorderen f-Bauern vorzurücken, sollte Weiß sich mit 19 ♗e4! seinen Läufer erhalten, was nach 19...g6 20 ♕h4 *(D)* eine ganze Palette neuer Möglichkeiten ergibt.

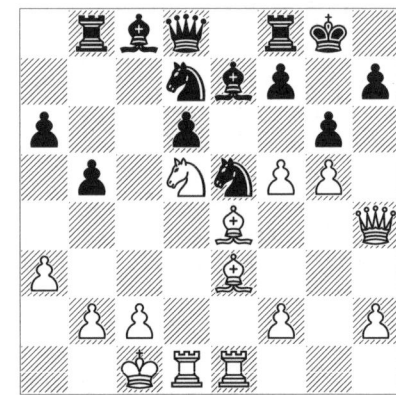

Falls Schwarz nichts unternimmt, kann Weiß mit f4 den Springer vertreiben und den g-Bauern schützen und dann ♗d4, ♖d3 und ♕xh7+! folgen lassen. Die einzige realistische Verteidigungschance des Nachziehenden ist vermutlich 20...gxf5 21 ♗xf5 ♘g6, und nun gibt Nunn 22 ♕h6 ♘de5 23 ♗xc8 ♖xc8 24 f4 ♘g4 25 ♕h3 ♘xe3 26 ♕xe3 ♖e8 27 h4!, wonach es keine gute Antwort auf 28 h5 gibt. So hat Schwarz beispielsweise nach 27...h5 28 gxh6 ♗xh4 29 ♕d4 f6 30 ♕a7 keine gute Verteidigung gegen das Matt auf g7.

Mit dem Textzug gibt Pritchett lieber die Figur zurück, um seine Bauernphalanx intakt zu

halten, aber vielleicht war dies besser mit dem Zug 18...♗f6 zu bewerkstelligen.
19 gxf6 ♗xf6 20 ♗xc4 bxc4 21 ♗d4!
Der schwarze Wunsch nach der Konservierung seiner Bauernfront erweist sich als unerfüllbar.
21...♗xd4 22 ♖xd4 ♖e8
Nach dem Abtausch des Hauptverteidigers drohte Weiß ♘e7+, ♕xh7+ und ♖h3# mit Matt. Sowohl 22...♖b7 als auch 22...h6 scheitern an 23 f6, aber der schwarze Zug überlastet seine Dame und ermöglicht es dem Anziehenden, eine entscheidende Bresche in den Bauernwall vor dem schwarzen König zu schlagen. Das Matt folgt auf dem Fuße.
23 ♘f6+! gxf6 24 ♖g4+ ♔h8 25 ♖eg1 ♗xf5 26 ♕xf5 ♖b5 27 ♕xh7+! 1-0

Zurückschlagen mit dem g-Bauern

Im Velimirović-Angriff zieht Schwarz seinen Springer häufig von f6 zurück, bevor der Anziehende seinen Bauern nach g5 spielt. Danach verfügt Weiß über die interessante Alternative, den Springer auf f5 zu opfern und mit dem g-Bauern auf f5 zurückzuschlagen und so die g-Linie gegen den schwarzen König zu öffnen.

Jakowitsch – Judassin
Leipzig 1986

1 e4 c5 2 ♘f3 d6 3 d4 cxd4 4 ♘xd4 ♘f6 5 ♘c3 a6 6 ♗c4 e6 7 ♗b3 ♘c6 8 ♗e3 ♗e7 9 ♕e2 0-0 10 0-0-0 ♕c7 11 g4 ♘d7 12 ♘f5 exf5 13 ♘d5 ♕d8 14 gxf5 (D)

Auch diese erstaunliche Idee geht auf das Konto von Velimirović. Die beabsichtigte Attacke auf g7 erscheint zu primitiv und vorhersagbar, um Chancen auf Erfolg zu haben, hat sich aber in der Praxis als bemerkenswert ertragreich erwiesen.
14...♘f6
Schwarz muss etwas unternehmen, bevor er unter die Räder kommt. Den Grund hierfür demonstrieren drei Partien mit 14...♘a5:
a) 15 ♘xe7+ ♕xe7 16 ♗d5 ♔h8 17 ♖hg1 ♘f6 18 ♕f3 ♘xd5 19 ♖xd5 ♘c4 20 f6! ♕xf6

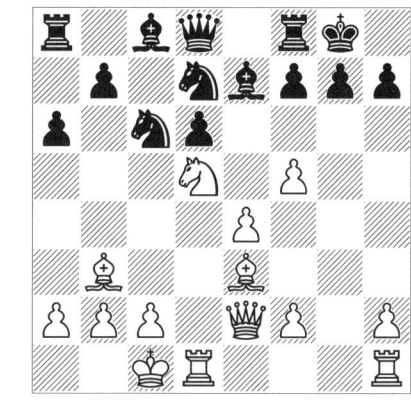

S

21 ♕xf6 gxf6 22 ♗d4 ♘e5 23 f4 ♘d7 24 ♖xd6 ♖g8 25 ♖d1 ♖e8 26 f5 ♖xe4 27 ♖g1 h5 28 ♖g5 ♖g4? 29 ♖xf6! ♖g1+ 30 ♔d2 ♖g2+ 31 ♔e3 1-0 Velimirović-Bukal, Jugoslawien 1971.
b) 15 ♖hg1 ♘xb3+ 16 axb3, und hier:
b1) 16...♔h8 17 ♖g3 ♖e8 18 ♕h5 ♗f8? 19 ♖h3 h6 20 ♗xh6 gxh6 21 ♖g1 (mit der Drohung 22 ♕xh6+!) 21...♘f6 22 ♕xf7 ♕d7 23 ♕xf6+ ♗g7 24 ♖xg7 1-0 Lind-Unander, Schwedische Meisterschaft, Karlskrona 1983.
b2) 16...♖e8 17 ♗d4 f6 18 ♖d3 ♗f8 19 ♖h3 ♕a5 20 ♕g4 b5 21 ♗xh7 ♕a1+ (oder 21...♔xh7 22 ♕h5+ ♔g8 23 ♕xe8 ♕a1+ 24 ♔d2 ♖xg1 25 ♘e7+ ♔h8 26 ♕h5#) 22 ♔d2 ♕xg1 23 ♖xg1 ♖xe4 (nach 23...♔xh7 24 ♕g6+ ♔g8 25 ♕xe8 ♔h7 26 ♕f7 ist Schwarz hilflos gegen die Drohung 27 ♗xf6 nebst 28 ♕h5+ ♔g8 29 ♕g6 und dann 30 ♘e7+ ♗xe7 31 ♕xg7#) 24 ♕g6! ♖xd4+ 25 ♔c1 1-0 Colas Longares-Sanz Arilla, Saragossa 1999.
b3) In *The Sicilian Sozin* schlägt Golubew 16...g6!? vor, wenngleich Weiß nach 17 ♗d4 ♗f6 18 ♘xf6+ ♘xf6 19 ♕d2 nebst 20 ♕h6 und Vorrücken des h-Bauern immer noch gut steht.
15 ♖hg1
Besser ist möglicherweise 15 ♗b6, wenngleich Weiß damit allem Anschein nach nicht mehr als Ausgleich erzielen kann. Danach folgte in Nunn-Chandler, London 1984, 15...♕d7 16 ♖hg1 (eine interessante Idee ist 16 ♘c7 ♖b8 17 ♘e6!?, obwohl der Nachziehende danach gut fährt, wenn er mit 17...fxe6 die Dame gibt) 16...♘xd5 17 exd5 ♗f6 18 dxc6 ♕xc6 19 ♗d4 ♗xd4 20 ♖xd4 ♗xf5 21 ♖d5 (21 ♕d2 ♖ae8 22 ♖xd6 ♕c7 23 h4 ♖e2 24 ♖xg7+ ♔xg7 25 ♕h6+ ♔g8 26 ♕g5+ ½-½, Nunn-Liberzon,

Hastings 1979/80) 21...♖ae8 22 ♕d2 ♖e5 23 ♖xd6 ♕e8 24 ♖xg7+ ♔xg7 25 ♕h6+ ♔g8 26 ♕g5+ ♗g6 27 ♖xg6+ hxg6 28 ♕xg6+ ♔h8 29 ♕h6+ ½-½.

15...♘xd5 16 ♗xd5 ♗f6 17 ♕h5 ♘e7

Weiß will einen Turm über die dritte Reihe auf die h-Linie überführen. So erhält er beispielsweise nach 17...♕e7 18 ♖g3 ♘b4 19 ♖h3 h6 20 ♗xh6 starken Angriff und nach 17...♘b4 18 ♗b3 ♕e7 19 ♗d4 ♘c6 20 ♗xf6 ♕xf6 21 ♖d3 starken Druck.

18 ♗b3 ♕a5 19 ♖xd6 ♕e5??

Dies scheitert an einer einfachen, aber attraktiven taktischen Wendung. Schwarz sollte unter Ausnutzung der Fesselung des weißen f-Bauern mit 19...♗e6! den lästigen Läufer loszuwerden versuchen. Nach der Entfesselung 20 ♕g4 bleibt die Partie kompliziert, aber Schwarz sollte sich effektiv verteidigen können.

20 ♕xf7+! 1-0

Es ist vorbei: 20...♖xf7 21 ♖d8#.

Das Eindringen der Dame auf dem Königsflügel

Mit dem Springeropfer auf f5 kann auch der gegnerische König in der Mitte festgehalten werden, wobei das Eindringen der Dame am Königsflügel hilft. Im nächsten Beispiel fällt die Dame auf g7 ein.

Gdanski – Mozny
Zonenturnier, Odorheiu Secuiesc 1995

1 e4 c5 2 ♘c3 e6 3 ♘f3 d6 4 d4 cxd4 5 ♘xd4 ♘f6 6 ♗c4 a6 7 ♗b3 b5 8 0-0 ♗e7 9 ♕f3 ♕b6 10 ♗e3 ♕b7 11 ♕g3 ♗d7 *(D)*

Weiß hat ♕g3 gespielt, um Schwarz zur Rochade zu verleiten, wonach er mit ♗h6 die Initiative erhält. Schwarz lässt den g-Bauern gerne einstehen, da 12 ♕xg7 ♖g8 13 ♕h6 b4 14 ♘ce2 ♘xe4 gut für ihn ist. Er wählt jedoch den falschen Wartezug (mit 11...♘bd7 ist die Partiefolge zu vermeiden) und erlebt eine unangenehme Überraschung.

12 ♘f5

Dieser Zug öffnet die e-Linie und – was ganz wichtig ist – die Diagonale des Läufers b3.

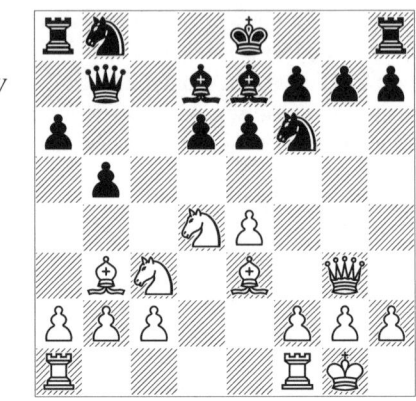

Dieser Zug hatte meines Erachtens Premiere in der Partie Iwantschuk-Sachworostov, Juniorenmeisterschaft der UdSSR, Jurmala 1985, und wurde im Jahre 1988 von John Nunn in seinem Buch *The Najdorf for the Tournament Player* erwähnt. Es scheint sich um ein gut gehütetes Geheimnis gehandelt zu haben, da seitdem einige starke Spieler darauf hereingefallen sind.

12...exf5 13 ♕xg7 ♖f8

13...♖g8 scheitert, da wegen der offenen Diagonale des Läufers b3 der Zug 14 ♗xf7+ möglich ist.

Nach dem Textzug bleibt die Dame auf g7, und der Turm f8 wird nach und nach seiner Deckung beraubt.

14 ♗g5 ♘g8

Nach 14...♘xe4 15 ♗xe7 ♔xe7 16 ♘d5+ ♔e8 17 f3 kann Schwarz seinen Springer nicht zurückziehen, da 17...♘c5 wegen 18 ♘f6+ ♔e7 19 ♖fe1+ ♘e6 20 ♗xe6 ♗xe6 21 ♖xe6+! ♔xe6 22 ♖e1+ verliert.

15 ♗xe7

In der oben erwähnten Iwantschuk-Partie geschah stattdessen 15 ♗xf7+ ♖xf7 16 ♕xg8+ ♖f8 17 ♕xh7, wonach Weiß reichlich Material und Spiel für die Figur hatte. Gdanski folgt einer neueren Verbesserung.

15...♘xe7 *(D)*

16 ♘d5! ♘g8

Nach 16...♘xd5 17 exd5 hat Schwarz keine Verteidigung gegen 18 ♖e1+, was den König von der Deckung des Turms abdrängt, und unterdessen drohte der Anziehende 17 ♘f6+ mit dem gleichen Effekt. Der alternative Springerzug 16...♘g6 traf in Kuczynski-Cvitan, Warschau 1990, auf die Erwiderung 17 ♘f6+ ♔d8

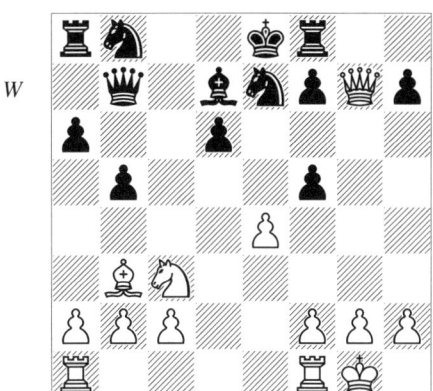

18 ♘xh7 ♖h8 19 ♘g5 ♗e8 20 exf5 ♖h5 21 ♘xf7+ ♗xf7 22 fxg6! 1-0.

17 exf5 ♘c6 18 ♖fe1+

In der früheren Partie Silva-Hawelko, Olympiade, Thessaloniki 1988, geschah 18 ♘f6+ ♘xf6 19 ♕xf6 ♘e7 20 ♖fe1 ♗c6 21 ♕xd6 ♖d8 22 ♖xe7+ ♕xe7 23 ♕xc6+ ♖d7 24 ♗e6! mit baldigem weißem Sieg.

18...♘e5 19 ♘f6+! ♘xf6 20 ♕xf6

Weiß lässt die Idee der Unterminierung des Turms f8 sausen und versucht das Gleiche mit dem Springer e5. Sein nächstes Angriffsziel ist der verwundbare Bauer d6.

20...♗c6 21 ♖ad1 ♖g8 22 ♖xe5+

Weiß wählt ein Finale für die Galerie. Nach dem einfachen 22 ♕xd6 ♖xg2+ 23 ♔f1 wäre Schwarz noch hilfloser.

22...dxe5 23 ♗xf7+ 1-0

Nach 23...♔xf7 24 ♕xc6+ verbleibt Weiß mit einer Handvoll Mehrbauern.

Springeropfer auf f5 haben in einigen Belangen Ähnlichkeit mit Springeropfern auf d5. Es folgt ein Beispiel, in dem Schwarz das Rochaderecht aufgibt, um dem Druck auf der e-Linie zu entkommen, und Weiß durch Besetzung der weißen Felder wie d5 und f5 Raumvorteil erlangt. Dann werden die schwarzen Bauern am Königsflügel zersplittert, wonach die Dame dort eindringt und die schwarzen Kräfte bindet.

Rowson – Arachamia-Grant
Schottische Meisterschaft, Edinburgh 1999

1 e4 c5 2 ♘f3 ♘c6 3 ♘c3 e6 4 d4 cxd4 5 ♘xd4 d6 6 g3 ♘f6 7 ♗g2 ♗d7 8 0-0 ♗e7 9 ♘db5

♕b8 10 ♗f4 ♘e5 11 ♗g5 a6 12 ♗xf6 gxf6 13 ♘d4 ♕c7 14 ♕h5 ♘c4 15 ♖fe1 ♕c5 *(D)*

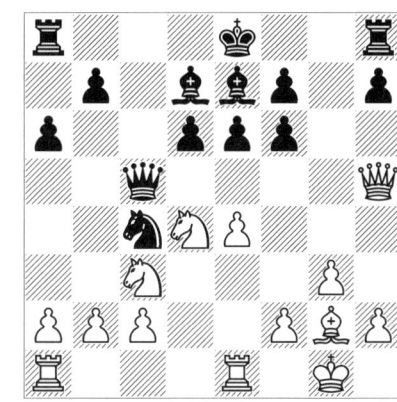

In diesem Turnier erzielte Jonathan Rowson seine letzte Norm für den Großmeistertitel. Er benötigte aus den letzten beiden Runden einen Punkt und würde wahrscheinlich in der letzten Runde eine ziemlich leichte Paarung bekommen, da er schon gegen alle seine Hauptkonkurrenten gespielt hatte. Daher würde ihm ein Remis in dieser Vorschlussrundenpartie wahrscheinlich reichen.

Was muss aber in ihm vorgegangen sein, als er in der Diagrammstellung feststellen musste, dass seine beste Chance auf ein Remis in einem Figurenopfer bestand!

16 ♘f5!

Wie Rowson in der Zeitschrift *CHESS* darlegte, würde der Damentausch die schwarzen Figuren zum Leben erwecken: 16 ♕xc5 dxc5 17 ♘de2 ♗c6 18 b3 ♘a3 19 ♖ac1 0-0-0 nebst ...c4, ...♗c5, ...♖d2 und ...♖hd8.

16...exf5

Nach 16...♘xb2 beabsichtigte Rowson die Selbstgabel 17 ♘d5!?, wonach das Spiel eher in den Bahnen von Springeropfern auf d5 verläuft.

17 exf5

Weiß braucht das Feld d5 noch nicht zu besetzen, da er mit diesem Zurückschlagen günstigerweise die lange Diagonale für seinen Läufer öffnet.

17...♘e5

Ein für den Anziehenden besseres Endspiel ergäbe 17...♕xf5!? 18 ♕xf5 ♗xf5 19 ♘d5 ♗e6 (oder 19...♘e5 20 ♘c7+ ♔d7 21 ♘xa8

♖xa8 22 ♗xb7, wonach die weißen Türme gemäß Rowson über Bewegungsspielraum und Angriffsziele verfügen) 20 ♘c7+ ♔d7 21 ♘xa8 ♖xa8 22 ♗xb7 ♖b8 23 ♗xa6 ♘xb2 24 a4, wonach der a-Bauer gefährlich wird.

18 ♘d5 ♖c8 19 c3!

Dieser Zug unterstreicht die positionelle Natur von Rowsons Opfer. Er beeilt sich nicht mit der Einleitung eines Angriffs, sondern sichert seine Damenflügelbauern. Jetzt hat er die bessere Bauernstellung, Raumvorteil, die sicherere Königsstellung und aktive Figuren.

19...♗c6

In schwieriger Lage spielt Schwarz auf Abtausch des dominierenden Springers.

20 ♖ad1 ♗xd5 21 ♗xd5 ♖c7 22 ♔g2?

Rowson hat nicht gemerkt, dass Schwarz die Evakuierung des Königs zum Damenflügel plant. Gemäß seinen Anmerkungen in *CHESS* kann er der Nachziehenden mit 22 ♖e2! ♔d8 23 ♕h6 ♖c8 (nicht 23...♔c8 24 ♕g7 ♖d8 25 ♕xh7 nebst Vormarsch des h-Bauern) 24 ♗xb7 ♖b8 25 ♗d5 ♔c7 26 ♔g2 das Leben schwerer machen, wonach Weiß zwei Bauern für die Figur hat und seine positionellen Trümpfe behält. Es ist gut möglich, dass er mit dieser Fortsetzung den Großmeistertitel schon eine Runde vor Turnierschluss gewonnen hätte.

22...♔d8 23 ♖e4

Noch nicht 23 ♕h6 wegen 23...♕xf2+ 24 ♔xf2 ♘g4+.

23...♔c8 24 f4 ♘c6 25 ♕h6 ½-½

Rowson entschied sich dafür, mit diesem aggressiven Zug aus der Position der Stärke heraus Remis anzubieten. Schwarz nahm an, da sie nach 25...♔b8 26 ♕g7 ♖cc8! (es ist besser, den f-Bauern herzugeben als den h-Bauern) 27 ♗xf7 ♖cf8 28 ♗d5 ♗d8 29 ♕d7 (Analyse von Rowson) vielleicht das Schlimmste überstanden hat, aber bestimmt nicht besser steht.

Übung

Übung 11

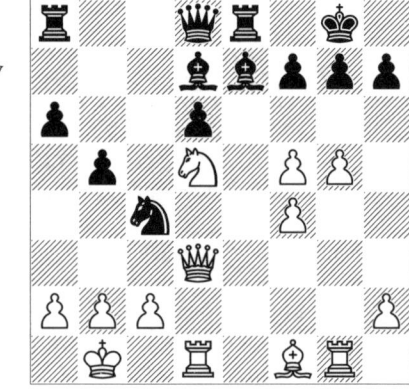

Weiß ist am Zug. Wie lautet seine vielversprechendste Fortsetzung, und wie kann sich Schwarz am besten verteidigen? Hier warten noch ein paar Überraschungen auf uns.

7 Öffnung der g-Linie gegen den rochierten König: Das andere Springeropfer auf f5

Das Springeropfer auf f5 für einen Bauern auf g6 hat eine lange Tradition. Wie viele Opfer in diesem Buch ist es hauptsächlich mit einigen speziellen Eröffnungsstrukturen assoziiert, obwohl es selten vor dem 20. Zug gespielt wird und oft sorgfältig vorbereitet werden muss.

Die offene g-Linie

In seiner einfachsten Form bezweckt das Opfer die Öffnung der g-Linie für eine einfache Mattkombination.

Jimenez – Yepez
*Panamerikanische Meisterschaft,
Havanna 1970*

1 d4 ♘f6 2 c4 g6 3 ♘c3 ♗g7 4 e4 d6 5 f3 0-0 6 ♗e3 c6 7 ♕d2 e5 8 d5 cxd5 9 cxd5 a6 10 ♗d3 ♘bd7 11 ♘ge2 ♘e8 12 g4 ♘c5 13 ♗c2 b5 14 ♘g3 a5 15 h4 b4 16 ♘a4 ♘xa4 17 ♗xa4 ♗d7 18 ♗xd7 ♕xd7 19 h5 ♘c7 20 ♗h6 ♘b5 21 ♗xg7 ♔xg7 *(D)*

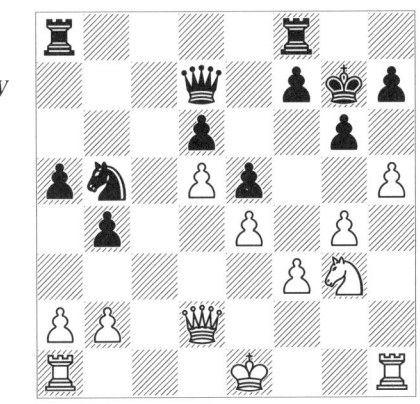

Alles steht für das Durchbruchsopfer bereit.
22 ♘f5+ gxf5

Schwarz könnte ablehnen, aber 22...♔h8 verliert wegen 23 ♕h6 ♖g8 (oder 23...gxf5 24 ♕f6+ wie in der Partie) 24 ♕g5 gxf5 (oder 24...♕d8 25 ♘e7) 25 ♕f6+ ♖g7 26 h6 ♖ag8 27 exf5, und Weiß wird entscheidenden Materialvorteil bekommen.

23 ♕g5+ 1-0

Nach 23...♔h8 24 ♕f6+ ♔g8 25 h6 ist das Matt nicht zu verhindern.

Hätte in obigem Beispiel auf f6 ein schwarzer Springer gestanden, so wäre dieser mit dem Damenschach auf f6 unter Rückgewinn der Figur geschlagen worden. Wenn der Verteidiger auf f6 einen Springer stehen hat, wird diese Kombination in der Tat häufig einfach zwecks Rückgewinn der Figur bei anhaltendem Angriff gespielt.

In unserem ersten Beispiel spielte der Bauer h5 eine entscheidende Rolle. Da dieser Bauer aber nicht immer so leicht zur Verfügung steht, besteht die Grundidee vieler einfacher Springeropfer auf f5 darin, die g-Linie zu öffnen und den König (und jede andere Figur, die sich in den Weg stellt) vom Brett zu fegen.

Noel – Blocker
US-Open 1972

1 e4 c5 2 ♘f3 d6 3 d4 cxd4 4 ♘xd4 ♘f6 5 ♘c3 a6 6 f4 ♕c7 7 ♗d3 e5 8 ♘f3 g6 9 0-0 ♗g7 10 ♕e1 0-0 11 ♔h1 ♘bd7 12 ♕h4 b5 13 fxe5 dxe5 14 ♗h6 ♗b7 15 ♘g5 ♘c5 16 ♗f3 ♖fe8 17 ♖af1 ♗h8 18 ♘e2 ♕e7 19 ♘g3 ♘c5 *(D)*

Die schwarze Dame ist ein verlockendes Angriffsziel für den Springer, während die weißen

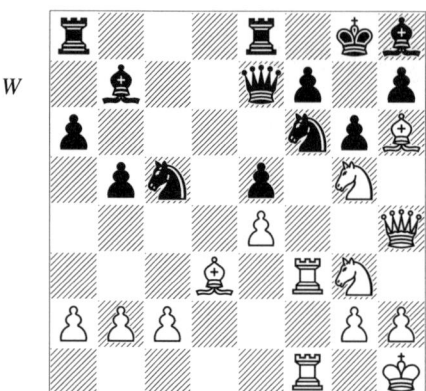

Türme zur Ausnutzung etwaiger offener Linien bereitstehen.

20 ♘f5 gxf5

Wie bei allen stillen Opfern kann Schwarz auch hier eine Ablehnung in Betracht ziehen. Hier scheitert jedoch 20...♕d7 (oder 20...♕c7) an 21 ♗g7!, wonach Weiß auf der f-Linie durchbricht.

21 ♖g3 ♗g7

Es drohte eine Katastrophe auf der g-Linie. Zum Beispiel lautet nach 21...♘xd3 das schnellste Finale 22 ♘e6+ ♔g7 23 ♗xg7 ♘f4 24 ♖xf4 exf4 25 ♗xf6+ fxg3 26 ♕g5#.

22 ♗xg7 ♔xg7 23 ♖xf5 1-0

Ein hübscher ruhiger Schlussakkord. Durch die Beseitigung des Bauern f5 schaltet Weiß die Möglichkeit ...♘g4 aus und droht 24 ♘xh7+ ♔h8 25 ♘xf6#. Unterdessen verliert 23...♔h8 hübsch wegen der Zugfolge 24 ♘xh7! ♘xh7 25 ♕xh7+ ♔xh7 26 ♖h5#.

Das Opfer kommt am häufigsten in den sich aus dem Geschlossenen Spanier und dem Königsinder ergebenden Strukturen vor, in denen das Zentrum durch weiße Bauern auf e4 und d5 gegen schwarze Bauern auf e5 und d6 blockiert ist. Weiß verhindert oder erschwert den schwarzen Befreiungszug ...f5 mittels g4 und führt dann seine Figuren auf den Königsflügel, bevor er ♘f5 spielt.

Alexander – Pachmann
Zonenturnier, Hilversum 1947

1 e4 e5 2 ♘f3 ♘c6 3 ♗b5 a6 4 ♗a4 ♘f6 5 0-0 ♗e7 6 ♖e1 b5 7 ♗b3 d6 8 c3 0-0 9 h3 ♘a5 10 ♗c2 c5 11 d4 ♕c7 12 ♘bd2 ♗b7 13 d5 ♗c8 14 ♘f1 ♖e8 15 ♔h2 g6 16 ♘e3 ♗f8 17 g4 ♗g7 18 ♖g1 ♔h8 19 ♘g5 ♖f8 20 h4 ♘g8 21 ♕e2 ♗d7 22 ♗d2 ♘e7 *(D)*

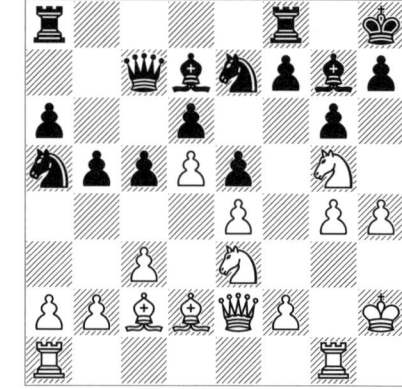

Diese Stellung ist unschwer als Geschlossener Spanier zu erkennen. In ähnlichen Stellungen kann Weiß ausgiebigere Vorbereitungen treffen, beispielsweise durch Aufstellung der Türme auf der h- und g-Linie, aber Alexander hat seine Chance erspäht, das Opfer sofort zu bringen.

23 ♘f5! gxf5

Schwarz sollte das Opfer ablehnen. Die Öffnung der g-Linie gibt Weiß unwiderstehlichen Angriff.

24 gxf5 f6

Auch nach 24...h6 25 ♕h5 fällt die schwarze Stellung auseinander; z. B. 25...♖e8 26 f6 ♗xf6 27 ♕xh6+ mit Matt im nächsten Zug. Nach dem Partiezug zertrümmert Alexander mit zwei weiteren Opfern die schwarze Königsstellung.

25 ♘xh7! ♗e8

25...♔xh7 erlaubt 26 ♕h5+ ♔g8 27 ♖xg7+! ♔xg7 28 ♖g1+ mit Matt, während 25...♖f7 wegen 26 ♕h5 ♔g8 27 ♗h6 (mit der Drohung 28 ♗xg7 ♖xg7 29 ♖xg7+ ♔xg7 30 ♖g1+ ♔h8 31 ♘f8#) 27...♗e8 28 ♕xf7+! ♗xf7 29 ♘xf6+ ♔f8 30 ♗xg7# verliert.

26 ♖xg7! ♔xg7 27 ♘xf8 ♔xf8 28 ♗h6+ ♔f7 29 ♕h5+ ♘g6

Nach dieser erzwungenen Rückgabe der Figur verbleibt Weiß mit zwei Mehrbauern bei anhaltendem Angriff.

30 fxg6+ ♔g8 31 ♕f5 ♕e7 32 ♖g1 ♘c4 33 ♗c1 ♗d7 34 ♕f3 ♖f8 35 b3 ♘b6 36 h5 f5 37

♗g5 fxe4 38 ♕e2 ♕e8 39 ♗xe4 ♗f5 40 ♗h6 ♖f6 41 ♕f3 1-0

Damit das Opfer funktioniert, muss entweder Weiß imstande sein, eine massive Streitmacht schnell zur Geltung zu bringen, oder Schwarz außerstande sein, Schlüsselfelder um seinen König herum zu kontrollieren. Im nächsten Beispiel scheint Schwarz auf dem Damenflügel gutes Spiel zu haben, aber er hat seine Figuren etwas zu weit vom König entfernt und muss dafür büßen.

Tarnowski – Dworzynski
Polnische Meisterschaft, Lodz 1954

1 e4 e5 2 ♘f3 ♘c6 3 ♗b5 a6 4 ♗a4 ♘f6 5 0-0 ♗e7 6 ♖e1 b5 7 ♗b3 d6 8 c3 0-0 9 h3 ♘a5 10 ♗c2 c5 11 d4 ♕c7 12 ♘bd2 cxd4 13 cxd4 ♗b7 14 d5 ♗c8 15 ♖b1 b4 16 ♖a1 ♘b7 17 a3 bxa3 18 ♖xa3 a5 19 ♘f1 ♘c5 20 ♗d2 ♗d7 21 ♕a1 a4 22 g4 ♖ab8 23 ♗c3 ♖b7 24 ♘g3 g6 25 ♘d2 ♖fb8 26 ♕d1 ♗b5 27 ♕f3 ♘fd7 28 ♕e3 ♗h4 29 ♔h2 ♕d8 30 ♘f3 ♗e7 31 ♖g1 ♘b6 32 ♖a2 ♘c4 33 ♕c1 ♗d7 34 ♖g2 ♕c8 *(D)*

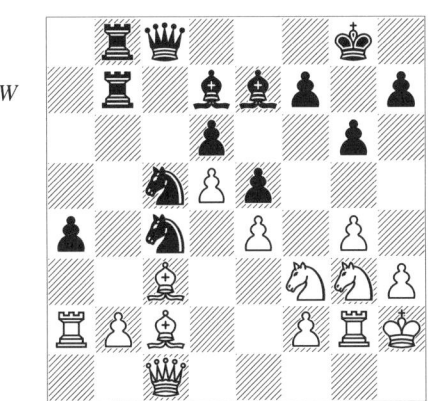

Mit seinem letzten Zug hat der Nachziehende seine Kontrolle über den Punkt f6 geschwächt. Wahrscheinlich war sich Dworzynski der Möglichkeit eines Springeropfers auf f5 bewusst, hatte aber die Bedeutung jenes Feldes f6 unterschätzt.

35 ♘f5 gxf5

Wiederum war es besser, das Opfer abzulehnen.

36 gxf5+ ♔h8

Jetzt hatte Schwarz vermutlich 37 ♕h6 ♕f8 38 ♘g5 (mit der Pointe 38...♕xh6?? 39 ♘xf7#) 38...♗xg5 39 ♕xg5 f6 erwartet, wonach der weiße Angriff vorbei ist. Der Anziehende kann jedoch ein entscheidendes Tempo gewinnen, indem er die schlechte Deckung des Feldes f6 ausnutzt.

37 f6! ♕d8

Der kritische Test der Idee des Weißen ist 37...♗xf6!? 38 ♕h6 ♕d8 *(D)*.

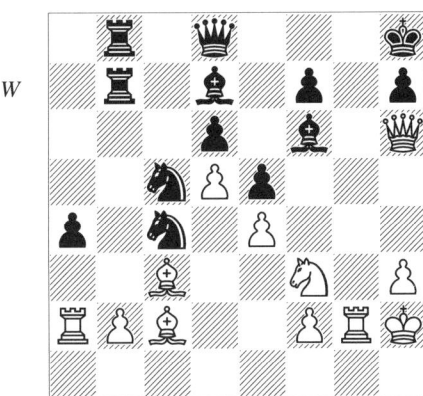

Nun kann folgen:

a) Nach 39 ♘g5 kann der Nachziehende mit 39...♗f5! 40 exf5 ♗xg5 41 ♖xg5 f6 seine zweite Reihe absichern und sich wieder seinem Angriff am Damenflügel widmen, da der Turm b7 die Schlüsselfelder deckt.

b) Die richtige Fortsetzung besteht in dem geduldigen 39 ♖a1!, was ganz cool die Hilflosigkeit des Nachziehenden demonstriert. Der Läufer kann nicht von f6 wegziehen und muss vorerst von der Dame gedeckt werden. Daher kann Schwarz nicht ...f6 spielen und ...♕f8 erst nach Deckung des Läufers durch die Rückkehr des Springers nach d7, auf dem aber gegenwärtig der andere Läufer steht. Dies gibt Weiß gerade genug Zeit zu 40 ♖ag1 und 41 ♖g7 mit Mattdrohung auf h7. Wenn der Springer dann das Feld h7 von f8 aus zu verteidigen versucht, blockiert er die Grundreihe, so dass 42 ♖g8# folgen kann. Schwarz hat zwei Verteidigungsversuche, die beide auf der Rückgabe der Figur mit ...♘e6 basieren:

b1) Das sofortige 39...♘e6 40 dxe6 fxe6 öffnet die zweite Reihe, scheitert aber an 41 ♘h4! mit der Absicht ♘g6+.

b2) 39...♕e7 40 ♖ag1 ♘e6!? 41 dxe6 ♕xe6 (mit der Idee 42 ♖g7 ♕xh3+!) läuft in 42 ♖g4!, wonach es keine gute Abwehr gegen 43 ♖h4! und Matt auf h7 gibt.

Schwarz gibt die Figur auf andere Art und Weise zurück, kann aber seine Figuren nicht rechtzeitig in wirksame Verteidigungspositionen bringen.

38 fxe7 ♕xe7 39 ♕h6 ♖g8 40 ♖xg8+ ♔xg8 41 ♖a1 ♔h8 42 ♖g1 f6 43 ♘h4 1-0

Es droht 44 ♘g6+, und auf 43...♗e8 folgt 44 ♘f5 nebst 45 ♖g7 mit Damengewinn.

In der folgenden Partie gestaltet sich die Aufgabe des Weißen komplizierter, da Schwarz über Konterchancen gegen den weißen König und bewegliche Zentrumsbauern verfügt. Weiß behält die Oberhand, indem er geduldig das Gegenspiel seines Gegners auf ein Minimum beschränkt, während er seine eigenen Figuren auf die g-Linie manövriert.

Khalifman – Smirin
Wilna 1988

1 e4 c5 2 ♘f3 d6 3 d4 cxd4 4 ♘xd4 ♘f6 5 ♘c3 g6 6 ♗e3 ♗g7 7 f3 0-0 8 ♕d2 ♘c6 9 ♗c4 ♗d7 10 h4 h5 11 0-0-0 ♖c8 12 ♗b3 ♘e5 13 ♗h6 ♘c4 14 ♗xc4 ♖xc4 15 ♗xg7 ♔xg7 16 g4 e5 *(D)*

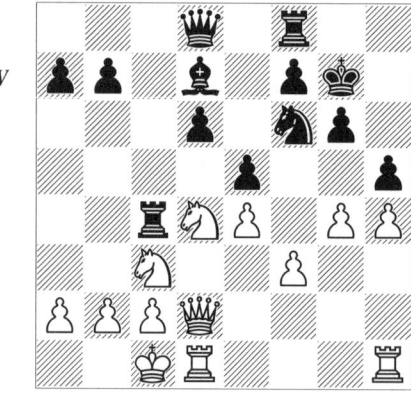

In diesem Sizilianischen Drachen hat sich Weiß mit dem Standardaufmarsch am Königsflügel die Möglichkeit gesichert, den Vorstoß ...e5 mit dem Springeropfer auf f5 zu beantworten.

Man beachte, dass der schwarze h-Bauer auf h5 steht. Dies hilft im Allgemeinen dem Angreifer, da der Bauer selbst verwundbar ist, die Felder g5, g6 und h6 seinen Figuren zugänglich werden können und der König des Verteidigers offener steht als sonst.

17 ♘f5+ gxf5 18 gxf5 ♗c6!

Schwarz verteidigt den angegriffenen d-Bauern und bereitet gleichzeitig als Reaktion auf den Flügelangriff einen Vorstoß im Zentrum vor.

Er kann versuchen, mit 18...♖d4 die weiße Dame „vorzeitig" zum Angriff zu nötigen, aber Weiß kann nachweisen, dass sie durchaus dazu bereit ist: 19 ♕g5+ ♔h7 (oder 19...♔h8 20 ♖dg1 ♖g8 21 ♕h6+ ♘h7 22 ♕xh5 mit zwei Bauern und Angriff für die Figur) 20 ♖xd4! ♖g8 (nicht 20...exd4 21 ♘d5 ♘xd5 22 ♕xh5+ ♔g7 23 ♖g1+ ♔f6 24 ♕g5+ ♔e5 25 f6+ mit Matt im nächsten Zug), und nun kann Weiß mit dem Damenopfer 21 ♖xd6! ♖xg5 22 hxg5 ♘g8 23 ♖xh5+ ♔g7 24 f6+ erdrückenden Vorteil erlangen.

19 ♖dg1+!

Es ist wichtig, diesen Turm zu nehmen, da nach 19 ♖hg1+? ♔h7 20 ♖g5 ♖d4! nebst Turmtausch keine Turmverdopplung auf der g-Linie mehr möglich ist.

19...♔h7 20 ♖g5 ♖g8 21 ♖hg1 b5

Auf der g-Linie kann Schwarz nicht die Türme tauschen, da 21...♖xg5 22 hxg5! die h-Linie öffnet, was noch gefährlicher für ihn ist. Schwarz verfolgt die Idee, den weißen Springer mit ...b4 zu verjagen und dann mit ...d5 das Zentrum zu öffnen.

22 b3!

Weiß lässt sich seinen Springer gerne zum Königsflügel hin vertreiben, da er von g3 aus den h-Bauern angreifen wird. Wenn er aber sofort 22 ♘e2 versucht, kann Schwarz 22...♖a4 spielen, wonach 23 ♔b1 mit 23...♕a5 und Damentausch beantwortet wird. Schwarz verfügt auch über die Antwort 22...d5 23 ♘g3 dxe4 24 ♘xh5 ♕xd2+ 25 ♔xd2 ♖d8+ 26 ♔c1 ♘d5 27 b3 ♖xc2+! (nicht 27...♖c5 28 fxe4 ♘b4 29 ♘f6+ ♔h8 30 ♖g8+ ♖xg8 31 ♖xg8#) 28 ♔xc2 exf3, wonach die schwarzen Freibauern gefährlich sind. Auf diese Idee werden wir später noch zurückkommen.

22...♖c5 *(D)*

22...♖d4 23 ♕g2 ♕f8 24 ♘e2 hilft nur dem Weißen, Zeit für seinen Aufmarsch am Königsflügel zu gewinnen. Schwarz muss sich Konterchancen auf der c-Linie bewahren.

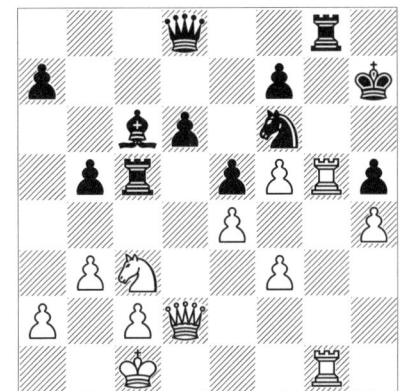
W

23 ♔b1!
Die Bedeutung dieses subtilen Zuges war Smirin vielleicht entgangen. In der langen Variante in der Anmerkung zu 22 b3 kann Schwarz die Damen tauschen, da 24...♕xd2 Schach ist. Jetzt will Weiß der gleichen Variante folgen, da das Schlagen der Dame nun ohne Schachgebot erfolgt und Schwarz forciert matt gesetzt wird.
23...b4?
Schwarz ahnt nichts Böses. Da 23...♕a5 an 24 ♖xg8 ♘xg8 25 ♕g5 mit Matt scheitert, muss er sich zunächst mit 23...♕f8! um die Verteidigung kümmern. Dann muss Weiß seinen Springer auf den Königsflügel überführen. Weitergehen könnte es dann mit 24 ♘d1 (24 ♘e2 verläuft ähnlich), und nun:

a) 24...d5 erlaubt 25 ♖xg8 ♘xg8 26 ♕g5 mit der Idee 26...♘h6 27 f6 ♕g8 (oder 27...dxe4 28 ♕xh5 exf3 29 ♖g7+, und Schwarz muss die Dame geben) 28 ♕xh6+ ♔xh6 29 ♖xg8 dxe4 30 ♘e3!, und der weiße Angriff geht auch mit nur einem Turm und einem Springer weiter.

b) 24...♖xg5 25 hxg5! (nicht 25 ♖xg5 d5, wonach der weiße Angriff vorbei ist und der schwarze Gegenangriff beginnt) 25...♘xe4 26 ♕g2! ♘d2+ (oder 26...♖xg5 27 ♕xg5 mit tödlichem Angriff auf der g-Linie) 27 ♕xd2 ♗xf3 28 ♘e3 mit guten weißen Angriffschancen am Königsflügel.
24 ♘e2 d5

Für 24...♕f8 ist es zu spät, da nach 25 ♘g3 die Antwort 25...♕h6 auf 26 ♕xd6 mit Zusammenbruch der schwarzen Stellung trifft. Der Nachziehende muss den h-Bauern mit der Dame verteidigen, da Weiß 25...♘h8 26 ♘xh5 ♖xg5 nicht mit 27 ♖xg5 beantwortet, wonach sich Schwarz mit 27...♘g8 verteidigen kann, sondern mit 27 hxg5!, und nun verliert 27...♘xh5 wegen 28 ♖h1 mit Mattangriff auf der h-Linie.
25 ♘g3 ♖xg5
Da jetzt nach 25...dxe4 26 ♘xh5 der Zug 26...♕xd2 nicht mit Schach kommt, kann Weiß 27 ♘xf6+ mit Matt im nächsten Zug spielen.
26 ♕xg5 ♕g8
26...♕h8 hilft auch nicht, da 27 ♘xh5 sofort gewinnt:

a) Auf 27...♘g8 folgt 28 ♕d8 ♗b5 29 ♕f8 ♖c6 30 ♖g7+ mit Matt.

b) Nach 27...♘e8 28 ♕e7 kann der f-Bauer nicht verteidigt werden.

c) 27...♘d7 28 ♕e7 ♕f8 29 ♘f6+ mit Damengewinn und baldigem Matt.
27 ♕xf6 dxe4 28 ♘e2 1-0

Einer der Reize des Springeropfers auf f5 besteht darin, dass es auch dann, wenn es nicht forciert gewinnt, den Gegner so stark einengen kann, dass er nicht in der Lage ist, seinen Materialvorteil zu verwerten. Mir sind einige Beispiele bekannt, in denen die Verteidiger mit dem ihnen durch ein Springeropfer auf f5 aufgezwungenen Mangel an Aktivität nicht fertig geworden sind. Hier möchte ich nur ein Beispiel dazu anführen.

Reshevsky – Sofrevski
Skopje 1970

1 d4 ♘f6 2 c4 c5 3 d5 e5 4 ♘c3 d6 5 e4 ♗e7 6 ♗d3 0-0 7 h3 ♘e8 8 ♘f3 ♘a6 9 a3 ♗d7 10 ♖b1 g6 11 ♗h6 ♘g7 12 g4 f6 13 b4 ♖f7 14 ♖g1 b6 15 ♔e2 ♘h8 16 ♕d2 ♕c7 17 b5 ♘b8 18 ♖g2 a6 19 a4 a5 20 ♖bg1 ♗c8 21 ♔d1 ♗f8 22 ♘e2 ♘e8 23 ♘h4 ♕e7 (D)

In dieser blockierten Stellung hat der Anziehende die meisten seiner Figuren auf den Königsflügel überführt, aber Schwarz hat sich die zweite Reihe für die seitliche Verteidigung freigehalten. Es scheint, dass wir Zeugen des Zusammenpralls zweier Urgewalten werden:

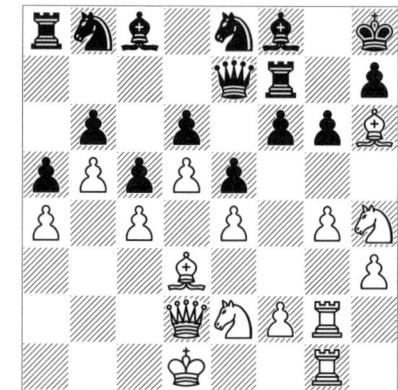 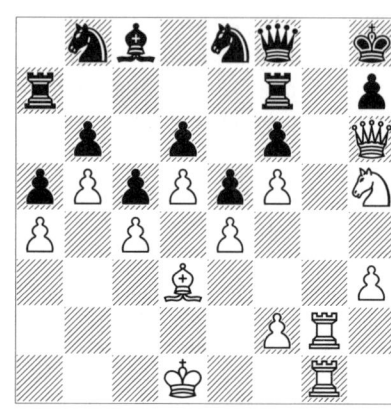

unwiderstehliche Angriff gegen unerschütterliche Verteidigung.

24 ♘f5 gxf5

Die Annahme ist nicht unbedingt notwendig, sollte aber keinen Schaden anrichten.

25 gxf5 ♗g7 26 ♘g3 ♘d7?

Schwarz greift fehl, indem er die sehr wichtige zweite Reihe blockiert.

Nach 26...♗xh6 27 ♕xh6 gibt es aber immer noch viele Fallstricke für ihn, von denen die meisten mit der Besetzung des Feldes g7 zu tun haben. Man sehe:

a) 27...♖g7, und nun:

a1) Der Anziehende sollte 28 ♘h5 ♖xg2 29 ♖xg2 vermeiden, da der Tausch eines Turmpaars seinen Angriff stark abschwächt und dann nach 29...♘d7 alles gedeckt ist.

a2) Besser fährt Weiß mit 28 ♗e2!, wonach die Drohung 29 ♗h5 (gefolgt von ♗xe8 oder ♗g6 nebst ♘h5) Schwarz große Unannehmlichkeiten bereitet. Ein besonders spektakuläres Finale lautet 28...♘c7 29 ♗h5 ♖g8 30 ♗g6 ♘d7 31 ♘h5 ♗b7 32 ♗xh7! ♕xh7 33 ♘xf6!! ♕xh6 34 ♖xg8+ mit Matt im nächsten Zug.

Es gibt jedoch eine geradlinige Verteidigung, mit der Schwarz allem Ärger aus dem Weg gehen kann:

b) Richtig ist 27...♕f8 28 ♘h5 ♖aa7 *(D)*.

Hier können beide Seiten wenig unternehmen. Schwarz kann die weiße Dame wegen Matt niemals nehmen, aber Weiß kann keine Fortschritte machen, da er seine Figuren nicht wie oben organisieren kann. So muss er beispielsweise seine Dame zurückziehen, bevor er seinen Springer bewegt, um den Läufer nach h5 zu bringen. Ohne die Dame auf h6 stellt der Läufer aber keine ernsthaften Drohungen auf, selbst wenn er nach g6 gelangt.

Andererseits kann Schwarz auch nichts unternehmen, wenn Weiß aufpasst. Daher sollte die Partie remis enden.

27 ♗f1?

Weiß verpasst die Chance, den schwarzen Lapsus mit 27 ♘h5! sofort auszunutzen. Dann trifft 27...♗xh6 auf 28 ♖g8#, und sonst verliert Schwarz seine Dame für nicht genug Material.

27...♕f8 28 ♘h5 ♗xh6 29 ♕xh6 ♘g7??

Unter Druck verlassen den Nachziehenden seine Rechenkünste. Weiß kann den Springer einfach schlagen, wonach das Matt auf dem Fuße folgt. Besser war z. B. 29...♖a7, was die schwarze Stellung zusammenhält und die Partie auf ein Remis zusteuert.

30 ♘xg7 ♖xg7 31 ♖xg7 1-0

Nicht nur Weiß kann das Springeropfer auf f5 bringen. Es gibt Formationen, in denen der Nachziehende das Opfer spielen kann, insbesondere Königsindisch-Formationen mit weißen Bauern auf e4 und d5 und schwarzen Bauern auf e5 und d6. Wenn der Anziehende einen Bauern nach g3 stellt, kann ein schwarzer Springer auf f4 landen, manchmal mit großer Wirkung. Das Opfer kann besonders effektiv sein, wenn Schwarz ...f5 und ...f4 gespielt und Weiß mit g3 oder g4 geantwortet hat. Schwarz schlägt auf g3 (im Fall von weißem g4 *en passant*), wonach Weiß mit einem Bauern auf g3 zurücknimmt. Wie die folgende Partie zeigt, setzt das Springeropfer auf f4 dann den weißen König potentiellen Gefahren sowohl auf der g-Linie als auch auf der h-Linie aus.

Stanec – Geo. Timoschenko
Wien 1998

1 c4 ♘f6 2 ♘c3 g6 3 e4 d6 4 d4 ♗g7 5 ♗e2 0-0 6 ♘f3 e5 7 0-0 ♘c6 8 d5 ♘e7 9 ♖e1 ♘d7 10 ♗e3 f5 11 f3 f4 12 ♗f2 g5 13 g4 fxg3 14 hxg3 ♘g6 15 ♔g2 a5 16 ♘e3 ♘c5 17 b3 *(D)*

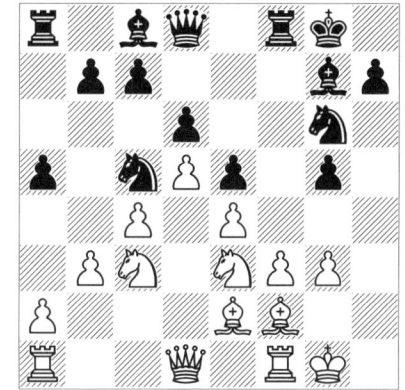

17...♘f4

Dies ist ein weiteres Opfer, das vielleicht am besten abgelehnt wird.

Nach dem sofortigen 18 gxf4 kann Schwarz durch Zurückschlagen mit dem e-Bauern die Figur sofort zurückgewinnen, da nach 18...exf4 der Bauer f4 den Springer e3 attackiert und der Fianchettoläufer den anderen Springer angreift. Nachdem Weiß mit seinem nächsten Zug einen der Springer gedeckt hat, kann er im darauffolgenden Zug der Versuchung nicht widerstehen.

18 ♗e1 ♖f6 19 gxf4?! gxf4 20 ♘g2 ♖g6 21 ♖f2 ♔h8! 22 ♗f1 ♕h4

Der Nachziehende könnte die Springerinvasion mit 22...♗d7 und Abtausch des auf b5 auftauchenden Eindringlings verhindern, aber im Idealfall sollte er den Läufer zur Verwendung auf dem Königsflügel behalten.

23 ♘a4?!

Eine bessere Einsatzmöglichkeit für den weißen Springer besteht in 23 ♘b5 ♗d7 24 ♘xc7, aber nach 24...♖g8 bekäme Schwarz starken Angriff für die Figur.

23...♘xa4 24 bxa4 ♕h3 25 ♖c2

Auch ein völlig passives Verhalten schlägt fehl; z. B. 25 ♖b2 b6 26 a3 ♗d7 27 ♖aa2 ♖g8 28 ♕d3 ♗f6 29 ♖d2 ♖h6, und Schwarz kassiert schließlich den Springer g2.

Das von Weiß erhoffte Spiel auf der c-Linie ist zu langsam, um einen Unterschied zu machen. Schwarz kann nicht am Durchbruch auf g2 gehindert werden.

25...♗d7 26 c5 ♗xa4 27 cxd6 cxd6 28 ♕c1 ♗xc2 29 ♕xc2 ♕xf3 30 ♖b1 ♕g4 31 ♖xb7 f3 0-1

Im letzten Beispiel in diesem Abschnitt sehen wir eine andere Bauernformation mit blockierten Bauern auf e4 und e5 und offener d-Linie.

Wie wir in Khalifman-Smirin auf Seite 108 gesehen haben, gestaltet sich der Angriff auf der g- und h-Linie oft einfacher, wenn der Verteidiger einen Bauern auf h5 hat. Es folgt eine feine Kombination, mit der die zusätzliche Schwächung der Königsfestung ausgenutzt wird.

Velikov – D. Cramling
Reggio Emilia 1979

1 d4 ♘f6 2 ♘f3 e6 3 ♗g5 h6 4 ♗xf6 ♕xf6 5 e4 d6 6 ♘c3 g6 7 ♗d3 ♗g7 8 ♕e2 ♘d7 9 0-0-0 a6 10 ♖he1 e5 11 ♘d5 ♕d8 12 dxe5 dxe5 13 h4 c6 14 ♘e3 h5 15 ♗c4 b5 16 ♗b3 ♕e7 17 ♘g5 0-0 *(D)*

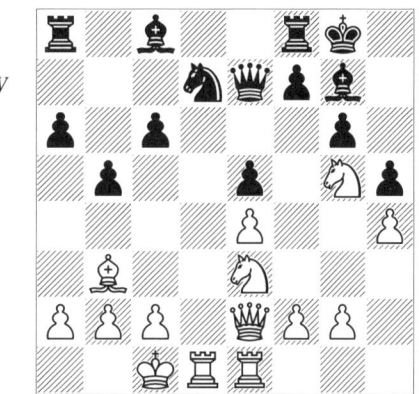

Auch in dieser Struktur kann das Springeropfer auf f5 gebracht werden. Hier gibt die Tatsache, dass der Läufer b3 auf der Diagonale nach f7 freies Schussfeld hat, den Ausschlag. Wenn die weiße Dame am Ende auf h5 schlägt, wird sie nicht nur Matt auf h7 drohen, sondern auch den Druck auf den Bauern f7 verstärken.

18 ♘f5 gxf5

Im Moment scheitert 19 ♕xh5 an 19...♘f6 mit Verteidigung von h7 und Angriff auf die weiße Dame. Weiß beseitigt daher den störenden Springer.

19 ♖xd7! ♕xd7

Dies ist erzwungen, da die Dame den Fluchtweg des Königs blockierte, so dass 19...♗xd7 mit 20 ♕xh5 ♖fb8 (zum Beispiel) 21 ♗xf7+ ♔f8 22 ♘h7# beantwortet werden kann.

Jetzt kann Schwarz anscheinend recht zuversichtlich in die Zukunft schauen, da 20 ♕xh5 auf die Erwiderung 20...♖d8 trifft und Schwarz nach 21 ♗xf7+ ♔f8 22 ♘e6+ (22 ♘h7+ ♔e7 23 ♗b3?? ♕d2+ ist ein böser Unfall) durch Rückgabe von Material mit 22...♔e7 23 ♘xd8 ♕xd8 oder sogar 22...♕xe6 23 ♗xe6 ♗xe6 Chancen auf eine erfolgreiche Verteidigung bewahren kann.

Weiß hat jedoch einen Zwischenzug in petto, der das unglückliche Matt aus der obigen Variante vermeidet und die Dame auf ein ungünstiges Feld zwingt.

20 ♖d1! ♗h6

20...♕e7 blockiert wiederum den Fluchtweg des Königs, während Schwarz nach 20...♕c7 21 ♕xh5 ♖e8 22 ♗xf7+ ♔f8 23 ♘h7+ ♔e7 24 ♗b3! mit den Mattdrohungen nicht fertig werden kann. Schwarz gibt die Dame, aber der Angriff geht weiter.

21 ♕xh5 ♔g7 22 ♖xd7 ♗xd7 23 ♔b1 fxe4 24 ♗xf7 ♔h8??

Nach 24...♗f5 25 ♘e6+! ♔f6 (aber nicht 25...♗xe6 26 ♕g6+ ♔h8 27 ♕xh6#) 26 ♘xf8 hat Weiß überwältigenden Vorteil.

25 ♕xh6# (1-0)

Der Bauernsturm

Wenn der Opfernde auf f5 mit dem e-Bauern zurücknimmt, folgt darauf üblicherweise ein Bauernsturm auf die Königsfestung. Diese Form des Opfers kann sehr zweischneidig sein, da der Angreifer keiner klaren Marschroute folgen kann. In unserem ersten Beispiel kommen dem Angreifer zwei Faktoren zugute. Erstens hat der Verteidiger seine eigene Königsstellung durch einen Bauernvorstoß geschwächt, und zweitens sind die Bauern des Angreifers schon weit vorgerückt und zum Angriffsschlag bereit.

Spasski – Kavalek
Montreal 1979

1 d4 ♘f6 2 c4 d6 3 ♘c3 ♘bd7 4 e4 e5 5 d5 ♗e7 6 ♘f3 0-0 7 ♗e2 ♘c5 8 ♕c2 a5 9 ♗e3 b6 10 h3 h6 11 0-0-0 ♘h7 12 g4 ♘g5 13 ♘d2 ♘h7 14 ♘f3 ♘g5 15 ♘e1! ♘h7 16 ♘g2 ♗g5 17 h4 ♗xe3+ 18 ♘xe3 g6 19 ♖df1 ♗d7 20 ♔b1 ♕e7 21 f3 ♔g7 22 ♖f2 ♘f6 23 ♕d2 ♖ae8 24 ♗d1 ♘h7 25 ♗c2 ♖b8 26 ♘b5 ♖bc8 27 ♖fh2 ♖h8 28 ♖g1 ♖hf8 29 g5 h5 *(D)*

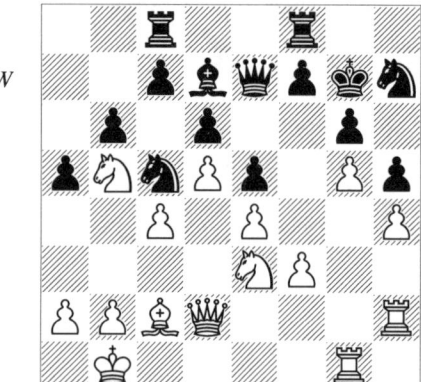

Die Stellung des schwarzen Bauern auf h5 hilft Weiß, da er einen zweiten Bauern für die Figur gewinnen kann und letztlich seinen h-Bauern zum Freibauern machen kann.

30 ♘f5+ gxf5 31 exf5 ♔h8

Es drohte 32 f6+ ♘xf6 33 gxf6++ ♔xf6 34 ♕g5#. Eine plausible Verteidigungsalternative bestand im Rückzug der Dame, aber dann kann Weiß seinen Angriff bedächtig aufbauen und später seine Bauern Amok laufen lassen. Eine denkbare Folge wäre 31...♕d8 32 ♖hg2 ♖g8 33 f4 ♗xb5 34 cxb5 ♕d7 35 ♕d1 ♖h8 36 f6+ ♔g8 37 fxe5 dxe5 38 ♕f3 (deckt den f-Bauern und unterstützt dessen späteren Vormarsch nach f7) 38...e4 (oder 38...♘f8 39 g6 fxg6 40 ♗xg6 ♘xg6 41 ♖xg6+ ♔f8 42 f7! mit gravierenden Drohungen), und nun kommt der entscheidende Durchbruch 39 g6! mit der Idee 39...exf3 40 gxh7++ ♔f8 41 ♖g8+ nebst Matt im nächsten Zug.

32 ♖hg2

Verfrüht ist 32 g6, weil der Angriff nach 32...fxg6 33 fxg6 ♕g7 nebst 34...♘f6 im Sande verläuft.

Angesichts eines mit 33 g6 beginnenden entscheidenden Durchbruchs findet Schwarz nun einen Weg, auf Kosten eines kleinen materiellen Defizits den Königsflügel zu flicken.

32...e4! *(D)*

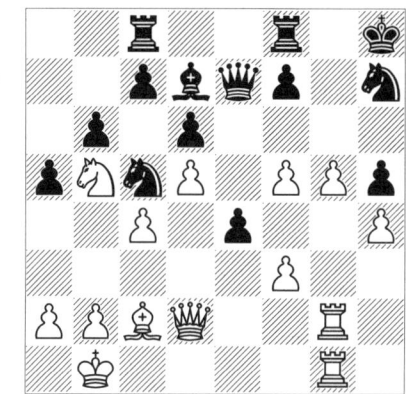

Die schwarze Dame wird von e5 aus einige Schlüsselfelder decken, und der schwarze Läufer wird auf g4 die g-Linie blockieren können.

33 fxe4 ♕e5 34 g6 fxg6 35 fxg6 ♖f4 36 gxh7 ♗g4!

Schwarz hat seinen Nachteil auf ein Minimum beschränkt, aber Weiß behielt einen Mehrbauern und gewann durch Vorrücken seiner Damenflügelbauern.

Im nächsten Beispiel konnte der Opfernde bei zwei Gelegenheiten das materielle Gleichgewicht wiederherstellen, spielte aber lieber im Opferstil weiter. Letztendlich brachte er das wahrscheinlich einzigartige Kunststück fertig, beide Springer auf f5 zu opfern.

Lutikow – Juferow
Sokolski-Memorial, Minsk 1978

1 e4 c5 2 ♘f3 d6 3 d4 cxd4 4 ♘xd4 ♘f6 5 ♘c3 a6 6 h3 e5 7 ♘de2 ♗e6 8 g4 ♘bd7 9 ♗g2 ♗e7 10 ♘g3 g6 11 ♗h6 ♘b6 12 0-0 ♕c7 13 ♕f3 ♘fd7 14 ♖fd1 ♖c8 15 a4 ♘c4 16 ♗c1 0-0 *(D)*

17 ♘f5 gxf5 18 exf5

Egal welcher Bauer zurücknimmt, der Läufer e6 ist gefangen.

18...♘a5 19 ♗h6!

Weiß verschmäht die Gelegenheit zum Rückgewinn der Figur, da 19 fxe6 fxe6 bestenfalls zu

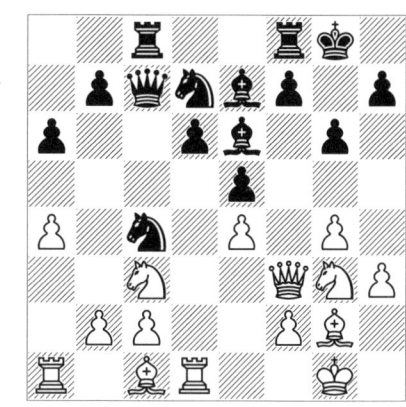

gleichem Spiel führt. Vielleicht will Weiß ja stattdessen den Turm nehmen...

19...♗c4 20 g5!

...aber nein, selbst den will er nicht haben. Wieder und wieder haben wir gesehen, dass der Gewinn der Qualität nach einem Figurenopfer keinen Vorteil verbürgt. Hier hätte eher der Nachziehende mit seinen lebhaften Leichtfiguren die besseren Karten.

20...♖fe8 21 ♕h5 ♔h8 22 f6 ♘xf6

Der weiße Bauernsturm zwingt Schwarz zur Rückgabe der Figur, da 22...♗f8 auf die Erwiderung 23 ♗e4 mit der schrecklichen Drohung 24 ♗g7+ nebst Matt auf h7 trifft. Schwarz vermeidet den sofortigen Partieverlust, aber das ist nicht das Ende der weißen Drohungen. Um das Matt auf h7 zu verhindern, muss Schwarz auch noch eine Qualität geben.

23 gxf6 ♗xf6 24 ♗e4 ♖g8+ 25 ♔h2 ♖g6 26 ♗xg6 hxg6

Ein weiterer schwarzer Bauer erscheint auf g6.

27 ♕f3 ♗g7

Der Anziehende hat die Qualität für einen Bauern gewonnen und ist dank der Kontrolle über d5 im Vorteil, aber Schwarz hat bessere Verteidigungschancen, wenn er diesen Läufer behält.

28 ♗xg7+ ♔xg7 29 ♘e4 d5 30 ♕f6+ ♔g8 31 ♘d6 ♖d8 *(D)*

32 ♘f5!?

Der zweite Springer opfert sich auf f5 für einen Bauern auf g6! Stattdessen kann Weiß 32 ♘xf7! ♕xf7 33 ♕xd8+ ♔g7 34 ♕h4 (nicht 34 ♕xa5 ♕xf2+ mit Dauerschach) mit zwei Mehrqualitäten spielen.

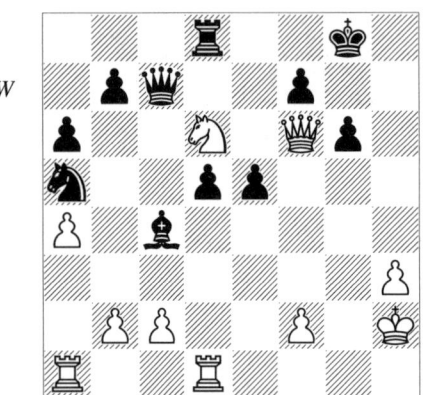

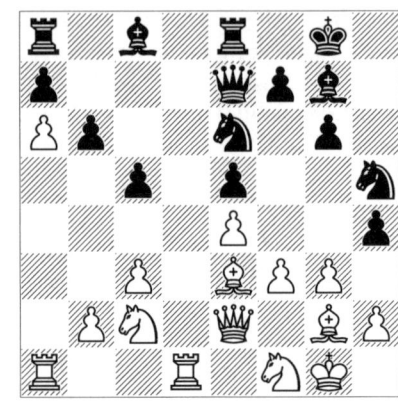

Entweder meinte Weiß, dass Schwarz danach immer noch kämpfen konnte, oder ihm gefiel die Idee, zwei identische Opfer zu bringen. Dieses Opfer verfolgt andere Motive, die hauptsächlich auf der Öffnung der g-Linie für die weißen Türme beruhen.

32...e4+ 33 ♔h1 gxf5 34 ♕h6 ♗e2!?

34...♖d6 hält den weißen Angriff nicht auf, da Schwarz nach 35 ♖g1+ ♗g6 36 ♖xg6+ fxg6 37 ♖g1! keine Verteidigung hat. Wieder gibt Schwarz die Figur zurück, aber Weiß behält Angriff.

35 ♖g1+ ♗g4 36 hxg4 f4 37 g5! ♖d6 38 g6 fxg6 39 ♖xg6+ ♖xg6 40 ♕xg6+ ♕g7 41 ♕h5 ♕h7 42 ♖g1+ ♔h8 43 ♕xh7+ ♔xh7 44 ♖g5

Schließlich hat Weiß ein gewonnenes Endspiel erreicht, da er mit Turm und König auf Bauernjagd gehen kann.

44...♘c4 45 ♖xd5 ♘xb2 46 ♖d4 e3 47 fxe3 fxe3 48 ♔g2 b5 49 axb5 axb5 50 ♔f3 1-0

Das Zurückschlagen mit dem e-Bauern erzeugt nicht nur eine Bauernphalanx am Königsflügel, sondern öffnet vielleicht auch Linien im Zentrum. In der nachstehenden Partie wird der weiße König zur Mitte hin getrieben, wo die schwarze Armee im Hinterhalt liegt.

Rivas – Khalifman
Dos Hermanas 1993

1 d4 ♘f6 2 ♘f3 g6 3 g3 ♗g7 4 ♗g2 0-0 5 0-0 d6 6 ♖e1 ♘bd7 7 e4 e5 8 a4 ♖e8 9 dxe5 dxe5 10 ♘a3 b6 11 ♗e3 ♗b7 12 ♘d2 h5 13 f3 ♕e7 14 ♕e2 ♘c5 15 a5 ♘e6 16 a6 ♗c8 17 c3 h4 18 ♘c2 ♘h5 19 ♘f1 c5 20 ♖ed1 (D)

20...♘ef4 21 gxf4 exf4 22 ♗c1

Da 22 ♗f2 die Fluchtroute des Königs blockiert, fällt nach 22...h3 23 ♗h1 ♕g5+ der Vorhang. Deshalb muss der Läufer den Rückzug antreten.

22...h3 23 ♗h1 ♗e6!

Der Nachziehende will die Drohung der Bildung von verbundenen Freibauern am Königsflügel (durch das Opfer ...♘g3) über dem Haupte des Anziehenden schweben lassen. Unterdessen wird er in der Mitte spielen, wo der in die Ecke gedrängte weiße Läufer keinen Einfluss hat, und Weiß wird Schwierigkeiten mit der Entwirrung seiner anderen Figuren haben.

24 ♘d2 ♖ad8 25 ♔f1

Da der König nicht von einem Trick mit ...♕g5+ gefolgt von ...♘g3+ erwischt werden möchte, macht er freiwillig einen Schritt in Richtung Mitte.

25...♖d7 26 ♖e1 ♖ed8 (D)

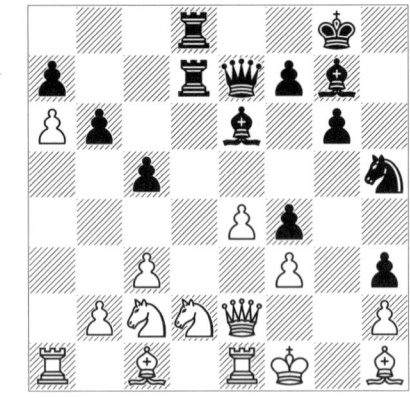

27 e5

Im *Informator* gibt Khalifman lediglich 27 ♖a3 b5! mit Vorteil für Schwarz. Oberflächlich betrachtet, scheint das Abspiel 28 ♕xb5 ♖xd2 29 ♗xd2 ♖xd2 30 ♖e2 für Weiß zufrieden stellend zu sein, aber Schwarz kann langsam einen bedrohlichen Angriff aufbauen. So gibt es beispielsweise nach 30...♕d6 31 ♘e1 c4 32 ♖a1 ♔h7 33 ♖c1 ♘g3+! 34 hxg3 fxg3 35 ♖c2 ♖d1 36 ♕g5 ♗h6 37 ♕h4 g5 38 ♕h5 ♕d3 keine gute Antwort auf die Drohung 39...g2+ 40 ♗xg2 hxg2+ 41 ♔xg2 ♖xe1. Dieses typische Abspiel ist nicht forciert, aber ein schönes Beispiel für kombiniertes Spiel am Königsflügel und in der Mitte.

27...♖d5 28 ♖a4

Weiß versucht seinen Turm nach e4 zu manövrieren, selbst auf Kosten der Rückgabe von etwas Material. Dieses Vorhaben scheitert an der opportunistischen Spielweise von Khalifman, nach der die weißen Figuren noch tiefer im Schlamassel stecken.

28...♖xd2

Die andere Möglichkeit zum Gewinn von zwei Figuren für einen Turm, 28...♕d7 29 ♖e4 ♖xd2, führt zum Damentausch.

29 ♗xd2 ♗b3 30 ♖a3 ♗xc2 31 c4 ♗f5 *(D)*

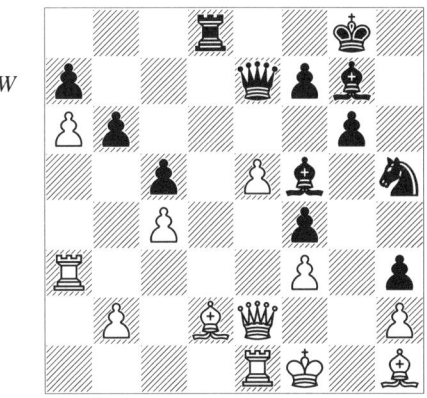

32 ♗c1

Khalifman schlägt 32 b4!? vor, aber darauf scheint 32...b5 eine sehr starke Antwort zu sein:

a) Nach 33 ♖c1 ♕xe5 gibt es keine gute Möglichkeit, Damentausch gefolgt von ...♗b2 mit Aufgabelung der Türme zu verhindern.

b) 33 cxb5 erlaubt 33...cxb4 34 ♖b3 (der Turm darf die dritte Reihe nicht verlassen, da dann ...♗d3 die weiße Dame gewinnen würde) 34...♕e6 35 ♕d1 ♕c4+ 36 ♔f2 ♗f8 mit der entscheidenden Drohung 37...♗c5+.

c) 33 bxc5 trifft auf die Antwort 33...♕xc5 34 ♖b3 (oder 34 ♗c1 b4 35 ♖b3 ♗e6 mit sofortigem Gewinn) 34...♖xd2 35 ♕xd2 ♕xc4+ mit Materialgewinn.

Nachdem der Läufer g7 durch Schlagen des e-Bauern einmal ins Kampfgeschehen eingegriffen hat, werden die schwarzen Läufer die weiße Stellung zu Kleinholz verarbeiten. Die folgende Verzweiflungsmaßnahme des Weißen macht die Sache nur noch schlimmer.

32...♖e8 33 b4?! cxb4 34 ♖b3 ♕c5 35 ♗d2

35 ♗b2 verteidigt den e-Bauern, aber der Nachziehende erwidert 35...♗c8!, wonach die weißen Bauern ebenso wie reife Früchte fallen.

35...♖xe5 36 ♗xb4 ♕c7 37 ♕d1 ♕xc4+ 38 ♔g1 ♖d5 0-1

Zurückschlagen mit dem Springer

Das Springeropfer auf f5 ist in meiner Praxis häufiger als jedes andere Standardopfer vorgekommen. Als ich es das erste Mal spielte, konnte man kaum von einem Opfer sprechen. Ich nahm mit einem Springer zurück und bekam einen zusätzlichen Bauern und die Qualität. Danach erhielt ich eine sehr gute Stellung und befand mich bald auf der Siegerstraße.

Im Gegensatz zum Wiedernehmen mit einem Bauern hat das Zurückschlagen mit dem Springer nur selten eine lang anhaltende Wirkung. Normalerweise muss der Opfernde schnell handeln. Neben plötzlichen Matts auf g7 besteht das populärste Motiv für das Zurückschlagen mit dem Springer in der Beseitigung eines Verteidigungsläufers auf g7 oder e7.

Janowski – Em. Lasker
Wettkampf (6. Partie), Paris 1909

1 e4 e5 2 ♘f3 ♘c6 3 ♘c3 ♘f6 4 ♗b5 d6 5 d4 ♗d7 6 0-0 ♗e7 7 ♖e1 exd4 8 ♘xd4 0-0 9 ♘de2 ♘e5 10 ♘g3 ♗xb5 11 ♘xb5 ♖e8 12 b3 ♗f8 13 ♗b2 g6 14 f4 ♘ed7 15 ♕f3 a6 16 ♘d4 ♗g7 17 ♖ad1 ♕e7 *(D)*

18 ♘df5! gxf5 19 ♘xf5 ♕e6

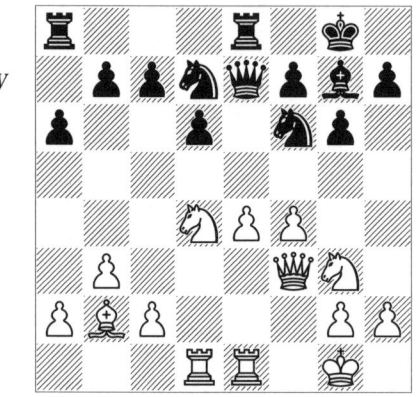

Nach 19...♕f8 20 e5 sitzt der Springer f6 in der Falle, und der Versuch, sich mit 20...dxe5 21 fxe5 ♕c5+ 22 ♗d4 ♕d5 in ein Endspiel zu retten, scheitert an 23 ♕g3 ♘h5 24 ♕g5 mit glattem Gewinn des Springers.

In der Partie lockt Weiß durch den Tausch auf g7 den schwarzen König auf die lange Diagonale und nutzt dann den Umstand aus, dass sein Läufer auf derselben Diagonale steht.

20 ♘xg7 ♔xg7 21 e5 ♔f8 *(D)*

21...dxe5 22 fxe5 ♘g8 verliert wegen 23 ♖xd7! ♕xd7 24 e6+ mit Damengewinn.

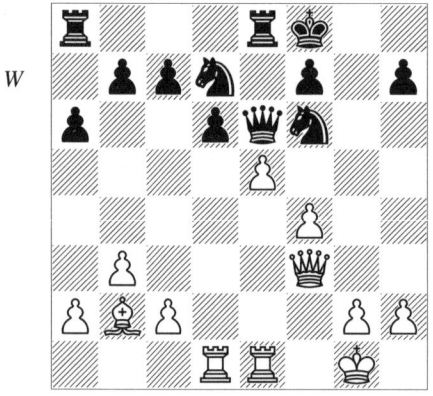

22 exf6 ♕xe1+

Nach 22...♕f5 23 ♕xb7 ♕xc2 24 ♗d4 ♖ab8 25 ♕f3 hat Weiß einen Bauern mehr und droht 26 ♕g4, was den Wert des Bauern f6 verdeutlicht.

23 ♖xe1 ♖xe1+ 24 ♔f2 ♖ae8 25 ♕xb7

...und infolge der durch den Bauern f6 eröffneten Mattmöglichkeiten erwies sich die Dame als deutlich stärker als die Türme.

Im nächsten Beispiel wird der Läufer auf e7 getauscht, wonach der Nachziehende auf den schwarzen Feldern überrannt wird.

Rosentalis – Karason
Reykjavik 1996

1 e4 c5 2 ♘f3 d6 3 d4 cxd4 4 ♕xd4 ♘c6 5 ♗b5 ♗d7 6 ♗xc6 ♗xc6 7 ♘c3 ♘f6 8 ♗g5 e6 9 0-0-0 ♗e7 10 ♖he1 0-0 11 ♕d2 ♕c7 12 ♘d4 ♖fd8 13 f3 a6 14 g4 b5 15 ♘ce2 ♗b7 16 ♘g3 g6 17 ♔b1 e5 *(D)*

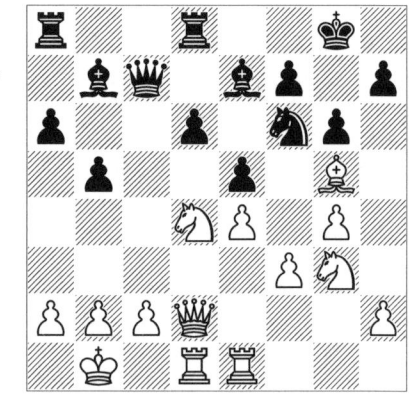

Wie bei Khalifman-Smirin auf Seite 108 liegt hier eine jener Sizilianisch-Stellungen vor, in denen Schwarz mit ...d5 das Zentrum öffnen wird, wenn Weiß ihn nicht irgendwie ablenken kann. Im vorliegenden Fall erweist sich die Ablenkung als höchst effektiv.

18 ♘df5 gxf5 19 ♘xf5 ♗c8

Schwarz muss die Figur zurückgeben. Eine Möglichkeit dazu ist 19...♖ac8, was Weiß mit 20 ♗h4! (nicht 20 ♘xe7+ ♕xe7 21 ♗h4 ♘xe4 22 ♗xe7 ♘xd2+ 23 ♖xd2, was nur eine ausgeglichene Stellung ergibt) beantwortet und wegen der Mattdrohung 21 ♕g5+ die Antwort 20...♘xe4 21 fxe4 ♗xh4 22 ♘xh4 f6 erzwingt, wonach er mit 23 g5 Linien gegen den schwarzen König öffnen kann.

Schwarz entscheidet sich dafür, den Springer zum sofortigen Schlagen auf e7 zu zwingen.

20 ♘xe7+ ♕xe7 21 ♗h4

Jetzt droht 22 ♕g5+ mit Rückgewinn der Figur bei mindestens einem Mehrbauern und anhaltender Initiative.

21...♘xe4 22 ♕h6

Weiß kann mit 22 ♗xe7 ♘xd2+ 23 ♖xd2 ♖e8 24 ♗xd6 einen Bauern gewinnen, aber 24...♗b7 gibt Schwarz etwas Gegenspiel und wegen der verringerten Bauernzahl etwas bessere Remischancen.

22...f6

Besser ist die Aufgabe eines Bauern mittels 22...♕f8 23 ♕xf8+ ♖xf8 24 fxe4 ♖e8 25 ♖xd6. Danach ist Schwarz vor einem Mattangriff sicher, aber die Bauernstruktur und die größere Aktivität seiner Figuren geben Weiß großen Vorteil.

23 fxe4 ♕g7 *(D)*

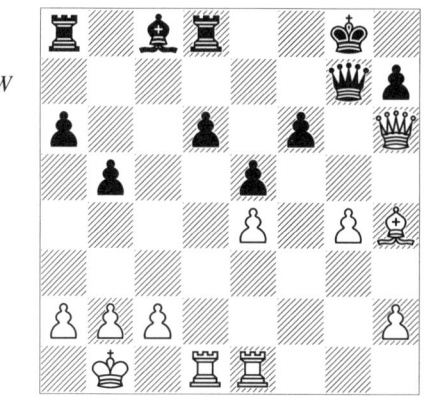

24 ♕e3!

Weiß vermeidet Damentausch und sichert sich so starken Angriff am Königsflügel. Bei vorläufigem materiellem Gleichstand wird Weiß dem schwarzen König auf den schwarzen Feldern arg zusetzen.

24...♗b7 25 ♖f1 ♖f8 26 ♖xd6 ♖ad8

Dies erlaubt ein hübsches Finale.

27 ♖xd8 ♖xd8 28 ♗xf6 ♖f8 29 ♕b3+ ♕f7 30 ♗e7! 1-0

Nach 30...♕xb3 31 ♖xf8+ gewinnt Weiß einen Turm.

Unsere letzte Partie ist ein seltenes Beispiel für ein langfristiges Opfer auf der Basis des Zurückschlagens mit dem Springer. Weiß beseitigt den für die Verteidigung sehr wichtigen Läufer und spielt dann auf dem geschwächten Komplex schwarzer Felder, wobei er sich einer bemerkenswerten Serie ruhiger Züge bedient, die letztendlich zum Matt führt.

Kotow – Barcza
Interzonenturnier, Saltsjöbaden 1952

1 d4 ♘f6 2 c4 g6 3 ♘c3 ♗g7 4 e4 d6 5 g3 0-0 6 ♗g2 e5 7 ♘ge2 exd4 8 ♘xd4 ♘c6 9 ♘c2 ♗e6 10 b3 ♕d7 11 0-0 ♗h3 12 f3 ♗xg2 13 ♔xg2 a6 14 ♗b2 ♘a7 15 ♕d2 b5 16 ♘e3 c6 17 ♖ad1 ♖ad8 18 ♘e2 ♕c7 19 ♗c3 ♗e7 20 ♘d4 ♘e8 *(D)*

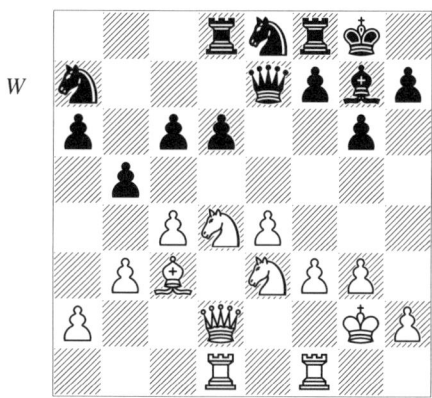

21 ♘df5 gxf5 22 ♘xf5 ♕c7!?

Als ich diese Partie zum ersten Mal analysierte, hielt ich dies für einen Fehler, da nun 23 ♗a5 ♕d7 24 ♗xd8 ♕xd8 25 ♘xg7 ♘xg7 möglich ist, wonach sowohl 26 c5 als auch 26 ♕xd6 stark sind.

Jetzt bin ich mir nicht mehr so sicher. Wenn Schwarz einen Teil der in der Partie vor ihm liegenden Schwierigkeiten vorhergesehen hat, ist ihm vielleicht die Beseitigung des mächtigen weißen Läufers selbst um den Preis eines Turmes und eines Bauern nicht zu teuer.

Weiß lässt sich aber nicht ablenken.

23 ♘xg7 ♘xg7 24 ♗f6!

Da dieses Feld von ausschlaggebender Bedeutung ist, will Weiß es nicht dem Gegner überlassen. Nun kann Schwarz das drohende 25 ♕g5 mit 24...♘e6 vorübergehend verhindern, aber der Springer würde durch den Vorstoß des weißen f-Bauern bald wieder verjagt werden. Schwarz bleibt kaum etwas anderes übrig, als die Fesselung des Springers zuzulassen.

24...♔h8 25 ♕g5 ♖g8 26 h4

Der Vormarsch dieses Bauern nach h6 ist durch nichts aufzuhalten.

26...♖de8 *(D)*

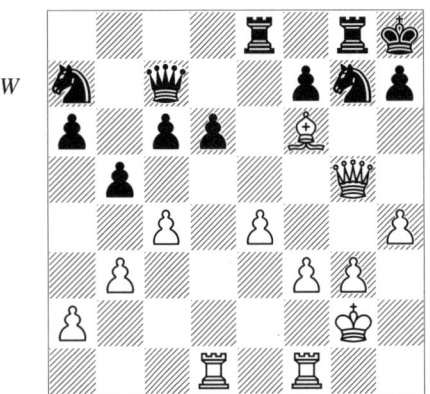

Übung

Übung 12

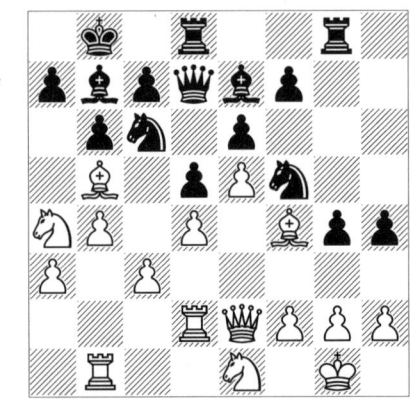

27 h5 ♖e5

Dieser verzweifelte Befreiungsversuch führt zu nichts.

28 ♗xe5 dxe5 29 ♕f6! ♘c8 30 h6 ♘e7 31 ♖d2! 1-0

Der Springer braucht jetzt noch nicht genommen zu werden. Weiß wird die Türme verdoppeln und dann ♖d8 spielen, wonach die Drohung ♕xg7# unparierbar ist.

Weiß brachte das spiegelverkehrte Springeropfer auf c5: **18 ♘c5 bxc5 19 bxc5**, wonach Schwarz seinen König mit **19...♔a8** in der Ecke versteckte. War das Opfer gerechtfertigt? Wie sollte Weiß seine Figuren aufstellen, und wie sollte sein nächster Zug lauten?

8 Herausziehen des Königs ins Freie: ♘xf7

Über Springeropfer auf ♘xf7 könnte ich ein ganzes Buch schreiben. Das hat auch tatsächlich schon jemand getan! Das Buch heißt *Paard x f7* (Springer schlägt f7) und wurde von dem Niederländer Robert Timmer verfasst.

Das Feld f7 ist in der Umgebung des unrochierten Königs am verwundbarsten, wie wohl jeder Anfänger in Form des Schäfermatts am eigenen Leib erfährt. Schon bald lernt er andere Kombinationen kennen, die die Schwäche des Feldes f7 ausnutzen, wie Legalls Matt. In den Lehrbüchern finden wir uralte Partien, in denen Opfer auf f7 zu aufregenden Königsjagden führen, und wünschen uns, dass wir auch so spielen könnten.

So groß ist der Reiz des Feldes f7, dass es so etwas wie ein Standardspringeropfer auf f7 fast gar nicht gibt (oder vielleicht gibt es dutzende davon). Die Datenbanken enthalten tausende derartiger Opfer mit unterschiedlichen Folgezügen und Themen. Für kein anderes Opfer gibt es so viele und verschiedenartige praktische Beispiele.

In diesem Kapitel schauen wir uns zuerst Opfer in der Eröffnungsphase an und wenden uns dann Beispielen zu, die hauptsächlich durch die Folgezüge des Angreifers nach dem Opfer gekennzeichnet sind. Da sich Standardthemen und -angriffsmethoden jeder Kategorisierung entziehen, werde ich sie erläutern, wenn wir darauf stoßen.

♘xf7 in der Eröffnung

Das erste richtige Opfer auf f7, das den meisten von uns unterkommt, entstammt dem Zweispringerspiel im Nachzug (**1 e4 e5 2 ♘f3 ♘c6 3 ♗c4 ♘f6 4 ♘g5 d5 5 exd5 ♘xd5 6 ♘xf7**). Dieses Opfer kommt bemerkenswerterweise immer noch oft vor, wobei Weiß eine sehr hohe Punktausbeute erzielt. Schwarz kann jedoch nach **6...♔xf7 7 ♕f3+ ♔e6 8 ♘c3 ♘b4** Komplikationen herbeiführen. In der folgenden Partie sehen wir eine verbesserte Version der gleichen Idee für Weiß.

Barden – W. Adams
Hastings 1950/51

1 e4 e5 2 ♘f3 ♘c6 3 ♗c4 ♘f6 4 ♘g5 d5 5 exd5 ♘xd5? 6 d4! *(D)*

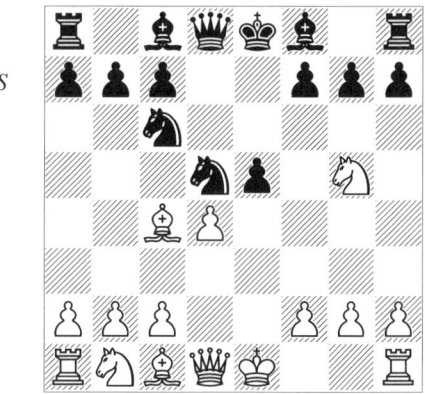

6...♗b4+

In der Partie Morphy-N.N., New Orleans 1858, geschah mit geringfügiger Zugumstellung 6...exd4 7 0-0 ♗e7 8 ♘xf7 ♔xf7 9 ♕f3+ ♔e6, und nun ließ Morphy eine Opferkaskade vom Stapel, um den schwarzen König zu erledigen: 10 ♘c3! dxc3 11 ♖e1+ ♘e5 12 ♗f4 ♗f6 13 ♗xe5 ♗xe5 14 ♖xe5+ ♔xe5 15 ♖e1+ ♔d4 16 ♗xd5 ♖e8 (oder 16...♖f8 17 ♕xc3+ ♔xd5 18 ♖e5+ ♔d6 19 ♕c5+ ♔d7 20 ♕d5#) 17 ♕d3+ ♔c5 18 b4+ ♔xb4 19 ♕d4+ ♔a5 20 ♕xc3+ ♔a4 21 ♕b3+ ♔a5 22 ♕a3+ ♔b6 23 ♖b1# (1-0).

Das im Jahre 1966 veröffentlichte Buch *Chess Treasury of the Air* ist eine Anthologie von Abschriften einer Radioserie der BBC über Schach. Darin erzählt Barden, dass Weaver Adams eine Analyse von 6...♗b4+ veröffentlicht hatte, die bei Barden und seinen Kollegen in Oxford großes Interesse erregte. Ihre eigene Analyse konzentrierte sich auf das verzögerte Springeropfer auf f7, und in dieser Variante kam Peter Keffler, einer von Bardens Kollegen, auf eine Idee, die Adams nicht berücksichtigt hatte.

7 c3 ♗e7 *(D)*

8 ♘xf7 ♔xf7 9 ♕f3+

Diese auch beim Springeropfer im 6. Zug auftretende Idee zieht den König nach e6, um den Springer d5 zu verteidigen, welcher sich nicht nach f6 zurückziehen kann, weil er gefesselt ist. Ein bei vollem Brett auf der dritten Reihe stehender König ist bekanntlich schwer zu verteidigen und rechtfertigt oft das Opfer einer Figur.

9...♔e6 10 ♕e4!

Dies war Kefflers Vorschlag. Die Idee besteht einfach darin, die schwarzen Figuren zu binden. Weiß wird bald den e-Bauern gewinnen und eine Bauernkette im Zentrum aufbauen, die einen Keil in das Herz der schwarzen Stellung treiben wird.

10...♗f8 11 0-0 ♘ce7 12 f4 c6 13 fxe5 ♔d7 14 ♗e2 ♔e8

Wenn der schwarze König mit 14...♔c7 zum Damenflügel läuft, kann Weiß seine Stellung folgendermaßen ausnutzen: 15 c4 ♘b6 16 e6! ♘g6 17 ♖f7+ ♔b8 18 e7 ♗xe7 19 ♕xe7!!, und nun:

a) 19...♕xd4+ 20 ♗e3 ♘xe7 21 ♗xd4 ♘g6 22 ♖xg7 mit Mehrbauer und Angriff.

b) 19...♘xe7 20 ♗f4+ ♕c7 21 ♗xc7+ ♔xc7 22 ♖xe7+ ♔d7 23 ♘c3 mit gesundem Mehrbauern.

15 c4 ♘c7 16 ♘c3 ♗e6 17 ♗g5 ♕d7 18 ♖ad1

Hier machte sich Barden plötzlich Sorgen darüber, dass der Nachziehende seinen König mit 18...0-0-0 aus der Gefahr bringen könnte. Es dauerte seine Zeit, bis er sich daran erinnert hatte, dass der König schon eine Rundreise hinter sich hatte und die Rochade daher illegal war! In Wirklichkeit kann nichts den Vormarsch der weißen Bauern aufhalten.

18...♖c8 19 ♗xe7 ♕xe7 20 d5 ♕c5+ 21 ♔h1 cxd5 22 cxd5 ♗d7 23 e6 ♗b5 24 ♕f4 ♔d8

Nach 24...♗e7 kann Weiß durch Bauernumwandlung matt setzen: 25 ♕f7+ ♔d8 26 d6! ♗xd6 27 e7+ ♔d7 28 e8♕#.

25 ♗xb5 ♘xb5 26 ♘xb5 ♕xb5 27 d6 *(D)*

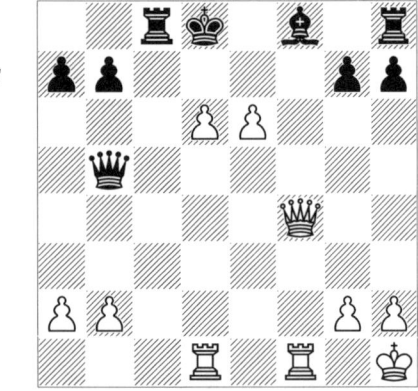

1-0

Eine überzeugende Demonstration des Erfolgs der weißen Strategie. Ein wahrscheinliches Ende lautet 27...♕c4 28 ♕xf8+ (spektakulärer als 28 e7+) 28...♖xf8 29 ♖xf8+ ♕e8 30 ♖xe8+ ♔xe8 31 d7+ ♔d8 32 e7+ ♔xe7 33 d8♕+.

Der gleichen Idee wie im Zweispringerspiel bedient sich Swidler in der folgenden Partie, zwingt aber dann im krassen Gegensatz zu Bardens Strategie des Aufbaus einer Bauernwalze im Zentrum Anand dazu, den einzigen

Swidler – Anand
Dos Hermanas 1999

1 e4 e5 2 ♘f3 ♘c6 3 ♗b5 a6 4 ♗a4 ♘f6 5 0-0 ♘xe4 6 d4 b5 7 ♗b3 d5 8 dxe5 ♗e6 9 ♘bd2 ♘c5 10 c3 d4 11 ♘g5 ♗d5 *(D)*

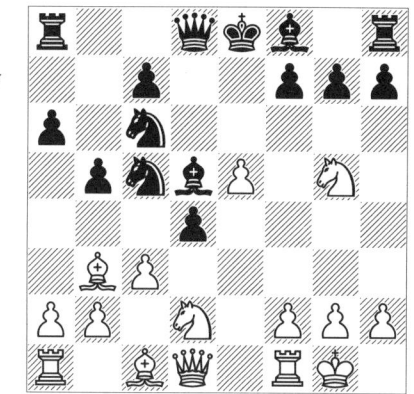

12 ♘xf7 ♔xf7

Nach 12...♗xf7 kann Weiß aufgrund der exponierten Lage des Springers c6 die Figur mit 13 ♗xf7+ ♔xf7 14 ♕f3+ zurückgewinnen.

13 ♕f3+ ♔e6 14 ♕g4+! ♔e7 15 e6! ♗xe6 16 ♖e1 ♕d7 17 ♗xe6 ♘xe6 18 ♘f3 ♖e8 19 ♘g5 ♘cd8 20 ♗d2

Wie im Zweispringerspiel im Nachzug besteht das Hauptthema darin, dass eine schwarze Figur an den König gefesselt ist und Weiß sie zu gewinnen oder Schwarz bei seinen Rettungsversuchen matt zu setzen versucht.

Der Partiezug plant ein späteres Schach auf b4, ein typischer Diagonalangriff auf einen in einem weit offenen Zentrum gestrandeten König.

20...h6 21 ♘f3!

Schwarz hoffte auf 21 ♘xe6 ♘xe6 22 ♖xe6+ ♕xe6 23 ♖e1 ♕xe1+ 24 ♗xe1, wonach er Überlebenschancen hat. Swidler übt sich in Geduld, da es gegen seinen langsamen Aufmarsch keine Verteidigung gibt.

21...♕d5 22 ♖e5 ♕d6 23 cxd4 h5

Nach 23...c6 kommt der Läufer mit 24 d5! cxd5 25 ♗b4 zu Wort.

24 ♕e4 ♔f7

Es gibt keine Verteidigung gegen die Drohung, die Figur mittels des Vorstoßes d5 zurückzugewinnen, da 24...c6 25 d5 cxd5 26 ♖xd5 ♕b6 27 ♘e5 stattdessen zu Matt führt.

25 d5

Weiß gewann seine Figur mit entscheidendem Vorteil zurück, misshandelte aber später das Endspiel und spielte nur remis.

In seinem Kandidatenwettkampf 1965 gegen Larsen bekam Tal Gelegenheit zu einem frühen Springeropfer auf f7. Nach langem Nachdenken ließ er sich uncharakteristischerweise nicht darauf ein und litt für den Rest der Partie an Zeit- und Ideenknappheit.

In den darauffolgenden Jahren wurde die Variante einer tiefschürfenden Untersuchung unterzogen. Viele Schwarzspieler ließen das Opfer mit voller Absicht zu und wurden für ihren Mut belohnt, als die verzweifelten Mattsetzungsversuche ihrer Gegner zu nichts führten. Andererseits haben Weißspieler mit einer geduldigeren Vorgehensweise größeren Erfolg erzielt.

Ernst – Komarow
Dortmund 1992

1 e4 ♘f6 2 e5 ♘d5 3 d4 d6 4 ♘f3 dxe5 5 ♘xe5 ♘d7 *(D)*

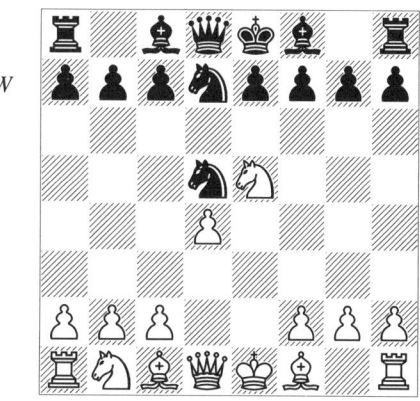

6 ♘xf7 ♔xf7 7 ♕h5+

Genau wie im Zweispringerspiel im Nachzug zwingt der Doppelangriff auf König und Springer den schwarzen König dazu, nach e6 zu gehen.

7...♔e6 8 g3!

Die Variante, die Tal die meiste Zeit gekostet hatte, begann mit 8 c4 ♘5f6 9 d5+. Seitdem ist gezeigt worden, dass der schwarze König nach 9...♔d6 10 ♕f7 ♘e5 11 ♗f4 c5 12 ♘c3 a6 13 b4 ♕b6 14 0-0-0 cxb4 15 ♘a4 ♕xf2 16 c5+ ♔d7 17 c6+ bxc6 18 dxc6++ ♔xc6 19 ♗xe5 ♕e3+ 20 ♖d2 ♕e1+ 21 ♖d1 ♕e3+ mit Remis durch Dauerschach überleben kann und andere Versuche des Weißen, dem König an den Kragen zu gehen, katastrophal enden können.

Erst viel später in seiner Partie gegen Larsen erkannte Tal, der sich immer noch mit der nie aufs Brett gekommenen Variante beschäftigte, dass der Textzug dem Weißen eine gute Stellung eingebracht hätte. Nach der Partie schrieb er: „Ich kann jungen Spielern nur raten, derartige provokative Varianten nicht zu untersuchen oder der Stimme ihres Herzens zu folgen, da die Zeit sonst leicht vergeudet sein kann. Natürlich ist es leichter, einen solchen Rat jetzt zu erteilen...". (Aus *Candidates Matches 1965*, Verlag The Chess Player.)

8...b5
Weiß kann auf Matt spielen, wenn der Gegner leichtsinnig ist. In Utkin-Grants, Fernpartie 1971, geschah 8...♘7f6 9 ♗h3+ ♔d6 10 ♕e5+ ♔c6 11 ♗g2 b5 12 a4 b4 13 c4 bxc3 14 bxc3 ♗a6 15 ♘d2 e6 16 c4 ♗d6 17 ♕xe6!, wonach ein Spiel auf Damengewinn mit 17...♖e8 an 18 cxd5+ ♔b6 19 a5+ ♔b5 20 ♗f1+ ♔b4 21 ♗a3+ ♔c3 22 ♖c1+ ♔xd4 23 ♘f3# scheitert.

Der Partiezug sichert den Springer d5 lange genug ab, so dass der schwarze König flüchten kann.

9 a4 c6 10 axb5 g6 11 ♕e2+ ♔f7 12 bxc6 ♘7b6 13 ♗g2 *(D)*

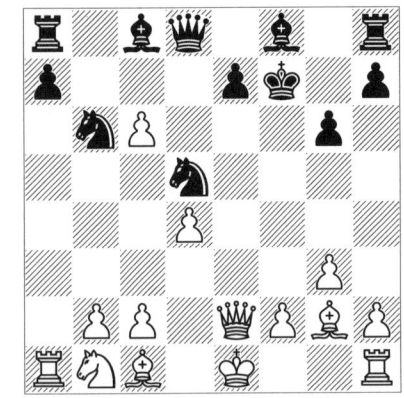

13...♘f6
Weiß hat drei Bauern für seinen Springer ergattert und verfügt über offene Linien für seine Läufer. Unterdessen konnte Schwarz seinen König an einen verhältnismäßig sicheren Ort bringen. In *Nunn's Chess Openings* gibt Burgess die Variante 13...♗g7! 14 c4 ♘b4 15 d5 ♗f5 16 ♗e4 ♗xe4 17 ♕xe4 ♘4xd5!, die nach 18 cxd5 ♕xd5 19 ♕f4+ ♗f6 zu ungefähr gleichem Spiel führt.

In der Partie zieht Schwarz seinen Springer freiwillig zurück, um mit seiner Dame den d-Bauern anzugreifen, aber bei dieser wenig herausfordernden Spielweise kann Weiß seine Entwicklung vollenden und seine Bauern beweglich halten.

14 c3 ♗g7 15 ♘d2 ♖e8 16 ♘f3 ♔g8 17 0-0 ♗g4 18 h3 ♗xf3 19 ♕xf3 e6 20 ♗g5 ♕d5 21 ♕f4 ♕f5 22 ♕xf5 gxf5 23 c7! *(D)*

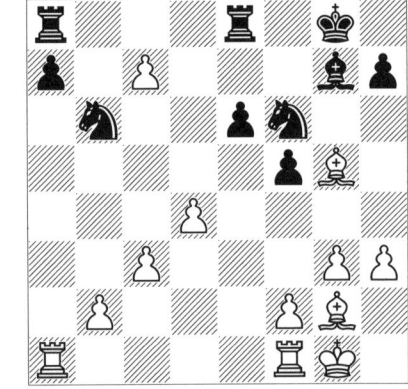

Nachdem die Damen vom Brett verschwunden sind, beginnt Weiß mit der Verwertung seines Freibauern und der Stärke seiner Läufer.

23...♘fd5 24 ♗d8 a5 25 ♖fe1 ♖c8 26 ♖xa5 ♘xc7 27 ♗xc7 ♖xc7 28 ♖xf5 exf5 29 ♖xe8+ ♔f7 30 ♖b8

Mit vier Bauern für den Springer, darunter drei verbundene Freibauern, führte Weiß das Endspiel bequem zum Sieg.

Eines der romantischsten Gambits überhaupt ist das Allgaier-Gambit, eine Variante des Königsgambits mit dem Verlauf 1 e4 e5 2 f4 exf4 3 ♘f3 g5 4 h4 g4 5 ♘g5 h6 6 ♘xf7. Dieses Gambit wird von mutigen Königsgambit-Anhängern gespielt, und auch ich wurde kürzlich in einem

Schnellturnier gegen den Königsindisch-Experten und früheren englischen Olympiade-Teilnehmer Owen Hindle in einem Schnellturnier mit dieser Variante konfrontiert. Er entwickelte einen fürchterlichen Angriff, was bestätigt, dass das Gambit immer noch eine gefährliche Waffe ist, wenn Schwarz es nicht entschärft, was er durch das Vorrücken seiner Königsflügelbauern zwecks Schwächung des weißen Königsflügels tun kann, z. B. 6...♔xf7 7 d4 f3! 8 ♗c4+ d5 9 ♘xd5+ ♔g7 10 gxf3 ♘f6 11 ♘c3 ♗b4 mit gutem Spiel für Schwarz.

Das Hampe-Allgaier-Gambit in der Wiener Partie (mit den gleichen Zügen, aber unter Einschub von 2 ♘c3 ♘c6) ist jedoch immer noch brandgefährlich, wie die folgende Partie zeigt.

Schulman – Marciano
Ubeda 1997

1 e4 e5 2 ♘c3 ♘c6 3 f4 exf4 4 ♘f3 g5 5 h4 g4 6 ♘g5 h6 (D)

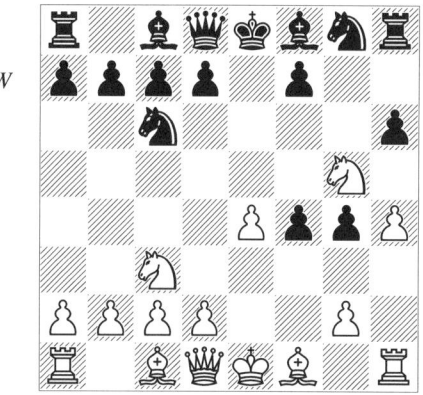

7 ♘xf7 ♔xf7 8 ♗c4+

In der Partie Hergert-Kittler, Mainz 1993, spielte Weiß 8 d4, wonach Schwarz mit 8...d5 im Zentrum hätte kontern sollen. Stattdessen spielte er 8...d6?! und wurde in brillantem Stil überrannt: 9 ♗xf4 ♘f6 10 ♕d2 ♕e7 11 ♗c4+ ♔g7 12 0-0 ♘a5 (oder 12...♘xe4 13 ♘xe4 ♕xe4 14 ♗xh6+! ♖xh6 15 ♖f7+ ♔g8 16 ♖f4+ mit Damengewinn) 13 ♗d3 ♘c6? 14 ♗g5! ♘xe4 (oder 14...hxg5 15 ♕xg5+ ♔f7 16 ♘d5 mit Durchbruch auf f6) 15 ♘xe4 hxg5 16 ♘f6 ♕xf6 (oder 16...♕d8 17 ♕xg5+ ♔f7 18 ♗g6+ ♔e7 19 ♘d5+ ♔d7 20 ♕f5#) 17 ♖xf6 ♔xf6 18 ♕xg5+ ♔f7 19 ♗g6+ ♔g8 20 ♕d5+ ♔g7 21 ♕f7+ ♔h6 22 ♗e4 1-0.

8...d5 9 ♗xd5+

In Blackburne-Benfy, Manchester 1898, bevorzugte der große englische Meister 9 ♘xd5!? und gewann später sehr schön: 9...♔g7 10 d4 ♘f6 11 ♗xf4 ♗d6 12 ♘xf6 ♕xf6 13 ♗e3 ♗g3+ 14 ♔e2 ♖d8 15 c3 ♗xh4 16 ♖f1 ♕g6 17 ♖f7+ ♔h8 18 ♕h1! ♗g5 19 ♗xg5 ♕xg5 20 ♖af1 ♗d7? (20...g3!) 21 ♖1f6 h5 (D).

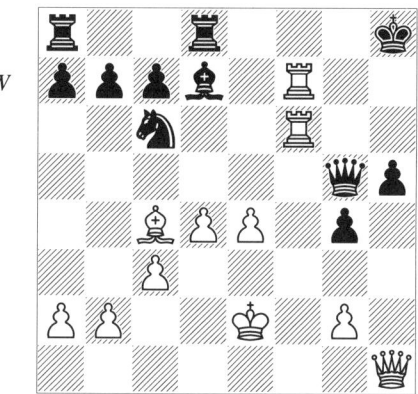

Hier erzwang Weiß das Matt mit 22 ♕h4!! ♕xh4 23 ♖h6+ ♔g8 24 ♖xd7+ ♔f8 25 ♖h8# (1-0).

Es dürfte bereits klar sein, dass die vollkommen offene f-Linie eine Schlüsselrolle spielt. Die weiße Strategie zielt darauf ab, durch Beherrschung dieser Linie den schwarzen König auf der g- und h-Linie festzuklemmen, wo ihm seine vorgerückten Bauern nur kargen Schutz bieten, und die schwarzen Figuren daran zu hindern, ihm zu Hilfe zu kommen.

9...♔g7 10 d4 ♘f6 11 ♗xf4 ♗b4 12 ♗xc6 bxc6 13 0-0 ♖f8

Nach 13...♗a6 kann Weiß auf f6 durchbrechen: 14 ♗e5! ♗xf1 15 ♕xg4+ ♔f7 16 ♗xf6! ♔xf6 (16...♕xf6 17 ♖xf1 mit Damengewinn) 17 ♖xf1+ ♔e7 18 ♕g7+ ♔e6 19 ♕f7+ ♔d6 20 e5#.

14 ♕d2 ♘g8

Das Abschneiden aller potentiellen Verteidiger auf der f-Linie entscheidet nach 14...♘xe4 15 ♗xh6+ ♔h7 16 ♕e3 ♖xf1+ 17 ♖xf1 ♗xc3 (nach 17...♘d6 wird das Netz mit 18 ♖f8 weiter zugezogen) 18 ♕xe4+! ♔xh6 19 ♕f4+ ♔h7 20 ♕f7+ ♔h8 21 bxc3, und Schwarz ist hilflos.

15 ♗e5+ ♔h7 16 ♖xf8 ♕xf8

16...♗xf8 hätte vielleicht geholfen, ein paar Felder auf dem Königsflügel zu decken.

17 ♖f1 ♕e7 18 ♕f4 ♗e6 *(D)*

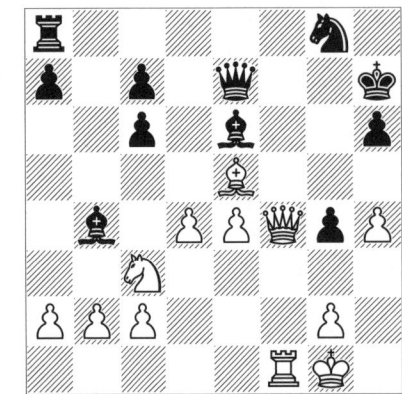

Schwarz will dem Anziehenden mit 19...♖f8 die Herrschaft über die f-Linie streitig machen. Unterdessen hat Weiß gesehen, dass er matt setzt oder Material gewinnt, wenn er seine Dame auf die Diagonale b1-h7 bringen kann. Mit seinem nächsten Zug beginnt er damit, die Diagonale zu räumen und ein geeignetes Feld darauf für sich zu gewinnen.

19 ♘d5!! ♗d2

19...cxd5 verliert wegen 20 exd5 ♗f7 21 ♕xf7+ ♕xf7 22 ♖xf7+ ♔g6 23 ♖xc7, wonach Weiß im Endspiel zu viele Freibauern besitzt. Am besten ist vielleicht trotz Rückgabe der Qualität das konsequente 19...♖f8, obwohl Weiß nach 20 ♘xe7 ♖xf4 21 ♖xf4 ♗xe7 22 h5! ein gutes Endspiel erhält.

Mit dem Textzug versucht Schwarz, den Anziehenden von der Kontrolle der f-Linie abzulenken...

20 ♕xd2 cxd5 21 ♕f4! *(D)*

...aber Weiß spielt nicht mit. Er gibt sich nicht mit 21 exd5 ♗f7 (nicht 21...♗xd5 22 ♕d3+) 22 ♕f4 ♗g6 23 ♕xg4 h5 (nicht 23...♖xc2? 24 ♖c1) 24 ♕f4 mit vier Bauern für die Figur zufrieden, da Schwarz dann seinen König verteidigen kann.

21...c6 22 exd5 cxd5 23 c4! ♕d7

Der c-Bauer ist wegen der Antwort 24 ♕e4+ unantastbar. Jetzt stellt der Anziehende sicher, dass Schwarz auf g6 keine Figur dazwischenstellen kann. Damit ist f5 das letzte Feld auf der

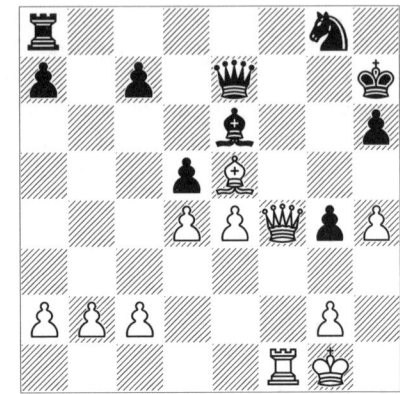

Diagonale b1-h7, das Schwarz noch decken kann...

24 h5! ♘e7

...aber dieser Zug, die einzige Verteidigung gegen den weißen Plan 25 ♕f2 gefolgt von 26 ♕c2+, unterbricht die Verteidigung des Feldes g7 durch die schwarze Dame, so dass Weiß seinen Angriffspunkt ändern kann.

25 ♕f6! ♖g8 26 ♕f7+! 1-0

Alle schwarzen Figuren verschwinden vom Brett: 26...♗xf7 27 ♖xf7+ ♖g7 28 ♖xg7+ ♔h8 29 ♖xe7+.

Wie im Fall des Zweispringerspiels im Nachzug haben moderne Großmeister auch die Lehren aus dem Hampe-Allgaier-Gambit verinnerlicht.

Hodgson – Granda
Donner-Memorial, Amsterdam 1996

1 d4 ♘f6 2 ♗g5 e6 3 e4 h6 4 ♗xf6 ♕xf6 5 ♘c3 ♗b4 6 ♕d2 d6 7 a3 ♗a5 8 f4 g5 9 ♘h3 gxf4 10 ♘xf4 c6 11 ♗c4 d5 12 e5 ♕g5 13 ♗e2 c5 14 b4 cxd4 15 ♘b5 ♗b6 16 ♘d6+ ♔e7 *(D)*

Der Anziehende steckt in Schwierigkeiten, da er einen Bauern weniger hat und im Begriff ist, seinen e-Bauern einzubüßen. Andererseits leidet der schwarze Damenflügel an Unterentwicklung und der schwarze Königsflügel an mangelnder Bauerndeckung, so dass ein Opfer zur Einleitung eines schnellen Angriffs am Königsflügel das Risiko wert ist.

17 ♘xf7 ♔xf7 18 ♗h5+ ♔g8

Nach 18...♔g7!? kann der schwarze Turm schnell auf die f-Linie gelangen. Dann gewinnt

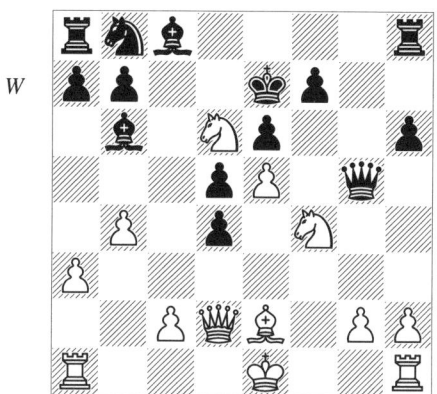 W

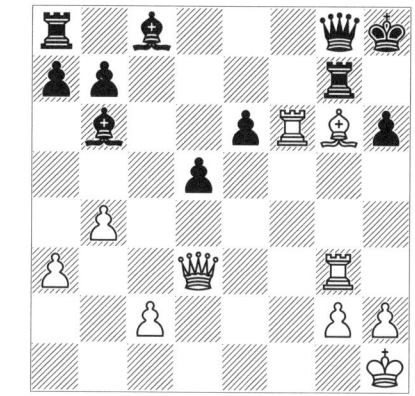 S

Schwarz nach 19 0-0 ♖f8 20 ♖f3 ♖xf4 21 ♖g3! massenhaft Material für seine Dame, steht aber immer noch vor dem Problem, wie er seine Damenflügelfiguren ins Spiel bringt, bevor Weiß auf dem Königsflügel Unheil anrichtet.

19 0-0 ♖h7 20 ♖f3 ♖g7 21 ♖af1
Weiß beherrscht die f-Linie.
21...♘d7
Im *Informator* gibt Hodgson 21...♘c6, wonach 22 ♘g6!! d3+ 23 ♔h1 ♔h7 (aber nicht 23...♕xd2 24 ♖f8+ ♔h7 25 ♖h8#) 24 ♕xd3 die Entscheidung bringt, da 24...♕xh5 auf 25 ♘e7+ ♔h8 26 ♖f8+ ♖g8 27 ♖xg8# trifft.
22 ♖g3 d3+ 23 ♔h1 ♕f5
Besser ist sowohl hier als auch im nächsten Zug 23...♕xe5, obwohl Weiß den Angriff auf vielerlei Art weiterführen kann. In der Partie wird der Springer, der sich gerade erst zu den Verteidigern gesellt hat, bald abgetauscht, wonach Schwarz nur mit Dame und Turm gegen die Dame, die beiden Türme und den Läufer des Weißen kämpfen muss.
24 ♗g6 ♕f8 25 ♕xd3 ♘xe5 26 ♗h7+! ♔h8 27 ♘g6+ ♘xg6 28 ♗xg6! ♕g8
Er sollte versuchen, die weiße Streitmacht durch das Damenopfer 28...♗d7 zu besänftigen. Bald wird der schwarzen Stellung nicht mehr zu helfen sein.
29 ♖f6 *(D)*
Weiß dominiert das Brett. Jetzt beginnen die Kombinationen.
29...♗d8 30 ♕e3! ♗xf6 31 ♕xh6+ ♖h7 32 ♗xh7 ♗g7 33 ♕h5! ♕f8
Auf 33...♕xh7 folgt 34 ♕e8+ ♔g8 35 ♖h3+ mit Matt.
34 ♗d3+ 1-0

Sowohl nach 34...♗h6 35 ♖g6 als auch nach 34...♔g8 35 ♕h7+ ♔f7 36 ♖f3+ verbucht Weiß entscheidenden Materialgewinn.

Eine andere Eröffnung mit Springeropfer auf f7 ist das Cochrane-Gambit in der Russischen Verteidigung (**1 e4 e5 2 ♘f3 ♘f6 3 ♘xe5 d6 4 ♘xf7**). Oberflächlich betrachtet, scheint es nur sehr dürftig begründet zu sein. Weiß erhält zwei Bauern für die Figur und hindert Schwarz an der Rochade. Andererseits hat Weiß keinen Entwicklungsvorsprung, der schwarze König ist nicht allzu stark exponiert, Schwarz steht weder gedrückt noch irgendwie gebunden, die Bauern stehen nicht zum Niedermähen der schwarzen Stellung bereit, und es gibt keine unangenehmen taktischen Folgemöglichkeiten.

Dennoch findet man in *Mega Database 2001* ungefähr 180 Partien mit dem Cochrane-Gambit, aus denen Weiß eine Punktausbeute von 63% erzielt. Diese Bauern können schwer aufzuhalten sein, wenn Schwarz nicht auf der Hut ist. Es folgt ein krasses Beispiel.

Majdanics – Duzs
Aggtelek 1993

1 e4 e5 2 ♘f3 ♘f6 3 ♘xe5 d6 *(D)*
4 ♘xf7 ♔xf7 5 ♗c4+
Hier sind zwei Alternativen erwähnenswert:
a) 5 d4 ist die Normalfortsetzung:
a1) 5...♘xe4?? verliert die Mehrfigur wegen 6 ♕h5+ g6 7 ♕d5+, wonach der weiße Mehrbauer in Reinderman-Van der Sterren, Amsterdam 1999, die Entscheidung brachte.

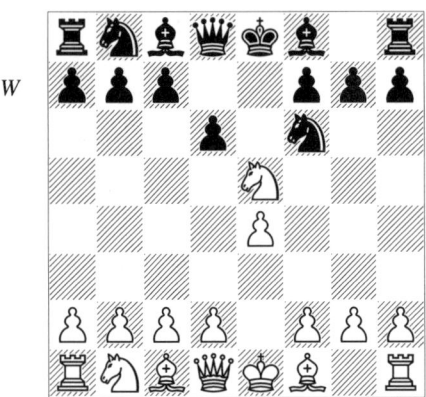

a2) 5...g6 6 ♘c3 ♗g7 7 ♗c4+ ♗e6 8 ♗xe6+ ♔xe6 9 f4 ♔f7 10 e5 ♖e8 11 0-0, und nun vermied Schwarz in Witolinsch-Anikajew, Frunse 1979, 11...♘fd7 12 ♕f3 ♘c6 13 ♕d5+ ♔f8 14 f5, wonach Weiß über die f-Linie entscheidend einbricht, und zog stattdessen mit 11...♘c6 12 d5 dxe5 13 dxc6 ♕xd1 14 ♘xd1 bxc6 15 fxe5 ♖xe5 mit ungefähr gleichem Spiel die Notbremse. Man beachte, dass hier beide Spieler eine Elo-Zahl von mehr als 2400 aufweisen.

b) Das Cochrane-Gambit hatte sogar einen Auftritt auf Supergroßmeisterebene, nämlich in der Partie Topalow-Kramnik, Linares 1999, die remis ausging. Dort geschah 5 ♘c3 c5 6 ♗c4+ ♗e6 7 ♗xe6+ ♔xe6 8 d4 ♔f7 9 dxc5 ♘c6 10 ♕e2 ♕d7 *(D)*.

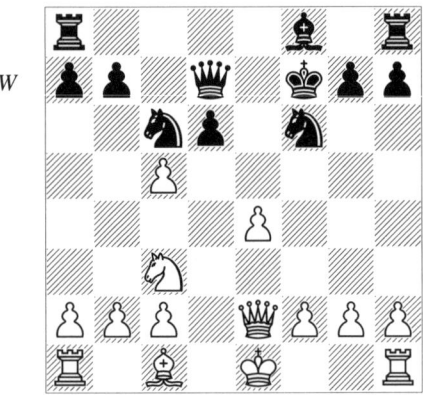

b1) Nach Topalows 11 ♗e3 ging es weiter mit 11...dxc5 12 f4 ♖e8 13 e5 ♘g4, wonach Schwarz die weißen Zentrumsbauern gebändigt hatte, die Partie aber nach einem komplizierten Mittelspiel remis ausging: 14 ♖d1 ♕f5 15 0-0 h5 16 ♗c1 ♘d4 17 ♕c4+ ♔g6 18 h3 ♘h6 19 ♘b5 a6 20 ♘xd4 cxd4 21 ♕xd4 ♖c8?! (spielbar ist 21...♕xc2) 22 ♕b6+ ♔h7 23 ♕xb7 ♖xc2 24 ♗e3 ♕g6 (bessere Chancen bietet 24...♖e2!?) 25 ♖c1! ♖xc1 26 ♖xc1 ♘f5 27 ♗f2 h4 28 ♖c7 ♘g3 29 ♔h2 ♘f1+ 30 ♔g1 ♕b1 31 ♗xh4 ♗c5+! ½-½.

b2) 11 ♗g5!? ist eine interessante Alternative. Damit versucht Weiß nach dem Muster von Läuferopfern auf e6 den Springer f6 zu beseitigen, den Springer auf d5 einzupflanzen und der Dame Gelegenheit zum Angriff auf den König über h5 und f3 zu geben.

5...♗e6

Schwarz könnte die weißen Bauern auf Kosten eines seiner eigenen Bauern mit 5...d5! 6 exd5 ♗d6 aufbrechen. Er lässt die weißen Bauern aber gewähren, bis es zu spät ist, und wird schließlich von einer Lawine begraben.

6 ♗xe6+ ♔xe6 7 d4 ♔f7 8 ♕f3 ♘c6 9 c3 ♗e7 10 ♗f4 ♖e8 11 ♘d2 ♔g8 12 0-0-0 ♘d7 13 h4 ♘f8 14 ♕g3 ♘g6 15 ♗g5 ♕d7 16 f4

Die Bauern setzen sich in Bewegung.

16...d5 17 f5 ♗xg5 18 ♕xg5 ♘f8 19 e5 h6 20 ♕f4 ♘d8 21 g4 ♕a4 22 ♔b1 c5 23 g5 hxg5 24 hxg5

Mit der offenen h-Linie und wütenden Bauern hat der Anziehende gewinnträchtigen Königsangriff.

25...♖c6 25 dxc5 ♘f7 26 ♘f3 ♕xc5 27 g6 ♘h6 28 ♖xh6! gxh6 29 f6 ♘xg6 30 ♕xh6 ♖e7 31 ♕xg6+ ♔f8 32 ♖h1 1-0

Das Folgeschach mit dem Springer auf g5

Nach ♘xf7 ♔xf7 lässt der Opfernde im Allgemeinen ein Schach folgen, um den König in eine missliche Lage zu bringen. Manchmal zieht sich der König in eine beengte Position in den eigenen Reihen zurück, manchmal wird er vor seine eigenen Königsflügelbauern getrieben, und manchmal muss er die Brettmitte durchqueren.

Auf das Opfer können mehrere Arten von Schachgeboten folgen – (aus dem Blickwinkel von Weiß als opfernder Partei) auf der Diagonale a2-g8, auf der Diagonale h5-e8 oder mit einem Springer, normalerweise auf g5. Jedes

Schachgebot kann den König in eine dieser Situationen treiben.

Das Folgeschach mit einem Springer kann sich als sehr kräftig erweisen. In den nachstehenden beiden Beispielen bleibt der Springer auf g5 und kontrolliert von dort aus einige sehr wichtige Felder.

Honfi – Gipslis
Pecs 1964

1 d4 ♘f6 2 c4 e6 3 ♘c3 ♗b4 4 ♕c2 c5 5 dxc5 0-0 6 ♘f3 ♘a6 7 a3 ♗xc3+ 8 ♕xc3 ♘xc5 9 b4 ♘ce4 10 ♕c2 a5 11 ♘d2 *(D)*

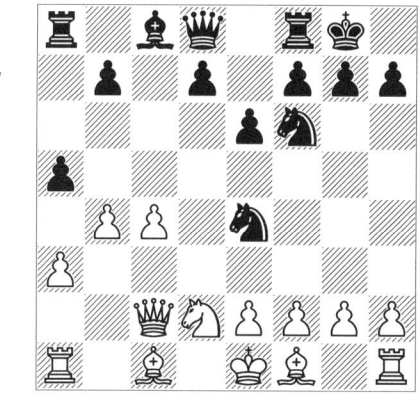

11...♘xf2 12 ♔xf2 ♘g4+ 13 ♔g3

Wenn der Verteidiger seinen e-Bauern noch nicht gezogen hat und einen Springer auf d2 (oder d7 mit Schwarz als Verteidiger) stehen hat, zieht es einen Springer des Angreifers förmlich nach e3. Hier kann er sich wegen der offenen Diagonale von f6 nach a1 in der Variante 13 ♔e1 ♕f6 14 ♕b2 (14 ♘b3 verliert nach 14...a4 den Springer) 14...♕f2+ 15 ♔d1 ♘e3# diesen Wunsch erfüllen.

13...f5!

In Agsamow-Al.Iwanow, Wilna 1978, ließ der Nachziehende dem Springer seinen Willen mit 13...♘e3!? und gewann nach langem hartem Kampf.

Im Moment ist der Springer auf g4 nützlicher, da er von dort die Bewegungen des weißen Königs einschränkt. Der Textzug deckt den Springer und öffnet gleichzeitig dem Königsturm die Möglichkeit, sich über f6 in den Angriff einzuschalten. Ferner wird das Vorrücken der schwarzen Zentrumsbauern auf breiter Front zwecks direktem Angriff auf den König vorbereitet.

14 ♘b3

Nach 14 ♘f3 steht der Springer dem König im Weg: 14...e5 15 ♗g5 f4+!! 16 ♔xg4 (16 ♔h4 vermeidet den sofortigen Verlust, aber nach 16...♕e8 steht der König auf ziemlich verlorenem Posten) 16...d6+ 17 ♔h4 ♖f6! mit Mattangriff.

14...♕c7+ 15 ♗f4 e5 16 ♗g5 *(D)*

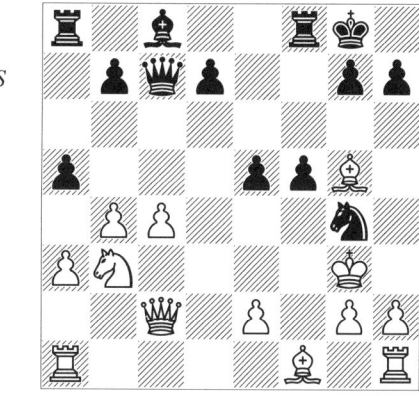

16...d5!

Die Drohung 17...f4+ 18 ♔f3 e4+ zwingt den Weißen zur Räumung des Feldes e2, aber Schwarz wird die Rückkehr des Königs in seine eigenen Reihen nicht zulassen.

17 e4 dxe4 18 ♗e2 f4+ 19 ♔h4 ♘e3! 20 ♕xe4 ♘f5+ 0-1

Die weiße Dame wird durch ein Abzugsschach verloren gehen.

Das Springeropfer auf f7 wird meistens gegen den rochierten König gespielt. Wir werden hier nur die Fälle untersuchen, in denen der König zurücknimmt. Beim Zurückschlagen mit einem Turm von f8 handelt es sich selten um ein echtes Opfer, da es normalerweise direkt zum Tausch von zwei Leichtfiguren für Turm und einen oder zwei Bauern führt.

Im nächsten Beispiel bringt Schwarz das Opfer gegen den rochierten weißen König. Daraus entspinnt sich eine der berühmtesten Partien der 1990er Jahre, eine brillante Illustration der Macht, die ein Springer über einen König auf der dritten Reihe ausüben kann.

Cifuentes – Swjaginzew
Wijk aan Zee 1995

1 d4 e6 2 ♘f3 d5 3 c4 ♘f6 4 ♘c3 c6 5 e3 ♘bd7
6 ♕c2 b6 7 ♗e2 ♗b7 8 0-0 ♗e7 9 ♖d1 0-0 10
e4 dxe4 11 ♘xe4 ♕c7 12 ♘c3 c5 13 d5 exd5
14 cxd5 a6 15 ♘h4 g6 16 ♗h6 ♖fe8 17 ♕d2
♗d6 18 g3 b5 19 ♗f3 b4 20 ♘e2 ♘e4 21 ♕c2
♘df6 22 ♘g2 ♕d7 23 ♘e3 ♖ad8 24 ♗g2 *(D)*

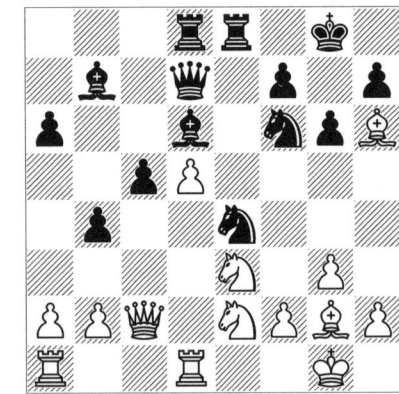

24...♘xf2 25 ♔xf2 ♖xe3!
Um ...♘g4+ folgen lassen zu können, muss
Schwarz noch eine Qualität ins Geschäft stecken.
26 ♗xe3
Nach 26 ♔xe3 ♘g4+ 27 ♔d2 ♘xh6 28 ♔c1
♕e7 hat Schwarz für die Qualität einen Bauern
und Angriff. Cifuentes dachte wahrscheinlich,
dass die Partie nun mit Dauerschach enden würde.
26...♘g4+ 27 ♔f3
Da der König den Läufer nicht schutzlos lassen kann, muss er sich ins Freie wagen.
27...♘xh2+
Durch das Schlagen des h-Bauern zementiert der Springer seine Stellung auf g4.
28 ♔f2 ♘g4+ 29 ♔f3 *(D)*
29...♕e6!
Schwarz braucht sich nicht mit Dauerschach
zu begnügen. Der Springer hält den weißen König für den Moment auf f3 fest. Der Anziehende hat einen kränkelnden d-Bauern, und seine
Leichtfiguren sind auf der e-Linie aufgereiht.
Durch die hübsche Ausbeutung der Fesselung
des d-Bauern nimmt Schwarz beide Schwächen ins Visier.

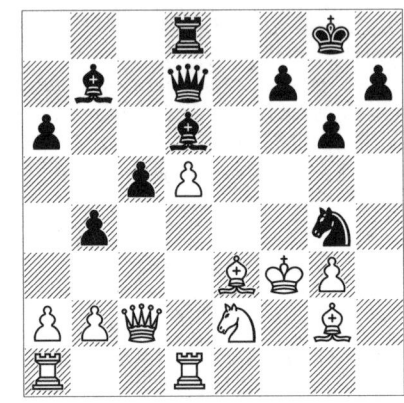

30 ♗f4
Die beste Verteidigung ist 30 ♗c1, wonach
30...c4! 31 ♕e4 (nicht 31 ♘f4 ♘h2+ 32 ♔f2
♗c5+ nebst Matt) 31...♕xe4+ 32 ♘xe4 ♘f2+
33 ♔d4 ♘xd1 Schwarz materiellen und positionellen Vorteil gibt.
Stattdessen lässt Weiß ein großartiges Finale
zu.
**30...♖e8 31 ♕c4 ♕e3+!! 32 ♗xe3 ♖xe3+ 33
♔xg4 ♗c8+ 34 ♔g5 h6+! 35 ♔xh6 ♖e5 0-1**
Weiß hat Dame und Turm mehr, ist aber gegen die doppelte Mattdrohung auf h5 und f8
machtlos.

Das Folgeschach auf der längeren Diagonale

Als nächstes schauen wir uns Schachgebote auf
der Diagonale a2-g8 an, der längeren der Diagonalen, auf der einem König auf f7 Schach
geboten werden kann. Im ersten Beispiel kann
der König nicht auf der f-Linie bleiben und
wird somit in die Mitte gezwungen.

LeMoir – R. O'Kelly
*Britische Universitätsmannschafts-
meisterschaft, London 1972*

1 e4 e5 2 ♘f3 ♘c6 3 d4 exd4 4 c3 d5 5 exd5
♕xd5 6 cxd4 ♘f6 7 ♘c3 ♗b4 8 ♗e2 ♘e4 9
♗d2 ♗xc3 10 bxc3 ♘xd2 11 ♕xd2 0-0 12
♖b1 b6 13 0-0 ♗b7 14 ♖b5 ♕d6 15 ♖h5 ♘e7
16 ♗d3 ♘g6 17 ♘e5 ♖fe8 18 f4 c5 *(D)*
19 ♘xf7 ♔xf7 20 ♗c4+ ♔e7

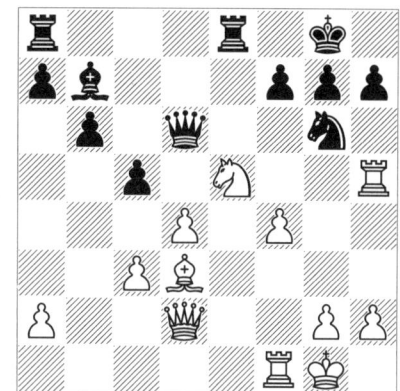
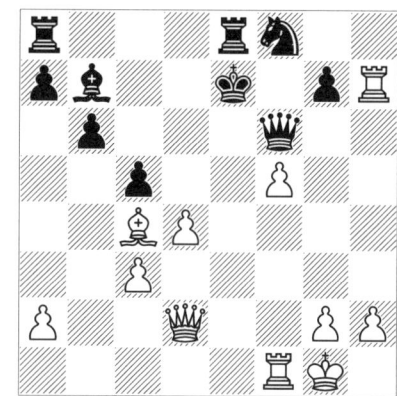

Dank des Turms auf h5 kann das Schach nicht durch Dazwischenstellen einer Figur abgeblockt werden. Außerdem zwingt der Turm den schwarzen König auf das unbehagliche Feld e7, da 20...♔f8 mit 21 ♖f5+ ♔e7 22 ♖f7+ beantwortet wird und 20...♔f6 wegen 21 f5 mit den Drohungen 22 fxg6+ und 22 ♕g5# verliert.

Weiß ist für ein effektives Folgespiel nach dem Opfer sehr gut postiert. Nicht nur kann der Turm mit ♖xh7 auf die siebte Reihe kommen, sondern auch der f-Bauer kann unter Zeitgewinn nach f5 und dann nach f6 vorrücken, um die siebte Reihe für den Turm zu öffnen.

21 ♖xh7 ♕f6

Jetzt, da der Turm nicht mehr auf h5 steht, droht Weiß nach 21...♕f6 22 f5 kein Matt. Er kann jedoch auf 22...♘h8 mit 23 ♖xg7! ♔xg7 24 ♕g5+ ♔f8 25 f6 mit entscheidenden Drohungen antworten.

22 f5 ♘f8 (D)

Der andere Springerrückzug 22...♘h8 deckt f7, aber nicht e6, so dass der Anziehende über 23 ♖e1+ ♔d6 (oder 23...♔d7 24 dxc5+ ♔c7 25 ♖xg7+! ♕xg7 26 ♕d6+ ♔c8 27 ♖xe8#) 24 ♕f4+ ♔d7 25 ♖e6! ♖xe6 26 fxe6+ nebst Matt verfügt.

23 ♖xg7+!

Dagegen bringt das Königstreiben 23 ♖e1+ ♔d6 24 dxc5+ ♔xc5 25 ♕f2+ ♔c6! 26 ♕f3+ ♔c5! nichts ein. Mit dem Partiezug gibt Weiß eine Menge Material für die Dame, aber er hat noch einen wichtigen Pfeil im Köcher.

23...♕xg7 24 f6+ ♕xf6 25 ♖xf6 ♔xf6 26 ♕f4+

Hier ist er. Schwarz muss ein Schachgebot auf f7 zulassen, wonach sein Läufer entweder durch Gabel oder durch Spieß verloren geht. Mit Materialvorteil bei immer noch weit offener schwarzer Königsstellung gewann Weiß leicht.

Der König kann auch durch ein Opfer auf e6 noch weiter hinausgezerrt werden. Es folgt ein einfaches, aber spektakuläres Beispiel.

Burgess – Bank Friis
Bellinge 1991

1 d4 d5 2 c4 e6 3 ♘f3 ♘f6 4 ♘c3 ♗e7 5 ♗g5 h6 6 ♗xf6 ♗xf6 7 ♕b3 c6 8 0-0-0 ♕c7 9 ♔b1 ♘d7 10 e4 dxe4 11 ♘xe4 ♗e7 12 ♗d3 0-0 13 ♖he1 a6 14 ♗c2 b5 15 c5 ♖d8 16 g4 ♘f8 17 g5 h5 18 ♘e5 ♘d7 (D)

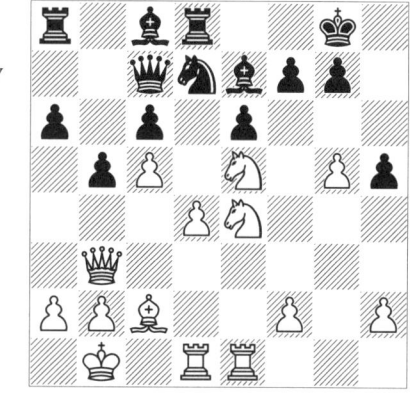

19 ♘xf7 ♔xf7 20 ♕xe6+!

Ein Schach aus nächster Nähe auf der längeren Diagonale! Da jetzt auf 20...♔f8 21 ♗b3 Matt im nächsten Zug folgt, macht Schwarz

gute Miene zum bösen Spiel und nimmt das zweite Opfer an.
20...♔xe6 21 ♘d6+ ♘e5 22 ♗f5+ ♔d5 23 ♖xe5# (1-0)

Wenn der König sich auf die Grundreihe zurückziehen kann, gestaltet sich seine Verfolgung möglicherweise schwierig. Andererseits braucht der Opfernde in dem Fall, dass der König dort von seinen eigenen Figuren eingeengt wird, vielleicht nur einen Weg zu einem Schachgebot zu finden, um seinen Angriff erfolgreich abzuschließen. Das kann leichter gesagt als getan sein, aber im folgenden Beispiel standen Tal gleich zwei Möglichkeiten zur Verfügung.

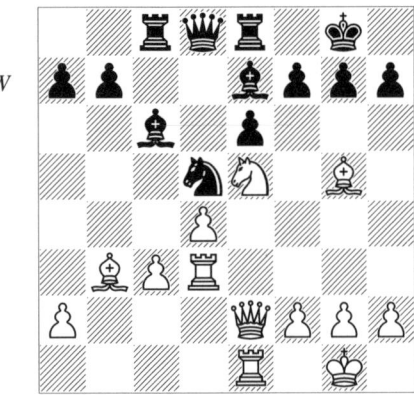

Tal – N.N.
Uhrensimultan, UdSSR

Das Szenario ist typisch; nach dem Opfer wird auf e6 ein Bauer mit Schach geschlagen, wonach Weiß mit zwei Bauern und Angriff für die Figur verbleibt. Gemäß Tal in *CHESS* hielt er hier inne, um im Rahmen einer halbstündigen Analyse eine gute Fortsetzung nach dem offensichtlichen Springeropfer auf f7 zu finden.
18 ♘xf7 ♔xf7 19 ♕xe6+ ♔f8
Da jetzt das offensichtliche 20 ♖f3+ an der Antwort 20...♗f6 scheitert, suchte Tal nach einem Weg, das Turmschach so hinauszuzögern, dass ...♗f6 entweder schlecht oder unmöglich wird. Er verfiel auf den erstaunlichen stillen Zug...
20 ♗c1!
...mit der Idee, erst auf f3 (mit dem Turm) und dann auf a3 (mit dem Läufer) Schach zu bieten, wonach die schwarze Verteidigung zusammenbrechen würde.

Möglich war auch die Fortsetzung 20 ♗xe7+ ♖xe7 21 ♖f3+ ♔e8 22 ♕f7+ ♔d7 23 ♖xe7+ ♘xe7 (oder 23...♕xe7 24 ♗xd5 mit Rückgewinn der Figur) 24 ♕e6+ ♔c7 (oder 24...♔e8 25 ♖f8+! ♔xf8 26 ♕f7#) 25 ♖f7 mit Rückgewinn der Figur wegen der Fesselung.

Es ist eine Schande, dass es eine zweite Gewinnmethode gibt, da Tals Idee so ästhetisch ist. Schwarz muss nun Material zurückgeben, um eine Verteidigung zu organisieren, bleibt aber an Händen und Füßen gebunden.
20...♗f6
20...♖c7 scheitert an der attraktiven Widerlegung 21 ♖e5! (droht den Springer zu schlagen) 21...♖d7 22 ♗f5+! ♗f6 23 ♗a3+ ♖ee7 24 ♖xf6+! gxf6 25 ♖g3 mit Matt auf g8.
21 ♗a3+ ♖e7 22 ♖e4?!
22 ♗xe7+ ♗xe7 23 ♖f3+ ♗f6 24 ♖f5 gewinnt den Springer.
22...♔e8?!
Schwarz verpasst hier die beste Verteidigung 22...♖cc7 (die mit 23 ♖e5! ♗xe5 24 dxe5 beantwortet wird, wonach der Springer d5 fällt).

Nach einigen leichten Aussetzern, die in einer Simultanvorstellung entschuldbar sind, findet Tal nun einen hübschen Abschluss.
23 ♗xe7 ♘xe7 24 d5 ♗b5 25 d6 ♗xd3 26 d7+ ♕xd7 27 ♕g8# (1-0)

Das Folgeschach auf der kürzeren Diagonale

Hier beschäftigen wir uns mit Folgeschachs auf der anderen Diagonale, im Allgemeinen mit Damenschachs auf h5.

Wenn der König des Verteidigers nach g8 zurückgehen kann, scheitert der Angriff wahrscheinlich, wenn der Angreifer nicht ein zweites Opfer auspackt, das die Königsstellung weiter öffnet.

Motwani – J. Bellin
Walsall 1992

1 e4 c5 2 c3 d5 3 exd5 ♕xd5 4 d4 ♘f6 5 ♗e3 cxd4 6 cxd4 e6 7 ♘c3 ♕d6 8 ♘f3 ♘c6 9 a3

♗e7 10 ♗d3 0-0 11 0-0 b6 12 ♕e2 ♗b7 13 ♖ad1 ♖ad8 14 ♗b1 ♖fe8 15 ♖fe1 ♕b8 16 ♘g5 ♗d6 17 ♘ce4 ♘xe4 18 ♗xe4 h6 *(D)*

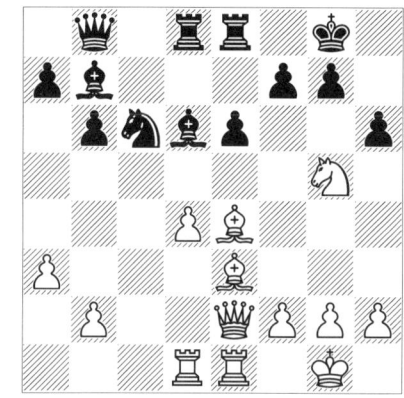

19 ♘xf7 ♔xf7

Die natürliche Antwort ist nun 20 ♕f3+ mit Rückgewinn der Figur, aber Schwarz wird nach späterem ...♗xh2+ sowohl die Bauernzahl als auch die Stellung ausgleichen. Weiß spielt stattdessen auf Matt.

20 ♕h5+ ♔g8

Wenn der König mit 20...♔e7 die Flucht ergreift, öffnet Weiß mit 21 d5 das Zentrum.

Der König kann auf g8 überleben, wenn der Nachziehende auf der Hut ist. Da Weiß jetzt nach 21 ♕g6 ♘e7 Probleme hat, eine wirksame Angriffsfortsetzung zu finden, sucht er nach einem Weg, den schwarzen König zu entblößen.

21 ♗xh6! ♘xd4?

Nach 21...♗xh2+ 22 ♔h1 gxh6 (ziemlich sicher ist auch 22...♗f4) hat Weiß wahrscheinlich nichts Besseres als Dauerschach. Den einmal abgewiesenen weißen Läufer dürstet es nach noch größeren Heldentaten...

22 ♗xg7! ♔xg7?

...und diesmal kann Schwarz der Versuchung nicht widerstehen.

Nach 22...♗xe4 23 ♗xd4 droht Weiß zwar Matt und greift den Läufer e4 an, aber stattdessen kann sich Schwarz mit 22...♘e2+ auf Komplikationen einlassen mit der Idee 23 ♕xe2 ♗xe4, wonach der Anziehende mit 24 ♗f6 wahrscheinlich gewinnen wird, aber nur unter Schwierigkeiten. Weiß kann jedoch seine Dame auf h5 stehen lassen und den Springer mit 23 ♔f1! ablehnen, und nach 23...♗xe4 24 ♗f6

steht Schwarz vor der Katastrophe. Das hübscheste Abspiel lautet 24...e5 25 ♕g4+ ♔f7 26 ♗xd8 ♖xd8 27 ♕xe4, und nun verliert 27...♘d4 auf attraktive Weise wegen 28 ♖xd4 exd4 29 ♕f5+ ♔g8 30 ♖e6, wonach der exponierte König nicht mehr lange leben wird, wohingegen 27...♘f4 mit 28 ♕f5+ ♔g7 29 ♖e3 und entscheidendem Angriff beantwortet wird.

Nach dem Partiezug erzwingt Weiß ein einfaches Matt.

23 ♕h7+ ♔f8 24 ♕h6+ ♔g8 25 ♗h7+ 1-0

Im nächsten Beispiel übernimmt Schwarz die Rolle des Opfernden. Da der weiße König das Feld g1 nicht betreten darf, bleibt er auf f1 stecken, wonach Schwarz – unterstützt durch ein weiteres Opfer der Qualität – seinen Angriff nach Belieben aufbauen kann.

Zagorskis – Sadler
Olympiade, Elista 1998

1 c4 b6 2 d4 ♗b7 3 ♗g5 ♘f6 4 ♗xf6 exf6 5 e3 f5 6 ♘f3 g6 7 ♘c3 ♗g7 8 ♗e2 d6 9 0-0 ♘d7 10 ♕c2 0-0 11 ♖fd1 ♖e8 12 ♖ac1 a6 13 b4 ♘f6 14 ♘d2 ♘g4 15 h3 *(D)*

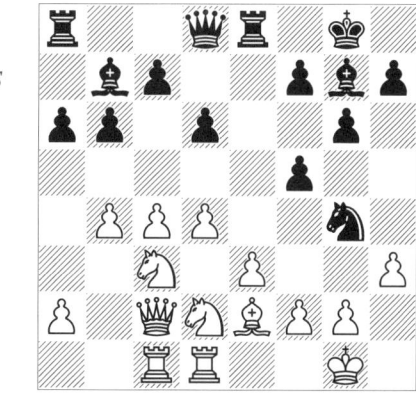

15...♘xf2 16 ♔xf2 ♕h4+ 17 ♔f1

Die Alternativen lauten:

a) 17 ♔g1? erlaubt die Zugfolge 17...♖xe3 18 ♘f3 (nicht 18 ♘f1 ♖xh3!! 19 gxh3 ♗xd4+ 20 ♖xd4 ♕xd4+ 21 ♔h2 ♕f2#) 18...♗xf3! 19 ♗xf3 ♗xd4 20 ♖xd4 ♕xd4, wonach Schwarz materiell im Vorteil ist.

b) 17 g3? trifft auf die Antwort 17...♕xh3, wonach die schwarze Dame nach g2 gelangt, da 18 ♘f3 ♗h6 19 ♖d3 ♗e4! für Schwarz Material gewinnt.

Der Textzug scheint den wenigsten Ärger zu bereiten, aber auf f1 wird der König an arger Atemnot leiden.

17...♖xe3

Schwarz droht 18...♖xc3 nebst 19...♖xd4.

18 ♘f3

18 ♘d5? verliert hübsch wegen 18...♗xd5 19 cxd5 ♖xh3! 20 gxh3 ♕xh3+ 21 ♔e1 ♕g3+ 22 ♔f1 ♖xd4 mit Matt, während 18 ♗f3? mit 18...♗xd4! beantwortet wird, wonach 19 ♗xb7 ebenfalls auf attraktive Weise verliert, diesmal wegen 19...♖e1+! 20 ♖xe1 ♕f2#.

Der Anziehende hat es sehr schwer, seine Figuren in effektive Verteidigungspositionen zu bringen, wohingegen Schwarz ungestört seine Reserven heranführen kann.

18...♕f4 19 ♘d5 ♗xd5 20 cxd5 ♖ae8!

Jetzt droht Schwarz 21...g5 nebst 22...g4.

21 ♗xa6

Weiß will nun 22 ♕f2 spielen, aber Sadler öffnet mit einem weiteren Opfer die Stellung des geplagten weißen Königs.

21...♖xf3+! 22 gxf3 ♖e3! *(D)*

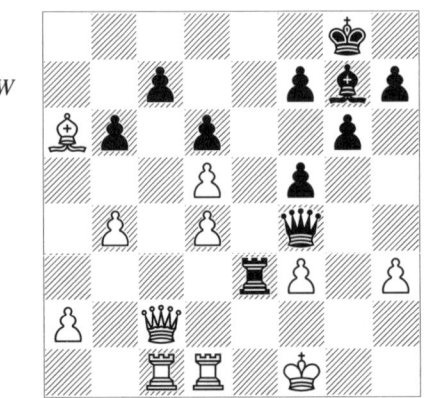

Jetzt geht ♕f2 nicht mehr, und wieder kann Schwarz ungestört aufmarschieren, obwohl er einen Turm weniger hat.

23 ♗e2 ♕h2!

Wenn Weiß nichts unternimmt, spielt der Nachziehende ...♗f6 und ...♗h4 und setzt auf f2 matt. Weiß unternimmt einen anderen Versuch, mit seiner Dame dem König zu Hilfe zu kommen.

24 ♕d2 ♗h6 25 ♕e1?

Pariert die Drohung 25...♖xf3+, erlaubt aber ein brillantes Finale. Am besten ist 25 ♖c3!, wonach 25...♖xf3+ zu viel Material für die Dame verliert, so dass Schwarz sich wohl mit Dauerschach begnügen muss.

25...♕h1+ 26 ♔f2 ♕h2+ 27 ♔f1 ♕xh3+ 28 ♔g1 ♗e4!

Mit zwei einfachen Pointen: zum einen 29 fxe4 ♗e3+ 30 ♕f2 ♕g3+!, und zum anderen kann der Turm sich über h4 in den Angriff einschalten.

29 ♖c3 ♖h4 30 f4 ♕h1+ 31 ♔f2 ♖h2+ 32 ♔e3 ♕e4+ 0-1

Nach 33 ♔d2 gewinnt 33...♗xf4+ massenhaft Material.

Der Folgezug ♕h7

In der vorigen Partie konnte Sadler letztendlich seine Dame nach h2 durchschlängeln, so dass der König nicht in Richtung h-Linie flüchten konnte. Viele Springeropfer auf f7 werden mit der Absicht gebracht, in absehbarer Zukunft das Feld h7 (h2) für die Dame zu gewinnen und danach den auf der f-Linie gestrandeten König zu überwältigen.

Ein immer wiederkehrendes Thema bei Standardopfern ist ein Turmschwenk auf die Linie, auf der das anfängliche Opfer erfolgte. Der König des Verteidigers steht gewöhnlich nicht weit von dort entfernt. Hat er aber doch einmal die Flucht ergriffen, so kann die in die Verteidigungslinien geschlagene Bresche als Invasionsroute für die eindringenden Schwerfiguren verwendet werden. Im folgenden Beispiel droht ein Turm, dem König den entscheidenden Schlag zu versetzen, und der Monarch kann nicht davonlaufen.

Christiansen – Waganjan
New York Open 1990

1 e4 ♘f6 2 e5 ♘d5 3 d4 d6 4 ♘f3 g6 5 ♗c4 c6 6 0-0 ♗g7 7 exd6 ♕xd6 8 ♘bd2 ♗g4 9 h3 ♗xf3 10 ♘xf3 ♘d7 11 ♗b3 0-0 12 ♖e1 e6 13 ♗g5 b5 14 a4 b4 15 ♕d2 a5 16 ♖ad1 ♖fe8 17 ♗h6 ♘7b6 18 ♘e5 c5 19 ♗xg7 ♔xg7 20 ♕h6+ ♔g8 21 dxc5 ♕xc5 *(D)*

22 ♘xf7 ♔xf7

Wenn der Angreifer drei Bauern für die Figur bekommt, kann er vielleicht sogar Vorteil beanspruchen, wenn sein Angriff pariert werden kann.

Luciani – Kosten
Imperia 1993

1 e4 e5 2 ♘c3 ♘f6 3 ♘f3 d6 4 d4 ♘bd7 5 ♗c4 ♗e7 6 0-0 0-0 7 ♖e1 c6 8 a4 b6 9 ♗g5 a6 10 dxe5 ♘xe5 11 ♗e2 h6 12 ♗f4 ♘g6 13 ♗e3 ♘g4 14 ♗c1 ♗f6 15 ♘d4 (D)

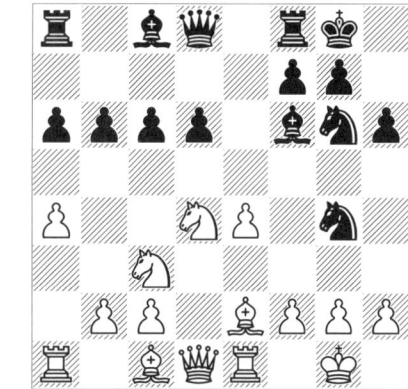

Die Ablehnung des Opfers mittels 22...♖f8 überlässt Weiß nach 23 ♘g5 ♕xf2+ 24 ♔h1 ♖a7 25 ♖xe6 einen Mehrbauern und starken Angriff.
23 ♕xh7+ ♔f6
Nach 23...♔f8 gewinnt der Turmschwenk 24 ♖d3 ♖e7 25 ♕h8+ ♔f7 26 ♖f3+ auf der Stelle. Der Turm teilt auch nach dem Partiezug den entscheidenden Schlag aus, und Schwarz muss die Figur zurückgeben, um den Widerstand zu verlängern.
24 ♖d3 ♘f4 25 ♖f3 ♕f5
Nach 25...♕g5 26 g3 kann der Nachziehende den Springer nicht mit dem g-Bauern unterstützen, und auf 26...e5 kommt 27 ♕f7#.
Jetzt kann Weiß mit 26 g4 ♕g5 27 ♖e4 den Springer f4 gewinnen und entscheidenden Angriff auf den gestrandeten König bekommen. Stattdessen beutet er die ungedeckte Stellung des anderen Springers, der ganz weit auf der anderen Brettseite auf b6 steht, mit einem Doppelangriff aus.
26 ♕c7 g5 27 ♕xb6 ♔g6 28 ♖fe3 ♕f6 29 ♖e5 ♖ad8 30 ♕e3 ♖d6 31 ♖xa5 ♕xb2 32 ♕e4+ ♔f6 33 ♕h7 1-0
Der „geschwenkte" Turm wird sein Leben teuer verkaufen, z. B. 33...♘g6 34 ♖f5+! ♔xf5 (oder 34...exf5 35 ♕f7#) 35 ♕f7+ ♔f6 36 g4+ ♔f4 37 ♕xf6#.

Ein Vorteil des Folgezuges ♕h7 besteht darin, dass er gewöhnlich einen zweiten Bauern, nämlich den h-Bauern, für die Figur gewinnt, wie im vorigen Beispiel. Danach verbleibt im Umfeld des Königs nur noch der g-Bauer, der leicht fallen kann, wie in der nächsten Partie.

15...♘xf2 16 ♔xf2 ♗xd4+ 17 ♕xd4 ♕h4+
Hier kommt die Dame.
18 ♔f1
Nach 18 ♔g1 hängt der Turm e1, während 18 g3 ♕xh2+ 19 ♔e3 ♕xg3+ dem Nachziehenden schon drei Figuren für die Figur gibt. Daher versteckt sich der König lieber auf f1, wo ihm Turm und Läufer ins Gehege kommen.
18...f5
Die Dame kommt nicht sofort nach h2, da es für Schwarz wichtiger ist, die Öffnung der f-Linie sicherzustellen.
19 ♗f3
Der Anziehende blockiert mit seinem Läufer die f-Linie.
Weiß kann die Öffnung der f-Linie vermeiden, muss aber dann auf den Vormarsch des schwarzen f-Bauern aufpassen. Nach 19 ♗c4+ ♔h7 20 ♖d1 ♕xh2 21 e5 ♘xe5 22 ♗d3! (verhindert ...f4 gefolgt von ...f3) 22...♘xd3 23 ♕xd3 a5! 24 ♕f3 ♗a6+ 25 ♔f2 f4 steht der weiße König sehr unsicher.
19...♘e5 20 ♕f2 ♕xh2 21 ♔e2

Der König verdrückt sich von seinem verwundbaren Posten auf f1 und räumt die Grundreihe, so dass die schwarze Dame später mit ♖h1 ausgeräuchert werden kann. Nach 21 ♗e3 käme ein einfacher, aber hübscher Durchbruch auf f3 mittels 21...fxe4 22 ♘xe4 ♘xf3 23 gxf3 ♖xf3! 24 ♕xf3 ♗h3+, während 21 ♔g1 wohl am besten mit 21...♘xf3 22 gxf3 ♕h5 beantwortet wird, wonach der Angriff weitergeht, wenngleich 22...♕h3+ 23 ♔g2 fxe4 Schwarz drei Bauern für die Figur gibt, von denen zwei verbundene Freibauern sein werden.

21...fxe4 22 ♘xe4 ♗g4 23 ♗e3 *(D)*

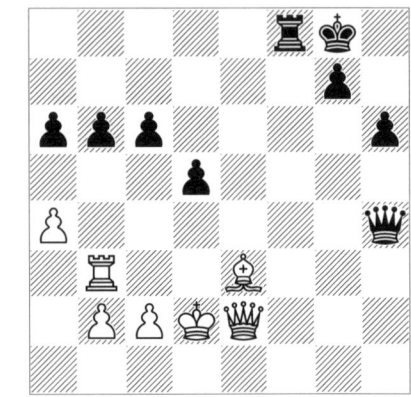

Nach 39 cxb3 gewinnt Schwarz mit 39...c5 die Figur zurück und erhält ein gewonnenes Endspiel.

Im letzten Beispiel braucht Tal ein paar Züge, um mit der Dame nach h2 zu gelangen, die unterwegs zum Opfer angeboten wird. Der weiße König wird auf f1 festgeklemmt und von Tal über die Diagonale a6-f1 und die f- und e-Linie angegriffen.

Gurgenidse – Tal
Meisterschaft der UdSSR, Moskau 1957

1 d4 ♘f6 2 c4 c5 3 d5 e6 4 ♘c3 exd5 5 cxd5 d6 6 ♘f3 g6 7 e4 ♗g7 8 ♗e2 0-0 9 0-0 ♖e8 10 ♕d2 ♘a6 11 ♖e1 ♘c7 12 a4 b6 13 ♕c2 ♘g4 14 h3 *(D)*

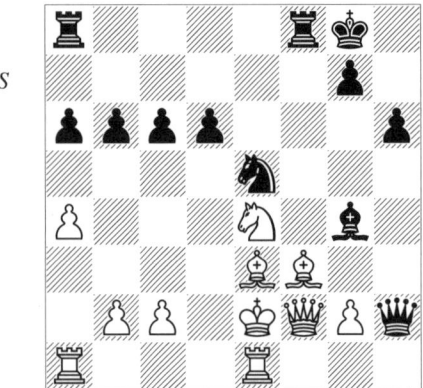

23...♕h5?!
Die Drohung 24 ♖h1 verscheucht die Dame, aber Schwarz sollte konsequent mit 23...♖ae8! fortsetzen, da er nach 24 ♖h1 ♘xf3 25 ♖xh2 ♘xh2+ 26 ♔d2 ♖xf2+ zwei Mehrbauern behält.

Jetzt gibt Weiß den g-Bauern, um seinen König weiter aus der Gefahrenzone zu entfernen, aber Schwarz behält einige Angriffschancen.

24 ♘d2 ♖ae8 25 ♖a3 d5 26 ♔d1 ♗xf3+ 27 gxf3 ♘xf3 28 ♕e2 ♕h3 29 ♖f1 ♘xd2 30 ♖xf8+ ♖xf8 31 ♔xd2 ♕h4! 32 ♖b3? *(D)*

32 c3 hält den d-Bauern im Zaum, während 32 ♔c1 den nächsten schwarzen Zug entschärft. Nachdem Weiß die Drohung übersehen hat, muss der König auch in seiner neuen Heimat einen Angriff über sich ergehen lassen.

32...d4! 33 ♕c4+ ♔h8 34 ♗xd4
Nicht 34 ♕xd4 ♖d8, wonach die weiße Dame verloren geht.

34...♖f2+ 35 ♔c3 ♕g3+ 36 ♔b4 ♕d6+ 37 ♔c3 ♖f3+ 38 ♔d2 ♖xb3 0-1

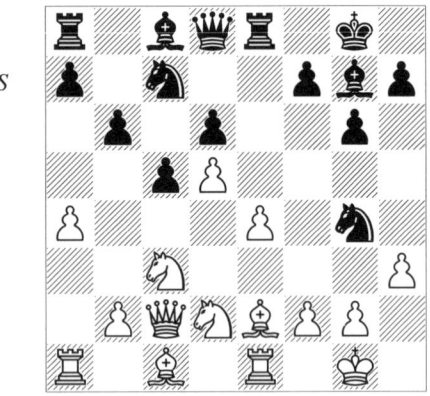

14...♘xf2
In Benoni- und Königsindisch-Aufbauten kommen Springeropfer auf f2 recht häufig vor.

Hier kann Schwarz dadurch, dass der weiße Springer seinen Posten auf f3 verlassen hat und den Läufer c1 blockiert, seine Dame und seinen Läufer unter Zeitgewinn ins Spielgeschehen einschalten.

15 ♔xf2 ♕h4+ 16 ♔f1

Dies ist erzwungen, da nach 16 ♔g1 der Turm e1 hängt, während 16 g3 mit 16...♗d4+ 17 ♔g2 ♕xh3+ 18 ♔f3 ♖e5 beantwortet wird, wonach das Matt mit 19...♗g4+ 20 ♔f4 g5# nicht zu verhindern ist.

16...♗d4 17 ♘d1

Jetzt sind brutale Maßnahmen angesagt, da 17...♕g3 mit 18 ♖a3 ♕h2 19 ♘f2 beantwortet werden kann, was ♘f3 droht. Man könnte vielleicht 17...♗xh3!? erwarten, ein natürliches Opfer in dieser Stellung. Nach 18 ♗f3 ♗c8! 19 ♘c4 ♘xd5! hat Schwarz drei Bauern für die Figur und einigen Angriff.

Tal hat eine ästhetisch ansprechendere und mindestens genauso starke Möglichkeit erspäht.

17...♕xh3! *(D)*

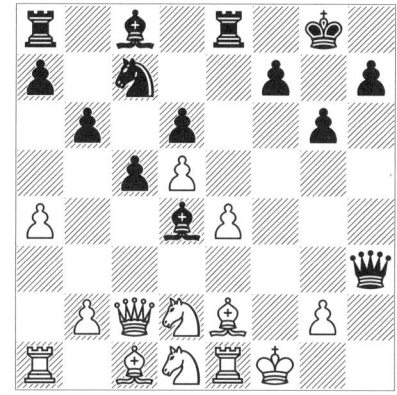

18 gxh3 ♗xh3# ist ein hübsches Matt aus heiterem Himmel. Nach der erzwungenen weißen Antwort wird die Dame es sich auf dem Feld h2 gemütlich machen.

18 ♗f3 ♕h2 19 ♘e3

Nach 19 ♘f2 kann Schwarz mit 19...♘xd5! seinen Springer in den Angriff einschalten, da auf 20 exd5 das einfache 20...♗a6+ 21 ♗e2 ♖xe2 22 ♖xe2 ♗xe2+ 23 ♔xe2 ♕xg2 24 ♘e4 f5 mit vielen Bauern für die Figur folgt und die komplizierte Alternative 20...♖xe1+ 21 ♔xe1 ♕g1+ 22 ♘f1 ♗a6 vielleicht sogar noch besser für Schwarz ist.

Weiß versucht seinen Bauern d5 zu halten, um den Springer im Zaum zu halten, aber Tal unterminiert den ihn deckenden weißen e-Bauern und öffnet gleichzeitig die f-Linie gegen den weißen König.

19...f5

19...♗a6+ ist vielleicht besser, um 20 ♘dc4 mit 20...f5 zu beantworten. Weiß könnte nun mit 20 ♔e2!? einen Fluchtversuch starten, geht aber an seiner Chance vorbei.

20 ♘dc4 fxe4 21 ♗xe4 ♗a6 *(D)*

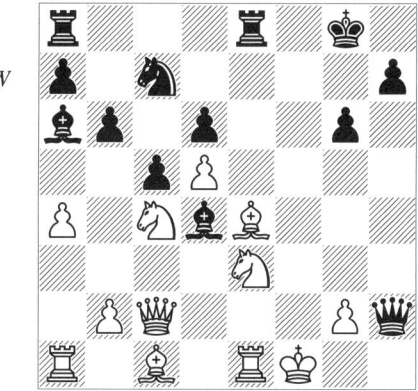

Weiß sieht sich von allen Seiten bedroht, ein typisches Gefühl für Tals Gegner. Das natürliche 22 ♖a3 befestigt den Springer e3, aber Schwarz kann mit 22...♖xe4! 23 ♕xe4 ♖e8 24 ♕c2 ♘xd5 den Springer mitten ins Schlachtgetümmel bringen. Nach Abzug des Springers nach b4 oder f4 folgt ...d5 mit Materialgewinn für Schwarz.

22 ♗f3 ♖e5

Geradliniger ist 22...♕f4! mit der Absicht 23...♗xe3 nebst Schlagen des Springers c4. In jedem Fall erweisen sich die schwarzen Drohungen als überwältigend.

23 ♖a3 ♖ae8 24 ♗d2 *(D)*

Hartnäckiger ist 24 ♖d3. Dann würde der Nachziehende mit 24...♖f8! eine andere Richtung einschlagen, wonach sich zwei nette Varianten ergeben:

a) 25 ♔e2 ♖xf3! 26 ♔xf3 ♕h5+ 27 ♔f2 ♗xc4 28 ♕xc4 (nach 28 ♖xd4 cxd4 29 ♕xc4 dxe3+ hat Schwarz Materialvorteil) 28...♖f5+ 29 ♔g1 ♕h4! und Schwarz hat die Doppeldrohung 30...♕xe1+ und 30...♗xe3+ mit Gewinn der Dame auf c4.

b) 25 ♘xe5 dxe5 26 ♔e2 ♖xf3! 27 ♔xf3 ♕f4+ 28 ♔e2 e4, wonach Schwarz mit mindestens zwei Bauern für die Qualität bei anhaltendem Angriff verbleibt.

24...♘xd5 25 ♗xd5+ ♖xd5 26 ♔e2 ♗xe3 27 ♖xe3 ♗xc4+ 0-1

Nach 28 ♕xc4 ♕xg2+ 29 ♔d1 bewegt sich die schwarze Dame von h2 und versetzt den Todesstoß: 29...♕xd2#.

Einsperrung des Turms in der Ecke

Man sollte erwarten, dass es zwischen Springeropfern auf f7 bei unrochiertem König und solchen bei rochiertem König erhebliche Unterschiede gibt. In Wirklichkeit gibt es aber keinen erkennbaren Unterschied zwischen dem Spielverlauf in beiden Fällen – mit einer Ausnahme. Gelegentlich, weniger oft als man erwarten würde, wird der unrochierte König in die Ecke gedrängt, in der er und der Turm sich gegenseitig in die Quere kommen. Das kommt so selten vor, dass sich daraus keine wertvollen Lehren ziehen lassen, gibt mir aber einen Vorwand für die Vorführung der folgenden herrlichen Kombination.

Pedzich – Murdzia
Swidnica 1999

1 e4 c6 2 d4 d5 3 ♘c3 dxe4 4 ♘xe4 ♘d7 5 ♗c4 ♘gf6 6 ♘g5 e6 7 ♕e2 ♘b6 8 ♗d3 h6 9 ♘5f3 c5 10 dxc5 ♗xc5 11 ♘e5 ♘bd7 12 ♘gf3 ♗b4+ 13 c3 ♗d6 14 ♗f4 ♕c7 15 g3 ♘h5 16 ♘c4 ♘xg3 17 hxg3 ♗e7 18 0-0-0 ♘c5 19 ♗c2 b5 20 ♘ce5 a6 (D)

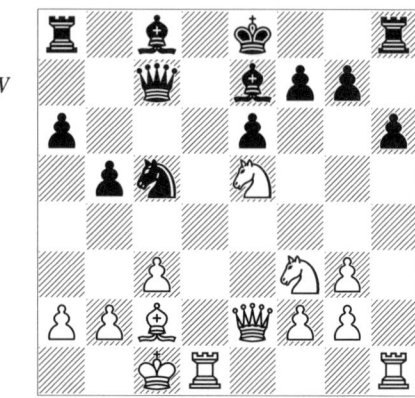

21 ♘xf7 ♔xf7 22 ♘e5+ ♔g8

Der König gesellt sich zum Turm, da 22...♔e8 23 ♕h5+ zu Matt führt und 22...♔f8 23 ♕f3+ den Turm in der anderen Ecke verliert.

23 ♕h5 ♗f8

Der Läufer nimmt dem König ein weiteres Feld, aber nach 23...♗d6 geht 24 ♕e8+ ♗f8 25 ♖d8 mit Matt.

24 ♗g6!

Danach droht Weiß 25 ♗f7+ ♔h7 26 ♕g6#. Das Opfer hat eine Schwäche auf g6 geschaffen, die nun die weißen Figuren magisch anzieht.

24...♗d6 (D)

Da 24...♖h7 auf 25 ♗f7+ ♔h8 26 ♘g6# trifft, macht der Läufer das Feld f8 für den König frei.

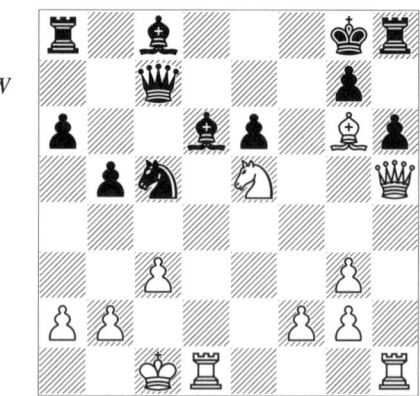

25 ♖xd6! ♕xd6 26 ♗h7+!
Die letzten beiden Züge sichern der weißen Dame Zugang zum Feld f7.
26...♔xh7
Schwarz nimmt mit dem König, da er nach 26...♖xh7 27 ♕f7+ ♔h8 28 ♕e8+ im nächsten Zug matt gesetzt wird.
27 ♕g6+ ♔g8 28 ♕f7+ ♔h7 29 ♖xh6+! 1-0
Weiß hat nur noch Dame und Springer übrig, was aber nach 29...♔xh6 30 ♕g6# zum Mattsetzen genügt.

Tödliche Diagonalen

Mehr als bei allen anderen Standardopfern dreht sich beim Springeropfer auf f7 alles um die Öffnung von Linien. Die offenen Linien und Diagonalen laufen häufig um die Felder f7 und f8 zusammen. Der Verteidiger mag eine Linie oder zwei in einer Richtung blockieren können, aber dann kommt die Gefahr plötzlich von einer anderen Seite. Die nachstehende Partie ist ein zeitloser Klassiker, den die meisten Schachspieler gut kennen, aber trotzdem sollten wir uns kurz auf die Rolle besinnen, die offene Diagonalen bei einer der verblüffendsten „brillanten Partieaufgaben" aller Zeiten spielten.

R. Byrne – Fischer
Meisterschaft der USA, New York 1963/64

1 d4 ♘f6 2 c4 g6 3 g3 c6 4 ♗g2 d5 5 cxd5 cxd5 6 ♘c3 ♗g7 7 e3 0-0 8 ♘ge2 ♘c6 9 0-0 b6 10 b3 ♗a6 11 ♗a3 ♖e8 12 ♕d2 e5 13 dxe5 ♘xe5 14 ♖fd1 ♘d3 15 ♕c2 *(D)*

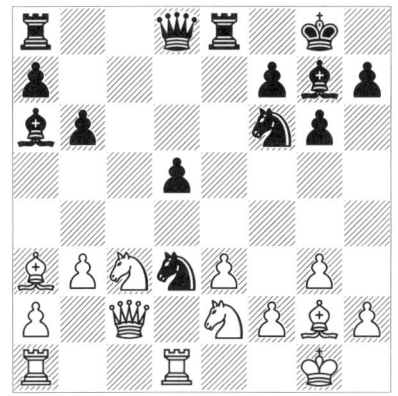

15...♘xf2 16 ♔xf2 ♘g4+ 17 ♔g1
17 ♔f3 erlaubt ein schnelles Matt: 17...♖xe3+ 18 ♔xg4 h5+ 19 ♔h3 (oder 19 ♔f4 ♗h6#, das erste Diagonalmatt) 19...♗c8+ und Matt im nächsten Zug (das zweite Diagonalmatt).
17...♘xe3 18 ♕d2
18 ♕b2 verliert wegen 18...♘xd1 19 ♖xd1 ♖xe2, wobei die Diagonale a1-h8 ihr Scherflein beiträgt.
18...♘xg2! 19 ♔xg2 d4! *(D)*

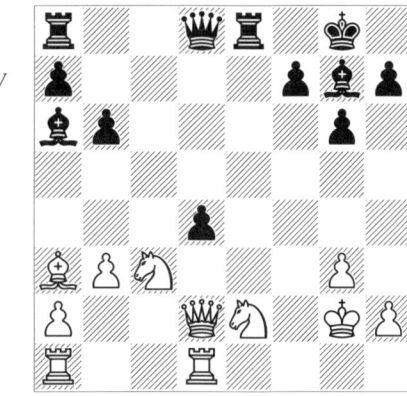

20 ♘xd4 ♗b7+
Die Diagonale h1-a8 wird für den schwarzen Angriff entscheidend sein.
21 ♔f1
Auf 21 ♔g1 kommt 21...♗xd4+ 22 ♕xd4 ♖e1+! 23 ♔f2 ♕xd4+ 24 ♖xd4 ♖xa1 mit Mehrqualität für Schwarz. Stattdessen trifft 21 ♔f2 auf 21...♕d7! *(D)*, und nun:

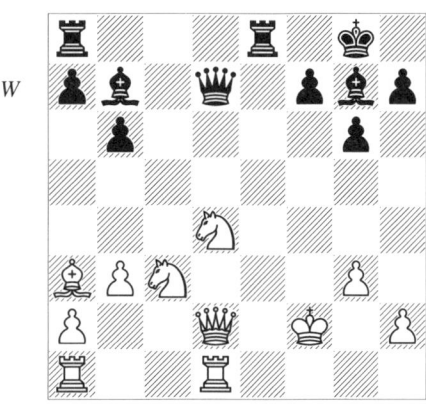

a) 22 ♘f3 verliert nach 22...♕xd2+ mindestens den Springer c3.

b) 22 ♘ce2 gibt das Feld d5 frei, so dass Schwarz mit 22...♕d5 die Drohung 23...♕g2+ gefolgt von 24...♕g1# aufstellen kann. Er gewinnt nach 23 ♖g1 (23 ♕c2 ♕g2+ 24 ♔e1 ♗h6 und 23 ♖f1 ♗xd4+ 24 ♘xd4 ♕g2# sind auch nicht besser für Weiß) 23...♖xe2+ 24 ♔xe2 ♖e8+ 25 ♔d1 ♗xd4, und die hübsche symmetrische Diagonalgabel ist noch die kleinste Sorge des Anziehenden.

c) Auf 22 ♖ac1 spielt Schwarz 22...♕h3, und nach 23 ♘f3 ♗h6 24 ♕d3 ♗e3+ 25 ♕xe3 ♖xe3 26 ♔xe3 ♖e8+ 27 ♔f2 ♕f5 muss Weiß wegen der Drohung 28...♕xf3+ noch mehr Material geben.

Jetzt kehren wir zur Stellung nach 21 ♔f1 (D) zurück:

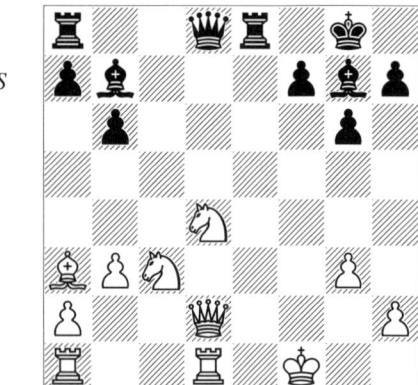

21...♕d7! 0-1

Der Diagonalenwechsel bringt die Entscheidung. Byrne sah das brillante Finish 22 ♕f2 ♕h3+ 23 ♔g1 ♖e1+!! 24 ♖xe1 ♗xd4 25 ♕xd4 ♕g2# und gab just zu dem Zeitpunkt auf, als die zuschauenden Meister einen Sieg für ihn prognostizierten!

Übungen

Übung 13

Weiß spielt **18 ♘xf7 ♔xf7 19 ♕h5+**. Welche plausiblen Antworten hat Schwarz, und wie wird Weiß mit jeder von ihnen fertig?

Übung 14

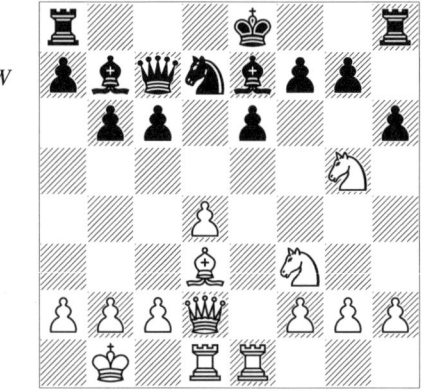

Der Anziehende spielte **14 ♘xf7** und fand nach **14...♔xf7** eine spektakuläre Fortsetzung. Wie lautet sie, und wie stark war sie?

9 Belästigen des Königs mit dem Läufer: ♗xf7+

Das Läuferopfer auf f7 wird von allen Opfern am meisten gespielt. In *Mega Database 2001* finden sich mehr als 7.000 Partien mit der Zugfolge ♗xf7+ ♔xf7 (oder ...♗xf2+, ♔xf2, wenn Schwarz das Opfer bringt). Das Opfer kommt von einem auf eine seiner natürlichsten Diagonalen entwickelten Läufer, der unter normalen Umständen nur einen einzigen Zug gemacht hat, nämlich ♗c4. Infolgedessen gibt es eine sehr breite Palette von Strukturtypen, in denen das Opfer möglich ist.

Bei den allermeisten davon handelt es sich überhaupt nicht um Opfer, sondern um einfache kleine Kombinationen, mit denen die geopferte Figur, oft mit Zinsen, zurückgewonnen wird. Viele andere sind verzweifelte Versuche, den Verlust hinauszuzögern in der vagen Hoffnung, dass ein paar Racheschachs vielleicht doch irgendwie noch zum Dauerschach werden. „Richtige" Opfer, bei denen der Opfernde für den Läufer Angriff bekommen will, sind in der Minderzahl, aber immer noch zahlreich.

Trotz der Vielgestaltigkeit der Läuferopfer auf f7 gibt es einige gängige Faktoren, die häufig vorkommen.

Die Hauptschwäche des Läuferopfers auf f7 besteht darin, dass sich der Angreifer selbst einer seiner wertvollsten Angriffsfiguren beraubt. Im vorhergehenden Kapitel spielte der Läufer oft eine sehr wichtige Rolle bei der Einengung des gegnerischen Königs und bei der Führung von Überraschungsangriffen. Häufig hauchte der König sein Leben auf Diagonalen in weit offenen Räumen aus.

Die Rolle des vom Brett verschwundenen Läufers übernimmt im Allgemeinen ein Springer, der aber nicht in einem Satz von einem Ende des Bretts zum anderen hüpfen kann. Bekanntlich bilden ja Dame und Springer eine gefährliche Angriffsstreitmacht, solange sie eng zusammenarbeiten können. In fast allen Beispielen in diesem Kapitel kommt denn auch eine tödliche Allianz zwischen Dame und Springer vor.

Wir werden außerdem sehen, dass das Opfer normalerweise am besten funktioniert, wenn die Fluchtroute des Königs von seinen eigenen Figuren verstellt ist, so dass Dame und Springer ihre Beute leichter zur Strecke bringen können.

♗xf7+ in der Eröffnung

Es gibt zahlreiche Eröffnungsvarianten, in denen ein Läufer sich für einen frühen Angriff auf f7 oder f2 opfert. Da nur ein paar andere Figuren entwickelt sind, haben die Angriffe miteinander oder mit den Angriffen nach dem Opfer im Mittelspiel nur wenig gemein. Es folgt eine kurze Auswahl:

Zweispringerspiel: **1 e4 e5 2 ♘f3 ♘c6 3 ♗c4 ♘f6 4 ♘g5 ♗c5 5 ♗xf7 ♗xf2+ 6 ♔xf2** (in der Regel wird das Opfer abgelehnt) **6...♘xe4+ 7 ♔g1 ♕h4 8 g3 ♘xg3 9 hxg3 ♕xg3+**, und Schwarz hat mindestens Remis.

Spanisch: **1 e4 e5 2 ♘f3 ♘c6 3 ♗b5 a6 4 ♗a4 b5 5 ♗b3 ♘a5 6 ♗xf7+ ♔xf7 7 ♘xe5+**. Diese Variante ähnelt dem Cochrane-Gambit aus dem vorhergehenden Kapitel.

Sizilianisch: **1 e4 c5 2 ♘f3 d6 3 d4 cxd4 4 ♘xd4 ♘f6 5 ♘c3 a6 6 ♗e3 e6 7 g4 e5 8 ♘f5 g6 9 g5 gxf5 10 exf5 d5 11 gxf6 d4 12 ♗c4 ♕c7 13 ♕d3 dxe3 14 0-0-0 exf2 15 ♗xf7+ ♔xf7 16 ♕d5+** mit starkem Angriff für die beiden geopferten Figuren. Diese Idee wurde von Schirow einige Male angewandt.

Nun werden wir uns das Opfer in zwei anderen Eröffnungen näher anschauen, nämlich im Königsgambit und in der Philidor-Verteidigung.

Königsgambit:
1 e4 e5 2 f4 exf4 3 ♘f3 g5 4 ♗c4 g4 5 0-0 gxf3 6 ♕xf3 ♕f6 7 e5 ♕xe5 8 ♗xf7+
Dies ist die Hauptvariante des Muzio-Gambits. Die Partie **Yoos – Kirton**, *Saskatoon 1994*, veranschaulichte die Probleme, die sich vor dem Verteidiger auftürmen können. Dort ging es weiter mit:
8...♔xf7 9 d4 ♕xd4+
In seinem Buch *The King's Gambit* meint McDonald, dass der Nachziehende einzig mit 9...♕f5 Nachteil vermeiden kann. In *Nunn's Chess Openings* (NCO) gibt Gallagher nur die in dieser Partie gespielte Variante. Es wäre interessant, seine Meinung zu 9...♕f5 zu erfahren. Ganz bestimmt scheint die natürliche Antwort 10 g4 den weißen König zu entblößen, was die Partie Asauskas-Croad, Juniorenweltmeisterschaft, Jerewan 2000, bestätigt: 10...♕g6 11 ♗xf4 ♘f6 12 ♗e5 ♗e7 (McDonald gibt 12...d6 13 ♗xf6 ♗xg4 14 ♕g2 ♖g8, was zu schwarzem Vorteil führt) 13 ♘c3 d6 14 ♗xf6 ♗xf6 15 ♘d5 ♘d7 16 ♘xc7 ♘b6 0-1.
10 ♗e3 ♕f6 11 ♗xf4
In NCO hört Gallagher hier auf und schätzt die Stellung als unklar ein.
11...♘e7 12 ♘c3 ♘f5 *(D)*

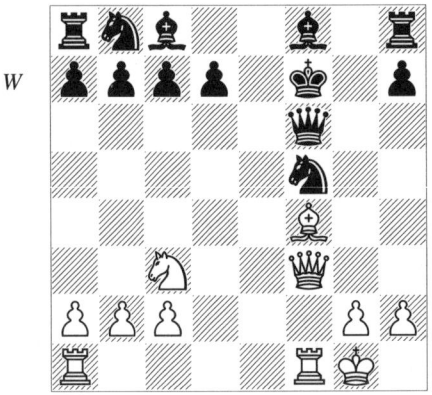

Schwarz scheint die offene f-Linie erfolgreich verstopft zu haben, aber das ist nur eine Illusion. Trotz zweier Minusfiguren steckt Weiß nun noch eine dritte Figur ins Geschäft, um die entscheidende Linie zu öffnen.
13 ♗e5!! ♕xe5 14 ♕h5+ ♔g8
Nach 14...♔e6 könnte der schwarze König schließlich am anderen Ende des Bretts matt gesetzt werden; z. B. 15 ♖ae1 ♘e3 16 ♕f7+ ♔d6 17 ♖f6+ ♔c5 18 b4+ ♔d4 19 ♘b5+! ♕xb5 20 ♖f4+ ♔c3 21 ♕b3+ ♔d2 22 ♕xe3+ ♔xc2 23 ♖f2+ ♕e2 24 ♖fxe2#.
14...♔e7 ist vielleicht besser, da der König nach 15 ♕g5+ ♔e8 16 ♖xf5 ♕e7 17 ♖e5 ♔d8 Deckung findet, wenngleich Schwarz dabei fast seinen gesamten Materialvorteil einbüßt.
Nach dem Textzug sind die unentwickelten Damenflügelfiguren des Schwarzen nicht in der Lage, ihrem bedürftigen Herrscher unter die Arme zu greifen. Sie können noch nicht einmal ins Geschehen eingreifen, als der König auf der Grundreihe Schutz sucht.
15 ♖xf5 ♕e6 16 ♕g5+ ♕g6 17 ♖xf8+! ♔xf8 18 ♖f1+ ♔g8 19 ♕e7 1-0
Es folgt Matt auf f8 oder f7.

Philidor-Verteidigung:
1 e4 e5 2 ♘f3 d6 3 d4 ♘f6 4 ♘c3 ♘bd7 5 ♗c4 ♗e7 6 ♗xf7+
Dieses „Opfer" zielt gewöhnlich auf den Gewinn des Turms a8 ab. Als vertrauenswürdiger gilt es in der Form 6 dxe5 dxe5 7 ♗xf7+ ♔xf7 8 ♘g5+ ♔g8 (8...♔g6!? ist riskant, aber nun kann Weiß den Turm nicht gewinnen, da 9 ♘e6 mit 9...♕g8 beantwortet werden kann) 9 ♘e6 ♕e8 10 ♘xc7 ♕g6 11 ♘xa8, und die Partie versandet wahrscheinlich zum Remis mit 11...♕xg2 12 ♖f1 ♘c5 13 ♕e2 ♗h3 14 ♗e3 ♗xf1+ 15 ♕xf1 ♗xf1 16 ♔xf1 ♔f7 17 ♘c7 ♘fxe4.
6...♔xf7 7 ♘g5+ ♔g8 8 ♘e6 ♕e8 9 ♘xc7 ♕g6 *(D)*

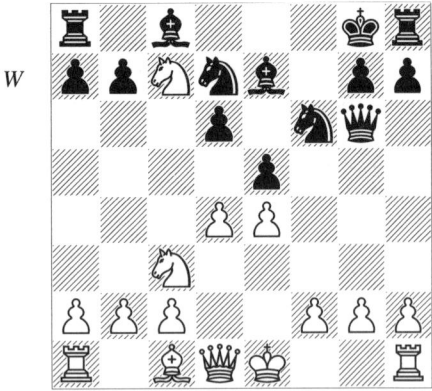

Jetzt kann sich Weiß den Turm in der Ecke schnappen, was aber Schwarz starken Angriff gibt. Eine denkbare Variante lautet 10 ♘xa8 ♕xg2 11 ♖f1 exd4 12 ♕xd4 ♘e5 13 f4 ♘fg4! 14 ♕d5+ (nicht 14 fxe5 ♗h4+) 14...♘f7 15 ♕c4 ♗h4+ 16 ♔d1 ♗e6! 17 ♕b5 ♗d7! 18 ♕e2 ♘f2+ 19 ♔d2 ♗g4 20 ♕b5 g5 mit unwiderstehlichem schwarzem Angriff.

Das vorliegende Buch ist voll von Warnungen über Figurenopfer, bei denen zu früh Material zurückgewonnen wird. Weiß kann diese Variante als langfristiges Opfer spielen, wenngleich seine Kompensation einen etwas fragwürdigen Eindruck macht. Wir folgen der Partie Mirković-Sutorikhin, Kecskemet 1996, in der der Anziehende mit sorgfältigem Spiel etwas Kompensation für sich beanspruchen konnte.

10 0-0!? ♖b8 11 dxe5 ♘xe5

Im *Informator* weist Mirković darauf hin, dass Weiß nach 11...dxe5 mit 12 f4 fortsetzen kann.

12 ♔h1 ♕h5 13 f3!

Aber nicht 13 ♕d4, da nach 13...♘f3! 14 gxf3 ♕xf3+ 15 ♔g1 ♗h3 das Matt unvermeidlich ist.

13...h6 14 ♕d4 ♘c6 15 ♕d3! *(D)*

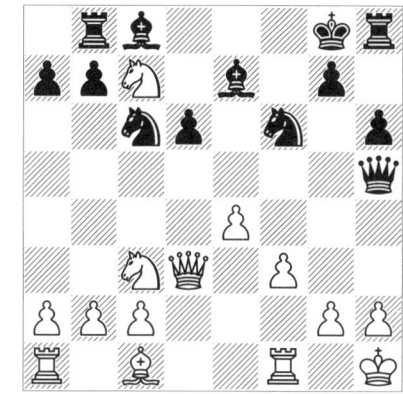

15...♕a5

Nach 15...♔h7 wollte Weiß mit 16 g4 ♕g6 17 ♖g1 nebst 18 g5 etwas Angriff entwickeln. Die Dame flüchtet vom Königsflügel, lässt aber zu, dass die weißen Figuren aggressive Posten beziehen.

16 ♘7d5 ♘xd5 17 ♘xd5 ♗f8 18 ♗d2 ♕d8 19 ♗c3 b5 20 a3 ♘e5 21 ♕e3 ♖b7 22 f4 ♘g4 23 ♕g3 ♗e6 24 f5

Weiß hat für seine Figur eine Menge Spiel.

Dame und Springer im Tandem

Am häufigsten geht nach einem Läuferopfer auf f7 die Dame auf die Diagonale a2-g8 und der Springer nach g5. Einer der Züge erfolgt mit Schach, wobei die Zugreihenfolge variieren kann. Von g5 und der Diagonale a2-g8 laufen die Wirkungslinien von Springer und Dame auf den Feldern e6 und f7 zusammen.

Tal liefert uns eine einfache Illustration.

Tal – Unzicker
Stockholm 1961

1 e4 e5 2 ♘f3 ♘c6 3 ♗b5 a6 4 ♗a4 ♘f6 5 0-0 ♗e7 6 ♖e1 b5 7 ♗b3 d6 8 c3 0-0 9 h3 ♘b8 10 d4 ♘bd7 11 c4 c6 12 c5 ♕c7 13 cxd6 ♗xd6 14 ♗g5 c5 15 dxc5 ♗xc5 16 ♘c3 ♗b7 17 ♖c1 ♕b6 18 ♖e2 ♖fe8 19 ♘d5 ♗xd5 20 ♗xd5 ♖ad8 21 ♖ec2 ♗e7 22 ♖c6 ♕a5 23 ♗d2 b4 *(D)*

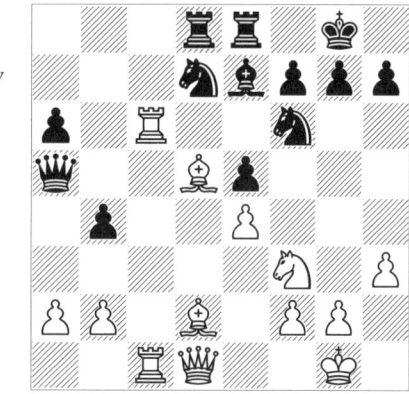

24 ♗xf7+ ♔xf7 25 ♕b3+ ♔f8 1-0

Schwarz kann das Schach nicht gut durch Dazwischenstellen einer Figur parieren, und unterdessen wird der König von seinen eigenen Figuren am Betreten der Felder e8, e7 und g7 gehindert, die sonst einigermaßen sicher sein könnten. Er könnte nach g6 gehen, aber das ist, wie wir noch sehen werden, selten ein gastliches Feld, wenn Dame und Springer des Angreifers in der Nähe sind. Hier trifft 25...♔g6 auf 26 ♘h4+ ♔h5 27 ♕f3+ ♔xh4 28 ♕g3+ ♔h5 29 ♕g5#.

Unzicker ging daher nach f8, gab aber auf, bevor Tal antworten konnte. Nach 26 ♘g5 vermeidet 26...♕d5 das Matt, aber 27 exd5 droht 28 ♘e6+, und 27...♔xg5 verliert wegen 28 ♗xb4+ die Dame.

Im nächsten Beispiel gibt es keinen sofortigen forcierten Gewinnweg, aber in vielen Varianten lähmen Dame und Springer die Kräfte des Verteidigers und warten nur darauf, dass eine der anderen Figuren aufkreuzt und den entscheidenden Schlag landet.

Velimirović – Kavalek
Belgrad 1965

1 e4 d6 2 d4 ♘f6 3 ♘c3 e5 4 ♘f3 ♘bd7 5 ♗c4 ♗e7 6 0-0 c6 7 a4 ♕c7 8 ♕e2 ♘b6 9 dxe5 dxe5 *(D)*

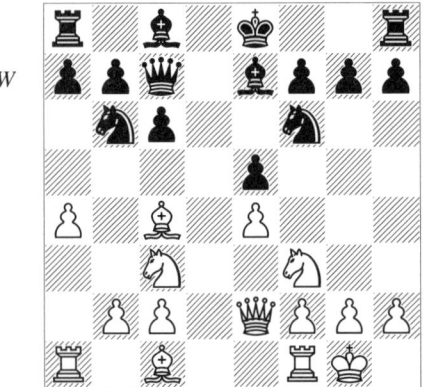

10 ♗xf7+ ♔xf7 11 a5 ♘bd7 12 ♕c4+ ♔e8

Wieder kann Schwarz nichts dazwischenstellen, und der Läufer e7 und der Bauer g7 kommen ihrem König in die Quere. Die einzige denkbare Alternative lautet 12...♔g6, aber dann führt 13 ♘h4+ ♔h5 14 ♕f7+! zu schnellem Matt oder entscheidendem Materialvorteil.

Nach dem Partiezug bezieht der Springer f3 sein übliches Quartier auf g5 mit unmittelbarer Mattdrohung.

13 ♘g5 ♘f8

Nach 13...♖f8 14 ♘e6 ♕b8 15 ♘xg7+ ♔d8 16 ♗h6 gewinnt Weiß schließlich mindestens die Qualität zurück und greift weiter an.

Schwarz deckt das Feld e6 und macht Platz für die Entwicklung seines Damenläufers.

14 ♖d1 *(D)*

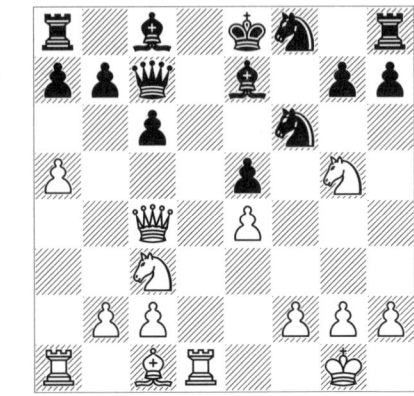

14...♗d7

Schwarz pariert die Mattdrohung durch Verstellung der d-Linie, aber der Läufer gehört nun zu der Sammlung von Figuren, die die Bewegungen des schwarzen Königs behindern. Auf das ebenso die d-Linie blockierende 14...♗d6 antwortet Weiß 15 ♗e3, um auf 15...h6 mit 16 ♖xd6! reagieren zu können. Dann verliert die Fortsetzung 16...♕xd6 wegen 17 ♕f7+ ♔d8 18 ♖d1 ♕xd1+ 19 ♘xd1 hxg5 20 ♕xg7, und nach 16...hxg5 17 ♖ad1 hat Weiß eine überwältigende Stellung.

Die beste Verteidigung lautet 14...♗d8!, ohne sich um die Verstellung der d-Linie zu kümmern. Der Zug sieht verkehrt aus, da 15 ♖xd8+ ♔xd8 16 ♘f7+ ♔e8 17 ♘xh8 die Figur zurückgewinnt, aber nach 17...♘e6 hat der Springer Schwierigkeiten, von h8 zu entkommen. Wieder kann Weiß 15 ♗e3 spielen, aber nach 15...♗g4 16 ♗b6! axb6 17 axb6 ♕e7 (spielbar ist auch 17...♕d7!? 18 ♖xd7 ♖xa1+ 19 ♖d1 ♖xd1+ 20 ♘xd1 ♗h5) 18 ♖xa8 ♗xd1 19 ♘xd1 hält die schwarze Stellung. Weiß hat genug Kompensation für die Figur, aber nicht mehr.

15 ♗e3 ♕c8

15...h6 setzt Weiß die Pistole auf die Brust: er muss einen Schlag landen oder sich zurückziehen. Der Schlag kommt dann auch postwendend nach 16 ♘b5 ♕b8 17 ♕f7+ ♔d8 18 ♕xg7 ♖g8 mit 19 ♖xd7+!. Nun kann folgen:

a) 19...♘8xd7 gestattet 20 ♘e6+ ♔c8 21 ♕xe7 cxb5 22 ♖d1 mit totaler Lähmung, da 22...♖e8 wegen 23 ♖xd7! mit schnellem Matt verliert.

b) 19...♘6xd7 20 ♘f7+ ♔c8 21 ♕xg8 cxb5 22 ♘xh6 gibt Weiß drei gute Bauern und anhaltenden Angriff für die Figur.

16 ♕f7+ ♔d8 17 ♘a4!

Weiß bereitet Schläge auf beiden Brettseiten vor. Wegen der Drohung 18 ♘b6! axb6 19 ♗xb6+ ist die Antwort erzwungen.

17...c5 18 ♘xc5! ♗xc5 19 ♕xg7

Aufgrund des Doppelangriffs auf Turm und Springer kann Weiß die zweite Figur zurückgewinnen. Im schlechtesten Fall wird er drei Bauern und vernichtenden Angriff für die erste Figur bekommen.

19...♘g6 (D)

20 ♗xc5

Bis hierher hat Weiß brillant gespielt, aber im Gefühl des sicheren Sieges verpasst er den ersten von einigen schnelleren Gewinnwegen: 20 ♕xf6+! ♗e7 21 ♘e6+ ♔e8 22 ♘g7+ ♔d8 23 ♗b6+! axb6 24 ♕xb6+ ♔c7 25 ♖xd7+! (das ist noch besser als 25 ♘e6+, was die Dame gewinnt) 25...♔xd7 26 ♕e6+ ♔d8 27 ♖d1+ mit Matt. Schließlich bringt er die Partie mit Ach und Krach nach Hause.

20...♘h5 21 ♗e7+ ♔c7 22 ♗d6+ ♔c6 23 ♕f7 ♔b5 24 a6 bxa6 25 ♕d5+ ♔b6 26 c4 ♕c6 27 ♕a5+ ♔b7 28 ♗c5 ♖ac8 29 b4 ♖hd8 30 ♘f7 ♖g8 31 ♖d6 ♘gf4 32 ♖xc6 ♖xg2+ 33 ♔f1 ♖xc6 34 ♘d8+ ♔c8 35 ♘xc6 ♗xc6 36 ♗d6 1-0

In der nächsten Partie gelangen Dame und Springer schnell auf ihre Schlüsselfelder. Von dort aus treiben sie den König allmählich nach vorne, so dass die übrigen Figuren an seiner Exekution teilnehmen können.

Castagna – Ernst
Biel 1982

1 d4 d5 2 ♘f3 e6 3 g3 c5 4 ♗g2 ♘c6 5 0-0 ♘f6 6 c4 dxc4 7 ♕a4 cxd4 8 ♘xd4 ♕xd4 9 ♗xc6+ ♗d7 10 ♗xd7+ ♕xd7 11 ♕xc4 ♖c8 12 ♕b3 ♕d5 13 ♕a4+ b5 14 ♕xa7 ♗c5 15 ♕a6 (D)

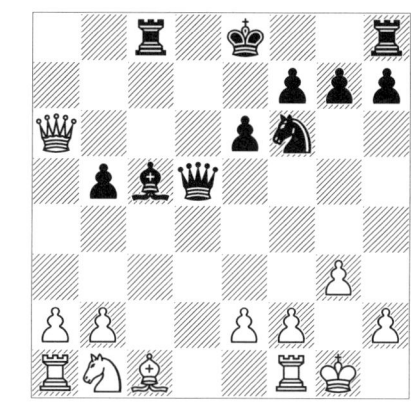

15...♗xf2+ 16 ♔xf2

Der König muss schlagen, da 16 ♖xf2 mit 16...♖xc1+ 17 ♖f1 ♖xf1+ 18 ♔xf1 ♕h1+ 19 ♔f2 ♘g4# beantwortet wird.

16...♘g4+ 17 ♔g1

Der e-Bauer blockiert die Fluchtroute des Königs. In ähnlichen Stellungen, in denen der e-Bauer des Verteidigers noch auf seinem Ausgangsfeld steht, wird das Feld davor häufig zu einem wichtigen Sprungbrett für die angreifenden Figuren, aber hier ist das Feld e3 durch den weißen Läufer gedeckt. Dagegen unternimmt Schwarz sofort etwas.

17...♖xc1! (D)

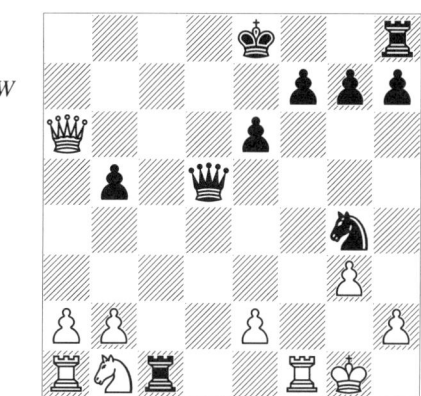

18 ♖xc1?

Weiß kann sich mit der bemerkenswerten Ressource 18 ♘c3!! retten. Jetzt läuft der Angriff wie am Schnürchen.

18...♕d4+ 19 ♔g2 ♕e4+ 20 ♔g1 ♕e3+ 21 ♔g2 ♕xe2+ 22 ♔h3 ♘f2+ 23 ♔g2 ♕d1+ 24 ♔h3 ♕f1+ 25 ♔h4 g5+ 26 ♔xg5 ♖g8+ 27 ♔h4 ♖g4+! 0-1

Nach 28 ♔xg4 zieht 28...♘e3+ durch Deckung des Fluchtfeldes g2 das Mattnetz zu, und die Königsjagd endet mit 29 ♔h4 ♕f6+ 30 ♔h5 (oder 30 ♔h3 ♕h6#) 30...♕g6+ 31 ♔h4 ♕g4#.

Wenn die Dame des Angreifers von zwei Springern begleitet wird, kann dies verheerende Auswirkungen haben. Die folgenden beiden Beispiele sind zu Recht berühmt.

Teichmann – Schlechter
Karlsbad 1911

1 e4 e5 2 ♘f3 ♘c6 3 ♗b5 a6 4 ♗a4 ♘f6 5 0-0 ♗e7 6 ♖e1 b5 7 ♗b3 d6 8 c3 0-0 9 d3 ♘a5 10 ♗c2 c5 11 ♘bd2 ♕c7 12 ♘f1 ♘c6 13 ♘e3 ♗b7 14 ♘f5 ♖fe8 15 ♗g5 ♘d7 16 ♗b3 ♘f8 17 ♗d5 ♘g6 18 ♗xe7 ♘gxe7 *(D)*

19 ♗xf7+ ♔xf7 20 ♘g5+

Wie üblich würde der König lieber über e7 fliehen, aber diesmal steht ein Springer im Weg.

20...♔g8

Es gibt noch zwei andere Felder für den König:

a) Nach 20...♔g6 21 ♕g4 droht sofort 22 ♘e6+ mit Damengewinn, und der schwarze König kann nicht mit Dame und zwei Springern in nächster Nähe fertig werden.

b) Der beste Versuch ist 20...♔f6. Darauf kann Weiß 21 ♘xh7+ (nicht 21 ♘xg7? ♕g6 22 ♘xe8+ ♖xe8 23 ♕h5 h6! mit der Pointe, dass 24 ♕xh6 ♖h8 Weiß Material kostet) 21...♔f7 (21...♔g6 22 ♕g4+ mit entscheidendem Angriff) 22 ♘g5+ ♔f6 23 ♕g4! mit siegbringendem Angriff spielen. So bricht der Angriff beispielsweise nach 23...g6 24 ♘g7! ♖h8 25 ♘5e6 ♕c8 26 ♖e3! ♔f7 27 ♕f3+ ♔g8 28 ♕f6 ♖h7 29 ♘f5! durch.

21 ♕h5 ♘xf5 22 ♕xh7+ ♔f8 23 ♕xf5+ ♔g8 *(D)*

23...♔e7 verliert wegen 24 ♕e6+ ♔d8 25 ♘f7+ die Dame.

Jetzt will Schwarz 24 ♖e3 mit 24...g6 25 ♕xg6+ ♕g7 beantworten, wenngleich Weiß auch dann nach 26 ♕h5 klar auf der Siegerstraße ist. Stattdessen spielt Teichmann einen jener großartigen ruhigen Züge, der alle Chancen auf eine erfolgreiche Verteidigung zunichte macht.

24 ♕g6! ♕d7

Oder:

a) 24...♕e7 25 ♕h7+ ♔f8 26 ♕h8#.

b) 24...♕d8 25 ♕h7+ ♔f8 26 ♕h8+ ♔e7 27 ♕xg7#.

c) 24...♘d8 (mit der Absicht 25...♘f7) 25 ♕xe8#.

25 ♖e3 1-0

Es gibt keine gute Parade gegen 26 ♖f3 nebst Matt auf h7.

In der nächsten Partie bieten die Springer einen noch furchterregenderen Anblick.

Petrosjan – Kortschnoj
Kandidatenturnier, Curaçao 1962

1 c4 c5 2 ♘f3 ♘f6 3 d4 cxd4 4 ♘xd4 g6 5 ♘c3 d5 6 ♗g5 dxc4 7 e3 ♕a5 8 ♗xf6 exf6 9 ♗xc4 ♗b4 10 ♖c1 a6 11 0-0 ♘d7 12 a3 ♗e7 13 b4 ♕e5 14 f4 ♕b8 (D)

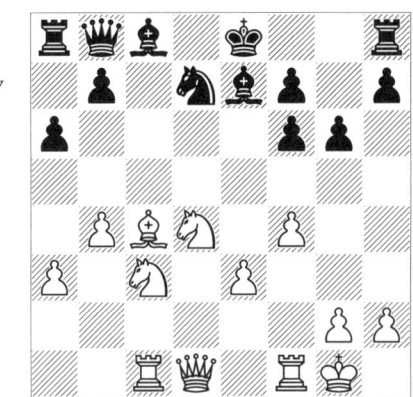

15 ♗xf7+ ♔xf7 16 ♕b3+ ♔e8

Nach 16...♔g7 gibt es ein hübsches Finale: 17 ♘e6+ ♔h6 18 ♖f3 g5 19 f5 g4 20 ♕c4! ♔h5 (oder 20...♖g8 21 ♖h3+ gxh3 22 ♕h4#) 21 ♖h3+! gxh3 22 g3, und die Dame setzt auf h4 matt.

17 ♘d5 ♗d6

Die Springer halten die schwarze Stellung in eiserner Umklammerung, und Weiß könnte nun die Figur zurückgewinnen, indem er einfach auf der c-Linie die Schwerfiguren tripliert. Stattdessen zerstört Petrosjan lieber die schwarze Stellung völlig, indem er seine Springer Amok laufen lässt.

18 ♘e6 b5

Der Anziehende will einen Springer nach c7 bekommen, wo er auch dann große Wirkung ausstrahlt, wenn er sich nicht den Turm a8 einverleiben kann. So käme beispielsweise auf 18...♖a7 die Erwiderung 19 ♘dc7+ ♗xc7 20 ♘xc7+ ♔d8, und am einfachsten ist nun 21 ♕e6 b5 22 ♖fd1! mit der Drohung 23 ♕xf6#. Dann trifft 22...♖xc7 auf 23 ♕xf6+ ♔e8 24 ♕xh8+, und nach 22...♔f8 23 ♘d5 ♖e8 24 ♕f7 ist der schwarze König umzingelt.

19 ♘dc7+ ♔e7 (D)

Nach 19...♗xc7 20 ♘xc7+ ♔d8 21 ♕e6! ♕xc7 spielt Weiß 22 ♖fd1! ♖f8 23 ♖xc7 ♔xc7

24 ♕d6+ ♔b7 25 ♖c1, wonach Dame und Turm dem schwarzen König an den Kragen gehen.

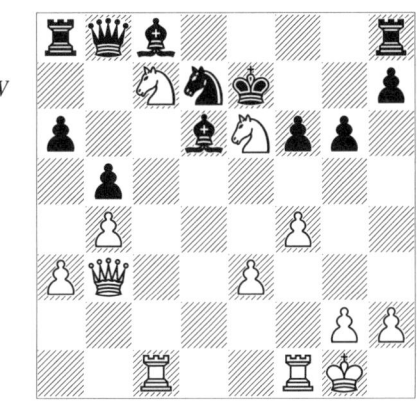

Jetzt findet ein weißer Springer ein anderes Angriffsziel.

20 ♘d4! ♔f8

20...♗xc7 verliert wegen 21 ♘c6+ die Dame, während 20...♕xc7 21 ♖xc7 ♗xc7 wegen 22 ♕e6+ ♔f8 23 ♕c6 ♖a7 24 ♘e6+ Material verliert.

21 ♘xa8 1-0

21...♖xa8 22 ♕e6 ♕b8 23 ♘c6 ♕c7 24 ♘e7 ist hoffnungslos.

Die Figuren des Angreifers beengen den König

Wie wir gesehen haben, beruht ein erfolgreiches Läuferopfer auf f7 oft darauf, dass die Fluchtfelder des Königs durch seine eigenen Figuren verstopft sind. Manchmal spielen jedoch auch die Figuren des Angreifers eine Rolle, indem sie Schlüsselfluchtfelder kontrollieren. Es folgt ein Beispiel, in dem die e-Linie sowohl in der Partie als auch in einigen entscheidenden Varianten eine dramatische Rolle spielt.

Aljechin – Issakow
Moskauer Meisterschaft 1919

1 e4 e5 2 d4 exd4 3 c3 dxc3 4 ♘xc3 ♗b4 5 ♗c4 d6 6 ♘f3 ♗xc3+ 7 bxc3 ♘c6 8 0-0 ♘f6 9

♗a3 0-0 10 e5 ♘g4 11 exd6 cxd6 12 ♗xd6 ♖e8 13 ♖e1 ♗f5 *(D)*

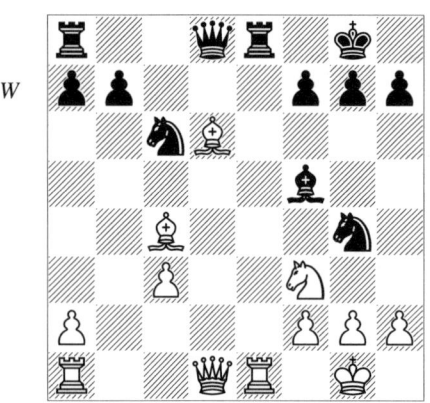

Die e-Linie ist offen, und Weiß verfügt über zwei blendend postierte Läufer. Dies hilft Weiß beim Anbringen eines entscheidenden Opfers trotz der Anwesenheit des schwarzen Läufers f5, der einige wichtige Felder am Königsflügel verteidigt.

14 ♗xf7+ ♔xf7 15 ♕d5+ ♔f6

Das Damenschach kann nicht durch Dazwischenstellen einer Figur pariert werden, weil 15...♗e6 wegen 16 ♘g5+ verliert. Daher muss der König auf ein ungünstiges und exponiertes Feld gehen.

16 h3 ♗e6

Nach 16...♘h6 kann Weiß mit 17 g4 nebst g5+ die Figur zurückgewinnen oder zuerst 17 ♖xe8 ♕xe8 18 ♖e1 mit größeren Aussichten auf Vorteil spielen.

Issakows Zug gibt Weiß Gelegenheit zu 17 ♖xe6+! ♖xe6 18 ♕g5+ ♔f7 19 ♕f5+, wonach Weiß matt setzt oder Material gewinnt. Eine Beispielvariante lautet 19...♖f6 20 ♕d5+ ♔g6 21 ♕e4+ ♔h6 (nicht 21...♔f7 22 ♘g5+ ♔g8 23 ♕xh7#) 22 ♗f4+ g5 23 ♗xg5+ ♔g7 24 ♕xg4 ♖g6 25 ♗xd8 ♖xg4 26 hxg4 mit zwei Mehrbauern.

Aljechins Wahl gibt dem Nachziehenden eine Verschnaufpause.

17 ♕d2 ♘h6 18 g4 g6

18...♘f7 verliert wegen 19 ♕f4+ ♔g6 20 ♖xe6+! ♖xe6 21 ♕f5+ ♔h6 22 ♕h5#. Der beste Zug ist 18...♔g6. Trotz seines riskanten Aussehens kann Schwarz damit das Schlimmste vermeiden. Weiß kann den Angriff fortführen, indem er auf der e-Linie die Türme verdoppelt.

19 g5+

Nach 19 ♕xh6 ♕xd6 20 g5+ ♔f7 21 ♕xh7+ ♔f8 *(D)* leidet der schwarze König unter akuter Atemnot.

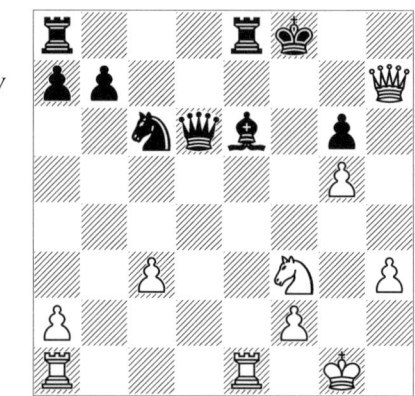

Die Situation – Dame auf h7 und auf f8 festsitzender König – ist uns aus dem vorigen Kapitel vertraut. Bei der Suche nach einem Schlag gegen den schwarzen König entdecken wir 22 ♘h4!. Gegen die Drohung 23 ♘xg6# gibt es zwei Hauptparaden:

a) 22...♗f7 öffnet die e-Linie und erlaubt 23 ♕h8+ ♗g8 24 ♕h6+ ♔f7 25 ♘f5! ♕f8 26 ♕h8 ♖e6 27 ♘h6+ ♔e7 28 ♘xg8+ ♕xg8 29 ♕f6+ ♔d7 30 ♖xe6 ♕xe6 31 ♖d1+ mit Damengewinn.

b) 22...♘e7 blockiert das Fluchtfeld des Königs und verliert wegen 23 ♖e3! mit der Idee eines späteren Schachs auf f3; z. B. 23...♕c6 24 ♕h8+ ♗g8 (nicht 24...♘g8 25 ♘xg6+ ♔f7 26 ♕h7#) 25 ♖f3+ ♘f5 26 ♘xf5 gxf5 27 ♖xf5+, und der König wird im Freien zur Strecke gebracht.

Nachdem er an der Gelegenheit zu einem schnellen Sieg vorbeigegangen ist, muss Aljechin nun seinen ganzen Einfallsreichtum aufbringen, um der neuen Situation Herr zu werden und findet bald eine seiner tiefsten Kombinationen.

19...♔f7 20 gxh6 ♕f6 21 ♘g5+ ♔g8 22 f4 ♖ad8 23 ♖ad1 ♗c4 *(D)*

24 ♗e7!

Das Hauptangriffsziel des Anziehenden ist der h-Bauer.

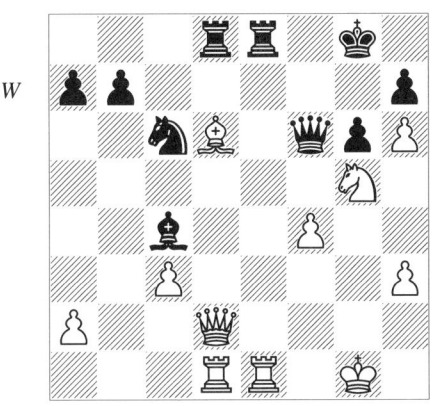

24...♖xd2 25 ♗xf6 ♖xe1+ 26 ♖xe1 ♗f7 27 ♘e4! ♖xa2 28 ♗g7 ♗b3 29 ♘f6+ ♔f7 30 ♘xh7 1-0

Auftrag erfüllt. Der Freibauer auf der h-Linie bringt die Entscheidung.

In dieser Partie unterschätzte Aljechin den Schaden, den eine Dame verursachen kann, wenn sie nach h7 (h2 für Schwarz) gelangt. Es folgt ein weiteres Beispiel.

Kožul – Comas
Olympiade, Moskau 1994

1 d4 e6 2 c4 f5 3 g3 ♘f6 4 ♗g2 ♗e7 5 ♘f3 0-0 6 0-0 d6 7 b3 ♕e8 8 ♕c2 ♘c6 9 ♗b2 ♕h5 10 ♖d1 e5 11 dxe5 dxe5 12 ♗xe5 ♘xe5 13 ♘xe5 f4 14 gxf4 ♗f5 15 ♕c1 ♗c5 16 b4 *(D)*

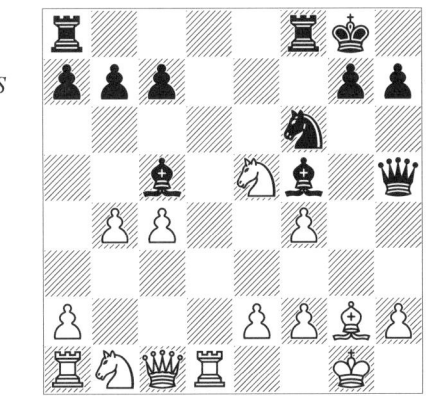

Mit seinem 10. und 13. Zug öffnete Schwarz die Stellung mit zwei Bauernopfern. Als Kompensation hat er Entwicklungsvorsprung und die halboffene f-Linie. Die Stellung ist reif für das Opfer.

16...♗xf2+ 17 ♔xf2 ♕xh2

Hier ist die Dame vor Belästigungen sicher, da nach 18 ♖h1? ♘e4+ 19 ♔f1 ♘g3+ 20 ♔f2 ♘xh1+ 21 ♕xh1 ♕xf4+ die schwarzen Figuren bei ungefährem materiellem Gleichstand extrem aktiv sind. Ein hübsches Abspiel ist 22 ♘f3 ♖ae8 23 ♕d1 ♕e3+ 24 ♔f1 ♖d8 25 ♕b3 ♖d3! mit entscheidendem Angriff.

18 ♘d2

Da der Nachziehende nach 18 ♘c3 ♗h3 19 ♖g1 ♖ae8! (mit der Drohung 20...♖xe5) 20 ♘d3 ♘h5 auf f4 durchbrechen wird, unterbricht Weiß widerwillig die Deckung des f-Bauern durch die Dame, um den Springer auf das Feld f3 zu bringen, wo er die f-Linie blockieren und seinen anderen Springer auf e5 verteidigen wird.

18...♗h3

Dies zwingt Weiß dazu, seinem König den Weg zur Sicherheit zu verstellen, so dass sich die schwarze Dame aggressiveren Aufgaben widmen kann.

19 ♖g1 ♕xf4+ 20 ♘df3 ♘e4+ 21 ♔e1

Weiß kann seine Mehrfigur nicht behaupten, da 21 ♔f1 auf 21...♕g3 mit Mattdrohung und Angriff auf den Springer e5 trifft.

21...♕g3+ 22 ♔d1 ♗xg2

Mit einem Mehrbauern bei weiter andauerndem Angriff hat Schwarz entscheidenden Vorteil.

Der König muss nach g6 gehen

Wir haben bereits gesehen, wie schnell ein König untergehen kann, wenn er auf das Feld g6 gezwungen wird. In den Anmerkungen zu Tal-Unzicker (Seite 141) und Velimirović-Kavalek (Seite 142) haben wir gesehen, dass dann ♘h4+ folgen würde, worauf sich der König dem Springer nähert, diesen nimmt und dann zur Strecke gebracht wird.

Der Angreifer kann jedoch vor lauter Aufregung leicht die Orientierung verlieren. In zahlreichen Partien verpasste der Angreifer wunderschöne schnelle Gewinnwege, nachdem er den König auf diese Weise zum Spießrutenlaufen gezwungen hatte.

Reshevsky – Donner
Santa Monica 1966

1 d4 ♘f6 2 c4 e6 3 ♘c3 ♗b4 4 e3 c5 5 ♗d3 d5 6 ♘f3 0-0 7 0-0 dxc4 8 ♗xc4 ♘bd7 9 ♗d3 b6 10 a3 cxd4 11 exd4 ♗xc3 12 bxc3 ♗b7 13 ♖e1 ♕c7 14 ♗d2 ♖fe8 15 ♕e2 ♖ac8 16 ♖ac1 ♗d5 17 c4 ♗b7 18 a4 ♕c6 19 ♗f4 ♕xa4 20 ♖a1 ♕c6 21 ♖xa7 ♖a8 22 ♖xa8 ♖xa8 23 h3 ♖a3 24 d5 exd5 25 cxd5 ♕xd5 26 ♗c4 ♕c5 *(D)*

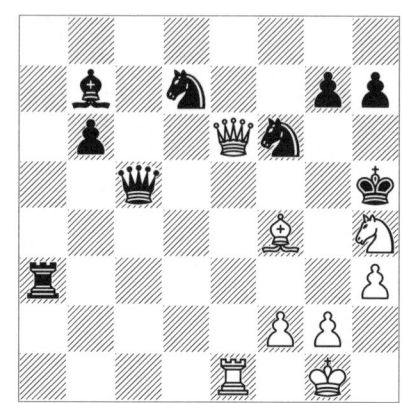

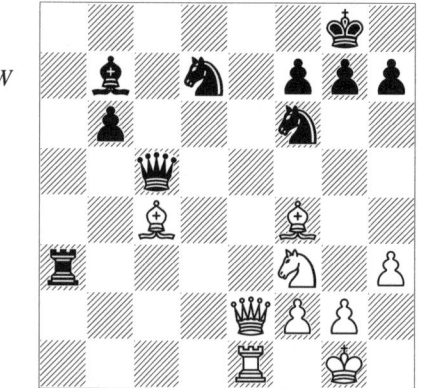

27 ♗xf7+ ♔xf7?

Da Schwarz einen Mehrbauern besitzt, hätte er das Opfer ablehnen können, womit er auch besser beraten gewesen wäre.

28 ♕e6+

Hier werden die Möglichkeiten des Königs durch die Kontrolle des Anziehenden über die e-Linie eingeschränkt, aber auch der Läufer f4 spielt eine wichtige Rolle, da 28...♔f8 wegen 29 ♗d6+ oder auch 29 ♘g5 verliert.

28...♔g6 29 ♗d6?!

Wie wir sehen werden, kompliziert dieser Zug den Gewinnweg des Weißen. Das standardmäßige 29 ♘h4+ ist geradliniger und könnte zu einem spektakulären Finale führen. Die Antwort 29...♔h5 *(D)* ist erzwungen.

Jetzt kann Weiß zwei weitere Figurenopfer für Matt anbieten: 30 ♖e5+! mit der Absicht 30...♘xe5 31 ♕f5+ ♔xh4 32 ♕g5#. Statt den Turm zu nehmen, muss Schwarz mit 30...♕xe5 die Dame geben, obgleich Weiß nach 31 ♗xe5 ♔xh4 32 ♗xf6+ ♘xf6 33 ♕e7 ♖a1+ 34 ♔h2 mindestens noch eine Figur gewinnen wird und der schwarze König immer noch in Schwierigkeiten steckt.

29...♕a5?! *(D)*

Nach diesem Zug gewinnt Reshevsky, indem er den König auf das scheinbar sicherere Feld g8 zurücktreibt.

Der Nachziehende sollte 29...♕c3 versuchen, was nach 30 ♘e5+ ♘xe5 31 ♖xe5 ♗c8! 32 ♕e7 ♖a1+ 33 ♔h2 ♕c1 eine Stellung ergibt, in der der schwarze Angriff stärker ist als der weiße. Weiß kann jedoch mit einer von Marović ausgearbeiteten spektakulären Zugfolge immer noch gewinnen: 30 ♘h4+ ♔h5 31 ♘f5! ♖a4 32 ♖e3! ♕c1+ 33 ♔h2 g6 34 ♘g3+ ♔h4 35 ♖e5!. So ist Schwarz beispielsweise nach 35...♘xe5 36 ♕xf6+ ♔g5 37 ♕g7! hilflos.

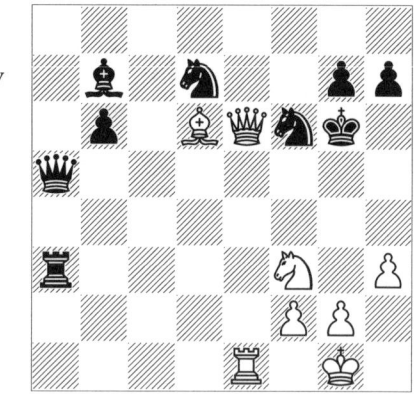

30 ♘e5+ ♘xe5 31 ♖xe5 ♖a1+ 32 ♔h2 ♕a8

Schwarz sollte mit 32...♗e4 seine Dame geben, wonach der Gewinn länger dauert.

33 ♕f5+ ♔f7 34 ♖e7+ ♔g8 35 ♗e5

Eine scheußliche Doppeldrohung. Schwarz kümmert sich um die Drohung gegen seinen Turm...

35...♖e1 36 ♖xg7+! 1-0

...aber nicht um die Drohung gegen seinen König. Es folgt Matt in wenigen Zügen.

In seinen eigenen Anmerkungen zu unserem letzten Beispiel gibt Christiansen zu, ein glorreiches Opferfinale verpasst zu haben.

Christiansen – Andonow
Saint John 1988

1 d4 d6 2 e4 ♘f6 3 ♘c3 ♘bd7 4 ♘f3 e5 5 ♗c4 ♗e7 6 0-0 c6 7 a4 b6 8 ♕e2 a6 9 ♖d1 ♕c7 *(D)*

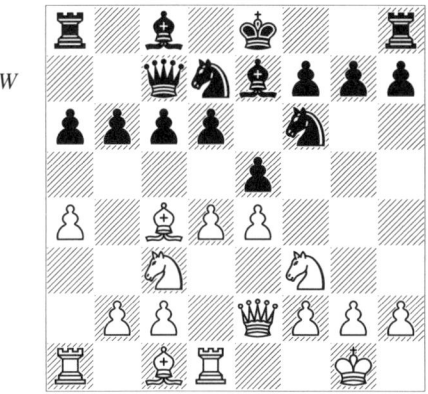

10 ♗xf7+ ♔xf7 11 ♘g5+

Da die Stellung große Ähnlichkeit mit Velimirović-Kavalek auf Seite 142 hat, können wir schlussfolgern, dass 11 ♕c4+ genauer ist – solange 11...d5 Weiß keine Probleme bereitet. Da der c-Bauer wegen der dahinterstehenden Dame auf c7 gefesselt ist, erhält Weiß mit 12 exd5 zu viele Drohungen, so dass Schwarz mit einem Königszug reagieren muss:

a) Im Fall von 11...♔g6 spielt Weiß die Standardfortsetzung 12 ♘h4+ ♔h5 13 ♕f7+! ♔xh4 (nach 13...g6 gewinnen sowohl 14 ♘f5 als auch 14 ♕xe7 für Weiß) 14 g3+ ♔h3 15 f3! (mit der Drohung 16 ♕e6+ nebst Matt) 15...♘f8 16 ♕c4! mit Matt auf f1.

b) Daher ist 11...♔e8 praktisch erzwungen, wonach 12 ♘g5 die gleiche Stellung ergibt, wie sie in der Partie nach 11 ♘g5+ ♔e8 12 ♕c4 hätte entstehen können. Der Ähnlichkeit mit der Partie Velimirović-Kavalek nach zu urteilen, ist dies wahrscheinlich unerfreulich für Schwarz.

Jetzt, da der weiße Springer auf g5 steht und daher nicht mehr auf h4 Schach bieten kann, versucht Schwarz sein Glück mit dem König auf g6.

11...♔g6 12 ♖d3

Im *Informator* gibt Christiansen die Variante 12 dxe5! ♘xe5 13 f4 ♗g4 14 f5+ ♔h5 15 ♘e6!!. Weiß opfert seine Dame, damit die verbleibenden Figuren matt setzen können; z. B. 15...♗xe2 16 ♘xe2 ♕a7 17 ♘2f4+ ♔g4 18 h3+ ♔h4 19 g3+ ♔xg3 20 ♘e2+ ♔xh3 21 ♖a3+ ♔h4 22 ♗g5+ ♔h5 23 ♖h3+ ♔g4 24 ♖g3+ ♔h5 25 ♘xg7#.

Zwar kann Schwarz in diesem Abspiel mit 12...dxe5 oder 13...♘fg4 das Schlimmste vermeiden, aber der weiße Angriff wäre auch dann immer noch stark.

12...♕b7 *(D)*

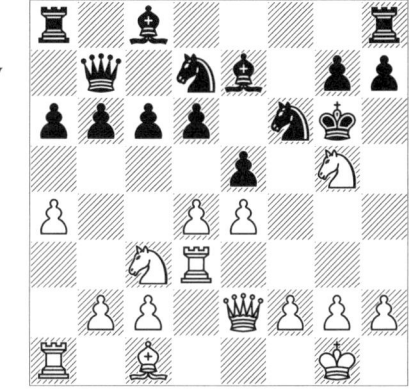

13 ♖g3

Eine weitere attraktive Variante von Christiansen lautet 13 dxe5 ♘xe5 14 f4! ♘xd3 15 f5+ ♗xf5 16 exf5+ ♔xf5 17 ♕xd3+ ♔e5 18 ♗f4+ ♔xf4 19 ♘e6+ ♔e5 (19...♔g4 20 ♕h3#) 20 ♖e1+ ♘e4 21 ♕xe4+ ♔f6 22 ♖f1#. Wieder kann Schwarz mit 14...♘fg4!?, was das Feld f6 für den schwarzen König räumt und dem Nachziehenden einige Überlebenschancen einräumt, das Schlimmste vermeiden.

13...h6 14 ♘e6+ ♔f7 15 ♖xg7+ ♔e8 *(D)*

Weiß verfolgte die hübsche Idee 15...♔xe6 16 d5+! cxd5 17 ♕f3 dxe4 18 ♕h3+ mit Matt im nächsten Zug.

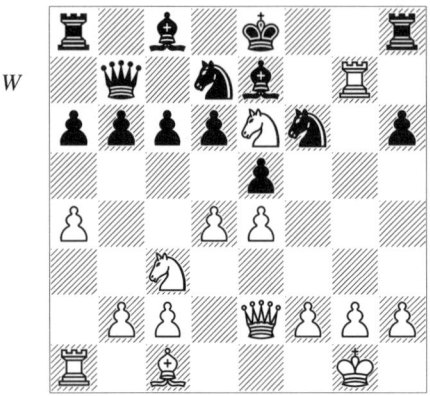

Mit dem Partiezug hat der schwarze König auf Kosten eines zweiten Bauern für die Figur aus seiner weit offenen Stellung den Rückzug antreten können. Am besten fährt Weiß jetzt vielleicht mit dem geduldigen 16 d5 c5 (nicht 16...cxd5 17 ♘xd5 ♘xd5 18 ♕h5#) 17 f4 nebst allmählicher Einbeziehung der weißen Figuren in den Angriff. Christiansen setzt lieber die Verfolgung des Königs auf direktere Weise fort.

16 ♕c4

Weiß beabsichtigt 17 ♘c7+ ♔xc7 18 ♕f7+ ♔d8 19 ♕xe7#. Schwarz braucht jedoch den Springer nicht zu schlagen. Da 17...♔d8 18 ♘xa8 nicht so schlecht für Schwarz ist, hat er nun ein Tempo zur Verfügung, um seine Figuren zu entwirren.

16...♘h5 (D)

Christiansen schlägt 16...b5! vor, da nach 17 axb5? axb5 ein Doppelangriff auf Dame und Turm vorliegt. Weiß hat vielleicht nichts Besseres, als mit 17 ♘c7+ ♔d8 18 ♘e6+ remis zu machen.

17 ♖g6 ♘df6?

Schwarz vermeidet 17...exd4 18 ♘xd4 ♘e5 19 ♕e2!. Dann bekommt Weiß nach 19...♘xg6 (der Einschub von 19...♘f4 20 ♗xf4 bringt den Läufer auf einen starken Posten) 20 ♕xh5 ♔f7 21 ♘f5 ♕d7 22 ♘e2 starken Angriff, da der Turm sich über a3 in den Angriff einschalten kann.

Eine bessere Alternative ist vielleicht 17...b5, da der Nachziehende auf 18 ♕e2 die Antwort 18...♘df6 hat, wonach die weiße Dame von ihrem beherrschenden Posten verjagt worden ist, der Springer h5 gedeckt ist, der weiße Springer e6 angegriffen ist und 19 ♘g7+? auf 19...♔f7 mit Angriff auf Springer und Turm trifft. Weiß müsste daher wohl oder übel 18 ♕a2 oder 18 ♕b3 ziehen, wonach er aber die Dame nicht mehr zügig auf den Königsflügel werfen kann.

Nach dem Partiezug können die weißen Figuren ihre Angriffspositionen für die Schlussattacke behaupten.

18 dxe5 dxe5 19 ♘g7+ ♘xg7 20 ♖xg7 ♖f8 21 ♗xh6 ♗d7 22 ♖d1 ♘g4 23 ♗g5 ♘f6 (D)

Nach 23...♗c5 kann Weiß ein gewonnenes Endspiel erreichen, indem er mit 24 ♕xc5! bxc5 25 ♖e7+ ein vorübergehendes Damenopfer bringt, das ihm drei schöne Bauern für die Qualität einbringen wird.

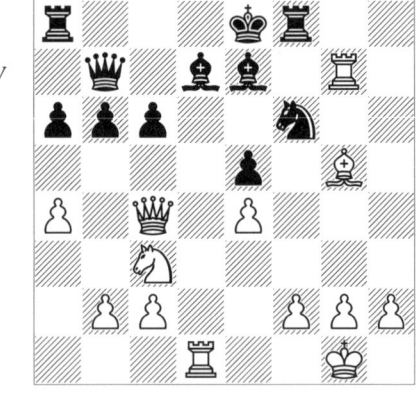

Nach dem Partiezug ist Schwarz an Händen und Füßen gefesselt, so dass Weiß seine Kombination vorbereiten kann.

24 a5! b5 25 ♖xe7+! ♔xe7 26 ♕c5+ ♔f7 27 ♕xe5 ♘g8 28 ♖d6 ♖ae8 29 ♕f4+ ♔g7 30 ♗h6+ 1-0

Übungen

Übung 15

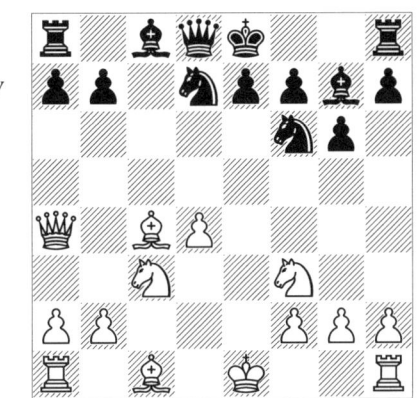

W

Weiß spielt **10 ♗xf7+**, aber wie sollte er nach **10...♔xf7** fortsetzen?

Übung 16

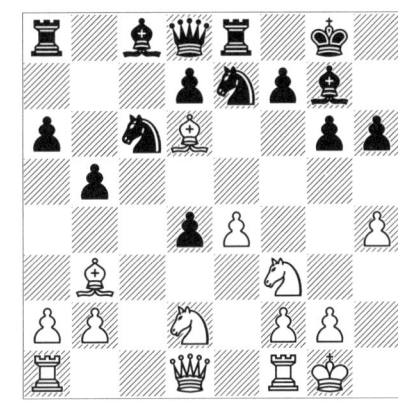

W

Nach **1 ♗xf7+ ♔xf7 2 ♕b3+** muss Schwarz **2...♔f8** spielen, wonach der König einen Zug lang festsitzt. Wie kann Weiß das Unbehagen des Königs ausnutzen?

10 Einschlagen des Sargnagels: Springeropfer auf f6

Das Hauptmerkmal des Springeropfers auf f6 besteht darin, dass der Angreifer seinen Springer durch einen gefährlichen Eindringling ersetzt, der bedrohlich über dem rochierten König schwebt und die Figuren des Verteidigers daran hindert, ihm zu Hilfe zu kommen. Häufig schlägt ein Bauer von e5 aus zurück, aber auch das Wiedernehmen mit einem Bauern von g5 aus ist sehr populär. Manchmal schlägt auch der Läufer oder gar die Dame zurück, was aber sehr selten und daher nicht wichtig ist. Im folgenden betrachten wir die beiden Fälle, in denen ein Bauer zurücknimmt, beginnend mit dem e-Bauern.

Zurückschlagen mit dem e-Bauern

Nach einem Springeropfer auf f6 ist Weiß normalerweise auf Matt aus. Das von dem zurückschlagenden Bauern kontrollierte Feld g7 ist nur ein möglicher Bestimmungsort für eine mattsetzende Figur. Das Matt kann auch auf h7, h8, g8 oder f7 kommen. Im ersten Beispiel konzentriert sich Weiß hauptsächlich auf das Mattfeld g7.

Raupp – Hedke
Deutsche Meisterschaft, Bad Wildbad 1993

1 c4 e6 2 ♘f3 ♘f6 3 g3 ♗e7 4 ♗g2 0-0 5 0-0 d5 6 b3 b6 7 ♗b2 ♗b7 8 e3 ♘bd7 9 ♕e2 ♖e8 10 d3 ♘f8 11 ♘bd2 c5 12 e4 d4 13 e5 ♘6d7 14 h4 ♕c7 15 ♖ae1 a5 16 a4 ♘g6 17 h5 ♘gf8 18 ♗c1 ♘b8 19 ♘e4 ♘c6 20 ♗f4 ♖a7 21 ♕d2 ♘d7 (D)

Dies ist eine typische Stellung für ein Springeropfer auf f6. Der Springer e4 steht zum

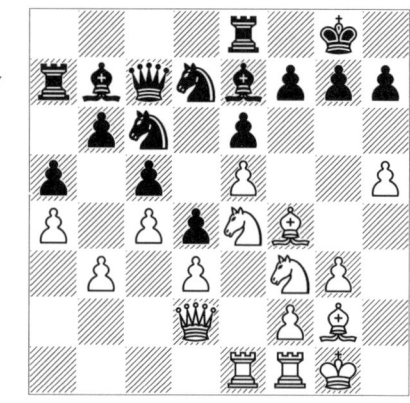

Sprung dorthin bereit, und Weiß hat einen Bauern auf e5, mit dem er zurückschlagen kann.

Man beachte, dass der weiße Läufer auf f4 steht und die schwarze Dame sich auf derselben Diagonale befindet, so dass der Läufer nach dem Zurückschlagen auf f6 mit dem Bauern die Dame angreift. Unterdessen wird der Bauer den Läufer e7 angreifen, so dass Schwarz seinen Materialvorteil nur mit ...♗d6 behalten kann. Danach kann Weiß die Läufer tauschen und damit eine der potentiellen Verteidigungsfiguren für das Feld g7 beseitigen.

Die weiße Dame auf d2 steht auf einer Diagonale, auf der sie schnell nach h6 gehen und die Felder g7 und h7 unter Beschuss nehmen kann. Außerdem verfügt Weiß über einen Springer auf f3, der durch einen Sprung nach g5 die Drohung gegen h7 verstärken kann.

22 ♘f6+ gxf6

Das Springeropfer auf f6 kann oft abgelehnt werden. Im vorliegenden Fall gabelt der Springer König und Turm auf, so dass Schwarz irgendwie auf f6 nehmen oder die Qualität verlieren muss. Er könnte durch Nehmen mit dem Springer oder Läufer die schlimmsten Konsequenzen der Partiefortsetzung vermeiden, aber sowohl nach 22...♘xf6 23 exf6 ♗d6 24 ♗xd6 ♕xd6 25 fxg7 als auch nach 22...♗xf6 23 exf6 e5 24 fxg7 hat Weiß aufgrund des löchrigen schwarzen Königsflügels dauerhaften Vorteil.

23 exf6 e5? *(D)*

Schlecht ist ebenfalls 23...♗d6, da sich dann der Vorteil der Damenstellung auf d2 zeigt: 24 ♗xd6 ♕xd6 25 ♕g5+, und das Matt auf g7 ist nicht aufzuhalten. Schwarz sollte 23...♕c8 spielen, wonach 24 fxe7 ♘xe7 zu ähnlichen Stellungen wie in der vorigen Anmerkung führt.

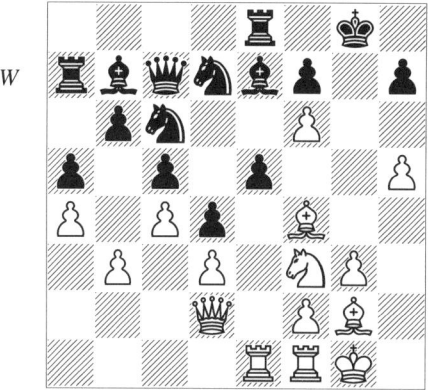

In ähnlichen Stellungen steht die weiße Dame oft auf e2, wo sie dem Bauern e5 zusätzlichen Schutz gibt. In dieser Partie versucht Schwarz ihre Abwesenheit auszunutzen, indem er den Angriff auf seine Dame mit einem Gegenangriff auf den weißen Läufer f4 beantwortet. Der Läufer kann sich jedoch opfern, um der Dame den Weg nach g5 und h6 zu ebnen.

24 ♘xe5! ♘cxe5 25 ♗xe5 ♘xe5 26 ♕g5+ ♘g6

Jetzt hat Weiß den thematischen Gewinnweg 27 ♖xe7 (beseitigt den Läufer, der von f8 aus das Feld g7 decken könnte) 27...♖xe7 28 ♕h6, und ♕g7# ist nicht zu parieren. Weiß kann jedoch noch schneller gewinnen, indem er die Tatsache ausnutzt, dass der Turm e8 wegen der seltsamen Stellung des Turms a7 ungedeckt ist.

27 ♕h6! 1-0

27...♗f8 28 ♖xe8 fesselt den Läufer an den König und garantiert das Matt auf g7.

Im nächsten Beispiel kann Weiß nicht nur g7, sondern auch die benachbarten Felder h7 und f7 aufs Korn nehmen.

Tschebotarew – A. Schurawljow
Russische Meisterschaft U-16,
St. Petersburg 1998

1 e4 c5 2 ♘f3 a6 3 a4 e6 4 d3 ♘c6 5 g3 d5 6 ♘bd2 ♘f6 7 ♗g2 ♗e7 8 0-0 0-0 9 ♖e1 b6 10 e5 ♘d7 11 ♘f1 ♗b7 12 h4 b5 13 ♘1h2 ♕c7 14 ♗f4 d4 15 ♘g4 ♘b6 *(D)*

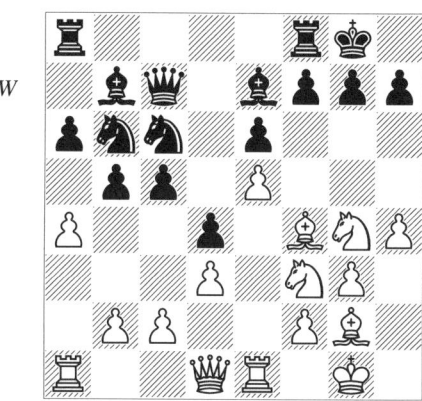

Diese Stellung hat große Ähnlichkeit mit dem ersten Beispiel. Die Bauernphalanx vor dem schwarzen König ist ungeschwächt, und die schwarze Dame und der schwarze Läufer befinden sich in Positionen, in denen sie nach exf6 beide angegriffen werden. Wie im letzten Beispiel steht der schwarze d-Bauer auf d4. In jener Partie konnte der Opferspringer das Feld e4 als Sprungbrett benutzen, er kann aber auch über g4 kommen, wie das vorliegende Beispiel zeigt. Hier kann der weiße Läufer das Feld e4 zum Angriff auf das Feld h7 nutzen.

Die Hauptunterschiede zum ersten Beispiel sind:

• Der weiße h-Bauer steht auf h4, nicht auf h5; das bedeutet, dass eine auf g6 landende schwarze Figur nicht direkt angegriffen ist, aber die weiße Dame das Feld h5 nutzen kann...

• ...was dem Anziehenden gelegen kommt, da sie auf d1 und nicht auf d2 steht und somit nicht in einem Zug nach h6 gelangen kann.

• Da ein schwarzer Turm auf f8 steht, muss dieser von g8 aus für eine schnelle Verteidigung von g7 sorgen, da weder Dame noch Läufer das Feld f8 in einem Zug erreichen können; außerdem erhält Weiß dadurch die

Möglichkeit, schnell ♘g5 und ♕h5 zu spielen, da ♕xh7 selbst dann matt ist, wenn der Nachziehende den f-Bauern mit der Dame schlägt.

16 ♘f6+ gxf6

Wieder ist die Ablehnung des Opfers möglich, aber neben der Schwächung des schwarzen Königsflügels würden nach 16...♗xf6 17 exf6 ♕d7 18 fxg7 ♔xg7 19 ♘e5 ♘xe5 20 ♗xe5+ f6 21 ♗xb7 ♖xb7 22 ♗d6 gefolgt von ♕g4+ auch die schwarzen Bauern im Zentrum und am Damenflügel anfällig werden.

17 exf6 ♗d6

Wie im vorigen Beispiel ist 17...♕c8 möglich. Schlecht ist jedoch 17...♕d7 wegen der Fortsetzung 18 ♘e5! ♘xe5 19 ♗xe5, wonach der weiße f-Bauer gesichert ist und die weiße Dame auf dem Königsflügel Unheil anrichten wird.

18 ♗xd6 ♕xd6 *(D)*

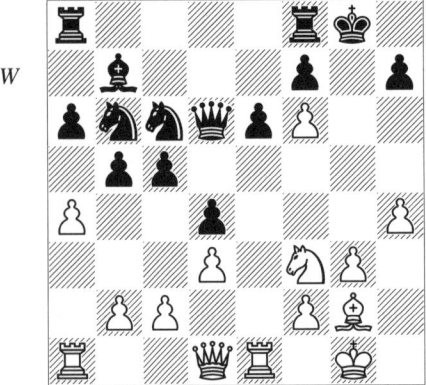

19 ♘g5

Auch 19 ♕d2 funktioniert:

a) Nach der Fortsetzung 19...♔h8 20 ♕h6 ♖g8 21 ♘g5 ♖xg5 nutzt 22 ♗e4! das freie Feld e4 zum Angriff auf h7. Der Turm kann das Matt auf h7 nicht verhindern, ohne ein Matt auf g7 zuzulassen: 22...♖g6 (22...♖xg3+ scheitert an der einfachen Riposte 23 ♔f1!) 23 ♗xg6 fxg6 24 ♕g7#.

b) Mit 19...♖fb8 wird die Evakuierung des Königs in Richtung Damenflügel vorbereitet, aber 20 ♕g5+ ♔f8 21 ♕g7+ ♔e8 22 ♘g5 (mit konzertiertem Angriff auf das Feld f7) 23...♕f8 23 ♘xe6! reißt die schwarze Stellung in Stücke; z. B. 23...♕xg7 24 fxg7 ♔d7 25 ♘xc5+ ♔c7 26 ♘xb7, wonach der Springer unantastbar ist, da 26...♔xb7 wegen 27 ♖e7+ und 26...♖xb7 wegen 27 axb5 verliert.

Der Textzug ist die einfachste Fortsetzung des Angriffs und droht 20 ♕h5 mit Matt auf h7. Schwarz versucht, seinen Springer nach f6 zu bekommen...

19...♘d7 20 ♘e4 1-0

...aber der weiße Springer nutzt das freie Feld e4 zur Verteidigung des Bauern f6 und zum Angriff auf die Dame (was bedeutet, dass dieses Gewinnverfahren mit einem schwarzen Bauern auf d5 nicht funktionieren würde). Da der Turm auf f8 die Dame am Erreichen dieses Feldes hindert, gibt es keine gute Verteidigung gegen ♕g4+ nebst Matt auf g7.

Das Opfer (mit Zurückschlagen auf f6 mit dem e-Bauern) funktioniert nur selten, wenn der d-Bauer des Verteidigers auf d5 (d4, wenn Schwarz opfert) steht. Das nächste Beispiel bildet eine Ausnahme. Schwarz spielt das Opfer (...♘f3+) trotz der Stellung eines weißen Bauern auf d4. Bei der herrschenden Figuren- und Bauernkonstellation kann Schwarz jedoch ein schnelles Matt auf h2 forcieren.

Salmela – Seeman
Tampere 1999

1 d4 ♘f6 2 c4 g6 3 ♘c3 ♗g7 4 ♘f3 0-0 5 e3 d6 6 b4 ♘bd7 7 ♖b1 e5 8 ♗e2 ♖e8 9 0-0 e4 10 ♘d2 ♘f8 11 ♕c2 ♗f5 12 a4 h5 13 b5 ♘8h7 14 c5 d5 15 a5 ♘g5 16 b6 axb6 17 cxb6 ♖xa5 18 ♘b3 ♖a8 19 bxc7 ♕xc7 20 ♘c5 b6 21 ♘a6 ♖xa6 22 ♗xa6 *(D)*

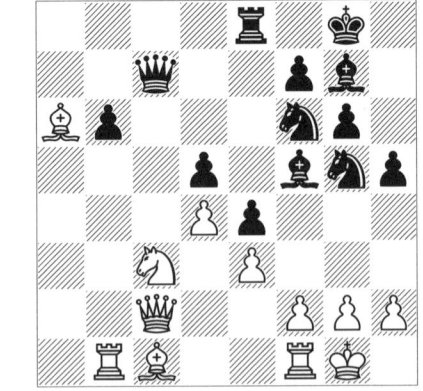

Dieser Aufbau ist uns teilweise vertraut, da der Springer g5 zum Sprung nach f3 bereit steht, der schwarze Läufer f5 auf derselben Diagonale wie die weiße Dame steht und der weiße Turm f1 dem eigenen König den Fluchtweg verstellt. Andererseits hat hier die schwarze Dame aufgrund der Stellung der d-Bauern freie Sicht nach h2.

Durch das Qualitätsopfer hat Schwarz ohne Zeitverlust die Verdrängung seiner Dame von der Diagonale h2-b8 vermieden und den Läufer auf ein Feld gezogen, auf dem er nach dem Zurückschlagen auf f3 mit dem e-Bauern nicht mehr angegriffen ist, aber das ist hier bedeutungslos, da das Hauptangriffsziel des Nachziehenden nicht g2 ist, sondern h2.

Beim Zurückschlagen auf f3 wird der vorgeschobene schwarze Bauer einen Angriff des Läufers f5 auf die weiße Dame freilegen, was Schwarz die Zeit gibt, um ...♘g4 mit unabwendbarem Matt zu spielen.

22...♘f3+ 23 gxf3 exf3 24 e4

24 ♗d3 trifft auf die gleiche Antwort.

24...♘g4 0-1

Auf 25 ♖d1 folgt 25...♕xh2+ 26 ♔f1 ♕h1#. Der Bauer f3 ist nicht nur Teil des Mattnetzes, sondern hindert Weiß auch daran, durch Aufzug des f-Bauern nach f4 die Damendiagonale nach h2 zu verstellen.

Als nächstes kommt eine kurze Kombination, in der sich die weißen Mattdrohungen an der schwarzen Königsfestung entlang bewegen. In einem Zug droht Weiß Matt auf h7, im nächsten Zug droht er Matt auf g7 und im darauffolgenden Zug setzt er auf f7 matt.

Heilpern – Pick
Wien 1910

1 e4 e5 2 ♘f3 ♘c6 3 d4 exd4 4 c3 dxc3 5 ♗c4 cxb2 6 ♗xb2 ♗b4+ 7 ♘c3 ♘f6 8 e5 ♘g4 9 0-0 0-0 10 ♘d5 ♗c5 11 h3 ♘h6 12 ♕d2 ♗f5 13 ♕f4 d6 14 ♖ad1 ♗d7 15 ♕g4 ♘e3 16 ♕h5 ♘xc4 *(D)*

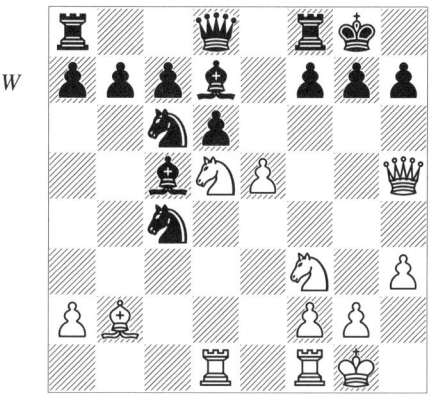

Dies ist eine jener uralten Partien, in denen Schwarz sich durch die gesamte weiße Streitmacht zu fressen versucht, ohne auch nur zu ahnen, welches Schicksal ihn erwartet. Sowohl mit 15...♘fd4 als auch mit 16...♘xd5 hätte er wichtige weiße Angriffsfiguren beseitigen können. Nach dem erstgenannten Zug wäre der Anziehende ohne nennenswerte Kompensation materiell deutlich im Hintertreffen geblieben, während der zweite Zug das Schlimmste vermieden hätte.

Die Stellung ist reif für das Springeropfer auf f6. Die weiße Dame steht schon auf h5, und der Springer steht zum Satz von f3 nach g5 bereit. Der schwarzfeldrige Läufer des Nachziehenden steht außerhalb der Bauernkette und kann nicht nach f8 gehen, um Mattdrohungen auf g7 zu parieren. Wie wir in späteren Beispielen noch sehen werden, kann die Stellung des weißen Läufers auf b2 wichtig sein, da er Schwarz davon abhält, den auf f6 zurücknehmenden Bauern zu schlagen.

17 ♘f6+ gxf6 18 exf6 ♔h8 *(D)*

Die einzige Möglichkeit, die weißen Drohungen ♕g5+ und ♕h6 abzuwehren.

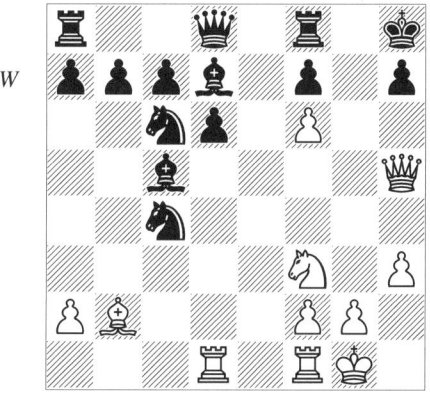

19 ♘g5

Mit der Drohung 20 ♕xh7#.
19...♗f5 20 ♕h6 1-0
Die Drohung 21 ♕g7# kann nur mit 20...♖g8 pariert werden, aber dann kommt 21 ♘xf7#.

Hilfreiche Faktoren

Es gibt einige Faktoren, die für den Erfolg des Springeropfers auf f6 hilfreich sein können.

Das Zurückschlagen auf f6 gewinnt ein Tempo

Wir haben schon gesehen, wie hilfreich es sein kann, wenn das Zurückschlagen mit dem e-Bauern durch Angriff auf eine Figur und/oder einen Abzugsangriff auf die Dame ein Tempo gewinnt.

Der Opfernde hat direkte Unterstützung für die Dame

Ein Angriff auf den König hat größere Erfolgsaussichten, wenn mehrere Figuren vorhanden sind, die daran teilnehmen können. Bei Springeropfern auf f6 kann der angegriffene König unter so großer Atemnot leiden, dass es manchmal schon ausreicht, die Dame mit einer oder zwei Figuren zu unterstützen. Es folgt ein Beispiel, in dem die Beteiligung eines Turms entscheidend ist.

Plaskett – Bellon
Hastings 1985/86

1 e4 c5 2 ♘f3 e6 3 ♘c3 a6 4 d4 cxd4 5 ♘xd4 d6 6 f4 ♕c7 7 ♗e2 ♘f6 8 0-0 ♗e7 9 ♔h1 0-0 10 a4 ♘c6 11 ♗e3 ♖e8 12 ♗f3 ♘a5 13 ♕d3 ♘c4 14 ♗c1 ♗f8 15 b3 ♘a5 16 ♗b2 ♖b8 17 ♖ae1 ♘d7 18 ♖d1 ♘c6 19 ♕c4 ♘b6 20 ♕d3 ♘d7 21 ♕c4 ♘b6 22 ♕e2 ♘xd4 23 ♖xd4 ♗d7 24 e5 ♘c8 25 ♗e4 h6 26 ♖d3 ♗c6 27 ♗xc6 ♕xc6 28 ♘e4 d5 *(D)*

Wenn Weiß seinen Turm nach g3 und die Dame nach g4 bringen kann, wird Schwarz auf der g-Linie matt gesetzt. Die Idee der Schwerfigurenverdopplung auf der g-Linie funktioniert am besten, wenn kein Verteidigungsspringer nach g6 gelangen kann, und ist am leichtesten

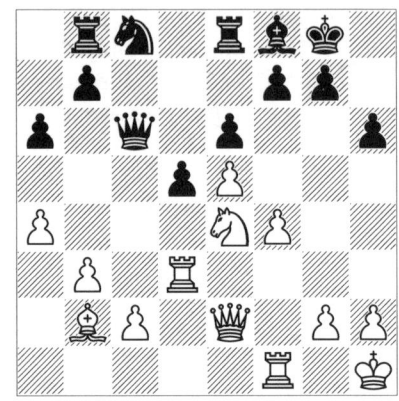

durchzuführen, wenn der weiße g-Bauer fehlt oder noch nicht gezogen hat. Nur selten gelingt dies bei einem Aufbau im Stile des Königsindischen Angriffs, da der weiße g-Bauer auf g3 im Weg steht und die Überführung eines Turms auf die vierte Reihe sich als problematisch erweisen kann.

29 ♘f6+ gxf6

In dieser Stellung kostet die Ablehnung des Opfers mehr als die Qualität, da die schwarze Dame nach 29...♔h8 30 ♖c3! die Verteidigung des Turms aufgeben muss.

30 ♖g3+ ♔h8 31 exf6

Verfrüht wäre 31 ♕g4?, da 31...♘e7 32 exf6 ♘g6 die g-Linie vorläufig verstopft. Nach dem Textzug trifft 31...♘e7 auf die einfache Antwort 32 fxe7+ mit tödlichem Abzugsschach. Ein auf der langen schwarzfeldrigen Diagonale postierter Läufer ist oft ein Garant für den Erfolg von Springeropfern auf f6.

Nach dem geduldigen Textzug droht Weiß ♕g4 nebst Matt auf g7 oder g8. Dagegen ist kein Kraut gewachsen.

31...♗g7 32 ♖xg7 1-0

Wichtige Verteidigungsfiguren können beseitigt werden

Die Dame kann von verschiedenen Figuren direkt unterstützt werden, aber auch die übrigen Figuren können eine Schlüsselrolle spielen, indem sie wichtige Verteidigungsfiguren beseitigen oder ablenken. So haben wir zum Beispiel in Strukturen aus dem Königsindischen Angriff gesehen, wie der schwarzfeldrige Läufer des Nachziehenden gegen sein weißes Gegenstück abgetauscht wird. Im folgenden Beispiel wird er durch ein Qualitätsopfer beseitigt.

Rossetto – Sumar
Mar del Plata 1958

1 e4 ♘f6 2 e5 ♘d5 3 d4 d6 4 ♘f3 ♗g4 5 ♗e2 e6 6 0-0 ♗e7 7 c4 ♘b6 8 b3 ♘c6 9 ♗b2 dxe5 10 ♘xe5 ♗xe2 11 ♕xe2 ♘xe5 12 dxe5 0-0 13 ♘c3 ♖e8 14 ♖ad1 ♕c8 15 ♘e4 ♘d7 16 ♖d3 ♘f8 *(D)*

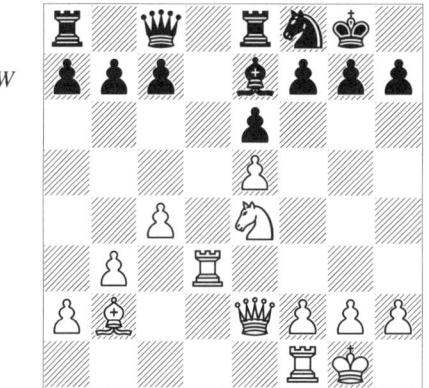

W

Noch eine Idealstellung für das Springeropfer auf f6. Aufgrund der Unterstützung durch den Läufer b2 wird Weiß mit dem Zurückschlagen auf f6 durch Angriff auf den Läufer e7 ein Tempo gewinnen. Unterdessen ist die schwarze Dame außer Spiel, während der weiße Turm auf der dritten Reihe darauf brennt, der Dame beim Mattangriff zu helfen.

17 ♘f6+ gxf6 18 exf6 ♗d6

Schwarz kann mit 18...e5 die Figur zurückgeben, aber dann gewinnt Weiß mit 19 fxe7 ♘g6 20 ♖g3 ♕f5 21 h4 eine weitere Figur, da 21...♔h8 22 h5 ♘xe7 wegen 23 ♕xe5+ mit schnellem Matt verliert.

Mit dem Partiezug plant Schwarz auf 19 ♕h5 die Erwiderung 19...♗f4 mit Deckung des Feldes h6. Danach könnte Weiß den Läufer mit 20 g3 beseitigen, tut das aber lieber auf spektakulärere Weise sofort.

19 ♖xd6! ♔h8

Nach 19...cxd6 20 ♕h5 e5 sollte Weiß nicht 21 ♕h6? spielen, da sich Schwarz sowohl nach 21...♕g4 als auch nach 21...♘e6 effektiv verteidigen kann. Stattdessen sollte er mit 21 ♕g5+ den Springer nach g6 locken, da nach 21...♘g6 22 ♕h6 weder die Dame noch der Springer die Mattdrohung parieren kann. Dies ist ein typischer Trick.

20 ♕h5 ♘g6 21 ♖d3 ♖g8 22 ♖h3 ♘f8 23 ♕xf7

23 ♗a3 ist auch entscheidend, da dann der den Punkt h7 verteidigende Springer beseitigt wird. Weiß will seine Dame ziehen und dann durch Vorrücken seines f-Bauern ein Abzugsschach geben. Dagegen gibt es keine gute Verteidigung.

23...♖g5 24 f4 1-0

Ein Feld in der Umgebung des Königs ist besonders verwundbar

Wir haben schon Beispiele gesehen, in denen die sehr wichtigen Felder g7 und h7 (oder g2 und h2, wenn Schwarz angreift) aufgrund der unbeholfenen Stellung der verteidigenden Figuren verwundbar sind. Hier ist ein Beispiel, in dem die Verwundbarkeit des Feldes f2 für den Erfolg des schwarzen Opfers den Ausschlag gibt.

Felmeri – Dely
Meisterschaft von Budapest 1963

1 d4 d5 2 c4 dxc4 3 ♘f3 ♘f6 4 e3 ♗g4 5 ♗xc4 e6 6 ♘bd2 ♘bd7 7 0-0 c5 8 ♖e1 ♕c7 9 h3 ♗h5 10 ♕a4 ♗e7 11 dxc5 0-0 12 c6 ♘b6 13 ♕a5 ♖ad8 14 ♗e2 ♖d5 15 ♕c3 ♖c5 16 ♕b3 bxc6 17 ♘d4 ♗g6 18 ♗d3 ♖d8 19 ♗xg6 hxg6 20 ♕d1 ♖cd5 21 ♕e2 e5 22 ♘4b3 e4 23 ♘f1 ♘bd7 24 ♗d2 ♘e5 25 ♕a6 *(D)*

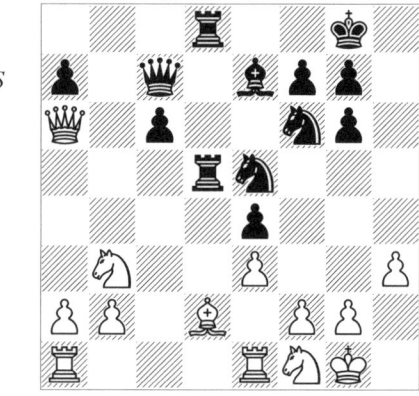

S

Die Stellung ist recht günstig für das Opfer, insbesondere da sich der Turm d5 sehr schnell in den Angriff einschalten kann. Es wäre sogar noch besser, wenn die schwarze Dame auf d7 stünde, um zum Sprung nach h3 bereit zu sein. Der vorgerückte weiße h-Bauer gibt dem Verteidiger etwas mehr Manövrierraum als üblich, schwächt aber das Feld g3, so dass ein dort postierter Verteidigungsspringer weniger gut geschützt ist als normal.

Am wichtigsten ist aber die Stellung des Läufers auf d2. Er verstellt dem Anziehenden die zweite Reihe und macht dadurch den weißen f-Bauern verwundbar, was der Nachziehende mit einfachem, aber kraftvollem Spiel ausnutzt.

25...♘f3+ 26 gxf3 ♖g5+ 27 ♔h1 exf3 28 ♘h2

Da Schwarz 28...♕d7 mit tödlichem Angriff auf den Bauern h3 drohte, macht der Springer Platz für den Damenrückzug nach f1. Das Feld d2 ist ihm verwehrt, und 28 ♘g3 verbietet sich wegen 28...♖xg3! 29 fxg3 ♕xg3 30 ♕f1 ♘e4, wonach es keine gute Verteidigung gegen die Drohung 31...♘f2+ gibt.

Auch nach der Überführung der Dame nach h2 mittels 28 ♕c4 ♕d7 29 ♕f4 ♕xh3+ 30 ♕h2 unterstreicht die Antwort erneut die Verwundbarkeit des Feldes f2: 30...♕xh2+ 31 ♘xh2 (oder 31 ♔xh2 ♖g2+ 32 ♔h3 ♘g4 mit Matt) 31...♘e4 mit Rückgewinn der Figur dank der Mattdrohung.

Der Nachteil des Partiezuges besteht darin, dass die g-Linie geöffnet bleibt, so dass der schwarze Turm nach g2 gehen kann, obwohl das sofortige 28...♖g2? wegen 29 ♘xf3 verlieren würde. Vielleicht hat Weiß gehofft, dass er durch die Bedrohung des Bauern f3 Zeit zur Organisation einer Verteidigung bekommt. Falls dem so war, gab es für ihn nun ein böses Erwachen.

28...♘e4!

Da auf eben jenem verwundbaren Feld f2 Matt droht, muss Weiß die Dame zurückbeordern und den Turm doch nach g2 lassen – mit entscheidender Wirkung.

29 ♕f1 ♖g2 30 ♘xf3

Der einzige andere Versuch 30 ♘g4 scheitert spektakulär an 30...♕g3!!.

30...♖xf2 31 ♗a5 ♕g3 32 ♘bd4 ♖xd4! 0-1

Gute Neuigkeiten für den Verteidiger

Das Springeropfer auf f6 kann auch fehlschlagen. Das ist im Allgemeinen dann der Fall, wenn sich die Dame nicht schnell genug in den Angriff einschalten kann oder nur unzureichende Unterstützung hat oder die Figuren des Verteidigers zur Deckung der potentiellen Mattfelder gut postiert sind. Beginnen wir mit einem Beispiel, in dem die Dame des Angreifers auf dem falschen Feld steht.

Yermolinsky – Al. Schneider
Jurmala 1983

1 ♘f3 ♘f6 2 g3 e6 3 ♗g2 d5 4 0-0 ♗e7 5 d3 c5 6 ♘bd2 ♘c6 7 e4 b6 8 ♖e1 ♗b7 9 a3 b5 10 ♕e2 ♕b6 11 c3 0-0 12 e5 ♘d7 13 h4 b4 14 c4 ♘a5 15 h5 h6 16 b3 dxc4 17 bxc4 ♘c6 18 axb4 ♘xb4 19 ♖b1 a5 20 ♘e4 ♕c7 21 ♗f4 ♖ad8 *(D)*

W

22 ♘f6+ gxf6 23 exf6 ♗d6

Wenn die weiße Dame schon auf d2 stünde, würde Weiß auf Gewinn stehen. Dann würde 24 ♗xd6 ♕xd6 25 ♕xh6 ♘xf6 26 ♕g5+ ♔h7 27 ♕xf6 die geopferte Figur mit entscheidenden Drohungen zurückgewinnen, und 24 ♗xh6! wäre noch besser, da Schwarz über keine gute Verteidigung gegen die Mattdrohungen verfügt.

Mit der Dame auf e2 kann Schwarz jedoch einfach Material zurückgeben, um den weißen f-Bauern beseitigen zu können.

24 ♗xh6

Der Nachziehende verteidigt sich bequem nach 24 ♗xd6 ♕xd6 25 ♘d2 (nicht 25 ♕e3 ♕xd3 26 ♕xh6 ♕h7, und Schwarz behält die Mehrfigur) 25...♘xf6 (nicht 25...♗xg2?? 26 ♕g4+ und Matt im nächsten Zug) 26 ♗xb7 ♘xd3 27 ♖ed1 ♕e5 28 ♘e4 ♘b4, wonach er mit einem gesunden Mehrbauern verbleibt.

24...♘xf6 25 ♕d2 ♘h7 26 ♕c3 f6 27 ♗xf8 ♗xf8 (D)

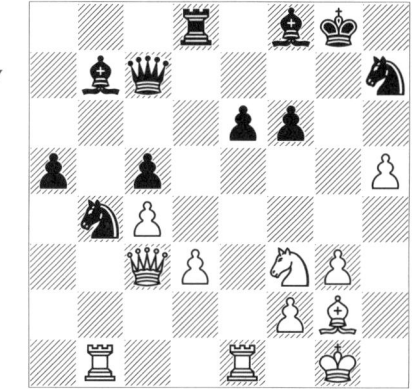

Weiß hat sich für den Rückgewinn einer Qualität entschieden, aber der Angriff ist im Keim erstickt und die beiden schwarzen Leichtfiguren erweisen sich als wertvoller als Turm und Bauer des Weißen.

28 d4 ♕b6 29 ♖bd1 cxd4 30 ♘xd4 ♗xg2 31 ♔xg2 e5

Schwarz gewann bald die Oberhand und später dann auch die Partie.

32 ♘f5 ♘g5 33 ♖xd8 ♕xd8 34 ♘h4 ♕d7 35 c5 ♕d5+ 36 ♔h2 ♗xc5 37 ♖c1 ♘e6 38 ♘f5 a4 39 ♘e3 ♕f3 40 ♕d2 ♕b7 41 ♕d1 ♗xe3 42 fxe3 ♘d5 43 ♕xa4 ♘xe3 44 ♕a2 ♔g7 45 ♖c3 ♘g4+ 46 ♔g1 0-1

Wie das nächste Beispiel zeigt, kann das Opfer schon allein dadurch inkorrekt werden, dass die Dame des Verteidigers leicht nach f8 gelangen kann, von wo sie g7 und f7 deckt.

Al. Rodriguez – E. Lima
*Argentinische Meisterschaft U-18,
Isla del Cerrito 1999*

1 e4 e6 2 d3 c5 3 g3 ♘c6 4 ♘f3 ♘f6 5 ♗g2 d5 6 ♘bd2 ♗e7 7 0-0 0-0 8 e5 ♘d7 9 ♖e1 ♕c7 10 ♕e2 b5 11 c3 ♖b8 12 ♘f1 a5 13 ♗f4 ♗a6 14 h4 b4 15 ♘1h2 c4 16 d4 a4 17 h5 ♖fc8 18 ♘g4 a3 (D)

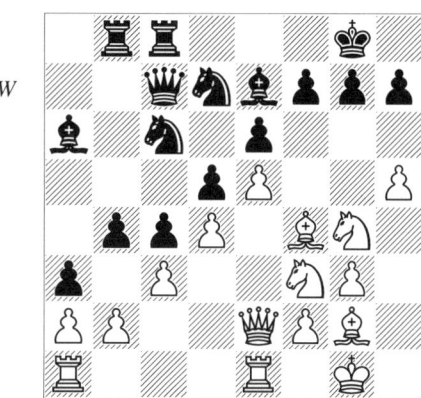

Da der schwarze Turm nicht mehr auf f8 steht, kann die Dame leicht auf dieses Feld gelangen.

19 ♘f6+ gxf6 20 exf6 ♗d6 21 ♗xd6 ♕xd6 22 ♕e3 ♕f8

Schwarz kann nicht nur seine Dame nach f8 ziehen, sondern bedroht auch mit dem Springer d7 den f-Bauern, den er aber wegen 22...♘xf6 23 ♕g5+ ♔f8 24 ♕xf6 axb2 25 ♘g5 mit gefährlichem Angriff noch nicht schlagen kann. Nach dem Partiezug muss Weiß jedoch schnell handeln, da nun 23...♘xf6 eine echte Drohung darstellt.

Es ist erwähnenswert, dass 22...♔h8 ebenfalls gewinnt, da die Dame immer nach f8 zurückgehen kann, wenn der Anziehende ♕h6 spielt, und Schwarz kann sogar 22...axb2 spielen (was Weiß mit 22 bxa3 hätte vermeiden können), da der König nach 23 ♕g5+ über f8 entkommen kann (siehe den Abschnitt „Die Königsjagd" weiter unten).

Nach dem umsichtigen Rückzug der schwarzen Dame kann Weiß seinen Angriff nicht verstärken und schaut nach seinem Opfer nun ziemlich dumm aus der Wäsche.

23 ♕g5+ ♔h8 24 ♘h4 axb2 25 h6 bxa1♕ 26 ♕g7+ ♕xg7 0-1

Im nächsten Beispiel scheint Schwarz über ein beeindruckendes Aufgebot an Angriffsfiguren zu verfügen, aber Weiß deckt mit seinen Verteidigern alle wichtigen Felder und kann seinen Angriff auf dem Damenflügel unvermindert fortsetzen.

Spiridonov – Lanc
Tschechoslowakische Meisterschaft, Brünn 1975

1 d4 ♘f6 2 ♘f3 g6 3 ♗f4 ♗g7 4 e3 0-0 5 ♗e2 d6 6 h3 ♘bd7 7 0-0 ♕e8 8 c4 e5 9 ♗h2 c6 10 ♘c3 ♕e7 11 b4 ♖d8 12 ♕b3 e4 13 ♘d2 h5 14 c5 d5 15 b5 ♘e8 16 bxc6 bxc6 17 ♕a4 ♕e6 18 ♕a5 ♗f6 19 ♖ab1 ♘g7 20 ♖fc1 ♘f5 21 ♘d1 a6 22 ♘b3 ♖f8 23 ♕d2 ♘h7 24 ♘a5 ♘h4 25 ♕e1 ♘g5 26 ♕f1 *(D)*

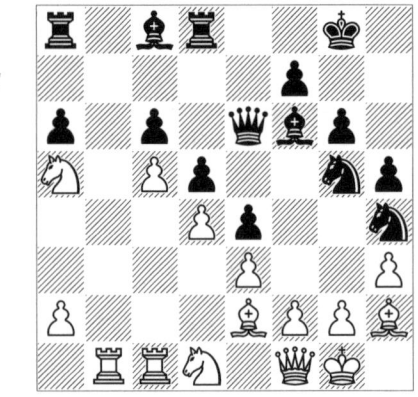

Die weißen Figuren decken die Felder h2, g2 und f2 ziemlich gut ab, während die weißen Drohungen am Damenflügel zahlreiche schwarze Figuren daran hindern, ihre idealen Angriffspositionen zu beziehen.

26...♘hf3+ 27 gxf3 exf3 28 ♗d3 ♘xh3+

Idealerweise sollte Schwarz seinen Läufer auf dieses Feld stellen und den Springer nach e4. Auf 28...♕e8!? 29 h4 (sichert das Feld g3 für den Läufer) 29...♗h3 30 ♕e1 ♘e4 kann Weiß jedoch mit 31 ♘xc6! ♕xc6 32 ♗xe4 dxe4 33 ♖b6 antworten, wonach er mit einer ganzen Mehrfigur und zwei verbundenen Freibauern verbleibt.

Nach dem Partiezug muss der Nachziehende feststellen, dass er noch eine Figur opfern muss, um seinen Läufer in den Angriff einzuschalten.

29 ♔h1 ♗g4 30 ♘xc6 ♖e8 31 ♘c3 ♕h4 32 ♖b2 ♘f4!? 33 exf4 ♗h3 34 ♕d1 ♕g4 35 ♗g3 h4 36 ♘xd5 *(D)*

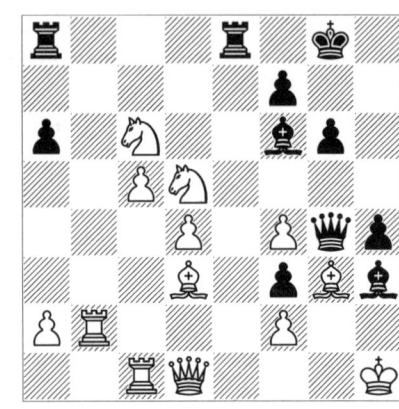

Weiß scheint sich überhaupt nicht für die um seinen König umherschwirrenden Kugeln zu interessieren. Ein paar gut getimte Verteidigungszüge, und schon ist der Angriff vorbei.

36...♗g2+ 37 ♔g1 ♗g7 38 ♗f1 ♗xf1

38...♗h3 scheitert an 39 ♗h2.

39 ♕xf1 hxg3 40 fxg3 ♕xg3+ 41 ♔h1 ♖e6 42 ♕g1 1-0

Da der Springer wegen der Springergabel auf e7 unantastbar ist, erzwingt Weiß den Damentausch und behält eine ganze Figur mehr.

Eine sehr wichtige Rolle für den Angreifer spielt sein vorgerückter f-Bauer, ohne den der Angriff zusammenbrechen könnte. Das ist ein Grund dafür, dass das Opfer häufig mit einem Läufer auf der langen Diagonale (a1-h8, wenn Weiß opfert) gebracht wird, da dadurch der Bauer gedeckt ist. Wenn es dem Verteidiger gelingt, den f-Bauern zu schlagen, wird die Diagonale geöffnet und der König des Verteidigers bleibt in Gefahr. Im nächsten Beispiel erhält Weiß durch sein Opfer gefährlichen Angriff, bei dem der Bauer f6 eine zentrale Rolle spielt. Schwarz gewinnt, da es ihm gelingt, diesen Bauern zu beseitigen.

Quinteros – Bastian
Hannover 1983

1 c4 e5 2 ♘c3 ♘c6 3 ♘f3 ♘f6 4 g3 ♘d4 5 ♗g2 ♘xf3+ 6 ♗xf3 ♗b4 7 ♕b3 ♗c5 8 d3 h6 9 0-0 c6 10 e3 0-0 11 ♖d1 ♕e7 12 d4 ♗b6 13 dxe5 ♕xe5 14 e4 d5 15 ♗f4 dxc4 16 ♕xc4 ♕a5 17 ♕e2 ♗e6 18 e5 ♘d7 19 a3 ♗d8 20 ♖e1 ♖e8 21 b4 ♕c7 22 ♗g2 ♘b6 23 ♘e4 ♗e7 *(D)*

 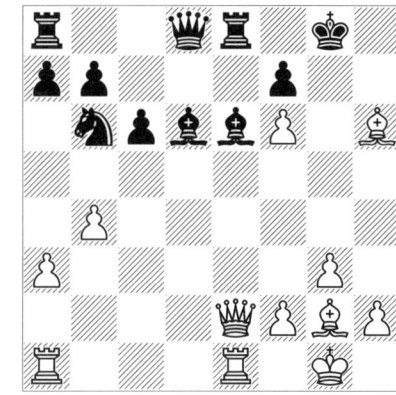

In dieser offenen Stellung verfügen sowohl Angriff als auch Verteidigung über Raum zum Umgruppieren.

24 ♘f6+ gxf6 25 exf6 ♗d6 26 ♗xh6

Wie wir oben schon gesehen haben, steht die schwarze Dame auf f8 für Verteidigungszwecke ausgezeichnet. Aus diesem Grund bringt 26 ♗xd6 ♕xd6 nichts ein.

Der Textzug räumt einen Verteidigungsbauern ab, und die Antwort 26...♗f8 ist eindeutig schlecht, da es nach 27 ♕h5 keine gute Parade gegen das Matt gibt.

26...♕d8 (D)

Schwarz könnte 26...♗f5!? spielen mit der Absicht, den weißen Mattsetzungsversuchen auf h8 durch Postierung des Läufers auf h7 einen Riegel vorzuschieben und dann durch Überführung seines Springers nach g6 die g-Linie zu verstellen. Nach 27 ♕h5 ♗g6 28 ♕h4 ♘d7 29 ♗g7 ♗h7 30 ♗e4 ♖xe4 31 ♖xe4 ♘e5 32 ♕h5 ♘g6 33 ♖ae1 sieht jedoch der weiße Angriff wegen des schwarzen Verkehrsstaus am Königsflügel sehr gefährlich aus. Andererseits kann Weiß auch mit 27 ♖xe8+!? ♖xe8 28 ♖xe8+ ♔h7 29 ♗g7 starken Angriff erhalten.

Der Angriff dreht sich um den Bauern f6, der gegenwärtig ungedeckt und verwundbar ist, so dass Schwarz ihn umgehend aufs Korn nimmt.

27 ♗g7?

Weiß versucht richtigerweise den f-Bauern zu halten, aber dies ist nicht der beste Weg dazu.

Er hält seine Dame für aktive Handlungen frei, aber das geduldige 27 ♕f3! ist besser. Die Hauptpointe besteht darin, dass sich die weiße Dame nach dem Läuferzug nach f8 über f4 in den Angriff einschalten kann:

a) 27...♗f8 28 ♗xf8 ♔xf8 (oder 28...♖xf8 29 ♕f4, und die schwarze Dame kann das Feld f8 nicht erreichen) 29 ♕f4, und das Matt ist nicht zu verhindern, da der Turm den Fluchtweg des Königs blockiert.

b) Der Nachziehende würde liebend gern durch einen Zug des Turms auf e8 seinem König einen Notausgang eröffnen, aber nach der Fortsetzung 27...♗d7 28 ♗g7! ♗f8 29 ♗xf8 ♔xf8 30 ♕f4 ♖xe1+ 31 ♖xe1 ♗e6 32 ♕h6+ ♔e8 kann Weiß den Fluchtweg des Königs mit 33 ♖xe6+! fxe6 34 ♕g7 abschneiden. Dann kann Weiß nach 34...♕d1+ (oder 34...♕d6 35 f7+, wonach der weiße Bauer mit Schach zur Dame geht, während 34...♕d7 mit 35 ♕g8# beantwortet wird) 35 ♗f1 ♔d8 mit 36 f7 ♘d7 37 f8♕+ ♘xf8 38 ♕xf8+ den Turm im hintersten Eck gewinnen.

c) Der einzige andere Verteidigungsversuch des Schwarzen besteht darin, die unmittelbaren Mattdrohungen durch Überführung seines Läufers nach g6 und h7 abzuwehren. Da 27 ♕f3 das Feld f5 deckt, kann der Zug ...♗f5 nur mit 27...♕d7 durchgesetzt werden. Durch die Entfernung der Dame von d8 ist nun aber der Bauer f6 nicht mehr angegriffen, so dass Weiß mit 28 ♕h5 ♗f5 29 ♗g7 ♗h7 30 ♗h3! gefolgt von 31 ♗f5 ungehindert einen Mattangriff aufziehen kann.

27...♗f8 28 ♖ad1

Nach 28 ♗xf8 ♔xf8 29 ♕f3 ♘d5 fällt der Bauer f6.

28...♘d7 29 ♗h8

Der Anziehende versucht, die Ereignisse zu forcieren. Er könnte auch eine völlig andere Gangart einlegen und mit 29 ♗xf8 ♔xf8 30 ♕h5

♕xf6 31 ♖xe6! ♕xe6 32 ♗h3 etwas Material einsammeln, wonach er mit einem Bauern für die Qualität verbleiben wird.

29...♗f5 30 ♕h5 *(D)*

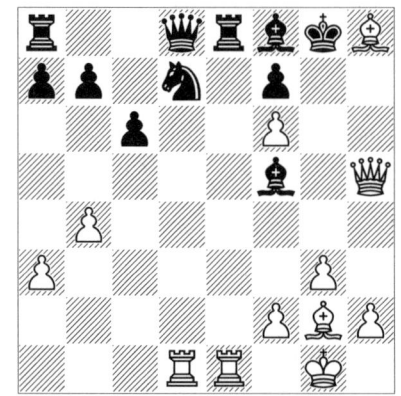

30...♗h7

Nicht der genaueste Zug. Der Nachziehende sollte mit 30...♖xe1+ 31 ♖xe1 ♘xf6 den f-Bauern nehmen, wonach der Angriff sofort vorbei ist.

31 ♖e7

Ironischerweise besteht die einzige Chance des Weißen darin, selbst die Türme zu tauschen. Nach 31 ♖xe8 ♕xe8 32 ♕g4+ ♔xh8 33 ♖xd7 kann der Turm sich den b-Bauern einverleiben, wenngleich Schwarz aufgrund des Läuferpaars langfristig im Vorteil ist.

Nach dem verzweifelten Textzug ist der Angriff am Ende.

31...♖xe7 32 fxe7 ♕xe7 33 ♗c3 ♘f6 34 ♕g5+ ♗g7 35 h4 ♕e6 36 h5 ♕f5 37 ♗xf6 ♕xf6 38 ♕xf6 ♗xf6 39 ♖d7 ♖b8

und Schwarz gewann das Endspiel.

Die Königsjagd

Wenn der Verteidiger nicht verhindern kann, dass die Dame des Angreifers auf g7 (oder g2) landet, gibt es für ihn vielleicht nur einen Ausweg: Der König muss weglaufen. Diese Idee haben wir schon in der obigen Partie in der Anmerkung zum 27. Zug gesehen. Normalerweise treibt Weiß den König nach e8, wonach er entweder versucht, dem König den Fluchtweg abzuschneiden (wie in der genannten Variante), oder so viele Bauern wie möglich frisst, während der König auf der Flucht ist. Der Verteidiger kann in der Regel das Schlimmste vermeiden, wenn er sicher eine Figur nach f8 zurückziehen kann, nachdem sein König auf e8 angekommen ist.

Die Aufgabe des Angreifers besteht darin, dies zu verhindern, wie im nächsten Beispiel.

Tobin – Peters
US-Open 1972

1 e4 c5 2 ♘f3 e6 3 d4 cxd4 4 ♘xd4 ♘c6 5 ♘c3 ♕c7 6 g3 a6 7 ♗g2 ♘f6 8 0-0 ♗e7 9 ♖e1 0-0 10 ♘xc6 dxc6 11 e5 ♖d8 12 ♕f3 ♘d5 13 b3 ♕a5 14 ♗b2 ♗b4 15 ♖ed1 ♗d7 16 ♘e4 ♕c7 17 c4 ♘e7 18 c5 b6 19 a3 ♗xc5 20 b4 ♗xb4 21 axb4 ♘d5 *(D)*

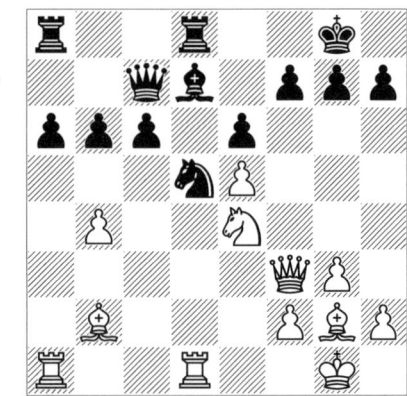

Weiß hat eine Figur mehr (für zwei Bauern), aber das Opfer vereinfacht eine sonst vielleicht noch recht unangenehme Aufgabe.

22 ♘f6+ gxf6 23 exf6 ♔f8

Der schwarze König muss weglaufen, da es nach 23...♔h8 24 ♕h5 ♖g8 (oder 24...e5 25 ♗e4 ♘xf6 26 ♗xe5 mit Damengewinn dank der Mattdrohung) 25 ♗e4 ♖g6 26 ♗xg6 fxg6 27 f7+ matt wird.

24 ♕g4 ♕d6

Die Dame steht zum Rückzug nach f8 bereit, was auch gut so ist, da der Läufer auf d7 dem eigenen König den Fluchtweg verbaut. Da die Dame nun wegen Matts die Diagonale a3-f8 nicht verlassen darf, kann Weiß sie in ihr Verderben jagen.

25 ♗e5! ♕xb4 26 ♖d4 ♕c5 27 ♖c4 1-0

Zurückschlagen mit dem g-Bauern

Es gibt zwei Hauptszenarios, in denen der Angreifer mit dem g-Bauern zurückschlägt:

1) Er hätte auch mit dem e-Bauern zurücknehmen können, so dass der auf f6 (oder f3) landende Bauer sicher verteidigt ist.

2) Nur der g-Bauer konnte zurückschlagen, so dass der auf f6 (oder f3) landende Bauer weniger gut gesichert ist.

Gesicherter Bauer auf f6

Hier kann der Spielverlauf ganz ähnlich sein wie in den sich aus dem Königsindischen Angriff ergebenden Stellungen, die wir bereits gesehen haben, insbesondere denjenigen, in denen der auf f6/f3 landende Bauer sicher verteidigt ist. Normalerweise kann der Angreifer es sich leisten, den Angriff langsam aufzubauen, da der Verteidiger selten genug Raum hat, um seine Figuren in ihre besten Positionen zu bringen, und der Angreifer oft als zusätzlichen Bonus die g-Linie nutzen kann.

Richter – Rogmann
Berlin 1937

1 d4 ♘f6 2 ♘c3 d5 3 ♗g5 c6 4 f3 ♕b6 5 e4 ♕xb2 6 ♘ge2 e6 7 e5 ♘fd7 8 ♖b1 ♕a3 9 ♖b3 ♕a5 10 ♗d2 ♕c7 11 ♘f4 a6 12 ♗d3 ♗e7 13 0-0 0-0 14 ♕e1 ♖e8 15 ♕g3 ♘f8 16 ♘h5 ♘g6 17 f4 ♗d8 18 ♕h3 b5 19 g4 ♗e7 20 g5 ♗b6 21 ♘e2 c5 *(D)*

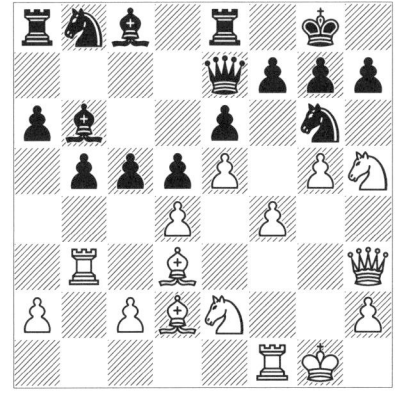

W

Nach dem Opfer wird die g-Linie offen sein. Weiß wird sich mit Dame, Türmen und dem Läufer auf d3 auf den Springer g6 stürzen, wobei er gegebenenfalls zu weiteren Opfern bereit ist. Da der schwarzfeldrige Läufer des Nachziehenden am Damenflügel steht, muss die Dame wegen der Mattmöglichkeit auf g7 nach f8 gehen. Dort hat sie keinen Manövrierraum, da die weißen Bauern ihre Fluchtfelder kontrollieren.

22 ♘f6+ gxf6 23 gxf6 ♕f8 24 ♔h1! *(D)*

Wenn der Angreifer in derartigen Stellungen schon einen Turm auf der g-Linie stehen hat, kann er oft schnell matt setzen. Hier muss er seinen Angriff langsam aufbauen, wird dabei aber auf keinen nennenswerten Widerstand stoßen.

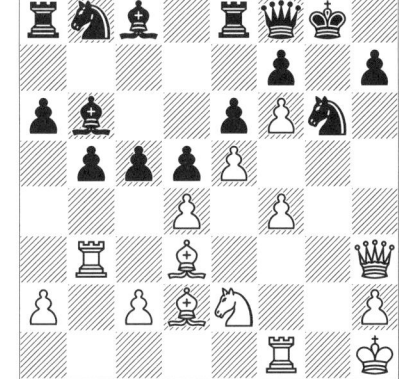

S

Für Schwarz scheitert die sofortige Bauerngabel 24...c4 taktisch an 25 ♗b4 mit Damenfang. Andererseits kann der Anziehende nach dem Vorbereitungszug 24...♘c6 seine Figuren rechtzeitig in den Angriff einschalten. Ein typisches Abspiel lautet 25 ♖g1 ♖d8 26 ♗xg6 fxg6 27 ♖bg3 ♕f7 28 ♕h6 ♖a7, und nun opfert Weiß einen Turm mit 29 ♖xg6+ hxg6 30 ♖xg6+ ♕xg6 31 ♕xg6+ ♔f8 32 f5!, wonach die Drohung ♗h6+ vernichtend ist.

Da Weiß auch Damenfang mittels f5 gefolgt von ♗h6 droht, verschafft sich Schwarz einen Fluchtweg.

24...cxd4 25 ♖g1 ♘d7

Schwarz verfügt hier über die raffinierte Verteidigungsmöglichkeit 25...♖a7!? mit der Absicht 26 ♗xg6 fxg6 27 ♖bg3 ♖g7!, womit er den Turm im Tausch für den mächtigen Bauern f6 anbietet. Weiß hat jedoch die spektakuläre

Antwort 26 ♗b4 ♗c5 27 ♗xc5 ♕xc5 28 ♕xh7+!! ♔xh7 29 ♗xg6+ fxg6 30 ♖h3+ ♔g8 31 ♖xg6+ nebst Matt in wenigen Zügen.

Schwarz hat vorhergesehen, dass Weiß auf g6 opfern wird, und hat sich ein beschwichtigendes Gegenopfer auf f6 zurechtgelegt.

26 ♕h5 ♘xf6

Dies erleichtert die Lage des Nachziehenden kaum, da Weiß einen Bauern auf f6 behalten wird.

27 exf6 ♖a7 28 ♗b4 ♗c5 29 ♗xc5 ♕xc5 30 ♗xg6 fxg6 31 ♖xg6+ ♔h8 (D)

Nach 31...hxg6 32 ♕xg6+ ♔f8 33 ♖g3 ist das Matt unvermeidlich.

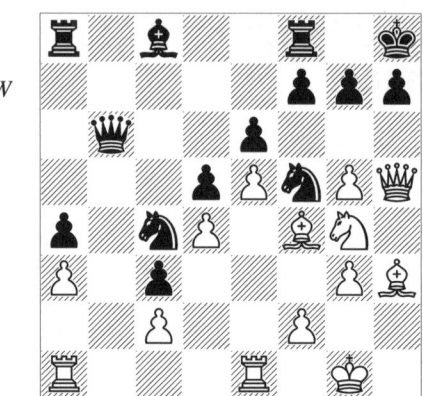

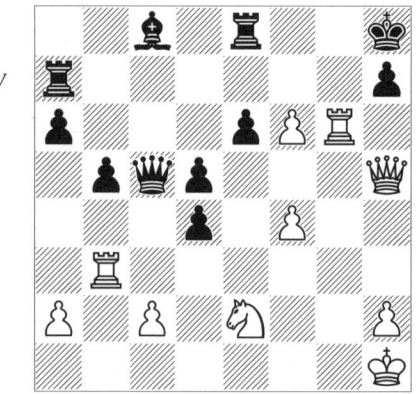

32 f7 1-0

In der Einleitung zu diesem Abschnitt hatte ich darauf hingewiesen, dass die gxf6-Version des Springeropfers auf f6 dem Angreifer als zusätzlichen Bonus Spiel auf der g-Linie verspricht, wenn sie durch das Opfer geöffnet wird. In Stellungen nach Art des Königsindischen Angriffs wird die g-Linie vielleicht nicht vollständig geöffnet, so dass der Angriff einen anderen Verlauf nimmt.

Tompa – Anikajew
Ungarn-RSFSR, Budapest 1967

1 e4 ♘f6 2 d3 d5 3 ♘d2 e6 4 ♘gf3 ♗e7 5 g3 0-0 6 ♗g2 c5 7 0-0 ♘c6 8 ♖e1 b5 9 e5 ♘d7 10 ♘f1 a5 11 h4 a4 12 a3 c4 13 d4 b4 14 ♘g5 bxa3 15 bxa3 ♕a5 16 ♗d2 c3 17 ♗e3 ♘b6 18 ♕h5 ♗xg5 19 hxg5 ♘c4 20 ♘h2 ♘e7 21 ♘g4 ♘f5 22 ♗f4 ♕b6 23 ♗h3 ♔h8 (D)

Wegen des erfolgten Abtauschs eines schwarzen Läufers gegen einen weißen Springer auf g5 wird durch das Zurückschlagen mit dem g-Bauern die g-Linie nicht geöffnet werden. Andererseits verfügen die weißen Schwerfiguren bereits über die h-Linie, und Schwarz wird nicht imstande sein, sowohl g7 als auch h7 zu verteidigen.

24 ♘f6 gxf6 25 ♗xf5 exf5 26 gxf6 ♕xd4 (D)

In seiner Verzweiflung hofft Schwarz, dass er einen Schlag landen kann, bevor er matt gesetzt wird. Der Zug 26...♖g8 verteidigt g7, aber nach 27 ♔g2 ♖g6 28 ♖h1 ist der Punkt h7 unhaltbar. Dann verliert 28...♔g8 wegen 29 ♕xh7+ ♔f8 30 ♕h8+ ♔g8 31 ♗h6+ einen Turm, während nach 28...h6 29 ♕xh6+ ♖xh6 30 ♖xh6+ ♔g8 31 ♖ah1 das Matt nicht zu vermeiden ist.

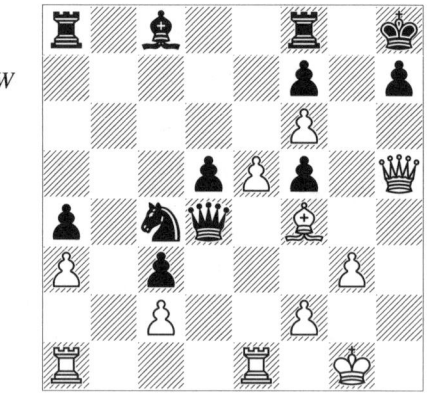

27 ♔g2 ♘d2 28 ♕h6 1-0

Schwarz konnte noch ein hübsches Matt zulassen: 28...♖g8 29 ♕xh7+! ♔xh7 30 ♖h1+ ♔g6 31 ♖h6#.

Die Aufstellung mit den Bauern auf e5 und f6 (oder e4 und f3 für Schwarz) ist so stark, dass der Verteidiger im Allgemeinen nur überleben kann, wenn er durch ein Gegenopfer beide Bauern beseitigen oder einen schnell entscheidenden Gegenangriff aufziehen kann. Im nächsten Beispiel geht er an der Gelegenheit zur Beseitigung der Bauern vorbei und muss dafür büßen.

Gaponenko – 't Jong
Dieren 2002

1 e4 e6 2 d3 d5 3 ♘d2 ♘f6 4 ♘gf3 ♗e7 5 g3 0-0 6 ♗g2 b6 7 0-0 ♗b7 8 e5 ♘fd7 9 ♖e1 c5 10 ♘f1 b5 11 h4 ♕b6 12 ♘1h2 ♘a6 13 ♘g5 ♗xg5 14 hxg5 ♘b4 15 c3 ♘c6 16 ♗f4 ♘e7 17 ♕h5 ♖fc8 18 ♘g4 ♕d8 19 ♔h2 ♕e8 20 ♕h3 ♔h8 *(D)*

21 ♘f6 gxf6 22 gxf6 ♘g8

Die Springer können sich mit 22...♘g6 (oder 22...♘c6) auf den e-Bauern stürzen, aber Weiß lässt den Bauern einfach einstehen, da er nach 23 ♗h6 ♘gxe5 über die Replik 24 ♗g7+ ♔g8 25 ♖xe5! ♘xe5 26 ♖h1! verfügt, wonach es keine gute Verteidigung gegen 27 ♔g1 nebst Matt auf h7 gibt.

Unterdessen droht Weiß, den Turm auf die h-Linie zu bringen und so oder so h7 zu erobern, so dass Schwarz sich die Möglichkeit eines gegen den Bauern f6 gerichteten Gegenopfers verschafft.

23 ♖h1 ♕f8 24 ♗f3 ♘dxf6?

Er kann sich nicht mit 24...h6 auf der h-Linie entgegenstemmen, da es nach 25 ♔g2 ♔h7 26 ♖h2 keine Verteidigung gegen 27 ♖ah1 mit Eroberung von h6 gibt.

Schwarz hat die richtige Idee, opfert aber den falschen Springer. Mit 24...♘gxf6! 25 exf6 ♕g8! kann er sich gegen die Mattdrohungen verteidigen. Dann sollte er nach 26 ♕h6 ♕g6 27 ♕xg6 nicht 27...hxg6 spielen, da Weiß darauf 28 ♔g2+ ♔g8 29 ♗g5 nebst Turmverdopplung auf der h-Linie spielt, aber 27...fxg6 ist sicher genug. Danach kann Weiß den f-Bauern nicht halten, behält aber aufgrund des Läuferpaars einen kleinen Vorteil.

25 exf6 e5

Da sich das Nehmen des f-Bauern wegen Springerverlust nach 25...♘xf6 26 ♗e5 ♕g7 27 ♔g2 ♔g8 28 ♕h4 verbietet, hat Schwarz keine gute Verteidigung gegen die weißen Mattdrohungen.

26 ♔g2 h6 27 ♗xh6 1-0

Ungesicherter Bauer auf f6

Wenn der Opfernde ohne Unterstützung des Bauern auf e5 mit gxf6 fortsetzt, hat der Verteidiger mitunter eine größere Auswahl an Möglichkeiten.

Hecht – Espig
Zonenturnier, Raach 1969

1 e4 c5 2 ♘f3 e6 3 d4 cxd4 4 ♘xd4 ♘c6 5 ♘c3 ♕c7 6 g3 a6 7 ♗g2 ♘f6 8 0-0 ♗e7 9 ♗e3 0-0 10 ♕e2 d6 11 h3 ♗d7 12 ♖ad1 ♖ac8 13 f4 b5 14 ♘xc6 ♗xc6 15 a3 ♕b7 16 ♗d4 ♖fd8 17 g4 a5 18 b4 axb4 19 axb4 ♘d7 20 ♘d5 ♗f8 21 ♕f3 ♖a8 22 g5 ♘b8 *(D)*

Schwarz hat richtigerweise ein Springeropfer auf d5 abgelehnt, aber der Springer stürzt sich noch tiefer ins Getümmel.

23 ♘f6+ gxf6 24 gxf6 ♔h8 25 ♖d3

Da Weiß beabsichtigt, mit Dame und Türmen Druck gegen g7 zu machen, spielt der weiße f-Bauer für den Angriff eine zentrale Rolle. Er wird zwar durch den Läufer d4 unterstützt, aber die Wirkungslinie des Läufers kann unterbrochen werden.

Schwarz hat hier mehr als eine Möglichkeit. 25...♘d7 wirft ein Auge auf den weißen Bauern f6. Dann wird der Angriffsversuch 26 ♕h5 ♗xe4 27 ♕xf7 mit 27...e5 28 ♖g3 ♗h6 zum Stehen gebracht. Schwarz kann aber auch mit 25...♗h6 die Überführung eines Turms auf die g-Linie vorbereiten mit der Absicht 26 ♕h5 ♖g8! 27 ♕xh6 ♗xe4 mit Durchbruch auf der langen Diagonale. In beiden Fällen gerät der weiße Angriff ins Stottern, und der schwarze Gegenangriff ist sehr gefährlich.

Schwarz entscheidet sich für einen Zug, der zur Schließung seiner eigenen langen Angriffsdiagonale führt und die weiße Angriffsdiagonale offen hält – genau das Gegenteil von dem, was er machen sollte.

25...d5? 26 ♕g4 ♘a6 *(D)*

W

Schwarz bereitet sich darauf vor, um die g-Linie zu kämpfen.

27 ♖g3 ♗h6 28 ♕h4 ♖g8 29 ♖ff3! dxe4 30 ♖e3

Mit ein bisschen Jonglierkunst hat der Anziehende beide Türme in Angriffsbereitschaft versetzen können. Jetzt verliert 30...♗f8 schnell wegen 31 ♖xg8+ ♔xg8 32 ♕g5+ ♔h8 33 ♖g3.

Daher muss der Nachziehende die Figur zurückgeben.

30...♗g5 31 ♖xg5 ♖xg5 32 fxg5 ♕d7

Notwendig war 32...♖g8. Jetzt bricht Weiß durch.

33 g6! fxg6 34 ♖xe4! ♔g8

34...♗xe4 verliert wegen 35 ♕xe4 mit den Mattdrohungen 36 f7+ und 37 ♕xa8+.

35 f7+ ♕xf7 36 ♖f4 1-0

Nach 36...♕e8 37 ♕f6 ist ein schnelles Matt unabwendbar.

Wenn das Springeropfer auf f6 nur durch einen Bauern auf g5 unterstützt wird, ist es selten ein gutes langfristiges Opfer. Es wurde vielfach versucht, aber ohne Erfolg. Häufig dient es aber als Einleitungszug einer kurzfristigen Kombination, wie der hübschen g-Linien-Kombination im nachstehenden abschließenden Beispiel.

Issajew – Mas
Asiatische Mannschaftsmeisterschaft, Shenyang 1999

1 e4 c5 2 ♘f3 d6 3 d4 cxd4 4 ♘xd4 ♘f6 5 ♘c3 a6 6 ♗e2 e5 7 ♘b3 ♗e7 8 ♗e3 0-0 9 g4 ♗e6 10 g5 ♘e8 11 ♕d2 ♘c6 12 0-0-0 a5 13 ♔b1 a4 14 ♘c1 ♘d4 15 h4 ♘xe2 16 ♘1xe2 ♕a5 17 f4 exf4 18 ♘xf4 ♘c7 19 ♗d4 ♖fe8 20 ♘h5 ♗f8 21 ♖hg1 ♖ec8 *(D)*

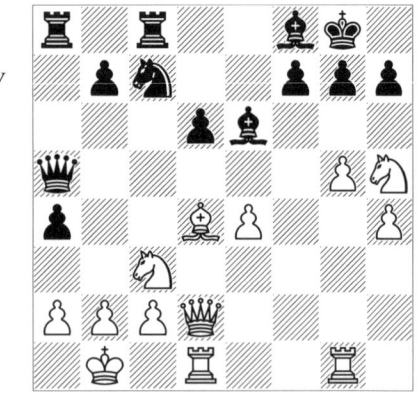

W

Eine weiße Schwerfigur steht schon auf der g-Linie.

22 ♘f6+ gxf6 23 gxf6+ ♔h8

Jetzt kann sich Schwarz nach 24 ♕g2 mit 24...♗h6 verteidigen. 24 ♕g5 verhindert diese

Verteidigung, lässt aber Damentausch zu. Die Lösung besteht darin, die Dame von der fünften Reihe zu verscheuchen.

24 ♖g5! ♕b4 25 ♖g8+! ♔xg8 26 ♕g5+ ♔h8 1-0

Nach 27 ♖g1 ♗h6 28 ♕xh6 ♖g8 29 ♖g7 kann der Nachziehende das Matt nicht mehr verhindern.

Übungen

Übung 17

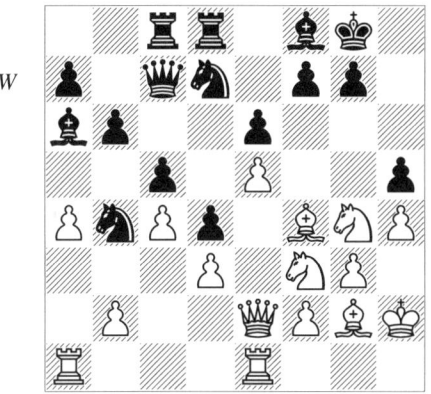

Da sein Springer g4 angegriffen war, spielte Weiß natürlich **20 ♘f6+ gxf6 21 exf6**. Danach ging es mit **21...♗d6 22 ♗g5 ♘f8** weiter. Ich habe vier Fragen.

1) Wie baut Weiß nun einen starken Angriff auf?

Nach Analyse der Stellung:

2) Hat Schwarz im 22. Zug etwas Besseres?

3) War 22 ♗xd6 ♕xd6 23 ♕d2 besser für Weiß als 22 ♗g5?

4) War 21...e5 eine bessere Verteidigung für Schwarz?

Übung 18

Warum ist Schwarz nach **22 ♘f6+ gxf6 23 exf6** zu **23...♗d6** gezwungen, und wie sollte Weiß danach seinen Angriff fortführen?

11 Dolchstoß ins Herz der Rochadestellung: ♘xg7

Für ein Springeropfer auf g7 gibt es zwei Hauptgründe: Materialgewinn durch Schlagen eines Springers auf f6 oder Matt durch Heranführung von Figuren zur Ausnutzung der geschwächten Königsstellung.

Dieses Kapitel ist wahrscheinlich das einfachste im ganzen Buch. Bei vielen Springeropfern auf g7 handelt es sich um relativ kurze Kombinationen, und es geschieht selten, dass ein solches Opfer zu einem langfristigen Angriff führt. Das Material wird zurückgewonnen oder der König zur Strecke gebracht; andernfalls verliert der Opfernde.

Der verwundbare Springer auf f6

Zahlreiche kurze Kombinationen mit Springeropfer auf g7 basieren auf der Verwundbarkeit eines Verteidigungsspringers auf f6, der vorher durch den g-Bauern gedeckt war.

Quadrat – Abdul Satar
Saint Quentin 2000

1 ♘c3 d5 2 e4 d4 3 ♘ce2 e5 4 ♘g3 ♘f6 5 ♗c4 ♗d6 6 ♘f3 ♗d7 7 d3 a5 8 a3 0-0 9 c3 dxc3 10 bxc3 b5 11 ♗b3 ♕e7 12 0-0 ♘c6 13 ♖e1 ♖fd8 14 ♗b2 ♗c5 15 d4 ♗g4 16 d5 ♘a7 17 h3 ♗c8 18 c4 bxc4 19 ♗xc4 ♗d6 20 ♕d2 ♗d7 21 ♘h4 ♗c5 22 ♘hf5 ♗xf5 23 ♘xf5 ♕e8 *(D)*

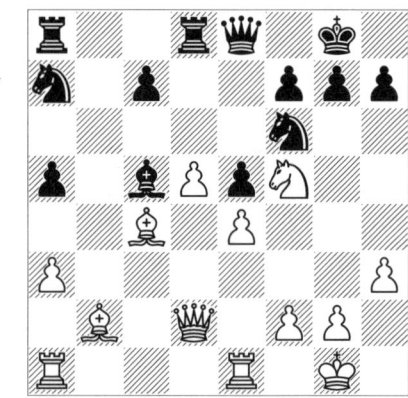

Der Springer f6 ist nur vom g-Bauern gedeckt, und die weiße Dame kann unbeschadet in einem Zug nach g5 gehen.

24 ♘xg7 ♔xg7 25 ♕g5+

Der König hat den g-Bauern bei der Verteidigung des Springers abgelöst, wird aber nun abgedrängt. Weiß gewinnt einen Bauern.

25...♔f8 26 ♕xf6 ♗d6 27 ♖e3

Mit dem Gewinn eines Bauern ist es bei Springeropfern auf g7 aber selten getan. Das gähnende Loch in der schwarzen Königsstellung lädt zu weiteren Attacken geradezu ein. Weiß könnte 27 ♗c1 mit der Absicht 28 ♗h6+ gefolgt von Matt spielen, aber nach 27...♕a4 kann der König womöglich auf Kosten einer ganzen Menge Material weglaufen. Stattdessen manövriert der Anziehende ganz sadistisch seinen Turm nach f3, um den f-Bauern anzugreifen, so dass die Dame dem König nicht Platz machen kann.

27...♕a4 28 ♖f3 ♕e8 29 ♗c1 ♕d7 30 ♕h8+ ♔e7 31 ♗g5+ f6 32 ♕xf6+ ♔e8 33 ♕h8+ ♗f8 34 ♕xf8# (1-0)

Wenn ein angreifender Springer auf das Feld g7 (oder g2 mit Weiß als Verteidiger) zielt, sorgt der Verteidiger normalerweise dafür, dass sein Springer auf f6 (f3) besser verteidigt ist als in diesem Beispiel. Auf der anderen Seite hat der Angreifer aber vielleicht auch mehr Ressourcen für den Angriff gegen f6, als der Verteidiger verkraften kann. So kann beispielsweise ein Läufer auf der langen Diagonale nach f6 unwiderstehlichen Druck auf den unglücklichen Springer ausüben.

Krayz – Rotstein
Czerniak-Memorial, Tel Aviv 1997

1 e4 c5 2 ♘f3 e6 3 c3 ♘f6 4 e5 ♘d5 5 d4 cxd4 6 cxd4 d6 7 a3 ♘d7 8 ♗d3 dxe5 9 dxe5 g6 10 0-0 ♗g7 11 ♖e1 0-0 12 ♕e2 ♘c5 13 ♗c4 b5 14 ♗xb5 ♘b3 15 ♖a2 ♘xc1 16 ♖xc1 ♗b7 17 ♘bd2 ♘f4 18 ♕e1 ♗h6 19 ♖d1 (D)

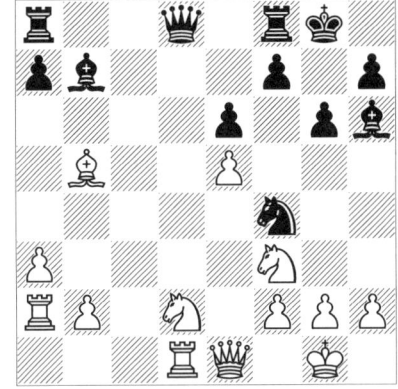

19...♘xg2 20 ♔xg2

Da Schwarz bereits einen Bauern geopfert hat, reicht der bloße Rückgewinn der Figur noch nicht zum Partiegewinn aus.

Der Springer f3 wird durch seinen Artgenossen auf d2 gedeckt, der aber durch den Läufer h6 beseitigt werden kann. Daher könnte der Nachziehende nun die Figur mit 20...♕g5+ zurückgewinnen:

a) 21 ♔h1 exponiert den König, was nach 21...♕g4 22 ♗e2 ♗xd2 23 ♖xd2 ♗xf3+ 24 ♗xf3 ♕xf3+ 25 ♔g1 ♖ac8 mit der Drohung ...♖c4 nebst Schwenk nach g4 offenbar wird.

b) 21 ♔f1 ist sicherer und führt nach 21...♕g4 22 ♕e2 ♖fd8 23 b4 ♕h3+ 24 ♔e1 ♕g2 25 ♖c2 (nicht 25 ♘h4 ♕xh2 und Schwarz hat gefährlichen Angriff) 25...♕h1+ 26 ♕f1 ♗xf3 27 ♕xh1 ♗xh1 zu einer Stellung, die Weiß vielleicht halten kann.

Schwarz kann jedoch die exponierte Lage des Läufers b5 und des Turms a2 ausnutzen, um seine Dame unter Zeitgewinn auf ihre besten Felder zu bringen.

20...♕d5! 21 ♗c4 ♕d4!

Es droht 22...♗xd2 23 ♕xd2 ♕xc4, und 22 ♗e2 kann mit 22...♗xd2 23 ♖xd2 ♕g4+ 24 ♔f1 ♗xf3 25 ♗xf3 ♕xf3 mit Rückgewinn der Figur ohne Damentausch beantwortet werden. Mit ernsten Schwächen am Königsflügel stünde Weiß vor einer schwierigen Verteidigungsaufgabe.

22 ♕e2 ♗xd2 23 h3

Weiß kann nicht zurückschlagen, da 23 ♖xd2 ♕g4+ 24 ♔f1 ♗xf3 25 ♕d3 ♖ad8! 26 ♕xd8 ♕xc4+ 27 ♕d3 ♕c1+! tödlich für ihn ist.

23...♕f4 24 ♗a6

24 ♖xd2 verliert wegen 24...♗xf3+ 25 ♕xf3 ♕xd2 die Qualität.

24...♗d5

Schwarz kann mit 24...♗xf3+ 25 ♕xf3 ♕xe5! einen Bauern gewinnen, da 26 ♖xd2 wegen der Gabel 26...♕g5+ verliert. Aber auch nach dem Textzug ist der e-Bauer nicht zu halten, so dass Schwarz letztendlich den Sieg davontrug.

Die Gegenwart eines Läufers auf der langen Diagonale und eines Springers auf f5 ist eine klare Warnung, dass bald auf g7 unangenehme Dinge passieren werden. Deshalb treffen die meisten kompetenten Verteidiger Maßnahmen gegen das Springeropfer auf g7. Ein gerissener Angreifer wartet vielleicht, bis das Opfer zugelassen worden ist, bevor er seinen Läufer auf die lange Diagonale stellt. Hier ist ein Beispiel von Aljechin, einem der gerissensten Spieler überhaupt.

Aljechin – Rabar
München 1942

1 d4 ♘f6 2 c4 e6 3 g3 d5 4 ♗g2 dxc4 5 ♕a4+ ♗d7 6 ♕xc4 ♗c6 7 ♘f3 ♗d5 8 ♕d3 c5 9 ♘c3 ♗c6 10 0-0 ♘bd7 11 ♖d1 cxd4 12 ♘xd4 ♗xg2 13 ♔xg2 ♗e7 14 ♕f3 ♕b6 15 ♗e3 0-0 16 ♘f5 ♗c5 17 ♘a4 ♕a5 18 ♘xc5 ♘xc5 (D)

Hier besteht das Geheimnis darin, dass die weiße Dame schon auf f6 zielt. Es scheint, als ob der Springer c5 das Feld f6 von d7 oder e4 aus decken kann, aber dies ist ein Trugschluss: Wie wir sehen werden, kann er aus dem Wege geräumt werden.

19 ♘xg7 ♔xg7 20 ♗d4! ♘e4

20...♘d7 trifft auf die Erwiderung 21 ♗c3! (öffnet die d-Linie für den Turm), und nun

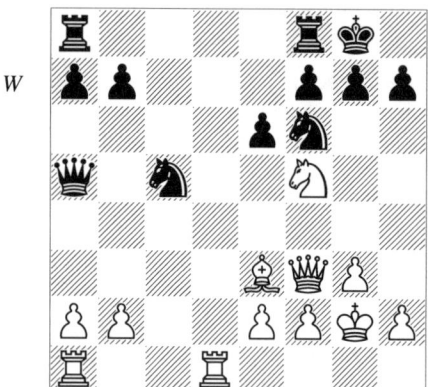
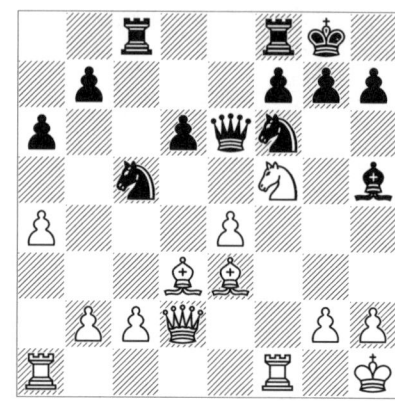

verliert 21...♕c7 wegen 22 ♖xd7! ♕xd7 23 ♕xf6+ mit Matt, während jeder Damenzug, der den Springer d7 nicht deckt, einfach zu dessen Verlust führt, da der Springer f6 gefesselt ist.

Unglücklicherweise gilt dies auch für den Springer e4, den sich Aljechin daher einfach schnappen kann.

21 ♕xe4 ♕f5 22 ♕xf5 exf5

Schwarz hat einen Bauern weniger und eine zerrüttete Bauernstellung am Königsflügel. Das Ende ist nicht mehr fern.

23 ♖ac1 ♖fe8 24 ♖c7 ♖xe2 25 ♖xb7 ♔g6 26 ♗xf6 ♔xf6 27 ♖d6+! 1-0

Dieser Turm wird nach a6 gehen und einen zweiten Bauern gewinnen.

Wenn es schließlich dem Angreifer gelingt, mit Dame oder Läufer auf f6 zu schlagen, steckt der König des Verteidigers meistens in Schwierigkeiten. Hierfür kann man vielleicht sogar noch eine Qualität ins Geschäft stecken.

Swidler – Nedobora
Linares Open 1994

1 e4 c5 2 ♘f3 d6 3 d4 cxd4 4 ♘xd4 ♘f6 5 ♘c3 a6 6 f4 e5 7 ♘f3 ♘bd7 8 a4 ♗e7 9 ♗d3 0-0 10 0-0 exf4 11 ♔h1 ♘c5 12 ♗xf4 ♗g4 13 ♗e3 ♖c8 14 ♕d2 ♗h5 15 ♘d4 ♗g4 16 ♘d5 ♘f6 17 ♘xe7+ ♕xe7 18 ♘f5 ♕e6 (D)

Da die f-Linie offen ist, kann Weiß auf g7 opfern, den Läufer auf die lange Diagonale stellen und den Druck gegen den Springer f6 erhöhen.

Der Springer auf c5 hat einen Zug zuviel gemacht. Stünde er noch auf d7, so würde er nicht nur den Springer f6 decken, sondern wäre auch zur Blockierung der langen Diagonale auf e5 bereit.

19 ♘xg7 ♔xg7 20 ♗d4 ♘d7 21 ♖xf6!

Weiß gibt dem Springer keine Zeit, sich auf e5 dazwischenzuwerfen. Mit seinem Qualitätsopfer stellt er sicher, dass der Läufer in der Lage sein wird, auf f6 zu nehmen.

21...♘xf6 22 ♖f1 ♖c5!? (D)

Der Nachziehende will nicht zulassen, dass Weiß seinen Läufer auf f6 stellt. Er kann mit 22...♗g6 23 ♖xf6 ♕xf6 24 ♗xf6+ ♔xf6 die Dame geben, aber mit 25 ♕b4 ♖fd8 26 ♕xb7 ♖b8 27 ♕a7! gewinnt Weiß einen Bauern, da sich 27...♖xb2? wegen 28 ♕d4+ verbietet. Das Endspiel nach 27 ♕a7 ist für Weiß klar gewonnen.

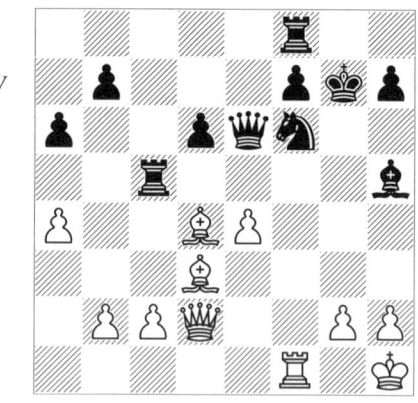

Auch nach dem Partiezug muss Schwarz die Dame geben, aber er stellt eine kleine Falle.

23 ♖xf6 ♕xf6 24 ♗xf6+ ♔xf6 25 ♗xa6! ♔e7

Aber nicht 25...bxa6 26 ♕xd6+ mit Turmgewinn. Jetzt hofft Schwarz auf 26 ♗xb7 ♖b8 27 b4?? ♖xb7!, wonach 28 bxc5?? ♖b1+ Matt im nächsten Zug ist.

Wie es so oft der Fall ist, kann Weiß dieses Problem lösen, indem er einfach die Züge umstellt.

26 b4! ♖e5

Die Zulassung verbundener weißer Freibauern auf dem Damenflügel führt zu einem schnellen Ende, aber 26...♖c7 27 ♗d3 ist auch für Weiß bequem gewonnen.

27 ♗xb7 ♗g6 28 a5 f5 29 exf5 ♖fxf5 30 h3 1-0

Der a-Bauer läuft durch.

Bei vielen Springeropfern auf g7 bildet eine Fesselung auf der langen Diagonale den Grundstein für einen Angriff am Königsflügel. Im nächsten Beispiel wird der Bauer h7 zum Angriffsziel, da er wegen der Fesselung kaum verteidigt werden kann.

Akopjan – Illescas
Ubeda 1997

1 e4 c5 2 ♘f3 e6 3 b3 d6 4 ♗b2 ♘f6 5 ♗b5+ ♗d7 6 ♗xd7+ ♘bxd7 7 ♕e2 ♗e7 8 0-0 0-0 9 c4 ♕c7 10 d4 cxd4 11 ♘xd4 a6 12 ♘c3 ♖fe8 13 ♖ad1 ♕c5 14 ♖d3 ♘e5 15 ♘a4 ♕a5 16 ♖h3 ♘g6 17 f4 e5 18 ♘f5 ♘xf4 19 ♖xf4 exf4 20 ♗c3 ♕d8 *(D)*

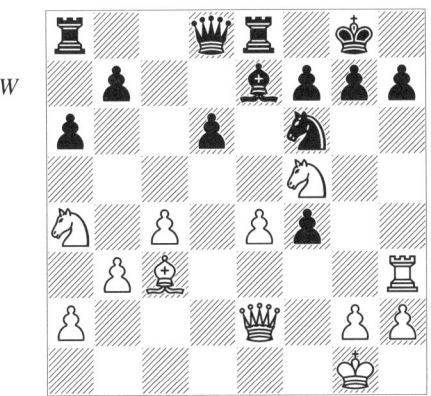

Weiß hat das Opfer gründlich vorbereitet. Er hat seinen Turm auf die h-Linie überführt, durch ein Qualitätsopfer die lange Diagonale geöffnet und mit seinem letzten Zug die schwarze Dame von der fünften Reihe vertrieben, so dass die weiße Dame nun dorthin gehen kann.

21 ♘xg7 ♔xg7

Da Schwarz die Qualität mehr hat, könnte er die Ablehnung des Opfers erwägen, aber nach 21...♖f8 22 ♘h5 ist der Bauer h7 ein Kind des Todes.

22 ♕g4+ ♔h8

22...♔f8 verliert hübsch nach 23 ♖xh7! mit Matt in ein paar Zügen.

23 ♕f5

Dank der Fesselung auf der langen Diagonale kann Weiß seinen Angriff auf das nicht zu verteidigende Feld h7 konzentrieren. Hier wird die Dame durch den Turm h3 im Angriff unterstützt. Bei ähnlichen Angriffen kann dessen Rolle auch von einem Läufer auf der Diagonale b1-h7 oder einem nach g5 gehenden Springer übernommen werden.

23...♔g8 *(D)*

Der König muss aus der Fesselung gehen, da 23...♔g7 auf die Antwort 24 ♕xh7+ ♔f8 25 ♕h8+ ♘g8 26 ♗g7# trifft.

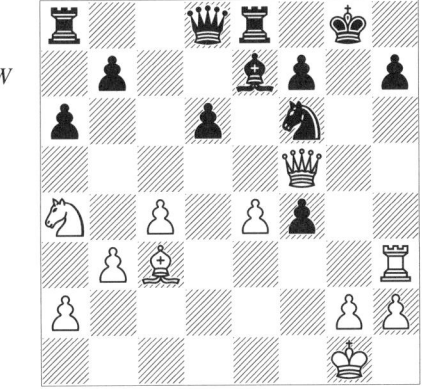

24 ♖h6

Angezeigt war die Umschaltung des Angriffs auf die g-Linie mit 24 ♕xf4!, um dem Turm Zutritt nach g3 zu verschaffen, wonach es keine gute Verteidigung gegen die Drohung 25 ♕g5+ ♔h8 26 ♕h6 ♔g8 27 ♖g3+ und Matt im nächsten Zug gibt.

Stattdessen konzentriert Weiß sein Feuer auf den Springer f6. Am Ende trägt er den Sieg davon, aber erst nach einigen spektakulären Abenteuern.

24...♔f8 25 ♕g5 d5 26 ♖xh7 ♗c5+ 27 ♘xc5 ♘xh7 28 ♕h6+ ♔e7 29 ♕h4+! ♔f8 30 ♕h6+ ♔e7 31 ♕h4+ ♔f8 32 ♕xh7 ♖e6 33 ♘xe6+ fxe6 34 ♕g7+ ♔e8 35 ♗f6 ♕d6 36 ♕g8+ ♔d7 37 ♕xa8 ♕b6+ 38 ♔f1 dxe4 39 ♕f8 1-0

Es ist Zeit, sich ein wahrlich kompliziertes Beispiel anzuschauen, in dem Kasparow ein Springeropfer auf g7 zum Funktionieren bringt, indem er ganz tief in die Trickkiste greift.

Kasparow – Nikolić
Olympiade, Manila 1992

1 d4 d5 2 c4 c6 3 ♘c3 e5 4 dxe5 d4 5 ♘e4 ♕a5+ 6 ♗d2 ♕xe5 7 ♘g3 ♕d6 8 ♘f3 ♘f6 9 ♕c2 ♗e7 10 0-0-0 0-0 11 e3 dxe3 12 fxe3 ♕c7 13 ♗c3 ♗g4 14 ♗d3 ♘bd7 15 ♗f5 ♗xf5 16 ♘xf5 ♖fe8 *(D)*

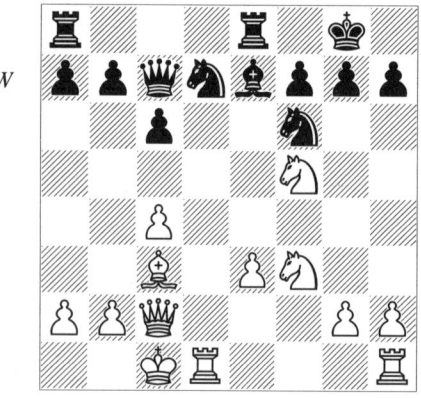

Mit seinem 12. Zug hat Kasparow überraschenderweise einen potentiell schwachen isolierten e-Bauern auf sich genommen, dafür aber die f-Linie geöffnet. Dadurch ist es ihm gelungen, eine für das Springeropfer auf g7 günstige Stellung aufzubauen.

Weiß kann über die halboffene f-Linie den Druck gegen den Springer f6 verstärken und mit der Dame und dem anderen Springer auf den durch das Springeropfer geschwächten Feldern Unheil anrichten. Der Springer f6 ist scheinbar gut verteidigt, aber der Springer d7 kann durch ein gut getimtes Qualitätsopfer mit ♖xd7 beseitigt werden, während der Läufer e7 eines der Fluchtfelder des Königs verstellt.

17 ♘xg7 ♔xg7 18 ♕f5! ♘f8!? *(D)*

Da 18...♔f8 wegen 19 ♘g5 h6 20 ♖xd7! ♕xd7 21 ♘h7+! verliert, pariert Schwarz vernünftigerweise die Drohung ♖xd7 und bringt gleichzeitig den Springer nach g6, um die g-Linie zu verstopfen.

Die Hauptalternative scheint in 18...♖ad8 zu bestehen, wonach sowohl 19 ♖df1 (Kasparow im *Informator*) als auch 19 ♕g5+ (Chandler in *Mega Database 2001*) zu weißem Vorteil führen. Nach 19 ♖df1 ergeben sich folgende Verzweigungen:

a) Kasparow gibt nur 19...♘f8 20 ♕g5+ ♘g6 21 ♘h4, wonach Weiß auf Gewinn steht.

Zwei Alternativzüge für Schwarz geben eine gute Illustration der Möglichkeiten beider Seiten:

b) 19...h6 verliert aufgrund von 20 ♘g5! ♔g8 (20...hxg5 21 ♕xg5+ ♔f8 22 ♕h6+ ♔g8 23 ♖f5 mit der tödlichen Drohung 24 ♖g5# gewinnt für Weiß) 21 ♖f3 mit der Drohung 22 ♘e6! fxe6 23 ♕g6+ und tödlicher Entblößung des Königs.

c) 19...♕b6 scheint den Weißen zu 20 ♕g5+ ♔h8 (nicht 20...♔f8 21 ♘d4 ♗c5 22 ♕h6+ ♔g8 23 ♖f3 ♗f8 24 ♕g5+ ♔h8 25 ♘f5 c5 26 ♘d6! ♕xd6 27 ♖xf6 mit Damengewinn) 21 ♘e5 ♘xe5 22 ♗xe5 ♖g8 23 ♗xf6+ ♗xf6 24 ♕xf6+ ♖g7 25 ♖f3 ♕a5 zu zwingen, wonach Schwarz für seinen Bauern etwas Gegenspiel hat.

Hiermit werden die beiderseitigen Möglichkeiten aber nur oberflächlich angeschnitten, und Chandlers Vorschlag ist vielleicht sogar noch besser für Weiß.

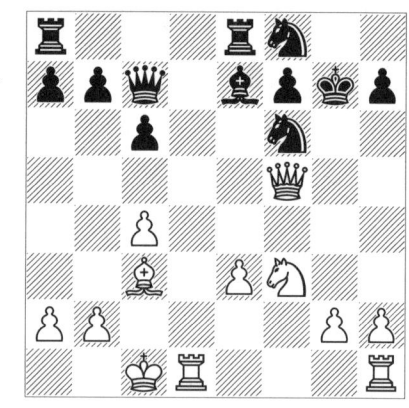

19 h4!

Weiß kann seine Figur mit 19 ♖hf1 zurückgewinnen, aber wegen des schwachen e-Bauern stünde Weiß noch vor einer recht schwierigen technischen Aufgabe.

Kasparow hält lieber die Spannung aufrecht, indem er seinen h-Bauern in den Angriff einbezieht. Es droht 20 ♕g5+ ♘g6 21 h5 mit Gewinn eines Springers durch Fesselung auf der Linie, während der andere auf der Diagonale gefesselt bleibt. Der Bauer droht auch, bis nach h6 vorzustoßen und ein Mattnetz aufzubauen.

19...h6

Wie üblich bei Kasparow gibt es einige schöne tiefe Abspiele wie das folgende, von Kasparow selbst angegebene: 19...♖ad8 20 ♖df1 ♔g8 21 ♕g5+ ♘g6 22 h5!! ♘e4 23 hxg6! ♘xg5 (oder 23...fxg6 24 ♕xg6+! hxg6 25 ♖h8+ ♔f7 26 ♘g5#) 24 ♘xg5 f6 (oder 24...fxg6 25 ♖xh7 mit Mattdrohung auf h8) 25 gxh7+ ♔h8 26 ♖xf6! ♗xf6 27 ♗xf6+ ♕g7 28 ♘f7#.

Schwarz verhindert das Damenschach auf g5...

20 g4

...aber ein Schachgebot auf der g-Linie war gemäß Kasparow immer noch der schnellste Weg zum Sieg. Er gibt 20 ♕g4+! *(D)*, und nun:

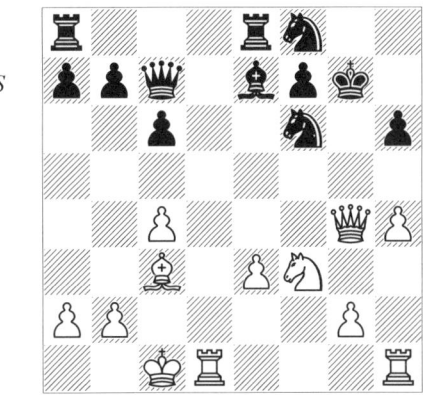

a) 20...♔h8 21 ♘g5!, wonach 21...♗d8 wegen 22 ♖xd8 verliert (Kasparow) und das raffinierte 21...♕a5 auf die hübsche Widerlegung 22 ♘xf7+ ♔h7 23 ♕f4 ♕h5 24 ♘g5+! ♔g8 25 ♗xf6 trifft (meine Analyse).

b) 20...♘g6 21 h5 ♕b6 22 hxg6 ♕xe3+ 23 ♔b1, und nun kommt auf 23...♕xc3 die Erwiderung 24 ♕f4!, wonach die Mattdrohung die schwarze Dame gewinnt, während 23...fxg6 24 ♕h4 dem Anziehenden gewinnbringenden Angriff gibt.

Mit dem Partiezug schaltet sich der g-Bauer ins Geschehen ein. Er wird durch sein Vorrücken nach g5 den Springer f6 gewinnen.

20...♕c8! *(D)*

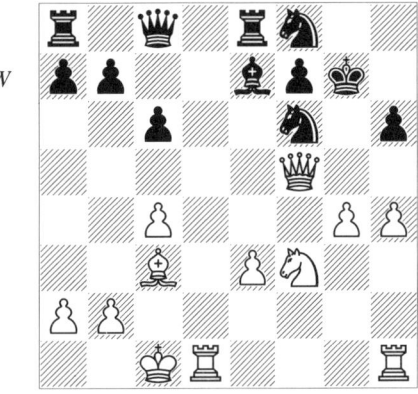

21 ♕xc8

Kasparow konnte dem Damentausch mit 21 ♕c2!? ausweichen, was ihm gemäß Analyse siegverheißenden Angriff geben sollte. Ausnahmsweise bevorzugt Kasparow aber einmal einen sicheren, kleinen, aber klaren Vorteil, den er in der Folge brillant ausspielt.

21...♖axc8 22 g5 ♘8h7 23 e4 ♖cd8 24 ♖df1 ♔f8 25 gxf6 ♗xf6 26 e5 ♗g7 27 ♖hg1 c5 *(D)*

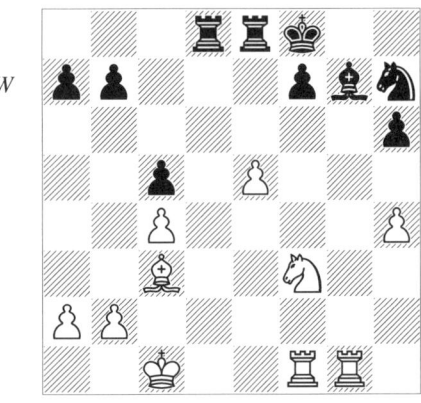

28 ♔c2 ♖e6 29 ♖g4 ♗h8 30 b4 b6 31 bxc5 bxc5 32 ♖b1 ♖a6 33 ♖b2 ♗g7 34 ♖b7! ♖xa2+ 35 ♔b3 ♖a6 36 e6! ♖xe6 37 ♖xg7 1-0

Diese Partie gewann den Preis für die schönste Partie der gesamten Olympiade.

Entblößung des Königs

Das Springeropfer auf g7 wird auch gespielt, um einfach nur den König des Verteidigers zu entblößen, ohne sich dabei auf irgendwelche Fesselungstricks zu verlassen. Derartige Partien haben kein festes Thema, aber die Figuren des Verteidigers stehen oft weit entfernt, und der Angreifer konzentriert sich auf die durch das Opfer geschwächten Felder f6 und h6, wie in den nächsten beiden Beispielen.

Tsesarsky – Weissbuch
Kfar Saba 1997

1 ♘f3 ♘f6 2 c4 g6 3 ♘c3 ♗g7 4 e4 d6 5 d4 0-0 6 ♗e2 e5 7 0-0 ♘c6 8 d5 ♘e7 9 b4 a5 10 bxa5 ♖xa5 11 a4 ♘d7 12 ♘d2 b6 13 ♘b3 ♖a8 14 ♗a3 ♗h6 15 a5 ♘c5 16 axb6 cxb6 17 ♗xc5 ♖xa1 18 ♕xa1 bxc5 19 ♕a7 f5 20 ♗d3 fxe4 21 ♘xe4 ♘f5 22 ♘a5 ♘e3 23 ♖e1 *(D)*

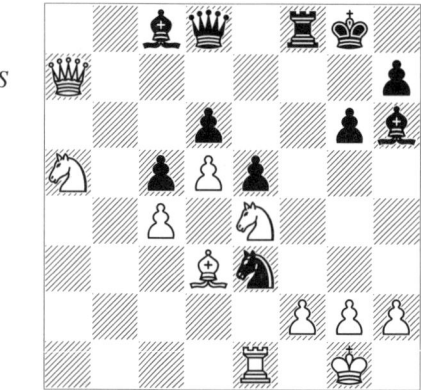

Die weiße Dame und ein weißer Springer haben sich weit vorgewagt, und der Nachziehende muss handeln, bevor sie Schaden anrichten können. 23...♕h4 ist stark, aber Schwarz schlägt lieber im Herzen der weißen Königsstellung zu.

23...♘xg2 24 ♔xg2 ♕h4

Die Dame wird einfach in die Gefahrenzone gestellt. Weiß hat plötzlich eine ganze Reihe anfälliger Punkte, unter anderem den h- und f-Bauern und die Felder davor.

25 ♘c6

Hier hat Weiß einige Alternativen:

a) 25 ♔g1 verliert wegen 25...♕g4+ 26 ♘g3 ♕f3 mit Angriff auf f2 und den Läufer d3.

b) Nach 25 ♘g3 hat der Nachziehende eine große Auswahl an Gewinnmethoden einschließlich 25...♗h3+ 26 ♔g1 ♕f4 27 ♘e4 ♕g4+ mit schnellem Matt wie in der Partie.

c) 25 ♔h1 kann ebenfalls auf alle möglichen Arten beantwortet werden, unter anderem mit 25...♗f5 mit der Drohung 26...♗xe4+ 27 ♖xe4 ♕xf2 mit entscheidendem Angriff.

d) Nach 25 ♗f1 lautet das tödlichste Finish 25...♗d2 26 ♖e2 ♗f4 27 ♘g3 ♗g4 28 f3 (oder 28 ♖a2 ♗xg3 29 hxg3 ♗f3+ 30 ♔g1 ♕h1#) 28...♗xf3+! 29 ♗xf3 ♗xg3+ 30 ♔g2 ♕xh2#.

25...♗h3+ 26 ♔g1 *(D)*

26 ♔h1 verliert wegen 26...♕g4 27 ♗f1 ♗xf1, wiederum mit Ablenkung der Verteidiger des Springers.

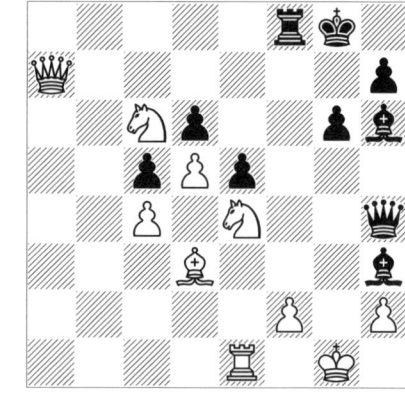

26...♕g4+ 27 ♘g3 ♕f3 0-1

Die schwarzen Figuren sind auf f3 und h3 eingedrungen und erzwingen ein hübsches Matt nach 28 ♗f1 ♕xf2+ 29 ♔h1 ♕f3+ 30 ♔g1 ♗e3+! 31 ♖xe3 ♕xf1+ 32 ♘xf1 ♖xf1#.

Timman – Hübner
Tilburg 1988

1 e4 e6 2 d4 d5 3 ♘c3 ♗b4 4 e5 c5 5 a3 ♗xc3+ 6 bxc3 ♘e7 7 ♘f3 ♕a5 8 ♗d2 ♘bc6 9 ♗e2 cxd4 10 cxd4 ♕a4 11 ♖b1 ♘xd4 12 ♗d3 ♘ec6 13 ♗b4 ♘f5 14 ♕c1 b6 15 c4 ♘xb4 16 ♖xb4 ♕c6 17 0-0 0-0 18 ♕f4 ♗b7 19 ♗xf5 exf5 20 ♘d4 ♕c5 21 ♘xf5 ♗c8 *(D)*

Durch das Opfer wird die weiße Dame unter Zeitgewinn nach f6 gehen können. Weiß muss

sicher sein, dass er einen Turm in den Angriff einschalten kann, bevor Schwarz entweder eine Verteidigung organisieren oder mit seinem König weglaufen kann.

22 ♘xg7 ♚xg7 23 ♕g5+ ♚h8 24 ♕f6+ ♚g8 25 ♕g5+ ♚h8 26 ♕f6+ ♚g8 27 ♖b3 ♖e8 28 ♖g3+ ♚f8 29 ♖g7 (D)

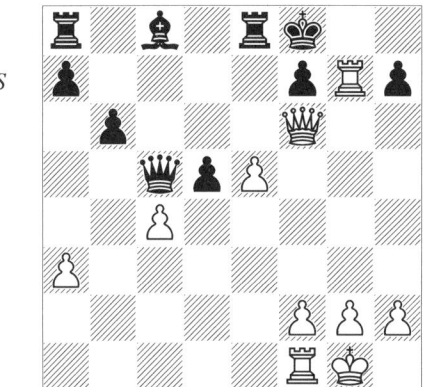

Wie im vorhergehenden Beispiel nimmt Weiß die Bauern f7 und h7 aufs Korn. Jetzt kann Schwarz nicht mit 29...♕e7 den f-Bauern decken, da die Antwort 30 ♕h6 Matt durch einen Turmzug droht, was Schwarz nur durch Hergabe der Dame verhindern kann. 29...♕c7 taugt auch nichts, da nach 30 ♖xh7 gegen das Matt auf h8 nichts zu erfinden ist.

29...♖e7 30 e6

Dieser Zug von der Art, die oft eine schnelle Partieaufgabe erzwingt, hat hier tatsächlich Erfolg. Puristen sähen wohl lieber 30 ♖xh7 ♚e8 31 ♖d1!, was durch 32 ♖xd5 dem König den Fluchtweg abzuschneiden (oder die Dame zu gewinnen) droht. Die Erwiderung 31...d4 verliert hübsch wegen 32 ♖xd4! ♕xd4 33 ♕c6+ ♚f8 34 ♖h8+ ♚g7 35 ♕h6# mit Matt auf einem der durch das ursprüngliche Springeropfer geschwächten Felder.

30...♗xe6 31 ♖xh7 1-0

Weiß gewinnt den Turm a8.

Der Folgezug ♗h6+

Die Königsstellung kann sich als härtere Nuss erweisen als in den obigen beiden Beispielen. Die Lösung liegt dann oft in einem weiteren Opfer eines Läufers auf h6. Es folgt ein einfaches Beispiel.

Hosticka – Simandl
Tschechische Liga 1996/97

1 e4 e5 2 ♗c4 ♘f6 3 d3 ♘c6 4 ♘f3 ♗e7 5 ♘bd2 d6 6 a3 0-0 7 0-0 ♗g4 8 h3 ♗h5 9 ♖e1 ♕d7 10 c3 a6 11 ♘f1 ♗g6 12 ♘e3 ♘d8 13 ♘h4 ♘e6 14 ♘hf5 ♗d8 15 ♕f3 c6 16 g4 ♘f4 17 d4 ♘e6 18 dxe5 dxe5 19 ♘g2 ♗b6 20 ♘gh4 ♖ad8 21 ♚h2 ♗a7 (D)

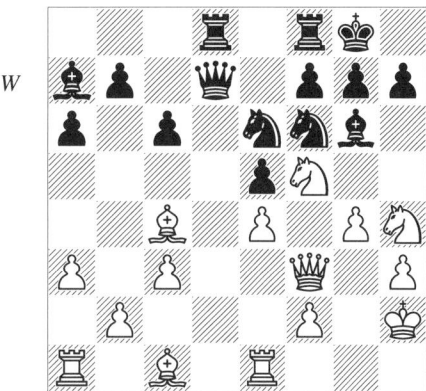

Jetzt opfert Weiß, um mit seiner Dame auf f6 einzudringen.

22 ♘xg7 ♚xg7 23 ♗h6+! ♚xh6 24 ♕xf6 (D)

Der König sitzt auf h6 fest, und es gibt keinen Weg zurück. Die einzige Verteidigung gegen die Drohung 25 ♘f5# ist 24...♘g7, aber dann spinnt Weiß mit 25 ♖g1 und 26 ♗e2 ein Mattnetz, wonach es keine gute Parade gegen 27 g5# gibt.

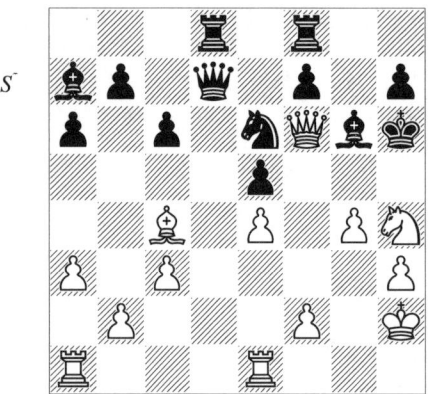

Schwarz gab mit **24...♘g5 25 ♘f5+ ♕xf5 26 exf5** die Dame, aber später griff Weiß fehl und musste sich mit Remis zufrieden geben.

In diesem Beispiel handelte es sich bei dem Zug ♗h6+ nicht um ein Opfer, da Weiß ja sofort den Springer f6 zurückbekam. Im nächsten Beispiel ist ♗h6+ ein echtes zweites Figurenopfer, und der Opfernde kann den König mit einem Hagel von Schachgeboten in die Arme der wartenden Truppen treiben.

Alcazar – Meszaros
*Weltmeisterschaft U-14,
Oropesa del Mar 1998*

1 e4 c5 2 ♘f3 e6 3 d4 cxd4 4 ♘xd4 a6 5 ♘c3 ♕c7 6 ♗e3 ♘f6 7 ♗e2 ♗b4 8 0-0 ♗xc3 9 bxc3 ♘xe4 10 ♗d3 ♘f6 11 ♖e1 ♘c6 12 ♘f5 0-0 (D)

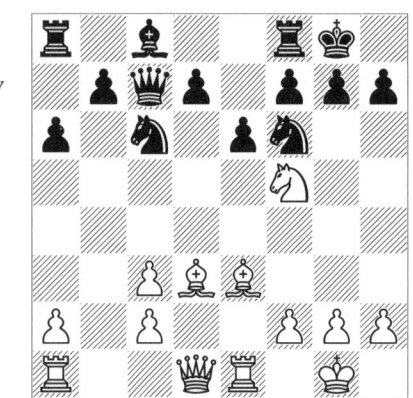

In dieser Stellung garantiert die Kontrolle des weißen Läufers d3 über die Felder g6 und h7 im Verein mit der unerwarteten Verwundbarkeit des schwarzen Turms auf f8 den Erfolg des Opfers.

13 ♘xg7 ♔xg7 14 ♗h6+! ♔xh6

Die Ablehnung des zweiten Opfers scheitert ebenfalls, da 14...♔g8 (14...♔h8 lässt den Turm ungedeckt, und 14...♔g6 ist dank des weißen Läufers auf d3 illegal) auf die Erwiderung 15 ♕f3 (15 ♕c1 ♕a5 16 ♕f4 funktioniert auch) mit der Drohung 16 ♕xf6 nebst Matt trifft, und nun verliert 15...♕d8 wegen 16 ♕g3+, während 15...♘e8 mit 16 ♕g4+ ♔h8 17 ♗xf8 beantwortet wird.

15 ♕d2+ ♔h5 (D)

Ein Rückzug ist nicht möglich, da der Anziehende nach 15...♔g7 16 ♕g5+ ♔h8 17 ♕xf6+ ♔g8 18 ♕g5+ ♔h8 19 ♕h6 auf h7 und f8 Matt droht.

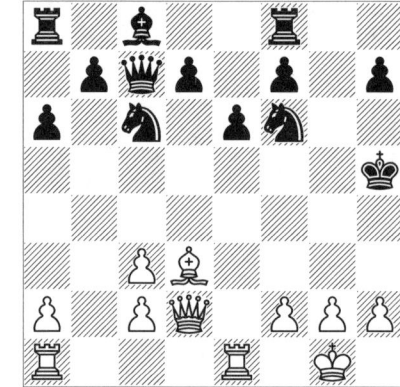

Nach dem Partiezug kann der weiße Turm beim Angriff mitmischen.

16 ♖e3 ♕f4 17 ♖h3+ ♔g5

Nach 17...♕h4 geht es weiter mit 18 ♖xh4+ ♔xh4 19 ♕h6+ ♘h5 20 ♗e2 und Matt im nächsten Zug.

18 ♖g3+ ♘g4 19 h4+ 1-0

Der König muss die Dame ihrem Schicksal überlassen.

Die Korrektheit eines Springeropfers auf g7 ist manchmal schwer nachzuweisen, wenn der Verteidiger seinen h-Bauern schon nach h6 gezogen hat, da dies dem König ein zusätzliches Fluchtfeld (h7) verschafft und die Idee ♕g5+ ausschaltet. Im nächsten Beispiel löst die Opfernde dieses Problem durch das Opfer ihres

Läufers für den Bauern h6 mit völliger Entblößung des Königs.

Gaprindaschwili – Nikolac
Wijk aan Zee 1979

1 e4 c6 2 d4 d5 3 ♘d2 dxe4 4 ♘xe4 ♗f5 5 ♘g3 ♗g6 6 h4 h6 7 h5 ♗h7 8 ♘f3 ♘d7 9 ♗d3 ♗xd3 10 ♕xd3 e6 11 ♗f4 ♕a5+ 12 c3 ♘gf6 13 a4 c5 14 0-0 ♖c8 15 ♖fe1 c4 16 ♕c2 ♗e7 17 ♘e5 0-0 18 ♘f5 ♖fe8 *(D)*

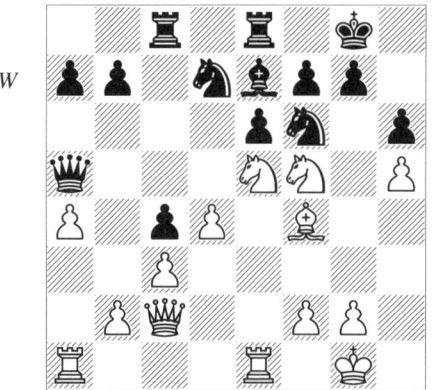

Hier hat Weiß durch den Bauern h5 und den Springer e5 zusätzliche Möglichkeiten.
19 ♘xg7 ♔xg7 20 ♗xh6+!
Jetzt ergibt sich eine Königsjagd, da der König vorwärts in den Tod getrieben wird.
20...♔xh6
Schwarz kann mit 20...♔g8 die Königsjagd vermeiden, aber nach 21 ♖e3 ♘xe5 22 dxe5 ♘xh5 23 ♕e2 ♘g7 24 ♗xg7 ♔xg7 25 ♕h5 muss er die Figur mit 25...♗h4 zurückgeben, um dem Matt zu entkommen.
21 ♘xf7+ ♔xh5 22 g4+! ♔h4
Auf 22...♔xg4 folgt 23 ♕g6+ ♔h4 24 ♔g2 nebst Matt. Nach dem Partiezug verpasst Weiß 23 ♔g2 mit schnellem Matt, aber die Partie dauert auch so nicht mehr lange.
23 f3 ♘xg4 24 ♖e4! 1-0

Es sei übrigens noch kurz darauf hingewiesen, dass das Springeropfer auf g7 ein Spiegelbild am Damenflügel hat. Die meisten Springeropfer werden nicht auf b7, sondern auf b2 gebracht, und zwar von Schwarz in offenen Sizilianern nach der langen Rochade von Weiß. In diesem Fall verfügt der Nachziehende über die halboffene c-Linie, die ihm bei der Durchführung seines Angriffs hilft, und in der Drachen-Variante steht auch schon ein Läufer auf der langen Diagonale bereit. Das Springeropfer auf b2 ist in der Regel eine kurze Kombination, die auf das sofortige Schlagen eines weißen Springers auf c3 abzielt.

Die Sizilianische Verteidigung ist eine Hauptquelle für Springeropfer auf b2, aber es gibt keine Eröffnung, die auf natürliche Art zum Springeropfer auf g7 führt. Es gibt jedoch eine Eröffnung, in der ein Springeropfer auf g7 im Brennpunkt einer langen theoretischen Debatte und dutzender hochklassiger Partien stand.

Brodski – Glek
Wijk aan Zee 1999

1 e4 e6 2 d4 d5 3 ♘d2 c5 4 exd5 ♕xd5 5 ♘gf3 cxd4 6 ♗c4 ♕d6 7 0-0 ♘f6 8 ♘b3 ♘c6 9 ♘bxd4 ♘xd4 10 ♘xd4 a6 11 ♖e1 ♕c7 12 ♗b3 ♗d6 13 ♘f5 ♗xh2+ 14 ♔h1 0-0 *(D)*

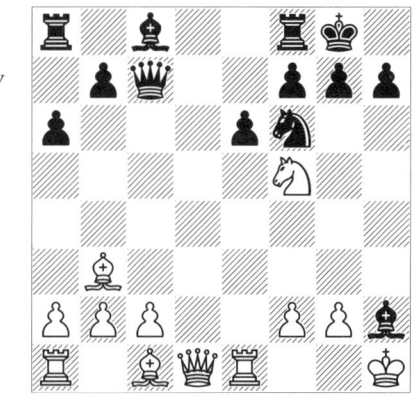

Die Stellung scheint für das Opfer nicht reif zu sein, da es so aussieht, als ob die weißen Figuren auf den falschen Plätzen stehen würden. Es steht kein Läufer auf der langen Diagonale a1-h8, und der weißfeldrige Läufer sollte im Idealfall auf d3 oder c2 stehen. Andererseits ist der Springer f6 nach dem Opfer anfällig, und Schwarz wird mit dem Rückzug seines Läufers von h2 Zeit verlieren müssen.

Das Opfer ist unklar und hat viele abenteuerlich veranlagte Spieler auf beiden Seiten des Bretts angezogen.
15 ♘xg7 ♖d8

Anfangs wurde 15...♔xg7 gespielt, aber nach der Antwort 16 ♕d4!, was die Dame auf die lange Diagonale stellt und den Schwenk nach h4 vorbereitet, folgte eine Reihe weißer Siege. In Wolschin-Weresagin, Wolgograd 1994, ging es weiter mit 16...e5 17 ♕h4 ♘g4 18 f3 ♕d8 19 ♗g5 f6 20 ♗c1 b6 21 fxg4 ♗f4 22 ♗xf4 exf4 23 ♖ad1 ♕c7 24 g5 ♗f5 25 ♕h6+ ♔h8 26 gxf6 f3 27 ♖e7 fxg2+ 28 ♔g1 ♕c5+ 29 ♔h2 g1♕+ 30 ♖xg1 ♕d6+ 31 ♖g3 1-0.

16 ♕f3 (D)

In der Stammpartie dieser Variante, Adams-Drejew, Mannschaftseuropameisterschaft, Debrecen 1992, folgte 16 ♕e2, und nach 16...♔xg7 17 g3 ♗xg3 18 fxg3 b5 19 ♗f4 ♗b7+ 20 ♔h2 ♕c5 21 ♗e5 ♗g6 22 ♗xf6 ♗xf6 23 ♖f1+ ♗g6 24 ♗xe6 ♕h5+ 25 ♕xh5+ ♗xh5 26 ♗xf7+ erhielt Weiß Endspielvorteil. Die Partie endete später remis.

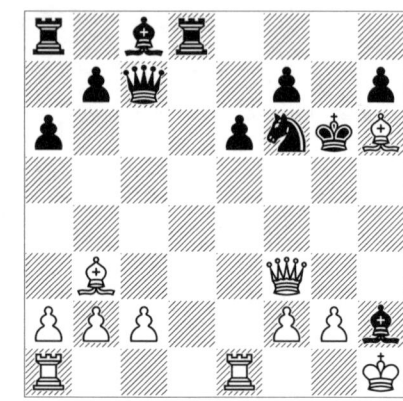

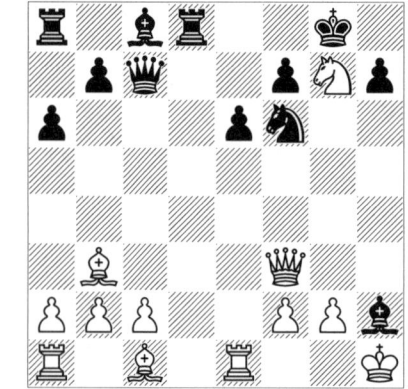

Vier Jahre später spielte Adams in der zweiten Partie zwischen denselben Gegnern den Partiezug, da er eine Verbesserung gegenüber den bekannten Fortsetzungen entdeckt hatte.

16...♔xg7 17 ♗h6+

Das war die Idee hinter dem letzten weißen Zug. Jetzt verliert 17...♔xh6 wegen 18 ♕xf6+ nebst 19 ♖e3, aber was spricht dagegen, den König vorzurücken und dabei den Springer gedeckt zu halten?

17...♔g6 (D)

18 c3!?

Hier wurden zwei Hauptalternativen probiert:
a) 18 ♖ad1? wurde in Zaw Win Lay-Khalifman, Bali 2000, durch 18...♖xd1 19 ♖xd1 e5! 20 ♔xh2 ♘g4+ 21 ♔g1 ♗xh6 0-1 widerlegt.

b) 18 c4 ♘h5! 19 ♗e3 f5 20 g4 ♘f6 21 gxf5+ exf5 22 ♕g2+ ♘g4 23 f3 ♗d7! 24 ♗c2 ♗g3 25 fxg4 ♗c6 26 ♗xf5+ ♔g7 27 ♗e4 ♗xe1 28 ♗h6+ ♔xh6 29 ♕h3+ ♔g5 30 ♕h5+ ♔f4 31 ♕f5+ ♔g3 32 ♕f3+ ♔h4 33 ♕f6+ ♔g3 34 ♕f3+ ♔h4 35 ♕f6+ ♔g3 ½-½ Gufeld-Ravi, Kalkutta 1994.

18...♘h5!

Nach 18...♘d5 bekommt Schwarz große Probleme: 19 ♖ad1 f5 20 ♗c1! ♗d6 21 ♗xd5 exd5 22 ♖xd5 ♗d7 23 ♕h3 ♗f8 24 ♖e3 ♔g7 25 ♖g3+ ♔h8 26 ♕h4 ♗e6 27 ♗f4 ♗e7 28 ♗xc7 1-0 Adams-Drejew, Wijk aan Zee 1996.

Es wurden noch andere Züge für Schwarz versucht, aber der Textzug ist am sichersten. Schwarz spielt auf eine Schwächung des weißen Königsflügels.

19 ♗c1

Ein vernünftiger Rückzug. Es stellte sich heraus, dass Weiß mit seinem Angriff Probleme hatte, wenn er Schwarz den Läufer schlagen ließ. Jetzt droht Weiß 20 ♕g4+ ♔f6 21 ♕g5#, und 19...f5 trifft auf die gute Erwiderung 20 g4! mit Aufreißen der g-Linie.

19...♗f4!

Durch die Blockierung der Läuferdiagonale verschafft Schwarz seinem König ein Fluchtfeld auf h6. Dadurch wird die Drohung 20 ♕g4+ pariert, aber der Springer h5 bietet dem Läufer nur spärlichen Schutz, so dass der weiße Vorstoß g4 stärker als je zuvor aussieht.

20 g4 (D)

20...♘g3+!

Das ist das Geheimnis. Die g-Linie wird blockiert und der gefährliche schwarzfeldrige Läufer des Weißen abgetauscht. Schwarz zwingt

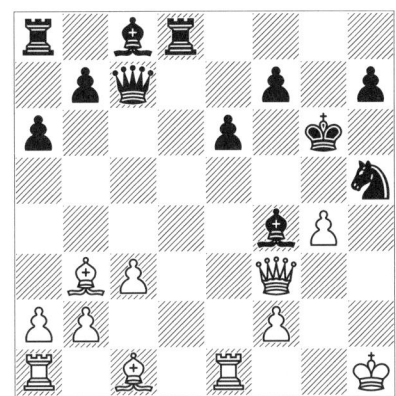

den Anziehenden auch dazu, gut auf die Diagonale h1-a8 Acht zu geben.

21 fxg3 ♗xc1 22 ♖axc1 b6 23 ♗c2+ ♔g7 24 ♗e4 *(D)*

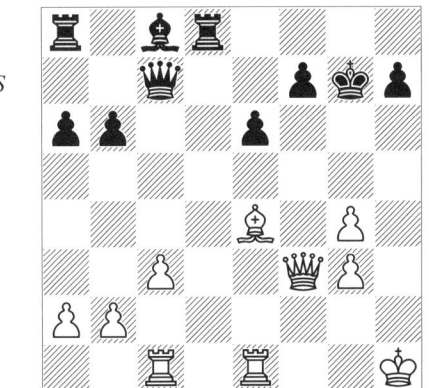

Die lange weißfeldrige Diagonale ist neutralisiert, aber Schwarz kann bald nachweisen, dass Weiß keinen Endspielvorteil erwarten kann.

24...♖a7 25 ♖c2 ♗b7 26 ♖h2 ♗xe4 27 ♕xe4 ♕b7! 28 ♖xh7+ ♔g8 29 ♕xb7 ♖xb7 30 ♖h2 ♖d3

Im Endspiel erweist sich der weiße Mehrbauer als wertlos, und man einigte sich bald auf Remis.

Übungen

Übung 19

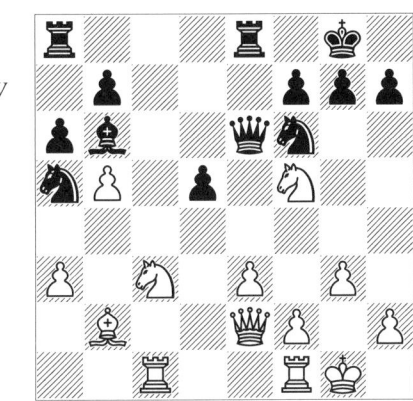

Weiß opfert seinen Springer mit **1 ♘xg7**. Wie setzt er nach **1...♔xg7** fort?

Übung 20

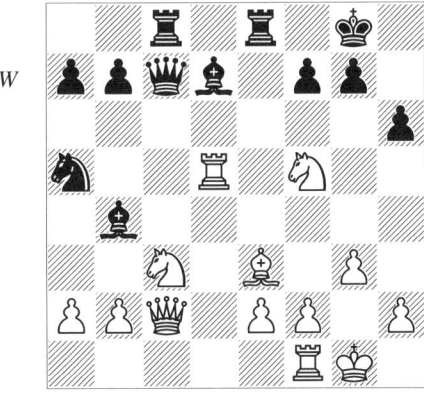

Weiß spielt **18 ♘xg7**, aber wie lautet die beste Fortsetzung nach **18...♔xg7**?

12 Öffnung der h-Linie: Springer- und Läuferopfer auf g5

Wenn der gegnerische König kurz rochiert hat und der eigene nicht, besteht eine Möglichkeit zur Öffnung einer Linie gegen den feindlichen Herrscher darin, einen Springer oder Läufer nach g5 zu stellen, auf die natürliche Antwort ...h6 zu warten und dann h4 zu spielen. Dies ist ein *passives* Opfer – die Figur wartet passiv auf ihre eigene Exekution. Wird das Figurenopfer angenommen, so schlägt man mit dem eigenen h-Bauern zurück, wonach die h-Linie vollkommen geöffnet ist und dem noch auf seinem Ausgangsfeld stehenden Turm h1 zur Verfügung steht.

Die Idee besteht darin, den König an Ort und Stelle matt zu setzen oder ihn in die Arme unserer in der Mitte wartenden Truppen zu treiben. Falls die weiße Dame schnell auf die frisch geöffnete h-Linie (beispielsweise nach h5) gelangen kann, werden die unmittelbaren Mattdrohungen Schwarz dazu zwingen, mit seinem König die Flucht zu ergreifen.

Im Allgemeinen handelt es sich bei der auf g5 geopferten Figur um einen Springer. Es macht aber kaum einen Unterschied, wenn ein Läufer geopfert wird, da normalerweise die Schwerfiguren die Rolle der Hauptangreifer spielen. Das Problem mit der Verwendung eines Läufers besteht darin, dass es schwierig sein kann, den Gegner zur Annahme des Opfers zu verlocken, und ein Läufer kann auf g5 ziemlich dumm dastehen, wenn ihm durch einen Bauern auf h4 eines seiner natürlichen Rückzugsfelder genommen wird.

Das analoge Opfer kann auch mit ♘b5 oder ♗b5 gegen den lang rochierten König gebracht werden. Die Hauptunterschiede betreffen die typischen Bauernstrukturen im Fall der Rochade auf den Damenflügel, und es wird fast ausnahmslos nicht ein Läufer, sondern ein Springer geopfert.

Festsetzen des Königs an Ort und Stelle

Da die geopferte Figur nichts schlägt, hat die verteidigende Seite häufig die Möglichkeit, das Opfer abzulehnen. In unserem ersten Beispiel droht Matt, so dass dem Verteidiger diese Möglichkeit fehlt, und die weißen Schwerfiguren können den König auf g8 einsperren, bis es an der Zeit ist, die Ernte einzufahren. Der Schlussangriff wird mit zwei bescheidenen Läuferzügen eingeleitet, nach denen der Verteidiger hilflos ist.

Campora – An. Rodriguez
„Argentinien – Die Welt",
Buenos Aires 1994

1 e4 e6 2 d4 d5 3 ♘d2 ♘f6 4 e5 ♘fd7 5 f4 c5 6 c3 ♘c6 7 ♘df3 ♕b6 8 g3 cxd4 9 cxd4 ♗b4+ 10 ♔f2 f6 11 ♔g2 0-0 12 h4 a5 13 ♖h2 a4 14 ♔h1 ♕a7 15 ♗d3 f5 16 ♘g5 ♘db8 17 ♕h5 h6 (D)

18 ♕g6

Der Doppelangriff auf den weißen d-Bauern durch Dame und Springer lässt den Anziehenden kalt, da er gesehen hat, dass die offene h-Linie die Entscheidung bringen wird.

18...hxg5 19 hxg5 ♘e7

Die Bauernstruktur im Zentrum nimmt dem schwarzen König und den anderen schwarzen Figuren eine Menge Felder. Nach 19...♕xd4 gruppiert sich Weiß mit 20 ♖h7 ♖f7 21 ♕h5! so um, dass der Turm vor der Dame steht, und jetzt wird 21...♔f8 mit 22 g6! ♖c7 23 ♖h8+ ♔e7 24 ♕h7 ♔d7 25 ♕xg7+ ♔e7 26 ♕f7 beantwortet, wonach es keine gute Verteidigung gegen die Mattdrohung auf e8 gibt.

Schwarz will seinen Springer für den g-Bauern opfern, wenn dieser nach g6 vorrückt.

20 ♕h5 ♘bc6 21 ♗e2!

Weiß beabsichtigt 22 ♕h7+ ♔f7 23 ♗h5+, wonach der Springer den Fluchtweg des Königs blockiert.

21...♕xd4 (D)

W

22 ♗d2!

Weiß kann auch mit 22 ♕h7+ ♔f7 23 ♗h5+ ♘g6 24 ♕xg6+ ♔e7 (nicht 24...♔g8 25 ♕h7+! ♔xh7 26 ♗f7#) 25 ♕xg7+ gewinnen, aber diese Finesse ist noch stärker. Die Hauptidee besteht in der Beseitigung des Läufers, da dieser ein paar der weißen Mattideen verhindert.

22...♗c5

Der Läufer versucht zu entkommen, wird aber von Weiß bald ausgeräuchert.

Beide Schlagmöglichkeiten sind schlecht:

a) 22...♗xd2 23 ♕h7+ ♔f7 24 ♗h5+ ♘g6 25 ♗xg6+ ♔e7 26 ♕xg7+ ♔d8 27 ♖h7!, und es droht 28 ♕xf8# und 28 ♕c7#. Stünde der Läufer noch auf b4, so wäre die erste Drohung direkt verhindert, und die zweite könnte mit ...♗e7 pariert werden.

b) 22...♕xd2 verliert wegen 23 ♕h7+ ♔f7 24 ♗h5+ ♘g6 25 ♕xg6+ ♔e7 26 ♖xd2 die Dame.

23 ♖c1 b6 24 ♕h7+ ♔f7 25 ♗h5+ ♘g6 26 ♕xg6+ ♔e7 27 ♘f3 ♕d3 28 ♖xc5! 1-0

In diesem Beispiel befand sich kein schwarzer Bauer auf f7. In solchen Stellungen kann der Vormarsch des g-Bauern nach g6 schon ganz alleine entscheidend sein. Es folgt ein kurzes Lehrstück von Morosewitsch.

Morosewitsch – Dolmatow
PCA-Qualifikationsturnier, Moskau 1996

1 e4 e6 2 d4 d5 3 ♘c3 ♗b4 4 e5 c5 5 a3 ♗xc3+ 6 bxc3 ♘e7 7 ♕g4 0-0 8 ♗d3 ♘bc6 9 ♕h5 ♘g6 10 ♘f3 ♕c7 11 h4 c4 12 ♘g5 h6 (D)

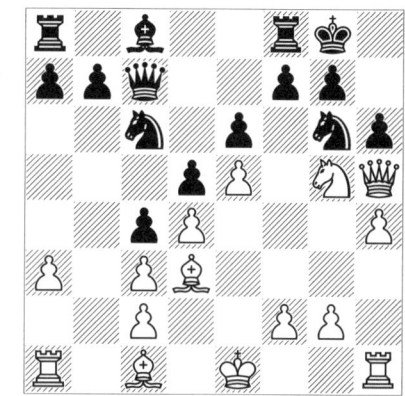

W

Diesmal opfert Weiß seinen Springer für zwei Bauern. Wiederum muss Schwarz das Opfer annehmen.

13 ♗xg6 fxg6 14 ♕xg6 hxg5 15 hxg5

Nun droht 16 ♕h5, 17 g6 und 18 ♕h8#.

15...♘xe5

Schwarz will mit einem Gegenopfer den weißen König exponieren. Wenn er versucht, mit 15...♘e7 16 ♕h5 ♖f5 das Vorrücken des g-Bauern zu verhindern, kann Weiß mit 17 ♕h8+ ♔f7 18 ♖h7 das Angriffsziel wechseln, wonach es keine gute Verteidigung gegen die Mattdrohung auf g7 gibt.

16 ♕h5!

Die Idee des Nachziehenden bestand in 16 dxe5 ♛xe5+ 17 ♗e3 ♛xc3+ mit ausgezeichnetem Gegenspiel. Weiß hat jedoch einen so starken Königsangriff, dass er weiterspielen kann, als ob überhaupt nichts passiert wäre.

16...♗d7 *(D)*

Nach 16...♖f5 gibt Morosewitsch (in *Mega Database 2001*) die Variante 17 ♗e3! ♘f7 (oder 17...♘d7 18 ♛h8+ ♔f7 19 ♖h7 ♘e7 20 ♛xg7+ ♔d6 21 ♛e7+ ♔c6 22 ♛xe6+ mit Gewinn des Turms f5) 18 ♛h7+ ♔f8 19 g6 ♛a5 20 ♔d2, was die Figur zurückgewinnt, da 20...♘d6 mit 21 ♛h8+ ♔e7 22 ♛xg7+ ♔d8 23 ♖h7 beantwortet wird, wonach die Mattdrohung auf e7 entscheidet.

17 f4

Der natürlichste Weg zum Sieg. Weiß droht den Springer zu schlagen, und der kann sich nicht retten, da Weiß sonst g6 mit schnellem Matt spielt.

Weiß behält letztendlich einen Bauern mehr, aber die Versuche des Nachziehenden, Gegenspiel zu entwickeln, führen noch zu einem aufregenden Finale.

17...♘g4 18 ♛xg4 ♗e8 19 ♛xe6+ ♗f7 20 ♛f5 ♛e7+ 21 ♔f2 ♖fe8 22 g6 ♛e2+ 23 ♔g3 ♗e6 24 ♛g5 ♖xc2 25 ♖h5 ♛xc3+ 26 ♔h2 ♛xa1 27 ♛h4 ♔f8 28 f5 ♗g8 29 ♖h8 ♛xc1 30 f6 ♛h6

Weiß drohte, durch das Opfer seiner vorletzten Figur mit 31 ♖xg8+ mit der Dame alleine matt zu setzen. Daher muss Schwarz die Dame geben, wonach Weiß bequem gewinnt.

31 ♖xh6 ♖e4 32 ♛h5 gxf6 33 g7+ ♔e7 34 ♛f5 ♖e6 35 ♛xd5 ♖d8 36 ♛xc4 ♖c6 37 ♛b4+ ♖cd6 38 ♛xb7+ ♖6d7 39 ♛e4+ ♗e6 40 ♖h8 ♖xd4 41 ♛h7 1-0

Wenn der König nicht zur Mitte hin entkommen kann, ist vielleicht noch ein zweites Opfer erforderlich, um ihn der ganzen Wucht der angreifenden Figuren auszusetzen.

Waisser – Dautow
Baden-Baden 1995

1 d4 ♘f6 2 c4 e6 3 ♘c3 ♗b4 4 e3 b6 5 ♘e2 ♗a6 6 ♘g3 0-0 7 e4 ♘c6 8 ♗g5 h6 *(D)*

Diesmal wird ein Läufer angeboten.

9 h4 hxg5?

In *Mega Database 2001* gibt Dautow 9...d6 als besser an. Nach 10 a3 ♗xc3+ 11 bxc3 hxg5 12 hxg5 gibt Schwarz die Figur mit 12...g6 13 gxf6 ♛xf6 zurück, wonach Weiß mit 14 ♛g4 die Initiative behält.

Der Partiezug ermutigt den Weißen, nach etwas Besserem als dem Rückgewinn der Figur zu suchen.

10 hxg5 g6 11 e5!?

Gut ist auch 11 gxf6 mit der Absicht, nach 11...♛xf6 12 e5 die schwarzen Schwächen am Königsflügel auszubeuten.

Mit dem Partiezug macht sich Weiß die Tatsache zunutze, dass der schwarze d-Bauer noch auf d7 und nicht auf d6 steht. Wegen der Schlagdrohung auf f6 muss der Springer ziehen, wonach die weiße Dame leicht auf die h-Linie gelangen kann.

11...♘h7 12 ♛g4 ♗g7 *(D)*

Es gibt drei Hauptalternativen:

a) 12...♕xg5 verliert wegen 13 ♕h3, wonach Weiß den Springer h7 gewinnt.

b) 12...♗e7 13 ♕h4 zwingt Schwarz zur Exponierung seines Königs mit 13...f5, und nach 14 gxf6 ♕f7 15 ♘ge4! ist gegen 16 ♘g5 kein Kraut gewachsen.

c) Am besten ist die ruhige Rückgabe der Figur mit 12...♘xg5!. Nach 13 ♘ge4! ♗e7! (nicht 13...♘xe4 14 ♕h3 mit Matt auf der h-Linie) 14 ♘xg5 ♗xg5 15 ♘e4 ♕e7! 16 ♕h3 (oder 16 ♘xg5 ♕b4+, und der Gegenangriff führt zum Remis) 16...♖h4 17 0-0-0 ♔g7 18 ♕xh4 ♕xh4 19 ♖xh4 ♖h8 ist der weiße Vorteil minimal.

Durch die Räumung der Grundreihe will Schwarz den Springer h7 mittels ...♖h8 verteidigen. Mit seiner Antwort stellt Weiß sicher, dass er noch eine Figur – seinen Läufer – in den Angriff auf den Springer einschalten kann, was zu einem Durchbruch auf der h-Linie führt.

13 ♘h5+! gxh5 14 ♕xh5 ♖h8 15 ♕h6+ ♔g8 16 ♗d3

Jetzt lautet die Hauptdrohung 17 ♗xh7+ ♖xh7 18 ♕xh7+ ♔f8 19 ♕h8+ ♔e7 20 ♕f6+ mit Matt im nächsten Zug. Schwarz macht das Feld d7 für seinen König frei, aber Weiß hat noch einen Pfeil im Köcher.

16...d6 17 ♗xh7+ ♖xh7 18 ♕xh7+ ♔f8 19 g6! ♕e8

Nach 19...fxg6 wird Schwarz matt gesetzt: 20 ♕h8+ ♔f7 21 ♖h7#.

20 ♕h4 1-0

Weiß droht sowohl 21 g7+ ♔xg7 22 ♕h6+ ♔g8 23 ♕h8# als auch 21 ♕f6 mit Mattdrohung auf h8.

Die sich aus dem Opfer ergebende Umklammerung ist manchmal so stark, dass der Angreifer es sogar nach der kurzen Rochade bringen kann, selbst wenn die Überführung eines Turms auf die h-Linie einige Züge dauern könnte.

Waganjan – Bosch
Bundesliga 1999/00

1 ♘f3 d5 2 g3 ♘f6 3 ♗g2 c5 4 0-0 e6 5 d3 ♗e7 6 ♘bd2 b6 7 e4 ♗b7 8 ♕e2 0-0 9 e5 ♘e8 10 ♖e1 ♘c7 11 h4 ♘d7 12 ♘f1 a5 13 ♘1h2 a4 14 a3 b5 15 ♘g5 b4 16 ♕h5 h6 *(D)*

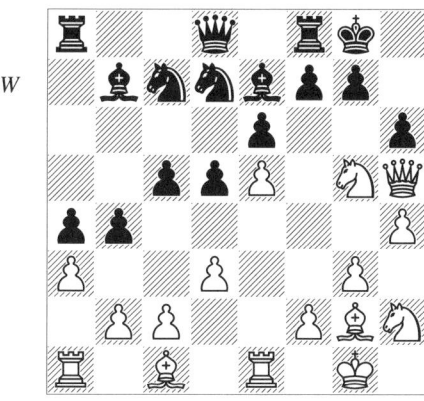

17 ♘g4 hxg5

Es war nicht nötig, den Springer zu schlagen, aber möglicherweise fürchtete der Nachziehende das Opfer des anderen Springers auf h6.

18 hxg5 g6

Wenn Schwarz nicht sofort etwas unternimmt, spielt Weiß ♗f3, ♔g2 und ♖h1, möglicherweise nach Einschaltung von ♘f6+, nebst Matt auf der h-Linie. Eine bemerkenswerte Illustration dieses Plans ist 18...bxa3 19 ♗f3! axb2! 20 ♔g2! bxa1♕ 21 ♖h1 nebst Matt. Wenn es Schwarz gelingt, einen Springer nach d4 zu bringen, kann er dem Anziehenden einen Strich durch die Rechnung machen, aber 18...♘b5 trifft auf die Erwiderung 19 c3!, und nach 19...bxc3 20 bxc3 ♘xc3 21 ♗f3 kann Weiß seine Umgruppierung fortsetzen.

Schwarz bereitet ein Gegenopfer vor, um das Schlimmste zu vermeiden.

19 ♕h4 ♘e8 20 ♗f3 f5

20...♘g7 verliert wegen 21 ♘h6+ gefolgt von einem tödlichen Abzugsschach. Schwarz könnte das clevere 20...♔g7 21 ♕h6+ ♔g8 22 ♔g2 ♘g7 versuchen, aber danach bedarf es nur noch eines weiteren kleinen Opfers, damit Weiß auf der h-Linie durchbrechen kann: 23 ♖h1 ♘h5 24 ♖xh5 gxh5 25 g6 fxg6 26 ♕xg6+ ♔h8 27 ♕xh5+ ♔g8 28 ♕g6+ ♔h8 29 ♗g5! ♗xg5 30 ♘f6! mit unvermeidlichem Matt.

Schwarz gibt die Figur zurück, um seinem König etwas Luft zu verschaffen.

21 exf6 ♘exf6 22 gxf6 ♗xf6 23 ♘xf6+ ♕xf6 24 ♕xf6 ♖xf6 25 ♗g4 (D)

Der Nachziehende hat das Matt verhindern können, musste aber einen schwachen e-Bauern in Kauf nehmen und dem Weißen zwei sehr wirkungsvolle Läufer überlassen. Die Partie nahm folgendes Ende:

25...♘f8 26 axb4 cxb4 27 ♗d2 b3 28 cxb3 axb3 29 ♖xa8 ♗xa8 30 ♖a1 ♗c6 31 ♖a6 ♗b5 32 ♖a8 ♗xd3 33 ♗g5 1-0

Nach dem Opfer behindert der zurückschlagende Bauer die Figuren des Verteidigers. Im nächsten Beispiel bringt Spasski mit den schwarzen Steinen das Opfer am Damenflügel, wobei er einen lästigen Bauern auf b4 erhält. Nachdem er dann den benachbarten Bauern nach c4 gebracht hat, dominiert das Bauernpaar die weiße Stellung.

Kortschnoj – Spasski
Kandidatenwettkampf (6. Partie), Kiew 1968

1 d4 d5 2 c4 e6 3 ♘c3 ♗e7 4 cxd5 exd5 5 ♗f4 c6 6 ♕c2 g6 7 0-0-0 ♘f6 8 f3 ♘a6 9 e4 ♘b4 10 ♕b3 ♗e6 11 e5 ♘d7 12 a3 (D)

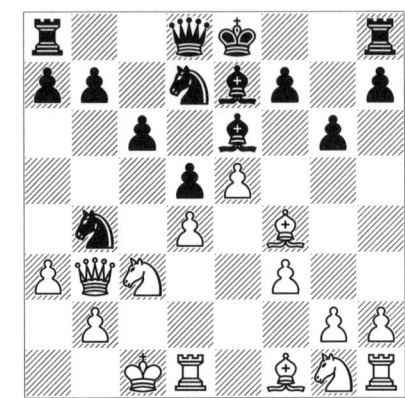

12...a5

Angesichts der Drohung 13...c5 nebst 14...c4 ist Weiß praktisch zur Annahme dieses Angebots gezwungen.

13 axb4 axb4 14 ♘b1

Nach 14 ♘a4 büßt Weiß die Mehrfigur wegen 14...♕a5 15 ♘c5 ♘xc5 16 dxc5 ♕xc5+ 17 ♕c2 ♖a1+ 18 ♔d2 ♕d4+ ein.

Weiß zieht seinen Springer zurück, um die Grundreihe zu blockieren, damit sein König nicht mit ...♖a1 zu einem Spaziergang genötigt wird.

14...c5 (D)

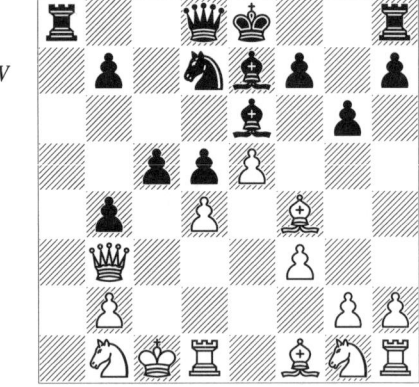

15 g4

Weiß muss den Bauernsturm auf sich zukommen lassen, da nach 15 dxc5 ♘xc5 der Springer Unheil anrichtet. So geht beispielsweise nach 16 ♕xb4 ♘d3+ die Dame verloren, und Weiß muss sich auch vor Varianten hüten wie 16 ♗b5+ ♔f8 17 ♕e3 d4! 18 ♖xd4 (oder 18 ♕f2 ♘b3+ 19 ♔c2 ♖c8+ 20 ♔d3 ♕d5 21

♗a4 ♕c4+ 22 ♔e4 ♗f5#) 18...♕xd4! 19 ♕xd4 ♘b3+, wonach Schwarz mit einer Qualität mehr verbleibt.

15...c4 16 ♕e3 ♖a2

Durch den Angriff auf den b-Bauern hält Schwarz den weißen König auf c1 fest, bis sich seine Dame in den Angriff eingeschaltet hat.

17 h4 ♕a5 18 ♖h2 ♖a1

Jetzt wird Schwarz die Figur mit starkem Angriff zurückgewinnen. Es droht 19...♕a2, und zwar auch nach 19 ♔d2, was dem Springer b1 das letzte Fluchtfeld nimmt.

Der durch die Bauernvorstöße auf c4 etablierte Bauer nimmt dem Läufer das Feld d3, von wo aus er den Springer verteidigen könnte. Kortschnojs einzige Chance besteht darin, trotzdem ♗d3 zu spielen, damit er den Springer mit der Dame verteidigen und im Fall der Annahme des Gegenopfers die schwarzen Bauern aufbrechen kann.

19 ♗d3 b3 20 ♘e2 *(D)*

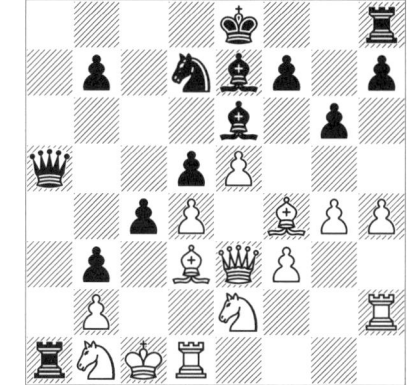

20...♗b4

Etwa hier könnte Schwarz den Läufer risikolos schlagen. Sehr stark erscheint beispielsweise 20...cxd3 21 ♕xd3 h5. Damit wird das weitere Vorrücken des h-Bauern unterbunden und die Drohung aufgestellt, für den weißfeldrigen Läufer das Feld f5 zu gewinnen.

Der weiße Vormarsch am Königsflügel ist harmlos, aber Spasski begeht bald einen fatalen Fehler, der Weiß ein gewonnenes Endspiel gibt.

21 h5 0-0 22 hxg6 fxg6 23 ♖dh1 cxd3 24 ♕xd3 ♕c7+ 25 ♘ec3 ♘b6?

Nach 25...♗xc3 26 bxc3 ♖xf4 27 ♖xh7 ♔f8! (mit der Absicht 28 ♕xg6? ♗xc3+ mit Matt in wenigen Zügen) hat Schwarz eine Figur mehr und kann seinen König verteidigen. Er hat das folgende einfache, aber attraktive Damenopfer übersehen.

26 ♕xg6+! hxg6 27 ♖h8+ ♔f7 28 ♖1h7+ ♔e8 29 ♖xf8+ ♔xf8 30 ♖xc7 ♘c4 31 ♖xb7 ♗xc3 32 bxc3 b2+ 33 ♔c2 ♔e8 34 ♗g5 ♖a6 35 ♘d2 ♗c8 36 ♖e7+ ♔f8 37 ♘xc4 dxc4 38 ♔xb2 ♖b6+ 39 ♔c2 ♗b7 40 ♖xb7 ♖xb7 41 f4 ♖h7 42 ♔b2 1-0

Läufer auf der Diagonale a2-g8

Die Anwesenheit eines Läufers auf der Diagonale a2-g8 beschert dem Angreifer neue Möglichkeiten. Wenn der König des Verteidigers auf g8 steht, kann der Angreifer wegen der Fesselung des f-Bauern seinen schon auf g5 stehenden Bauern nach g6 vorrücken und den Bauern f7 angreifen. Falls dann noch die Dame auf die h-Linie kommt, ist das Matt sehr schwer aufzuhalten. Es folgt ein drastisches Beispiel.

Kowaljow – Panikarowski
Tscherepowets 1997

1 e4 c5 2 ♘f3 ♘c6 3 ♘c3 e5 4 ♗c4 ♗e7 5 d3 d6 6 h4 ♘f6 7 ♘g5 0-0 8 a3 h6 9 ♗e3 *(D)*

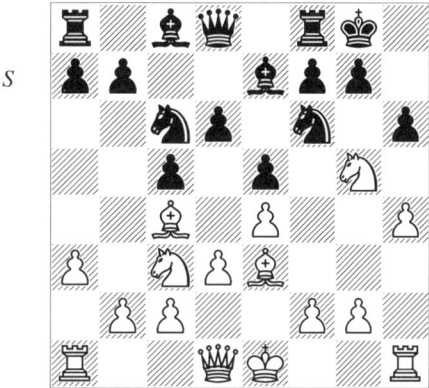

Der Druck auf f7 ist lästig, aber Schwarz hat keinen Grund, das Opfer anzunehmen.

9...hxg5 10 hxg5 ♘g4

Der Springer verstellt der Dame den Weg nach h5.

11 g6

Scheinbar will der Anziehende mit diesem Zug auf f7 die Qualität zurückgewinnen. In Wirklichkeit verfolgt er aber viel hinterhältigere Absichten.

11...♘xe3??

Da Panikarowski zum Zeitpunkt der Partie eine Elo-Zahl von 2335 aufwies, kommt dieser Fehler überraschend, insbesondere in einem so frühen Partiestadium. Nun erhält die Dame Zugang nach h5.

Schwarz muss vorsichtig agieren, aber nach einem Zug wie etwa 11...♘d4 sollte Weiß nicht mehr als den Rückgewinn einer Qualität erreichen können.

12 ♖h8+! 1-0

Es ist matt nach 12...♔xh8 13 ♕h5+ ♔g8 14 ♕h7#. Neben diesem hübschen Gewinnweg ergibt auch 12 ♕h5 ein schnelles Matt.

Das nächste Beispiel verdeutlicht anschaulich die Auswirkungen des Drucks auf f7. Der Verteidiger muss einen Zug für die Verhinderung des Vorstoßes g6 aufwenden und fällt sofort einem taktischen Durchbruch auf f7 zum Opfer.

Knežević – Ristić
Jugoslawische Mannschaftsmeisterschaft, Igalo 1994

1 d4 ♘f6 2 ♗g5 ♘e4 3 h4 c6 4 ♘d2 ♕a5 5 ♘gf3 d6 6 c3 ♘xd2 7 ♗xd2 h6 8 e4 e5 9 dxe5 dxe5 10 ♗c4 ♗e7 11 ♕b3 0-0 *(D)*

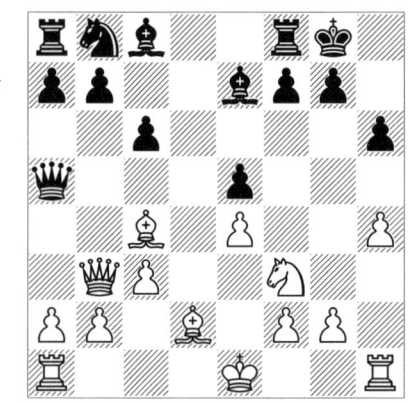

Diesmal handelt es sich nicht um ein passives Opfer. Der Springer geht nach g5, wo er vom schwarzen h-Bauern geschlagen werden kann und durch seinen eigenen h-Bauern gedeckt ist. Es handelt sich wie bei Springeropfern auf f5 um ein stilles Opfer, aber der Effekt ist der gleiche wie bei den weiter oben in diesem Kapitel vorgestellten passiven Opfern.

12 ♘g5 hxg5 13 hxg5 g6

Schwarz verhindert den Vorstoß des weißen g-Bauern nach g6, wird aber nun einen Sturm über sich ergehen lassen müssen.

Scheinbar kann Schwarz den Angriff durch 13...♕b6 mit Damentauschdrohung zurückschlagen, aber Weiß leitet mit 14 ♕d1 seine Dame zum Königsflügel um und droht 15 ♕h5, und nach 14...g6 15 ♕f3 kann Schwarz nicht verhindern, dass die Dame auf die h-Linie gelangt und das Matt erzwingt. Beispielsweise könnte Schwarz versuchen, mit 15...♔g7 den f-Bauern zu entfesseln und die Überführung eines Turms auf die h-Linie vorzubereiten, aber dann gewinnt Weiß hübsch mit 16 ♕g3 ♖g8 (16...♖h8 erlaubt 17 ♕xe5+ mit schnellem Matt) 17 ♖h7+! ♔f8 (auf 17...♔xh7 folgt Matt in zwei Zügen) 18 ♖xf7+ ♔e8 19 ♖xe7+! ♔xe7 20 ♕xe5+, wonach das Matt nicht mehr lange hinausgezögert werden kann.

14 ♗xf7+! *(D)*

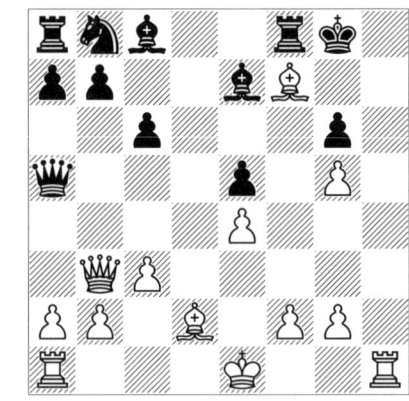

14...♔g7

Die Partie ist gelaufen. 14...♖xf7 verliert wegen 15 ♖h7! ♔xh7 16 ♕xf7+ ♔h8 17 0-0-0 ♗g4 18 ♖h1+ ♗h5 19 ♕xg6 mit unvermeidlichem Matt.

15 ♖h6! ♗xg5 16 ♖xg6+ ♔h7 17 f3?!

Ein merkwürdiges Ende. 17 ♕d1 setzt schnell matt, aber vielleicht wollte Weiß unbedingt durch ein Opfer gewinnen.

17...♕b6

Schwarz macht gute Miene zum bösen Spiel. 17...♗h4+ verlangsamt den weißen Angriff, ohne dass sich am Endergebnis etwas ändert.

18 0-0-0 1-0

Schwarz gibt auf, bevor Weiß ein weiteres Opfer anbringen kann. Nach 18...♗xd2+ 19 ♔b1! ♕e3 20 ♖h1+ ♕h6 21 ♕d1! ♖xf7 22 ♖gxh6+ ♗xh6 23 ♕d6 hat Weiß Mattangriff.

Das nächste Beispiel ist komplizierter. Der schwarze Läufer auf c5 erzwingt die Annahme des Opfers und spielt in einigen wichtigen Varianten eine Rolle.

Gauglitz – Sulava
Szeged 1989

1 d4 d5 2 c4 dxc4 3 ♘f3 a6 4 e3 ♘f6 5 ♗xc4 e6 6 0-0 c5 7 ♕e2 ♘c6 8 ♖d1 b5 9 ♗b3 ♗b7 10 dxc5 ♕c7 11 e4 ♗xc5 12 h3 h5 13 ♔f1 *(D)*

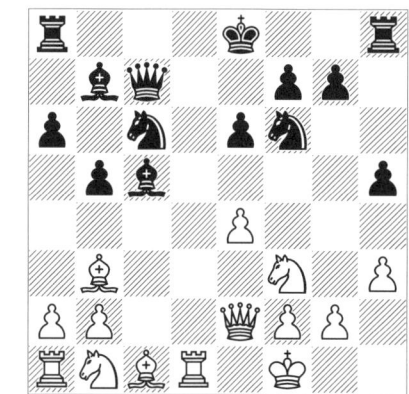

Weiß hat durch das Vorrücken seines e-Bauern das Feld f2 exponiert. Vermutlich zog er seinen König, da er das stille Opfer ...♘g4 kommen sah und nach der Annahme den Springer nach g1 zurückziehen wollte.

13...♘g4 14 hxg4 hxg4 15 ♘g1 ♖h1 16 e5

Es drohte 16...♕h2 mit Rückgewinn der Figur. Die weißen Verteidigungsmöglichkeiten sind deprimierend:

a) Er kann die Damendiagonale nicht mit 16 g3 unterbrechen, da 16...♕xg3! 17 fxg3 ♖xg1# matt ist, weil die Dame auf e2 dem König im Wege steht. In diesem Abspiel bewirkt der Läufer c5, dass sich der f-Bauer wegen des Springers g1 nicht rühren darf.

b) Er kann versuchen, mit 16 ♕c2 das Feld e2 unter Tempogewinn durch Angriff auf den Läufer c5 zu räumen, aber Schwarz hat eine große Auswahl an Angriffsfortsetzungen, u. a. die Missachtung der Drohung mit 16...♕h2 17 ♕xc5 ♕xg1+ 18 ♔e2 ♕xg2, wonach dem weißen König auch in der Mitte arg zugesetzt wird.

Weiß blockiert die Damendiagonale mit dem e-Bauern, was aber nur notdürftigen Schutz bietet und die Diagonale des Läufers b7 öffnet und dadurch den Bauern g2 verwundbar macht.

16...g3

Schwarz spielt den thematischen Zug, der die Fesselung des f-Bauern ausnutzt.

17 ♗e3 *(D)*

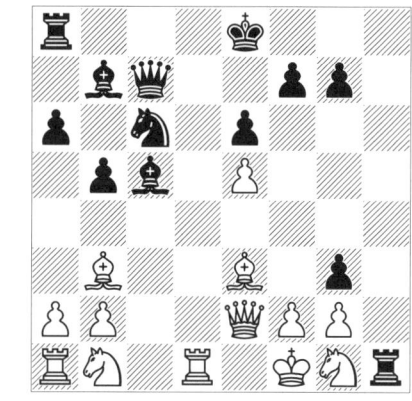

17...♕xe5?!

Der andere Schlagzug 17...♘xe5 gewinnt für Schwarz. Danach gibt es einige hübsche Abspiele:

a) 18 ♕c2 gxf2 19 ♗xf2 ♘c4! 20 ♗xc4 (oder 20 ♗xc5 ♕xc5 21 ♕f2 ♗xg2+! 22 ♔xg2 ♖h2+ mit Damengewinn) 20...♗xg2+! 21 ♔xg2 ♖h2+ 22 ♔f1 ♖xf2+, und die weiße Dame geht verloren.

b) 18 ♘c3 ♘f3!! 19 gxf3 g2+ 20 ♔e1 (nicht 20 ♔xg2 ♕h2+ mit Matt im nächsten Zug) 20...♖d8! 21 ♕c2 ♖xg1+ 22 ♔e2 ♖gxd1 23 ♖xd1 ♗xe3! 24 fxe3 ♕h2!, und der Bauer geht zur Dame.

c) Selbst der Damentausch mit 18 ♗xc5 ♕xc5 19 ♕e3 ♕xe3+ 20 fxe3 hält den Angriff nicht auf, da Schwarz nach 20...♘g4 21 ♔e2 ♖h2 über entscheidende Drohungen verfügt.

Nach dem Partiezug kann Weiß sich noch hartnäckig wehren, aber letztendlich bricht er unter dem Druck zusammen.

18 ♘c3 ♘e7 19 ♗xc5 ♕xc5 20 ♕e3 ♕xe3 21 fxe3 b4 22 ♗a4+ ♔f8 23 ♖d7 bxc3 24 ♖xb7 ♖d8! *(D)*

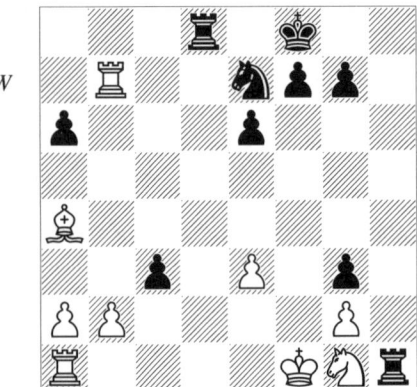

25 e4?

Er sollte den Turm nicht auf die zweite Reihe lassen. Dies war mit 25 ♗d7! erst einmal zu verhindern, aber dann behält Schwarz Endspielvorteil.

25...♖d2!

Eine unangenehme Überraschung. Schwarz lässt eine zweite Figur mit Schach einstehen, aber Weiß hat keine Verteidigung gegen die Drohung ...♖f2+ gefolgt von ...♖xg1#.

26 ♖b8+ ♘c8 27 ♖xc8+ ♔e7 28 ♖c7+ ♔f6 29 e5+ ♔g6 0-1

Den König in die Mitte treiben

Im letzten Beispiel gab es eine Variante (Anmerkung „b" zum 17. Zug von Schwarz), in der der weiße König in die Mitte entkam, aber dort feststellen musste, dass die offene d-Linie einen ausgesprochen ungastlichen Zielort darstellte. Viele Leichtfigurenopfer auf g5 verfolgen die Absicht, den König in Richtung Mitte zu treiben, wo er schon von einem Empfangskomitee erwartet wird. Es folgt ein Beispiel.

Fossan – Dannevig
Norwegische Meisterschaft 1992

1 e4 e6 2 d4 d5 3 ♘d2 c5 4 exd5 ♕xd5 5 ♘gf3 cxd4 6 ♗c4 ♕d6 7 0-0 ♘f6 8 ♗b3 ♘c6 9 ♘bxd4 ♘xd4 10 ♘xd4 ♗d7 11 c3 ♕c7 12 ♕e2 0-0-0 13 a4 h5 14 h3 a6 15 ♗e3 e5 *(D)*

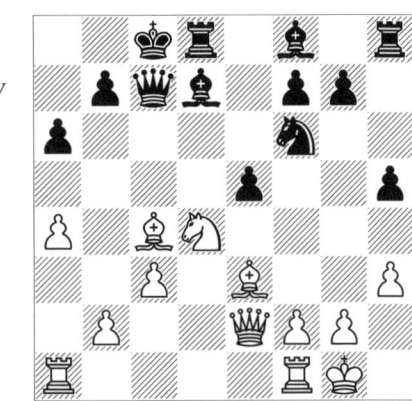

Erneut sehen wir ein stilles Opfer, diesmal am Damenflügel. Auf der offenen d-Linie wird sich der fliehende schwarze König nicht sehr wohl fühlen.

16 ♘b5 axb5 17 axb5 ♗e6

Der schwarze König kann sich nicht in der Ecke verstecken. Nach 17...♔b8 18 b6 ♕c6 (oder 18...♕d6 19 ♖fd1, und die schwarze Dame hat nur die Auswahl zwischen schlechten Feldern) 19 ♖a5 ♗e6 20 ♖fa1 ♔c8 21 ♗b5 geht die Dame verloren.

18 ♖a4! *(D)*

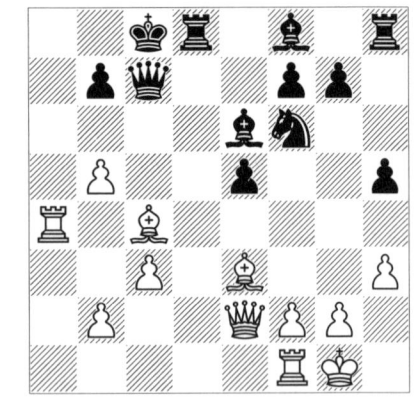

18...♘d5?!

Es drohte 19 ♗xe6+ nebst ♖c4 mit Damengewinn. Am besten sollte Schwarz nun mit 18...♔d7 sein Heil mit dem König in der Mitte suchen, wenngleich Weiß die schwarzen Figuren beim Versuch, ihren Herrscher zu schützen, an Händen und Füßen binden kann; z. B. 19 b6 ♕c8 20 ♗b5+ ♔e7 21 ♗g5 ♕c5 22 ♖e4 ♕xb6 23 ♖xe5 ♖d6 24 ♖a1 ♕d8 25 b4, und Schwarz kann sich kaum rühren.

Nach dem Partiezug verliert Schwarz die Mehrfigur auf der d-Linie zurück.

19 ♖a8+ ♔d7 20 ♖xd8+ ♕xd8 21 ♖d1 ♔e7 22 ♗xd5 ♗xd5 23 c4 f6 24 ♖xd5 ♕c8 25 ♕d3 ♔f7 1-0

Das nächste Beispiel ist komplizierter. Da den weißen König zwei offene Mittellinien erwarten, kann es sich Schwarz in einer Schlüsselvariante leisten, ihn durch ein zweites Figurenopfer dorthin zu treiben.

Van de Mortel – Onischuk
Wijk aan Zee 1996

1 e4 e5 2 d4 exd4 3 ♕xd4 ♘c6 4 ♕e3 g6 5 ♘c3 ♗g7 6 ♗d2 ♘ge7 7 0-0-0 0-0 8 h4 d5 9 exd5 ♘xd5 10 ♕g3 ♘db4 11 a3 (D)

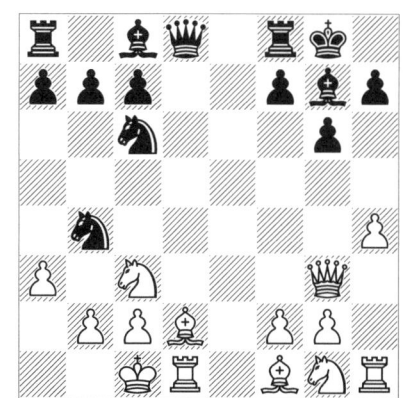

11...a5 12 ♗g5 ♕e8 13 axb4 axb4 14 ♘d5 ♗f5 15 ♗d3

Weiß würde gerne den Läufer g7 beseitigen, aber dazu fehlt ihm die Zeit. 15 ♘f6+ ♗xf6 16 ♗xf6 ♕e6 gibt Schwarz ein zusätzliches Tempo, das er zur Entwicklung eines starken Angriffs auf den weißen König verwenden kann.

15...♕e6!

Eine wunderhübsche Idee: die Dame zielt nach a2. Jetzt kommt auf 16 ♘xc7!? die Erwiderung 16...♗xb2+! 17 ♔xb2 ♕a2+ 18 ♔c1 ♕a3+ 19 ♔d2 ♕c3+ 20 ♔e2 ♘d4+ 21 ♔f1 ♖a1 (D).

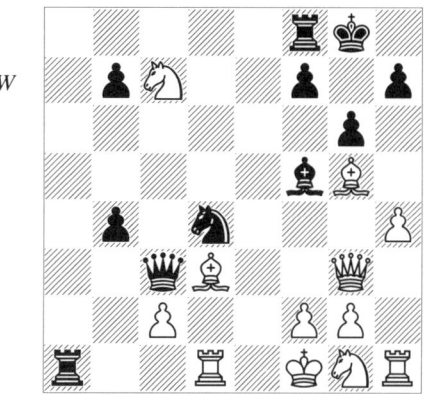

Das ist alles erzwungen, aber jetzt scheint der weiße König auf f1 endlich in Sicherheit zu sein. Weiß kann die Mattdrohungen auf zwei Arten parieren, die oberflächlich betrachtet beide ausreichend erscheinen. Der Schein kann jedoch trügen:

a) Nach 22 ♗c1 wird Weiß mit 22...b3! ausgehebelt. Der attraktivste Abschluss lautet 23 ♘e2 ♗xd3 24 cxd3 ♕c2 25 ♖e1 ♕xe2+!! 26 ♖xe2 b2! 27 ♖xb2 ♖xc1#.

b) 22 ♗e2 gibt eine der beiden Figuren zurück, hält aber den schwarzen b-Bauern im Zaum. Wir schauen uns wieder das hübscheste Abspiel an, nämlich 22...♖xd1+ 23 ♗xd1 ♕a1 24 f3 ♖xd1+ 25 ♔e1 ♕xc2 26 ♕xb4 ♗d3+ 27 ♔e1 ♖d8!!. Schwarz verteidigt den kostbaren Springer und droht sowohl 28...♖xc7 als auch 28...♕xg2. Auf 28 ♗xd8 kommt jetzt 28...♕c1+ 29 ♔f2 ♘f5! mit Damenmattdrohungen auf f1 und e3, die Weiß nicht gleichzeitig parieren kann.

Da der Läufer f5 offensichtlich sehr gefährlich ist, beeilt sich Weiß mit seinem Abtausch.

16 ♗xf5 (D)

16...♖a1+

Besser ist das Zurückschlagen des Läufers mit 16...♕xf5, wonach Weiß immer noch auf ein mögliches Läuferopfer auf b2 gefasst sein muss. Eine mögliche Folge wäre 17 ♕f3 (nicht 17 ♕b3 ♕xf2 18 ♔b1 ♖a5 gefolgt von 19...♖fa8)

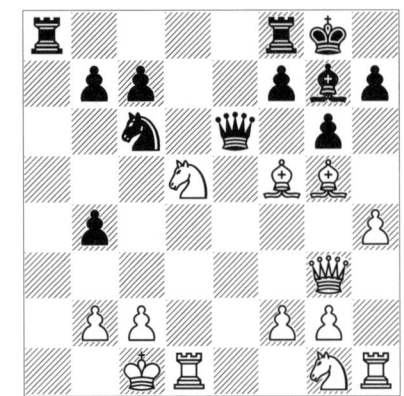

S

M. Gurewitsch – Piket
Antwerpen 1993

1 d4 d5 2 c4 c6 3 ♘c3 e5 4 dxe5 d4 5 ♘e4 ♕a5+ 6 ♗d2 ♕xe5 7 ♘g3 ♘f6 8 ♘f3 ♕d6 9 ♕c2 ♗e7 10 0-0-0 0-0 11 e3 dxe3 12 ♗c3 ♕c7 13 fxe3 ♘a6 14 ♔b1 ♘b4 15 ♕c1 ♘g4 16 a3 *(D)*

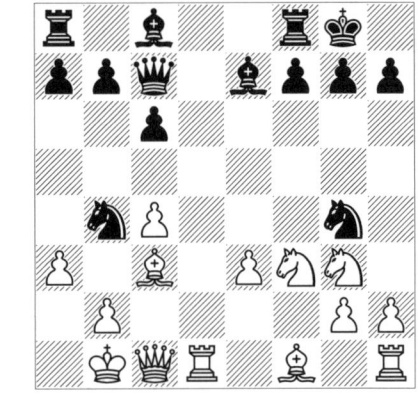

S

Die d-Linie ist ganz offen, und auf der halboffenen e-Linie steht ein sehr anfälliger weißer Bauer. Das alleine sollte schon Rechtfertigung genug sein, den Springer auf b4 zu opfern, um den weißen König in die Mitte zu treiben. Damit gibt sich Schwarz aber nicht zufrieden, wie wir sehen werden. Er wird versuchen, mit dem gut getimten Hebel ...b5 die c-Linie und die Diagonale von e6 nach b3 zu öffnen.

16...a5 17 axb4 axb4 18 ♗e1 *(D)*

S

Der Läufer pariert die eher zufällige Drohung ...♘f2 und hält das Feld d2 für den König frei.

17...♗xb2+! 18 ♔d2 (nicht 18 ♔xb2 ♖a2+! 19 ♔xa2 ♕xc2+ 20 ♔a1 ♖a8+ nebst Matt im nächsten Zug) 18...♕e6 19 ♘e2 ♖a3, und nun:

a) 20 ♗e3 verliert den Springer d5 wegen 20...♘e5 21 ♕e4 c6 mit der Absicht 22 ♘df4 ♘c4+ mit Damengewinn.

b) Nach 20 ♘e3 h6! 21 ♗xh6 ♖d8+ 22 ♔e1 ♖xd1+ gewinnt Schwarz mindestens einen Turm, da der Springer e3 an die Dame gefesselt ist.

Nach dem gespielten Zug verpasst Weiß eine Konsolidierungsgelegenheit.

17 ♔d2 ♕xd5+ 18 ♗d3 ♖xd1+ 19 ♔xd1 b3 20 ♘e2 ♖e8 21 ♘c3?

Er könnte die Stellung mit 21 c4 zusammenhalten.

Nach dem Partiezug läuft der schwarze b-Bauer wieder zu großer Form auf. Am Ende gelingt es Schwarz mit Ach und Krach, den gegnerischen Widerstand zu brechen, wenngleich Weiß ihm das Leben schwerer machen könnte (z. B. mit 30 ♕c6).

21...♗xc3 22 bxc3 b2 23 ♔d2 ♕a2 24 ♕xc7 b1♘+ 25 ♖xb1 ♕xb1 26 ♗e3 ♘e5 27 ♗e2 b5 28 ♕d6 ♘c4+ 29 ♗xc4 bxc4 30 ♕f6 ♕h1 31 g4 ♕e4 32 h5 ♕e5 33 ♕f3 ♕e6 34 h6 f6 35 ♕b7 ♕e7 36 ♕d5+ ♕f7 37 ♕b5 g5 38 ♕c6 ♕e6 39 ♕b7 ♖e7 40 ♕b8+ ♔f7 41 ♕g3 ♕d5+ 42 ♔e2 ♖b7 43 ♕g1 ♖b2 44 ♕c1 ♕d3+ 0-1

Im nächsten Beispiel gibt es schon reichlich offene Linien in der Mitte, und im Lauf der Flucht des weißen Königs öffnet Schwarz noch mehr Linien. Trotz verzweifelter Suche findet der König nirgends Unterschlupf.

18...♛a5 19 ♖d3

Der Fluchtversuch 19 ♔c2 ist verfrüht, da nach 19...♛a4+ 20 ♔d2 ♝c5 21 ♘d4 ♖e8 der e-Bauer verloren geht und der König in der Mitte nie mehr Schutz finden wird.

Mit dem Turmzug versucht Weiß, dem König auf der d-Linie Schutz zu geben und gleichzeitig den e-Bauern zu schützen.

19...♛a2+ 20 ♔c2 *(D)*

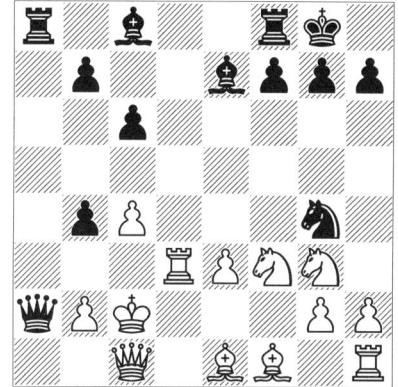

S

20...b5!

Dies stellt Weiß vor große Probleme. Die Öffnung weiterer Linien wäre verheerend, wie die folgende Beispielvariante zeigt: 21 cxb5 cxb5 22 ♛b1 b3+! 23 ♖xb3 ♛a4! (mit der Absicht 24...♘xe3+, wonach der König den Turm im Stich lassen muss) 24 ♝d2 ♝e6 25 ♘d4 ♝xb3+ 26 ♘xb3 ♖ac8+ 27 ♝c3 ♘xe3+ mit Gewinn des Springers.

Wenn Weiß die Öffnung der c-Linie nicht zulassen will, muss er entweder 21 c5 spielen (was die Diagonale e6-b3 öffnet und nach der Antwort 21...♝xc5 mit Angriff auf den Schwächling e3 einen Bauern einbüßt) oder ...bxc4 zulassen, was den Turm d3 exponiert. Er entscheidet sich für letzteres in der Hoffnung, in einer Atempause etwas Gegenspiel gegen den schwarzen König aufziehen zu können.

21 h3 bxc4 22 hxg4 cxd3+ 23 ♝xd3 g6 24 e4

Besser wäre die Fortsetzung der Königswanderung durch die Mitte mit 24 ♔d2, wenngleich Weiß nach 24...♝a6 immer noch große Schwierigkeiten hat. Auf den Partiezug will er ♛h6 und ♛xh7# folgen lassen, aber Schwarz zeigt, dass dies eine leere Drohung ist.

24...♖d8! 25 ♛h6 b3+ 26 ♔d2

26 ♔c1 erlaubt eine raffinierte Grundreihenkombination: 26...♛a1+ 27 ♝b1 ♛xb1+! 28 ♔xb1 ♖a1+! 29 ♔xa1 ♖d1+ nebst Matt im nächsten Zug.

26...♛xb2+ 27 ♔e3 ♝c5+ 28 ♔f4 ♖xd3 29 ♛xh7+ ♔f8 30 e5 ♖a4+ 31 ♘e4 ♖xe4+ 32 ♔xe4 ♖d4+ 0-1

Gelingt dem König die Flucht in die Mitte bei geschlossenen Zentrumslinien, muss der Opfernde dafür Sorge tragen, dass er entweder während der Flucht des Königs reichlich Material zurückgewinnen oder beim Eintreffen des Königs Linien öffnen kann, wie es Schirow im nächsten Beispiel tut.

Schirow – Thorhallsson
Reykjavik 1992

1 d4 d5 2 c4 c6 3 ♘c3 ♘f6 4 ♘f3 e6 5 e3 ♘bd7 6 ♛c2 ♝d6 7 g4 0-0 8 g5 ♘h5 9 ♝d2 f5 10 gxf6 ♘hxf6 11 ♘g5 ♛e8 12 0-0-0 h6 *(D)*

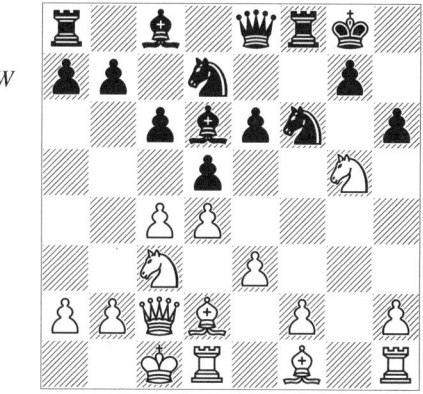

W

13 h4 ♝b4

Schwarz lehnt das Angebot erst einmal ab, da er nach 13...hxg5 14 hxg5 ♘e4 15 ♘xe4 dxe4 16 ♛xe4 ♖f5 17 c5 gefolgt von 18 ♝c4 fürchterlich steht.

Schirows ruhige Antwort zeigt Thorhallsson, dass er seinen Angriff um den Springer herum aufzubauen gedenkt, so dass Schwarz ihn ebenso gut gleich nehmen kann.

14 ♝d3! ♝xc3 15 ♝xc3 hxg5 16 hxg5 ♘e4 17 ♝xe4 dxe4 18 ♛xe4

Der Nachziehende war gezwungen, einen zweiten Bauern für die Figur zu geben, hat aber dafür wenigstens sichergestellt, dass sein König zur Mitte hin fliehen kann.

18...♖f5

Nach 18...♖xf2 kann die weiße Dame mit 19 ♕h4 auf die h-Linie gehen. Dann kann folgen:

a) 19...♖f5 verliert wegen 20 ♕h8+ ♔f7 21 g6+! ♔e7 22 ♕xg7+ ♔d8 23 ♖h8 die Dame.

b) 19...♖f8 20 ♕h7+ ♔f7 21 ♗b4! schneidet dem König den Fluchtweg ab; z. B. 21...c5 22 ♗xc5 ♘xc5 23 g6+ ♔e7 24 dxc5 ♖g8 25 ♕h4+ ♔f8 26 ♖df1+ nebst Matt im nächsten Zug.

19 ♕h4 ♕g6 20 ♕h8+

Schirow ermutigt den König zur Flucht in die Mitte, da er dort mit Hilfe seiner Bauern Linien öffnen kann.

20...♔f7 21 f4 *(D)*

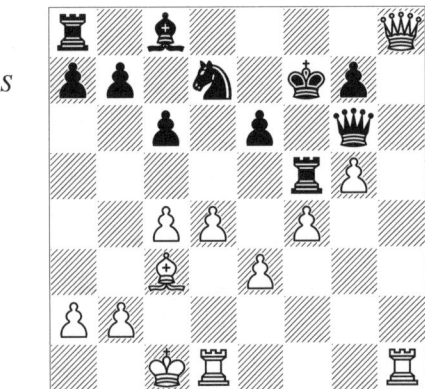

Wenn Schwarz nichts unternimmt, spielt Weiß 22 ♕d8 gefolgt von 23 ♖h8.

21...♘f8 22 ♕h4

Weiß deckt den f-Bauern, damit der e-Bauer vorrücken kann. Danach ist die weiße Bauernlawine nicht mehr aufzuhalten.

22...♔e8 23 e4 ♖f7 24 ♖he1! ♔d8

Da Weiß drohte, mittels 25 f5 Linien zu öffnen, geht der König aus der e-Linie. An seinem neuen Standort ist er aber leider auch nicht sicher.

25 d5! cxd5 26 cxd5 ♗d7 *(D)*

27 f5!?

Schirows Stellung ist so gut, dass er diesen Vorstoß auch noch weiter vorbereiten könnte. Er schlägt jedoch ganz stilgemäß lieber sofort zu und verschafft sich verbundene Freibauern auf der e- und d-Linie.

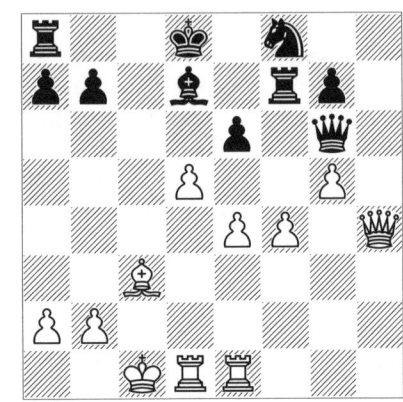

27...exf5 28 e5 f4!? 29 e6 ♗a4 30 ♖d2 ♖f5 31 ♕f2! f3 32 ♖e4?

Dieser Zug ist für Schirow ungewöhnlich gierig. In *Fire on Board* gibt er 32 ♕c5! ♔e8 (oder 32...f2 33 e7+ ♔d7 34 exf8♘+! ♖axf8 35 ♖e7+ ♔d8 36 ♕c7#) 33 ♕b4! b5 34 ♕c5!, und es gibt keine gute Verteidigung gegen die Drohung 35 ♕c6+.

Jetzt kann Schwarz durch Rückgabe der Figur einen gefährlichen Gegenangriff vom Zaun brechen.

32...♖xg5 *(D)*

33 ♖xa4?

Der Turm sollte nach e1 zurückkehren.

33...♖g1+ 34 ♖d1 ♖g2?

Hier konnte der Nachziehende den Spieß mit 34...♖g5+! herumdrehen: 35 ♕d2 (nicht 35 ♗d2 ♖c8+ mit Matt oder 35 ♔c2 ♖g2 mit Damengewinn) 35...♖xd1+ 36 ♔xd1 ♕g1+ 37 ♔c2 f2 38 e7+ ♔d7!, und der schwarze f-Bauer geht zur Dame.

In Zeitnot begeht auch Schwarz einen Fehler, und die Partie endet bald mit Matt.
35 ♕h4+ ♔e8 36 ♖e4 ♖c8 37 d6 ♖d8? 38 ♕e7# (1-0)

Das Leichtfigurenopfer auf g5 in der Eröffnung

Es gibt zwei Eröffnungsvarianten, in denen das Leichtfigurenopfer auf g5 eine wichtige Rolle spielt. Bei beiden handelt es sich um Abspiele der Spanischen Eröffnung, in denen Weiß früh rochiert. Schwarz spielt ...♗g4, und wenn Weiß den Läufer mit h3 befragt, antwortet er mit ...h5.

Eines dieser Abspiele stammt aus der Abtauschvariante:
1 e4 e5 2 ♘f3 ♘c6 3 ♗b5 a6 4 ♗xc6 dxc6 5 0-0 ♗g4 6 h3 h5 *(D)*

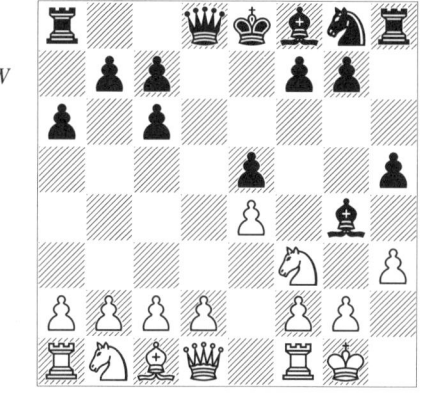
W

Zum Leidwesen des Nachziehenden muss Weiß den Läufer nicht nehmen. Angesichts des anstehenden ...♕f6 verhindert Weiß in der Regel den Doppelbauern auf der f-Linie mittels **7 d3 ♕f6 8 ♘bd2**, nimmt die Figur erst später, wenn er gut genug organisiert ist, und gibt sie dann mit kleinem Vorteil zurück; z. B. **8...♗d6 9 ♖e1 ♘e7 10 d4 ♘g6 11 hxg4 hxg4 12 ♘h2 ♖xh2! 13 ♕xg4!** (nicht 13 ♔xh2 ♕xf2 mit siegbringendem Angriff) **13...♕h4 14 ♕xh4 ♖xh4 15 ♘f3 ♖h5 16 dxe5 ♘xe5 17 ♘xe5 ♗xe5 18 c3 g5**, was in der Partie Nataf-Anić, Enghien les Bains 1997, schließlich zur Punkteteilung führte. In dieser Stellung hat nur Weiß realistische Gewinnchancen, da er über die Bauernmehrheit am Königsflügel verfügt.

Die zweite Variante des Spaniers mit dem Leichtfigurenopfer auf g5 ist die Verzögerte Steinitz-Verteidigung, und hier kann es recht kompliziert werden. Es folgt eine Partie abseits der ausgetretenen Pfade. Weiß versucht am Damenflügel durchzubrechen, fällt aber einem Standardangriff über die h-Linie zum Opfer.

Marjanović – Sermek
Bled 1989

1 e4 e5 2 ♘f3 ♘c6 3 ♗b5 a6 4 ♗a4 d6 5 0-0 ♗g4 6 h3 *(D)*

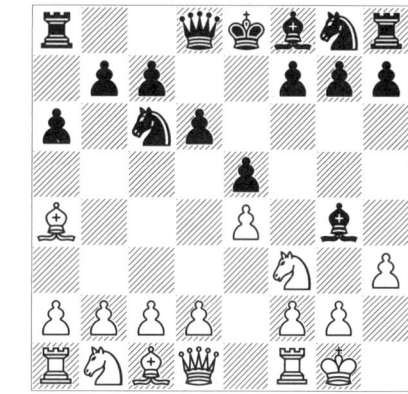
S

6...h5 7 d4
Die vorläufige Ablehnung des Opfers ist am besten. Da Schwarz nach 7 hxg4 hxg4 8 ♘h2? mit 8...♕h4 sofort gewinnt, müsste Weiß die Figur umgehend zurückgeben. Der Textzug ist in diesem Abspiel üblich.

7...b5 8 ♗b3 ♘xd4 9 hxg4 hxg4 10 ♘g5
Der Normalzug. Der Springer versperrt der Dame den Weg nach h4, ist hier aber gefangen. Weiß muss den Springer häufig aufgeben, bekommt dafür aber eine Menge Spiel. Im Moment muss sich Schwarz erst einmal um die Bedrohung von f7 kümmern.

10...♘h6 11 g3
Die anderen Hauptzüge sind 11 ♗d5 und 11 f4.

11...♕f6!? *(D)*
Normal ist hier 11...♗e7 mit Angriff auf den Springer, worauf Weiß 12 f4 antwortet.

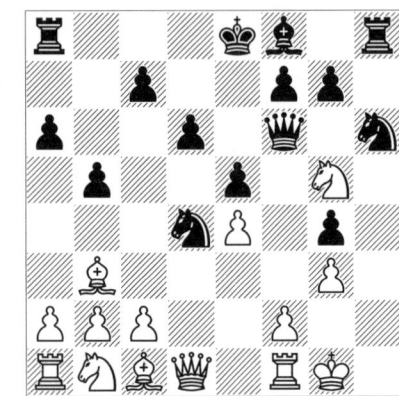

Laut Sermek im *Informator* war dieser Zug damals eine Neuerung. Schwarz versucht den Weißen zur analogen Reaktion 12 f4 zu verleiten, die nunmehr riskant ist, da Schwarz durch Schlagen des Bauern im Vorübergehen die weißen Königsflügelbauern zu exponieren beabsichtigt. Nach 12...gxf3 13 ♘xf3 ♕g6! 14 ♔g2 ♘g4 kann Weiß seine Probleme nicht lösen:

a) Nach 15 ♖h1 ♖xh1 16 ♕xh1 ♕xe4 hat Schwarz drei gute Bauern für die Figur.

b) 15 ♘xd4 trifft auf 15...♕xe4+!, wonach Schwarz starken Angriff hat; z. B. 16 ♘f3 ♖h2+ 17 ♔g1 d5! 18 ♘xh2 ♗c5+, und die weiße Stellung bricht zusammen.

c) 15 ♘c3 deckt den e-Bauern, aber Schwarz kann 15...d5! spielen, wonach 16 ♘xd5 ♕xe4! 17 ♘xc7+ ♔d8 18 ♘xa8 mit 18...♖h2+ 19 ♔g1 ♕e2! und schnellem Matt beantwortet wird.

Das Experiment mit 11...♕f6 ist nur selten wiederholt worden. Da der weiße Springer auf g5 nicht unmittelbar verloren zu gehen droht, hat Weiß Zeit, den schwarzen Springer auf d4 zu befragen.

12 c3 ♘xb3 13 ♕xb3

In Ziatdinow-Katischonok, UdSSR 1990, nahm Weiß mit dem Bauern wieder und öffnete die a-Linie zum Angriff auf den schwarzen a-Bauern. Nach 13 axb3 ♗e7 14 ♕d5! spielte Schwarz 14...0-0, wonach 15 ♘a3 dank der Fesselung auf der a-Linie die Drohung 16 ♘xb5 aufstellte. 14...0-0 sieht rein prinzipiell verkehrt aus, da der Nachziehende sich seiner Gegenspielchancen auf der h-Linie beraubt. Er könnte 14...♔d7!? versuchen mit der Absicht, den weißen König mit ...c6, ...♕g6, ...♕h5 und ...♘f5

in Verlegenheit zu bringen, wenngleich sein eigener König dabei exponiert werden könnte.

13...♗e7 14 a4

In dieser Variante ist die a-Linie nicht offen, so dass 14 ♕d5 mit 14...♖d8 beantwortet werden kann.

Weiß fühlt sich verpflichtet, ein Spiel am Damenflügel aufzuziehen. Er gibt den Springer auf g5 gerne her (wie es in diesem Abspiel Tradition ist), wenn er dadurch die Initiative erlangen kann.

14...♕g6 15 axb5 ♗xg5 16 ♖xa6 ♖d8 17 b6? *(D)*

Weiß kann sein Spiel mit 17 ♗xg5! ♕xg5 18 b6 rechtfertigen, obwohl danach die Stellung nur ausgeglichen wäre.

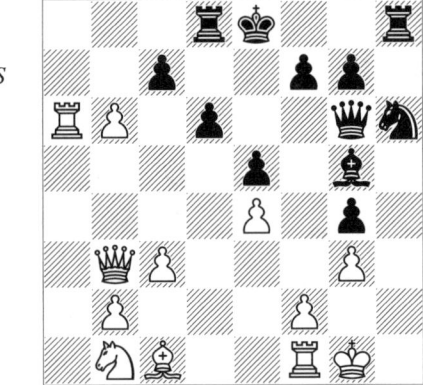

Jetzt hat Weiß jedoch dem schwarzen Angriff auf der h-Linie nichts entgegenzusetzen.

17...♕h5!! 18 ♗xg5

Nach 18 bxc7 ♘f5! 19 cxd8♕+ ♗xd8 gibt es keine Verteidigung gegen das Matt auf h1 oder h2.

18...♘f5! 19 ♕b5+

Schwarz hat gewinnbringenden Angriff, aber es war besser, mit 19 ♕a4+ dem bald auf d1 erscheinenden Turm Deckung zu geben.

19...♔f8 20 ♗h4 ♘xh4 21 ♖d1

Nach 21 gxh4 ♕xh4 ist das Matt nicht zu verhindern, während der Versuch, sich mit 21 f4 ein Schlupfloch zu verschaffen, an 21...♘f3+ 22 ♔f2 ♕h2+ 23 ♔e3 ♕xg3 mit überwältigenden Drohungen scheitert.

21...♘f5!

Wenn der Turm d1 besser verteidigt wäre, würde Schwarz mit 21...♘g6 gewinnen.

22 ♔f1 ♘xg3+! 23 ♔e1
23 fxg3 verliert wegen 23...♕h1+ 24 ♔e2 ♖h2+, wonach der König den verwundbaren weißen Turm im Stich lassen muss.
23...♕g5! 0-1
Es droht 24...♖h1+, und auf 24 fxg3 folgt 24...♕e3+ 25 ♔f1 ♖h1+ 26 ♔g2 ♕f3#.

Übungen

Übung 21

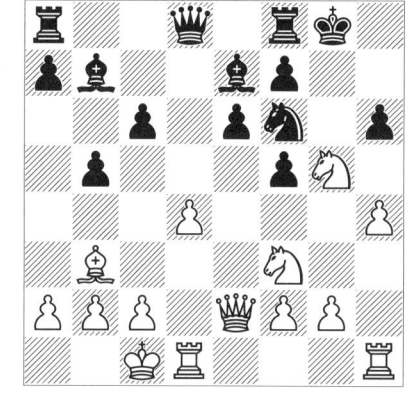

Weiß will seinen Springer auf g5 einstehen lassen. Wie bringt er den Nachziehenden am besten dazu, den Springer zu nehmen, und wie setzt Weiß nach der Annahme des Opfers fort?

Übung 22

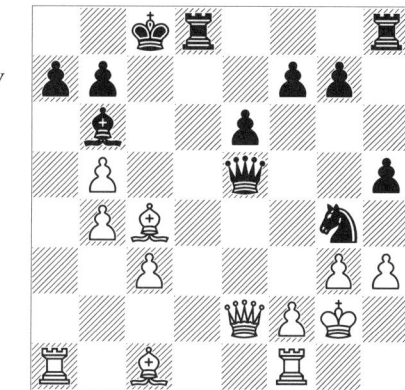

Im Fall des Damentauschs hat Weiß mit seinem Läuferpaar vermutlich das bessere Spiel. Schwarz am Zug kann seinen Springer auf g4 einstehen lassen, aber welchen Zug sollte er unterdessen spielen, und ist dies eine gute Idee?

13 Zerstörung der Rochadestellung: ♗xh6

Dieses Kapitel beschäftigt sich mit dem Läuferopfer auf h6, wonach der Verteidiger mit dem g-Bauern schlägt und der Opfernde mit der Dame zurücknimmt. Von allen Opfern im vorliegenden Buch hat das Läuferopfer auf h6 wahrscheinlich die höchste Erfolgsquote. Der Grund dafür ist leicht ersichtlich, wenn wir uns ein typisches Beispiel anschauen.

Rjumin – Budo
Meisterschaft der UdSSR, Moskau 1931

1 d4 ♘f6 2 ♘f3 e6 3 e3 d5 4 ♗d3 ♗e7 5 ♘bd2 0-0 6 ♕e2 ♘bd7 7 e4 dxe4 8 ♘xe4 ♘xe4 9 ♕xe4 ♘f6 10 ♕h4 c5 11 dxc5 ♗xc5 12 0-0 h6 *(D)*

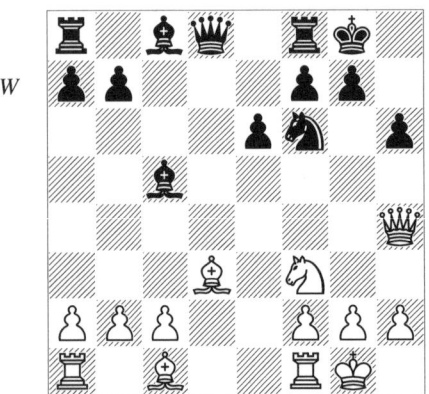

Eine typische Ausgangsstellung für das Läuferopfer auf h6. Oft stehen Dame und Läufer auf f4 und d2, aber hier kann Weiß das Opfer sogar bringen, ohne vorher seinen Läufer gezogen zu haben.

13 ♗xh6 gxh6 14 ♕xh6 *(D)*

Weiß hat nun zwei Bauern für den geopferten Läufer, aber das ist fast schon nebensächlich, da er über einige andere Vorteile verfügt:

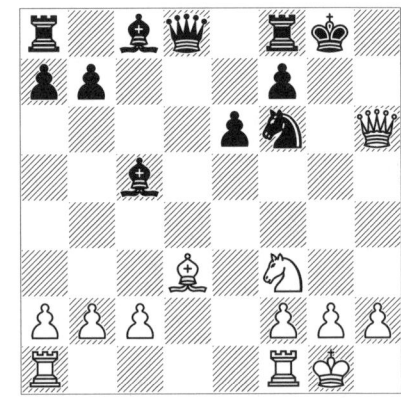

- Seine Dame macht den schwarzen König völlig bewegungsunfähig.
- Wenn es Weiß gelingt, den Springer von f6 zu vertreiben, winkt dank des Läufers d3 ein Matt auf h7. Dies kann mit dem Vorstoß g4-g5 erreicht werden.
- Der Springer f3 kann über g5 am Angriff teilnehmen.
- Die Türme können über die offene e- und d-Linie auf den Königsflügel schwenken, wonach ein Schachgebot auf der g-Linie das Matt erzwingen würde.

Schwarz hat mehrere Möglichkeiten, eine Verteidigung zu organisieren, aber Weiß hat auf alles eine Antwort parat:

a) 14...♖e8 15 ♘g5 ♗f8 treibt die Dame nicht weg, da der f-Bauer nicht mehr verteidigt ist und Weiß mit 16 ♗h7+ ♔h8 17 ♘xf7# matt setzen kann.

b) 14...♗d6 15 ♘g5 ♗f4 versucht das Auftauchen eines Turms auf e3 zu verhindern und beabsichtigt auch die Abschwächung des Angriffs durch späteren Abtausch auf g5. Der Anziehende kann jedoch mit 16 ♗h7+ ♔h8 17 ♗e4+ das Feld d3 für einen Turm räumen, wonach 17...♔g8 18 ♖ad1 ♕e7 19 ♖d3 e5 (deckt h3 durch den Läufer c8) 20 ♗h7+ ♔h8 21 ♗f5+ (blockiert die Wirkungslinie des Läufers nach h3) 21...♔g8 22 ♖h3 zum Matt führt.

c) 14...♕e7 ist ein Versuch, die in den anderen Abspielen auftretenden Probleme zu umgehen, aber Weiß kann mit 15 g4 ♖d8 16 g5 den Springer f6 gewinnen, da die Dame auf e7 dem König den Fluchtweg verbaut, so dass 16...♘g4 mit 17 ♕h7+ ♔f8 18 ♕h8# beantwortet werden kann.

Schwarz will den Vorstoß g4 verhindern.
14...e5 15 ♘g5 ♕e7 16 ♖ae1?!
Weiß braucht diesen Turm noch nicht einmal für den Angriff, da 16 ♗h7+ ♔h8 17 ♗f5+ ♔g8 18 ♘e4 sofort gewinnt. Jetzt versucht der Nachziehende, den Angriff durch ein Qualitätsopfer abzuschwächen.
16...♖d8 *(D)*

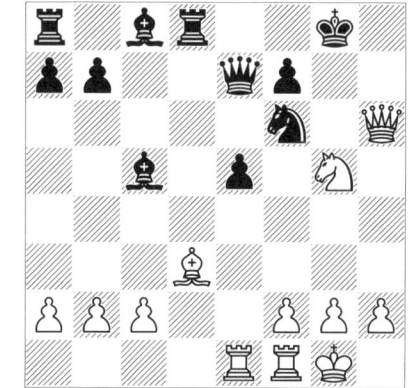

17 ♖xe5!
Dieses Opfer ist noch effizienter, wenn Weiß zunächst den Läufer mit 17 ♗h7+ ♔h8 18 ♗g6+ ♔g8 aus der Schusslinie nimmt und erst dann 19 ♖xe5! spielt. Der Unterschied spielt allerdings keine Rolle, da Weiß nun riesigen Materialvorteil erlangen wird. Der Ordnung halber sei noch erwähnt, dass das geradlinige 17 ♖e4 (mit der Absicht 18 ♖h4) ebenfalls gewinnt.
17...♖xd3
17...♕xe5 verliert wegen 18 ♗h7+ ♘xh7 (oder 18...♔h8 19 ♘xf7#) 19 ♕xh7+ ♔f8 20 ♕xf7#, während 17...♗e6 mit 18 ♘xe6 fxe6 19 ♖g5+ ♔f7 20 ♗g6+ ♔g8 21 ♗e8+ ♕g7 22 ♕xg7# beantwortet wird. Schwarz gibt lieber den größten Teil seiner Streitmacht auf als sofort das Handtuch zu werfen.

18 ♖xe7 ♗xe7 19 cxd3 ♗f5 20 ♖e1 ♗d8 21 ♘e4 ♗g6 22 h3 ♘d5 23 h4 ♗c7 24 g3 ♗d8 25 h5 1-0

Direktes Wiedernehmen auf h6 mit der Dame

Bei den meisten Läuferopfern auf h6 steht die Dame schon auf der Diagonale c1-h6 oder der h-Linie, von wo aus sie den Angriff durch sofortiges Zurückschlagen auf h6 einleitet. Dies kann man als die Standardform des Opfers bezeichnen. Betrachten wir die folgende Miniatur.

Schlander – Buschmann
Deutsche Mannschaftsmeisterschaft U-13, 1997

1 e4 c6 2 d4 d5 3 exd5 cxd5 4 c4 e6 5 ♘c3 ♘f6 6 ♘f3 ♘c6 7 ♗g5 ♗e7 8 ♗e2 0-0 9 0-0 h6 10 ♗f4 dxc4 11 ♗xc4 ♕b6 12 ♕d2 ♕d8 13 ♗d3 a6 14 ♗xh6 gxh6 15 ♕xh6 ♘xd4 16 ♘xd4 ♕xd4 17 ♕g5+ ♔h8 18 ♕h6+ ♔g8 ½-½

Remis durch Dauerschach.

Eine unwichtige Partie aus einer unbedeutenden Veranstaltung. Merkwürdigerweise war sie in *Mega Database 2001* mit kurzen anonymen Anmerkungen versehen, gemäß denen 14 ♗xh6 kein gutes Opfer ist und 15...♘xd4 unnötigerweise Remis zuließ. Auf der Grundlage unserer Kenntnisse über das Läuferopfer auf h6 würden wir erwarten, dass es hier gut ist. Wie sich bei der Analyse herausstellt, handelt es sich hier um ein sehr instruktives Beispiel.

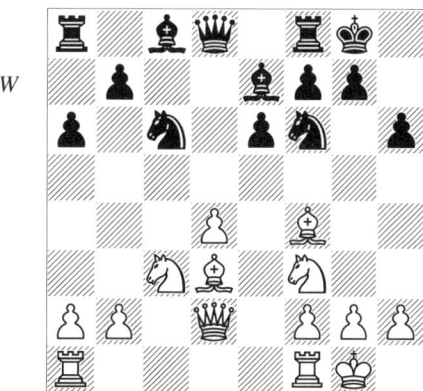

Dies ist die Stellung vor dem Opfer. Der Läufer steht auf d3 sicher, ein Springer steht zum Sprung nach g5 bereit, ein Turm sollte sich über die c-, d- oder e-Linie in den Angriff einschalten können, und der Springer c3 kann nach e4 gehen, um den Springer f6 unter Druck zu setzen. Die Stellung könnte für das Opfer kaum günstiger sein.

14 ♗xh6 gxh6 15 ♕xh6 ♘xd4 *(D)*

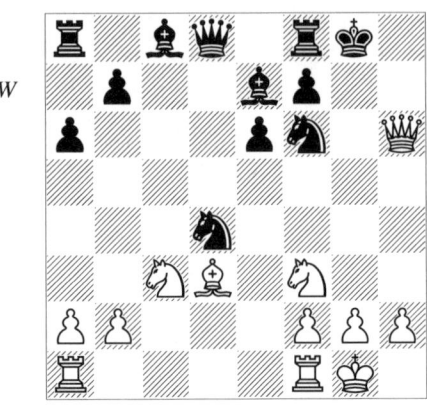

Weiß drohte 16 ♘g5 ♘b4 17 ♘ce4 ♘bd5 18 ♗c4 mit Eliminierung des Springers f6 und Matt auf h7 oder f7. Der Partiezug erweist sich als nicht schlechter als alles andere. Von den zahlreichen Alternativen seien einige wenige mit ihren instruktiven Widerlegungen angeführt:

a) 15...♕c7 pariert die Hauptdrohung durch Verhinderung von ♗c4, aber Weiß gewinnt mit 16 ♘g5 ♘b4 17 ♘ce4 ♘bd5 18 ♖ac1 ♕f4 19 ♘xf6+ ♘xf6 20 ♖c3! nebst ♗h7+ und tödlichem Turmschwenk.

b) 15...♖e8 will die Dame mit 16...♗f8 vertreiben, aber 16 ♘g5 droht 17 ♗h7+ ♔h8 18 ♘xf7# und zwingt daher den Turm nach f8 zurück.

c) 15...♕a5 kann mit 16 ♘e5 (gut ist auch 16 ♘g5) 16...♘xe5 (oder 16...♖d8 17 ♘g4! ♘xg4 18 ♕h7+ ♔f8 19 ♕h8#) 17 ♕g5+! ♔h8 (oder 17...♘g6 18 ♕xa5) 18 dxe5 ♘h7 19 ♕h6 beantwortet werden, wonach Weiß durch die Mattdrohung Material gewinnt.

d) 15...♘b4 sieht unangenehm aus für Weiß, aber er kann die Bedrohung seines Läufers ignorieren und 16 ♘g5! mit der Absicht 16...♘xd3 17 ♘ce4 mit unvermeidlichem Matt spielen. Auf das erzwungene 16...♘bd5 gewinnt Weiß mit 17 ♘xd5 exd5 18 ♖ae1 ♗g4 19 ♖e5!, wonach die Drohung 20 ♘e6! fxe6 21 ♖g5+ entscheidend ist.

Der Partiezug vermeidet zumindest eine längere Tortur und zwingt Weiß zum sofortigen Handeln...

16 ♘xd4?

...was ihr aber mit diesem Zug nicht gelingt. Stattdessen führt 16 ♕g5+ ♔h8 17 ♕h4+ zur Rückeroberung der Figur und 16 ♘g5! zu einem hübschen Gewinn:

a) 16...♘f5 erlaubt 17 ♗xf5 exf5 18 ♖ad1 ♕a5 19 ♘d5 mit Beseitigung des Springers f6.

b) 16...♘f3+ 17 gxf3 ♕xd3 kassiert den gefährlichen weißen Läufer ein, öffnet aber die g-Linie, was sich nach 18 ♘ce4 ♖d8 (18...e5 erlaubt 19 ♖fd1 ♕c2 20 ♖ac1 ♕a4 21 ♘xf6+ ♗xf6 22 ♕h7#) 19 ♖ad1! ♕c2 (19...♕xd1 verliert wegen 20 ♘xf6+ ♗xf6 21 ♕h7+ ♔f8 22 ♕xf7#) 20 ♖xd8+ ♗xd8 21 ♔h1 nebst 22 ♖g1 partieentscheidend auswirkt.

16...♕xd4 17 ♕g5+ ♔h8 18 ♕h6+ ♔g8
½-½

Da das Läuferopfer auf h6 nicht von irgendeiner besonderen Zentrumsbauernstruktur abhängig ist, kann es sich aus verschiedensten Eröffnungen ergeben. Wie wir sehen werden, ist es bei einer Reihe von Figurenkonstellationen spielbar. So kann beispielsweise ein Läufer nach h7 schielen, aber kein Springer zum Sprung nach g5 bereitstehen. Dann muss der Angreifer neue Wege zum Ziel finden. Das zu wählende Verfahren hängt von den zufälligen Merkmalen der Stellung ab. Es folgen zwei Beispiele.

Kamsky – Lautier
Dortmund 1993

1 e4 c5 2 ♘f3 d6 3 d4 cxd4 4 ♕xd4 a6 5 ♗g5 ♘c6 6 ♕d2 ♘f6 7 ♗d3 e6 8 c4 h6 9 ♗f4 d5 10 exd5 exd5 11 0-0 ♗e7 12 ♘c3 ♗g4 13 cxd5 ♗xf3 14 dxc6 ♗xc6 15 ♖ad1 0-0 *(D)*

16 ♗xh6 gxh6 17 ♕xh6

Weiß hat keinen Springer auf f3, und der schwarze Läufer c6 verhindert die Idee der Beseitigung des Springers f6 durch ♘e4. Weiß muss sich woanders nach guten Einfällen umsehen. Die Hauptidee besteht in einem Turmschwenk auf die g- oder h-Linie.

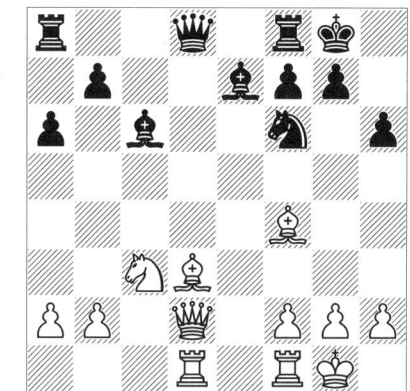

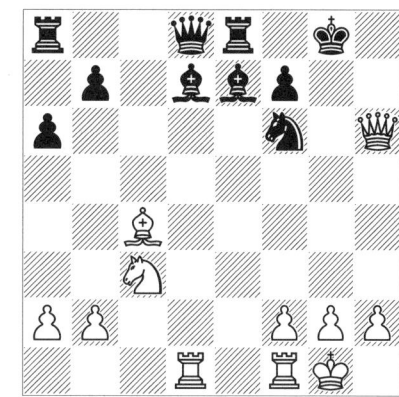

Schwarz findet die einzige vernünftige Verteidigung.

17...♖e8

Jetzt braucht Schwarz keine Angst vor 18 ♖fe1 ♗f8 zu haben. Damit vertreibt er nicht nur die weiße Dame, sondern pariert auch die Drohung ♖e3.

Stattdessen bereitet Weiß die Überführung des Turms d1 auf den Königsflügel vor, wobei er die offene d-Linie zu einem Tempogewinn nutzt. Weiß darf nicht 18 ♗f5 spielen, da darauf 18...♛a5 folgt und Schwarz sich sowohl nach 19 ♖d3 ♛xf5 20 ♖g3+ ♞g4 21 h3 ♗f8 als auch nach 19 ♛g5+ ♔f8 20 ♖d3 ♞g8 bequem verteidigen kann.

Er findet ein viel besseres Feld für den Läufer.

18 ♗c4!

Gut ist auch 18 ♗c2, aber der Partiezug bringt die Idee der Eroberung des f-Bauern durch ♛g6+ ins Spiel.

18...♗d7 *(D)*

Auf alles andere folgt 19 ♖d3; z. B. 18...♛a5 19 ♖d3 ♞h7 20 ♖g3+ ♗g5 21 ♖d3, und die schwarze Stellung bricht zusammen.

Mit dem Partiezug will der Nachziehende ein Turmschach auf g3 durch Dazwischenstellen einer Figur auf g4 beantworten, aber Weiß findet ein noch besseres Feld für seinen Turm als d3.

19 ♖d4!

Weiß droht 20 ♖h4 nebst Matt auf h8. Es gibt nur eine vernünftige Antwort.

19...♗f8 20 ♛g6+

Nun gewinnt der Anziehende mit einer Serie von Schachgeboten Material.

20...♗g7 21 ♛xf7+ ♔h8 22 ♖h4+ ♞h7 23 ♖xh7+! ♔xh7 24 ♛h5+ ♗h6 25 ♗d3+ ♔g8 26 ♛xh6 1-0

Weiß hat drei Bauern für die Qualität, und die vollkommen exponierte Stellung des schwarzen Königs wird ihm weiteres Material eintragen.

Wedberg – Kirov
Politiken Cup, Kopenhagen 1981

1 e4 c5 2 ♞f3 ♞c6 3 d4 cxd4 4 ♞xd4 e6 5 ♞c3 a6 6 g3 ♛c7 7 ♗g2 ♞f6 8 0-0 ♗e7 9 ♖e1 0-0 10 ♞xc6 dxc6 11 e5 ♖d8 12 ♛f3 ♞d5 13 h4 ♞xc3 14 ♛xc3 h6 15 ♗e4 c5 16 ♛f3 ♖a7 17 ♛g4 ♔h8 18 ♗g5 b5 19 ♖ad1 a5 20 ♛f4 ♔g8 *(D)*

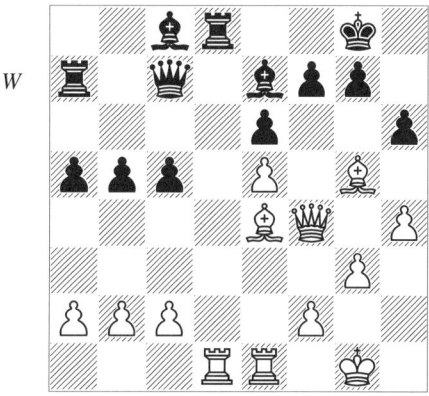

21 ♗xh6 ♖xd1 22 ♖xd1 gxh6 23 ♛xh6

Weiß kann keine Springer mehr zu Hilfe nehmen und wird wohl auch kaum einen Turm auf die g- oder h-Linie überführen können, da die weißen Königsflügelbauern schon gezogen haben.

Ein Pluspunkt für Weiß ist jedoch sein e-Bauer, der den schwarzen Figuren Felder nimmt und auf f6 nehmen kann, wenn Schwarz versucht, h7 durch einen Zug seines f-Bauern zu decken.

23...f5 (D)

Wenn Schwarz 23...♗d8 spielt, um 24 ♕h7+ ♔f8 25 ♕h8# zu vermeiden, gewinnt Weiß mit einer Reihe von Schachgeboten: 24 ♗h7+ ♔h8 25 ♗g6+! ♔g8 26 ♕h7+ ♔f8 27 ♕h8+ ♔e7 28 ♕g7, und Matt auf f7 ist nicht zu verhindern.

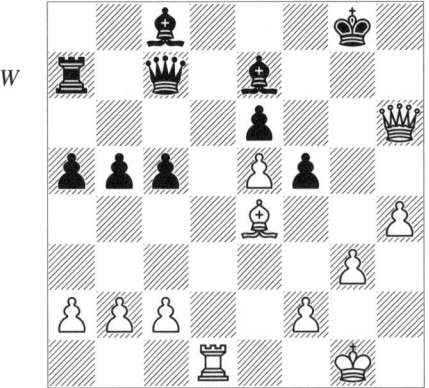

Schwarz hat keine andere Wahl, als zur Verteidigung die zweite Reihe zu öffnen.

24 exf6 ♗f8 25 ♕g6+ ♔h8 26 ♕h5+ ♔g8

Jetzt könnte Weiß mit 27 ♗g6 nebst 28 f7+ gewinnen, aber eine zufällig auftauchende Idee gewinnt sofort.

27 ♖d5! 1-0

Der Turm findet trotz allem einen Weg auf die g-Linie, da 27...exd5 28 ♗xd5+ ♕f7 29 ♕g6+ zu baldigem Matt führt.

Manchmal ist es noch nicht einmal nötig, dass der Läufer gegen h7 gerichtet ist. Im folgenden Beispiel steht er anfangs auf g2, kann aber schnell auf die Schlüsseldiagonale kommen.

Oll – I. Sokolov
Wijk aan Zee 1993

1 d4 ♘f6 2 c4 e6 3 ♘f3 b6 4 g3 ♗a6 5 ♘bd2 ♗b7 6 ♗g2 c5 7 e4 cxd4 8 e5 ♘g4 9 0-0 ♕c7

10 ♖e1 ♘c6 11 h3 ♘h6 12 ♘e4 ♘g8 13 ♗f4 ♕c8 14 ♖c1 ♗c5 15 a3 a5 16 ♘fg5 ♗e7 17 c5 h6 18 ♘f3 bxc5 19 ♘xc5 ♗xc5 20 ♖xc5 ♕b8 21 ♖b5 ♕c7 22 ♘xd4 ♘ge7 23 ♕d2 0-0 24 ♖c1 a4 (D)

Wiederum hindert der Bauer e5 die schwarzen Figuren an der Verteidigung ihres Königs. Nach Annahme des Opfers wird das Feld f6 sehr schwach sein. Zwar stehen zwei weiße Bauern auf g3 und h3, aber die Türme können gegebenenfalls über die vierte Reihe den entscheidenden Schlag landen.

25 ♗xh6 gxh6 26 ♕xh6 ♖a5

26...♘g6 verliert wegen 27 ♘f3 ♖fc8 28 ♘g5, und nun unterstreichen die beiden Abspiele 28...♘f8 29 ♘e4 und 28...d5 29 exd6 ♕d7 30 ♘h7 die Schwäche von f6.

27 ♗e4

Der Läufer schaltet sich mit Mattdrohung ins Geschehen ein. Die schwarze Antwort ist erzwungen.

27...♘g6 28 ♗xg6 fxg6 29 ♕xg6+ ♔h8

Der Anziehende hat drei Bauern für die Figur und kann nun seinen Turm in den Angriff einbeziehen.

30 ♘xc6! dxc6

Auch auf 30...♖xb5 folgt 31 ♖c4.

31 ♖c4! ♕d8

Da 31...♕h7 den Turm a5 verliert, ist die Partie gelaufen. Schwarz hofft auf 32 ♖h4+ ♕xh4! 33 gxh4 ♖xb5, aber den Gefallen tut Weiß ihm nicht.

32 ♕h6+ ♔g8 33 ♖g4+ 1-0

Das Matt wird nicht lange auf sich warten lassen.

Der Angreifer kann sogar Erfolg haben, wenn er gar keinen Läufer mehr besitzt. Im nächsten Beispiel hat der Anziehende einen Läufer auf d3, den er aber sofort nach dem Opfer abtauschen muss. Ein Springer und zwei Türme sind jedoch durchaus in der Lage, die Dame bei einem Mattangriff zu unterstützen.

Vogt – Uhlmann
Ostberlin 1989

1 e4 e6 2 d4 d5 3 ♘c3 ♗b4 4 e5 c5 5 a3 ♗xc3+ 6 bxc3 ♘e7 7 ♕g4 0-0 8 ♗d3 ♘bc6 9 ♕h5 h6 *(D)*

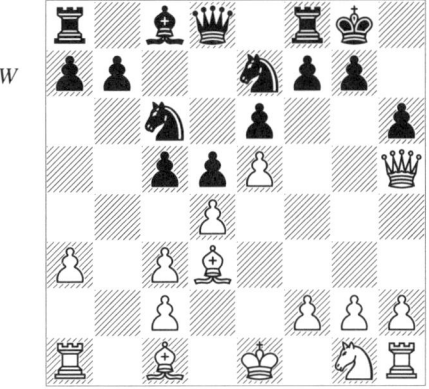

10 ♗xh6 gxh6 11 ♕xh6
Lange Zeit herrschte die Meinung, dass das Opfer bestenfalls für ein Remis gut ist, da Weiß mit der Entwicklung im Rückstand ist und der nächste schwarze Zug den Abtausch des Läufers erzwingt.

11...♘f5 12 ♗xf5 exf5 13 0-0-0! *(D)*

Zuvor wurde 13 ♘h3 mit der Absicht 14 ♘g5 gespielt, aber dies führte nur zum Remis. 13...f6? 14 ♕g6+ ♔h8 15 0-0-0! ist brandgefährlich für Schwarz, aber in Novik-Brodski, Jurmala 1989, geschah stattdessen 13...♕e7 14 ♘f4 cxd4 15 cxd4! ♘xd4 16 0-0 f6 (nicht 16...♕xe5? 17 ♘h5, wonach die Drohung 18 ♘f6+ den Ausschlag gibt) 17 ♘xd5, und nun ergibt 17...♕xe5 18 ♕g6+ Remis durch Dauerschach.

Mit der Rochade stellt Vogt die einfache, aber starke Drohung 14 ♖d3 nebst 15 ♖g3+ auf, die Schwarz verhindern muss.

13...c4

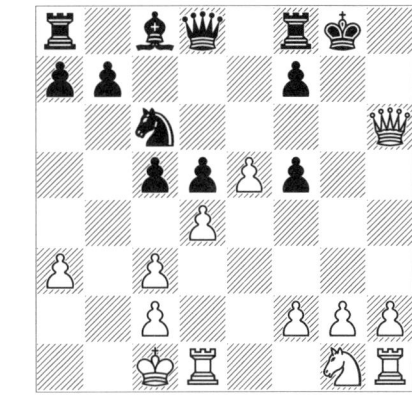

Der Nachziehende versucht, die Überführung des Turms auf die dritte Reihe zu verhindern. Andere Züge sind nicht besser:

a) 13...♘e7 wird am besten mit 14 ♖d3 beantwortet, und nun trifft 14...♘g6 auf 15 ♖h3 ♖e8 16 ♘e2 f4 17 ♘xf4! ♗xh3 18 ♕h5 mit sofortigem Gewinn, während 14...f4 hübsch widerlegt wird: 15 ♖g3+! ♔g6 (nicht 15...fxg3 16 hxg3 mit Matt auf der h-Linie) 16 ♘e2! fxg3 17 hxg3 ♖e8 18 ♘f4!, und es gibt keine Verteidigung gegen die Drohung 19 ♘h5.

b) Nach 13...♕e7 14 ♖d3 f4 15 ♘h3 ♕e6 16 ♕xf4 ♖e8 17 ♖g3+ ♔f8 18 ♕h4 gibt es keine Verteidigung gegen die Drohung 19 ♘g5 nebst 20 ♘h7+.

c) 13...f4 deckt das Feld g3 und ermöglicht es, den Läufer c8 via f5 zur Verteidigung des Königs heranzuführen. Weiß kann das direkte 14 ♖d3 spielen (mit der Drohung 15 ♖g3+! zwecks Öffnung der h-Linie) oder einfach 14 ♘h3 *(D)*, wonach es eine weitere Verzweigung gibt:

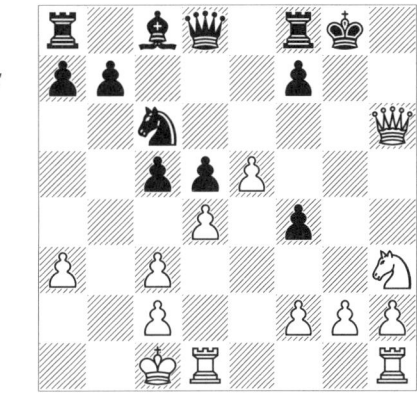

c1) 14...♘e7 verlor in Maus-Hübner, Lugano 1989, wegen 15 ♘g5 ♗f5 16 g4 (sehr gut ist auch sofort 16 ♖d3) 16...♗e4 17 ♖he1 ♕b6 18 e6 ♗g6 19 ♖d3 1-0.

c2) 14...♗f5 15 ♘xf4 f6 16 ♘g6 fxe5 17 dxe5 ♕a5 (oder 17...♕d7 18 ♕h8+ ♔f7 19 ♕h7+ ♔e8 20 ♕xd7+ ♔xd7 21 ♖xd5+, wonach Weiß mit Turm und vier Bauern für zwei Leichtfiguren verbleiben wird) 18 ♕h8+ ♔f7 19 ♕h7+ ♔e8 20 e6 ♕xa3+ 21 ♔d2 ♗xe6 22 ♘xf8 d4 1-0, Kindermann-Psachis, Dortmund 1989. Schwarz gab hier auf, da Weiß nach 23 ♘xe6 ♕xc3+ 24 ♔e2 ♕c4+ 25 ♔f3 ♕xe6 mit 26 ♖(beliebig)e1 die Dame gewinnt.

14 ♘h3 f6

Schwarz verhindert 15 ♘g5, aber nun weht seinem König eine steife Brise um die Nase.

15 ♕g6+ ♔h8 16 ♖he1

Weiß wird sich seinen Turmschwenk nicht verderben lassen.

16...fxe5 17 dxe5 f4 18 ♕h6+ ♔g8 19 ♘xf4 ♕e7 20 ♖e3 ♗g4 21 ♘xd5 ♕xa3+

Schließlich lässt die Dame den König völlig im Stich. Nach 21...♕g7 kann Weiß mit 22 ♕xg7+ ♔xg7 23 ♖g3 ♘xe5 24 f4 ♔f7 25 ♖d2 die Damen tauschen und die Figur zurückgewinnen oder mit 22 ♕h4 weiter auf Angriff spielen.

22 ♔b1 1-0

Nach 22...♗xd1 23 ♕g6+ ♔h8 erfüllt der Turm mit 24 ♖h3+ seine Mission.

Verzögertes Schlagen auf h6

Bei den Läuferopfern auf h6, die wir uns bisher angesehen haben, konnte die Dame direkt auf h6 zurückschlagen. Es gibt Stellungen, in denen die Dame auf h6 zurücknehmen kann, selbst wenn sie dafür anfangs noch nicht richtig steht. Im nächsten Beispiel garantiert ein gut postierter Springer, dass die Dame ihre Stellung korrigieren und den h-Bauern nach kurzer Verzögerung schlagen kann.

Biolek – Oral
Olmütz 1997

1 e4 c5 2 ♘f3 ♘c6 3 ♗b5 e6 4 ♗xc6 bxc6 5 d3 ♘e7 6 b3 ♘g6 7 h3 ♗e7 8 ♗b2 0-0 9 0-0 ♕c7 10 ♘bd2 e5 11 c3 ♗a6 12 ♕c2 ♘f4 13 c4 d6 14 a3 ♗c8 15 b4 *(D)*

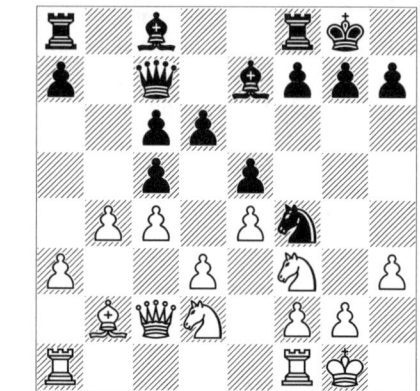

S

Der Springer auf f4 ermöglicht das Opfer, da Weiß die Dame nicht von h3 fernhalten kann.

15...♗xh3 16 gxh3 ♕d7 17 ♘e1 ♕xh3 18 ♘df3 *(D)*

S

Es gibt kein direktes Matt, und Weiß will sich mit ♘h2 und f3 konsolidieren. Schwarz muss einen Turm in den Angriff einschalten und verfügt über einen einfachen und effektiven Weg dazu.

18...f5 19 ♘h2 fxe4 20 dxe4 ♖f6 21 f3 ♖af8

Zwei Türme sind besser als einer, was nach dem Bauernraub 22 bxc5 sehr schön zu erkennen ist. Danach spielt Schwarz 22...♖g6+ mit der wahrscheinlichen Fortsetzung 23 ♔h1 ♗h4 (droht 24...♘h5 25 ♖g1 ♘g3+ 26 ♖xg3 ♗xg3 mit starkem Druck auf der g- und h-Linie) 24 ♖g1 ♖xg1+ 25 ♔xg1 ♗xe1 26 ♖xe1 ♕g3+ 27 ♔f1 ♖f6. Der Turm ersetzt seinen

Kollegen auf der sechsten Reihe und ermöglicht eine gewinnbringende Invasion über die g- oder h-Linie.

22 ♗c1 ♖g6+ 23 ♔h1 ♘h5 24 ♖g1 ♘g3+ 25 ♖xg3 ♕xg3 26 ♗e3 ♗g5 27 ♗f2

Besser ist 27 ♗xg5 ♖xg5 28 ♕g2, wenngleich Schwarz dann bei ungefährem materiellem Gleichstand starken Angriff hat. Jetzt kommen die weißen Figuren einander ins Gehege.

27...♕h3 28 ♕e2

Der Anziehende muss f1 decken, da 28 bxc5 auf 28...♗f4 29 ♗g1 ♗xh2 30 ♕xh2 ♕f1 mit überwältigendem Angriff trifft; z. B. 31 cxd6 ♖xf3 (ein kleines Spiel mit dem Feuer...) 32 d7 ♖xg1+ 33 ♕xg1 ♖h3#.

Eine andere Möglichkeit zur Deckung von f1 ist 28 ♗g1 ♗f4 29 ♕f2, aber dann schlüge der schwarze Angriff nach 29...♖ff6 mit der Absicht 30...♖xg1+! 31 ♕xg1 ♖g6 32 ♘g2 ♗xh2 33 ♕xh2 ♕xf3 34 ♔g1 ♖h6 hübsch durch.

28...♗f4 29 ♗g1 ♖ff6 30 bxc5 (D)

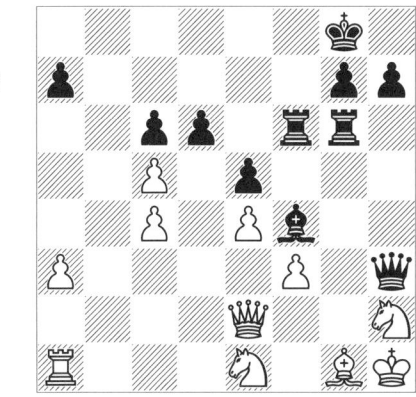

Alles steht für die Schlusskombination bereit.

30...♖xg1+! 31 ♔xg1 ♖g6+ 32 ♘g4

Oder 32 ♔h1 ♗xh2 33 ♕xh2 ♕f1+ nebst Matt.

32...♖xg4+! 33 fxg4 ♗e3+ 0-1

In der folgenden Partie wird die gleiche Idee, der Dame durch einen Springer auf f5 das Feld h6 zu sichern, in Form einer brillanten Kombination verwirklicht. Bevor der Anziehende sie jedoch anbringen kann, muss er einige teuflische Komplikationen überleben.

Hellers – Cu. Hansen
Malmö 1997

1 e4 e6 2 d4 d5 3 ♘c3 ♗b4 4 e5 c5 5 a3 ♗xc3+ 6 bxc3 ♕c7 7 ♘f3 ♘e7 8 a4 h6 9 ♗d3 b6 10 0-0 ♗a6 11 ♗xa6 ♘xa6 12 ♕d3 ♘b8 13 ♘h4 ♘bc6 14 f4 0-0 15 ♗a3 ♘a5 16 ♖ae1 ♕c6 17 g4 ♕xa4 18 ♗c1 cxd4 19 f5 ♖ac8 (D)

Der weiße Damenflügel ist auseinandergefallen. Schwarz gibt in der Variante 20 f6 ♖xc3! 21 fxe7 ♖e8! gerne den Springer e7 her, da der Angriff dann vorbei ist und er mit einer Handvoll Bauern für die Figur verbleibt. Weiß hofft jedoch, dass er mit einem Präventivschlag seinem Angriff neue Impulse verleihen kann.

20 ♗xh6 gxh6

Schwarz hat zwei Hauptalternativen:

a) Nach 20...exf5 21 ♘xf5 ♘xf5 22 ♕xf5 schaltet sich die weiße Dame mit großer Wirkung in den Angriff ein.

b) Nach 20...♖xc3!? 21 ♕d2 muss Schwarz mit 21...♖e3! die Qualität geben, wonach der Ausgang der Partie unklar bleibt.

21 f6 ♘ec6

Der Nachziehende sollte besser mit 21...♖xc3 22 ♕d2 den Springer abschreiben. Dann kann folgen:

a) 22...♕xc2 23 ♕xh6 ♕h7 24 ♕xh7+ ♔xh7 25 fxe7 ♖e8 26 ♖xf7+ ♔g8, und hier hat Weiß aufgrund seines Freibauern und der aktiven Türme mindestens Remis.

b) Spielbar ist auch 22...♖e3!?, aber nach 23 fxe7 ♖c8 24 ♕f2 ♕e8 25 ♖xe3 dxe3 26 ♕xe3 ♕xe7 27 ♕xh6 ♕f8 28 ♕h5! nebst 29 ♖f6 hält der weiße Angriff weiter an.

Schwarz fühlt sich sicher genug, um den Springer zu retten, da der Angriff dem Weißen nicht mehr als Remis zu ergeben scheint. Jetzt kommt aber die oben angesprochene Kombination...

22 ♕d2! ♔h7 *(D)*

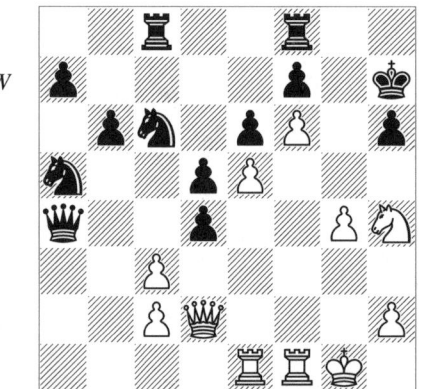

Schwarz erwartet 23 ♕d3+ ♔g8 24 ♕d2 ♔h7 mit Remis. Es gibt anscheinend keine Möglichkeit, die Dame nach h6 zu bringen.

23 ♖f5!!

Schwarz wird unsanft aus seinen Träumen gerissen. Nach 23...exf5 24 ♘xf5 (mit der Ankunft des Springers auf f5 wird das Feld h6 erobert) 24...♔g8 25 ♕xh6 ist das Matt nicht zu verhindern. Schwarz lässt einen noch hübscheren Schluss zu.

23...dxc3 *(D)*

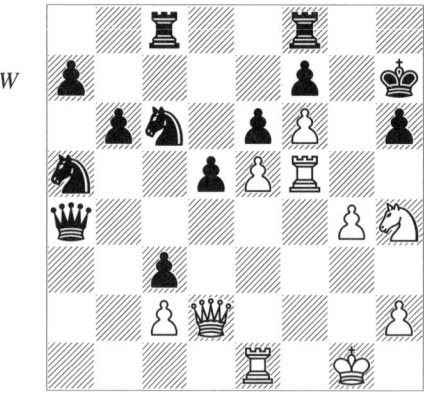

Vielleicht sieht Weiß es ja nicht...

24 ♕xh6+!

Alles andere verliert.

24...♔xh6 25 ♖h5# (1-0)

Es folgt ein Standardmanöver, bei dem das verzögerte Zurücknehmen nach einer kurzen Schachserie erfolgt.

Smagin – Monin
Pinsk 1986

1 d4 d5 2 c4 e6 3 ♘c3 c6 4 ♘f3 ♘f6 5 e3 ♘bd7 6 ♕c2 ♗d6 7 ♗e2!? 0-0 8 0-0 dxc4 9 ♗xc4 e5 10 h3 exd4 11 exd4 ♘b6 12 ♗b3 h6 *(D)*

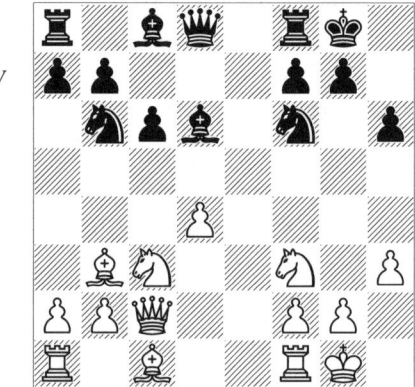

Mit dem Läufer auf der Diagonale a2-g8 kann die Dame auf g6 Schach bieten, da der schwarze f-Bauer ja gefesselt ist.

13 ♗xh6 gxh6 14 ♕g6+ ♔h8 15 ♕xh6+ ♘h7

Weiß hat anscheinend ein Tempo gewonnen. Wie wir in der nächsten Partie sehen werden, kann der Gewinn eines Tempos mit ♕xh6 an sich schon zum sofortigen Partiegewinn führen. Wenn Schwarz 15...♔g8? spielt, baut Weiß mit 16 ♗c2! diejenige Art von Gewinnstellung auf, wie wir sie in den ersten beiden Partien in diesem Kapitel gesehen haben. Ein wahrscheinliches Finale wäre 16...♖e8 17 ♘g5 ♗e6 18 ♗h7+ ♔h8 19 ♕g6+ ♔g8 20 ♘ce4! ♘bd5 21 ♘xf7! ♗xf7 22 ♗xf7+ ♔xf7 23 ♘g5+ mit schnellem Matt.

Durch die Schachgebote konnte Schwarz aber eine viel zähere Verteidigung aufbauen als sonst, da der Springer h7 den König abschirmt und das Feld g5 deckt und die Diagonale b1-h7 durch ...f5 blockiert werden kann.

16 ♘e4 *(D)*

ZERSTÖRUNG DER ROCHADESTELLUNG: ♗xh6

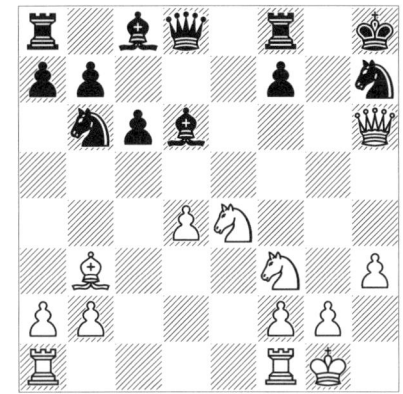
S

Es sieht nicht alles zappenduster aus für Weiß. Seine Springer beziehen in Windeseile bedrohliche Positionen.

16...♗e7

Nach 16...f6 17 ♘xd6 ♕xd6 ist der f-Bauer gefesselt, was Weiß mit 18 ♗c2 ♖f7 (oder 18...♕d7 19 ♗xh7 mit zwei Mehrbauern) 19 ♘e5! ausnutzen kann. Nach 19...♕c7 20 ♗xh7 fxe5 21 ♖ae1! ♕e7 22 ♗g6+ ♖h7 23 ♗xh7 ♕xh7 24 ♕f8+ ♕g8 25 ♕e7 kann Schwarz das Eindringen des weißen Turms nicht verhindern.

17 ♘f6!

Sehr hübsch. Die Pointe besteht darin, dass 17...♗xf6 mit 18 ♗c2 und Matt beantwortet wird.

17...♗f5 18 ♘h5 ♗f6 19 ♘g5! ♗xd4 20 ♘xh7 ♗xh7 21 ♖ad1! (D)

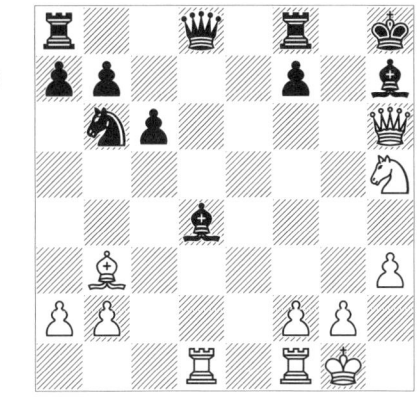
S

21...f5

Es drohte 22 ♖xd4! ♕xd4 23 ♖d1 ♕e5 24 f4 ♕xb2 25 ♘f6, wonach Schwarz das Matt nur durch Aufgabe seiner Dame verhindern kann.

Die einzige gute Verteidigung ist 21...♖g8! mit der Drohung 22...♖g6, was taktisch funktioniert, da 22 ♗xf7 mit 22...♖f8 23 ♗g6 ♗xf2+! 24 ♔h1 ♕e7 beantwortet werden kann, wonach Schwarz alle wunden Punkte gedeckt hat. Dann müsste sich Weiß mit dem Rückgewinn einer Qualität durch 22 ♗c2 ♖g6 23 ♗xg6 mit beiderseitigen Chancen begnügen.

Nach dem Partiezug lähmt Weiß seinen Gegner mit einem einzigen ruhigen Hieb.

22 ♖fe1! (D)

Es gibt keine gute Verteidigung gegen 23 ♖xd4 ♕xd4 24 ♖e7, da nach 22...♖e8 23 ♖xe8+ ♕xe8 der Läufer d4 hängt, 22...♘d5 die Verteidigung des Läufers d4 unterbricht und 22...♘c8 die Verteidigung des Turms f8 unterbricht (so dass Weiß 23 ♖xd4 ♕xd4 24 ♕xf8+ spielen kann).

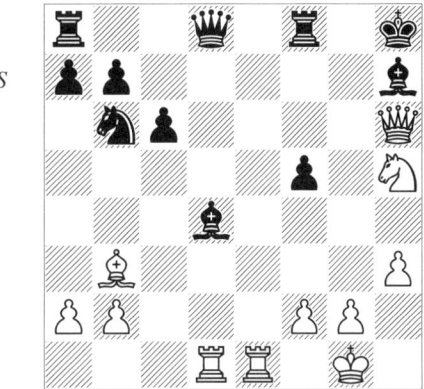
S

Schwarz könnte nun aufgeben, trennt sich aber zuerst noch von seiner Dame.

22...♕f6 23 ♘xf6 ♗xf6 24 ♖e6 ♗g7 25 ♕h5 a5 26 ♖dd6 ♖ac8 27 ♖e7 a4 28 ♖h6 1-0

Zurückschlagen auf h6 unter Tempogewinn

Wie versprochen folgt eine Partie, in der das Zurückschlagen auf h6 ein Tempo gewinnt. Die Dame greift einen ungedeckten Springer auf f6 an, und das Mehrtempo führt zu einem schnellen Ende.

Vasquez – Borges
Garcia-Memorial, Santa Clara 1998

1 d4 d5 2 c4 c6 3 ♘f3 ♘f6 4 ♘c3 e6 5 e3 ♘bd7 6 ♕c2 ♗d6 7 b3 0-0 8 ♗e2 dxc4 9 bxc4 e5 10 0-0 ♖e8 11 ♖d1 ♕e7 12 ♖b1 h6 13 h3 exd4 14 exd4 ♘f8 15 ♗d3 ♕c7 16 ♗e3 ♘e6 17 ♕d2 b6 18 ♖e1 ♗d7 *(D)*

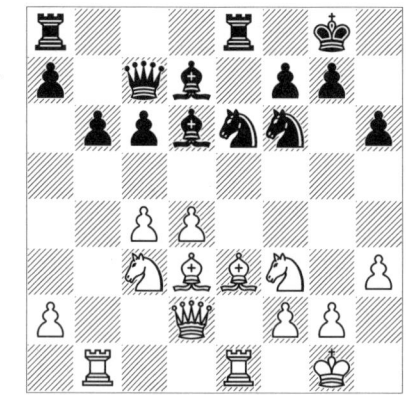

19 ♗xh6 gxh6 20 ♕xh6

Neben dem Tempogewinn sind in dieser Stellung auch fast alle anderen Faktoren günstig für Weiß. Den einzigen Pluspunkt des Nachziehenden bildet der Springer e6, der dem weißen Springer das angestammte Invasionsfeld auf g5 nimmt, aber hier kann dieser auch über e5 kommen. Außerdem kann – je nachdem, wie sich Schwarz verteidigt – ein weißer Turm über e4 oder e5 in den Angriff eingreifen.

20...♘f4

Nach der Rückgabe der Figur ist es sofort aus. Es gab zwei Möglichkeiten, den Springer zu decken:

a) 20...♗e7 erlaubt 21 ♖e5 ♘g7 22 ♖g5 ♗f8 23 ♖g3! ♕d8 24 ♘g5, und es gibt keine gute Verteidigung gegen die Drohung 25 ♗h7+ ♔h8 26 ♘xf7#.

b) 20...♕d8 trifft auf 21 ♘e4! ♘xe4 22 ♖xe4 ♗f8 23 ♖g4+ ♗g7 24 ♘e5! mit gewinnbringendem Angriff; z. B. 24...♔f8 (nicht 24...♕e7 25 ♖xg7+! nebst Matt) 25 ♖xg7! ♘xg7 26 ♕h8+ ♔e7 27 ♕xg7, und Weiß hat zu viele Drohungen.

21 ♕g5+ 1-0

Weiß gewinnt die Figur dank 21...♔f8 22 ♕xf6 ♘xd3 23 ♕h8# zurück.

Ein Grenzfall...

Natürlich sind Läuferopfer auf h6 nicht immer erfolgreich. Den Abschluss dieses Kapitels bildet ein Grenzfall, in dem der Opfernde versucht, ohne einige der wichtigsten Stellungsmerkmale der erfolgreichsten Opfer auszukommen.

Leyton – C. Hall
Britische Meisterschaft U-18, Bristol 1968

1 a3 e5 2 c4 ♘f6 3 ♘c3 d5 4 cxd5 ♘xd5 5 e4 ♘b6 6 ♘f3 ♘c6 7 ♗b5 ♗d6 8 d4 exd4 9 ♕xd4 0-0 10 ♗xc6 bxc6 11 0-0 h6 12 ♖d1 ♗e6 *(D)*

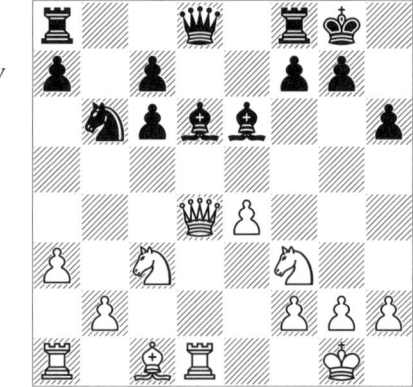

Weiß besitzt keinen weißfeldrigen Läufer mehr, und seine Dame zielt nicht auf den Bauern h6. Trotzdem wagt Weiß das Opfer, da er unter Ausnutzung einer Fesselung auf der d-Linie seiner Dame Zeit zum Zurücknehmen auf h6 verschaffen kann. Danach hofft er, seine Springer und Türme in den Angriff einschalten zu können.

13 ♗xh6 gxh6 14 ♕e3 ♕c8

Schwarz muss sich nun entscheiden, wie er dem Angriff auf seinen König zuvorkommen kann. Er wählt einen vernünftigen Einleitungszug, verpasst dann aber die richtige Fortsetzung, wie wir bei seinem nächsten Zug sehen werden.

Von den anderen Optionen ist das natürliche 14...♕e7 nicht gut, da dem Läufer d6 der Rückzug verbaut wird, so dass Weiß mit 15 e5 ♗c5 16 ♕xh6 ♗d5 17 b4 die Figur zurückgewinnt.

Am besten sieht 14...♗g4 aus. Die taktische Rechtfertigung lautet 15 e5 ♖e8 mit Gewinn des e-Bauern, und nach 15 ♕xh6 ♕e7 *(D)* ist es nicht leicht zu sehen, wie der Anziehende überhaupt irgendwie einen Angriff aufbauen will.

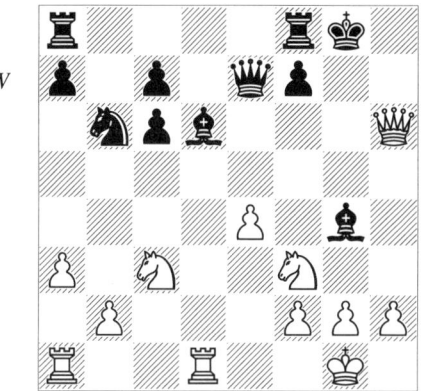

W

Weiß verfügt jedoch über die interessante Möglichkeit 16 ♘d4!?, wonach 16...♗xd1 mit 17 ♘f5 und starkem Angriff für den geopferten Turm beantwortet wird. Nach 17...♕e5 18 f4 ♗c5+ 19 ♔f1 ♕h8 20 ♕g5+ ♔h7 21 ♖xd1 steht Weiß zur Überführung des Turms via d3 oder f3 nach g3 oder h3 bereit, wogegen der Nachziehende nicht viel unternehmen kann. Besser fährt Schwarz mit der Ablehnung des Qualitätsopfers durch 16...♖fe8. Dann ergeben sich nach 17 ♖d3 mit der Absicht f4 nebst ♖g3 große Komplikationen.

15 e5?! *(D)*

Weiß hat es auf das Feld f6 abgesehen, aber der Partiezug hat den Nachteil, dass jetzt das Feld f5 für die schwarze Dame zugänglich wird. Wenn Weiß einen weißfeldrigen Läufer besäße, wäre dieser Zug stark, da er dem Läufer eine Angriffslinie gegen den schwarzen König eröffnen würde.

Besser ist das natürliche 15 ♕xh6 mit der wahrscheinlichen Folge 15...♖d8 16 ♕g5+ ♔f8, und nun muss Weiß seine Springer und seinen Turm in die Schlacht werfen. Ein guter Anfangszug hierfür ist wiederum 17 ♘d4!. Der Springer droht auf c6 zu nehmen und macht den Weg für einen Turmschwenk über d3 zum Königsflügel frei.

15...♘c4

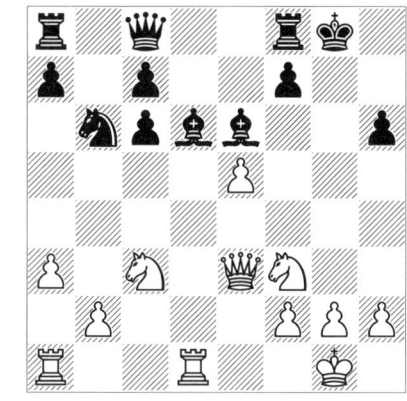

S

Schwarz will sich nicht in die Defensive drängen lassen, aber dieser Bauernraub ist ein wenig zu gefräßig.

Besser ist der natürliche Verteidigungszug 15...♗e7. Nach 16 ♕xh6 ♗g4! droht Schwarz, den Angriff mit 17...♕f5 zum Stehen zu bringen. Nun scheitert 17 ♘d4 an 17...♗xd1 18 ♖xd1 ♕g4, so dass Weiß kaum etwas anderes übrig bleibt, als mit 17 ♘e4 das Feld f6 aufs Korn zu nehmen. Nach einer typischen Variante wie 17...♕f5 18 ♘f6+ ♗xf6 19 exf6 ♕g6 20 ♕f4 ist der weiße Angriff vorüber, aber er kann vielleicht im Austausch für seinen Bauern f6 die c-Bauern gewinnen und sich auf ein Endspiel mit drei Bauern für die Figur einlassen.

16 ♕xh6 ♘xe5 *(D)*

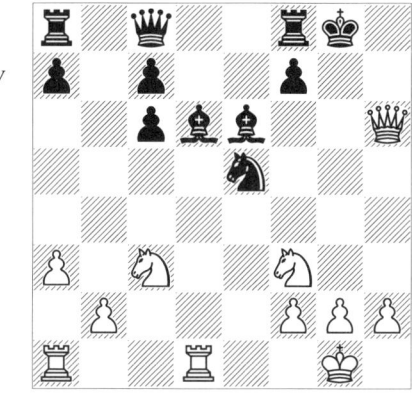

W

17 ♘e4! ♘xf3+?

Die einzige gute Verteidigung gegen die Drohung 18 ♘f6# ist 17...f6. Nach 18 ♘xe5 ♗xe5 (18...fxe5? blockiert den Läufer d6, so dass 19 ♖d3 ein tödliches Schach auf g3 droht) kann

Weiß mit 19 ♕g6+ durch Dauerschach remis machen oder sein Glück mit 19 f4 gefolgt von ♖d3 mit Angriffsmöglichkeiten versuchen.

Schwarz vermeidet das Dauerschach, öffnet aber die g-Linie, was dem Anziehenden zur Verstärkung seines Angriffs gerade recht kommt.

18 gxf3 ♗e7 19 ♔h1 ♗f5 20 ♖g1+ ♗g6 21 ♖xg6+ fxg6 22 ♕xg6+ ♔h8 23 ♖g1 1-0

Weiß spielte **11 ♗xh6 gxh6 12 ♕xh6**, worauf Schwarz **12...♘b4?** erwiderte und schnell verlor: **13 ♘g5 ♘xd3+** (Weiß drohte 14 ♗h7+ ♔h8 15 ♗g6+ ♔g8 16 ♘ce4 mit Matt) **14 ♖xd3 ♗f5 15 ♖g3 ♗g6 16 ♘e6! 1-0**.

Wie kann Weiß nach der besseren Verteidigung 12...♘e5 am schnellsten gewinnen?

Übung 24

Schwarz spielte **16...♗xh3 17 gxh3 ♕xh3**, und nun verteidigte sich Weiß mit **18 ♕d1**. Wie kann Schwarz nach diesem Tempogewinn den Angriff am wirkungsvollsten fortsetzen?

Übungen

Übung 23

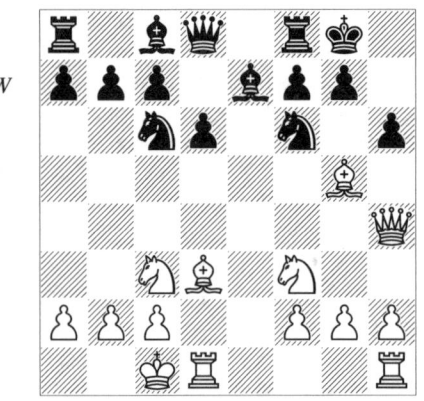

14 Das klassische Läuferopfer auf h7

Wenn der eigene Königsläufer auf den noch auf seinem Ausgangsfeld stehenden h-Bauern vor dem rochierten König zielt und kein schwarzer Springer das Feld h7 verteidigen kann, beginnt es in den Fingern zu jucken. Geht ♗xh7+ oder geht es nicht? Das Opfer ist so populär, dass Vuković in seinem Buch *Der Rochade-Angriff* ein ganzes Kapitel darauf verwendet, die Umstände zu erklären, unter denen das Opfer gespielt werden kann.

Zur Erläuterung einiger Grundlagen des Läuferopfers auf h7 folgt eines der einfachsten neueren Beispiele, die ich finden kann.

Mosnegutu – Sarbu
Ploiesti 2002

1 d4 e6 2 c4 ♘f6 3 ♘c3 ♗b4 4 e3 b6 5 ♗d3 ♗b7 6 ♘f3 0-0 7 0-0 d5 8 cxd5 ♗xc3 9 bxc3 ♘xd5 10 e4 ♘f6 11 e5 ♘fd7 *(D)*

12 ♗xh7+

Aus der Sicht des Anziehenden erfordert die normale Form des Opfers, dass ein Springer in einem Zug nach g5 gehen kann und die Dame in einem Zug h7 angreifen kann (normalerweise von h5 aus). Es ist oft hilfreich, wenn ein Läufer auf der Diagonale c1-h6 steht und, wie wir sehen werden, ein Turm über die dritte Reihe in den Angriff schwenken kann, wenn kein sofortiges Matt möglich ist.

12...♔xh7 13 ♘g5+ ♔g6

Auf das Springerschach gibt es im Allgemeinen drei Antwortmöglichkeiten, nämlich ...♔g8, ...♔h6 und ...♔g6. In diesem Fall scheitern alle drei Versuche, nämlich ...♔g6 wie in der Partie und die anderen beiden folgendermaßen:

a) Der Rückzug des Königs mit 13...♔g8 erlaubt einen typischen Mattangriff: 14 ♕h5 ♖e8 15 ♕xf7+ ♔h8 16 ♕h5+ ♔g8 17 ♕h7+ ♔f8 18 ♕h8+ ♔e7 19 ♕xg7#. Diese Sequenz basiert darauf, dass in der Ausgangsstellung der Turm des Verteidigers auf f8 und seine Dame auf d8 steht. Der Turm muss nach e8 gehen, wo er dem König ein Fluchtfeld nimmt, während die Dame das andere (d8) blockiert. Der weiße Bauer e5 hindert den schwarzen Springer daran, den Punkt h7 von f6 aus zu verteidigen (und der eigene Turm hindert ihn daran, rechtzeitig nach f8 zu gelangen), und verhindert auch die Flucht des Königs über d6. Man beachte, dass Weiß mit 14 ♕d3 über eine gute Alternative verfügt. Weiß muss jeweils von Fall zu Fall entscheiden, welcher der beiden Damenzüge besser ist.

b) Der andere Königszug, 13...♔h6, verliert wegen des Doppelschachs 14 ♘xf7++ die Dame. ...♔h6 ist nur selten eine Möglichkeit und kann nur dann in Betracht gezogen werden, wenn der Angreifer keinen Läufer auf der Diagonale c1-h6 stehen hat oder das Abzugsschach dank der Aufstellung der Figuren des Verteidigers harmlos ist.

14 ♕g4

Dies ist die Normalfortsetzung, wenn der König nach g6 geht. In manchen Stellungen ist ♕d3+ notwendig.

Nach dem Partiezug droht Weiß 15 ♘xe6+ nebst Matt auf g7. Es gibt nur eine vernünftige Verteidigung.

14...f5 15 ♕g3

In derartigen Stellungen spielt Weiß oft 15 exf6, was den König exponiert, ihm aber auch mehr Raum gibt. Hier ist dieser Zug gut, aber der Damenrückzug ist besser. Schwarz muss seine Dame ziehen, um die Drohung ♘xe6+ zu entschärfen.

15...♕e8

Nach 15...♕c8 16 ♘xe6+ ♔f7 17 ♘xg7 ist die Drohung e6+ unparierbar. Am besten ist 15...♕e7, aber nach 16 ♘xe6+ ♔h7 17 ♘xc7 hat Weiß schon drei Bauern für die Figur, darunter zwei gefährliche Freibauern, und kann unter Bewahrung der Initiative auch noch die Qualität einstreichen.

16 ♘xe6+ ♔f7 17 ♘xc7 ♕c8 18 e6+ ♔e7 19 ♗a3+ 1-0

Noch besser ist 19 ♕xg7+ ♔d8 20 ♗f4. Schwarz gab trotzdem auf, da er massenhaft Material einbüßt.

Wenn der Verteidiger einen Läufer auf e7 hat, ist das Opfer nicht spielbar, außer wenn der Opfernde das Feld g5 mit h4 stützt. Dann öffnet der Abtausch des Läufers gegen einen Springer die h-Linie, wie im nächsten Beispiel.

Stoppa – Bardel
Grenoble 2002

1 e4 e6 2 d4 d5 3 ♘d2 dxe4 4 ♘xe4 ♘d7 5 ♘f3 ♗e7 6 ♗d3 ♘gf6 7 ♘xf6+ ♗xf6 8 h4 c5 9 c3 cxd4 10 cxd4 ♕e7 11 a3 0-0 (D)

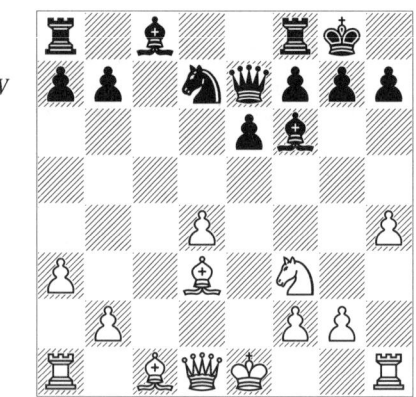

12 ♗xh7+ ♔xh7 13 ♘g5+ ♗xg5

Nach 13...♔g8 bringt 14 ♕h5 sofort die Entscheidung, da Weiß unmittelbar Matt droht und 14...♖d8 15 ♕h7+ ♔f8 16 ♕h8# matt ist, weil die Dame dem König den Fluchtweg verstellt.

Trotz der Gegenwart eines weißen Läufers auf c1 kann Schwarz ohne größeren unmittelbaren Schaden 13...♔h6 spielen. Danach kann Weiß jedoch die im vorherigen Absatz nach 13...♔g8 14 ♕h5 entstehende Gewinnstellung herbeiführen: 14 ♘e4+ ♔g6 15 ♕g4+ ♔h7 16 ♕h5+ ♔g8 17 ♘g5 nebst Matt.

14 hxg5+ ♔g6 (D)

Jetzt verliert 14...♔g8 wegen 15 ♕h5, da 15...f6 und 15...f5 beide mit 16 g6 und unvermeidbarem Matt auf h8 beantwortet werden können. Der Effekt ähnelt den Leichtfigurenopfern auf g5 in Kapitel 12.

Der König muss sein Glück in freier Wildbahn versuchen, kann aber dort nicht lange überleben.

15 ♕h5+ ♔f5 16 ♖h4

Weiß übersieht einige schnellere Matts, aber vielleicht wollte er unbedingt noch etwas opfern. Hier stellt 16 f3 die Drohung 17 g4# auf und setzt sehr schnell matt; z. B. 16...e5 17 ♕h3+ ♔g6 18 ♕h7#.

16...e5 17 ♕g4+

17 d5 setzt schneller matt, da dem König das Feld e6 genommen wird.

17...♔g6 18 ♖h6+ gxh6 19 gxh6+ 1-0

Nach 19...♔f6 20 ♗g5+ ♔g6 21 ♗xe7+ ♔xh6 kann Weiß durch die lange Rochade oder einen Königszug auf die zweite Reihe ein undeckbares Matt auf der h-Linie drohen.

Das klassische Läuferopfer kommt in unterschiedlicher Gestalt daher. Normal ist die Folge

♘g5+ nebst ♕h5 (oder ♕d3), aber in vielen Fällen kommt auch sofort ♕h5+. Die Dame kann im Verein mit einem Springer auf e5 den Punkt f7 angreifen oder mit einem Turm (in der Regel auf der dritten Reihe) Matt auf der h-Linie drohen, und häufig folgt auf ♕h5+ ein zweites Läuferopfer, diesmal auf g7. Dies ist das sogenannte doppelte Läuferopfer, das im nächsten Kapitel behandelt wird.

In diesem Kapitel beschäftigen wir uns mit anderen Folgezügen, beginnend mit ♘g5+ und den darauf möglichen drei Königszügen.

♘g5+ und die Antwort ...♔g8

Das klassische Läuferopfer ist so gut bekannt, dass der Verteidiger es selten zulässt, außer wenn er nicht erkennt, dass die Voraussetzungen dafür gegeben sind. Hier lässt ein Großmeister das Opfer zu, aber sein Gegner muss auf einem anderen Teil des Bretts ein Opfer bringen, um die angreifenden Figuren auf ihre angestammten Plätze bringen zu können. Doch selbst danach spielt die zufällige Positionierung einer der Figuren des Verteidigers für den Erfolg des Angriffs eine Rolle.

Oll – Psachis
Tallinn 1987

1 e4 e5 2 ♘f3 ♘c6 3 ♗b5 a6 4 ♗a4 d6 5 d4 b5 6 ♗b3 ♘xd4 7 ♘xd4 exd4 8 c3 ♗b7 9 cxd4 ♗xe4 10 0-0 ♗e7 11 ♘c3 ♗b7 12 ♕h5 g6 13 ♕e2 ♔f8 14 a4 ♔g7 15 axb5 axb5 16 ♗f4 ♘g5 17 ♕xb5 ♗xf4 18 ♕xb7 ♖b8 19 ♕d5 ♕d7 20 ♗a4 ♕d8 21 ♗b3 ♘h6 22 ♖a3 *(D)*

Dank der Stellung des Springers auf h6 kann die Dame nach dem Opfer auf h2 auf h4 Schach bieten und den König zum Rückzug nach g1 zwingen. Erst dann wird der Springer nach g4 kommen, so dass die Möglichkeiten ♔h3 und ♔g3 nicht analysiert zu werden brauchen. Andererseits ist der f-Bauer durch Dame und Läufer des Anziehenden angegriffen und wird hängen, wenn der Springer h6 zieht.

Dieses Problem wird durch ein Qualitätsopfer gelöst.

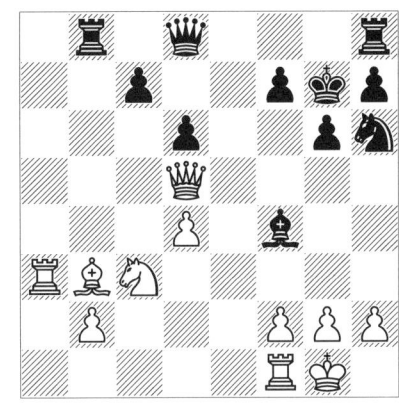

22...♗xh2+ 23 ♔xh2 ♖xb3!

Nach 23...♕h4+ 24 ♔g1 ♘g4?? kann Weiß durch 25 ♕xf7+ ♔h6 26 ♕f4+ unter Tempogewinn die Punkte f2 und h2 decken.

24 ♔g1

Weiß spielt mit zwei Bauern weniger weiter, da beide Schlagmöglichkeiten in den Orkus führen:

a) 24 ♖xb3 ♕h4+ 25 ♔g1 ♘g4 26 ♖b1 ♕xf2+ 27 ♔h1 ♕h4+ 28 ♔g1 ♕h2+ 29 ♔f1 ♘e3+, und die Springergabel gewinnt die günstigerweise auf d5 stehende Dame.

b) 24 ♕xb3 ♕h4+ 25 ♔g1 ♘g4 26 ♖fa1 ♕xf2+ 27 ♔h1 ♘e3 28 ♕b7 d5, und nun trifft die Verteidigung des g-Bauern mit 29 ♖g1 auf 29...♕h4#.

24...♖xb2 25 ♘e4 ♖e8 26 ♖h3 ♕e7 27 ♘g5 ♖e2! 28 ♖c3 ♖e1 29 ♖c1 ♖xf1+ 30 ♔xf1? ♘g4 0-1

Die Drohung 31...♕e2+ nebst Matt auf f2 oder e1 entscheidet.

In der nächsten Partie, einer meiner eigenen, lehnte Weiß das Opfer ab und ging sang- und klanglos unter. Das war schade, da ich im Fall der Annahme einige hübsche Ideen hätte finden müssen. Der König könnte zu flüchten versuchen, aber die gut getimte Einschaltung meines anderen Läufers hätte dies zu einer kostspieligen Übung abgestempelt.

Grange-Bennett – LeMoir
Hillingdon-Liga 1973

1 b4 d5 2 ♗b2 ♘f6 3 e3 e6 4 b5 c5 5 ♘f3 ♘bd7 6 c4 ♘b6 7 ♕b3 ♗d6 8 ♗e2 0-0 9 0-0

🖼e8 10 d4 cxd4 11 ♘xd4 e5 12 ♘f3 e4 13 ♘d4 ♘xc4 14 ♗xc4 dxc4 15 ♕xc4 *(D)*

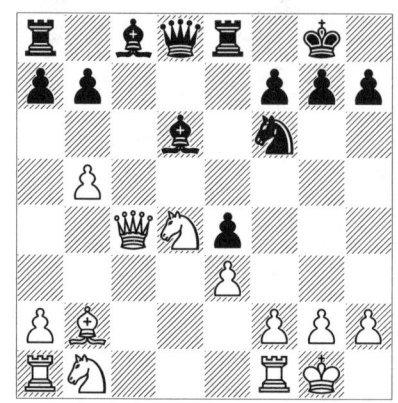

S

Als ich den Abtausch des weißfeldrigen Läufers des Anziehenden erzwang, konnte ich die Möglichkeit eines klassischen Läuferopfers erkennen. Das Opfer kann auch schon im vorhergehenden Zug gespielt werden, statt den Läufer zu nehmen, aber es ist jetzt auch effektiv genug.

15...♗xh2+ 16 ♔h1

Die Alternative ist 16 ♔xh2 ♘g4+. Dann kann folgen:

a) Weiß sollte 17 ♔g3 vermeiden, da er nach 17...♕d6+ 18 f4 exf3+ 19 ♔h4 (oder 19 ♔xf3 ♖xe3#) 19...♕h2+ 20 ♔g5 h6# in ein Mattnetz läuft.

b) Richtig ist 17 ♔g1, wonach Schwarz nicht das normale 17...♕h4?! spielen sollte. Das Feld h2 kann mit 18 ♕c7 gedeckt werden, und 18...♖e5 ist keine effektive Verstellung wegen 19 ♘f3! exf3 20 ♗xe5. Das stellt aber kein Problem für Schwarz dar, da er sich des Feldes d6 bedienen kann: 17...♕d6! 18 ♖c1 (18 f4 und 18 g3 erlauben beide 18...♕h6 mit entscheidendem Eindringen auf h2, während 18 ♖d1 ähnliche Folgen wie 18 ♖c1 hat) 18...♕h2+ 19 ♔f1 *(D)*.

Jetzt könnte Schwarz 19...♕h4 20 g3 ♕h2 mit gefährlichem Angriff spielen, aber noch besser ist 19...♘e5!, was durch Angriff auf die Dame ein Tempo gewinnt und mit ...♗g4 dem König den Rückzug abzuschneiden beabsichtigt. Dagegen hat Weiß zwei Hauptverteidigungsversuche:

b1) 20 ♕b3 ♗g4! 21 ♘e2 ♗f3!, und der weiße König steckt in argen Nöten, da 22 gxf3

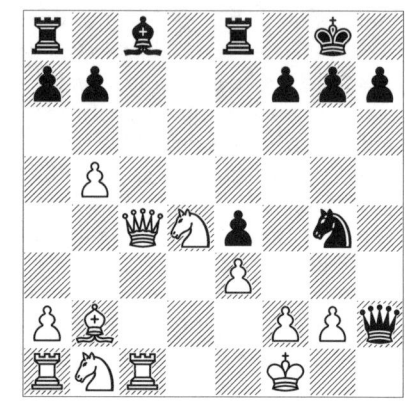

S

wegen 22...♕h3+ 23 ♔e1 ♘xf3+ 24 ♔d1 ♕f1+ mit gewinnbringendem Angriff verliert.

b2) 20 ♕d5 ♗g4! 21 ♘e2 ♕h1+ 22 ♘g1 ♘f3! 23 gxf3 exf3, und wieder wird der König mit tödlicher Wirkung entblößt.

In beiden Varianten ist auch 20...♕h1+ 21 ♔e2 ♕xg2 (mit der Drohung 22...♗g4+) gut, aber das sofortige 20...♗g4 ist hübscher und effizienter.

Weiß lehnt das Opfer lieber ab, aber der Angriff geht unvermindert weiter.

16...♗e5 17 ♖d1 ♘g4 18 ♖g1 ♕h4 19 ♖d2 ♕h2+ 20 ♔f1 ♕h1+ 21 ♔e2 ♕g1!

Gemein. Die weiße Stellung bricht nun vollends zusammen.

22 ♘c3 ♕xf2+ 23 ♔d1 ♘xe3+ 24 ♔c1 ♕xd2+ 25 ♔xd2 ♘xc4+ 26 ♔c2 ♗xd4 0-1

Die Bauernformation mit schwarzen Bauern auf e6 und d5 und weißen Bauern auf e5 und f4 gibt dem Angreifer einige zusätzliche Möglichkeiten an die Hand. Er kann seinen Turm f1 mittels ♖f3-h3 (oder g3) in den Angriff einschalten oder auf den Vorstoß f5 spielen, um Linien gegen den schwarzen König zu öffnen. Im nächsten Beispiel nutzt Schirow diese beiden Möglichkeiten mit der ihm eigenen Mischung von Fingerspitzengefühl und Wagemut aus.

Schirow – Reinderman
Wijk aan Zee 1999

1 e4 c5 2 ♘f3 ♘c6 3 ♘c3 e6 4 d4 cxd4 5 ♘xd4 a6 6 ♗e2 ♘ge7 7 f4 ♘xd4 8 ♕xd4 b5 9 0-0 ♕c7 10 ♕f2 ♘c6 11 ♗e3 ♗e7 12 a4 b4 13

♘b1 ♖b8 14 ♘d2 0-0 15 ♗d3 d6 16 ♖ad1 b3 17 cxb3 ♗f6 18 ♖c1 ♗xb2 19 ♖c2 ♗a3 20 e5 d5 21 ♘f3 ♕d7 (D)

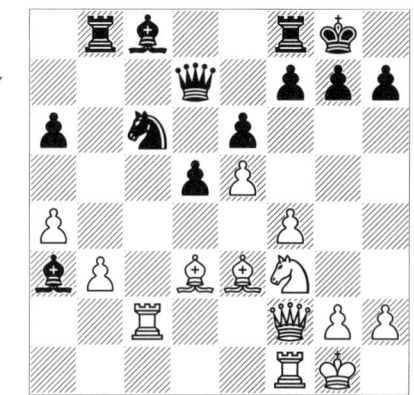

W

22 ♗xh7+

Hier wird die Dame über h4 in den Angriff eingreifen und den schwarzen König nach g8 zurückzwingen. Da der schwarzfeldrige Läufer des Nachziehenden einen Ausflug nach a3 unternommen hat, wird der Springer auf g5 erst einmal sicher sein. Andererseits wird Weiß nicht den f-Bauern schlagen können, während der schwarze König auf g8 steht (siehe die obige Partie Oll-Psachis), und muss sich daher etwas anderes einfallen lassen.

22...♔xh7 23 ♕h4+ ♔g8

23...♔g6 verliert sofort wegen 24 g4 mit unvermeidlichem Matt.

24 ♘g5 ♖e8

Jetzt würden viele Spieler den Angriff mit der natürlichen Zugfolge 25 ♕h7+ ♔f8 26 ♕h8+ ♔e7 27 ♕xg7 weiterführen. Nach 27...♔d8 wird Weiß mit drei Bauern und Initiative für die Figur verbleiben, aber die Lage ist dann noch sehr verworren. Schirows Lösung ändert die Sachlage von Grund auf.

25 ♖f3!!

Durch die Drohung ♖h3 nebst ♕h8# ermutigt Schirow den schwarzen Springer, sich nach g8 zu begeben. Dann stehen die schwarzen Figuren einander auf den Füßen, und die kommende Linienöffnung wird sich als entscheidend erweisen.

25...♘e7

Der König kann nicht mit 25...♔f8 das Hasenpanier ergreifen, da er nach 26 ♘h7+ zur Umkehr gezwungen ist und nach 26...♔g8 27 ♘f6+! gxf6 28 ♖g3+ ♔f8 29 exf6 matt gesetzt wird.

26 ♕h7+ ♔f8 27 ♕h8+ ♘g8 (D)

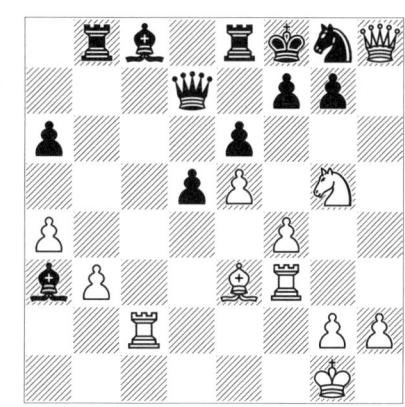

W

28 f5! exf5

Er kann 29 f6 nicht zulassen, aber nun schlägt Weiß eine weitere Bresche in den Schutzwall.

29 e6! fxe6

Das Schlagen mit dem Turm lässt den Springer im Stich: 29...♖xe6 30 ♘h7+ ♔e7 31 ♗g5+ f6 32 ♕xg8, und Schwarz muss wegen der Drohung 33 ♕f8# weiteres Material geben.

30 ♖g3!

Der Anfang vom Ende für die schwarzen Königsflügelbauern, da der g-Bauer vorrücken muss, um die Drohung 31 ♘h7+ nebst 32 ♖xg7+ zu parieren.

30...g6 31 ♘h7+ ♔f7 32 ♗h6!

Die weißen Leichtfiguren tanzen leichtfüßig durch die Löcher. Jetzt trifft 32...♗xh6 auf 33 ♕f6+ ♔g8 34 ♖xg6+ ♔xh7 35 ♖xh6+ ♔g8 36 ♖h8#, und 32...♗f8 verliert wegen 33 ♘xf8 ♗xh6 34 ♖xg6! mit Matt oder Damengewinn.

32...♔e7 33 ♗g5+ ♔f7

Die wirkungsvollste Angriffsfortsetzung ist nun 34 ♘f6. Stattdessen spielte Schirow das spektakulärere...

34 ♗f6!?

...und gewann bald:

34...♖f8 35 ♖c7! ♘xf6 36 ♕xf6+ ♔e8 37 ♕xg6+ ♔d8 38 ♖xd7+ ♗xd7 39 ♘xf8 ♗xf8 40 ♕f6+ ♗e7 41 ♖g8+ ♔c7 42 ♕c3+ ♔b7 43 ♖xb8+ ♔xb8 44 h4 1-0

Für eine Opferpartie zwischen Großmeistern hatte diese Begegnung einen ungewöhnlich hohen Lehrwert. Schirow verwendete für den Stellungstyp charakteristische Angriffsthemen, verknüpfte sie aber mit Vorstellungskraft und taktischem Sehvermögen zu einem kunstvollen Gesamtwerk.

Bei geöffnetem Zentrum verlässt sich der Angreifer im Allgemeinen auf die Schnelligkeit, mit der er seine Figuren in den Angriff einschalten kann. Kompliziert kann es werden, wenn auch die Figuren des Verteidigers schnell auf ihre Idealfelder gelangen können. Es folgt ein berühmtes Beispiel.

Colle – O'Hanlon
Nizza 1930

1 d4 d5 2 ♘f3 ♘f6 3 e3 c5 4 c3 e6 5 ♗d3 ♗d6 6 ♘bd2 ♘bd7 7 0-0 0-0 8 ♖e1 ♖e8 9 e4 dxe4 10 ♘xe4 ♘xe4 11 ♗xe4 cxd4 *(D)*

12 ♗xh7+

Das Opfer sollte nicht unmittelbar gewinnen, ist aber spielenswert, da es für Schwarz nur eine einzige vernünftige Variante und mehrere schlechte Abspiele gibt.

12...♔xh7 13 ♘g5+ ♔g6

Diese Partie gehört in den Abschnitt über ...♔g8, da 13...♔g8 *(D)* die kritische Antwort ist.

Nach 14 ♕h5 hat Schwarz drei vernünftige Möglichkeiten:

a) 14...♘f6 verliert wegen 15 ♕xf7+ ♔h8 16 ♖e4!. Euwe und Kramer geben in *Das Mittelspiel* 16...♗xh2+ 17 ♔xh2 ♘xe4 18 ♕h5+ ♔g8 19 ♕h7+ ♔f8 20 ♕h8+ ♔e7 21 ♕xg7

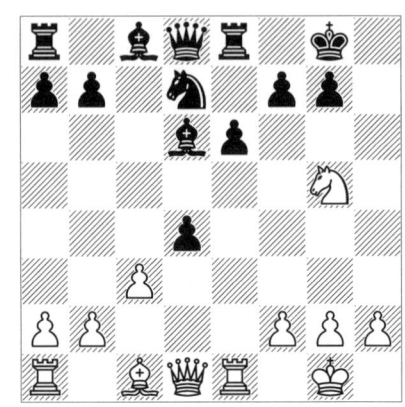

(ohne den 16. schwarzen Zug wäre dies matt) 21...♔d6 22 ♘f7+, und Weiß gewinnt die gegnerische Dame.

b) 14...♘e5 scheint Weiß zum Dauerschach mittels 15 ♖xe5 ♗xe5 16 ♕xf7+ ♔h8 17 ♕h5+ ♔g8 zu zwingen, aber in Wirklichkeit gewinnt Weiß mit 18 b3!. Gegen die Drohung 19 ♕h7+ ♔f8 20 ♗a3+ gibt es keine gute Verteidigung, da 18...♗d6 an 19 ♕h7+ ♔f8 20 ♕h8+ ♔e7 21 ♕xg7# scheitert.

c) Nach 14...♕f6 15 ♕h7+ ♔f8 16 ♘e4 ♕e5 kann Weiß durch 17 cxd4 ♕xh2+ mit Damentausch remis machen. In *Mega Database 2001* meint Baburin, dass 17 f4 ♕d5 18 c4 ♕c6 19 ♕h8+ ♔e7 20 ♕xg7 Weiß starken Angriff gibt, gibt aber keine weiteren Analysen. Hier eine Beispielvariante: 20...♗b4 21 f5! ♔d8 22 ♗g5+ ♔c7 23 ♕xf7 ♖f8 24 ♕xe6 ♗xe1 25 ♖xe1 a5 26 ♖d1 ♖a6 27 ♗f4+ ♔b6 28 ♘d6, und die Geier beginnen zu kreisen.

14 h4! ♖h8? *(D)*

Es drohte 15 h5+ ♔f6 16 ♕f3+. Die einzige vernünftige Verteidigung ist 14...f5, aber Baburin (und Euwe und Kramer) weisen darauf hin, dass 15 h5+ ♔f6 16 ♕xd4+ ♗e5 17 ♕h4! Weiß entscheidenden Vorteil gibt; z.B. 17...g6 18 f4 ♗d6 19 ♘xe6+ mit Damengewinn.

Nach dem Partiezug schlägt der Angriff auf brillante Art durch.

15 ♖xe6+! ♘f6

Die Annahme des Opfers führt zum Matt. Am attraktivsten ist das Abspiel 15...fxe6 16 ♕d3+ ♔h5 17 g4+ ♔xg4 18 ♕f3+ ♔xh4 19 ♕h3#.

16 h5+! ♔h6

16...♖xh5 verliert sofort wegen 17 ♕d3+ ♔h6 18 ♘xf7#.

Jetzt gewinnt Weiß die Figur mit gewinnbringendem Angriff zurück.

17 ♖xd6 ♕a5 18 ♘xf7+ ♔h7 19 ♘g5+ ♔g8 20 ♕b3+ 1-0

♘g5+ und die Antwort ...♔g6

Zunächst wollen wir uns die Hauptthemen des weißen Angriffs nach ...♔g6 noch einmal ansehen. Sie werden durch das nachstehende kurze Beispiel gut illustriert.

Ruprich – Beutel
Schwäbisch Gmünd 1999

1 e4 e6 2 d4 d5 3 ♘c3 ♗b4 4 e5 b6 5 a3 ♗xc3+ 6 bxc3 ♘e7 7 ♘f3 0-0 8 ♗d3 ♗a6 *(D)*

9 ♗xh7+ ♔xh7 10 ♘g5+ ♔g6

In diesem Fall führt 10...♔g8 zu einer schnellen Katastrophe: 11 ♕h5 ♖e8 12 ♕xf7+ ♔h8 13 ♘xe6, wonach Weiß sowohl die Dame angreift als auch Matt droht.

11 h4

Nun droht 12 h5+ ♔h6 13 ♘xe6+ (oder 13 ♘xf7++) mit Damengewinn.

Noch besser ist jedoch 11 ♕g4 mit der Drohung 12 ♘xe6+ mit Damengewinn oder Matt. Die normale Antwort darauf wäre 11...f5, was aber hier wegen 12 exf6 sofort verliert. Da der e-Bauer ungedeckt ist, trifft 12...♔xf6 auf die Antwort 13 ♕xe6#.

11...♕d7

Dies erlaubt eine erkleckliche Springergabel. Die Dame hat zwei Hauptalternativen:

a) 11...♕c8 entfernt einen Wächter des Feldes g6, was sich nach 12 ♕g4 ♘f5 13 h5+ ♔h6 14 ♘xf7+ ♔h7 15 ♘g6+ ♔g8 als entscheidend erweist, wonach Weiß mit 16 ♘g5 ♖e8 17 ♕f7+ ♔h8 18 h6 ♘xh6 19 ♖xh6+ gxh6 20 ♕h7# schnell matt setzt.

b) 11...♕e8 pfercht die schwarzen Figuren sehr stark zusammen, so dass Weiß 12 ♕g4 ♘f5 13 h5+ ♔h6 14 ♘xe6+ ♔h7 15 ♕xf5+ mit Rückgewinn der Figur und baldigem Matt spielen kann.

12 ♕g4 ♘f5 13 ♘xe6+ 1-0

Nach dem erzwungenen 13...♔h7 nimmt 14 ♘xf8+ einen Turm und gabelt König und Dame auf.

Das nächste Beispiel entstammt dem Antiquariat. Louis Paulsen unterstützt seine aus Dame und Springer bestehenden Angriffstruppen durch einen Turm auf der dritten Reihe, während sein anderer Läufer in den Kulissen auf sein Stichwort wartet.

L. Paulsen – A. Schwarz
Wettkampf (3. Partie), Leipzig 1879

1 e4 e6 2 d4 d5 3 e5 c5 4 c3 ♘c6 5 ♘f3 ♕b6 6 a3 ♗d7 7 b4 cxd4 8 cxd4 ♘ge7 9 ♘c3 ♘f5 10 ♘a4 ♕c7 11 ♗b2 ♗e7 12 ♖c1 a6 13 ♘c5 ♗xc5 14 ♖xc5 0-0 15 ♗d3 ♘fe7 *(D)*

16 ♗xh7+ ♔xh7 17 ♘g5+ ♔g6

17...♔g8 wird mittels 18 ♕h5 ♖fe8 19 ♕xf7+ ♔h8 20 ♖c3 ♘f5 21 ♖h3+ ♘h6 22 ♖xh6+ gxh6 23 ♕h7# kurz und bündig widerlegt.

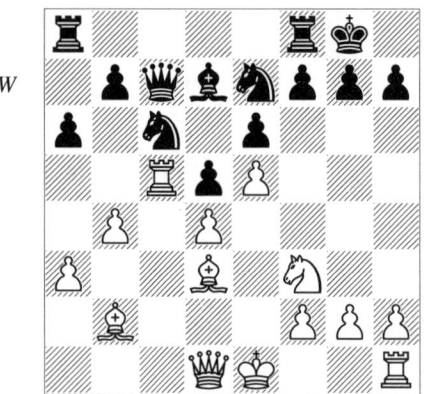

Nach 17...♔h6 gewinnen sowohl 18 ♖c3 als auch 18 ♗c1, aber am wirkungsvollsten ist 18 ♕g4 ♖h8 19 ♖c3 g6 20 ♕f4, was sowohl 21 ♖h3+ ♔g7 22 ♕xf7# als auch ein Abzugsschach mit Damengewinn droht.

18 ♕g4 f5 19 ♕g3

Wiederum sieht der Rückgewinn einer Qualität mit 19 exf6 ♔xf6 20 ♘h7+ ♔f7 21 ♘xf8 ♖xf8 Schwarz im Vorteil.

Wenn Weiß einen gesicherten Bauern auf e5 hat, kann der schwarze König nicht weglaufen und die schwarzen Figuren müssen aufpassen, dass sie nicht durch ein Abzugsschach verloren gehen. Weiß kann es sich erlauben, seinen Angriff langsam, aber sicher aufzubauen.

19...♕c8 *(D)*

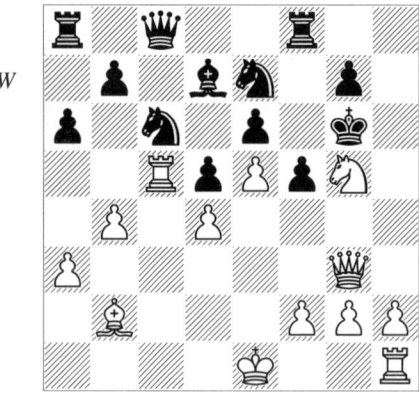

20 ♖c3!

Weiß plant einfach 21 ♕f4 nebst 22 ♖g3, wonach der Druck unerträglich wird.

20...f4

Schwarz verhindert 21 ♕f4 und gibt seinen Figuren etwas Raum.

Der Turm f8 kann nicht ohne Verluste ziehen:

a) Geht er nach h8, e8 oder d8, so gewinnt Weiß mit 21 ♘xe6+ ♔f7 22 ♕xg7+! ♔xe6 23 ♕f6#.

b) 20...♖g8 lädt den Turm c3 zum Eingreifen ins Geschehen ein. Weiß spielt 21 ♘e4+! ♔h7 (oder 21...♔f7 22 ♘d6+ mit Damengewinn) 22 ♘f6+! gxf6 23 ♕h4+ ♔g6 24 ♕xf6+ ♔h5 25 ♖h3+ nebst Matt im nächsten Zug.

c) 20...♖f7 nimmt dem König ein Feld, so dass Weiß 21 ♘xe6+ ♔h7 22 ♕h4+ ♔g8 23 ♖h3 mit schnellem Matt spielen kann.

21 ♕g4 ♘f5?

Besser ist 21...♖f5, aber Weiß spielt 22 ♘e4+ ♔h7 23 ♘f6+! ♖xf6 (nicht 23...gxf6 24 ♖h3+ mit Matt) 24 exf6 ♘f5 25 ♖h3+ ♔g8 26 ♕g6 ♗e8 27 ♕h7+ ♔f7, und am besten ist nun, mit 28 g4!! die g-Linie für die Türme zu sichern; z. B. 28...fxg3 29 fxg7! gxf2+ 30 ♔xf2 ♘xg7 31 ♖g1, und Weiß bricht auf g7 durch.

Der Textzug verliert einfach Material.

22 ♖h3 ♖h8 23 ♘xe6+ ♔f7 24 ♕xf5+ ♔e7 25 ♕g5+ ♔xe6 26 ♕g6+ ♔e7 27 ♕xg7+ 1-0

Nur selten musste Tal, der Kronprinz des Opfers, seine Methoden am eigenen Leib spüren. In der folgenden berühmten Partie erwischt Polugajewski ihn aufgrund von erstklassiger Eröffnungsvorbereitung mit einem klassischen Läuferopfer auf dem falschen Fuß.

Polugajewski – Tal
Meisterschaft der UdSSR, Moskau 1969

1 c4 ♘f6 2 ♘c3 e6 3 ♘f3 d5 4 d4 c5 5 cxd5 ♘xd5 6 e4 ♘xc3 7 bxc3 cxd4 8 cxd4 ♗b4+ 9 ♗d2 ♗xd2+ 10 ♕xd2 0-0 11 ♗c4 ♘c6 12 0-0 b6 13 ♖ad1 ♗b7 14 ♖fe1 ♘a5 15 ♗d3 ♖c8 16 d5 exd5 17 e5! ♘c4 18 ♕f4 ♘b2 *(D)*

19 ♗xh7+ ♔xh7 20 ♘g5+ ♔g6 21 h4! ♖c4

Es drohte 22 h5+ ♔xh5 (22...♔h6 verliert wegen 23 ♘e6+ die Dame) 23 g4+ ♔g6 24 ♕f5+ ♔h6 26 ♘xf7+ ♖xf7 27 ♕h5#. Tals Zug vermeidet das Schlimmste, was man von den meisten Alternativen nicht behaupten kann:

a) Gegen 21...♘xd1 gibt Burgess in *The Mammoth Book of the World's Greatest Chess*

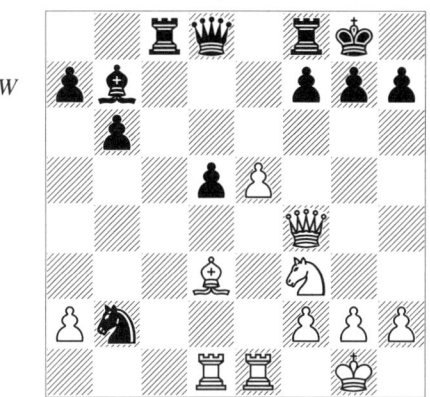
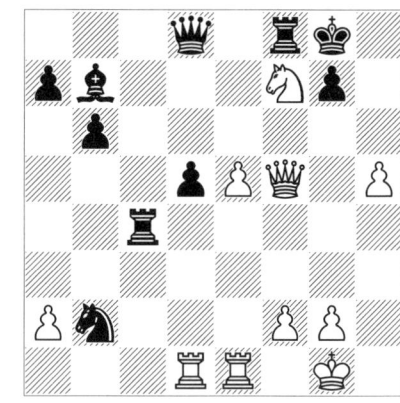

Games die Variante 22 h5+ ♔h6 23 ♘e6+ g5 (oder 23...♔h7 24 ♘xd8) 24 hxg6+ ♔xg6 25 ♕g4+ ♔h6 26 ♕g7+ ♔h5 27 ♘f4+ ♔h4 28 g3#.

b) Nach 21...f5 kann Weiß mit 22 ♖d4 (droht wieder h5+) 22...♕e7 23 ♖e3! gemächlich aufmarschieren. Ein reizendes Finale ist 23...♖c6 24 h5+ ♔h6 25 ♖g3 ♗c8 26 ♖xd5 ♘c4 27 ♖d6+! ♘xd6 28 ♘f7++ ♔h7 29 ♖xg7+! ♔xg7 30 ♕h6+! ♔xf7 31 ♕g6#, und die einsame Dame setzt gegen eine große Übermacht matt.

c) 21...♕d7 wurde in der Partie Dimov-Tsolov, Bulgarische Fernschachmeisterschaft 1990, gespielt und zog ein weiteres schönes Mattfinale nach sich: 22 e6 fxe6 23 ♕g4 ♘f6 24 ♘xe6+ ♔h6 25 ♖e5 ♕f7 26 ♖h5+! ♕xh5 27 ♕xg7# (1-0).

d) Nach 21...♕e7 verläuft 22 h5+ ♔h6 23 ♘xf7++ ♔h7 24 e6 ♕f6 25 ♕xf6 gxf6 ganz ähnlich wie in der Partie, aber ohne ...♖c4. In Cranbourne-Ninov, Fernpartie 1996, geschah stattdessen 22 ♖d4 ♔h6 23 ♘e4+ ♔h7 24 ♘f6+! gxf6 25 ♕f5+ ♔h6 26 exf6! ♕xe1+ 27 ♔h2 ♖g8 28 g4 ♖xg4 29 ♖xg4 ♕c1 30 ♖g5 1-0.

22 h5+ ♔h6 23 ♘xf7++ ♔h7 24 ♕f5+ ♔g8 *(D)*

25 e6! ♕f6

Weiß drohte sowohl ♘xd8 als auch e7, und gemäß Burgess verliert 25...♕e7 wegen 26 h6! ♖h4 27 ♖d4! ♖xh6 28 ♘xh6+ gxh6 29 ♖g4+ ♔h8 30 ♕g6 ♕f6 31 e7 mit schnellem Matt.

Jetzt ergibt sich ein Endspiel, in dem Schwarz eine ganze Figur mehr hat, aber seine Figuren in alle Winde zerstreut sind und Weiß über zwei Freibauern und Mattmöglichkeiten verfügt.

26 ♕xf6 gxf6 27 ♖d2

Später wurde 27 ♘d6 als Verbesserung angegeben, was aber in Naumkin-Nevanlinna, Jyväskylä 1993, nur zum Remis führte: 27...♘xd1 28 e7 ♘c1 29 h6 ♖b8 30 ♘xb7 ♖e8 31 ♘d6 ♖xe7 32 ♖xe7 ♘e3+ 33 ♔h2 ♘g4+ 34 ♔g3.

27...♖c6

Tal gibt den Springer her, da Weiß nach 27...♖b4 28 a3! ♖b3 mit 29 ♖d4 den Turm auf den Königsflügel überführt, wonach der Angriff plötzlich wieder aufflammt. Die kleine weiße Streitmacht erweist sich jedoch als zu aktiv für ihn.

28 ♖xb2 ♖e8 29 ♘h6+ ♔h7 30 ♘f5 ♖exe6 31 ♖xe6 ♖xe6 32 ♖c2 ♖c6 33 ♖e2 ♗c8 34 ♖e7+ ♔h8 35 ♘h4 f5 36 ♘g6+ ♔g8 37 ♖xa7 1-0

Capablanca spielte dereinst das Läuferopfer auf h7 in seiner klassischen Partie gegen Molina. Der große Kubaner opferte intuitiv, da er gesehen hatte, dass er bald alle seine Figuren in den Angriff einschalten konnte. Danach schien er darauf zu vertrauen, dass die Götter ihm gut gesonnen sind.

Capablanca – Molina
Buenos Aires 1911

1 d4 d5 2 c4 e6 3 ♘c3 ♘f6 4 ♗g5 ♘bd7 5 e3 c6 6 ♘f3 ♗e7 7 cxd5 ♘xd5 8 ♗xe7 ♕xe7 9 ♗d3 c5 10 0-0 0-0 11 dxc5 ♘xc5 *(D)*

12 ♗xh7+ ♔xh7 13 ♘g5+ ♔g6 14 ♕g4 f5

Der Versuch einer sofortigen Widerlegung wird drastisch ad absurdum geführt: 14...e5 (mit Abzugsangriff auf die Dame) 15 ♘e6+ ♔f6 16

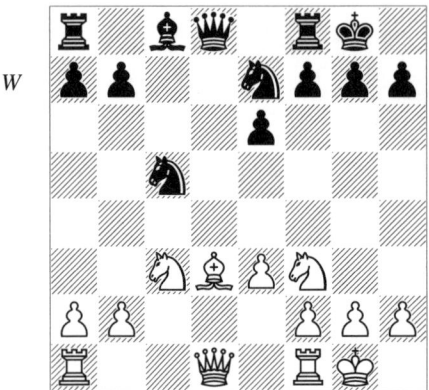

f4!! e4 (alle drei Arten des Schlagens des Springers führen zum Matt, und 16...♘c6 trifft auf 17 ♖ad1 mit Angriff auf die Dame und der Drohung 18 ♘d5+) 17 f5!, und nun gibt 17...fxe6 18 fxe6+ ♔e5 19 ♕xg7+ ♔xe6 20 ♖xf8 dem Weißen gewinnbringenden Angriff.

15 ♕g3 *(D)*

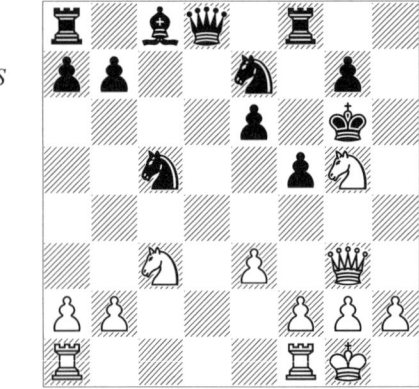

15...♔h6?

Damit begibt sich der König in Teufels Küche. Andere Möglichkeiten sind:

a) Nach 15...♔f6 würde der Rückgewinn einer Qualität mit 16 ♘h7+ dem Nachziehenden eine bequeme Stellung überlassen. Stattdessen sollte Weiß 16 ♖ad1 spielen, und nun:

a1) Nach 16...♗d7 bricht Weiß mit 17 b4! ♘a6 18 e4 durch; z. B. 18...g6 19 e5+ ♔g7 20 ♕h4 ♖h8 21 ♘xe6+! ♗xe6 22 ♕f6+, und Weiß wird sowohl die Dame als auch den Läufer einkassieren.

a2) Eine bessere Verteidigung für Schwarz ist 16...♕b6. Nach 17 e4 sollte der weiße Angriff die Figur aufwiegen. Die beste Verteidigung scheint in 17...♘xe4 18 ♘cxe4+ fxe4 19 ♘xe4+ ♔f7 zu bestehen, wenngleich Weiß mit 20 ♘g5+ sowohl nach 20...♔e8 21 ♕e5 als auch nach 20...♔g8 21 ♕h4 ♖f5 22 ♖d3 viel Druck für die Figur behält. Schwarz hat große Schwierigkeiten, seine Damenflügelfiguren ins Spiel zu bringen.

b) Schwarz sollte sich mit 15...f4! 16 exf4 ♘f5 zufrieden geben, wonach Weiß nichts Besseres hat als 17 ♕g4 ♘h6 18 ♕g3 ♘f5 mit Remis durch Zugwiederholung.

16 ♕h4+ ♔g6 17 ♕h7+! ♔f6

17...♔xg5 erlaubt ein schnelles Matt: 18 ♕xg7+ ♔h5 (oder 18...♔g6 19 f4+) 19 f4! ♘g8 20 ♖f3 ♕h4 21 ♖h3 ♕xh3 22 ♕g5#.

Der König musste also doch nach f6 gehen, und die weiße Dame steht unangenehm in seiner Nähe. Andererseits muss Weiß aufpassen, dass seine Dame nicht mit ...♖h8 gefangen wird. Es ist daher an der Zeit, die Stellung zu öffnen.

18 e4! ♘g6 *(D)*

Da das Nehmen des Springers immer noch zu schnellem Matt führt, kümmert sich Schwarz um die Drohung 19 e5+. Schwarz muss das Feld e5 mit einem seiner Springer decken, da 18...e5 die Königsstellung zu sehr öffnet. Die Alternative 18...♘d3 könnte nach 19 ♖ad1 ♘g6 20 exf5 exf5 21 ♕h3 zur Partiestellung nach dem 21. Zug von Weiß führen.

19 exf5?!

19 f4 wurde von Capablanca erwähnt, aber 19...fxe4 ist eine effektive Antwort, da Schwarz nach 20 ♖ad1 mit 20...♕xd1! gefolgt von ...♖h8

das Remis erzwingt (aber nicht 20...♕b6 21 ♖d6! mit entscheidenden Drohungen).

Vuković schlug in *Der Rochade-Angriff* das sofortige 19 ♖ad1! vor, da 19...♕xd1 20 ♖xd1 ♖h8 wegen 21 e5+ verliert. Wenn Schwarz den Springer auf d3 dazwischenstellt oder die Dame nach e8 zieht, ist die Fortsetzung 20 f4 sehr stark. Wenn er aber seine Dame auf ein anderes Feld zieht, ist der Abtausch auf f5 spielbar; z. B. 19...♕a5 20 exf5 exf5 (20...♔xf5 21 ♕xg7 isoliert den König) 21 ♘d5+ ♔xg5 22 f4+ mit schnellem Matt.

Infolge der Öffnung der sechsten Reihe vermeidet Capablancas Zug die Idee ...♕xd1, da Weiß nun ...♖h8 mit ♖d6+ beantworten kann, aber der Anziehende verfügt jetzt nicht mehr über die Möglichkeit, seinen Bauern nach e5 zu ziehen.

19...exf5 20 ♖ad1 ♘d3 21 ♕h3 (D)

Weiß muss ein kostbares Tempo aufwenden, um die Dame in Sicherheit zu bringen. Jetzt steht Schwarz vor einer wichtigen Entscheidung.

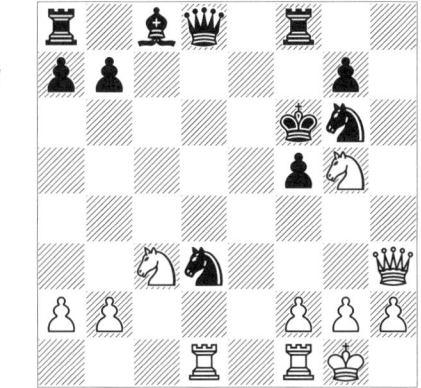

21...♘df4?

Schwarz stellt den falschen Springer nach f4, wonach die weißen Figuren in den Angriff strömen können.

Am besten ist 21...♘gf4!. Nach 22 ♕g3 ♖h8 spielt 23 ♖fe1!, und nun:

a) Nach 23...♘xe1? 24 ♖xd8 ♖xd8 25 ♕xf4 steht Weiß klar auf Gewinn.

b) Nach 23...♘h5? 24 ♘ge4+! fxe4 25 ♘xe4+ ♔f7 26 ♘d6+ ♕xd6 (oder 26...♔f6 27 ♕xd3 mit starkem Angriff) 27 ♕xd6 ♘xe1 28 ♖xe1 steht der schwarze König zu exponiert.

c) 23...g6 zwingt den Anziehenden zur Materialjagd mit 24 ♘f3 ♗e6 25 ♘e5, wonach 25...♘xe1 26 ♖xd8 ♖axd8 27 ♕xf4 eine materiell etwa ausgeglichene Stellung ergibt, in der Weiß aber dank des exponierten schwarzen Königs die Initiative besitzt.

22 ♕g3 ♕c7 23 ♖fe1 ♘e2+?

Die Partie nimmt ein enttäuschendes Ende, da der in Panik geratene Molina die Mehrfigur zurückgibt und Capablanca eine bequeme Gewinnstellung überlässt.

Weiß hat mehrere nette Ideen:

a) 23...♗e6? verliert hübsch nach 24 ♖xe6+ ♘xe6 25 ♘d5#.

b) 23...♗d7? erlaubt 24 ♘d5+! ♘xd5 25 ♕xc7 ♘xc7 26 ♘h7+ ♔f7 27 ♖xd7+ mit Materialgewinn.

c) Nach 23...♖d8 24 ♖xd8 ♕xd8 erzwingt Weiß mit dem ruhigen 25 h4! den Sieg. Die Hauptidee besteht in der Deckung des Springers g5, so dass der Anziehende 26 ♕e3 gefolgt von 27 ♘d5+! ♘xd5 (oder 27...♕xd5 28 ♘h7+ ♔f7 29 ♕e8#) 28 ♕e6+! ♗xe6 29 ♖xe6# spielen kann.

d) Angesichts der Idee h4 besteht die beste schwarze Verteidigung in 23...♖h8. Dann kann Weiß immer noch 24 h4! mit der Absicht 24...♖xh4 25 ♘b5! ♘e2+ 26 ♖xe2 ♕xg3 27 fxg3 spielen, wonach er bei materiellem Gleichstand mit seinen Springern und Türmen das Brett beherrscht.

24 ♖xe2 ♕xg3 25 ♘h7+ ♔f7 26 hxg3 ♖h8 27 ♘g5+ ♔f6 28 f4 1-0

♘g5+ und die Antwort ...♔h6

Der Verteidiger ist nur selten in der Lage, seinen König nach h6 (oder h3) zu ziehen, aber im folgenden Beispiel kann der Angriff abgeschlagen werden, weil der Angreifer einfach keine ausreichende Feuerkraft vorweisen kann.

Miles – Ljubojević
Bugojno 1978

1 c4 c5 2 ♘f3 ♘f6 3 ♘c3 e6 4 e3 d5 5 d4 ♘c6 6 cxd5 exd5 7 ♗e2 ♗d6 8 0-0 0-0 9 b3 cxd4 10

♘xd4 ♘xd4 11 ♕xd4 ♖e8 12 ♗b2 ♗e5 13 ♕d2 ♗g4 14 ♗xg4 *(D)*

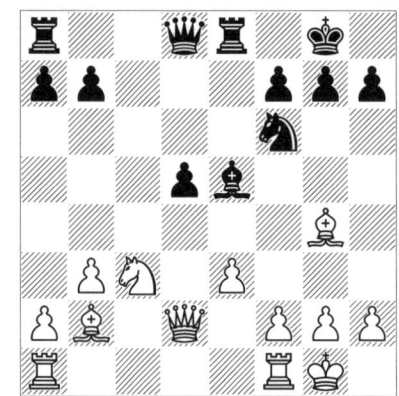

14...♗xh2+ 15 ♔xh2 ♘xg4+ 16 ♔h3!
Ohne einen die weißen Figuren einschränkenden Bauern e4 hofft Schwarz, dass er den weißen König mit Dame, Springer und Turm alleine beunruhigen kann.

Gemäß *Mega Database 2001* wird 16 ♔g1 im Turnierbulletin wegen 16...♕h4 17 ♖fe1 ♕h2+ 18 ♔f1 ♕h1+ 19 ♔e2 ♕xg2 20 ♔d1 (oder 20 ♖f1 ♘xe3 mit Ausnutzung der Fesselung des f-Bauern) 20...d4 21 exd4 ♘xf2+ 22 ♔c2 ♕g6+ 23 ♔c1 ♖xe1+ 24 ♕xe1 ♘d3+ mit Damengewinn verworfen.

16 ♔g3 ist einen Blick wert, aber dann ist Schwarz wahrscheinlich nach 16...♕g5 17 f4 ♕g6 für die Figur vollauf entschädigt.

Miles wählt ein überraschendes Feld für seinen König, was sich aber als völlig gerechtfertigt erweist.

16...♕g5 17 ♕d4!?
Das Bemerkenswerteste an dieser Partie ist die Dreistigkeit, mit der Tony Miles sowohl seine Dame als auch seinen König in die Gefahrenzone wirft. Er hat sich dafür entschieden, den Angriff durch ein Damenopfer zum Stillstand zu bringen.

17...♕h5+ 18 ♔g3 ♘h6 *(D)*
Nach 18...♖e5 stoppt Weiß den Angriff völlig mittels 19 ♕xg4! ♖g5 20 ♕xg5 ♕xg5+ 21 ♔h2 mit Materialvorteil und sicherer Königsstellung.

Die Idee 18...♕h2+ aus der vorigen Partie kann sowohl mit 19 ♔xg4 ♕xg2+ 20 ♔f4, wonach der Angriff die beiden Figuren nicht aufwiegt, als auch mit 19 ♔f3, wonach der Angriff die eine Figur nicht aufwiegt, beantwortet werden.

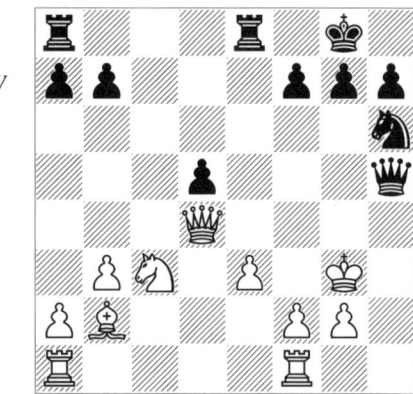

Mit dem Partiezug stellt Schwarz die scheinbar entscheidende Drohung 19...♘f5+ mit Damengewinn auf.

19 ♖h1!
Miles' einfache Antwort zeigt, dass er alles im Griff hat.

Weiß verliert nach:
a) 19 ♕xd5? ♖e5, und der Turm schaltet sich unter Zeitgewinn in den Angriff ein.
b) 19 ♕d1? ♘f5+ 20 ♔f4 ♕h6+! 21 ♔f3 (oder 21 ♔xf5 ♕h4! mit der Drohung 22...g6#) 21...♖xe3+! 22 fxe3 ♕xe3+ 23 ♔g4 h5+! 24 ♔xf5 g6+ 25 ♔f6 ♖e8!, und Schwarz droht sowohl 26...♖e6# als auch 26...♕e7#.

19...♘f5+ 20 ♔f4 ♕g6
Da die Transaktion 20...♖xh1 21 ♖xh1 ♘xd4 22 exd4 günstig für Weiß ist, macht Ljubojević den einzigen anderen vernünftigen Zug und stellt Weiß vor die Frage, wohin er seine angegriffene Dame ziehen will.

21 ♕xd5!
Miles ist bereit, sein Herrscherpaar noch größeren Gefahren auszusetzen.

Stattdessen erlaubt 21 ♕d3 sowohl 21...♕xg2 mit der Absicht 22 ♕xf5 ♕xf2+ mit Dauerschach als auch 21...♕d6+ 22 ♔f3 ♖xe3+! (ein Zug, vor dem der Verteidiger stets auf der Hut sein muss, wenn er seinen König vor seine Bauern gezogen hat) 23 fxe3 ♕g3+ 24 ♔e2 ♕xg2+, wonach Schwarz den Turm zurückgewinnt und mit drei Bauern für die Figur verbleibt.

21...♖e6 22 ♕xf5?!

Im *British Chess Magazine* schrieb Miles, dass er 22 g4 wegen der Komplikationen nach 22...♘e7 verwarf, wenngleich es so scheint, als ob Weiß seinen Materialvorteil behalten können sollte. Eine andere Gewinnfortsetzung besteht gemäß Miles in 22 ♔f3 ♖ae8 23 ♘d1.

Jetzt ist der Partiegewinn in Frage gestellt, da die schwarze Dame dem exponierten weißen König das Leben schwer machen kann.

22...♖f6 23 g4

Nach 23 ♕xf6 ♕xf6+ 24 ♔g3 ♕e5+ kann der König den Schachgeboten nicht ohne materielle Zugeständnisse entkommen.

23...♖xf5+ 24 gxf5 ♕g2 25 ♖af1 g5+! 26 fxg6 fxg6 27 e4 ♖f8+ 28 ♔e3 ♕f3+ 29 ♔d2 ♖d8+ 30 ♔c2 ♕d3+ 31 ♔c1 ♖c8 32 ♖d1 *(D)*

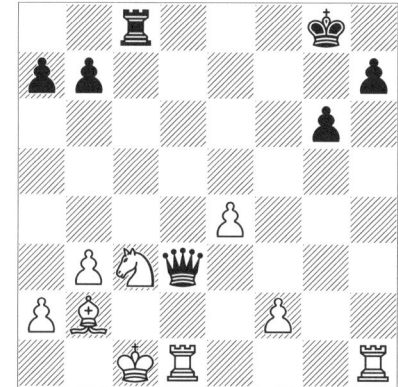

In der Regel ergibt sich eine kurze und scharfe Auseinandersetzung, die oft zu sofortigem Dauerschach oder schnellem Matt führt. Das einfachste Matt entsteht, wenn der Angreifer über einen zum Sprung auf die dritte Reihe bereiten Turm verfügt. Wieder steuert Colle ein gutes Beispiel bei.

Colle – Berger
Hastings 1928/29

1 d4 ♘f6 2 ♘f3 d5 3 e3 e6 4 ♗d3 ♗e7 5 ♘bd2 0-0 6 0-0 ♘bd7 7 e4 dxe4 8 ♘xe4 ♘xe4 9 ♗xe4 ♘f6 10 ♗d3 c5 11 dxc5 ♗xc5 12 ♗g5 ♗e7 13 ♕e2 ♕c7 14 ♖ad1 ♖d8 15 ♘e5 ♗d7 *(D)*

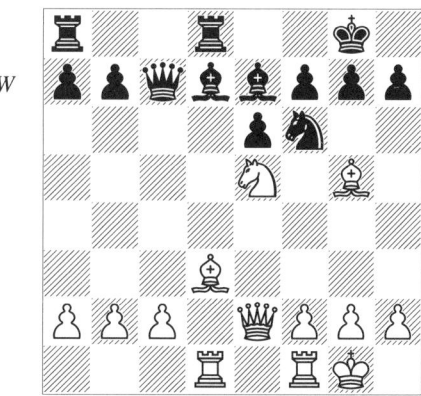

32...♕xe4?

Hierzu meinte Miles, dass Ljubojević vielleicht das nach 32...♖xc3+ 33 ♗xc3 ♕xc3+ entstehende Endspiel nicht gefiel, obwohl ein weißer Sieg hier sehr fraglich ist. Sicherlich hat Schwarz sich irgendwo verrechnet, da der Gewinn nun sonnenklar ist.

33 ♖d8+! ♔g7 34 ♖d7+!

Nach 34 ♖xc8? ♕xh1+ 35 ♔d2 hat Weiß nur geringen Vorteil.

34...♔f6 35 ♖hxh7 ♕e1+ 36 ♔c2 ♕xf2+ 37 ♔b1 ♕f1+ 38 ♖d1 ♕g2 39 ♘d5+ ♔g5 40 ♗f6+ 1-0

♕h5+ gefolgt von ♕xf7+

Wenn der Springer auf e5 steht und f7 nur vom König gedeckt ist, gewinnt ♕h5+ den f-Bauern.

16 ♗xh7+

Normalerweise würde Weiß zunächst mit 16 ♗xf6 auf f6 tauschen und erst nach 16...♗xf6 den Zug 17 ♗xh7+ spielen. Dann behält Schwarz jedoch im Fall der Ablehnung des Opfers etwas Kompensation für den Verlust des h-Bauern in Form des Läuferpaars.

In dieser Stellung ist der Läufer e7 ungedeckt, so dass Weiß nach 16...♘xh7 17 ♗xe7 einen Mehrbauern behält. Daher braucht Weiß nicht vorher auf f6 zu tauschen.

16...♔xh7 17 ♗xf6 ♗xf6 18 ♕h5+ ♔g8 19 ♕xf7+ ♔h7

Nach 19...♔h8 ergibt sich ein anderes Matt: 20 ♖d3 ♗g5 21 ♖h3+ ♗h6 22 ♖xh6+ gxh6 23 ♘g6#.

20 ♖d3 1-0

20...♗g5 zögert das Matt hinaus, aber nicht lange: 21 ♖h3+ ♗h6 22 ♖xh6+ ♔xh6 23 ♕g6#.

Dieses Mattmuster greift nicht, wenn der Verteidiger den Turm am Betreten der dritten Reihe hindern oder andernfalls das Feld h3 decken kann. Im obigen Beispiel hätte es kein Matt gegeben, wenn der schwarze e-Bauer gefehlt hätte, da dann der Läufer d7 das Feld h3 gedeckt hätte.

Es folgt das berühmteste Beispiel für diese Form des klassischen Läuferopfers.

Janowski – Chajes
New York 1916

1 d4 ♘f6 2 c4 e6 3 ♘c3 d5 4 ♗g5 ♘bd7 5 e3 ♗e7 6 ♘f3 dxc4 7 ♗xc4 a6 8 0-0 b5 9 ♗d3 c5 10 ♕e2 ♗b7 11 ♖fd1 ♕b6 12 ♖ac1 0-0 13 ♘e5 ♖fe8 14 dxc5 ♘xc5 15 ♗xf6 ♗xf6 *(D)*

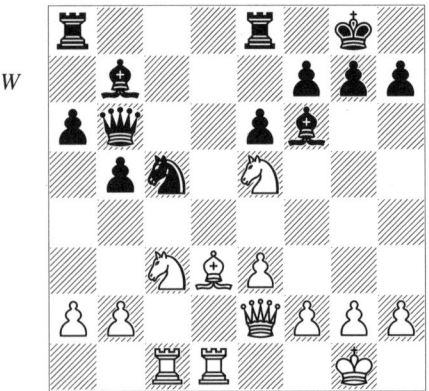

16 ♗xh7+ ♔xh7 17 ♕h5+ ♔g8 18 ♕xf7+ ♔h7?! *(D)*

Auch nach dem besseren 18...♔h8 kann Weiß nach 19 b4! noch Vorteil beanspruchen. Schwarz stehen mehrere Möglichkeiten zur Verfügung:

a) 19...♘e4 erlaubt die Fortsetzung 20 ♘d7 ♕a7 (oder 20...♕d8 21 ♕h5+ ♔g8 22 ♘xe4 ♗xe4 23 ♘c5 ♗d5 24 e4 mit Rückgewinn der Figur) 21 ♕h5+ ♔g8 22 ♘xe4 ♗xe4 23 ♘xf6+ gxf6 24 ♕g4+ mit Doppelangriff gegen König und Läufer.

b) Nach 19...♕a4 ist 20 ♘d7 immer noch sehr stark, aber noch besser ist 20 ♖d7!, da es keine gute Verteidigung gegen 21 ♘g6+ ♔h7 22 ♕xf6 ♖g8 23 ♘e5 mit unvermeidlichem Matt gibt.

c) 19...♗xe5 beseitigt den weißen Springer, aber Weiß lässt den schwarzen Springer hängen und spielt stattdessen 20 ♕h5+ ♔g8 21 ♕xe5. Dann muss Schwarz die Figur zurückgeben und mit einem Minusbauern weiterspielen, da 21...♕a4 mit 22 ♖d7 nebst Matt beantwortet wird und 21...♕c6 22 ♕g5 ♘e4 (22...♕d7 23 ♘e2 zwingt die Dame, den Springer im Stich zu lassen) 23 ♘xe4 ♕xe4 24 ♖d7 g6 auf die Erwiderung 25 f3! ♕f5 26 ♕h4! ♕h5 27 ♕f6 ♕h6 28 ♖cc7 trifft, wonach das Matt nicht zu verhindern ist.

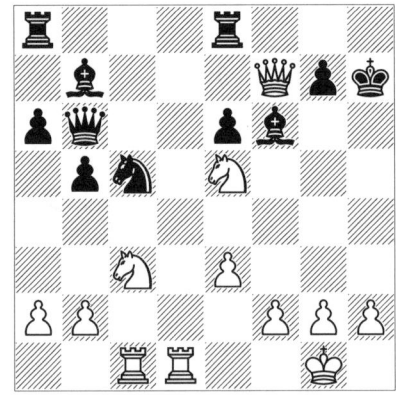

Nach dem Textzug einigten sich die Spieler in Mikenas-Kashdan, Olympiade, Prag 1931, auf Remis. Vermutlich hatte Mikenas mit der kleinen Kombination Remis durch Dauerschach erzwingen wollen und machte sich daher keine weiteren Gedanken. Fünfzehn Jahre früher hatte Janowski tiefer in die Stellung geschaut und einen Weg gefunden, die Stellung des Königs auf der siebten Reihe auszunutzen.

19 ♘d7! ♘xd7 20 ♖xd7 ♗c6 21 ♘e4!

Weiß kann immer noch Dauerschach geben, aber sein Zug droht 22 ♘xf6+ nebst Matt im nächsten Zug, selbst wenn der Turm d7 geschlagen wird. Eine Schlüsselidee besteht in der Ablenkung des Läufers c6 von der c-Linie mit 21...♗xe4, wonach Weiß mit 22 ♕xf6 die Fesselung des g-Bauern ausnutzen kann. Wenn Schwarz sich dann mit 22...♖g8 gegen das Matt auf g7 verteidigt, muss er nach 23 ♖cc7 die Dame geben, um dem Matt zu entkommen.

21...♗xb2

Die beste Chance, mit der sich Schwarz seinen schwarzfeldrigen Läufer bewahrt, aber g5 ungedeckt lässt, so dass Weiß seinen Springer dort mit Schach auffahren kann. Danach folgt eine ansprechende Mattkombination, die dieser Partie den Ersten Schönheitspreis sicherte.

22 ♘g5+ ♚h6 23 g4! g6

Auf 23...♚xg5 folgt 24 ♕h5+ ♚f6 25 ♖f7#.

24 h4 ♖h8 25 ♕h7+ ♖xh7 26 ♖xh7# (1-0)

Der Angriff auf der h-Linie

Der Opfernde kann sich mit der vereinten Kraft von Dame und Turm auf h7 oder h8 Eintritt verschaffen. Es ist nützlich, wenn der Turm zum Zeitpunkt des Opfers schon auf der dritten Reihe steht, so dass er in einem Zug auf die h-Linie gelangen kann.

A. David – Taimanow
Prag 1993

1 e4 c5 2 ♘f3 e6 3 d4 cxd4 4 ♘xd4 ♘c6 5 ♘c3 a6 6 ♘xc6 bxc6 7 ♗d3 d5 8 0-0 ♘f6 9 ♕e2 ♗e7 10 b3 0-0 11 ♗b2 ♘d7 12 ♘a4 ♗f6 13 e5 ♗e7 14 c4 a5 15 cxd5 cxd5 16 ♖ac1 ♘b6 17 ♘c5 a4 18 ♗d4 axb3 19 axb3 ♖b8 20 ♖c3 *(D)*

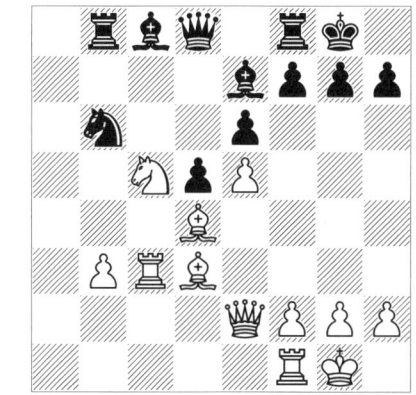

S

20...♘d7

Schwarz sollte das klassische Läuferopfer mit 20...g6 oder 20...h6 verhindern, auch wenn sich die Schwächen am Königsflügel letztendlich als tödlich erweisen sollten.

Der Textzug ist wegen der Verstellung des Läufers c8 problematisch, da nach späterem ...f5 oder ...f6 der e-Bauer vom weißen Springer geschlagen werden kann. 20...♖e8 vermeidet dieses Problem, aber das klassische Läuferopfer funktioniert immer noch. Nach 21 ♗xh7+ ♚xh7 22 ♕h5+ ♚g8 23 ♖h3 f5 gibt es zwei klare Gewinnwege:

a) Blatny gibt in *Mega Database 2001* 24 ♕g6 ♗f8 25 ♖h7! (ein typisches Manöver mit der Absicht 26 ♕h5 nebst 27 ♖h8#) 25...♖e7 26 ♕h5 g6 27 ♖h8+ ♚f7 28 ♕h7+ ♚e8 29 ♖xf8+ ♚xf8 30 ♕h8+ mit Gewinn der ungedeckten Dame.

b) Weniger instruktiv, aber dafür noch kraftvoller ist 24 exf6 ♗xf6 25 ♗xf6, wonach 25...♕xf6 auf 26 ♕xe8+ trifft und 25...gxf6 den König zu sehr exponiert: 26 ♖g3+ ♚f8 27 ♕h7 mit Matt im nächsten Zug.

21 ♗xh7+ ♚xh7 22 ♕h5+ ♚g8 23 ♖h3 f6

Dies ist erzwungen, aber nun kann der Springer auf e6 nehmen, wonach der Doppelangriff auf die Dame und das Feld g7 dem Nachziehenden sofort den Garaus macht.

24 ♘xe6 ♕e8

Hier ist die schwarze Dame in Gefahr, aber auf 24...♕a5 folgt 25 ♕g6 ♖f7 26 ♕h7#.

25 ♕h7+ ♚f7 26 ♘xg7 1-0

Wegen der Drohung 27 e6# büßt Schwarz die Dame ein.

Wenn der Bauer h7 im Lager des Verteidigers durch einen Läufer angegriffen ist und ein Turm des Angreifers auf der dritten Reihe steht, sollten beim Verteidiger die Alarmglocken läuten. In der Meisterpraxis wird diese Form des klassischen Läuferopfers meistens nur dann zugelassen, wenn die Türme noch auf der ersten Reihe stehen. Da für die Einschaltung des Turms in den Angriff ein zusätzliches Tempo benötigt wird, ist das Opfer dann mit größerem Risiko behaftet.

Awruch – Varga
Mannschaftseuropapokal, Budapest 1996

1 d4 d5 2 c4 dxc4 3 e3 ♘f6 4 ♗xc4 e6 5 ♘f3 a6 6 0-0 c5 7 ♗d3 ♘bd7 8 ♖e1 ♗e7 9 e4 cxd4 10 e5 ♘d5 11 ♘xd4 ♗b4 12 ♗d2 ♕b6 13 ♘b3 0-0 14 ♘c3 ♘xc3 15 bxc3 ♗e7 16 ♕g4 ♖d8 17 ♗h6 ♗f8 18 ♗g5 ♖e8 *(D)*

Die weiße Dame steht schon in der Nähe des schwarzen Königs und kann den Umständen

entsprechend nach h5 oder h4 gehen. Der Bauer e5 ist ebenfalls wichtig, da er die schwarzen Figuren an der Verteidigung ihres Königs hindert und dazu beiträgt, den schwarzen König auf den letzten beiden Reihen einzupferchen. Außerdem verhindert der Läufer g5 die Flucht des schwarzen Königs über e7 und nimmt dem schwarzen Turm und der schwarzen Dame Felder. Der Bauer und der Läufer erschweren mit vereinten Kräften den schwarzen Ausbruchsversuch ...f6.

19 ♗xh7+ ♔xh7 20 ♖e3!

Weiß wartet noch mit der Entscheidung, wo er seine Dame hinstellen soll. Nach 20 ♕h5+ ♔g8 21 ♖e3 g6 kann der schwarze Läufer nach g7 kommen, während Schwarz nach 20 ♕h4+ ♔g8 21 ♖e3 f6! das Schlimmste überstanden hat.

20...♔g8 21 ♖h3 f5 (D)

Nach 21...g6? kann die weiße Dame nach h4 gehen: 22 ♕h4 ♗g7 23 ♗f6! ♘xf6 24 exf6 führt zu schnellem Matt. Unterdessen gibt 21...f6 dem Weißen Gelegenheit, die gegenwärtige Stellung seiner Dame mit 22 ♗xf6 auszunutzen, wonach sich Schwarz nicht mit 22...♘xf6 23 exf6 ♕c7 über die zweite Reihe verteidigen kann wegen 24 ♕g6 ♖d8 25 f7+! ♕xf7 26 ♕h7#.

Unterdessen hat Weiß seinen e-Bauern einstehen gelassen, und 21...♘xe5 greift überdies die weiße Dame an. Allerdings verfügt Weiß wegen der exponierten Stellung des Springers auf e5 über die nette Riposte 22 ♕h5 f6 23 ♗xf6! ♘d7 24 ♗g5! ♖e7 (der Turm kann auf e8 nicht verteidigt werden) 25 ♕h7+ ♔f7 26 ♖f3+ ♔e8 27 ♕g6+ ♔d8 28 ♖xf8+! ♘xf8 29 ♕xg7 mit Rückgewinn des Turms bei zwei Mehrbauern und starkem Angriff.

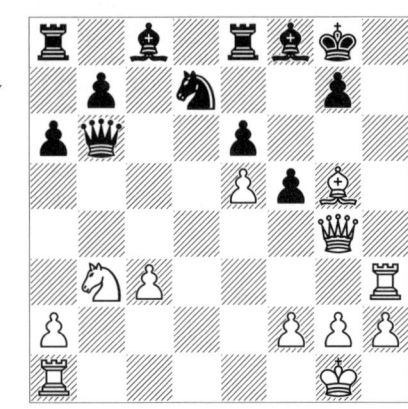

22 ♕h5

Dies ist ein weiteres Beispiel für ein Opfer, dessen Erfolg von zufälligen Faktoren abhängt. Weiß gewinnt dank des ungedeckten Turms auf e8 ein Tempo.

Im Gegensatz dazu scheitert 22 exf6 an 22...♘xf6 23 ♕h4 (oder 23 ♗xf6 e5 mit Abzugsangriff auf die Dame und Gewinn des dahinter stehenden Turms) 23...e5, wonach der Turm von h3 weichen muss und Schwarz außer Gefahr ist.

22...♖e7

Nach 22...♖d8 23 ♖d1! ist Schwarz an Händen und Füßen gebunden. Eine Beispielvariante lautet 23...♕c7 24 ♕h7+ ♔f7 25 ♖h6! (ein weiteres typisches Manöver), und Schwarz muss Material geben, um die Drohung 26 ♕g6+ ♔g8 27 ♕xe6# abzuwehren.

23 ♕h8+ ♔f7 24 ♕h5+ ♔g8

Nach 24...g6 25 ♕h7+ ♔e8 26 ♗xe7 ♖xe7 27 ♕g8+ ♗f8 (oder 27...♘f8 28 ♖h7 ♔d8 29 ♖d1+ ♗d7 30 ♖f7 ♖c8 31 ♕g7, und Weiß gewinnt mindestens eine Figur) 28 ♖h7 ♘xe5 29 ♖d1 ist der schwarze König von den weißen Schwerfiguren umzingelt.

25 ♗xe7 ♗xe7 26 ♕e8+ ♗f8 27 ♖d1 ♘xe5

Es drohte 28 ♖xd7 ♗xd7 29 ♕xa8. Nach dem Partiezug kann der Turm d1 auf der achten Reihe auf Materialjagd gehen, während 27...♕c6 auf 28 ♖d6 ♕c4 29 ♖d4! nebst 30 ♖dh4 mit entscheidendem Angriff auf der h-Linie trifft.

28 ♖d8 ♘g6 (D)

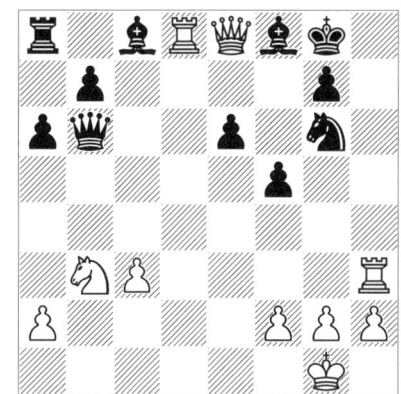

W

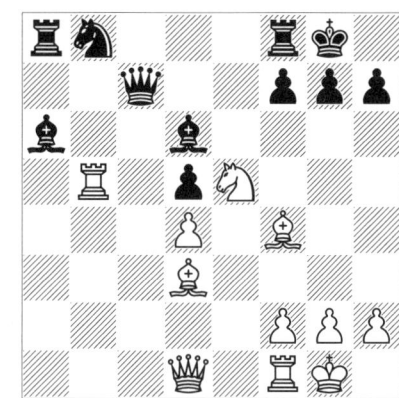

W

Jetzt kann Weiß seinen Angriff mit 29 ♖hd3! krönen, was den Turm d8 deckt und daher 30 ♕xg6 droht. Die Antwort 29...♔h7 rettet die Figur, aber 30 ♕f7 zwingt Schwarz zur Aufgabe seiner Dame durch 30...♕xd8, um das Matt zu verhindern. Die Alternative 29...e5 verliert nach 30 ♖3d6 den Springer bei fortwährender Lähmung des schwarzen Damenflügels.

Vermutlich war Weiß in Zeitnot, da er zunächst eine Figur auf weniger wirkungsvolle Art und Weise nahm und dann, immer noch in Gewinnstellung, in ein Matt lief. Die Partie nahm folgendes Ende:

29 ♖xc8?! ♖xc8 30 ♕xc8 ♕d6 31 ♘d4 ♘f4 32 ♖f3 ♕a3 33 g3?? ♕c1# (0-1)

Die bekannteste Partie mit dieser Form des klassischen Läuferopfers ist Anands Meisterwerk gegen Karpow aus dem Turnier in Las Palmas 1996.

Anand – Karpow
Las Palmas 1996

1 ♘f3 d5 2 d4 e6 3 c4 dxc4 4 e4 b5 5 a4 c6 6 axb5 cxb5 7 b3 ♗b7 8 bxc4 ♗xe4 9 cxb5 ♘f6 10 ♗e2 ♗e7 11 0-0 0-0 12 ♘c3 ♗b7 13 ♘e5 a6 14 ♗f3 ♘d5 15 ♘xd5 exd5 16 ♖b1 ♕b6 17 ♗e2 axb5 18 ♖xb5 ♕c7 19 ♗f4 ♗d6 20 ♗d3 ♗a6 (D)

Der Hauptunterschied zum vorigen Beispiel besteht darin, dass hier auf e5 kein weißer Bauer, sondern ein weißer Springer steht. Dies ist dem Angriff nicht förderlich.

Der sich später in den Angriff einschaltende Turm steht gegenwärtig auf der fünften Reihe, und die weiße Dame befindet sich auf d1. Dies hat keine Auswirkungen auf das Spiel, da der Turm und die Dame ihre Bestimmungsorte h3 und h5 in genauso vielen Zügen wie üblich erreichen können. Außerdem steht der Läufer auf f4 günstig und wird in vielen Abspielen eine entscheidende Rolle spielen.

Nach dem Opfer greift der schwarze Läufer a6 den weißen Turm auf f1 an. Dieses Problem wird von Weiß brillant gelöst.

21 ♗xh7+! ♔xh7 22 ♕h5+ ♔g8 23 ♖b3 (D)

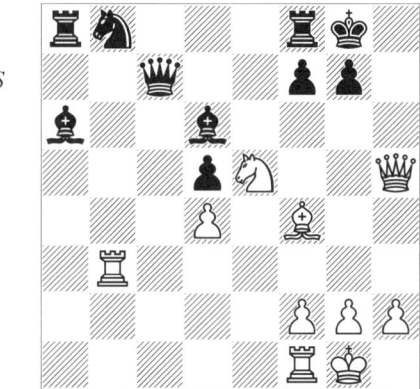

S

23...♗xe5?

Das gefräßige 23...♗xf1? verliert natürlich wegen 24 ♖h3. In *Meine besten Schachpartien* gibt Anand hier eine ausführliche Analyse mit der Quintessenz, dass 23...f6! die stärkste Verteidigung ist und die beste beiderseitige Folge wohl 24 ♖h3 fxe5 25 dxe5 ♕c4! 26 ♖e1 ♕xf4 (das interessante 26...♕b4!? erwähnt er nicht) 27 ♕h7+ ♔f7 28 exd6 ♘c6 29 ♖f3 ♕xf3 30 gxf3 ♗c4 31 ♔h1 lautet. Danach ist Weiß dank seines Freibauern auf der d-Linie und seiner Angriffschancen gegen den schwarzen König im Vorteil.

Karpow durchblickt das Variantengestrüpp nicht und möchte auf e5 lieber einen weißen Bauern als einen Springer sehen. Ab hier nimmt der weiße Angriff einen logischen und glatten Verlauf.

24 ♖h3 f6

24...f5 taugt nichts angesichts von 25 ♗xe5 ♕d7 26 ♕h7+ ♔f7 27 ♗xg7, und im Fall von 27...♗xf1 schneidet 28 ♖e3! dem König den Fluchtweg ab und erzwingt Matt.

25 dxe5 *(D)*

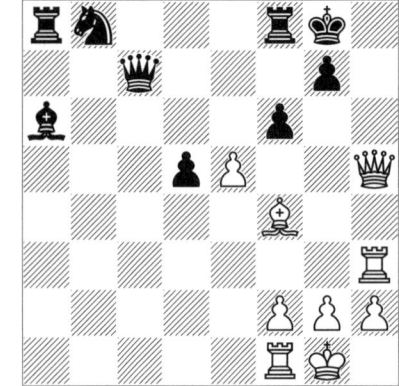

S

25...♕e7

Ein anderer drastischer Verlustweg besteht in 25...♕c4 26 ♖e1! ♕xf4 27 ♕h7+ ♔f7 28 e6+ ♔e8 29 ♕g6+, wonach der schwarze Turm verloren geht und Weiß seinen Bauern zur Umwandlung führen kann.

26 ♕h7+ ♔f7 27 ♖g3 ♔e8

Schwarz kann seinen g-Bauern nicht verteidigen, da 27...♖g8 28 ♕g6+ ♔f8 29 exf6 ♕xf6 30 ♗d6+ die Dame kostet. Da er die weißen Schwerfiguren nicht am Durchbruch hindern kann, gibt sein König bald den Löffel ab.

28 ♖xg7 ♕e6 29 exf6 ♘c6 30 ♖a1 ♔d8 31 h4

Wie Anand in seinem Buch genüsslich ausführt, hat er in jedem Zug einige alternative Gewinnmöglichkeiten. Hier beugt er einem Grundreihenmatt vor, aber 31 ♗c7+ ♔c8 32 ♗b6 ist ebenfalls tödlich.

31...♗b7 32 ♖c1 ♗a6 33 ♖a1 ♗b7 34 ♖d1 ♗a6 35 ♕b1! ♖xf6 36 ♗g5 1-0

Bei der Ausführung des Zuges 36...♔c8 überschritt Karpow die Zeit, aber 37 ♕b6 gewinnt auf der Stelle.

Geduld ist eine Tugend

Schließlich sei noch davor gewarnt, zu ungeduldig zu sein. In der nachstehenden Partie zwischen zwei der besten britischen Spieler brachte Weiß das klassische Läuferopfer und spielte danach automatisch ♕h5+. Hätte er einen besseren Folgezug gewählt, so hätte er die Früchte seines Mutes ernten können.

Es handelt sich hier um eine kleine Tragödie, da in dieser Partie aus der letzten Runde der Britischen Meisterschaft jeder der beiden Spieler durch einen Sieg mit dem Führenden gleichgezogen und sich für einen Dreierstichkampf um den Titel qualifiziert hätte. Die Partie endete aber dann remis, so dass keinem Spieler eine Chance auf den Meistertitel vergönnt war.

Ward – Hodgson
Britische Meisterschaft, Dundee 1993

1 d4 d6 2 e4 ♘f6 3 f3 d5 4 ♘c3 dxe4 5 ♗g5 exf3 6 ♘xf3 e6 7 ♗d3 ♗e7 8 0-0 ♘c6 9 ♔h1 ♘b4 10 ♘e5 0-0 11 ♗xf6 ♗xf6 *(D)*

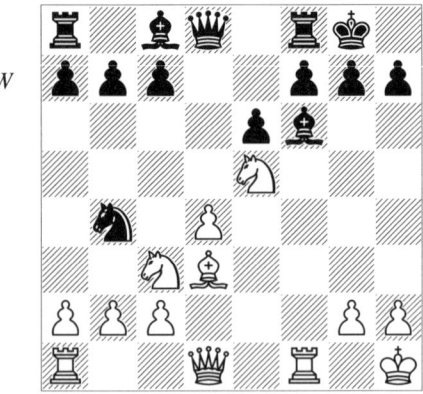

W

In dieser Stellung ist die offene f-Linie von wesentlicher Bedeutung. Sie eröffnet nicht nur dem Turm f1 die Möglichkeit zum Schwenk nach h3 via f3, sondern hilft Weiß vielleicht auch bei der Beseitigung der Bauerndeckung des schwarzen Königs.

12 ♗xh7+ ♔xh7 13 ♕h5+?

Wie so oft besteht die Lösung eines taktischen Problems darin, die Züge umzustellen. Richtig ist 13 ♘e4! mit der Drohung 14 ♘xf6+ nebst Matt auf der g- und h-Linie. Schwarz hat vier mögliche Verteidigungen:

a) 13...♔g8 trifft auf 14 ♘xf6+ gxf6 15 ♕g4+ ♔h8 16 ♖f3 mit unaufhaltsamem Matt.

b) Nach 13...♗e7 kann Weiß auf normale Methoden zurückkommen: 14 ♕h5+ ♔g8 15 ♖f3 gewinnt, da der Läufer seinem König nicht auf g7 zu Hilfe eilen kann.

c) Nach 13...♗xe5 14 ♕h5+ ♔g8 15 dxe5 droht 16 ♘g5, was Schwarz mit 15...f6 verhindern muss. Dann steckt Weiß mit 16 ♘xf6+! seinen Springer ins Geschäft, wonach Schwarz die Dame geben muss, da 16...gxf6 17 ♕g6+ ♔h8 18 ♖f3 zum Matt führt.

d) Die beste Verteidigung besteht in der Deckung des Läufers f6 mittels 13...♘d5, wonach 14 c4 die Figur bei entscheidendem Angriff zurückgewinnt. Nach 14...♔g8 (oder 14...♗xe5 15 ♕h5+ ♔g8 16 ♘g5, und wieder muss Schwarz die Dame geben) 15 cxd5 ♗e7 16 ♕h5 *(D)* ergibt sich eine weitere Verzweigung:

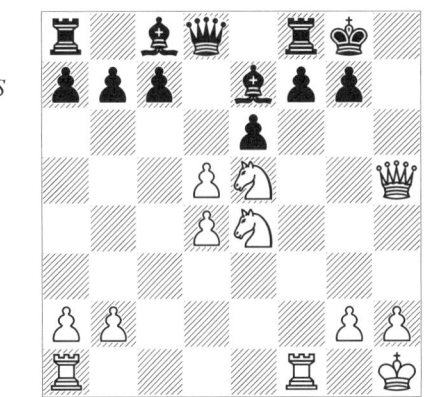

d1) 16...f5 17 ♘g6! gewinnt Material für Weiß, da 17...fxe4 auf 18 ♕h8# und 17...♖e8 auf 18 ♕h8+ ♔f7 19 ♘e5# trifft.

d2) Nach 16...g6 17 ♘xg6! fxg6 18 ♕xg6+ ♔h8 19 ♖f3! (erzwingt die Öffnung der g-Linie für den anderen Turm) 19...♖xf3 20 gxf3 ♔g8 21 ♕h5+ ♔h7 22 ♕e8+ ♔g8 23 ♕xe7 ist Schwarz hilflos.

d3) 16...♕e8 erlaubt 17 ♘f6+!, wonach die drastischste Variante 17...♗xf6 18 ♖xf6! gxf6 19 ♖f1! fxe5 20 ♕g5+ ♔h7 21 ♖f6 nebst Matt lautet.

Wards Zug verpflichtet ihn zu einem zweiten Opfer, um den Angriff in Gang zu halten.

13...♔g8 14 ♘e4

Nach allen anderen Zügen kann Schwarz ungeschoren ...g6 und ...♗g7 spielen.

14...g6 *(D)*

Schwarz sollte dies jetzt spielen, da er nach 14...♘d5 15 c4 so oder so 15...g6 spielen muss, was aber wegen 16 ♘xg6 fxg6 17 ♕xg6+ ♗g7 18 cxd5 exd5 19 ♘g5 ♖f6 20 ♕h7+ ♔f8 21 ♔g1! mit der Drohung 22 ♖xf6+ ♕xf6 23 ♖f1 verliert.

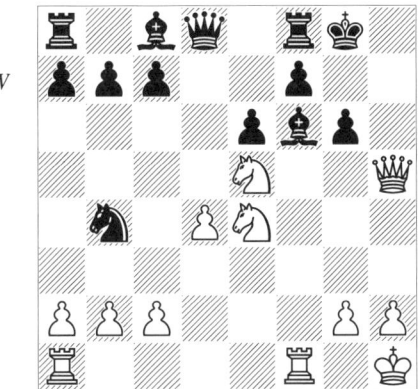

15 ♘xg6

Dies führt zur Punkteteilung. Laut *Mega Database 2001* schlägt Plaskett 15 ♕g4 vor:

a) Seine Hauptidee lautet 15...♗g7 16 ♖xf7! ♖xf7 17 ♘xf7 ♔xf7 18 ♖f1+, wonach 18...♔g8? an 19 ♕xg6 mit den Drohungen ♘f6+, ♖f7 und ♘g5 scheitert. Schwarz kann den sofortigen Verlust durch 18...♔e8 19 ♕xg6+ ♔d7 20 ♕xg7+ ♔c6 abwenden, aber es ist schwer vorstellbar, dass ein dermaßen entblößter König überleben kann.

b) Außerdem gibt er 15...♘d5 16 c4 ♗g7 17 ♘g5 f6 18 ♘xg6 fxg5 19 ♘xf8, und nun 19...♗xf8 20 cxd5 exd5 (besser ist 20...♕xd5) 21 ♕h5 mit gewinnbringendem Angriff, aber vielleicht kann Schwarz nach 19...e5 (mit der Idee 20 ♕h5 ♘f4 mit Verstellung der f-Linie) mit heiler Haut davonkommen.

15...fxg6 16 ♕xg6+ ♗g7 17 ♘g5 ♖f6

Schwarz kann das Remis nicht vermeiden. 17...♕xg5 gibt ihm zu wenig für die Dame, wohingegen 17...♖f5 wegen 18 ♖xf5 exf5 19 ♖e1! ♗d7 20 ♕f7+ ♔h8 21 ♖e7 ♕f8 22 ♕g6 ♕g8 23 ♕h5+ nebst Matt verliert.

18 ♕h7+ ♔f8 19 ♕g6

19 ♕h5 ♔g8 ist ebenfalls remis.

19...♔g8 20 ♕h7+ ♔f8 21 ♕g6 ♔g8 22 ♕h7+ ♔f8 23 ♕g6 ♔g8 24 ♕h7+ ♔f8 25 ♕g6 ½-½

Übungen

Übung 25

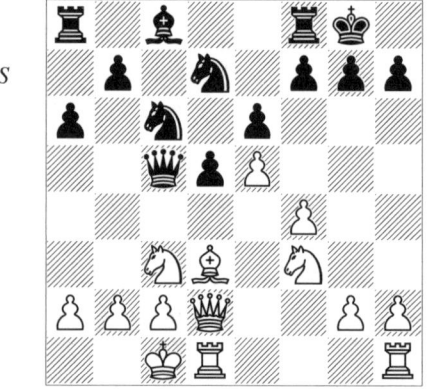

Schwarz spielte hier **12...b5?**. Dies erwies sich als ernster Fehler (besser ist 12...♘b6). Weiß brachte nun das klassische Läuferopfer. Wie sollte er den Angriff führen, und warum fährt Schwarz besser, wenn sein Springer nicht auf d7 steht?

Übung 26

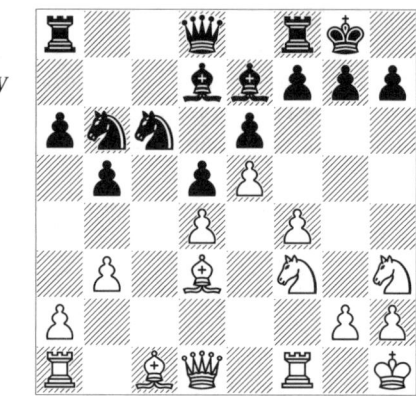

Weiß spielte **14 ♗xh7+ ♔xh7 15 ♘fg5+**. Soll der schwarze König nach g8, g6 oder h6 gehen? Wie bringt Weiß nach dem besten schwarzen Zug den König zur Strecke?

Übung 27

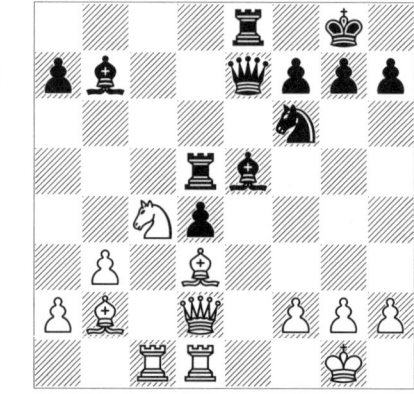

Schwarz spielte **20...♗xh2+**. Wie setzte er nach **21 ♔xh2** fort?

15 Das doppelte Läuferopfer

Das doppelte Läuferopfer ergibt sich, wenn nach einem klassischen Läuferopfer auch noch ein Läufer auf g7 (oder g2) angeboten wird. Berühmt gemacht wurde es von Lasker in seiner Partie gegen Bauer. Seitdem haben unzählige Spieler davon geträumt, es ihm gleichzutun. Viele Nachahmer wurden jedoch enttäuscht, da die Stammpartie nicht zu sofortigem Matt führte. Vielmehr hing der Erfolg des Opfers von zwei ungedeckten Figuren ab, die am Ende von Laskers Dame aufgabelt wurden.

Em. Lasker – Bauer
Amsterdam 1889

1 f4 d5 2 e3 ♘f6 3 b3 e6 4 ♗b2 ♗e7 5 ♗d3 b6 6 ♘f3 ♗b7 7 ♘c3 ♘bd7 8 0-0 0-0 9 ♘e2 c5 10 ♘g3 ♕c7 11 ♘e5 ♘xe5 12 ♗xe5 ♕c6 13 ♕e2 a6 14 ♘h5 ♘xh5 *(D)*

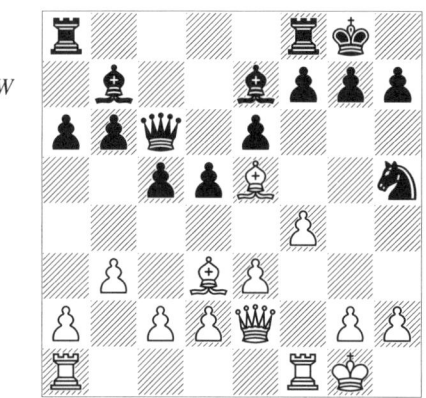

15 ♗xh7+ ♔xh7 16 ♕xh5+ ♔g8 17 ♗xg7 ♔xg7

Die Ablehnung des Opfers hilft nicht, da 17...f6 auf 18 ♗h6 trifft, wonach es gegen die Mattdrohung keine gute Parade gibt.

18 ♕g4+ ♔h7 19 ♖f3 e5

Schwarz findet eine Verteidigung gegen das Matt: Die Dame wird sich auf h6 in die Bresche werfen. Mit Turm und zwei Läufern für Dame und zwei Bauern sollte Schwarz ziemlich gut dastehen...

20 ♖h3+ ♕h6 21 ♖xh6+ ♔xh6 22 ♕d7!

...aber Weiß verfügt über diesen gemeinen Damenzug, der einen der Läufer gewinnt. Ohne diesen Zug wäre die Kombination gescheitert.

22...♗f6 23 ♕xb7 ♔g7 24 ♖f1 ♖ab8 25 ♕d7 ♖fd8 26 ♕g4+ ♔f8 27 fxe5 ♗g7 28 e6 ♖b7 29 ♕g6 f6 30 ♖xf6+ ♗xf6 31 ♕xf6+ ♔e8 32 ♕h8+ ♔e7 33 ♕g7+ ♔xe6 34 ♕xb7 ♖d6 35 ♕xa6 d4 36 exd4 cxd4 37 h4 d3 38 ♕xd3 1-0

Bedingungen für ein erfolgreiches doppeltes Läuferopfer

Das standardmäßige doppelte Läuferopfer funktioniert am besten, wenn der Angreifer seine Läufer auf h7 und g7 gerichtet hat, seine Dame in einem Satz nach h5 gelangen kann und ein Turm zum Schwenk über die dritte Reihe nach h3 bereit steht. Die Bauernphalanx vor dem schwarzen König sollte ungeschwächt sein, und Damenschachs auf h5 und g4 oder g5 und das Turmschach auf h3 sollten nicht durch Schlagen der Angriffsfigur oder Dazwischenziehen einer Verteidigungsfigur beantwortet werden können. Außerdem sollte ein Turm des Verteidigers auf f8 stehen, wo er den Fluchtweg des Königs blockiert. Wie wir sehen werden, ist es auch wichtig, dass der Verteidiger das zweite Opfer nicht ohne ernsten Schaden ablehnen kann.

Das nächste Beispiel illustriert die Idealbedingungen – der Verteidiger kann Matt oder ruinösen Materialverlust nicht vermeiden.

Filatow – Mayer
Philadelphia 2000

1 d4 d5 2 ♘f3 ♘f6 3 e3 e6 4 ♗d3 c5 5 b3 ♗e7 6 ♗b2 ♘bd7 7 ♘bd2 b6 8 0-0 ♗b7 9 ♕e2 0-0

10 ♘e5 ♕c7 11 a3 a6 12 f4 b5 13 ♘xd7 ♘xd7 14 dxc5 ♘xc5 *(D)*

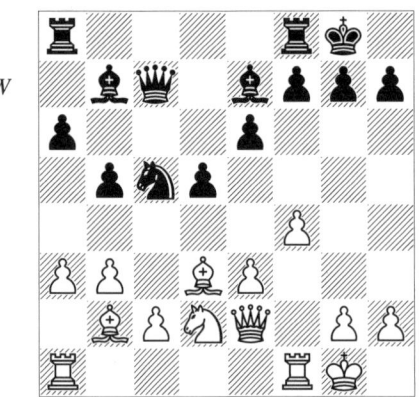

W

15 ♗xh7+ ♔xh7 16 ♕h5+ ♔g8 17 ♗xg7 ♔xg7

Der Angreifer muss sich vergewissern, dass keine vorteilhafte Ablehnung des zweiten Opfers möglich ist. Hier trifft 17...f6 auf 18 ♕g6 (droht 19 ♗xf6#) 18...♖f7 19 ♗h6+ mit Turmgewinn.

18 ♕g4+ 1-0

Nach 18...♔h7 19 ♖f3 kann die h-Linie nicht vernünftig blockiert werden.

Es ist für den Angreifer sehr nützlich, wenn auch nicht immer unbedingt erforderlich, über einen Bauern auf f4 zu verfügen, wie es in den beiden obigen Beispielen der Fall war. Dadurch ist das Feld g5 gedeckt, so dass 18...♔f6 ganz einfach mit 19 ♕g5# beantwortet werden kann. Man beachte, dass der Anziehende für den Fall, dass er keinen Turm nach h3 bringen kann, immer noch die Möglichkeit hat, Dauerschach zu geben. In der Tat wird das doppelte Läuferopfer sehr häufig als Remiskombination gespielt.

Häufig kann der Verteidiger jedoch dem Matt entgehen, indem er – wie Bauer – die Dame gibt, und dann beginnen zufällige Faktoren eine Rolle zu spielen.

Im nächsten Beispiel ist es Schwarz, der das Opfer bringt. Weiß kann durch Aufgabe der Dame das Matt vermeiden, aber der Nachziehende gewinnt, indem er mit seiner Dame verschiedene taktische Schwächen in der weißen Figurenkonstellation ausnutzt.

Gamboa – Blatny
New York Open 1996

1 d4 ♘f6 2 c4 e5 3 dxe5 ♘g4 4 ♘f3 ♗c5 5 e3 ♘c6 6 ♘c3 0-0 7 ♗d3 ♖e8 8 a3 ♘gxe5 9 b4 ♘xf3+ 10 ♕xf3 ♘e5 11 ♕e2 ♘xd3+ 12 ♕xd3 ♗d6 13 0-0 b6 14 ♖a2 a5 15 b5 ♗b7 16 ♖e2 *(D)*

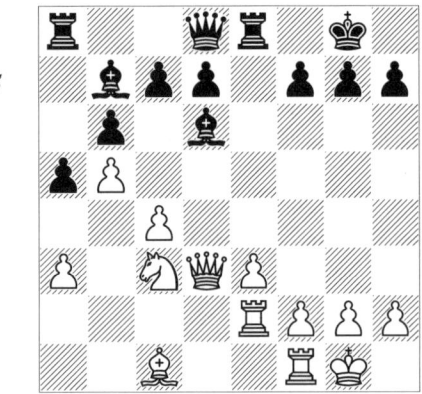

S

16...♗xh2+ 17 ♔xh2 ♕h4+ 18 ♔g1 ♗xg2 19 ♔xg2

19 f3 verliert auf der Stelle wegen 19...♕h1+ 20 ♔f2 ♕xf1+.

19...♕g4+ 20 ♔h2

Beim doppelten Läuferopfer ist es für den Verteidiger häufig sehr wichtig, das richtige Feld für den König zu wählen. Eine allgemeine Faustregel ist, dass er nach h1/h8 gehen sollte, wenn er Dame oder Turm auf dem Feld h2/h7 dazwischenstellen kann, und nach h2/h7, wenn er eine Figur auf h3/h6 dazwischenstellen kann (wie in der Partie Lasker-Bauer). Hier wählt Weiß h2, da 20 ♔h1 wegen 20...♕f3+ 21 ♔g1 ♖e6 mit der Drohung 22...♖h6 sofort verliert.

20...♖e5 21 ♕d5!

Die weiße Dame kann das Matt verhindern, indem sie sich für den Turm opfert. Weiß wird materiell gar nicht schlecht dastehen, aber die wacklige und unbequeme Stellung einiger seiner Figuren wird sich nachteilig bemerkbar machen.

21...♕h5+ 22 ♔g1 ♖g5+ 23 ♕xg5 ♕xg5+ 24 ♔h1

Diesmal verliert 24 ♔h2 wegen 24...♕e5+ mit Gewinn des ungedeckten Springers.

24...♕f6!

Durch den Angriff auf den Springer gewinnt Schwarz das für die Überführung seiner Dame nach f3 benötigte Tempo.

25 ♗b2 ♕f3+ 26 ♔g1

Am knifflingsten ist 26 ♔h2. Schwarz gewinnt durch 26...♖e8 27 ♖g1 ♖e6 28 ♖g2! (damit der weiße König nicht über g1 entkommen kann) 28...♖d6! mit der Absicht 29...♕h5+ 30 ♔g1 ♖d1+! 31 ♘xd1 ♕xe2 mit Gewinn von Springer oder Läufer. Weiß kann diese Idee vermeiden, aber nur auf Kosten anderweitiger Materialverluste:

a) 29 ♖c2 ♖g6! 30 ♖xg6 ♕h5+ 31 ♔g3 ♕xg6+ mit Gewinn des Turms.

b) 29 ♗a1 ♖h6+ 30 ♔g1 ♕h3 31 f3 ♕h1+ mit Gewinn des Läufers.

c) 29 ♖e1 ♖d2 30 ♗a1 ♖xf2 31 ♔xf2 (oder 31 ♖g1 ♕h5+ 32 ♔g3 ♖f3#) 31...♕xf2+ mit Gewinn des Turms.

26...♖e8 27 ♖d2 ♕g4+!

Ebenfalls gut ist 27...♖e6, aber so gewinnt Schwarz einen Turm.

28 ♔h1 ♖e6 29 f3 ♕h3+ 0-1

Nach der erzwungenen Folge 30 ♔g1 ♖g6+ 31 ♔f2 ♖g2+ 32 ♔e1 ♖xd2 33 ♔xd2 ♕xf1 hat Schwarz entscheidenden Materialvorteil.

Die Chancen des Verteidigers

Die letzte Partie konnte der Opfernde für sich entscheiden, weil er durch Ausbeutung zufälliger Stellungsfaktoren Zeit gewinnen konnte. Natürlich hat jede Stellung ihre eigenen Besonderheiten, die am besten durch die Dame des Angreifers ausgenutzt werden können, wenn der Verteidiger zur Abwendung des Matts seine Dame hergegeben hat. Nur recht selten stehen Figuren und Bauern des Verteidigers völlig sicher, aber im nächsten Beispiel triumphieren sie, da der Opfernde sich bald einem furchterregenden Gegenangriff gegenübersieht.

Ivanović – A. Sokolow
Novi Sad 1984

1 e4 c5 2 ♘f3 e6 3 d4 cxd4 4 ♘xd4 ♘c6 5 ♘c3 a6 6 ♗e2 d6 7 ♗e3 ♘f6 8 0-0 ♗e7 9 ♔h1 0-0 10 f4 ♗d7 11 ♕e1 b5 12 a3 ♘xd4 13 ♗xd4 ♗c6 14 ♖d1 ♘xe4 15 ♗d3 ♘xc3 16 ♕xc3 ♖c8 (D)

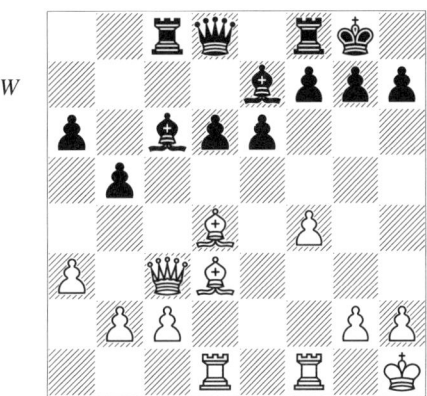

Weiß hat einen Bauern weniger und hofft, dass sein doppeltes Läuferopfer entweder Remis durch Dauerschach einbringt oder zu einer Stellung mit Dame und zwei Bauern gegen zwei Läufer und Turm führt, in der sich die Dame als Quälgeist betätigen kann. Die entscheidende Stellung entsteht nach dem 21. Zug.

17 ♗xh7+ ♔xh7 18 ♕h3+ ♔g8 19 ♗xg7 ♔xg7 20 ♖xd6 ♖h8

Nach 20...♗xd6 und 20...♕xd6 spielt Weiß 21 ♕g4+ mit Remis durch Dauerschach.

21 ♖xd8 ♗xd8 (D)

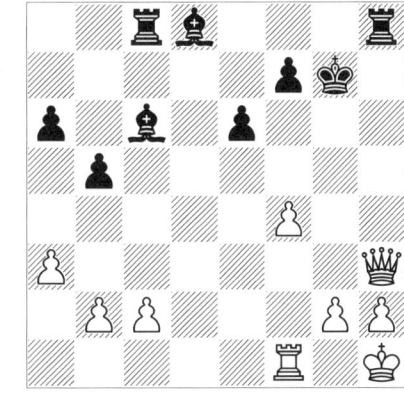

Obwohl der Angreifer die Dame auf ungewöhnliche Art gewonnen hat, hat sich die normale Materialverteilung mit Dame und zwei Bauern gegen Turm und zwei Leichtfiguren (oft das Läuferpaar) ergeben.

Diese Stellung verdeutlicht, was schief gehen kann, wenn die Dame nicht sofort beträchtliche Beute machen kann. Die einzige ungedeckte schwarze Figur ist der Turm c8, und dies ist leicht zu beheben. Unterdessen hat Schwarz offene Diagonalen und Linien, von denen viele drohend in Richtung des weißen Königs zeigen.

Weiß versucht, die schwarze Königsstellung zu öffnen, aber die schwarzen Gegendrohungen sind zu stark.

22 ♕e3 ♖h6 23 ♔g1 ♗d5 24 ♖f2 ♖c4 25 f5 ♖e4 26 ♕g3+ ♖g6! (D)

Da 27 fxg6 ♖e1+ 28 ♖f1 ♗b6+ für Weiß katastrophal ist, muss er in ein hoffnungsloses Endspiel mit Turm gegen zwei Läufer einlenken.

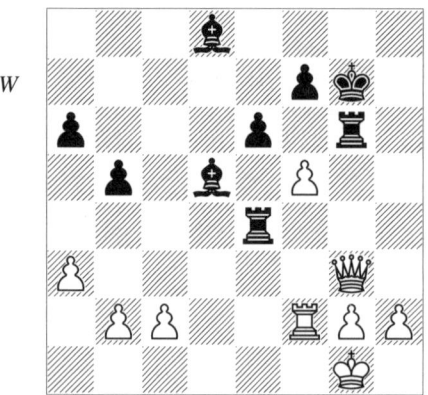

27 ♕c3+ ♗f6 28 ♕d2 ♖d4! 29 fxg6 ♖xd2 30 ♖xd2 ♗xb2 31 gxf7 ♖xa3 32 h4 ♗c5+ 33 ♔h2 a5 34 g4 a4 35 g5 a3 36 ♖d1 ♔xf7 37 h5 a2 38 c3 ♗d6+ 39 ♔h3 ♗e5 40 g6+ ♔g7 41 ♖f1 ♔h6 0-1

Das folgende Beispiel ist aus zwei Gründen interessant.

Erstens gibt der Nachziehende in der Partie seine Dame durch Dazwischenstellen auf h6 her, so dass Weiß einen zusätzlichen Bauern einheimsen kann. Aufgrund der großen Aktivität der weißen Dame kann der Nachziehende trotz der offenen Diagonalen und Linien nicht die gleiche Art von Gegenspiel wie im letzten Beispiel aufziehen.

Zweitens steht der weiße f-Bauer nicht auf f4, sondern auf f2, während ein schwarzer Läufer von b7 aus das Feld f3 deckt. Dadurch erhält Schwarz die Möglichkeit, über f6 zu fliehen. In der Partie nimmt er diese Möglichkeit nicht wahr, aber sie hätte ihn vielleicht in Sicherheit gebracht.

A. O'Kelly – Palacios
Malaga 1965

1 c4 c5 2 ♘f3 ♘f6 3 ♘c3 e6 4 e3 ♘c6 5 d4 d5 6 cxd5 ♘xd5 7 ♗d3 cxd4 8 exd4 ♗e7 9 0-0 0-0 10 a3 a6 11 ♖e1 b5 12 ♘xd5 ♕xd5 13 ♗e4 ♕d6 14 ♘e5 ♗b7 15 ♗f4 ♖ae8 16 ♗g3 ♘xe5 17 ♗xe5 ♕b6 (D)

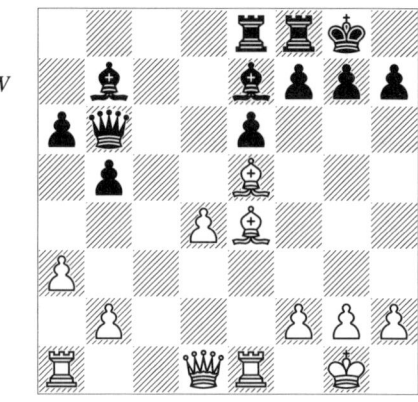

18 ♗xh7+ ♔xh7 19 ♕h5+ ♔g8 20 ♗xg7 ♔xg7 21 ♕g4+ ♔h7

Schwarz entscheidet sich verständlicherweise für die Hergabe seiner Dame, da sein König nach 21...♔f6!? (D) bei seiner Flucht über die Brettmitte der Willkür der Elemente ausgesetzt wäre.

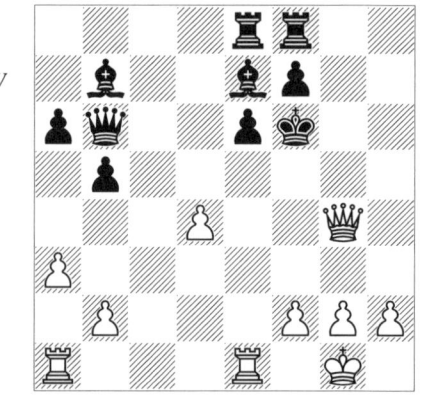

Diese Möglichkeit hat Schwarz nur deshalb, weil sein Läufer das Feld f3 deckt, so dass ein dort auftauchender weißer Turm nicht matt setzt. Jetzt hat Weiß zwei Hauptmöglichkeiten:

a) Wenn er versucht, sich mittels 22 ♕h4+ ♔g6 23 ♕g4+ ins Dauerschach zu flüchten, kann Schwarz 23...♗g5! spielen, was nach 24 h4 ♕d8 eine Figur zurückgibt, den König aber recht gut absichert und dem Nachziehenden eine Mehrfigur belässt.

b) Die Hauptvariante lautet 22 ♖e3 ♖h8! 23 ♖g3 e5 (wegen 23...♖eg8 24 ♕f4# erzwungen) 24 dxe5+ ♔xe5. Nun kann Weiß meines Erachtens seinen Gegner nicht matt setzen – obwohl ihm dies nur um Haaresbreite misslingt. Ein Abspiel lautet 25 ♖e1+ (interessant ist auch 25 ♖d1 ♗e4) 25...♔d6 26 ♕f4+ ♔d7 27 ♖d1+ ♔c8 28 ♖c3+ ♗c5 29 b4 ♖h5 mit Rückgabe einer der beiden Mehrfiguren, um den König in Sicherheit zu bringen.

In der Partie gewinnt Weiß die schwarze Dame, wonach er durch die Aktivität seiner eigenen Dame starke Initiative erhält.

22 ♖e3 e5 23 ♖h3+ ♕h6 24 ♕f5+ ♔g7 25 ♖xh6 ♔xh6 26 dxe5 ♖g8 27 g3 ♗d5 28 ♖c1 ♗e6 29 ♖c6 ♔g7 30 ♖xe6! fxe6 31 ♕xe6

Die Dame und vier verbundene Freibauern bilden ein gefährliches Team.

31...♖gf8 32 ♕d7 ♔f7 33 f4 ♖d8 34 ♕f5+ ♔g7 35 ♕g4+ ♔f7 36 f5 ♗c5+ 37 ♔f1 ♖d4 38 ♕g6+ ♔e7 39 b4 1-0

Im nächsten Beispiel stoppt Schwarz den Angriff durch Dazwischenstellen eines Läufers auf g5, obwohl dieser vom weißen Bauern f4 geschlagen werden kann.

Dus-Chotimirski – Löwenfisch
Karlsbad 1911

1 d4 d5 2 ♘f3 ♘f6 3 e3 c5 4 dxc5 e6 5 a3 ♗xc5 6 b4 ♗e7 7 ♗b2 a5 8 b5 ♘bd7 9 ♗d3 b6 10 ♘e5 ♘xe5 11 ♗xe5 0-0 12 0-0 ♘d7 13 ♗d4 ♗b7 14 f4 ♘c5 (D)

Die Stellung hat starke Ähnlichkeit mit der Position aus Filatow-Mayer auf Seite 229. Vom Standpunkt des Verteidigers ist der Hauptunterschied sehr subtil, aber von ausschlaggebender Bedeutung: Seine Dame steht noch auf d8 und unterstützt damit die Idee ...♗g5.

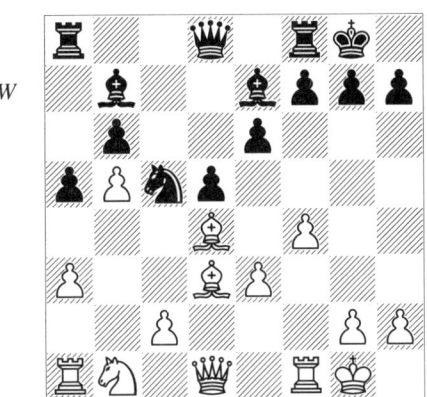

15 ♗xh7+ ♔xh7 16 ♕h5+ ♔g8 17 ♗xg7 ♔xg7 18 ♕g4+ ♗g5! (D)

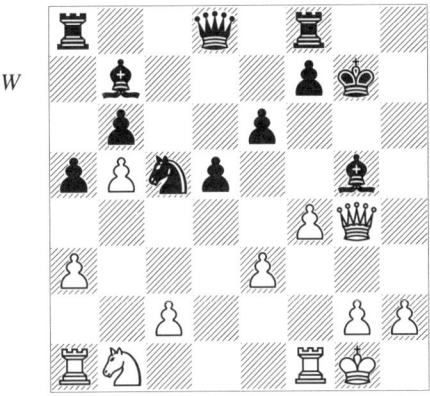

Da Schwarz zwei Figuren mehr hat, kann er es sich leisten, eine davon zur Rettung seines Königs zurückzugeben.

19 fxg5 ♘e4

Schwarz hat eine Figur mehr für zwei Bauern und hält darüber hinaus die wichtigsten positionellen Trümpfe in der Hand. Weiß findet sich bald in einem hoffnungslosen Endspiel wieder.

20 h4 ♕c7 21 ♘d2 ♕g3 22 ♕xg3 ♘xg3

und Schwarz gewann bequem.

Die Ablehnung des zweiten Opfers

In den bisherigen Beispielen war die Ablehnung des zweiten Läufers nicht möglich. Sie kommt jedoch definitiv in Betracht, wenn sie keine unmittelbare Katastrophe nach sich zieht. Schließlich hat der Verteidiger eine Figur für zwei Bauern, und selbst wenn er einen Turm auf f8 für den Läufer geben muss, ist die materielle Lage nicht ungünstig und der Angriff mit ziemlicher Sicherheit vorbei.

In der nachstehenden Partie hat Schwarz drei Möglichkeiten: Annahme des zweiten Läufers und Ablehnung mit ...f6 oder ...f5. Zwei dieser Möglichkeiten sind kompliziert und etwas unklar. Die von Schwarz gewählte Möglichkeit ist klar, führt aber leider klar zum Verlust.

Junge – Kottnauer
Duras-Memorial, Prag 1942

1 d4 d5 2 c4 e6 3 ♘c3 c6 4 e3 ♘d7 5 ♗d3 ♘gf6 6 ♘f3 ♗e7 7 0-0 0-0 8 b3 b6 9 ♗b2 ♗b7 10 ♕e2 c5 11 ♖ad1 ♕c7 12 ♘e5 ♖ad8 13 f4 ♘e4 14 ♘b5 ♕b8 15 ♘xd7 ♖xd7 16 dxc5 ♘xc5 (D)

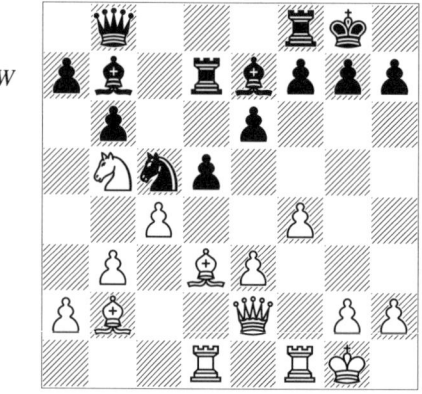

17 ♗xh7+ ♔xh7 18 ♕h5+ ♔g8 19 ♗xg7 f5??

Diese Halluzination ist wohl auf den Schock nach dem Opfer oder auf die Anspannung nach der Berechnung der beiden haarsträubenden Alternativen zurückzuführen:

a) **19...f6** (D) ist aufgrund der Aufstellung des schwarzen Läufers auf der Diagonale h1-a8 und des schwarzen Turms auf der zweiten Reihe spielbar. Danach ergeben sich folgende Möglichkeiten:

a1) Nach der Fortsetzung 20 ♕g6 ♕e8 21 ♕h6 verfügt der Nachziehende über 21...dxc4!

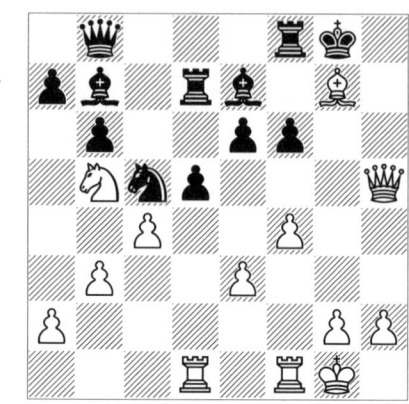

(öffnet die Diagonale), und falls nun das normalerweise starke 22 ♕h8+ ♔f7 23 ♕h7 folgt, kann Schwarz die Angriffskräfte mit 23...♗e4! zerstreuen.

a2) Nach der anderen weißen Standardantwort 20 ♗h6 mit der Drohung 21 ♕g6+ öffnet 20...♗d6 die zweite Reihe und pariert die Mattdrohung. Weiß kann jedoch mit 21 b4! fortsetzen, und nach 21...♘e4 erweist sich der Turm d7 als Klotz am Bein, da der Anziehende dessen ungedeckte Stellung durch 22 cxd5 ♗xd5 (oder 22...♖fd8 23 dxe6, was auch noch die d-Linie für den weißen Angriff öffnet) 23 ♖xd5! exd5 24 ♕g4+ ♔h7 25 ♕xd7+ ♔xh6 26 ♖f3 mit Mattangriff ausbeuten kann.

b) Auch die Annahme des Opfers mittels 19...♔xg7 20 ♕g4+ führt zu kompliziertem Spiel, da Schwarz 20...♗g5! 21 ♕xg5+ ♔h8 mit der Idee 22 ♖f3 f6 23 ♖h3+ ♖h7 spielen kann. Da 22 ♕f6+ ♔g8 23 ♖f3 an 23...♘e4 scheitert, bleibt Weiß nur 22 ♕h6+ ♔g8 23 ♖f3 f6 24 ♖g3+ ♔f7, und wiederum gibt der Angriff auf den Springer mit 25 b4! den Ausschlag. Der Springer muss das Feld c7 decken, da 25...♘e4 wegen 26 ♖g7+ ♔e8 27 ♖xd7 ♔xd7 28 ♕g7+ ♔e8 (oder 28...♔c6 29 ♕e7! e5 30 ♘d4+! exd4 31 b5#) 29 ♘c7+ ♔d8 30 ♘xe6+ verliert. Also muss der Nachziehende 25...♘a6 spielen, aber danach können seine zerstreuten Figuren dem mit 26 e4! anhebenden weißen Durchbruch mit tödlicher Entblößung des schwarzen Königs nichts entgegensetzen.

Nach dem Partiezug kann sich der weiße Läufer mit Angriff auf die schwarze Dame und gleichzeitiger Mattdrohung am Königsflügel zurückziehen. Schwarz könnte nun auch sofort das Handtuch werfen.

20 ♗e5 ♗f6 21 ♗xb8 ♖h7 22 ♕e2 ♖xb8 23 ♘d6 ♗a6 24 b4 ♘a4 25 b5 ♘c3 26 ♕c2 ♘xd1 27 ♖xd1 ♖d8 28 ♘xf5 ♗b7 29 ♘d4 dxc4 30 ♕g6+ ♗g7 31 ♕xe6+ ♔h8 32 ♕e7 1-0

Zum Abschluss eine Partie, in der der Verteidiger durch die Ablehnung des zweiten Läufers das Schlimmste abwenden kann.

Noach – Moissejew
Leningrad 1952

1 d4 ♘f6 2 ♘f3 e6 3 e3 d5 4 ♗d3 ♗e7 5 0-0 0-0 6 ♘bd2 c5 7 b3 b6 8 ♕e2 ♗b7 9 ♗b2 ♘bd7 10 ♖ad1 ♕c7 11 ♘e5 ♖ad8 12 f4 ♗d6 13 ♘xd7 ♘xd7 14 dxc5 ♘xc5 (D)

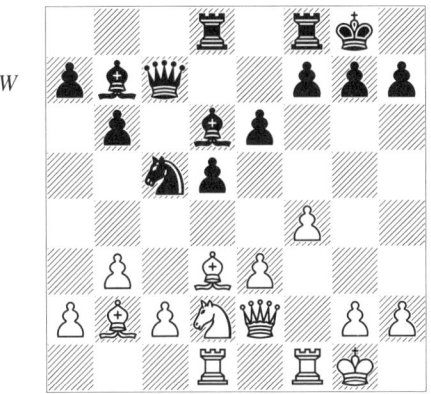

Noch eine vertraut aussehende Stellung. Und wieder ist festzustellen, dass kleine Unterschiede in der Aufstellung der Figuren entscheidenden Einfluss auf den Ausgang der Partie haben.

Im Vergleich zum vorigen Beispiel kommt Weiß zugute, dass der weiße Springer auf d2 steht, so dass Verteidigungen mit Nutzung des Feldes e4 nicht mehr in Frage kommen. Andererseits hinderte die Stellung des Springers auf b5 in der vorhergehenden Partie die schwarze Dame und den schwarzen Läufer daran, auf c7 und d6 Posten zu beziehen. Die infolgedessen hier anstelle des schwarzen Turms auf der zweiten Reihe stehende schwarze Dame kann mehr Felder im Umfeld des Königs decken. Günstig für Schwarz ist auch, dass sein Läufer nicht auf e7 steht, wo er die zweite Reihe blockieren würde. Jetzt beinhaltet die Verteidigung mit ...f6 einen direkten Angriff auf den Läufer g7.

15 ♗xh7+ ♔xh7 16 ♕h5+ ♔g8 17 ♗xg7 f6

17...♔xg7 scheitert an 18 ♕g5+ ♔h8, und nun nicht 19 ♖f3 f6 20 ♖h3+ ♕h7, sondern 19 ♕f6+ ♔g8 20 ♖f3, da 20...♘e4 – was in der obigen Partie Junge-Kottnauer das Matt verhindert hätte – an 21 ♘xe4 scheitert.

18 ♗xf8

Weiß hat keine gute Alternative zum Schlagen des Turms. 18 ♖f3 ♔xg7 19 ♖g3 ♕xg3 20 hxg3 ist günstig für Schwarz, während 18 ♗h6 auf 18...♗f7 (spielbar ist auch 18...♕h7) trifft, wonach der Turm durch die Dame gedeckt ist, so dass nun 19 ♕g6+ nichts einbrächte. Schließlich taugt auch 18 ♕h8+ ♔f7 19 ♕h7 nichts, da nach 19...♔e8 der Läufer an die Dame gefesselt ist.

18...♗xf8 (D)

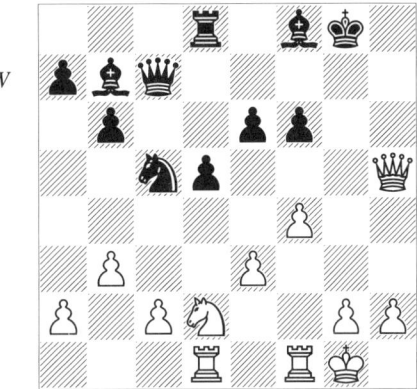

19 ♖f3

Wie in der vorigen Partie ist 19 b4!? eine Überlegung wert, da 19...♘e4 20 ♕g4+ ♔f7 21 ♘xe4 dxe4 22 f5 Schwarz Probleme mit seinem exponierten König bereitet und 19...♘a4 20 ♕g4+ ♗g7 21 ♕xe6+ ♕f7 Weiß einen Turm und drei Bauern für die beiden Läufer überlässt. Die schwarze Stellung ist wahrscheinlich in Ordnung, da die weiße Bauernstruktur zerrüttet ist und die schwarzen Läufer lästig werden könnten.

Mit dem Partiezug erhält Weiß ordentliche Angriffschancen.

19...♕h7 20 ♖g3+ ♗g7 21 ♕g4 ♗c8 22 b4 ♘b7 23 ♖f1 ♘d6 24 ♕d1 ♔f7 25 ♖h3 ♕g6 26 ♖g3 ♕f5 27 ♘f3 ♕e4 (D)

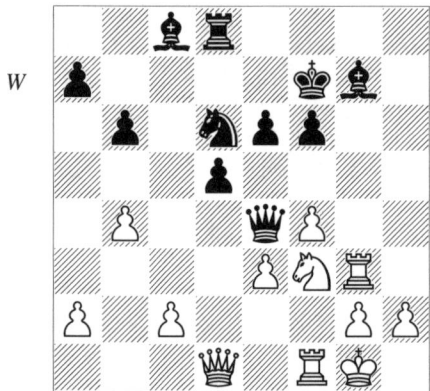

28 ♘d4?

Der Anziehende verpasst seine letzte Chance, Schwarz mit dem neuerlichen Opfer 28 ♘e5+! mit schwierigen Problemen zu konfrontieren. Dann kann auf 28...fxe5 die Erwiderung 29 ♕h5+! ♔f8 30 ♖xg7! ♔xg7 31 ♕g5+ mit Rückgewinn des Turms folgen, wonach der exponierte schwarze König dem Anziehenden zumindest ein Unentschieden garantieren sollte. Die Ablehnung des Opfers mittels 28...♔g8 wird ebenfalls mit 29 ♖xg7+! beantwortet, wonach Weiß gefährlichen Angriff hat, obwohl Schwarz bei bestem Spiel nicht verlieren sollte.

Jetzt kann sich der Nachziehende konsolidieren und die Damen tauschen, wonach sich ein Endspiel ergibt, in dem seine aktiven Figuren Jagd auf die zerrütteten weißen Bauern machen können.

28...♖h8 29 ♕g4 ♕h7 30 ♖h3 ♕g6 31 ♕xg6+ ♔xg6 32 ♖xh8 ♗xh8 33 g4 e5 34 fxe5 fxe5 35 ♘c6 ♗f6 36 h3 a6 37 ♖d1 ♘c4 38 ♖xd5 ♗b7 39 ♘e7+ ♗xe7 40 ♖d7 ♗xb4 41 ♖xb7 ♗c5 42 ♔g2 ♘xe3+ 43 ♔f3 ♘c4 44 ♖a7 ♘d6 45 h4 ♔f6 46 h5 e4+ 47 ♔f4 e3 48 g5+ ♔e6 49 g6 ♘f5 50 ♔f3 ♘d4+ 51 ♔g4 ♗f8 52 ♔g3 e2 0-1

Übung

Übung 28

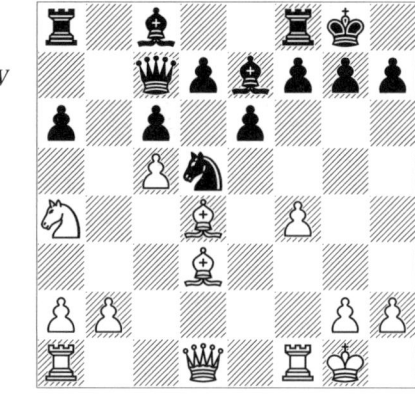

Was sollte Weiß spielen?

16 Anleitung zum erfolgreichen Opfern von Figuren

Aus den betrachteten fünfzehn Standardopfern kann man eine Menge über erfolgreiche Opfer im Allgemeinen und Figurenopfer im Besonderen lernen. Es folgt eine Zusammenfassung der meines Erachtens wichtigsten Lehren.

Ein Opfer hat größere Erfolgsaussichten, wenn Figuren in großer Zahl und ohne große Verzögerung in den Angriff eingeschaltet werden können. So erfordern beispielsweise Opfer gegen den rochierten König häufig die Teilnahme eines Turms am Angriff. Der Angriff kann schnell abgewickelt werden, wenn ein Turm auf einer offenen Linie steht und zum Schwenk über die dritte oder vierte Reihe in das Kampfgebiet bereit ist, und insbesondere wenn ein Turm schon auf einer Reihe mit ungestörtem Zugang zum Schlachtfeld steht.

Dieser allgemeine Punkt ist von so großer Bedeutung, dass er auch in die nächsten beiden Lehren hineinspielt.

Entwicklungsvorsprung erhöht die Erfolgschancen von Standardopfern. Standardopfer werden oft in einem frühen Partiestadium gebracht. Wenn man Entwicklungsvorsprung besitzt, stehen schon mehr Figuren zum Angriff bereit als der Gegner für die Verteidigung aufbieten kann, und dies kann sich schnell als entscheidend erweisen.

Ein Entwicklungsvorsprung kann durch das Opfer einer Figur, die so wenig wie möglich gezogen hat, noch unterstrichen werden. Dies gilt insbesondere für Läuferopfer von den Ausgangsfeldern aus, wie ♗(f1)xb5 oder ♗(c1)xh6. In diesem Fall wird kein Tempo mit der Entwicklung des Läufers vergeudet, und ein weiterer Turm kann unverzüglich in den Angriff geworfen werden.

Es ist ein gutes Zeichen, wenn das Opfer Tempi gewinnt. Wenn die unmittelbare Fortsetzung nach dem Opfer die eigenen Figuren in Angriffspositionen bringt und gleichzeitig die Figuren des Verteidigers dazu zwingt, sich unter Tempoverlusten vor dem Geschlagenwerden zu retten, gewinnt man Zeit, andere Figuren in den Angriff zu führen.

Führe die Dame so bald wie möglich in den Angriff. Ohne die aktive Teilnahme der Dame würden viele Standardopfer scheitern. Der Verteidiger sollte nach Wegen Ausschau halten, die frühe Heranführung der Dame zu verhindern oder nach ihrer Ankunft durch Angriff auf sie Zeit zu gewinnen.

Wenn man die Möglichkeit hat, die Stellung des Gegners in irgendeiner Weise einzuschränken, kann man sich eine langsamere Kräftemobilisierung erlauben. Opfer auf f5 und f6 führen häufig zu einer sehr gedrückten gegnerischen Stellung, wohingegen nach manchen Opfern auf f7 der König auf f8 in der Falle sitzt und nicht entkommen kann. In diesem Fall trifft die normale Regel, dass man seine Figuren möglichst schnell in den Angriff bringen können sollte, nicht immer zu. Der Verteidiger muss die Umklammerung möglicherweise durch ein Gegenopfer zu sprengen versuchen.

Nutze die durch das Opfer erzeugten Schwächen aus. Bei allen unseren Opfern bekommen wir mindestens einen Bauern dafür. Das Verschwinden dieses Bauern exponiert in der Regel den gegnerischen König und erzeugt im Allgemeinen auch neue Schwächen in der Stellung des Verteidigers. Wenn kein unmittelbarer Mattangriff in Aussicht steht, sollte man durch das Opfer gebildete isolierte Bauern angreifen und/oder die schwachen Felder vor (und neben) ihnen zu besetzen versuchen.

So wird zum Beispiel im Scheveninger-Aufbau des Sizilianers durch ein Opfer auf e6 der schwarze d-Bauer isoliert. Dieser Bauer kann direkt angegriffen werden. Das Feld d5 kann besetzt werden, und wenn ein weißer Bauer dort landet, kann er einer weißen Figur das Feld e6 sichern.

Ein weiteres Beispiel ist das Springeropfer auf g7, das den h-Bauern isoliert, so dass man dann diesen Bauern direkt aufs Korn nehmen oder das Feld davor besetzen kann. Gleichzeitig tut sich auf f6 ein Loch auf, und der Bauer f7 kann anfällig werden.

Richte die langschrittigen Figuren auf die durch das Opfer geschaffenen Löcher. Nach einem Springeropfer auf g7 sind die Türme und die Dame auf der g-Linie besonders gefährlich, insbesondere wenn sie durch einen auf g7 gerichteten Läufer unterstützt werden. Nach einem klassischen Läuferopfer erweist sich die h-Linie häufig als Schlüsselroute für das Eindringen in die gegnerische Stellung. Im Fall von Opfern auf f7 bilden die durch das Opfer geöffneten Diagonalen wichtige Angriffsmarginalen für Läufer und Dame, und oft bleibt das Feld f7 selbst sehr anfällig.

Sei zu weiteren Opfern bereit. Manchmal reicht ein einziges Opfer nicht aus, um den König völlig zu entblößen. Insbesondere bei Angriffen auf den rochierten König kann noch ein zweites Opfer notwendig sein, um den König zur Strecke bringen zu können. Der Angriff verläuft oft viel glatter, wenn der König sich nur noch hinter einem (oder gar keinem) Bauern verstecken kann. Der offensichtlichste Fall ist das doppelte Läuferopfer, aber wir haben auch Springeropfer auf g7 und f7 gefolgt von einem Läuferopfer auf h6 gesehen.

Wenn man bei einem Königsangriff das Opfer eines Läufers erwägt, muss man sicher sein, dass der oder die Springer wirkungsvoll mit der Dame kooperieren können. Dame und Springer bilden beim Königsangriff eine einzigartig kraftvolle Einheit. Die Beispiele in den Kapiteln über das Läuferopfer auf f7 und das klassische Läuferopfer belegen, wie wichtig diese Kooperation sein kann.

Wenn man bei einem Königsangriff das Opfer eines Springers erwägt, sollte man nach Gelegenheiten zum Angriff über Diagonalen Ausschau halten. Die Erfolgschancen können größer sein, wenn der Opfernde über das Läuferpaar verfügt.

Widerstehe der Versuchung, zu schnell Material zurückzugewinnen. In vielen Fällen, insbesondere bei Angriffen unter Beteiligung von Springern, bekommt man Gelegenheit zum Gewinn einer Qualität. Wir haben jedoch Stellungen gesehen, in denen selbst die Materialbilanz Turm und drei Bauern gegen zwei Leichtfiguren nicht günstig für die Turmpartei ist und jede schlechtere Materialverteilung dem Verteidiger zum Vorteil gereichen kann.

Der Grund dafür ist leicht verständlich. Nach einem Opfer nimmt ein gut platzierter Springer einen Turm aufs Korn. Da dieser Turm im Allgemeinen noch auf seinem Ausgangsfeld steht, hat der Verteidiger noch keine Zeit auf seine Entwicklung verwendet. Durch das Schlagen des Turms verliert man vielleicht wertvolle Entwicklungszeit. Der Springer verbraucht mindestens vier Tempi und häufig auch fünf oder mehr, um von seiner Ausgangsstellung bis ganz ans andere Ende des Bretts zu gelangen. Oftmals muss der Springer sich aus einer machtvollen zentralen Stellung entfernen, und sein Einfluss geht verloren, sobald er dem Turm nachzujagen beginnt. Mit dem Springer verschwindet dann meistens auch die Initiative.

Man sollte nicht vergessen, dass es auch Situationen gibt, die für den Turm günstig sind. Mittelspiele können für den Turm günstig sein, wenn die Leichtfiguren passiv oder ungünstig postiert sind. Endspiele können für den Turm günstig sein, wenn er über reichlich offene Linien und Reihen verfügt und einige Angriffsziele hat, auf die er sich stürzen kann, oder wenn er das Vorrücken eines entfernten Freibauern unterstützen kann.

Die Arbeit ist so lange nicht getan, bis der Verteidiger aufgibt. Auch wenn der Angriff von Erfolg gekrönt ist und der Angreifer sich einen materiellen Vorteil sichern kann, sieht man ein ums andere Mal Kommentare wie „aber Weiß griff später fehl und musste sich mit Remis begnügen" oder Schlimmeres. Wenn der Angriff vorbei ist, hört der Adrenalinstoß auf, und es schleichen sich oft Fehler ein.

Daher sei jedem Angreifer ans Herz gelegt, sich auch in Gewinnstellung weiter voll zu konzentrieren, und dem Verteidiger gesagt, dass es besser ist, seinem Gegner einen Materialvorteil zu geben als sich matt setzen zu lassen. Wenigstens ist dann noch nicht aller Tage Abend. Genaueres über die Rettung von schlechten Stellungen findet sich in meinem Buch *Wie man Glück im Schach hat*.

Schließlich sollte man sich immer vor Augen halten, dass keine Stellung wie die andere ist und selbst diese Lehren ihre Ausnahmen haben. Eine ungedeckte Figur irgendwo in den Reihen des Gegners kann selbst ein nicht sehr viel versprechend aussehendes Opfer korrekt machen. Es geht nichts über eine kurze Analyse, um nach einem schnellen Gewinn zu fahnden oder sich zu vergewissern, dass das Opfer nicht sofort abgeschlagen wird. Danach ist die Entscheidung für das Opfer häufig eine Frage des Urteilsvermögens auf der Grundlage der Besonderheiten jedes Opfers und der obigen allgemeinen Lehren.

Eine Rolle spielen außerdem Selbstvertrauen und Mut, wovon das Material im vorliegenden Buch den Lesern hoffentlich eine gehörige Portion mitgegeben hat.

17 Lösungen der Übungen

Übung 1
Harceg – Cimra
Slowakische Mannschaftsmeisterschaft 1996/97
(1 e4 c5 2 ♘f3 d6 3 d4 cxd4 4 ♘xd4 ♘f6 5 ♘c3 a6 6 ♗e2 e6 7 ♗e3 b5 8 a3 ♗b7 9 f3 ♘bd7 10 ♕d2 ♕c7 11 0-0-0 ♗e7 12 ♘dxb5 axb5 13 ♘xb5 ♕b8 14 ♘xd6+ ♗xd6 15 ♕xd6 ♕xd6 16 ♖xd6 ♔e7 17 ♖hd1 ♖a5 *(D)*)

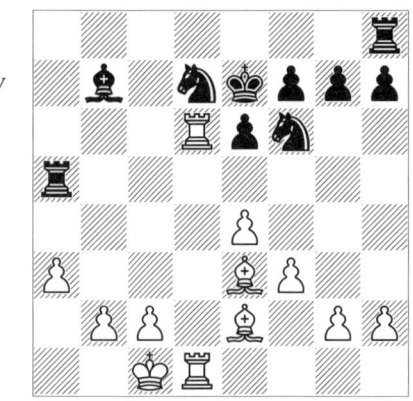

Da der Anziehende seinen g-Bauern noch nicht gezogen hat, kann Schwarz den weißen f-Bauern nicht belästigen und am Königsflügel keine schnelle Linienöffnung für seinen Turm herbeiführen. Schwarz kann nicht mit ...♗a6 die Läufer tauschen, und die Freibauern am Damenflügel sind marschbereit. Weiß sollte seinen schwarzfeldrigen Läufer aktivieren und ohne Umschweife seine Bauern in Bewegung setzen.

Dies machte er ganz gut mit **18 ♗d2 ♔xd6 19 ♗xa5+ ♔c6 20 a4 ♗c8 21 b4 ♔b7 22 ♔b2 ♘b6 23 ♖d6 ♘fd7 24 ♔b3 ♔c7 25 ♖d1 ♘e5 26 c4 ♔b7 27 b5 ♘bd7 28 ♔b4 g5 29 c5 ♘b8**. Statt nun zunächst seinen König (nach a3 oder b3) und dann seinen Läufer (nach c3) zurückzuordnen und dann seine Damenflügelbauern siegreich weiter vorzurücken, spielte er **30 ♗d8??** und musste nach **30...♘bc6+ 31 bxc6+ ♘xc6+ 32 ♔b5 ♖xd8 33 ♖xd8 ♘xd8** einen Bauern preisgeben und sich seine stolze Freibauernphalanx zerschlagen lassen. In der Folge verlor er die Partie.

Übung 2
Saverymuttu – Brilliant
Islington Open 1972
(1 e4 c5 2 ♘f3 ♘c6 3 d4 cxd4 4 ♘xd4 ♘f6 5 ♘c3 d6 6 ♗c4 e6 7 ♗e3 ♕c7 8 ♕e2 a6 9 0-0-0 ♘a5 10 ♗d3 b5 11 a3 ♗e7 12 g4 ♗b7 13 g5 ♘d7 14 f4 ♘b6 15 f5 e5 16 ♗xb5+ axb5 17 ♘dxb5 ♕c6)

Weiß spielte **18 f6! gxf6 19 gxf6 ♗f8** (nicht 19...♗xf6 20 ♖xd6 mit Rückgewinn der Figur), wodurch er sicherstellte, dass er seinen Läufer von der Diagonale c1-h6 entfernen kann, ohne einen Bauern einzubüßen. Dann spielte er **20 ♗xb6! ♕xb6 21 b4!** mit Springergewinn, da 21...♘c6 wegen 22 ♘d5 ♗h6+ (nicht 22...♕d8 23 ♘bc7+ ♔d7 24 ♕g4#) 23 ♔b2 ♕d8 24 ♕h5 ♗f4 25 ♘xf4 exf4 26 ♘xd6+ verliert. Schwarz gab zunächst mit **21...♖c8** die Figur zurück und opferte dann nach **22 bxa5 ♕xa5 23 ♕d3** mit **23...♖xc3?!** die Qualität. Nach dem ruhigeren 23...♖c6 steht Weiß besser (z. B. 24 ♕d5 ♕b6 25 ♕b3 ♗a6 26 a4), aber nach 23...♖c5 wäre es zum folgenden attraktiven Finale gekommen: 24 ♘xd6+! ♗xd6 25 ♘b5!! ♖xb5 26 ♕xd6 nebst Matt. In der Partie machte sich das Opfer des Schwarzen bezahlt, da Weiß später seinen Vorteil wegwarf und nur einen halben Punkt ergattern konnte.

Übung 3
Urbanec – Pithart
Prag 1954
(1 e4 c5 2 ♘f3 d6 3 d4 cxd4 4 ♘xd4 ♘f6 5 ♘c3 a6 6 ♗g5 e6 7 ♕f3 ♘bd7 8 0-0-0 ♕c7 9 ♕g3 ♗e7 10 f4 b5 11 ♗xf6 ♗xf6 12 ♗xb5 axb5 13 ♘dxb5 ♕b8 14 ♘xd6+ ♔f8 15 e5 ♗e7 16 ♕f3 ♘c5)

Die wichtigsten Unterschiede bestehen darin, dass Schwarz seinen schwarzfeldrigen Läufer und die Damen auf dem Brett behält, ohne dabei den schwarzen König in Gefahr zu bringen. Der Läufer hilft bei der Verteidigung des Königs und sichert etwas Einfluss auf das Feld d6. Im Endspiel kann er die weißen Bauern angreifen, wenn sie auf schwarzen Feldern stehen.

Der letzte schwarze Zug war sehr schwach, da Weiß nun **17 ♕c6!** mit der Drohung 18 ♕e8# spielen und so den Abtausch des schwarzfeldrigen Läufers erzwingen konnte. Später, als die weißen Figuren das Brett zu beherrschen beginnen, kommt es auch noch zum Damentausch, wonach Weiß ein typisches Endspiel zum Sieg führte: **17...♗xd6 18 ♖xd6 ♘b7 19 ♖d3 g6 20 ♖hd1 ♔g7 21 b3 ♘a5 22 ♕d6 ♗a6 23 ♖3d2 ♕a7 24 ♕d4 ♕xd4 25 ♖xd4 ♖hc8 26 ♘e4 ♘c6 27 ♖a4 ♗b7 28 ♖xa8 ♖xa8 29 ♘d6 ♖b8 30 ♔b2 g5 31 g3 gxf4 32 gxf4 ♘e7 33 c4 ♘g6 34 ♖f1 f5 35 ♔c3 h5 36 b4 h4 37 b5 ♗g2 38 ♖f2 h3 39 c5 ♘e7 40 c6**, und gegen die Freibauern war kein Kraut gewachsen.

Übung 4

Camara – de Souza
Zonenturnier, Rio Hondo 1966

(1 e4 c5 2 ♘f3 ♘c6 3 d4 cxd4 4 ♘xd4 ♕b6 5 ♘b3 ♘f6 6 ♘c3 e6 7 ♗e3 ♕c7 8 a3 ♗e7 9 f4 d6 10 ♗d3 b6 11 ♕e2 ♗b7 12 0-0-0 a6 13 g4 b5 14 g5 ♘d7 15 ♖he1 b4 16 ♘d5 exd5 17 exd5)

Nach 17...♘cb8 (nicht 17...♘a5 18 ♘xa5 ♕xa5 19 ♗b6!) gewinnt Weiß den Läufer e7 mittels 18 ♗d4 *(D)*, und nun:

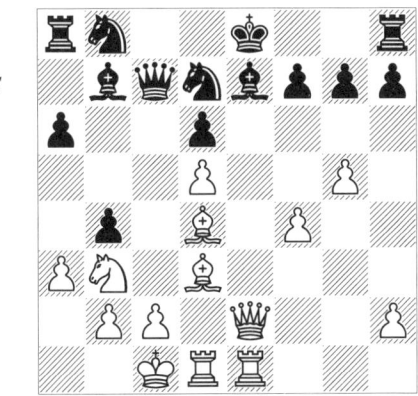

a) 18...♘f8 erlaubt 19 ♗b6! (19 ♗xg7 gewinnt auch) 19...♕d7 20 ♗f5! mit Damengewinn.

b) 18...♘c5 verliert wegen 19 ♘xc5 dxc5 20 ♗e5 (oder sofort 20 ♗xg7) 20...♕d7 21 ♗xg7 ♖g8 22 ♗f6, und e7 fällt.

Übung 5

Hounie – Letelier
Montevideo 1961

(1 e4 c5 2 ♘f3 e6 3 d4 cxd4 4 ♘xd4 a6 5 g3 b5 6 ♗g2 ♗b7 7 0-0 ♕c7 8 ♖e1 d6 9 a4 bxa4 10 ♘c3 ♘f6 11 ♗g5 ♘bd7 12 ♖xa4 h6 13 ♗xf6 ♘xf6 14 ♕d3 ♖c8 15 ♘b4 ♘d7 16 ♘d5 exd5 17 exd5)

Nach 17...♔d8 ist die Stellung reif für 18 ♘c6+ ♗xc6 19 dxc6, wonach Weiß über die geschwächten weißen Felder einzudringen versuchen sollte. Denkbar wäre beispielsweise der folgende Spielverlauf: 19...♘c5 (19...♖b8 verliert wegen 20 cxd7! ♖xb4 21 ♗h3! ♗e7 22 ♕e2, und 19...♘b8 verliert wegen 20 ♕e3 ♗e7 21 ♖b7) 20 ♕f3 ♗e7 (oder 20...f6 21 ♕d5 ♗e7 22 ♖d4 ♕a7 23 ♗h3 ♖c7 24 b4 ♘a4 25 ♖xe7! ♖xe7 26 c7+! ♖xc7 27 ♕xd6+ mit Matt) 21 ♕xf7. Weiß hat zwei Bauern für die Figur und kann die exponierte Lage des Springers auf c5 ausnutzen, da es diesem dank der Kontrolle des Anziehenden über die weißen Felder an sicheren Feldern mangelt; z. B. 21...f6 22 ♕h5 ♖b8 23 ♖xb8+ ♕xb8 24 ♕f7 ♕c7 25 ♕a2! a5 26 b4! ♗a6 (nicht 26...axb4 27 ♗h3! ♕xc6 28 ♕a5+ mit Matt) 27 ♕c4! ♕b6 (oder 27...♘xb4 28 c3 mit Gewinn des Springers) 28 ♕e6 ♕c7 29 ♖d1 ♗e7 30 ♕c4 ♕b6 31 bxa5 ♕xa5 32 ♖b1, und das Eindringen des Turms bringt die Entscheidung.

Übung 6

Søby – Hamann
Kopenhagen 1962

(1 e4 c5 2 ♘f3 d6 3 d4 cxd4 4 ♘xd4 ♘f6 5 ♘c3 a6 6 ♗g5 ♘bd7 7 ♗c4 ♕a5 8 ♕d2 e6 9 0-0-0 b5 10 ♗b3 b4 11 ♘d5 exd5 12 exd5 ♘c5)

Weiß nutzt die Gunst der Stunde zur Schwächung des schwarzen Königsflügels mittels **13 ♗xf6** und verdirbt nach **13...gxf6** dem Nachziehenden mit **14 ♖he1+ ♔d7** die Rochade. Dann spielt er seine Trumpfkarte aus und geht mit **15 ♕e2 ♕c7 16 ♕h5!** auf den Bauern f7 los. Diese sehr starke Idee erzwingt den Gewinn von mindestens zwei Bauern am Königsflügel, beunruhigt den schwarzen König und beschränkt die Beweglichkeit der anderen schwarzen Figuren. Keinen Grund zur Sorge stellt 16...♘xb3+ 17 ♘xb3 (ebenfalls gut ist 17 cxb3, da die c-Linie zum Angriff auf den schwarzen Monarchen genutzt werden kann) 17...♕xa2 dar, da die Dame außer Spiel ist und Weiß mit ♖d4-c4 schnell einen Turm in den Angriff einschalten kann. In der Partie folgte **16...♗d7 17 ♔b1 ♔b7 18 ♕xf7 ♕c7 19 ♕xf6 ♖g8 20 ♘e6 ♗xe6 21 dxe6**, wonach Weiß über drei Bauern für die Figur und eine gefährliche Freibauernphalanx auf dem Königsflügel verfügte. Im weiteren Verlauf der Partie konnte er jedoch der Verwicklungen nicht Herr werden, verpasste mehrmals den Gewinn und verlor am Ende sogar noch.

Übung 7
Poutiainen – Dieks
Junioreneuropameisterschaft, Groningen 1971/72

(1 e4 c5 2 ♘f3 d6 3 d4 cxd4 4 ♘xd4 ♘f6 5 ♘c3 a6 6 ♗c4 e6 7 ♗b3 b5 8 0-0 ♗b7 9 ♖e1 ♗e7 10 ♗xe6 fxe6 11 ♘xe6 ♕c8 12 ♘xg7+ ♔f7 13 ♘f5 b4)

In meiner Datenbank kommt die Stellung nach 10 ♗xe6 14-mal vor, wovon Weiß 12-mal gewinnt und 2-mal remisiert. Weiß hat sich schnell und geradlinig entwickelt (obwohl er seinen weißfeldrigen Läufer zweimal gezogen hat) und kann wegen der Stellung des schwarzen Läufers auf e7 seinen Springer auf die Dreibauerntour schicken.

Sein Turm auf e1 wird sich als sehr wirkungsvoll erweisen, wenn die e-Linie geöffnet wird, wie es nach **14 ♘d5 ♗xd5** der Fall ist. Nun spielte Weiß **15 ♘xe7?!** und gewann nach **15...♔xe7 16 exd5+ ♔f7 17 ♖e6 ♖e8 18 ♗g5 ♖xe6? 19 dxe6+ ♕xe6 20 ♗xf6**, wonach beide Arten des Zurücknehmens wegen eines Damenschachs den Turm a8 verlieren. Statt 18...♖xe6? sollte Schwarz 18...♘bd7 mit recht guten Aussichten auf eine erfolgreiche Verteidigung spielen.

Im 15. Zug von Weiß würde 15 exd5?? den Springer f5 einstellen, aber 15 ♘h6+ ist eine bessere Lösung als der von Weiß gewählte Zug. Nach 15...♔f8 (oder 15...♔e8 16 exd5 nebst ♕f3 und ♘f5 mit unerträglichem Druck) 16 exd5 ♗d8 17 ♗f4 (gut ist auch 17 ♕d3 mit der Absicht ♘f5) fühlt sich der schwarze König fürchterlich einsam.

Übung 8
Videki – Lehner
Aschach 1995

(1 e4 c5 2 ♘f3 d6 3 d4 cxd4 4 ♘xd4 ♘f6 5 ♘c3 a6 6 ♗g5 e6 7 f4 ♘bd7 8 ♗c4 b5 9 ♗xe6 fxe6 10 ♘xe6 ♕a5 11 0-0 b4 12 ♘d5)

Schwarz könnte mit 12...♔f7 seinen Materialvorteil konservieren oder mit 12...♗b7 die Rückgabe einer Qualität anbieten, was auf der langen Diagonale starken Druck auf den geschwächten weißen e-Bauern ausübt. Ganz bestimmt sollte er nicht die von Lehner gewählte Zugfolge spielen, nämlich **12...♘xd5 13 exd5** *(D)* und nun **13...♘f6**. Einige Alternativen:

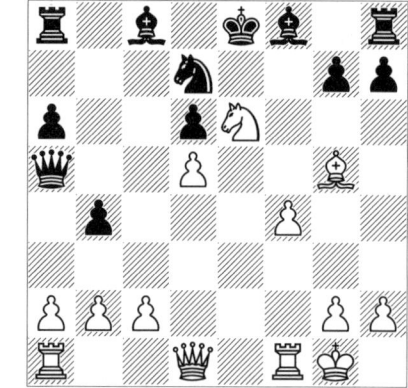
S

a) Zunächst sieht 13...♗b7 spielbar aus, aber Weiß hat 14 ♕e2!, wonach 14...♗xd5 wegen 15 ♘xf8+ ♔xf8 16 ♕e7+ verliert und 14...♔f7 mit 15 ♘d8+! ♖xd8 16 ♕e6# beantwortet wird.

b) 13...♘c5 trifft auf die Erwiderung 14 f5, und falls nun 14...♗xe6, so folgt 15 ♕h5+! g6 16 fxg6 ♗g7 17 gxh7+ ♔d7 18 ♖f7+! mit Materialgewinn.

c) Am besten ist vielleicht 13...♔f7, aber nach 14 f5 hat Weiß eine imposante Angriffsstellung.

Nach Lehners Zug 13...♘f6 kann sich die weiße Dame in den Angriff einschalten, während der weiße Springer noch auf e6 steht. Weiß gewann schnell nach **14 ♗xf6 gxf6 15 ♕h5+ ♔d7 16 ♖ae1 ♗e7 17 ♕f7 ♗b7 18 ♘g7 ♖ae8 19 ♘f5** mit Rückgewinn der Figur bei starkem Angriff.

Übung 9
Pinkas – Brzezicki
Breslau 1980

(1 e4 c5 2 ♘f3 ♘f6 3 e5 ♘d5 4 ♘c3 ♘xc3 5 dxc3 ♘c6 6 ♗c4 ♕c7 7 ♕e2 e6 8 ♗f4 d5 9 exd6 ♗xd6 10 ♗g3 a6 11 0-0-0 ♗f4+ 12 ♔b1 b5 13 ♗d5 ♗xg3 14 hxg3 ♗b7 15 ♗xe6 fxe6 16 ♕xe6+ ♕e7)

Weiß spielt **17 ♕h3!**, so dass 17...♔f8 wegen 18 ♖d7 verliert und nach 17...♕c7 18 ♕h5+ *(D)* (gut ist auch 18 ♖he1+ ♘e7 19 ♘e5) folgen kann, wonach Weiß Material gewinnt:

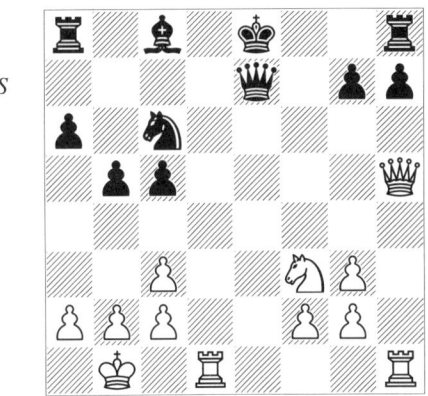

a) 18...g6 19 ♕xg6+! hxg6 20 ♖xh8+ ♔f7 21 ♖h7+.

b) 18...♔f8 19 ♘g5 ♔g8 20 ♘xh7, und die Drohung 21 ♘f6+ gewinnt.

c) 18...♕f7 19 ♖he1+ ♘e7 20 ♖xe7+! ♔xe7, und am einfachsten ist nun 21 ♖d7+ mit Damengewinn, obwohl 21 ♕xc5+ vielleicht noch besser ist.

In der Partie folgte **17...♗c8 18 ♕h5+ ♔f8** (oder 18...g6 19 ♕d5) **19 ♖he1 ♗e6** (19...♕f7 gestattet 20 ♕xc5+ ♘e7 21 ♖d8+) **20 ♘g5 ♗f7 21 ♘xf7 ♕xf7 22 ♕xc5+ ♘e7 1-0**. Weiß gewinnt mit 23 ♖d3 oder 23 ♖e4 die Dame oder den Springer.

Übung 10
Ermenkov – Ostojić
Toth-Memorial, Kecskemet 1977

(1 e4 c5 2 ♘f3 d6 3 d4 cxd4 4 ♘xd4 ♘f6 5 ♘c3 a6 6 ♗c4 e6 7 ♗b3 b5 8 0-0 ♗e7 9 ♕f3 ♕b6 10 ♗e3 ♕b7 11 ♕g3 g6 12 ♗h6 b4 13 ♘a4 ♘xe4 14 ♕e3 d5 15 c4 bxc3 16 ♘xc3 ♘xc5 17 ♖fe1 ♘xb3 18 axb3 ♘d7)

Weiß brachte das Opfer, denn er hat nach **19 ♘xe6 fxe6 20 ♕xe6 ♘b6 21 ♕f6 ♖g8 22 ♗g5 ♖a7** die angenehme Wahl zwischen 23 ♖xa6! und dem noch durchschlagenderen **23 ♘b5! 1-0**. In beiden Fällen bricht Weiß mit entscheidender Wirkung auf e7 durch.

Übung 11
Vodicka – Loktjonowa
Děčín 1997

(1 e4 c5 2 ♘f3 d6 3 d4 cxd4 4 ♘xd4 ♘f6 5 ♘c3 ♘c6 6 ♗g5 e6 7 ♕d2 ♗e7 8 0-0-0 0-0 9 f3 a6 10 ♔b1 ♕c7 11 g4 ♘e5 12 ♗xf6 ♗xf6 13 g5 ♗e7 14 f4 ♘c4 15 ♕d3 b5 16 ♖g1 ♗d7 17 ♘f5 exf5 18 ♘d5 ♕d8 19 exf5 ♖e8)

Weiß schob natürlich seinen f-Bauern vor: **20 f6 ♗f8 21 fxg7 ♗e7**

Das ist nicht der beste Zug. Nach 21...♗xg7 22 ♘f6+ ♗xf6 23 gxf6+ ♔h8 24 ♖g7 verfügt Schwarz über die überraschende Ressource 24...♘d2+! 25 ♕xd2 ♕xf6. Bei materiellem Gleichstand steht Weiß dank seines sichereren Königs und der etwas besseren Bauernstellung leicht besser.

22 g6?!

Weiß stürzt sich ohne Rücksicht auf Verluste auf seinen Gegner. Stattdessen konnte er mit dem bedächtigeren 22 ♕d4! *(D)* (um den g-Bauern zu decken und späteres ♘f6+ vorzubereiten) nebst 23 ♗d3 (zur Vorbereitung eines Angriffs auf h7) großen Vorteil erzielen. Es gibt keine gute Verteidigung für Schwarz:

a) 22...♗f5 23 ♗d3! ♗xd3 24 cxd3 ♘a5 25 ♖de1 ♘c6 26 ♕c3 ♖c8 27 ♖xe7! ♖xe7 28 ♘f6+ ♔xg7 29 ♘h5+ mit schnellem Matt.

b) 22...♗e6 23 ♗d3 ♗xd5 24 ♕xd5 ♕c8 (oder 24...♕d7 25 ♗f5) 25 ♗xh7+! ♔xh7 26 g6+! fxg6 (26...♔h6 27 gxf7 ist hoffnungslos für Schwarz) 27 ♕f7 mit unabwendbarem Matt.

c) 22...♕c8 23 ♗d3 ♖d8 (oder 23...♕c5 24 ♘xe7+ ♖xe7 25 ♗xh7+! ♔xh7 26 ♕f6, und Weiß gewinnt) 24 ♘f6+ ♗xf6 25 ♕xf6 ♖e6 26 ♗xh7+! ♔xh7 27 ♕xf7 ♕g8 28 g6+ ♔h6 29 ♖d3! ♕xf7 30 gxf7, und Weiß gewinnt Material.

22...fxg6 23 ♖xg6! ♕c8?

Schwarz entscheidet sich fälschlicherweise für die Ablehnung dieses zweiten Opfers. Nach 23...hxg6 24 ♕xg6 hat Weiß einen Turm und eine Leichtfigur weniger, aber die Dame und der Freibauer sind sehr stark. Schwarz kann den Freibauern mit 24...♘d2+! 25 ♖xd2 ♗f6! (droht Matt durch 26...♖e1+) 26 c3 ♗xg7 beseitigen, und nach 27 ♖g2 ♖e7 28 f5 ♗c6! bleibt Weiß nichts anderes übrig, als mit 29 ♘f6+ ♔f8 30 ♘h7+ ins Remis einzuwilligen.

24 ♗g2? *(D)*

Weiß verpasst den Gewinn mit 24 ♘xe7+ ♖xe7 25 ♕d5+ ♖e6 26 ♖f6! ♔xg7 27 ♕g5+ ♔h8 28 ♖xe6 ♗xe6 29 ♕f6+ und Mattangriff.

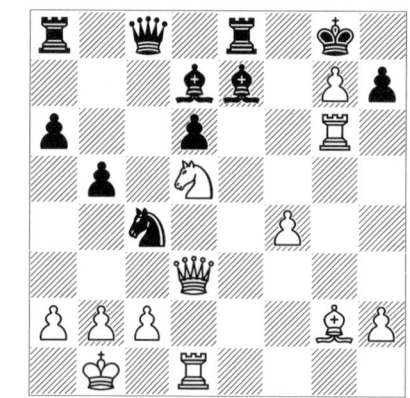

Nach dem Textzug nahm Schwarz die zweite Einladung zum Schlagen auf g6 an und ging aus den Verwicklungen als Sieger hervor:

24...hxg6! 25 ♕xg6 ♗f5

Ein sehr wichtiges Feld für den Läufer, von dem aus er die Drohung ...♘a3+! aufstellt und das Feld h7 kontrolliert.

26 ♘f6+

Bessere Chancen bietet 26 ♘xe7+ ♖xe7 27 ♗d5+ ♗e6 28 ♕h6!.

26...♗xf6 27 ♗d5+ ♗e6 28 ♗e4 ♘d2+ 29 ♖xd2 ♗xa2+ 30 ♔c1 ♖xe4 31 ♕xe4 ♗f7 32 ♖xd6 ♗xg7 33 f5 ♕e8 34 ♕g2 ♖d8 35 f6 0-1

Übung 12

LeMoir – D. MacFarlane
Westenglische Meisterschaft 1979

(1 e4 e6 2 d4 d5 3 e5 b6 4 ♘f3 ♕d7 5 a3 ♘e7 6 ♘c3 ♘bc6 7 ♗b5 ♗b7 8 0-0 0-0-0 9 ♕e2 h6 10 b4 g5 11 ♘a4 ♘f5 12 c3 ♔b8 13 ♖d1 g4 14 ♘e1 ♖g8 15 ♗f4 h5 16 ♖ab1 h4 17 ♖d2 ♗e7 18 ♘c5 bxc5 19 bxc5 ♔a8)

Das Opfer ist gut, weil der schwarze König an ziemlicher Atemnot leidet. Da der schwarze Springer auf c6 festsitzt, kann Schwarz seinen König nicht über die zweite Reihe verteidigen. Weiß sollte den Druck auf c6 und auf der b- und a-Linie durch Turmverdopplung auf der b-Linie, Überführung der Dame nach a4 und anschließendes Manövrieren seines Springers nach b4 und a6 verstärken.

Die folgende Variante zeigt, wie sich das Spiel dann entwickeln könnte: 20 ♕d1 ♖b8 21 ♕a4 ♗g5 22 ♗xg5 ♖xg5 23 ♖db2 ♖gg8 24 ♘d3 ♘fe7 25 ♘b4 g3 26 fxg3 hxg3 27 h3 ♖h8 28 ♖b3! (nicht 28 ♘a6 ♗xa6 29 ♗xa6 ♖xb2 30 ♖xb2 ♖b8, und Schwarz gewinnt) 28...♖hg8, und nun beginnen die entscheidenden Operationen mit 29 ♘a6! ♖bf8 (oder 29...♖xa6 30 ♗xa6 ♖xb3 31 ♕xb3, und Schwarz ist hilflos, und 29...♖bc8 macht den eigenen Läufer bewegungsunfähig, welcher durch 30 ♗f1 erobert werden kann) 30 ♗xc6 ♗xc6 31 ♕b4 ♕c8 32 ♕b8+! ♖xb8 33 ♖xb8+ ♖xb8 34 ♘xc7#.

Meiner Ansicht nach ist 20 ♕d1 der beste Zug. Weiß sollte ganz bestimmt nicht so spielen wie ich und mit dem dummen **20 ♖db2?** das Gegenopfer **20...♘cxd4! 21 cxd4 ♘xd4** zulassen, wonach der gefährliche weißfeldrige Läufer des Anziehenden abgetauscht wird. Ich behielt etwas Spiel für den verlorenen Bauern, aber der Knoten war zerschlagen, und in der Folge entglitt mir die Partie.

Übung 13

S. Berry – Klinger
Cappelle la Grande 1994

(1 b3 ♘f6 2 ♗b2 e6 3 e3 ♗e7 4 ♘f3 0-0 5 d4 b6 6 ♗d3 ♗b7 7 0-0 d6 8 c4 c5 9 ♘bd2 ♘c6 10 ♖c1 ♖c8 11 ♕e2 ♖c7 12 ♖fd1 ♕a8 13 ♗b1

罝d8 14 d5 exd5 15 cxd5 ♘xd5 16 ♘e4 ♘b8 17 ♘fg5 h6 18 ♘xf7 ♔xf7 19 ♕h5+ *(D))*

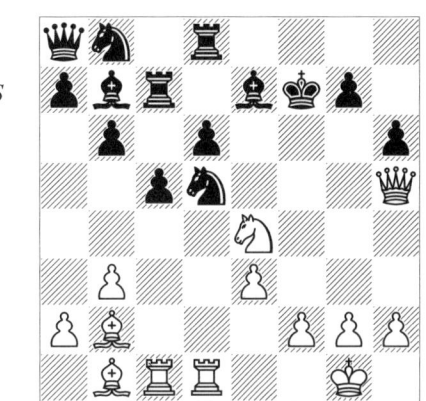

S

Die plausiblen Antworten für Schwarz lauten 19...g6, 19...♔g8, 19...♗e6 und 19...♔f8. Nehmen wir sie uns nacheinander vor:

a) 19...g6 verliert wegen 20 ♕f3+ ♔g8 (oder 20...♗e8 21 ♘g5!) 21 ♕g4; z. B. 21...♔f7 22 ♘xc5 ♗g5 23 ♘xb7 ♕xb7 24 罝xc7+ ♘xc7 25 h4 mit siegbringendem Angriff.

b) Nach 19...♔g8 20 ♕g6 ♗h4 21 ♘xd6 hat Weiß zu viele Drohungen.

c) 19...♗e6 erlaubt das brillante 20 ♘xc5+! dxc5 21 ♗f5+ ♔d6 22 ♕g6+, wonach Schwarz massenhaft Material geben muss, um das Matt hinauszuzögern.

d) **19...♔f8** war der Partiezug. Nach **20 ♕g6** (gut ist auch 20 ♕f5+) warf Schwarz mit der Rückgabe der Mehrfigur durch **20...♘f6** die Flinte ins Korn: **21 ♘xf6 ♗xf6** (oder 21...gxf6 22 ♕xh6+ mit Matt) **22 ♗xf6 罝dd7 23 ♗b2 d5 24 ♕h7 罝f7 25 ♗e5! 罝c6 26 ♕h8+ ♔e7 27 ♕xb8 1-0**. Im 20. Zug gab es zwei bessere Verteidigungsversuche: 20...♗h4 21 g3 mit Rückgewinn der Figur bei starkem Angriff; 20...♗g5 21 ♘xg5 hxg5 22 ♗f5, und Weiß hat wegen der Drohung 23 ♗e6 ♘b4 24 ♕h7 mit entscheidender Invasion gewinnträchtigen Angriff.

Übung 14

P. Schmidt – Nowarra

Krakau 1941

(1 e4 e6 2 d4 d5 3 ♘c3 ♘f6 4 ♗g5 dxe4 5 ♘xe4 ♗e7 6 ♗xf6 ♗xf6 7 ♘f3 ♘d7 8 ♕d2 ♗e7 9 0-0-0 c6 10 ♗d3 ♕c7 11 罝he1 b6 12 ♔b1 ♗b7 13 ♘eg5 h6 14 ♘xf7 ♔xf7)

Weiß kann 15 ♕e2 ♘f8 16 ♘e5+ spielen, wonach Schwarz ziemlich beengt steht, sich aber verteidigen können sollte. Stattdessen entschied er sich dafür, die Stellung mit Gewalt zu öffnen:

15 罝xe6!! *(D)*

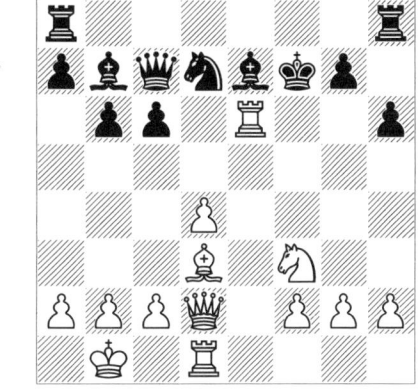

S

Das ist kein Schach, zwingt Schwarz aber praktisch zum Zurückschlagen, da die Ablehnung Weiß starken Angriff gibt, z. B.:

a) 15...♗f6 16 ♗c4 ♔f8 17 ♘e5! ♗xe5 18 dxe5 ♗xe5 19 ♕d7!, und die Drohung 20 罝xe5! ♕xe5 21 ♕f7# gewinnt die Figur zurück.

b) 15...b5 (verhindert 16 ♗c4) 16 ♗g6+! ♔xe6 17 罝e1+ ♔f6 18 ♕d3 ♕f4 19 ♘e4, und der Anziehende gewinnt bei anhaltendem Angriff die Dame.

In der Partie geschah:

15...♔xe6 16 ♗c4+ ♔f6 17 罝e1! ♘f8 18 ♕c3 ♔g6?!

Jetzt gewinnt Weiß ein Tempo. Schwarz kann das Gegenopfer 18...♗b4 versuchen, obwohl nach 19 ♕xb4 b5 20 d5!! bxc4 21 d6 ♕d8 (ähnlich verläuft 21...♕c8) 22 罝e7 ♘e6 23 ♕c3+ ♔g6 24 ♕xc4! die weißen Drohungen überwältigend sind. Auch nach 18...♗c8 19 ♘e5 hat Weiß starken Angriff.

19 ♕d3+ ♔f6 20 ♘e5

Einfacher ist 20 ♘h4 ♕f4 21 罝e6+ ♔f7 22 罝e4+.

20...♗c8 21 ♕f3+

Weiß hat siegbringenden Angriff.

21...♗f5 22 g4 ♕c8 23 gxf5 h5 24 ♘g6 ♗b4 25 罝e6+ ♘xe6 26 fxe6+ ♔xg6 27 ♗d3+ 1-0

Das Ende wäre 27...♔g5 28 h4+ (28 ♕f5+ setzt ebenfalls in drei Zügen matt) 28...♔h6 (oder 28...♔xh4 29 ♕g3#) 29 ♕f4+ g5 30 ♕xg5#.

Übung 15
Gomez – Spangenberg
Argentinische Meisterschaft 1995

(1 e4 c5 2 c3 d5 3 exd5 ♕xd5 4 d4 ♘f6 5 ♘f3 cxd4 6 cxd4 g6 7 ♘c3 ♕d8 8 ♗c4 ♗g7 9 ♕a4+ ♘bd7 10 ♗xf7+ ♔xf7)

Weiß spielt **11 ♘g5+** (nach 11 ♕c4+ e6 12 ♘g5+ ♔e8 13 ♘xe6 ♘b6! 14 ♘xg7+ ♔f8 15 ♘e6+ ♔e7 wird Schwarz mit einer Mehrfigur und Chancen auf eine erfolgreiche Verteidigung verbleiben) **11...♔e8 12 ♘e6 ♕b6**. Da jetzt 13 ♘xg7+ an 13...♔f7 14 ♗h6 ♘g4 scheitert, bezieht die Dame mit **13 ♕c4!** Posten auf ihrer natürlichen Diagonale, wonach Weiß den Läufer nun wirklich zu nehmen droht. Nach **13...♘h5** wirft Weiß mit **14 ♘b5** seinen anderen Springer in die Schlacht und konzentriert sein Feuer auf den feindlichen König, wobei er stets den Turm in der Ecke im Auge behält: **14...♘f8** (nicht 14...♖b8 15 ♘bc7+ ♔f7 16 ♘g5+ ♔f6 17 ♕f7#) **15 ♘bc7+ ♔d7 16 d5 ♘xe6 17 dxe6+ ♔d8 18 ♗f4! ♘xf4 19 ♖d1+ ♕d6 20 ♖xd6+ exd6 21 e7+! ♔xe7 22 ♕xf4 ♗f5 23 ♘xa8 ♖xa8 24 0-0 h5 25 ♖e1+ ♗e5 26 ♕b4 1-0**

Übung 16
Ardeleanu – Vasilescu
Rumänien 1986

Weiß erzwingt mit **3 ♘g5!! hxg5 4 f4!** die Öffnung der f-Linie. Nach 4...gxh4 setzt der f-Bauer seinen Sturmlauf mit 5 f5 g5 6 f6 und Mattangriff fort, aber auch **4...♗f6** konnte Weiß nicht aufhalten: **5 fxg5 ♗g7 6 gxf6+ ♔h8 7 ♕f7 ♖g8 8 fxe7 1-0**.

Übung 17
de Deus – Reis
São Paulo 2001

(1 e4 e6 2 d3 d5 3 ♘d2 ♘f6 4 ♘gf3 ♗e7 5 g3 0-0 6 e5 ♘fd7 7 ♗g2 c5 8 0-0 ♘c6 9 ♖e1 ♕c7 10 ♕e2 b6 11 ♘f1 h6 12 h4 ♗b7 13 ♗f4 ♖ac8 14 c3 d4 15 c4 ♖fd8 16 ♘1h2 ♗a6 17 a4 ♘b4 18 ♘g4 ♗f8 19 ♔h2 h5 20 ♘f6+ gxf6 21 exf6 ♗d6 22 ♗g5 ♘f8)

1) Weiß baute seinen Angriff mit **23 ♘d2 ♘g6 24 ♕xh5** auf, und nun verliert 24...♘xd3 wegen 25 ♗e4! ♘xe1 26 ♗xg6 fxg6 27 ♕xg6+ ♔h8 28 f7. Besser ist 24...♖d7, was den abschließenden Vorstoß f7 verhindert, aber mit 25 ♗e4 fährt Weiß immer noch sehr gut; z. B. 25...♘c2 26 ♗xg6 fxg6 27 ♕xg6+ ♔h8 28 ♖xe6 ♖g8 29 ♖e8 ♗f8 30 ♕f5 ♖f7 (nicht 30...♘xa1 31 ♗f4! ♕b7 32 ♗e5 ♖f7 33 ♕h5+ nebst Matt) 31 ♖c1, wonach Weiß für die Figur vier Bauern und Angriff hat.

Schwarz entschied sich für die Beseitigung des gefährlichen Läufers durch **24...♗b7 25 ♗xb7 ♕xb7**, aber danach gelang Weiß der Durchbruch mit **26 ♖xe6! ♕d7?** (26...♗f8 27 ♘e4! ♖e8 28 ♘d6 ♕d7 29 ♘f5!) **27 ♖xd6! ♕xd6 28 ♘e4 ♕f8 29 ♗h6 ♕e8 30 ♘g5 1-0**.

2) In den obigen Varianten spielt der weißfeldrige Läufer des Anziehenden eine Schlüsselrolle bei der Erstürmung der schwarzen Königsfestung. Schwarz sollte daher mit 22...♗b7! seinen Abtausch vorbereiten. Der weiße Aufmarsch ist immer noch gefährlich, aber Schwarz hat Verteidigungschancen.

3) 22 ♗xd6 ♕xd6 23 ♕d2 *(D)* kann auf zweierlei Art beantwortet werden:

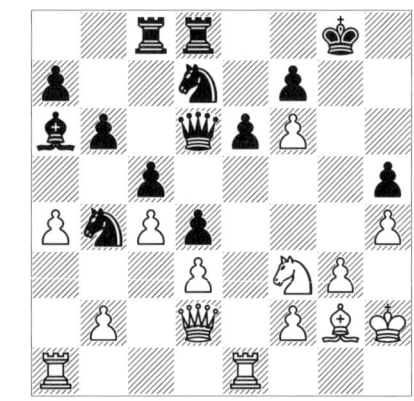

a) 23...♔f8 ist zweifelhaft, da nach 24 ♕h6+ ♔e8 25 ♕h8+ ♘f8 (nicht 25...♕f8 26 ♕xh5 mit der Drohung 27 ♖xe6+) 26 ♘g5! bereits 27 ♖xe6+ droht, und 26...♖d7 27 ♗h3 ♖c6 28 ♕xh5 zwingt Schwarz zur Aufgabe von weiterem Material mit 28...♔d8, um den Durchbruch auf e6 zu verhindern.

b) 23...♘xd3! ist ein Gegenopfer zur Beseitigung des Bauern f6. Danach führt 24 ♕h6 (oder 24 ♕xd3!? ♘xf6 25 ♘e5 mit Kompensation für den Bauern) 24...♘xf6 25 ♕g5+! ♔f8

26 ♕xf6 e5 27 ♕h8+ zu etwa gleichem Spiel. Weiß verteidigte trotz des damit verbundenen Tempoverlusts lieber seinen f-Bauern.

4) 21...e5!? ist interessant, aber wahrscheinlich nicht besser als 21...♗d6. Weiß kann mit 22 ♗xe5 (nicht 22 ♘xe5 ♘xf6!) 22...♘xe5 23 ♘xe5 ♖d6 (nicht 23...♕d6 24 ♕f3 nebst ♕f5) 24 ♕xh5 ♗xf6 25 ♘g4 ♖d6 (nicht 25...♖g6 26 ♗e4) 26 ♗e4 usw. den Druck aufrechterhalten.

Übung 18
Pelikian – de Oliveira
Registo 1999

(1 e4 c5 2 ♘f3 e6 3 b3 ♘f6 4 e5 ♘d5 5 ♗b2 ♗e7 6 c4 ♘c7 7 ♗d3 ♘c6 8 0-0 b6 9 ♗e4 ♗b7 10 d4 cxd4 11 ♘xd4 ♖b8 12 ♘xc6 ♗xc6 13 ♗xc6 dxc6 14 ♕f3 0-0 15 ♕xc6 ♘a6 16 ♕f3 ♘b4 17 ♖d1 ♕c7 18 ♕e2 ♖fd8 19 ♘c3 a6 20 ♘e4 ♖xd1+ 21 ♖xd1 ♘xa2 22 ♘f6+ gxf6 23 exf6)

Auf 23...♗f8 kommt 24 ♗e5 mit Aufspießung von Dame und Turm und Abzugsangriff auf den Springer durch die weiße Dame, so dass Weiß mit einer Mehrqualität verbleibt. Da nach **23...♗d6** eine Königsjagd ins Haus steht, versucht Weiß, mit **24 ♗e5!** *(D)* die d-Linie zu öffnen und den schwarzen Läufer von der Diagonale nach f8 abzulenken. Nun ergeben sich folgende Verzweigungen:

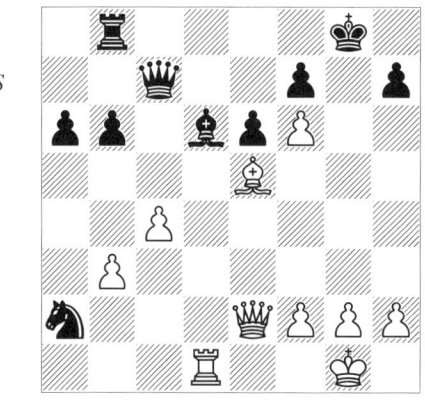

a) 24...♗xe5 verliert wegen 25 ♕g4+ ♔f8 26 ♕g7+ ♔e8 27 ♕g8#.

b) 24...♖d8 verliert hübsch wegen 25 ♕g4+ ♔f8 26 ♕g7+ ♔e8 27 ♖xd6! ♖xd6 28 ♕g8+ ♔d7 29 ♕xf7+ ♔d8 30 ♕xc7+ ♔xc7 31 f7, und der Bauer ist nicht aufzuhalten.

c) In der Partie gab Schwarz mit **24...♔h8 25 ♗xd6 ♘c3** die Figur zurück, aber nun verpasste Weiß einen schnellen Sieg mit 26 ♕h5 und ließ Schwarz in ein Endspiel mit Minusbauer entwischen: **26 ♗xc7 ♘xe2+ 27 ♔f1 ♘c3 28 ♖d3?** (28 ♗xb8 ♘xd1 29 ♗e5 gewinnt den Springer) **28...♖c8 29 ♗xb6 ♘e4 30 c5 ♗xf6 31 ♖d8+ ♖xd8 32 ♗xd8**. Das Endspiel gewann Weiß dann allerdings bequem.

Übung 19
Raschkowski – Fjodorow
UdSSR 1978

2 ♘xd5! *(D)*

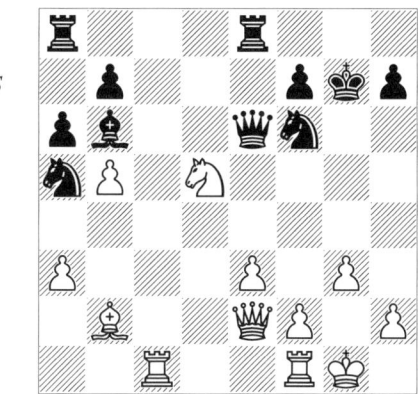

2...♗d8

2...♕xd5 verliert wegen 3 ♕g4+, und nun:

a) 3...♔f8 4 ♗xf6 gefolgt von 5 ♖fd1 und 6 ♕g7+ führt zu Matt oder Damengewinn.

b) 3...♔h6 4 ♗xf6 ♖g8 5 ♕f4+ ♔g6 6 e4 ♕h5, wonach Weiß zahlreiche Gewinnwege hat, unter anderem 7 ♕d6 (der Läufer sitzt in der Falle), 7 ♖fd1 (mit der Absicht 8 ♖d5) und 7 ♔h1 (mit der Absicht 8 g4).

3 ♕h5 h6 4 ♖fd1

Gut ist auch 4 bxa6; z. B. 4...♖xa6 5 ♗xf6+ ♗xf6 6 ♘c7 ♕e5 7 ♘xe8+ ♕xe8 8 ♕g4+ ♔h7 9 ♖c8, und die schwarze Dame steckt in Schwierigkeiten.

4...♔h7

4...axb5 verliert wegen 5 ♘f4 ♕e7 6 ♖xd8! ♖exd8 7 ♕f5 ♖a6 8 ♗xf6+ ♖xf6 9 ♘h5+ ♔f8 10 ♘xf6 mit Materialvorteil.

5 ♗xf6

Schneller und hübscher ist 5 ♘xf6+ ♗xf6 6 ♖d6! ♕xd6 7 ♕xf7+ ♔h8 8 ♗xf6+ nebst Matt.

5...♗xf6 6 ♘c7 ♕e7 7 bxa6 b6 8 ♕f5+ ♔g7 9 ♖d7 ♕e5 10 ♕xe5 ♗xe5 11 ♘xe8+ ♖xe8 12 a7 ♖a8 13 f4 ♗b2 14 ♖cc7 1-0

Übung 20
Jakowitsch – Todorović
Bela Crkva 1990

(1 d4 d5 2 c4 e6 3 ♘c3 c5 4 cxd5 exd5 5 ♘f3 ♘c6 6 g3 ♘f6 7 ♗g2 ♗e7 8 0-0 0-0 9 ♗g5 cxd4 10 ♘xd4 h6 11 ♗e3 ♖e8 12 ♕a4 ♘a5 13 ♖ad1 ♗d7 14 ♕c2 ♖c8 15 ♘f5 ♗b4 16 ♗xd5 ♘xd5 17 ♖xd5 ♕c7 18 ♘xg7 ♔xg7)

Weiß spielte **19 ♕d3** und verpasste die spektakuläre Königsjagd 19 ♗xh6+! ♔xh6 (oder 19...♔h8 20 ♖h5) 20 ♖h5+! (20 ♕d2+ ist weniger spektakulär, aber effektiv) 20...♔xh5 21 ♕h7+ ♔g5 22 ♘d5! (schließt das Mattnetz) 22...♕c5 (oder 22...♕d6 23 f4+ ♔g4 24 h3+ ♔xg3 25 ♖f3#) 23 h4+ ♔g4 24 ♔g2! (mit der Absicht 24 ♘f6# und 24 f3#) 24...♕xd5+ 25 f3+ ♕xf3+ 26 exf3#.

Ungeachtet dieses ästhetischen Versäumnisses stand Weiß immer noch bequem auf Gewinn. Das Ende der Partie lautete **19...♖xe3 20 fxe3 ♗h3 21 ♕d4+ ♔g8 22 ♕xb4 ♗xf1 23 ♕xa5 ♗h3 24 ♕xc7 ♖xc7 25 ♖h5 ♗e6 26 ♖xh6 ♖d7 27 ♖h4 ♖d2 28 ♖b4 b6 29 ♘f2 ♔g7 30 h4 f5 31 e4 1-0**.

Übung 21
Becerra – Wachidow
Ubeda 1997

(1 e4 e6 2 d4 d5 3 ♘c3 ♘f6 4 ♗g5 dxe4 5 ♘xe4 ♗e7 6 ♗xf6 gxf6 7 ♘f3 b6 8 ♗c4 ♗b7 9 ♕e2 ♘d7 10 0-0-0 c6 11 ♘fd2 0-0 12 h4 f5 13 ♘g5 ♘f6 14 ♘df3 b5 15 ♗b3 h6)

16 ♘e5

Dies eröffnet der weißen Dame einen Weg nach h5 und droht 17 ♘exf7 ♖xf7 18 ♗xe6. Schwarz nahm das Opfer sofort an:

16...hxg5 17 hxg5 ♘g4 *(D)*

Schwarz verzögert die Reise der Dame nach h5. Es gab zwei Hauptalternativen:

a) 17...♘d5 trifft auf die entscheidende Erwiderung 18 ♕h5 ♗xg5+ 19 ♔b1 ♔g7 20 ♗xd5 cxd5 (nach 20...exd5 lautet das effektivste Finale 21 ♕h7+ ♔f6 22 ♖de1!, und es gibt keine Verteidigung gegen 23 ♘d7+! ♕xd7 24 ♖h6+ mit Matt im nächsten Zug) 21 ♖d3 f4 (oder 21...♔f6 22 ♖g3, und der schwarze Läufer geht verloren) 22 g3 mit Öffnung der g-Linie.

b) Nach 17...♘e4 kann Weiß folgendermaßen durchbrechen: 18 ♕h5 ♗xg5+ 19 ♔b1 ♔g7 20 ♕h7+ ♔f6 21 ♘xf7!! ♖xf7 22 ♖h6+! ♔e7 (oder 22...♗xh6 23 ♕xh6+ ♔e7 24 ♕xe6+ ♔f8 25 ♕xf7#) 23 ♖xe6+ ♔d7 24 ♕xf7+ ♗e7 25 ♕xf5 mit weiterem Materialgewinn.

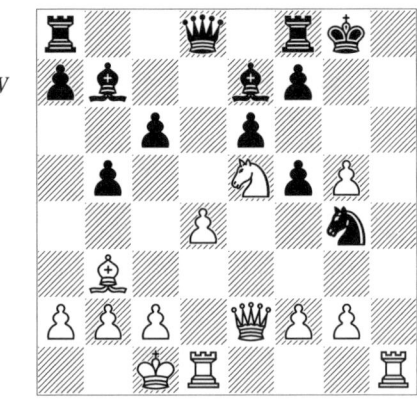

18 ♘xg4 fxg4

18...♗xg5+ 19 ♔b1 verläuft ähnlich wie das obige Abspiel „b".

19 ♕xg4

Es gewinnt auch 19 ♔b1! ♔g7 20 ♕e5+ f6 21 ♕xe6 ♕d6 (oder: 21...♗c8 22 ♕e4 ♖h8 23 ♖xh8 ♕xh8 24 ♕xe7+; 21...♕e8 22 ♕e4 f5 23 ♕e5+ ♔g6 24 ♖h6+ ♔xg5 25 ♕g7+ ♔f4 26 ♖h3! nebst Matt) 22 ♕f5! ♖h8 23 ♖h6 ♖xh6 24 gxh6+ ♔f8 25 ♕g6 mit Matt.

19...♔g7 20 f4 ♖h8 21 ♖h6 ♕d6 22 c3

Weiß verpasst den spektakulären Schluss 22 f5! exf5 23 ♖f1!! fxg4 24 ♖xf7+.

22...c5 23 d5 c4 24 ♗c2 ♗xd5 25 ♕h4 ♖hg8 26 f5 ♔f8 27 f6 ♔e8 28 g6 ♔d7 29 gxf7 ♖gf8 30 fxe7 ♕xe7 31 ♖xd5+ 1-0

Übung 22
Hellers – Djurhuus
Oslo 1991

(1 d4 e6 2 e4 d5 3 ♘d2 c5 4 exd5 ♕xd5 5 ♘gf3 cxd4 6 ♗c4 ♕d6 7 0-0 ♘f6 8 ♘b3 ♘c6 9 ♘bxd4 ♘xd4 10 ♘xd4 ♗d7 11 c3 ♕c7 12 ♕e2 0-0-0 13 a4 h5 14 ♘b5 ♗xb5 15 axb5 ♗c5 16 b4 ♗b6 17 g3 ♘g4 18 ♔g2 ♕e5 19 h3)

19...♕f5!

Das ist mindestens für ein Remis gut genug.

20 hxg4 hxg4

Wegen der Drohung 21...♕h5 muss Weiß nun den Läufer von c1 entfernen, damit er 21...♕h5 mit 22 ♖h1 beantworten kann.

21 ♗f4 *(D)*

Dies ist erzwungen, da 21 ♗d2 angesichts von 21...♖xd2 22 ♕xd2 ♕f3+ verliert, während 21 ♗e3 und 21 ♗b2 beide 21...♖h2+! 22 ♔xh2 ♕h5+ 23 ♔g1 ♖h8 erlauben.

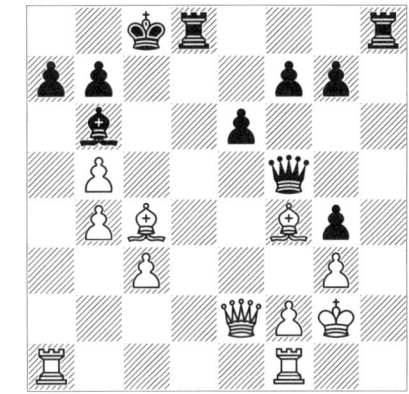

21...g5

Schwarz verliert, wenn er wie in der Variante in der letzten Anmerkung verfährt: 21...♖h2+ 22 ♔xh2 ♕h5+ 23 ♔g1 ♖h8 24 ♗xe6+! führt dank des Läufers f4 zu Matt.

Nach dem Textzug verliert der Läuferrückzug 22 ♗c1? wegen 22...♖h6! nebst 23...♖dh8. Daher spielte Weiß:

22 ♕e5 ½-½

Der Nachziehende kann mit 22...gxf4 23 ♕xf5 exf5 24 gxf4 bequem remis machen oder mit 22...♖h2+!? va banque spielen. Im *Informator* wird dies von Djurhuus zum Remis ausanalysiert. Seine Hauptvariante lautet 23 ♔xh2 ♕h7+ 24 ♔g1 gxf4! 25 ♖fd1 ♖h8 26 ♗f1 fxg3! 27 ♔e2 gxf2 28 ♔d2 ♖d8+ 29 ♔c1 ♖xd1+ 30 ♔xd1 g3 31 ♕xg3 ♕h1+ 32 ♔d2 ♕xa1 33 ♕g8+ ♗d8 34 ♗xe6+! fxe6 35 ♕xe6+ ♔c7 36 ♕e5+ ♔d7 37 ♕d5+ mit Remis durch Dauerschach.

Übung 23

Neistadt – N.N.

Simultanvorstellung, UdSSR 1950

(1 e4 e5 2 ♗c4 ♘f6 3 d4 exd4 4 ♘f3 ♘xe4 5 ♕xd4 ♘f6 6 ♗g5 ♗e7 7 ♘c3 0-0 8 0-0-0 ♘c6

9 ♕h4 d6 10 ♗d3 h6 11 ♗xh6 gxh6 12 ♕xh6 ♘e5)

Weiß spielt 13 ♘xe5 dxe5 14 ♕g5+ ♔h8 und nun 15 ♖he1! mit der Absicht ♖xe5 nebst ♕h6+ und ♖g5+. Die beste schwarze Verteidigung scheint nun in 15...♘h7 zu bestehen, wonach 16 ♕xe5+ ♗f6 (16...♖f6 17 ♗e4! schaltet den Turm in den Angriff ein) 17 ♕h5 ♗g5+ 18 ♔b1 f5 eine Stellung ergibt, in der 19 ♗xf5 bequem gewinnen sollte, aber Weiß kann das hübsche 19 h4! einschieben und noch schneller gewinnen:

a) 19...♗f4 20 ♗xf5 ♕xd1+ 21 ♘xd1 ♗xf5 (oder 21...♖xf5 22 ♖e8+ ♔g7 23 ♖e7+ nebst Matt) 22 g4! ♗c8 23 ♖e7 nebst Matt.

b) 19...♗xh4 20 ♗xf5 ♗xf5 21 ♖xd8 ♗xd8 22 g4! ♗d7 23 ♖h1 nebst Matt.

Übung 24

Battes – Fishbein

New York Open 1991

(1 e4 c5 2 c3 e6 3 d4 d5 4 exd5 exd5 5 ♘f3 ♘c6 6 ♗e3 c4 7 ♗e2 ♘f6 8 0-0 ♗d6 9 b3 cxb3 10 axb3 0-0 11 c4 h6 12 ♘c3 ♗c7 13 ♖e1 ♗f5 14 h3 ♖e8 15 ♗d3 ♕d7 16 ♕b1 ♗xh3 17 gxh3 ♕xh3 18 ♕d1)

18...♘g4

Dieser Zug wurde in der Partie gespielt und sollte bei beiderseits bestem Spiel zur Aufrechterhaltung des Gleichgewichts ausreichen. Schwarz hat jedoch eine etwas bessere Möglichkeit, nämlich 18...♘xd4! *(D)*. Dann kann folgen:

a) 19 ♘xd4 verliert wegen 19...♗h2+ 20 ♔h1 ♗g3+ 21 ♔g1 ♖xe3!.

b) Nach 19 ♗xd4 ♖xe1+ 20 ♘xe1 (oder 20 ♕xe1 ♕xf3 21 ♕d1 ♕h3 mit sehr starkem Angriff für die Figur) 20...♗h2+ 21 ♔h1 ♗e5+ 22 ♔g1 ♕h2+ 23 ♔f1 ♕h1+ 24 ♔e2 ♗xd4 25 ♗h7+ ♘xh7 26 ♕xd4 dxc4 27 bxc4 ♖e8+ 28 ♔d2 ♘g5 hat Schwarz drei Bauern für die Figur, und der weiße König steht immer noch sehr ungemütlich.

19 ♗f1 ♗h2+ 20 ♔h1 ♕h5 21 ♕d2?
Besser ist 21 ♔g2! *(D)*:

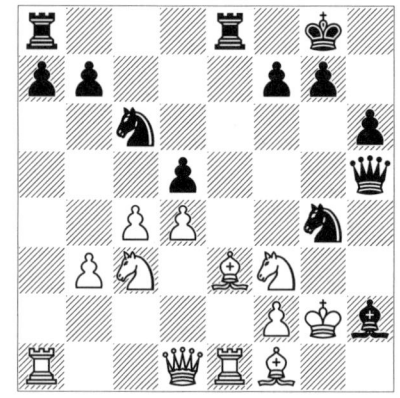

a) 21...♖e6 22 ♗d3 f5 23 ♗g5! ♖xe1 24 ♕xe1 ♘xd4! (nicht 24...hxg5 25 ♕e6+ ♔f8, und nun folgt am einfachsten 26 ♗xf5 mit Figurengewinn) 25 ♘xd4 ♕xg5 26 ♕e6+ ♔h8 27 ♗xf5 ♘e3+, wonach Schwarz wohl gerade noch remis halten kann.

b) 21...♕g6 22 ♗g5! ♖xe1 23 ♕xe1, und wiederum hält Schwarz gerade noch das Gleichgewicht; z. B. 23...♘xd4 24 ♘xd4 ♕xg5 25 ♘f3 ♘e3+ 26 ♔xh2 ♕f4+ mit Dauerschach.

In der Partie brach Weiß nun völlig ein:
21...♖e6 22 ♘xd5 ♖g6 23 ♘g1 ♗xg1+ 24 ♗h3 ♕xh3+ 25 ♔xg1 ♘xe3# (0-1)

Übung 25
Chandler – Agnos
Lloyds Bank Masters, London 1989
(1 e4 e6 2 d4 d5 3 ♘c3 ♘f6 4 ♗g5 ♗e7 5 e5 ♘fd7 6 ♗xe7 ♕xe7 7 f4 0-0 8 ♘f3 c5 9 ♕d2 ♘c6 10 0-0-0 a6 11 dxc5 ♕xc5 12 ♗d3 b5)
13 ♗xh7+ ♔xh7 14 ♘g5+ ♔g8 15 ♕d3 ♖e8
Die Pointe besteht darin, dass 15...g6? mit 16 ♕h3 nebst Matt beantwortet wird.
16 ♕h7+ ♔f8 17 ♕h5 ♘d8 *(D)*

In zwei alternativen Abspielen steht Schwarz der Springer d7 im Weg:

a) 17...g6 18 ♕h8+ ♔e7 19 ♕h4!, und nun ist 19...♔d7 wegen des Springers d7 unmöglich. Eine mögliche Folge wäre 19...♔f8 20 ♘ce4! dxe4 21 ♖xd7! ♗xd7 22 ♕h8+ ♔e7 23 ♕f6+ mit Matt im nächsten Zug.

b) 17...♔e7 18 ♕xf7+ ♔d8 19 ♘xe6+ – dieser Bauer wäre vom Läufer gedeckt, wenn der Springer nicht im Weg stünde.

c) Weiß gewinnt auch nach 17...♕e3+ 18 ♔b1 ♘d8 19 ♖d3 ♕xf4 20 ♖f3 mit Durchbruch auf der f-Linie.

Nach dem Textzug kann der König nicht auf den Damenflügel entkommen, so dass die Partie auf dem Königsflügel ihr Ende nimmt:

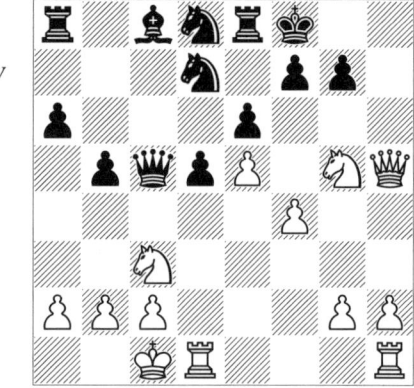

18 ♘h7+ ♔g8
Nach 18...♔e7 19 ♕g5+ ist der Zug 19...♔d7 wegen des Springers unmöglich.
19 ♖d3!
Da Weiß 20 ♖h3 gefolgt von 21 ♘f6+ ♔f8 22 ♕h8+ ♔e7 23 ♕xe8+ beabsichtigt, deckt Schwarz nun seinen Turm.
19...♕e7 20 ♖h3 f6 21 ♘xf6+! ♘xf6 22 exf6 1-0

Übung 26
Jehle – Kobler
Goetzis 1997
(1 e4 e6 2 d4 d5 3 ♘d2 ♘f6 4 e5 ♘fd7 5 f4 c5 6 c3 ♘c6 7 ♘df3 ♗e7 8 ♗d3 a6 9 ♘h3 b5 10 0-0 ♘b6 11 ♔h1 cxd4 12 cxd4 ♗d7 13 b3 0-0 14 ♗xh7+ ♔xh7 15 ♘fg5+)

Der Nachziehende spielte **15...♔g6?**, aber darauf kam **16 f5+ 1-0**. Schwarz wird sowohl nach 16...♔h6 17 ♕g4 g6 18 ♘xf7+ ♔g7 19 ♕xg6# als auch nach 16...exf5 17 ♘f4+ ♔xg5 18 ♕h5# matt gesetzt.

Er wählte das beste Feld für seinen König, hätte aber längeren Widerstand leisten können, wenn er zuerst noch einen der Springer abgetauscht hätte. Nach 15...♗xg5 16 ♘xg5+ *(D)* verlieren die drei Königszüge folgendermaßen:

S

a) 16...♔h6 scheitert an 17 ♕d3 ♖h8 18 ♘xf7+ mit Damengewinn.

b) 16...♔g8 trifft auf 17 ♕h5 ♖e8 18 ♕xf7+ ♔h8 19 ♖f3 nebst Matt auf der h-Linie.

c) Am besten ist 16...♔g6, aber Weiß bricht mit 17 ♕c2+! f5 18 exf6+ ♔xf6 19 f5! exf5 (oder 19...e5 20 ♕c5 ♕b8 21 dxe5+ ♘xe5 22 ♘h7+, wonach Weiß einen ganzen Turm gewinnt) 20 ♖xf5+! ♔xf5 21 ♕xc6+ ♔e7 22 ♗a3+ nebst Matt durch.

Übung 27
Spasski – Tal
Montreal 1979

(1 d4 ♘f6 2 c4 e6 3 ♘f3 b6 4 e3 ♗b7 5 ♗d3 d5 6 b3 ♗d6 7 0-0 0-0 8 ♗b2 ♘bd7 9 ♘bd2 ♕e7 10 ♖c1 ♖ad8 11 ♕c2 c5 12 cxd5 exd5 13 dxc5 bxc5 14 ♕c3 ♖fe8 15 ♖fd1 d4 16 exd4 cxd4 17 ♕a5 ♘e5 18 ♘xe5 ♗xe5 19 ♘c4 ♖d5 20 ♕d2 ♗xh2+ 21 ♔xh2)

Tal spielte **21...♖h5+!**, was in allen Varianten einen schnellen Sieg erzwingt. Jetzt trifft 22 ♔g3 auf die Erwiderung 22...♘e4+! 23 ♗xe4 ♕h4+ 24 ♔f3 ♕xe4+ 25 ♔g3 ♕h4#. Daher spielte Spasski **22 ♔g1 ♘g4 0-1**. Ein anderes hübsches Finale ergibt sich nach 23 ♖e1 ♖h1+ 24 ♔xh1 ♕h4+ 25 ♔g1 ♕h2+ 26 ♔f1 ♕xg2#.

Statt 21...♖h5+ könnte Schwarz 21...♘g4+ 22 ♔g3 ♘xf2! mit der Idee 23 ♔xf2 ♕h4+ 24 ♔g1 ♖h5 mit sofortigem Gewinn spielen, aber nach 23 ♕xf2 ♕c7+ 24 ♘e5 ♕xe5+ 25 ♕f4 ♕h5 26 ♗e4 ♖g5+ 27 ♔f2 ♖g4 28 ♕xg4 ♕xg4 29 ♗xb7 ♕e2+ 30 ♔g1 ♕xb2 ist der Gewinn nicht ganz so sauber.

Übung 28
Kusmin – Sweschnikow
Meisterschaft der UdSSR, Moskau 1973

(1 e4 c5 2 ♘f3 e6 3 d4 cxd4 4 ♘xd4 ♘c6 5 ♘c3 ♕c7 6 ♗e2 a6 7 0-0 ♘f6 8 ♗e3 ♗b4 9 ♘xc6 bxc6 10 ♘a4 0-0 11 c4 ♗d6 12 f4 ♘xe4 13 ♗d3 ♘f6 14 c5 ♗e7 15 ♗d4 ♘d5)

Es mag verlockend erscheinen, das doppelte Läuferopfer sofort zu bringen, aber nach 16 ♗xh7+ ♔xh7 17 ♕h5+ ♔g8 18 ♗xg7 ♔xg7 19 ♕g4+ ♔h7 20 ♖f3 verfügt der Nachziehende über 20...♘xf4! 21 ♖xf4 f5 22 ♕h3+ ♔g6 23 ♕g3+ ♔g5! (nicht 23...♔f7 24 ♖xf5+! mit Abzugsangriff auf die schwarze Dame), wonach er sich erfolgreich entknoten können sollte. Der Springer muss aus dem Weg geräumt werden. Daher spielte Kusmin **16 ♘b6!**. Nun kann folgen:

a) 16...♖b8 verliert nach 17 ♘xd5 cxd5 18 ♗xh7+ ♔xh7 19 ♕h5+ ♔g8 20 ♗xg7 ♔xc5+ 21 ♔h1 ♔xg7 22 ♕g4+ ♔h8 23 ♖f3 ♕c2 (die einzige Verteidigung gegen das Matt) 24 f5! ♕xf5 25 ♖xf5 exf5 26 ♕h3+ ♔g7 27 ♕g3+ den Turm.

b) Nach 16...♖a7 kommt genau die gleiche Zugfolge, aber jetzt gewinnt 26 ♕d4+ (anstelle von 26 ♕h3+) den Turm.

c) Der Nachziehende spielte **16...♘xb6**, wonach Weiß einfach gewann: **17 ♗xh7+ ♔xh7 18 ♕h5+ ♔g8 19 ♗xg7 ♔xg7** (19...f6 verliert wegen 20 ♕g6 ♔f7 21 ♗h6+ ♔h8 22 ♕xf7) **20 ♕g4+ ♔h7 21 ♖f3 1-0**. Die schwarzen Figuren, die das Matt verhindern könnten, stehen auf der falschen Brettseite.

Partienverzeichnis

Wenn der Name eines Spielers im **Fettdruck** erscheint, hatte der betreffende Spieler Weiß; anderenfalls hatte der ERSTGENANNTE SPIELER Weiß. Die Zahlen sind Seitenangaben.

ABDUL SATAR – **Quadrat** 168
ADAMS, W. – **Barden** 119
AGNOS – **Chandler** 250
AKOPJAN – Illescas 171
ALBERT, E. – Rubio 36
ALCAZAR – Meszaros 176
ALEXANDER – Pachmann 106
ALJECHIN – Issakow 145; Rabar 169
ANAND – Karpow 225; **Kramnik** 70; **Swidler** 121
ANDONOW – **Christiansen** 149; **Petkewitsch** 73
ANDRIANOW – **Karassew** 10
ANIKAJEW – **Tompa** 164
ANNAKOW – **Kornejew** 20
ARACHAMIA-GRANT – **Rowson** 103; Stepowaja Diantschenko 11
ARDELEANU – Vasilescu 246
ASHLEY – Kempinski 45
AWRUCH – Varga 223
BABIĆ – **Rogers** 32
BABURIN – **Romanischin** 78
BADEA – Istratescu 65
BAKLAN – **Hall, J.** 29
BALCERAK – Schoeneberg 96
BANK FRIIS – **Burgess** 129
BARCZA – **Kotow** 117; **Nagy** 28
BARCZAY – Ribli 89
BARDEL – **Stoppa** 210
BARDEN – Adams, W. 119; Kottnauer 67
BASTIAN – Dončević 72; **Quinteros** 160
BATTES – Fishbein 249

BATZORIG – Bilguun 55
BAUER – **Lasker, Em.** 229
BECERRA – Wachidow 248
BELLIN, J. – **Motwani** 130
BELLON – **Plaskett** 156
BENZAQUEN – Rossetto 27
BERGER – **Colle** 221
BERNSTEIN, S. – Fischer 47
BERRY, S. – Klinger 244
BERTOK – **Darga** 23
BEUTEL – **Ruprich** 215
BILGUUN – **Batzorig** 55
BIOLEK – Oral 202
BLASKOWSKI – **Watson, W.** 94
BLATNY – **Gamboa** 230
BLOCKER – **Noel** 105
BORGES – **Vasquez** 206
BOSCH – **Waganjan** 183
BRAJOVIĆ – Rodić 56
BRILLIANT – **Saverymuttu** 240
BRODSKI – Glek 177
BROWNE – **Ftačnik** 39; **Giles, M.** 91
BRZEZICKI – Pinkas 243
BUDO – **Rjumin** 196
BURGESS – Bank Friis 129
BUSCHMANN – **Schlander** 197
BYRNE, R. – Fischer 137
CAMARA – de Souza 241
CAMPORA – Rodriguez, An. 180
CAPABLANCA – Havasi 62; Molina 217
CAPUANO FILHO – **Toigo** 57
CARDOSO – **Fischer** 68
CASTAGNA – Ernst 143
CHAJES – **Janowski** 222

CHANDLER – Agnos 250
CHRISTIANSEN – Andonow 149; Waganjan 132
CICAK – Kuhn 71
CIFUENTES – Swjaginzew 128
CIMRA – **Harceg** 240
COLLE – Berger 221; O'Hanlon 214
COLON – **Jimenez** 22
COMAS – **Kožul** 147
CRAMLING, D. – **Velikov** 111
CUARTAS – Van der Sterren 98
CUELLAR – Garcia Vera 8
DANNEVIG – **Fossan** 188
DARGA – Bertok 23; Iskov 82
DAUTOW – **Waisser** 182
DAVID, A. – Lobron 45; Taimanow 223
DE DEUS – Reis 246
DE OLIVEIRA – **Pelikian** 247
DE SOUZA – **Camara** 241
DELY – **Felmeri** 157
DIEKS – **Poutiainen** 242
DIRINGER – **Pieper** 14
DJURHUUS – **Hellers** 248
DOLMATOW – **Morosewitsch** 181
DONČEVIĆ – **Bastian** 72
DONNER – **Reshevsky** 148
DUEBALL – Minić 19
DUS-CHOTIMIRSKI – Löwenfisch 233
DUZS – **Majdanics** 125
DWORZYNSKI – **Tarnowski** 107
EGELI – **Tschutschelow** 42
EISINGER – Rejfir 95

ERMENKOV – Ostojić 243
ERNST – **Castagna** 143; Gruvaeus 64; Komarow 121
ESPIG – **Hecht** 165; **Kostro** 36
EUWE – Landau 75
FELMERI – Dely 157
FILATOW – Mayer 229
FISCHER – **Bernstein, S.** 47; **Byrne, R.** 137; Cardoso 68
FISHBEIN – **Battes** 249
FJODOROW – **Raschkowski** 247
FOSSAN – Dannevig 188
FTAČNIK – Browne 39
FURMAN – **Stein** 41
GAMBOA – Blatny 230
GAPONENKO – 't Jong 165
GAPRINDASCHWILI – Nikolac 177
GARCIA VERA – **Cuellar** 8
GAUGLITZ – Sulava 187
GDANSKI – Mozny 102
GEORGADSE, G. – **Jakowitsch** 86
GERGENREDER – **Stepanow** 70
GILES, M. – Browne 91
GIPSLIS – **Honfi** 127
GLEK – **Brodski** 177
GOLUBEW – Mantovani 44
GOMEZ – Spangenberg 246
GOSTIŠA – **Wang Zili** 36
GOVEDARICA – Thorsteins 35
GRANDA – **Hodgson** 124
GRANGE-BENNETT – LeMoir 211
GROETZ – **Neumeier** 38
GRUVAEUS – **Ernst** 64
GUREVICH, D. – Winslow 60
GUREWITSCH, M. – Piket 190
GURGENIDSE – Tal 134
HALL, C. – **Leyton** 206
HALL, J. – Baklan 29
HAMANN – **Søby** 241
HANSEN, CU. – **Hellers** 203

HARCEG – Cimra 240
HARDICSAY – Nickel 96
HARTMAN – Svensson 23
HAVASI – **Capablanca** 62
HECHT – Espig 165
HEDKE – **Raupp** 152
HEILPERN – Pick 155
HELLERS – Djurhuus 248; Hansen, Cu. 203
HODGSON – Granda 124; Lodhi 77; **Ward** 226
HONFI – Gipslis 127
HOSTICKA – Simandl 175
HOUNIE – Letelier 241
HOWELL – **Nunn** 51; Wahls 50
HÜBNER – **Timman** 174
IBRAGIMOW – Mosjontschik 48
ILLESCAS – **Akopjan** 171
ISKOV – **Darga** 82
ISSAJEW – Mas 166
ISSAKOW – **Aljechin** 145
ISTRATESCU – Badea 65
IVANOVIĆ – Sokolow, A. 231
JAKOBSEN, O. – **Weinstein, J.** 34
JAKOWITSCH – Georgadse, G. 86; Judassin 101; Todorović 248
JANOWSKI – Chajes 222; Lasker, Em. 115
JEHLE – Kobler 250
JIMENEZ – Colon 22; Yepez 105
JOHANN – **Velička** 72
JUDASSIN – **Jakowitsch** 101
JUFEROW – **Lutikow** 113
JUNGE – Kottnauer 234
KALEGIN – Pridoroschni 88
KAMSKY – Lautier 198
KARASON – **Rosentalis** 116
KARASSEW – Andrianow 10
KARPOW – **Anand** 225
KASPAROW – Nikolić 172; **Van der Wiel** 84
KAVALEK – **Spasski** 112; **Velimirović** 142
KEMPINSKI – **Ashley** 45

KERRY – Pivovarov 37
KHALIFMAN – **Rivas** 114; Smirin 108
KHAMRAKULOW – **Oratovsky** 39
KIROV – **Wedberg** 199
KIRTON – **Yoos** 140
KLINGER – **Berry, S.** 244
KNEŽEVIĆ – Ristić 186
KOBLER – **Jehle** 250
KOMAROW – **Ernst** 121
KORNEJEW – Annakow 20
KORTSCHNOJ – **Petrosjan** 145; Spasski 184
KOSTEN – **Luciani** 133
KOSTRO – Espig 36
KOTOW – Barcza 117
KOTTNAUER – **Barden** 67; **Junge** 234
KOWALJOW – Panikarowski 185
KOŽUL – Comas 147
KRAMNIK – Anand 70
KRAYZ – Rotstein 169
KUHN – **Cicak** 71
KUIJF – Shaked 87
KUNTE – Sashikiran 15
KUSMIN – Sweschnikow 251
LAKETIĆ – Peptan 66
LALIĆ, B. – Schlemmermeyer 92
LANC – **Spiridonov** 160
LANDAU – **Euwe** 75
LANGEWEG – **Spasski** 38
LASKER, EM. – Bauer 229; **Janowski** 115
LASSEN – **Witomski** 61
LATKA – **Mantovani** 58
LAUTIER – **Kamsky** 198
LEHNER – **Videki** 242
LEKO – Raychman 22
LEMOIR – **Grange-Bennett** 211; MacFarlane, D. 244; O'Kelly, R. 128
LENDWAI – **Milov, L.** 24
LETELIER – **Hounie** 241
LEYTON – Hall, C. 206
LIMA,E. – **Rodriguez, Al.** 159
LIPMAN – Zolotonos 37

LJUBOJEVIĆ – **Miles** 219
LOBRON – **David, A.** 45;
  Schulz, K. 35
LODHI – **Hodgson** 77
LOKTJONOWA – **Vodicka** 243
LÖWENFISCH –
  Dus-Chotimirski 233
LUCIANI – Kosten 133
LUPULESCU – Swetuschkin 74
LUTHER – McShane 30
LUTIKOW – Juferow 113
MACFARLANE, D. – **LeMoir** 244
MAJDANICS – Duzs 125
MAKSIMENKO – **Nisipeanu** 83
MANTOVANI – **Golubew** 44;
  Latka 58
MARCIANO – **Schulman** 123
MARJANOVIĆ – Sermek 193
MAS – **Issajew** 166
MAXWELL, A. –
  Stevenson, F. 59
MAYER – **Filatow** 229
MCSHANE – **Luther** 30
MEIJERS – Rau 16
MESZAROS – **Alcazar** 176
MIKAVICA – **Milov** 26
MILES – Ljubojević 219
MILOV, L. – Lendwai 24;
  Mikavica 26
MINIĆ – **Dueball** 19
MIRKOVIĆ – Sutorikhin 141
MOHR, G. – Woskanjan 16
MOISSEJEW – **Noach** 235
MOLINA – **Capablanca** 217
MONIN – **Smagin** 204
MOROSEWITSCH – Dolmatow 181; Schipow 12
MOSJONTSCHIK –
  Ibragimow 48
MOSNEGUTU – Sarbu 209
MOTWANI – Bellin, J. 130
MOZNY – **Gdanski** 102
MURDZIA – **Pedzich** 136
NAES – Vadasz 63
NAGY – Barcza 28
NEDOBORA – **Swidler** 170
NEISTADT – N.N. 249

NEUMANN, F. – **Schidkow** 10
NEUMEIER – Groetz 38
NICKEL – **Hardicsay** 96
NIKOLAC – **Gaprindaschwili** 177
NIKOLIĆ – **Kasparow** 172
NISIPEANU – Maksimenko 83
N.N. – **Neistadt** 249; **Tal** 130
NOACH – Moissejew 235
NOEL – Blocker 105
NOWARRA – **Schmidt, P.** 245
NUNN – Howell 51; Pritchett 100; Sosonko 8
O'HANLON – **Colle** 214
O'KELLY, A. – Palacios 232
O'KELLY, R. – **LeMoir** 128
OLL – Psachis 211; Sokolov, I. 200
ONISCHUK – **Van de Mortel** 189
ORAL – **Biolek** 202
ORATOVSKY – Khamrakulow 39
OSTOJIĆ – **Ermenkov** 243
PACHMANN – **Alexander** 106
PALACIOS – **O'Kelly, A.** 232
PANIKAROWSKI – **Kowaljow** 185
PAULSEN, L. – Schwarz, A. 215
PEDZICH – Murdzia 136
PELIKIAN – De Oliveira 247
PELLETIER – **Piket** 80
PEPTAN – **Laketić** 66
PETERS – **Tobin** 162
PETKEWITSCH – Andonow 73
PETROSJAN – Kortschnoj 145
PICANOL – Sulleva 18
PICK – **Heilpern** 155
PIEPER – Diringer 14
PIKET – **Gurewitsch, M.** 190; Pelletier 80
PINKAS – Brzezicki 243
PITHART – **Urbanec** 240
PIVOVAROV – **Kerry** 37
PLASKETT – Bellon 156
POLUGAJEWSKI – Tal 216
POUTIAINEN – Dieks 242
PRIDOROSCHNI – **Kalegin** 88

PRITCHETT – **Nunn** 100
PSACHIS – **Oll** 211
QUADRAT – Abdul Satar 168
QUINTEROS – Bastian 160
RABAR – **Aljechin** 169
RASCHKOWSKI – Fjodorow 247
RAU – **Meijers** 16
RAUPP – Hedke 152
RAYCHMAN – **Leko** 22
REINDERMAN – **Schirow** 212
REIS – **De Deus** 246
REJFIR – **Eisinger** 95
RESHEVSKY – Donner 148;
  Sofrevski 109
RIBLI – **Barczay** 89
RICHTER – Rogmann 163
RISTIĆ – **Knežević** 186
RIVAS – Khalifman 114
RJUMIN – Budo 196
RODIĆ – **Brajović** 56
RODRIGUEZ, AL. – Lima,E. 159
RODRIGUEZ, AN. –
  Campora 180
ROGERS – Babić 32
ROGMANN – **Richter** 163
ROMANISCHIN – Baburin 78
ROSENTALIS – Karason 116
ROSSETTO – **Benzaquen** 27;
  Sumar 157
ROTSTEIN – **Krayz** 169
ROWSON – Arachamia-Grant 103
RUBIO – **Albert, E.** 36
RUPRICH – Beutel 215
SADLER – **Zagorskis** 131
SAITSCHIK – **Tal** 50
SAITZEW, I. – Sawon 40
SALMELA – Seeman 154
SARBU – **Mosnegutu** 209
SASHIKIRAN – **Kunte** 15
SAVERYMUTTU – Brilliant 240
SAWON – **Saitzew, I.** 40
SCHIDKOW – Neumann, F. 10
SCHIPOW – **Morosewitsch** 12
SCHIROW – Reinderman 212;
  Thorhallsson 191

SCHLANDER – Buschmann 197
SCHLECHTER – **Teichmann** 144
SCHLEMMERMEYER – **Lalić, B.** 92
SCHMIDT, P. – Nowarra 245
SCHNEIDER, AL. – **Yermolinsky** 158
SCHOENEBERG – **Balcerak** 96
SCHULMAN – Marciano 123
SCHULZ, K. – **Lobron** 35
SCHURAWLJOW, A. – **Tschebotarew** 153
SCHWARZ, A. – **Paulsen, L.** 215
SEEMAN – **Salmela** 154
SELIN – Slawina 86
SERMEK – **Marjanović** 193
SHABALOV – **Yermolinsky** 9
SHAKED – **Kuijf** 87
SIMANDL – **Hosticka** 175
SINGH, G. – **Zagrebelny** 68
SLAWINA – Selin 86
SMAGIN – Monin 204
SMIRIN – **Khalifman** 108
SØBY – Hamann 241
SOFREVSKI – **Reshevsky** 109; **Velimirović** 97
SOKOLOV, I. – **Oll** 200
SOKOLOW, A. – **Ivanović** 231
SOSONKO – **Nunn** 8
SPANGENBERG – **Gomez** 246
SPASSKI – Kavalek 112; **Kortschnoj** 184; Langeweg 38; Tal 251
SPIRIDONOV – Lanc 160
STANEC – Timoschenko, Geo. 111
STEIN – Furman 41
STEPANOW – Gergenreder 70
STEPOWAJA DIANTSCHENKO – **Arachamia-Grant** 11

STEVENSON, F. – **Maxwell, A.** 59
STISIS – Van der Wal 81
STOPPA – Bardel 210
SULAVA – **Gauglitz** 187
SULLEVA – **Picanol** 18
SUMAR – **Rossetto** 157
SUTORICHIN – **Mirković** 141
SVENSSON – **Hartman** 23
SWESCHNIKOW – **Kusmin** 251
SWETUSCHKIN – **Lupulescu** 74
SWIDLER – Anand 121; Nedobora 170
SWJAGINZEW – **Cifuentes** 128
SZILAGYI – **Szily** 95
SZILY – Szilagyi 95
'T JONG – **Gaponenko** 165
TAIMANOW – **David, A.** 223
TAL – **Gurgenidse** 134; N.N. 130; **Polugajewski** 216; Saitschik 50; **Spasski** 251; Unzicker 141
TARNOWSKI – Dworzynski 107
TEICHMANN – Schlechter 144
THORHALLSSON – **Schirow** 191
THORSTEINS – **Govedarica** 35
TIMMAN – Hübner 174
TIMOSCHENKO, GEO. – **Stanec** 111
TOBIN – Peters 162
TODOROVIĆ – **Jakowitsch** 248
TOIGO – Capuano Filho 57
TOMPA – Anikajew 164
TSCHEBOTAREW – Schurawljow, A. 153
TSCHUTSCHELOW – Egeli 42
TSESARSKY – Weissbuch 174

UHLMANN – **Vogt** 201
UNZICKER – **Tal** 141
URBANEC – Pithart 240
VADASZ – **Naes** 63
VAN DE MORTEL – Onischuk 189
VAN DER STERREN – **Cuartas** 98
VAN DER WAL – **Stisis** 81
VAN DER WIEL – Kasparow 84
VARGA – **Awruch** 223
VASILESCU – **Ardeleanu** 246
VASQUEZ – Borges 206
VELIČKA – Johann 72
VELIKOV – Cramling, D. 111
VELIMIROVIĆ – Kavalek 142; Sofrevski 97
VIDEKI – Lehner 242
VODICKA – Loktjonowa 243
VOGT – Uhlmann 201
VOKAČ – **Woloschin** 46
WACHIDOW – **Becerra** 248
WAGANJAN – Bosch 183; **Christiansen** 132
WAHLS – **Howell** 50
WAISSER – Dautow 182
WANG ZILI – Gostiša 36
WARD – Hodgson 226
WATSON, W. – Blaskowski 94
WEDBERG – Kirov 199
WEINSTEIN, J. – Jakobsen, O. 34
WEISSBUCH – **Tsesarsky** 174
WINSLOW – **Gurevich, D.** 60
WITOMSKI – Lassen 61
WOLOSCHIN – Vokač 46
WOSKANJAN – **Mohr, G.** 16
YEPEZ – **Jimenez** 105
YERMOLINSKY – Schneider, Al. 158; Shabalov 9
YOOS – Kirton 140
ZAGORSKIS – Sadler 131
ZAGREBELNY – **Singh, G.** 68
ZOLOTONOS – **Lipman** 37

Eröffnungsverzeichnis

Die Zahlen sind Seitenangaben. Code-Angaben gemäß ECO.

Aljechin-Verteidigung
B04 *121*, *132*; B05 *157*

Benoni
A78 *134*

Caro-Kann-Verteidigung
B14 *197*; B17 *63*, *136*; B18 *92*; B19 *177*

Damenbauernspiele
A40 *131*; A45 *124*, *186*; A46 *77*, *111*; A49 *114*; A52 *230*; A53 *73*; A55 *112*; A56 *109*

Damengambit
D10 *172*, *190*; D18 *75*; D21 *225*; D24 *62*, *70*; D25 *157*; D26 *86*; D27 *78*, *223*; D28 *187*; D29 *70*; D31 *184*; D32 *219*; D34 *248*; D41 *216*; D42 *232*; D45 *128*, *191*, *206*; D46 *204*, *234*; D47 *80*, *82*, *86*; D52 *217*; D53 *129*, *222*; D71 *137*

Damenindische Verteidigung
E14 *251*; E15 *200*

Englische Eröffnung
A14 *152*; A20 *206*; A29 *160*; A30 *39*, *42*; A31 *145*

Flankeneröffnungen
A00 *168*, *211*; A01 *244*; A03 *229*; A08 *158*, *159*, *164*, *183*, *246*

Französische Verteidigung
C00 *165*; C02 *215*, *244*; C05 *180*, *250*; C07 *177*, *188*, *248*; C10 *210*; C11 *245*, *248*; C14 *250*; C16 *215*; C18 *181*, *201*; C19 *174*, *203*

Holländische Verteidigung
A96 *147*

Katalanische Eröffnung
E02 *169*

Königsindische Verteidigung
E61 *154*, *160*; E72 *117*; E88 *105*; E97 *174*; E99 *111*

Nimzoindische Verteidigung
E39 *127*; E45 *182*; E52 *209*; E55 *148*

Sizilianische Verteidigung
B21 *38*; B22 *130*, *169*, *246*, *249*; B23 *87*; B28 *153*; B29 *243*; B30 *185*, *202*; B33 *10*, *30*, *32*, *241*; B40 *36*, *88*; B41 *39*, *241*; B42 *20*; B43 *41*, *45*, *176*; B44 *38*; B46 *212*, *223*; B47 *34*, *162*, *199*; B48 *11*; B49 *251*; B51 *45*, *72*; B52 *38*, *171*; B53 *9*, *116*, *198*; B60 *36*; B62 *95*; B63 *35*, *36*, *243*; B66 *29*; B78 *108*; B80 *11*, *12*, *14*, *15*, *16*, *27*, *46*, *96*, *103*, *165*; B81 *23*, *51*, *98*, *139*; B82 *19*, *22*, *50*, *96*; B83 *35*; B84 *8*, *83*, *94*, *240*; B85 *28*, *156*, *231*; B86 *55*, *58*, *65*; B87 *37*, *40*, *44*, *48*, *57*, *59*, *60*, *61*, *66*, *67*, *68*, *81*, *102*, *242*, *243*; B88 *95*; B89 *8*, *50*, *97*, *100*, *101*, *240*; B90 *113*; B92 *166*; B93 *105*, *170*; B94 *56*, *64*, *68*, *241*; B95 *24*, *26*; B96 *23*, *84*, *242*; B98 *18*, *88*, *91*; B99 *22*, *47*, *89*, *240*

Skandinavische Verteidigung
B01 *71*, *72*, *74*

Spanisch
C66 *115*; C68 *193*; C70 *139*; C71 *211*; C72 *193*; C80 *121*; C90 *144*; C95 *141*; C98 *106*; C99 *107*

Verschiedene Nebenvarianten nach 1 d4 d5
D00 *226*; D01 *163*; D04 *233*; D05 *196*, *214*, *229*, *235*

Verschiedene Nebenvarianten nach 1 e4 e5
C21 *145*; C22 *189*; C24 *249*; C25 *123*; C37 *140*; C39 *122*; C41 *133*, *140*, *142*, *149*; C42 *125*; C44 *128*, *155*; C55 *175*; C57 *119*, *119*, *139*